張大可
韓兆琦 等 注譯

新譯資治通鑑

（六）

漢紀二十八——三十五

三民書局

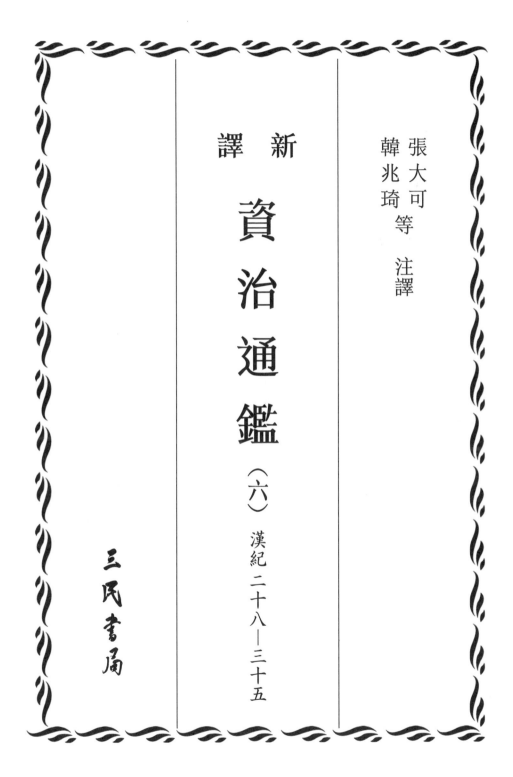

國家圖書館出版品預行編目資料

新譯資治通鑑(六)／張大可,韓兆琦等注譯.－－初版
三刷.－－臺北市：三民，2024
冊；　公分.－－(古籍今注新譯叢書)

ISBN 978-957-14-6239-4 （全套:精裝）
1. 資治通鑑 2. 注釋

610.23　　105022920

古籍今注新譯叢書

新譯資治通鑑(六)

注譯者｜張大可　韓兆琦等
創辦人｜劉振強
發行人｜劉仲傑
出版者｜三民書局股份有限公司(成立於1953年)

三民網路書店
https://www.sanmin.com.tw

地址｜臺北市復興北路386號　(復北門市)　(02)2500-6600
臺北市重慶南路一段61號(重南門市)　(02)2361-7511

出版日期｜初版一刷2017年1月
初版三刷2024年5月
全套不分售
ISBN｜978-957-14-6239-4

新譯資治通鑑 目次

第六冊

卷第三十六

漢紀二十八

起昭陽大淵獻（癸亥　西元三年），盡著雍執徐（戊辰　西元八年），凡六年。

【題解】本卷記事起西元三年，迄西元八年，凡六年史事，當漢平帝元始三年，至孺子嬰王莽居攝三年。本卷詳載王莽代漢的過程。元始三年，王莽藉呂寬事件興大獄，進行大屠殺，消滅政敵，王政君太皇太后被王莽玩於股掌之上，既是護身符，又是擋箭牌。元始四年，王莽稱宰衡，狂妄地比德伊尹、周公。元始五年加九錫。元始六年，王莽稱「攝皇帝」，並毒死平帝，改立幼君孺子嬰。王莽篡國奪位之心，已是路人皆知。接著，王莽當了三年代理皇帝，鎮壓了宗室劉崇等人，以及地方的反抗。王莽認為篡國條件成熟，藉口天降祥瑞，萬民請願，他順天應人即真稱皇帝，改國號為新。王莽玩弄政治權術，一步一步問鼎，堪稱曠世奸雄。

孝平皇帝下

元始三年（癸亥　西元三年）

春，太后❶遣長樂少府❷夏侯藩、宗正❸劉宏、尚書令平晏納采❹見女。還，奏言：「公女漸漬德化⑤，有窈窕⑥之容，宜承天序⑦，奉祭祀。」太師光、大司徒宮、大司空豐、左將軍孫建、執金吾⑧尹賞⑨、行⑩太常⑪事・太[1]中大夫劉秀及太卜⑫、太史令⑬服皮弁⑭、素積⑮，以禮雜⑯卜筮⑰，皆曰：「兆⑱遇金水⑲王相⑳，卦㉑遇父母得位㉒，所謂康彊之占，逢吉之符也㉓。」又以太牢㉔策告㉕宗廟。有司㉖奏：「故事㉗：聘㉘皇后，黃金二萬斤，為錢二萬萬㉙。」莽深辭讓，受六千三百萬，而以其四千三百萬分予十一媵㉚家及九族㉛貧者。

夏，安漢公奏車服制度㉜，吏民養生、送終、嫁娶、奴婢、田宅、器械之品㉝，立官稷㉞，及郡國、縣邑㉟、鄉㊱聚㊲皆置學官㊳。

大司徒司直陳崇使張敞孫竦㊴草奏，盛稱安漢公功德，以為宜恢㊵公國令如周公，建立㊶公子令如伯禽㊷，所賜之品亦皆如之，諸子之封皆如六子㊸。太后以示羣公。羣公方議其事，會㊹呂寬事起。

初，莽長子宇非㊺莽隔絕衛氏㊻，恐久後受禍，即私與衛寶通書，教衛后上書謝恩，因陳丁、傅舊惡㊼，冀得至京師。莽白太皇太后，詔有司褒賞中山孝王后，益湯沐邑㊽七千戶。衛后日夜啼泣，思見帝面，而但益戶邑。宇復教令上書求至京師。莽不聽。宇與師吳章及婦兄呂寬議其故，章以為[2]莽不可諫而好鬼神，可為變怪以驚懼之，章因推類(49)說令歸政衛氏。宇即使寬夜持血灑莽第，門吏發覺之。莽執宇送獄，飲藥死。宇妻焉(50)懷子，繫獄，須產子已(51)，殺之。甄邯等白太后，下詔曰：「公居周公之位，輔成王之主，而行管、蔡之誅(52)，不以親親害尊尊(53)，朕甚嘉之！」莽盡滅衛氏支屬(54)，唯衛后在。吳章要斬(55)，磔尸東市門(56)。

初，章為當世名儒(57)，教授尤盛，弟子千餘人。莽以為惡人黨，皆當禁錮(58)不得仕宦，門人(59)盡更名他師(60)。平陵云敞(61)時為大司徒掾(62)，自劾(63)吳章弟子，收抱章尸歸，棺斂葬之，京師稱焉。

莽於是因呂寬之獄，遂窮治黨與(64)，連引素所惡者悉誅之(65)。元帝女弟敬武長公主(66)素附丁、傅，及莽專政，復非議莽。紅陽侯王立，莽之尊屬(67)。平阿侯王仁，素剛直。莽皆以太皇太后詔，遣使者[3]迫守(68)，令自殺。莽白太后，主暴病薨(69)。太后欲臨(70)其喪，莽固爭而止。甄豐遣使者乘傳(71)案治(72)衛氏黨與，郡國豪桀及漢忠直臣不附莽者[4]，皆誣以罪法(73)而殺之。何武、鮑宣及王商子樂昌侯安(74)、辛慶忌(75)三子護羌校尉(76)通、函谷都尉(77)遵、水衡都尉(78)茂、南郡太守辛伯(79)等[5]皆坐死(80)。凡死者數百人，海內震焉。北海逢萌(81)謂友人曰：「三綱(82)絕矣，不去，禍將及人！」即解冠掛東都城門(83)，歸，將家屬浮海(84)，客於遼東(85)。

莽召明禮(86)少府宗伯鳳(87)入說為人後之誼(88)，白令公卿、將軍、侍中、朝臣並聽，欲以內厲(89)天子而外塞(90)百姓之議。先是，秺侯金日磾(91)子賞(92)、都成侯金安上(93)子常皆以無子國絕，莽以日磾[6]曾孫當及安上孫京兆尹(94)欽紹其封(95)。欽謂「當宜為其父、祖立廟，而使大夫主賞祭也(96)[7]。」甄邯時在旁，廷叱(97)欽，因劾奏(98)欽「誣祖不孝，大不敬。」下獄，自殺。邯以綱紀國體(99)，無所阿私(100)，忠孝尤著，益封千戶。更封安上曾孫湯(101)為都成侯。湯受封日，不敢還歸家，以明為人後之誼。

是歲，尚書令潁川鍾元為大理(102)。潁川太守陵陽(103)嚴詡本以孝行為官，謂掾史(104)為師友，有過輒閉閤自責(105)，終不大言。郡中亂。王莽遣使徵詡，官屬數百人為設祖道(106)，詡據地(107)哭。掾史曰：「明府吉徵(108)，不宜若此！」詡曰：「吾哀潁川士，身豈有憂哉！我以柔弱徵，必選剛猛代。代到，將有僵仆(109)者，故相弔(110)耳！」詡至，拜為美俗使者(111)，徙隴西太守(112)。平陵[8]何並(113)為潁川太守。並到郡，捕鍾元弟威(114)及陽翟(115)輕俠(116)趙季、李款，皆殺之。郡中震栗(117)。

【章　旨】以上為第一段，寫王莽鞏固權勢後，藉呂寬事件興大獄，進行大屠殺，排除政敵。太皇太后被王莽玩弄於股掌之上，既是護身符，又是擋箭牌。

【注　釋】❶太后　指元帝王皇后政君。王莽的姑母，今為太皇太后。❷長樂少府　官名，執掌太皇太后所居長樂宮的事務。❸宗正　官名，執掌皇族事務。由宗室充任，秩中二千石。❹納采　男家備禮到女家求婚稱納采，為古代婚姻六禮之一。古代在確定婚姻關係的過程中，有六種禮儀程序，即納采、問名、納吉、納徵、請期、親迎，稱為「六禮」。❺漸漬德化　此言莽女日受德教感化，有良好的道德修養。漸漬，沾染；感化。德化，德教。❻窈窕　美好。❼天序　帝王的世系。❽執金吾　官名，執掌警衛京師。皇帝出行時，則掌護衛和儀仗。❾尹賞　字子心，鉅鹿郡楊氏縣（今河北寧晉）人，歷任長安令、江夏太守、右輔都尉、執金吾等。傳見《漢書》卷九十〈酷吏傳〉。❿行　暫時兼任或代理。⓫太常　官名，執掌禮樂、宗廟、祭祀及文化教育等事。⓬太卜　官名，太常屬官，執掌卜筮。⓭太史令　官名，太常屬官，執掌天時曆法。⓮皮弁　冠名，用白鹿皮製作的禮帽。⓯素積　細褶白布衫。⓰雜　共同。⓱卜筮　古時預測吉凶，用龜甲求兆稱卜，用蓍草求卦稱筮，合稱卜筮。⓲兆　用龜甲占卜時，燒灼龜甲後呈現出的裂紋，叫做兆。古人用兆象判斷吉凶。⓳金水　我國古代把構成各種物質的複雜成分概括為金、木、水、火、土五種元素，並用生、剋來說明它們之間互相轉化和制約的關係，稱為五行。依五行相生說，金生水，故以「金水」喻指交情深厚。⓴王相　陰陽家以王、相、胎、沒、死、囚、廢、休八字與五行、四時、八卦等遞相搭配，以表示事物的消長更迭。兆遇五行當其時者為王，王所生為相，故王相表示物得其時。王，通「旺」。興盛。此言卜得正值兩情交厚之時的吉兆。㉑卦　用蓍草稈依照一定的規則排列組合所成的形狀，叫做卦。古人用卦象判斷吉凶。㉒父母得位　依《周易》，乾為天、為君、為父，坤為地、為后、為母。《周易・泰卦》下乾上坤，表明天下行而就地，地上行而就天，「上下交而其志同」。君、后，即天下的父、母。此言筮得上下交和，父母各得其位，兩情交融，志同道合的吉卦。㉓康彊之占二句　康彊、逢吉，語出《尚書・洪範》：「汝則有大疑，謀及乃心，謀及卿士，謀及庶人，謀及卜筮。汝則從，龜從，筮從，卿士從，庶民從，是之謂大同。身其康彊，子孫其逢吉。」是說你若有重大疑難問題，首先要自己認真考慮，然後與卿士商議，再後聽取庶民意見，最後進行卜筮。如果意見皆同，則自身安康強健，後世子孫大吉大利。占、符，徵兆。逢，大。㉔太牢　古代祭祀，以牛、羊、豕三牲皆備為太牢。㉕策告　焚策書祭告宗廟。㉖有司　主管部門的官吏。㉗故事　先例；舊日的辦事成例。西漢呂太后規定，皇后聘禮，黃金二百斤，馬十二匹；夫人聘禮，黃金五十斤，馬四匹。呂太后自己打破了規定，為兒子惠帝劉盈下聘財禮用黃金二萬斤，折合錢為兩億。王莽所依舊例，即呂太后逾制之例。㉘聘　確定婚姻關係。此指行聘禮。㉙為錢二萬萬　漢代一金折值萬錢，黃金二萬斤則正好折值二萬萬錢。㉚媵　陪嫁女子。㉛九族　以自己為本位，上推至四世高祖，下推至四世玄孫，稱九族。此言王莽接受六千三百萬錢，用其中的四千三百萬錢分給隨其女入宮的十一個女子之家和家族中的貧困人家，自己僅受錢二千萬。(32)車服制度　車乘及衣冠服飾的禮儀等級制度。(33)品　等級。(34)官稷　天子祭祀五穀神的場所。歷代王朝建國後必先立社稷以祭土、穀之神。劉邦建漢，立社稷，又單立官社以祭土神。至此，經王莽奏請，始立官稷。(35)邑　皇太后、皇后、公主的封地。(36)鄉　縣下行政區域單位。漢承秦制，大致十里一亭，十亭一鄉。(37)聚　村鎮。(38)學官　學校。(39)孫竦　張敞孫張竦。官至丹陽太守，封侯。莽敗，為農民軍所殺。(40)恢　擴大。此言應該擴大王莽的封國，使其如同西周初年周公姬旦的封國一樣大小。(41)建立　指封侯立國。(42)伯禽　周公子。周初分封，封周公於魯。周公留京師，輔佐周王治理天下，長子伯禽就封於魯，為魯公。此言分封王莽之子，使其如同周公之子伯禽一樣享有封國。(43)六子　周公的其他六個兒子。周公六子分別封於凡、蔣、邢、茅、胙、祭。(44)會　正好遇上。(45)非　不贊成；批評。(46)衛氏　指平帝生母中山孝王后衛姬及衛氏親族。哀帝死，無嗣，迎中山王劉衎入繼帝位，是為平帝。王莽專國政，恐帝外家奪其權，於是拜帝母衛姬為中山孝王后，帝舅衛寶、衛玄賜爵關內侯，帝女弟三人賜號曰君，使其皆留居中山，不得至京師與帝相見。隔絕衛氏，即指此。(47)丁傅舊惡　丁指哀帝生母丁太后，傅指哀帝祖母傅太后。哀帝時，外戚丁氏、傅氏勢盛，傅太后興獄迫害中山王馮太后（平帝祖母），馮太后自殺。(48)湯沐邑　收取賦稅以供個人奉養的封邑。(49)推類　猶「類推」，即比照同類事物來推究事理。此言因變怪而推言歸政衛氏的道理。(50)焉　王宇妻名。(51)須產子已　等待生完孩子。懷孕期間不執行死刑。(52)管蔡之誅　西周初年，武王死，成王幼，武王弟周公輔佐成王治理天下。武王弟管叔、蔡叔勾結殷紂之子武庚叛亂，於是周公東征，殺武庚，誅管叔，放蔡叔。(53)親親害尊尊　親愛親人而損害尊奉尊貴的人。此謂以骨肉之情而損害君臣大義。第一個親字、尊字，作動詞用。(54)支屬　親屬。(55)要斬　古代酷刑名，將犯人肢體從腰部砍斷為兩截。要，古「腰」字。(56)磔尸東市門　將吳章之屍在東市門分裂示眾。磔，分切成塊。東市，長安九市之一。市有門，按時啟閉，供出入市場。此言將吳章腰斬後，在東市門陳屍示眾。(57)當世名儒　吳章研治《尚書》，為博士。(58)禁錮　禁閉，勒令不准做官。(59)門人　弟子；學生。(60)更名他師　改稱他人為師。(61)云敞　字幼孺，右扶風平陵縣（今陝西咸陽西北）人，以大司徒掾收章屍歸葬，人高其節。後為中郎諫大夫。王莽建新，官魯郡大尹。傳見《漢書》卷六十七。(62)掾　官府中佐吏的通稱。(63)劾　揭發過失或罪行。此言云敞自劾為吳章弟子之罪。(64)窮治黨與　徹底追查懲治同黨的人。(65)連引素所惡者悉誅之　把一向厭惡的人都株連到案中全部殺掉。連引，株連。(66)敬武長公主　元帝妹。原配張湯玄孫張臨，臨死後改嫁薛宣。哀帝時，公主依附外戚丁、傅二家，疏遠王氏，並出言指責王莽專權。如今王莽藉治理呂寬事件株連公主，公主服毒自殺。(67)尊屬　輩分高的親屬。王立是王莽的親叔父，故稱「尊屬」。(68)迫守　逼迫監督。(69)主暴病薨　公主突然得病死了。主，指敬武長公主。暴病，突然發病。古代害人至死，稱暴病薨。多發生在政治謀殺事件中。(70)臨　哭弔。(71)傳　驛站的馬車。(72)案治　查辦。(73)法　依法懲處。(74)王商子樂昌侯安　王商，字子威，涿郡蠡吾縣（今河北博野西南）人，父王武為宣帝舅，封樂昌侯。父死，商襲侯。成帝時官至丞相，因不依附外戚王氏，而為王鳳誣奏淫亂事免官，發病嘔血死。傳見《漢書》卷八十二。樂昌侯安，王商死，長子王安襲爵為樂昌侯，官至長樂衛尉、光祿勳。王莽藉呂寬事件誅殺異己，株連王安，安自殺。(75)辛慶忌　（？—西元前一二年）字子真，隴西郡狄道縣（今甘肅臨洮）人，元帝時任張掖、酒泉太守，成帝時官至執金吾、左將軍。因不依附王莽，三子皆在呂寬事件中被殺。傳見《漢書》卷六十九。(76)護羌校尉　官名，負責對羌族的監護防衛。(77)函谷都尉　官名。函谷，關名，在今河南新安東北。都尉為武職，漢於厄塞關隘設關都尉，率兵把守。(78)水衡都尉　官名，執掌上林苑。(79)辛伯　辛氏族人。(80)坐死　坐罪處死。(81)逢萌　字子康，北海郡都昌縣（今山東昌邑西）人，明陰陽，通《春秋》，一生隱而不仕。傳見《後漢書》卷八十三。(82)三綱　即君為臣綱，父為子綱，夫為婦綱。(83)東都城門　西漢長安每面三門，共十二城門，東面最北的城門叫宣平門，又叫東都門。東都門外是出城東行的交通要道。(84)將家屬浮海　帶上家屬渡海。將，攜帶。浮海，渡海。浮，水上航行。(85)客於遼東　客居於遼東。客，寄居。遼東，郡名，治所在今遼寧遼陽。(86)明禮　通曉禮儀制度。(87)宗伯鳳　人名，時任少府。(88)入說為人後之誼　入宮為平帝講解一個人過繼給別人為繼承人的道理。按宗法制度，若小宗支子立為大宗的繼承人，稱「為人後」。誼，同「義」。所謂為人後之誼，指支子立為大宗的繼承人以後，當尊事大宗之親，不得再顧念小宗的私親。(89)厲　同「礪」。勸勉。(90)塞　遏止。(91)金日磾　（西元前一三四—前八六年）字翁叔，本為匈奴休屠王子，漢武帝時歸漢，賜姓金，官侍中、駙馬都尉、光祿大夫。忠誠篤實，為武帝寵信。武帝崩，與霍光同受遺詔輔幼主，為光副，封秺侯。傳見《漢書》卷六十八。(92)子賞　金日磾子金賞。日磾死，賞嗣侯。昭帝時為奉車都尉，宣帝時為太僕，元帝時為光祿勳。賞死無子，國除。至此，王莽封金日磾曾孫金當為秺侯。(93)金安上　字子侯，金日磾的弟弟金倫之子。宣帝時官至建章衛尉，封都成侯。安上死，子金常嗣侯。常死無子，國除。至此，王莽封安上孫金欽為都成侯。金欽，為金常三弟金岑之子。(94)京兆尹　官名，漢代京畿地區的行政區域，分為左馮翊、右扶風、京兆尹三個部分，合稱三輔。管轄京兆尹地區的行政長官也叫京兆尹，職權相當於郡太守。(95)欽紹其封　金安上之孫金欽承繼了都成侯。紹，繼承。(96)當宜為其父祖立廟二句　當是賞弟金建之孫，欽是安上子金明之子。當、欽都是以支子繼大宗，為賞、常之後。欽欲尊其私親，就先借金當為話題，提出應在封國為其私親父、祖立廟，而大宗之廟由封國的大夫負責祭事。此違支子繼大宗為人後者不得顧念私親之義，遭甄邯叱斥。(97)廷叱　在朝廷當眾大聲斥責。(98)劾奏　上奏彈劾。(99)綱紀國體　維護國家體制；維護國家綱紀。(100)阿私　徇私。(101)曾孫湯　金安上的曾孫。金湯父金涉，涉父金敞，敞為金安上次子。(102)大理　官名，原名廷尉，哀帝時改稱大理，執掌刑法。(103)陵陽　縣名，縣治在今安徽青陽南。(104)掾史　官府中分曹治事的屬吏。(105)閉閤自責　此言嚴詡視屬吏為師友，屬吏有過，則詡閉門自我反省，始終不大聲指斥屬吏。閤，小門。此指門。(106)祖道　餞行。祖，原來是祭祀名，人出行前祭祀路神稱祖道，後因稱人外出前餞行為祖道。此言屬吏為詡設宴餞行。(107)據地　以手按地。古人席地而坐。此言詡身體前俯，兩手按地，俯伏而哭。(108)吉徵　美好的徵召。意指徵調回京，升遷官職。(109)僵仆　倒下。此指死亡。(110)弔　傷痛。(111)美俗使者　官名，執掌宣揚教化，使風俗淳美。(112)徙隴西太守　調任隴西太守。徙，調遷。隴西，郡名，治所在今甘肅臨洮。(113)何並　字子廉，右扶風平陵縣（今陝西咸陽西北）人，初為長陵縣令，後升任隴西太守。並任地方官，不畏豪強，嚴明法度，人高其志節。嚴詡治潁川不力，調何並改任潁川太守。卒於官。傳見《漢書》卷七十七。(114)威　鍾元弟鍾威。郡屬吏，貪贓值千金。鍾元求情減其死罪，並不從，派吏追至洛陽殺之。(115)陽翟　縣名，縣治在今河南禹州。(116)輕俠　輕財重義、捨命勇為的人。(117)震栗　恐懼顫抖。栗，通「慄」。發抖。

【校記】①太　據章鈺校，乙十一行本作「大」。②為　原無此字。據章鈺校，甲十六行本、乙十一行本皆有此字，今據補。③者　原無此字。據章鈺校，甲十六行本、乙十一行本、孔天胤本皆有此字，今據補。④者　原無此字。據章鈺校，甲十六行本、乙十一行本、孔天胤本皆有此字，今據補。⑤等　原無此字。據章鈺校，甲十六行本、乙十一行本、孔天胤本皆有此字，張敦仁《通鑑刊本識誤》同，今據補。⑥日磾　原無此二字。張敦仁《通鑑刊本識誤》以為當有此二字，今據補。⑦也　據章鈺校，甲十六行本、乙十一行本無此字；孔天胤本作「事」字，張敦仁《通鑑刊本識誤》同。⑧平陵　原無此二字。據章鈺校，甲十六行本、乙十一行本、孔天胤本皆有此字，張敦仁《通鑑刊本識誤》同，今據補。

【語譯】孝平皇帝下

元始三年（癸亥　西元三年）

春，太皇太后派長樂少府夏侯藩、宗正劉宏、尚書令平晏到王莽家下聘禮，並面見他的女兒。夏侯藩等回到長樂宮，上奏說：「安漢公的女兒受德教感化，有美麗的容貌，適宜繼承帝王的世系，承奉祭祀。」太師孔光、大司徒馬宮、大司空甄豐、左將軍孫建、執金吾尹賞、行太常事兼太中大夫劉秀，以及太卜、太史令等眾官員，都戴鹿皮帽，穿細褶白布衫，按照禮儀一起占兆和占卦，然後，眾官員一起把占兆和占卦的結果上奏說：「龜兆顯示金生水，王生相，卦相顯示父母各得其位，可以說是本身安康強健，子孫大吉大利的徵兆。」又用太牢和策書祭告宗廟。主管官吏奏報說：「依照先例，皇后的聘禮，黃金二萬斤，折合錢是二萬萬。」王莽執意推讓，接受錢六千三百萬，而把其中四千三百萬分給十一個被選為陪嫁女子的家人和王氏九族中的貧苦人。

夏，安漢公王莽上奏乘車及衣冠服飾的禮儀等級制度，以及全國官吏平民有關養生、送終、嫁娶和奴婢、田宅、器械等方面的等級，又設置祭祀五穀稷神的神廟，還在各郡國、縣邑、鄉聚都設置學官。

大司徒司直陳崇命張敞的孫兒張竦起草奏章，盛讚王莽的功德，認為應當增加王莽的封國采邑，使其像周公當年一樣，分封王莽的長子，也應當像周公的兒子伯禽一樣，所賞賜之物的數量和品級，也都要比照他們，其他兒子的封賜也應當像周公的六個兒子一樣。太后把奏章交給大臣們看。大臣們正在商議這件事時，正好遇上發生了呂寬事件。

當初，王莽長子王宇不贊成王莽隔離衛氏，害怕以後要受到報復，就私下與衛寶通信，讓衛后上書謝恩，稍帶著陳述丁、傅兩家從前的罪惡，希望能召到京師。王莽稟報太皇太后，下詔讓主管官員褒揚賞賜中山孝王后，增加湯沐邑七千戶。衛后日夜哭泣，想和平帝見面，卻只是增加封邑的戶數。王宇又慫恿她上書，請求來京師。王莽不聽從。王宇又和老師吳章以及內兄呂寬商議其中的緣故，吳章認為王莽不能勸諫，但他喜好鬼神，可用災異變怪之事來驚嚇他，吳章就根據災異變怪而類推，勸說王莽將政權交給衛氏。王宇就讓呂寬在夜裡拿血塗灑王莽的住宅，看門的官吏發覺了此事。王莽逮捕了王宇送進監獄，王宇服毒藥而死。王宇的妻子呂焉懷有身孕，被關進監獄，應等生了孩子後殺掉她。甄邯等稟報太皇太后，太皇太后下詔說：「安漢公身處周公的地位，輔佐像周成王這樣的幼主，而施行周公對管叔、蔡叔那樣的誅殺，不因為骨肉私情而損傷君臣的大義，朕很讚賞他！」於是王莽把衛氏親屬全部處死，只留下衛后。腰斬了吳章，在東市門分屍。

當初，吳章是當代名儒，傳授學業很盛，學生千餘人。王莽認為他們都是惡人的黨徒，都應該禁錮起來，不得做官。因此，學生們都改稱他人為師。平陵人云敞當時任大司徒掾，自己上書彈劾是吳章的學生，替吳章收屍回來，用棺材收殮埋葬，京師人都稱讚他。

王莽於是利用呂寬獄事，就徹底追查呂寬的同黨，牽連他平素所厭惡的人都殺害。漢元帝的妹妹敬武長公主一向依附丁、傅兩家，王莽專政後，又不滿意王莽。紅陽侯王立，是王莽的親叔父。平阿侯王仁一向剛強正直。王莽都以太皇太后的名義頒下詔書，派使者監督逼迫，讓他們自殺。王莽稟報太皇太后，說敬武長公主暴病身亡。太皇太后要親臨她家祭弔，因王莽竭力阻止而作罷。甄豐派使者乘驛馬車前往各地清查處理衛氏同黨，郡國的豪傑以及仍效忠漢朝的忠直之臣，凡不依從王莽的人，都被誣陷有罪而遭殺掉。前任前將軍何武、前任司隸校尉鮑宣，以及王商的兒子樂昌侯王安、前任左將軍辛慶忌的三個兒子：護羌校尉辛通、函谷都尉辛遵、水衡都尉辛茂，以及南郡太守辛伯等人，全都因罪處死。此次共計殺死數百人，天下震驚。北海人逢萌對朋友說：「君臣、父子、夫婦的倫常都已喪盡，若再不離開，大禍就要臨頭！」說完後，就脫下官帽懸掛在東都城門上，回家後，攜帶家屬乘船過渤海，客居遼東。

王莽召通曉禮儀制度的少府宗伯鳳入宮向平帝講述為人後者不得顧及私親的道理，並稟報太皇太后令公卿、將軍、侍中及朝廷文武百官都來聽講，王莽是想藉此對內勸勉天子，對外遏止百姓的議論。在此之前，秺侯金日磾的兒子金賞、都成侯金安上的兒子金常，都因為沒有兒子而封國被廢除，王莽就讓金日磾的曾孫金當和金安上的孫兒京兆尹金欽分別繼承他們的爵位。金欽說「金當應當給他父親、祖父建立祭廟，而派大夫主持伯祖父金賞的祭祀。」甄邯當時正在旁邊，當廷叱責金欽，於是上奏彈劾金欽「欺騙祖先不孝，犯了大不敬之罪。」金欽被關進監獄，在獄中自殺了。甄邯因為維護國家綱紀，不徇私情，忠孝特別突出，因此增封邑一千戶。另封金安上的曾孫金湯為都成侯。金湯受封的當天，不敢回家，以明為人後的道義。

這一年，尚書令潁川人鍾元改任大理之職。潁川郡太守陵陽人嚴詡當初因為對父母孝順而被舉薦做官，他把掾、吏等屬官當做老師和朋友，遇有過失，就閉門自責，從來不說誇大的話。郡中騷亂。王莽派遣使臣徵召嚴詡，郡府官吏數百人，設宴為嚴詡餞行，嚴詡兩手按地哭泣。掾、吏說：「朝廷徵召您，這是美好的徵召，不應當這樣！」嚴詡說：「我是為潁川人悲傷，我自身哪有憂愁啊！我因柔弱被徵召，一定會選派一位剛猛的人來接替。接替的人到任，必定會有人死亡，所以悲傷啊！」嚴詡到了京師，被任命為美俗使者；改任隴西太守。何並為潁川太守。平陵人何並到任後，當即逮捕鍾元的弟弟鍾威以及陽翟俠士趙季、李款，將他們都殺掉了。全郡人恐懼顫抖。

四年（甲子　西元四年）

春，正月，郊祀❶高祖以配天❷，宗祀❸孝文以配上帝。○改殷紹嘉公❹曰宋公，周承休公❺曰鄭公。○詔：「婦女非身犯法，及男子年八十以上、七歲已下，家非坐不道❻、詔所名捕❼，它皆無得繫❽。其當驗者即驗問❾。定著令❿！」

二月丁未⓫，遣大司徒宮、大司空豐等奉乘輿法駕⓬迎皇后於安漢公第⓭，授皇后璽紱⓮，入未央宮。大赦天下。○遣太僕王惲等八人各置副假節⓯，分行天下，覽觀風俗。

夏，太保舜等及吏民上書者八千餘人，咸請「如陳崇言，加賞於安漢公。」章下有司，有司請「益封公以新息⓰、召陵⓱[1]二縣及黃郵聚⓲、新野⓳田。采伊尹、周公稱號，加公為宰衡⓴，位上公，三公言事稱『敢言之』。賜公太夫人㉑號曰功顯君，封公子男二人安為褒新侯，臨為賞都侯㉒，加后聘三千七百萬，合為一萬萬，以明大禮。太后臨前殿親封拜㉓，安漢公拜前，二子拜後，如周公故事㉔。」

莽稽首辭讓，出奏封事㉕：「願獨受母號，還安、臨印韍㉖及號位戶邑。」事下，太師光等皆曰：「賞未足以直㉗功，謙約退讓，公之常節，終不可聽。忠臣之節亦宜自屈，而伸主上之義。宜遣大司徒、大司空持節承制㉘詔公亟㉙入視事㉚，詔尚書勿復受公之讓奏。」奏可㉛。莽乃起視事，止減召陵、黃郵、新野之田而已。

莽復以所益納徵㉜錢千萬遺㉝太后左右奉共㉞養者。莽雖專權，然所以誑耀㉟媚事太后，下至旁側長御㊱，方故㊲萬端，賂遺㊳以千萬數。白㊴尊太后姊、妹號皆為君㊵，食湯沐邑。以故左右日夜共譽㊶莽。莽又知太后婦人，厭居深宮中，莽欲虞樂以市其權㊷，乃令太后四時車駕巡狩㊸四郊，存見㊹孤、寡、貞婦，所至屬縣，輒施恩惠，賜民錢帛、牛酒，歲以為常。太后旁弄兒㊺病，在外舍，莽自親候之㊻。其欲得太后意如此。

太保舜奏言：「天下聞公不受千乘之土㊼，辭萬金之幣，莫不鄉化㊽。蜀郡㊾男子路建等輟訟㊿，慚怍(51)而退，雖文王卻虞、芮何以加(52)！宜報告天下。」奏可[2]。於是孔光愈恐，固稱疾辭位。太后詔：「太師毋朝，十日一入省中(53)，置几杖(54)，賜餐十七物(55)，然後歸。官屬按職如故(56)。」

莽奏起明堂、辟雍、靈臺(57)，為學者築舍萬區(58)，制度甚盛。立樂經(59)；益博士員，經各五人。徵天下通一藝⑥⓪、教授十一人以上，及有逸禮⑥①、古書⑥②、天文、圖讖⑥③、鍾律⑥④、月令⑥⑤、兵法、史篇⑥⑥文字，通知⑥⑦其意者，皆詣公車⑥⑧。網羅天下異能之士，至者前後[3]千數，皆令記說廷中，將令正乖謬，壹異說⑥⑨云。

【章　旨】以上為第二段，寫王莽進一步擴張權勢，自稱「宰衡」，誇耀德比伊尹、周公。迷惑太皇太后以固其權位，施小恩小惠以取虛譽，王莽確是一個玩弄政治的高手。

【注　釋】❶郊祀　在郊外祭祀天地。❷配天　祭天時以祖先配享。❸宗祀　對祖先的祭祀。宗祀在明堂舉行，又稱廟祭。為顯示祖先的尊嚴，宗祀祖先以配上帝。❹殷紹嘉公　成帝綏和元年（西元前八年），封孔吉為殷紹嘉侯，不久進爵為公，以為殷後，奉殷祀。至此，改爵號為宋公。❺周承休公　武帝元鼎四年（西元前一一三年），封姬嘉為周子南君，以為周後，奉周祀。元帝初元五年（西元前四四年），以周子南君為周承休侯。成帝綏和元年三月，與殷紹嘉侯同時進爵為公。至此，改爵號為鄭公。❻坐不道　犯了不道之罪。坐，犯罪。不道，刑律名，漢律，殺不辜一家三人為不道。❼詔所名捕　皇帝詔書指名逮捕。❽繫　囚禁。❾即驗問　到他家中拷問。即，到。驗，拷問。❿定著令　此言將詔書內容寫定在律令中，此後即作為律令條款依照執行。定著，審定著錄。⓫丁未　二月初七日。⓬乘輿法駕　皇帝所坐車子的一種。漢制，皇帝車駕出行，依扈從儀仗的繁簡，分為大駕、法駕、小駕三種。法駕，皇帝乘金根車，駕六馬，京兆尹奉引，侍中參乘，奉車郎御，另有五時副車各一輛，皆駕四馬，侍從車三十六輛。⓭第　府第。⓮璽紱　印璽上所繫的彩色絲帶。此指印璽。⓯副假節　副大使。副，副使。假節，假之以節；持節。節是古時使臣出行持以示信之物。此言王惲等人代表朝廷巡視天下風俗，持節作為憑證。⓰新息　縣名，縣治在今河南息縣。⓱召陵　縣名，縣治在今河南郾城東。⓲黃郵聚　村鎮名，屬新野縣。⓳新野　縣名，縣治在今河南新野。⓴采伊尹周公稱號二句　伊尹，商湯大臣，助湯滅夏建商，尊為阿衡。周公，周武王弟，助武王滅商建周，武王死後又輔佐成王治理天下，位冢宰。現將伊、周官號各取一字作為王莽的官號，稱「宰衡」，以此顯示王莽兼有伊、周二人的功德。㉑公太夫人　指王莽的母親。漢制，列侯之母稱太夫人。㉒封公子男二人安為褒新侯二句　王莽封新都侯，現將其封國名所用的「新」、「都」二字分開，分別加一「褒」字和「賞」字，作為侯爵名號，封其二子，封王安為褒新侯，王臨為賞都侯。㉓封拜　封爵授官。㉔周公故事　據記載，周成王封周公之子伯禽於魯為諸侯，周公拜前，伯禽拜後。㉕封事　密封的奏章。㉖韍　同「紱」。印璽上所繫的彩色絲帶。㉗直　抵；相當。㉘承制　大臣以皇帝名義辦事。此指秉承皇帝旨意。㉙亟　疾速。㉚視事　治事；辦理政事。㉛奏可　奏請之事得到批准。㉜納徵　古婚禮六禮之一，又稱「納幣」，納幣以成婚禮。所益納徵錢，指上文所說「加后聘三千七百萬」。㉝遺　給予。㉞共　通「供」。㉟誑耀　炫耀假象。誑，欺騙。㊱旁側長御　長期在太后身邊侍奉的人。㊲方故　道理。此言尋找眾多理由向人饋送財物。㊳賂遺　以財物送人。㊴白　稟告。㊵太后姊妹號皆為君　太后姐妹四人，尊其姐王君俠為廣恩君，妹王君力為廣惠君，妹王君弟為廣施君。㊶譽　稱讚；頌揚。㊷莽欲虞樂以市其權　此言王莽想通過採取一些使太后歡樂的做法換取她手中的權力，以達到自己總攬大權的目的。虞，通「娛」。市，換取。㊸巡狩　巡行視察。㊹存見　探望慰問。㊺弄兒　供人狎弄逗耍的童子。㊻莽自親候之　王莽親自去探望生病的弄兒。王莽此舉以討好王政君太皇太后。㊼千乘之土　指諸侯國的土地。乘，車子。上古分封諸侯，大國兵車萬乘，小國兵車千乘。戰國時期，便稱諸侯國小者為千乘，大者為萬乘。㊽鄉化　嚮往教化。鄉，通「嚮」。㊾蜀郡　郡名，治所在今四川成都。㊿輟訟　停止訴訟。(51)慚怍　慚愧。(52)雖文王卻虞芮何以加　即使當年周文王使虞國、芮國兩國君感動而停止爭訟的事，也不超過今天的王莽。雖，即使。文王，指周文王。卻，退回。此言使其退回。虞，古國名，其地在今山西平陸。芮，古國名，其地在今陝西大荔。據記載，周文王時，虞、芮二國之君爭田，久而不決，認為文王是仁義之君，即入周，想請文王評定是非。入周境，看到耕者互讓田界，行者互讓道路。入其朝，士讓為大夫，大夫讓為卿。二國之君羞愧而回，互讓所爭之地以為閒原。加，超過。(53)省中　宮廷內。(54)几杖　几，古人坐時憑依的小桌。杖，手杖。坐几和手杖皆老者所用，設之以示敬。(55)物　指食物。(56)按職如故　像往常一樣按照各自的職掌辦理政事。(57)明堂辟雍靈臺　西周王室開展施政、教化、觀天的三大建築，王莽復古，著手這些建築，以此擬聖王。明堂，古代帝王宣明政教的地方。凡朝會、祭祀、慶賞、選士、養老、教學等大典，都在這裡舉行。辟雍，周王朝設立的大學。靈臺，西周臺名，用以觀測天象。(58)區　所。(59)立樂經　王莽在太學，增加設置《樂經》博士。《樂經》，儒家經典中原有《樂經》，秦代焚書後亡佚。王莽所立《樂經》，不知何書。此言把《樂經》作為學校設置的儒家經典，設博士教授。(60)一藝　一經。儒家經典《六經》又稱「六藝」。(61)逸禮　《儀禮》十七篇以外的古文《禮經》。漢初，魯高堂生傳《士禮》十七篇，即《儀禮》。漢武帝末年，魯恭王壞孔子宅，得先秦古文書多種，其中有《逸禮》三十九篇。今佚。(62)古書　古文《尚書》。(63)圖讖　古代方士或儒生編造的關於帝王受命徵驗一類的書。(64)鍾律　樂律；音律。古人按音階高低分為六律和六呂，合稱十二律。(65)月令　排列一年十二個月的時令和節氣的曆書。66史篇　《史籀篇》的省稱。周宣王太史史籀所作大篆書。周代用以教授學童識字。67通知　通曉。68詣公車　送到公車官署。公車，即公車府，衛尉的下屬機構，執掌宮殿司馬門的警衛及天下上書及徵召等事宜。69壹異說　此言令異能之士在宮廷內將其學說記錄下來，欲藉以糾正謬誤之論，統一歧異之說。壹，統一。

【校　記】1新息召陵　原作「召陵新息」。據章鈺校，甲十六行本、乙十一行本、孔天胤本二詞皆互乙，今據改。2奏可　原無此二字。據章鈺校，甲十六行本、乙十一行本、孔天胤本皆有此二字，張敦仁《通鑑刊本識誤》同，今據補。3至者前後　原作「前後至者」。據章鈺校，甲十六行本、乙十一行本、孔天胤本皆作「至者前後」，今據改。

【語　譯】四年（甲子　西元四年）

春，正月，平帝在郊外祭祀漢高祖，讓他與上天同享，在明堂祭祀孝文帝，使他與上帝同享。○改封殷紹嘉公叫宋公，周承休公叫鄭公。○平帝下詔：「婦女不是親身犯法，以及八十歲以上的男子、七歲以下的小孩，如果家庭沒有犯不道之罪，或皇帝下詔指名逮捕的罪犯，其他都不准逮捕。其中需要審問取證的到他家裡驗問。這些規定為法令！」

二月初七日丁未，派大司徒馬宮、大司空甄豐等帶著皇帝的乘輿和皇家法駕儀仗隊到安漢公府第迎接皇后，送上皇后印璽，迎入未央宮。大赦天下。○派遣太僕王惲等八人為欽差大臣，各又設置副使，憑朝廷的符節，分別巡視全國各地，考察社會風俗。

夏，太保王舜等率領官民八千餘人上書，一致請願「如大司徒司直陳崇建議的那樣，重賞安漢公王莽。」奏章交由主管官吏，主管官吏請求「將新息、召陵二縣以及黃郵聚、新野縣的耕田加封安漢公王莽。合併伊尹、周公的稱號，尊稱安漢公為『宰衡』，位列上公，三公與安漢公論事，需稱『敢言之』。封王莽母親為功顯君，封王莽的兩個兒子：王安為褒新侯，王臨為賞都侯，增加皇后聘禮三千七百萬，前後合計是一萬萬，以用以表明盛大典禮。太皇太后親臨前殿拜官授爵，安漢公王莽跪拜在前，兩個兒子跪拜在後，依照周公的先例。」王莽叩首謙讓，出宮後上奏密封奏章：「我只願接受對母親的封號，而歸還王安、王臨的封爵和采邑。」此事交由大臣們商議，太師孔光等都說：「賞賜未能與功勞相當，謙遜退讓是安漢公一貫的節操，皇上絕不可聽從他的請求。因為，忠臣的氣節，有時也應自屈，而伸張主上的大義。應當派遣大司徒、大司空持節，稟承皇上旨意，徵召安漢公盡快入朝理政，並詔令尚書不得再接受安漢公的謙讓奏章。」奏章被批准。王莽這才出來視事，只是減少召陵、黃郵、新野等三縣的封田罷了。

王莽又在所增加的聘禮中拿出一千萬給予太皇太后左右侍從人員。王莽雖然獨攬大權，但仍炫耀假象逢迎取悅太皇太后，下至太皇太后身邊長期侍奉的人，尋找各種理由，饋送財物以千萬計。稟告尊崇太皇太后的姐姐、妹妹封號全都為君，賜湯沐邑。因而，太皇太后身邊的人員就日夜在太皇太后身邊讚譽王莽。王莽知道太皇太后是個婦道人，厭惡居處深宮，就想用娛樂來換取她手裡的權力，於是一年四季都請太皇太后坐車到長安四郊巡行視察，探望慰問孤兒、寡婦、貞婦，所到各處，都施布恩惠，賜給平民錢、帛、牛肉、酒，每年都是如此。太后身旁的弄兒有病，住在外舍，王莽親自探望。王莽就是這樣想得到太皇太后歡心的。

太保王舜奏請說：「天下百姓聽說安漢公王莽不接受侯國采邑，拒收黃金萬兩的聘禮，所有的人都仰慕而嚮往教化。蜀郡男子路建等人停止訴訟，慚愧地回去了，即使周文王使虞、芮二國國君感化而停止爭地也沒法比！這事應當布告天下。」章奏被批准了。於是，孔光更加懼怕，堅決說是有病辭去職位。太皇太后下詔：「太師不必上朝，每十天入朝一次就可以了。朝廷為你置備几案和手杖，賜給十七種食物，然後再回家。太師府的屬官按照各自職掌辦理政事。」

王莽上奏建議興建明堂、辟雍、靈臺，給學員建房一萬間，規模非常盛大。在太學設立《樂經》課程；增加博士名額，每經各五人。徵召全國精通《六經》中某一經而又傳授弟子十一人以上的經師，凡收藏有《逸禮》、古書、天文、圖讖、鍾律、《月令》、兵法、《史篇》文字，能通曉其意義的人，都請到公車署來。招集全國奇才異士，來到京師的前後數以千計，都讓他們在宮廷內把學說記錄下來，想用他們來改正謬誤，統一歧異學說。

又徵能治河者以百數，其大略❶異者，長水校尉❷平陵關並❸言：「河決率常❹於平原、東郡❺左右，其地形下❻而土疏惡❼。聞禹治河時，本空此地，以為水猥盛❽則放溢❾，少稍自索❿，雖時易處⓫，猶不能離此。上古難識。近察秦、漢以來，河決曹、衛之域⓬，其南北不過百八十里。可空此地，勿以為官亭⓭、民室而已。」御史臨淮⓮韓牧以為：「可略於禹貢⓯九河⓰處穿⓱之，縱不能為九，但為四五，宜有益。」大司空掾王橫言：「河入勃海⓲地，高於韓牧所欲穿處。往者天常連雨，東北風，海水溢，西南出，寖⓳數百里，九河之地已為海所漸⓴矣。禹之行㉑河水，本隨西山㉒下東北去。周譜㉓云：『定王五年㉔，河徙』，則今所行非禹之所穿也。又秦攻魏，決河灌其都㉕，決處遂大，不可復補。宜卻徙完平處更開空㉖，使緣西山足㉗，乘高地而東北入海，乃無水災。」司空掾沛國桓譚㉘典㉙其議，為甄豐言：「凡此數者，必有一是，宜詳考驗，皆可豫見。計定然後舉事，費不過數億萬，亦可以事㉚諸浮食㉛無產業民。空居與行役，同當衣食，衣食縣官㉜而為之作，乃兩便，可以上繼禹功，下除民疾㉝。」時莽但崇空語㉞，無施行者。

羣臣奏言：「昔周公攝政㉟七年，制度乃定。今安漢公輔政四年，營作二旬㊱，大功畢成，宜升宰衡位在諸侯王上。」詔曰：「可。」仍[37]令議九錫[38]之法。

莽奏尊孝宣廟為中宗，孝元廟為高宗。又奏毀孝宣皇考廟[39]勿脩。罷南陵[40]、雲陵[41]為縣。奏可。

莽自以北化[42]匈奴，東致[43]海外，南懷[44]黃支，唯西方未有加[45]，乃遣中郎將平憲等多持金幣誘塞外羌，使獻地願內屬。憲等奏言：「羌豪良願等種可萬二千人[46]，願為內臣，獻鮮水海[47]、允谷、鹽池[48]，平地美草，皆與漢民；自居險阻處為藩蔽。問良願降意，對曰：『太皇太后聖明，安漢公至仁，天下太平，五穀成孰[49]，或禾長丈餘，或一粟三米，或不種自生，或繭不蠶自成；甘露從天下，醴泉[50]自地出；鳳皇來儀[51]，神爵降集[52]。從四歲以來[53]，羌人無所疾苦，故思樂內屬。』宜以時處業[54]，置屬國[55]領護[56]。」事下莽，莽復奏：「今已有東海、南海、北海郡[57]，請受良願等所獻地為西海郡。分天下為十二州[58]，應古制。」奏可。冬，置西海郡[59]。又增法五十條，犯者徙之西海。徙者以千萬數，民始怨矣。

梁王立[60]坐與衛氏交通[61]，廢[62]，徙南鄭[63]，自殺。○分京師置前煇光、後丞烈二郡[64]。更公卿、大夫、八十一元士官名、位次及十二州名、分界[65]。郡國所屬，罷置改易，天下多事，吏不能紀矣。

【章 旨】以上為第三段，寫王莽好大喜功，卻不恤民生，修治黃河議而不決，只是空喊口號給自己增添光環。王莽又諷諭四夷來朝，更改官名、地名，凡此，表現自己的絕對權威，為加號九錫鋪平道路。

【注 釋】❶大略　大要。此指治水大體方案。❷長水校尉　官名，武帝時所建置的八校尉之一，執掌屯駐長水的胡騎。❸關並　人名，平陵人，任職長水校尉。❹率常　通常。❺平原東郡　皆郡名。平原郡，治所在今山東平原縣南。東郡，治所在今河南濮陽西南。❻地形下　指地處黃河下游，地勢低窪。❼土疏惡　指土地瘠薄。❽猥盛　多。❾放溢　氾濫。❿少稍自索　水少則逐漸乾涸。少，水少。稍，逐漸。索，盡，指河水乾涸。⓫雖時易處　雖然有時潰決之處有改變。⓬曹衛之域　指古曹、衛兩國地區。曹，古國名，其地在今山東定陶、曹縣、菏澤一帶。衛，古國名，其地在今河南北部地區。域，地區。⓭官亭　供過往官吏食宿的處所。⓮臨淮　郡名，治所在今江蘇泗洪縣南。⓯禹貢　《尚書》篇名，大約寫成於戰國時期，是我國古代文獻的地理專篇。〈禹貢〉把古代中國劃分為九州，記述各州的山河分布、物產、交通、貢賦等情況。⓰九河　指〈禹貢〉記載的黃河下游的九條支流。一說，「九」為泛指，「九河」為黃河下游許多支流的總稱。⓱穿　鑿通。⓲勃海　郡名，治所在河北滄州東南。⓳寖　滲透。勃海郡地處渤海西岸，所以在雨天海水漲滿時，遇有東北風，海水便向西南溢出，漫淹數百里的土地。⓴漸　淹沒。㉑行　流。此言使河水暢流。㉒西山　指太行山。㉓周譜　周朝王室記述宗室世系的書。㉔定王五年　周定王，周頃王子，繼兄匡王立，在位二十一年(西元前六〇六—前五八六年)。其五年為西元前六〇二年。㉕都　指戰國後期魏國都城大梁(今河南開封)。秦決河灌魏都大梁，事見本書卷七始皇帝二十二年。㉖宜卻徙完平處更開空　應該回轉到黃河上游寬平處，鑿開黃河改道。卻，回轉。徙，改道。完平，寬闊平坦。完，古「寬」字。空，通「孔」。鑿通。㉗足　山麓。㉘桓譚　(？—西元五〇年)字君山，沛郡相縣(今安徽濉溪縣西北)人，西漢末官議郎，王莽建新，為掌樂大夫。東漢初官議郎給事中，因極言讖緯之非，激怒光武帝，出為六安郡丞，在赴任道中病故，享年七十餘。著《新論》二十九篇，今佚。傳見《後漢書》卷二十八上。㉙典　主持。㉚事　役使；使用。㉛浮食　不從事耕作而食。㉜衣食縣官　由官府供給衣食。縣官，官府。㉝疢　痛苦。㉞崇空語　只是唱高調，說空話。崇，重視，此指唱高調。㉟攝政　代國君處理國政。㊱營作二旬　建造才二十天。旬，十天。此言明堂、辟雍二旬建成。㊲仍　於是。㊳九錫　古代天子賜給諸侯、大臣的九種器物，是天子對臣下的一種最高禮遇。九錫名目，有多種說法，大同小異。《公羊傳》莊公元年漢何休注：「禮有九錫：一曰車馬，二曰衣服，三曰樂則，四曰朱戶，五曰納陛，六曰虎賁，七曰弓矢，八曰鈇鉞，九曰秬鬯。」王莽欲篡漢建新，先求九錫。

㊴孝宣皇考廟　宣帝為戾太子孫，史皇孫子。武帝末年，在巫蠱事件中，戾太子自殺，史皇孫遇害。宣帝繼昭帝為帝，為尊其生父，於元康元年（西元前六五年）為史皇孫立皇考廟。㊵南陵　漢文帝母親薄太后的陵墓。㊶雲陵　漢昭帝母親趙太后的陵墓。漢代帝、后陵皆置陵邑，用以供奉陵園。王莽提出撤銷文帝母南陵和昭帝母雲陵的陵邑。㊷化　感化。㊸致　招致。㊹懷　安撫；招撫。㊺加　施加影響。㊻羌豪良願等種可萬二千人　羌人首領良願等部落約一萬二千人。豪，首領。良願，羌豪名。種，部族。可，大約。㊼鮮水海　地名，即今青海湖。㊽允谷鹽池　地名，今地不詳，當在青海湖附近。㊾孰　同「熟」。㊿醴泉　甘美的泉水。(51)鳳皇來儀　謂鳳凰來舞而有容儀。古人以為祥瑞徵兆。語出《尚書・益稷》。(52)神爵降集　神爵，鳥名。又作「神雀」。爵，通「雀」。集，群鳥棲止樹上。神爵降集也作為祥瑞徵兆。(53)四歲以來　指王莽輔政以來。平帝九歲即位，王莽輔政，至今四年。(54)以時處業　及時安置生業。(55)屬國　漢代於蠻夷降服內屬之地設屬國，由屬國都尉總領其事。(56)領護　管理；統領。(57)東海南海北海郡　三郡名，所缺西海郡，王莽欲納西羌良願部置西海郡。東海郡，治所郯縣，在今山東郯城西北。南海郡，治所番禺，在今廣東廣州。北海郡，治所營陵縣，在今山東昌樂東。(58)十二州　相傳禹治水後，分中國為九州，即冀、兗、青、徐、荊、揚、豫、梁、雍。舜以冀州分出幽、并二州，從青州分出營州，共為十二州。(59)西海郡　良願所獻地屬金城郡，現依莽奏，改金城郡為西海郡，治所在今甘肅蘭州西北。(60)梁王立　文帝子梁孝王劉武之後代劉立。成帝陽朔元年（西元前二四年）嗣侯。荒淫殘暴，竟至一日十一犯法。後因與平帝外家中山衛氏交往，奪其爵位，廢為平民，貶謫到漢中南鄭，自殺。傳附見《漢書》卷四十七〈文三王傳〉。(61)交通　交往；勾結。(62)廢　指免去爵位。(63)徙南鄭　將梁王劉立流放到南鄭。徙，貶謫。南鄭，縣名，縣治在今陝西漢中。(64)分京師句　王莽分京師地區設置二郡，以其郡名分稱「前」、「後」推之，前煇光蓋治長安以南諸縣，後丞烈蓋治長安以北諸縣。(65)更公卿句　更，改。改變官制，事詳本書卷三十五始建國元年；正十二州之州名、分界，為今年事。然正如史文所云：「郡國所屬，罷置改易，天下多事，吏不能紀。」所以，後人無以詳知。

【語　譯】王莽又徵召能治理黃河的人才一百多名，各人的治河方案並不相同，長水校尉平陵人關並說：「黃河潰決通常是在平原郡、東郡一帶，此地地勢低下，土地瘠薄。聽說夏禹治理黃河時，原本就把這一帶空出來，認為水多了就氾濫，水少了就逐漸乾涸。雖然潰決之處有時改變，但仍不離開這個範圍。上古時代的事情難以知道。考察近代秦、漢以來的狀況，黃河總在曹、衛地域決口，其南北相距不過一百八十里。可以讓這塊地方空出來，不在此修建官亭、民宅就可以了。」御史臨淮人韓牧認為：「可以大致從〈禹貢〉所記載的九條河流的故道上略加疏通，即使不能疏通九條河流，只要疏通四、五條河，應該是大有好處的。」大司空掾王橫說：「黃河流入渤海地區，地勢高於韓牧主張要疏通的河道。過去陰雨連綿，東北風起，海水倒灌，以致黃河水向西南倒流，淹沒數百里，古代九河的故道，已被海水淹沒了。夏禹當初疏導黃河，原本是順著太行山向東北流去。《周譜》說：『周定王五年，黃河改道』，現在黃河所經的河道，並不是當年夏禹所挖掘的河道。此外，過去秦國滅亡魏國時，決黃河堤，用黃河水灌入魏國國都大梁，決口地方便擴大了，無法進行堵塞。應當遷走人戶，在寬平地另行開通河道，使黃河水順著太行山的山麓，居高臨下向東北流入渤海，才能避免水災。」司空掾沛國人桓譚主持這次商討，他對少傅甄豐說：「這些不同的方案，一定有一種方案是正確的，應當詳細考察，就能預知得失。計畫選定後開始行動，費用不過幾億萬，也可以使用一些無業遊民。這些人閒著與役使，同樣都是穿衣吃飯，現在由縣官供給他們的衣服和飲食，而讓他們修治黃河，於公於私雙方都有好處，上可以繼承夏禹的功績，下可以解除百姓的痛苦。」當時王莽只是崇尚空話，沒有具體加以施行。

文武大臣上奏說：「以前周公代周成王處理國政七年，國家制度才制定下來。現在安漢公輔助國政四年，建造明堂、辟雍不過兩旬，就大功告成，應該把宰衡的地位升高在諸侯王之上。」平帝下詔說：「可以。」於是下令商議九錫的法規。

王莽奏請：尊孝宣廟為中宗，孝元廟為高宗。又奏請：被毀的孝宣皇考廟不要修理。撤銷南陵、雲陵而改成為縣。奏請被批准。

王莽自認向北感化了匈奴，向東招致了海外之人，向南招撫了黃支國，唯有西邊還沒有施加影響，於是派遣中郎將平憲等人攜帶很多金幣禮物去引誘塞外的羌人，使他們獻出土地，願意歸屬漢朝。平憲等人上奏說：「羌人首領良願等部落人口約一萬二千，願為漢朝的屬國，獻出鮮水海、允谷、鹽池，平原美草，都給漢民；自己居處險峻地區作為漢朝的屏障。詢問良願歸降的意願，他回答說：『太皇太后英明，安漢公最仁慈，天下太平，五穀豐收，禾苗有的長一丈多高，一粟有的包含三粒米，有的不種植而自己生長，不要養蠶而繭可以自結而成；甘露自天而降，甘美的泉水從地下湧出；鳳凰來舞，神雀降落樹上棲息。自從安漢公輔政四年以來，羌人沒有痛苦，因而很樂意歸屬漢朝。』應該及時安排他們的生業，設置屬國領護。」事情交由王莽處理，王莽再次上奏說：「如今已有東海、南海、北海三個郡，請求接受良願等所獻的土地設立為西海郡。請將全國分為十二州，和古代的制度相應合。」上奏被批准。冬，設置西海郡。又增訂法律五十條，犯法的就流放到西海郡。被流放的人，數以千萬計，百姓開始怨恨了。

梁王劉立犯了與衛氏往來的罪，廢除封國，放逐到南鄭縣。劉立自殺。○劃分京師長安為前煇光、後丞烈兩個郡。更改公卿、大夫、八十一元士的官名、等級以及十二州名、分界線。更改各郡、各國的管轄區域，採取撤除、新置、改動、變更等辦法，天下多事，官吏難以記載。

五年（乙丑　西元五年）

春，正月，祫❶祭明堂。諸侯王二十八人，列侯百二十人，宗室子九百餘人，徵助祭❷。禮畢，皆益戶❸、賜爵及金帛、增秩❹、補吏❺各有差❻。○安漢公又奏復長安南、北郊❼。三十餘年間，天地之祠凡五徙❽焉。○詔曰「宗室子自漢元❾至今十有[1]餘萬人，其令郡國各置宗師❿以糾之，致教訓焉。」

夏，四月乙未⓫，博山簡烈侯孔光薨，贈賜、葬送甚盛，車萬餘兩⓬。以馬宮為太師。

吏民以莽不受新野田而上書者前後四十八萬七千五百七十二人，及諸侯王公、列侯、宗室見者皆叩頭言：「宜亟加賞於安漢公。」於是莽上書言：「諸臣民所上章下議⑬者，事[2]皆寢⑭勿上，使臣莽得盡力畢⑮制禮作樂事。事[3]成，願賜骸骨⑯歸家，避⑰賢者路。」甄邯等白太后，詔曰：「公每見輒流涕叩頭言，願不受賞；賞即加，不敢當位。方制作未定，事須公而決，故且聽公制作。畢成，羣公以聞，究⑱于前議。其九錫禮儀亟奏！」

五月，策命⑲安漢公莽以九錫，莽稽首再拜，受綠韍⑳、袞冕㉑、衣裳㉒，瑒琫㉓、瑒珌㉔，句履㉕，鸞路㉖、乘馬㉗，龍旂九旒㉘，皮弁㉙、素積㉚，戎路㉛、乘馬㉜，彤㉝弓矢、盧㉞弓矢，左建朱鉞㉟，右建金戚㊱，甲、冑㊲一具，秬鬯㊳二卣㊴，圭瓚㊵二，九命㊶青玉珪二，朱戶㊷，納陛㊸，署㊹宗官㊺、祝官㊻、卜官㊼、史官㊽，虎賁㊾三百人。

【章旨】以上為第四段，寫王莽加號九錫，逼近篡奪帝位，只有一步之遙了。

【注釋】❶祫 祭名，集合遠近祖先神主於太廟合祭。通常三年舉行一次。❷助祭 臣屬以出資、陪位或獻樂等方式佐助君主祭祀。❸益戶 有封邑者增加封邑戶數。❹增秩 增加俸祿。❺補吏 指給未有官職的人補官，即給候補官待詔轉為實官。❻差 等級；次第。❼南北郊 南郊與北郊。是天子分別祭祀天、地的地方，南郊祭天，北郊祭地。❽五徙 漢武帝時，於甘泉宮立泰畤以祭天，於汾陰立后土祠以祭地。成帝建始元年（西元前三一年）罷甘泉泰畤、汾陰后土祠而作長安南、北郊，永始三年（西元前一四年）罷長安南、北郊而復甘泉泰畤、汾陰后土祠，哀帝初罷甘泉泰畤、汾陰后土祠而復長安南、北郊，建平三年（西元前四年）罷長安南、北郊而復甘泉泰畤、汾陰后土祠，今又罷甘泉泰畤、汾陰后土祠而復長安南、北郊。自成帝建始元年至今三十七年，五次變移。❾漢元　漢初。❿宗師　官名，執掌宗室親族的考察和教育。⓫乙未　四月初一日。⓬兩　古「輛」字。⓭下議　交給下面討論。⓮寢　擱置。⓯畢　完成。⓰賜骸骨　允准官吏辭職回鄉。意謂出仕者身許國家，請朝廷允准官吏辭職，得以使骸骨歸葬故鄉。古時大臣辭職的慣用語、套話。⓱避　迴避；讓開。此言己辭大位，讓開賢者進用之路。⓲究　商定。⓳策命　用策書命令。策書是皇帝命令的一種，多用於封土授爵、任免三公等。⓴綠韍　祭服的綠色蔽膝。用熟皮製作。㉑袞冕　袞，古代帝王及上公祭宗廟所穿的禮服。冕，古代帝王、諸侯、卿大夫所戴的禮帽。㉒衣裳　衣服。此指家常便服。古人之服，上叫衣，下叫裳。㉓瑒琫　瑒，玉名。琫，佩刀鞘上近口處的飾物。此言賜莽的佩刀，用瑒琫裝飾。㉔珌　佩刀鞘上末端的飾物。此言賜莽刀鞘用瑒珌裝飾。㉕句履　鞋名。句，通「絇」。鞋頭尖形上翹的裝飾品。履，鞋。㉖鸞路　帶鈴的御車。鸞，通「鑾」。鈴。路，通「輅」。車。㉗乘馬　四馬。此言賜王莽套鸞路車用的四匹御馬。㉘龍旂九旒　天子之旗。龍旂，劃交龍圖紋的旗。旒，旗幟下邊懸垂的條狀絲織裝飾物。㉙皮弁　皮製盔帽。㉚素積　用白色綿綢製作的戰袍。㉛戎路　兵車。㉜乘馬　又賜套戎車的御馬四匹。㉝彤　紅色。㉞盧　黑色。㉟鉞　兵器。形如大斧。㊱戚　斧類兵器。㊲甲冑　甲，鎧甲。冑，頭盔。㊳秬鬯　用黑黍合鬱金香草釀造的香酒。㊴卣　酒器名。㊵圭瓚　一種玉製酒器。形狀如勺，其柄似圭。圭，古代帝王、諸侯舉行隆重儀式時所用玉製禮器，長條形，上尖下方。瓚，玉製酒勺。㊶九命　周代的官爵分為九個等級，稱九命。他們的官室、車旗、衣服、禮儀等，都按等級作相應規定。九命為最高一級。㊷朱戶　紅色大門。㊸納陛　鑿殿基為登升的臺階，使臺階置於屋簷下，稱納陛。陛，殿堂的臺階。㊹署　設置。㊺宗官　執掌禮樂的官吏。㊻祝官　執掌祠廟中祭禮的官吏。㊼卜官　職司卜筮的官。㊽史官　記帝王言行，並掌圖籍的職官。㊾虎賁　勇士。指戍衛兵卒。

【校　記】①有　原無此字。據章鈺校，甲十六行本、乙十一行本、孔天胤本皆有此字，今據補。②事　據章鈺校，甲十六行本作「以」，乙十一行本、孔天胤本皆作「願」，未知孰是。③事事　「事」字原不重。據章鈺校，甲十六行本、乙十一行本、孔天胤本「事」字皆重，今據補。

【語　譯】五年（乙丑　西元五年）

春，正月，平帝在明堂舉行合祭；諸侯王二十八人，列侯一百二十人，宗室子弟九百多人受徵召來助祭。祭禮完畢，都增加采邑戶數，賜給爵位，以及賞賜金錢、絲綢，有官職的增加秩祿，無官的任命官職，各有等級。○安漢公王莽又奏請恢復在長安南郊祭天、北郊祭地的典禮。三十多年以來，祭祀天地的祠壇一共遷徙了五次。○平帝下詔說「皇家宗室子弟從漢朝建立至今有十多萬人，現敕令郡國各自設置宗師督導他們，對他們進行教育。」

夏，四月初一日乙未，博山簡烈侯孔光去世，賜贈豐厚，葬禮隆重，送葬的車有一萬餘輛。任命馬宮為太師。

因為王莽不接受新野縣為采邑而上奏請願的全國吏民前後有四十八萬七千五百七十二人，以及被召見的諸侯王、公卿、列侯、宗室都磕頭說：「應當趕快增加賞賜給安漢公。」於是王莽上書說：「全國臣民所上奏章而交下商議的，其中有關賞賜之事都擱置不要呈上，使我王莽能竭盡全力來完成制禮作樂。事情完成後，希望准許辭職回家，給賢能人才讓路。」右將軍甄邯等稟報太皇太后，太皇太后下詔說：「安漢公每次進見，都流著眼淚磕頭說，希望不接受賞賜；若一定要給予賞賜，他就辭位。現在制禮作樂的任務尚未完成，這事必須由安漢公自己決定，暫且聽從安漢公專心制禮作樂之事。等任務完成，群公告知，再商定大家從前的建議。但關於九錫禮儀須盡快制定上奏！」

五月，策書任命安漢公王莽，賜給九錫。王莽再次叩首下拜，接受綠色祭服的蔽膝，禮服、禮帽，家常便服，用玉石裝飾刀柄的佩刀，用玉璧裝飾的刀鞘，尖端上翹的御鞋，帶鈴御車，御車馬匹，懸垂九個尾梢的龍旗，白鹿皮製作的盔帽，白色的錦製戰袍，戰車和拉車的四匹馬，朱紅色的弓、箭，黑色的弓、箭各一副，大門外左邊豎著紅色大斧，右邊豎著金色大斧，一套鎧甲、頭盔，兩樽香酒，兩個用玉石做的酒器，兩枚上公舉行隆重儀式時用的青色玉珪，朱紅色府第大門，廳堂有納陛臺階，可以設置宗官、祝官、卜官、史官，以及護衛勇士三百人。

王惲等八人使行❶風俗還，言天下風俗齊同，詐為郡國造歌謠❷、頌功德，凡三萬言。閏月丁酉❸，詔以義和劉秀等四人使治明堂、辟雍，令漢與文王靈臺、周公作洛同符❹。太僕王惲等八人使行風俗，宣明德化，萬國齊同，皆封為列侯❺。時廣平❻相❼班穉❽獨不上嘉瑞及歌謠。琅邪❾太守公孫閎言災害於公府❿。甄豐遣屬⓫馳至兩郡，諷⓬吏民，而劾「閎空造不祥，穉絕嘉應，嫉害聖政，皆不道。」穉，班倢伃弟也。太后曰：「不宣德美，宜與言災[1]者異罰。且班穉後宮賢家⓭，我所哀⓮也。」閎獨下獄，誅。穉懼，上書陳恩謝罪⓯，願歸相印，入補延陵園郎⓰。太后許焉。

莽又奏為市無二賈⓱，官無獄訟，邑無盜賊，野無飢民，道不拾遺，男女異路之制。犯者象刑⓲。

莽復奏言：「共王母⓳、丁姬，前不臣妾⓴，冢高與元帝山齊㉑，懷帝太后、皇太太后璽綬以葬。請發共王母及丁姬冢，取其璽綬；徙共王母歸定陶，葬共王冢次。」太后以為既已㉒之事，不須復發。莽固爭之，太后詔因故棺改葬之。莽奏：「共王母及丁姬棺皆名梓宮㉓，珠玉之衣㉔，非藩妾㉕服。請更以木棺代，去珠玉衣；葬丁姬媵妾之次㉖。」奏可。公卿在位皆阿莽指，入錢帛，遣子弟及諸生、四夷凡十餘萬人，操持作具，助將作㉗掘平共王母、丁姬故冢。二旬間，皆平。莽又周棘㉘其處，以為世戒云。又隳壞㉙共皇廟㉚，諸造議㉛者泠褒、段猶等[2]皆徙合浦㉜。

徵師丹詣公車，賜爵關內侯，食故邑。數月，更封丹為義陽侯。月餘，薨。

初，哀帝時，馬宮為光祿勳，與丞相、御史雜議傅太后謚曰孝元傅皇后。及莽追誅前議者，宮為莽所厚㉝，獨不及。宮內慙懼，上書言：「臣前議定陶共王母謚，希指㉞雷同㉟，詭經僻說㊱，以惑誤主上，為臣不忠。幸蒙洒心㊲自新㊳，誠無顏復望闕庭，無心復居官府，無宜復食國邑。願上㊴太師、大司徒、扶德侯印綬，避賢者路。」秋[3]，八月壬午㊵，莽以太后詔賜宮策曰：「四輔㊶之職，為國維綱；三公之任，鼎足承君。不有鮮明㊷固守㊸，無以居位。君[4]言至誠，不敢文過，朕甚多㊹之。不奪君之爵邑，其上太師、大司徒印綬使者㊺，以侯就第㊻。」

莽以皇后有子孫瑞㊼，通子午道㊽，從杜陵直絕南山㊾，徑漢中㊿。○泉陵侯劉慶上書言：「周成王幼少，稱孺子(51)[5]，周公居攝(52)。今帝富於春秋(53)，宜令安漢公行天子事，如周公。」羣臣皆曰：「宜如慶言。」

時帝春秋益壯，以衛后故，怨不悅。冬，十二月，莽因臘日上椒酒(54)，置毒酒中。帝有疾。莽作策[55]，請命於泰畤[56]，願以身代，藏策金縢[57]，置于前殿，敕[58]諸公勿敢言。丙午[59]，帝崩于未央宮。大赦天下。莽令天下吏六百石以上皆服喪三年。奏尊孝成廟曰統宗；孝平廟曰元宗。斂[60]孝平，加元服[61]，葬康陵[62]。

班固贊曰：「孝平之世，政自莽出，褒善顯功，以自尊盛。觀其文辭，方外[63]百蠻，無思不服，休徵[64]嘉應[65]，頌聲並作。至於[6]變異見於上，民怨於下，莽亦不能文[66]也。」

以長樂少府平晏[67]為大司徒。◯太后與羣臣議立嗣。時元帝世絕，而宣帝曾孫有見王[68]五人，列侯四十八人。莽惡其長大，曰：「兄弟不得相為後[69]。」乃悉徵宣帝玄孫，選立之。

是月，前煇光謝囂奏武功長[70]孟通浚井得白石，上圓下方，有丹書[71]著石，文曰「告安漢公莽為皇帝」。符命[72]之起，自此始矣。莽使羣公以白太后，太后曰：「此誣罔天下，不可施行！」太保舜謂太后[7]：「事已如此，無可柰何，沮[73]之，力不能止。又莽非敢有它，但欲稱攝以重其權，填[74]服天下耳！」太后心不以為可，然力不能制，乃聽許。舜等即共令太后下詔曰：「孝平皇帝短命而崩，已使有司徵孝宣皇帝玄孫二十三人，差度[75]宜者，以嗣孝平皇帝之後。玄孫年在襁褓，不得至德(76)君子，孰能安之！安漢公莽，輔政三世，與周公異世同符。今前煇光囂、武功長通上言丹石之符，朕深思厥意，云『為皇帝』者，乃攝行皇帝之事也。其令安漢公居攝踐祚(77)，如周公故事，具禮儀奏！」於是羣臣奏言：「太后聖德昭然，深見天意，詔令安漢公居攝。臣請安漢公踐祚，服天子韍冕，背斧依立於戶牖之間(78)，南面朝羣臣，聽政事。車服出入警蹕(79)，民臣稱臣妾，皆如天子之制。郊祀天地，宗祀明堂，共祀(80)宗廟，享祭(81)羣神，贊曰『假皇帝』(82)，民臣謂之『攝皇帝』，自稱曰『予』。平決(83)朝事，常以皇帝之詔稱『制』。以奉順皇天之心，輔翼漢室，保安孝平皇帝之幼嗣，遂寄託之義(84)，隆治平(85)之化(86)。其朝見太皇太后、帝皇后皆復臣節(87)。自施政教於其[8]宮家國采(88)，如諸侯禮儀故事。」太后詔曰：「可。」

【章　旨】以上為第五段，寫王莽毒死平帝，加號「攝皇帝」，其篡國奪位之心，已是路人皆知。

【注　釋】❶行　巡視。❷詐為郡國造歌謠　偽造郡國歌頌王莽的民歌、民謠。詐，欺詐；矇騙。❸丁酉　閏五月初四日。❹同符　相合。符，符合。相傳周文王時建造靈臺，沒有多少日子便已建成。周公旦營建洛邑，親自去視察情況。❺皆封為列侯　劉秀等四人、王惲等八人都被封侯。劉秀為紅休侯，平晏為防鄉侯，孔永為寧鄉侯，孫遷為定鄉侯，王惲為常鄉侯，閻遷為望鄉侯，陳崇為南鄉侯，李翕為邑鄉侯，郝黨為亭鄉侯，謝殷為章鄉侯，逯普為蒙鄉侯，陳鳳為盧鄉侯。❻廣平　王國名，治所在今河北雞澤東南。❼相　王國行政長官，如郡守。漢制，諸侯王不得治國事，由朝廷派任官吏治理王國各種事務。❽班穉　成帝班婕妤弟，《漢書》作者班固的祖父。穉少為黃門郎中常侍。哀帝即位，出為西河屬國都尉，遷廣平相。平帝時，因不上嘉瑞頌揚王莽功德，免相，入補延陵園郎。事詳《漢書》卷一百上。❾琅邪　郡名，治所在今山東諸城。❿公府　三公府。⓫遣屬　派遣部屬。⓬諷　婉言勸說。⓭後宮賢家　謂班婕妤有賢德。⓮哀　指哀憐婕妤之家。⓯陳恩謝罪　陳述世受國恩，請求恕罪。⓰入補延陵園郎　調班穉入京降職為延陵郎官。補，委任官職。此指降職任用。延陵，漢成帝陵墓名，其地在今陝西咸陽北。園郎，官名，漢制，凡近臣皆隨陵為園郎。穉為成帝班婕妤之弟，所以委任為延陵園郎。⓱為市無二賈　制定統一的市場價格，不准商品有兩種價格。為，制定。賈，同「價」。⓲象刑　刑罰名，相傳古無肉刑，而是採用區別罪犯衣帽服飾的形、色、質的方法，使見者知是受了某種刑的懲罰，以此作為象徵性的刑罰，稱象刑。⓳共王母　指定陶共王的母親傅太后。⓴不臣妾　不遵守臣妾之道。㉑冢高與元帝山齊　指傅太后的墓冢與漢元帝的陵墓一樣高。山，此指陵墓。冢是壘土為山，高凸於地面，故稱陵墓為山。㉒既已　已經完結。㉓梓宮　帝、后的棺材名。帝、后所居稱宮，棺用梓木製作，故稱梓宮。㉔珠玉之衣　漢代帝、后葬服，上身穿用金絲線聯綴珍珠做成的短衣，稱珠襦。腰部以下至腳，穿用金絲線聯綴玉片做成的玉衣，稱玉匣（匣又作「柙」）。這裡所說的「珠玉之衣」，即指「珠襦玉柙」，俗稱金縷玉衣。㉕藩妾　諸侯王的姬妾。㉖媵妾之次　此言按一般姬妾的等級改葬丁姬。媵妾，陪嫁的姬妾，即一般姬妾。次，位次；等級。㉗將作　指將作大匠。官名，執掌營建宮室、宗廟、陵園等土木工程。㉘周棘　種棘環繞。周，環繞。棘，有刺的草木。㉙隳壞　毀壞。㉚共皇廟　哀帝的父親定陶共王之廟。哀帝建平二年（西元前五年），在京師立共皇廟。㉛造議　提議。㉜徙合浦　流放到合浦。合浦，郡名，治所在今廣東海康。㉝厚　看重；優待。㉞希指　迎合在上者的旨意。㉟雷同　隨聲附和。㊱詭經僻說　離經叛道，造作邪僻之說。㊲洒心　洗心。㊳自新　自己重新做人。㊴上　上繳。㊵壬午　八月二十日。㊶四輔　王莽託古改制，設立太師、太傅、國師、國將為四輔，位上公。㊷鮮明　指精明幹練。㊸固守　堅持節操。㊹多　推重；欣賞。㊺其上太師句　此言把太師、大司徒印綬上繳給朝廷派去的使臣。㊻就第　指免職回家。㊼皇后有子孫瑞　皇后有多子的祥瑞。皇后，王莽女。子孫瑞，子孫繁衍昌盛的祥兆。莽女王子年（西元前九年）生，依五行陰陽說，子為水，為陰極。陰極則有皇后之貴，屬子則有子孫繁衍昌盛之瑞。㊽通子午道　開通子午道。子午道是由關中到漢中的南北通道之一。以十二地支表方位，子是北方，午是南方；依五行陰陽說，子為水，為陰極，午為火，為陽極。所以，開通此南北隘道名為子午道，以取陰陽溝通相諧之義。㊾從杜陵直絕南山　指開子午道，從杜陵縣逕直跨過終南山。杜陵，縣名，縣治在今陝西西安東南。絕，跨越。南山，指終南山。屬秦嶺山脈，在今陝西西安南。㊿徑漢中　直達漢中郡。徑，直達。漢中，郡名，治所在今陝西安康西北。(51)孺子　王莽為奪取漢室政權，惡立長君，選立宣帝玄孫中年僅二歲的劉嬰，號為孺子。在位二年，王莽建新，廢為定安公。劉玄更始三年（西元二五年），平陵人方望等起事，擁立劉嬰為帝，為劉玄擊破，被殺。(52)居攝　因皇帝年幼不能親自治理政事，由大臣代居其位處理政事，稱居攝。(53)富於春秋　指年少、年輕。春秋，指年齡。(54)莽因臘日上椒酒　臘日，臘祭之日，即農曆十二月初八日。椒酒，用花椒浸製的酒。此言王莽於臘日向平帝奉獻椒酒以示祝賀。(55)作策　編寫策文。策，一作「冊」，古代帝王祭告天地神祇的文書。(56)請命於泰畤　泰畤，古代天子祭天神的處所。此言王莽祭天禱告，願以自身代帝死。(57)金縢　用金屬繩子捆束的匣子。縢，封緘。(58)敕　告誡。據《尚書・金縢》記載，周武王有疾，周公祭告三王（太王、王季、文王）的在天之靈，請求自身代武王死。祭畢，冊文收藏在金縢的匣子中，且告誡知情官吏保密，不要外言。此言王莽依仿周公的做法，製作金縢之書，藉以邀信於朝廷。(59)丙午　十二月辛酉朔，無丙午日。「丙午」誤。該月為一年之末月，王莽初八日獻毒酒，帝有疾，莽祭禱，則帝崩日自當在臘日後至月底的二十天中。(60)斂　通「殮」。給死者穿衣、入棺。(61)元服　指冠。元，頭。冠戴於頭，故稱元服。古時舉行加冠禮稱加元服。平帝九歲即位，在位五年，死年十四，尚未舉行冠禮，帝死，不得以孩童殮，故加元服。(62)康陵　平帝陵墓名，其地在今陝西咸陽西北。(63)方外　指邊遠地區。(64)休徵　吉祥的徵兆。休，美好。(65)嘉應　祥瑞。(66)文　粉飾；掩飾。(67)平晏　右扶風平陵縣（今陝西咸陽西北）人，父平當，哀帝時官至丞相。晏依附王莽，於平帝元始五年與劉歆等治明堂、辟雍，封防鄉侯，官至大司徒。王莽建新，為太傅，就新公，位上公。(68)見王　現今的諸侯王。見，「現」本字。(69)兄弟不得相為後　平帝是宣帝曾孫，所以說與現今為諸侯王、列侯的宣帝曾孫輩為兄弟。兄弟不得相為後，此為王莽惡立長君，而立幼小的藉口。(70)武功長　武功，縣名，縣治在今陝西眉縣東。長，縣的行政長官。漢制，縣有萬戶以上者稱令，萬戶以下者稱長。武功原為右扶風屬縣，現分出劃歸前煇光。(71)丹書　古代方士用紅筆書寫符書，託言天命，稱為丹書。丹，紅色。(72)符命　上天把祥瑞賜給人君，作為人君接受天命治理天下的憑證，稱符命。(73)沮　阻止。(74)填　通「鎮」。安定。(75)差度　衡量選擇。(76)至德　最高尚的道德。(77)踐祚　登帝位。祚，皇位。(78)背斧依立於戶牖之間　背，背後靠著。斧依，又作「斧扆」，繪有斧形圖案的屏風。這是古代專供帝王朝堂設置的器具。以深紅色作為底色，上面繪斧形圖案，高八尺，東西向擋在門窗之間。天子背靠斧依，南面而立，朝見諸侯，治理政事。相傳周成王幼，周公踐祚代成王攝行政事，即背靠斧依，南面而立，以朝諸侯。戶牖，門窗。(79)警蹕　古代帝王出入稱警蹕。警，言左右侍衛高度戒備。蹕，言清理道路，禁止行人。(80)共祀　恭敬莊嚴地祭祀。共，通「恭」。恭敬。(81)享祭　祭祀。(82)贊曰假皇帝　贊，指祝辭，即祭時禱告之辭。假皇帝，意謂暫時代理皇帝。假，非正式；代理。(83)平決　判斷處理。

(84)遂寄託之義　完成受託付的大義。遂，成就；完成。寄託，託付。(85)治平　國治天下太平。(86)化　風尚。(87)復臣節　仍用做臣的禮節。(88)宮家國采　指王莽的官邸、家中、封國、采地。既居攝稱「假皇帝」，故稱其官邸為宮。本月，武功長孟通上丹石之符，於是詔以武功縣為王莽采地，改名漢光邑。

【校　記】[1]災　原作「災害」。據章鈺校，甲十六行本、乙十一行本皆無「害」字，今據刪。[2]等　原無此字。據章鈺校，甲十六行本、乙十一行本、孔天胤本皆有此字，今據補。[3]秋　原無此字。據章鈺校，甲十六行本、乙十一行本、孔天胤本皆有此字，張敦仁《通鑑刊本識誤》同，今據補。[4]君　張敦仁《通鑑刊本識誤》以為「君」上脫「但」字。[5]少稱孺子　原作「小」。據章鈺校，甲十六行本、乙十一行本、孔天胤本皆作「少稱孺子」，張敦仁《通鑑刊本識誤》同，今據改。[6]於　據章鈺校，甲十六行本、乙十一行本、孔天胤本皆作「乎」。[7]后　原作「后曰」。據章鈺校，甲十六行本、乙十一行本、孔天胤本皆無「曰」，今據刪。[8]其　原無此字。據章鈺校，甲十六行本、乙十一行本、孔天胤本皆有此字，今據補。

【語　譯】王惲等八人奉命巡視風俗回京，說全國風俗齊同美好，偽造郡、國歌謠，歌功頌德，共三萬字。閏五月初四日丁酉，皇上下詔派羲和劉秀等四人興建明堂、辟雍，使漢朝土木工程與周文王建築靈臺、周公建築洛邑能相符合。太僕王惲等八人奉命巡視風俗，宣揚朝廷的德治教化，使全國風俗一致，劉秀等四人、王惲等八人都冊封為列侯。

此時唯有廣平國相班穉沒有進獻祥瑞和民歌童謠。琅邪郡太守公孫閎在三公府陳述民間災害。御史大夫甄豐派遣屬官馳馬到達廣平國、琅邪郡，婉言勸說官吏和百姓進獻祥瑞而隱瞞災害，並上奏彈劾「公孫閎捏造災害，班穉拒絕反映祥瑞的徵兆，嫉恨朝廷的聖政，都犯有不道之罪。」班穉，是班婕妤的弟弟。太皇太后說：「不宣揚美德，應當和捏造災害的處罰不同。況且班穉是後宮有賢德的班婕妤的弟弟，我很哀憐婕妤之家。」公孫閎單獨被關進監獄，誅殺。班穉很害怕，上書陳述世受國恩，請求恕罪，願意歸還相印，到延陵補個掌守園寢門戶的園郎。太皇太后同意了他的請求。

王莽又上奏制定全國買賣只有一個價格，官府沒有訴訟案件，城邑沒有盜賊，鄉村沒有飢民，路不拾遺，以及男女分路行走的制度。違犯了的，僅在服裝上加以象徵刑罰的標誌。

王莽又上奏說：「定陶共王的母親傅太后、王后丁姬，從前不遵守臣妾之道，墳墓高度和元帝一樣，懷抱著帝太后、皇太太后的印璽埋葬。請求挖掘定陶共王的母親以及丁姬的墳墓，取出印璽；將定陶共王母的遺體遷往定陶國，葬在定陶共王的墓園。」太皇太后認為這都是了結了的事情，不必再提起。王莽堅持己見，太皇太后下詔用她們原來的棺木改葬。王莽又奏說：「定陶共王母親和丁姬的棺材，皆名梓宮，穿著金縷玉衣的殮服，這不是諸侯王姬妾應服用的。請求改用木棺代替，去掉金縷玉衣，將丁姬按陪嫁女子的等級安葬。」上奏被批准。在位的公卿大臣都迎合王莽的旨意，捐獻錢帛，各家都派出子弟，以及眾儒生、東夷、西戎、南蠻、北狄四夷之人共十餘萬人，拿著工具，幫助將作大匠挖掘定陶共王母親、丁姬的舊時墳墓。二十天左右，全都鏟平。王莽又用荊棘把原地圍起來，作為世人的鑑戒。又毀壞共皇的陵廟，當初提議造廟的泠褒、段猶等人都被流放到合浦。

徵召師丹到公車府，賜給關內侯的爵位，恢復他從前封邑。數月後，改封師丹為義陽侯。一個多月後，師丹去世。

當初，哀帝時，馬宮為光祿勳，和丞相、御史合議傅太后的諡號為孝元傅皇后。等到王莽追究誅殺從前參與會議的人，馬宮被王莽看重，唯獨沒有被殺。馬宮內心慚愧害怕，上書說：「臣從前在商議定陶共王母的諡號時，迎合上面的旨意，隨聲附和，離經叛道，造作邪僻之說，迷惑皇上，為臣不忠。有幸洗心自新，實在無顏面再在朝廷議政，也沒有心思再留居官府，更不應當再享有封爵食邑。臣願上繳太師、大司徒、扶德侯的官印，給賢能的人讓路。」秋，八月二十日壬午，王莽以太皇太后的名義下詔賜馬宮策書說：「四輔的職務是維護國家的法度；三公的責任，就像鼎的三足支撐君王。不能精明幹練處事和堅持節操，就無法居於高位。但你的陳述十分誠懇，不敢文飾錯誤，朕非常欣賞。不剝奪你的爵位食邑，可上繳太師、大司徒的官印給使者，以侯爵身分回家。」

王莽認為皇后有多子的祥瑞，於是開通子午道，從杜陵縣逕直跨過終南山，直達漢中郡。○泉陵侯劉慶上奏說：「周成王年幼，號稱『孺子』，由周公居位攝政。如今皇帝年幼，應該讓安漢公王莽代理天子執政，就像周公一樣。」群臣都說：「應當如劉慶所言。」

此時平帝年齡益長，因為自己母親衛后不能到京城的緣故，心懷怨恨，鬱鬱不樂。冬，十二月，王莽趁臘日大祭向平帝進獻椒酒，將毒藥放入酒中。平帝有了病。王莽寫下禱文策書，到泰畤替平帝向天神祈求，願用自己的生命代替平帝去死，並把策書藏在金縢櫃裡，放置前殿，告誡文武大臣不要言語。丙午日，平帝在未央宮去世。大赦天下。王莽命令全國年俸六百石以上官吏都要居喪三年。上奏太皇太后，尊稱孝成廟為統宗；孝平廟為元宗。將平帝收殮，穿戴成人的衣冠，葬在康陵。

班固評論說：「孝平帝之世，政令出自王莽，褒揚善德、宣揚功績，用以顯示他自己的威嚴尊貴。察看那些文章記載，邊遠地區的蠻夷，沒有一個不歸順的，吉兆祥瑞，頌揚之聲四起。事實上，至於上天顯現變異，下面黎民百姓的怨恨，王莽也是無法掩飾的。」

任命長樂少府平晏為大司徒。○太皇太后和文武大臣商議冊立皇帝繼承人。當時元帝的後代已斷絕，而宣帝的曾孫中現今為諸侯王的有五人，為列侯的四十八人。王莽嫌他們長大成人，就說：「兄弟不能相繼為後代。」於是就將宣帝玄孫都徵召來，選拔一人立為皇帝。

這一月，前煇光人謝囂上奏說，武功縣令孟通在掘井時得到一塊白色的石頭，上圓而下方，有丹書寫在石頭上，文曰「告安漢公莽為皇帝」。關於帝王符命之事，從此興起了。王莽指使諸大臣將這件事稟報太皇太后，太皇太后說：「這是在欺騙天下的人，不能實行！」太保王舜對太皇太后說：「事情已經這樣，無可奈何，要阻止它，無力可止。再說王莽不敢有別的企圖，只是想公開攝政來加強自己的權勢，鎮服天下人心而已！」太皇太后心裡知道不可以這樣做，但無力制止，便聽從了。王舜等人就一同讓太皇太后下詔說：「孝平皇帝短命逝世，已命主管官吏徵召孝宣皇帝玄孫二十三人，選擇其中適宜的，承繼孝平皇帝。可是，玄孫年齡幼小，若得不到德高望重的君子來輔弼，誰能保護小皇帝的安全呢！安漢公王莽，輔政已經三世，和周公的時代儘管不同，但符命卻相同。現在前煇光人謝囂、武功縣令孟通上奏說紅字白石的符命，朕深思其意，所說『為皇帝』的意思，就是代理皇帝的職權。那就讓安漢公為代理皇帝，如同周公的成例，準備行禮的儀式上奏！」於是大臣們上奏說：「太皇太后聖德昭明，深深知道天意，下詔讓安漢公代行天子之政。臣等請求安漢公即天子之位，穿著天子的禮服，背後是畫著斧形圖案的屏風，立在門窗之間，面向南方接受群臣朝拜，處理政務。乘車進出要清道戒備，臣下和平民要向他自稱臣妾，全都與天子的禮儀制度一樣。郊祭天地，明堂祭祖，恭祭宗廟，祭祀群神，司儀祝辭稱安漢公為『假皇帝』，平民和臣下稱其為『攝皇帝』，自稱為『予』。裁決朝中大事，常把皇帝之詔稱作『制』。以此來順應上天的心意，輔佐漢室，保護孝平皇帝的幼小繼承人，完成受託付的大義，宏揚天下太平的風尚。代理皇帝朝見太皇太后、帝皇后，仍然都用臣子的禮節。安漢公在自己的官邸、家中、封國、采邑自己施行政教，仍依照諸侯禮儀的往例。」太皇太后下詔說：「可。」

王莽上❶

居攝元年（丙寅　西元六年）

春，正月，王莽祀上帝於南郊，又行迎春❷、大射❸、養老❹之禮。

三月己丑❺，立宣帝玄孫嬰為皇[1]太子，號曰孺子。嬰，廣戚侯顯之子也。年二歲，託❻以為[2]卜相❼最吉，立之。尊皇后曰皇太后。○以王舜為太傅、左輔❽，甄豐為太阿❾、右拂❿，甄邯為太保、後承。又置四少⓫，秩皆二千石。

四月，安眾侯劉崇⓬與相⓭張紹謀曰：「安漢公莽必危劉氏，天下非之，莫敢先舉，此乃宗室之恥也。吾帥宗族為先，海內必和⓮。」紹等從者百餘人遂進攻宛⓯。不得入而敗。

紹從弟竦與崇族父嘉詣闕自歸⑯。莽赦弗罪。竦因為⑰嘉作奏⑱，稱莽德美，罪狀劉崇：「願為宗室倡始，父子兄弟負籠荷鍤⑲，馳之南陽⑳，豬崇宮室㉑，令如古制㉒。及崇社㉓宜如亳社㉔，以賜諸侯，用永監戒㉕！」於是莽大說，封嘉為率禮侯，嘉子七人皆賜爵關內侯，後又封竦為淑德侯。長安為之語曰：「欲求封，過張伯松㉖。力戰鬪，不如巧為奏。」自後謀反者[3]皆汙池[4]云。

羣臣復白：「劉崇等謀逆者，以莽權輕也，宜尊重以填㉗海內。」五月甲辰㉘，太后詔莽朝見太后稱「假皇帝」。

冬，十月丙辰朔㉙，日有食之。

十二月，羣臣奏請以安漢公廬㉚為攝省，府㉛為攝殿，第㉜為攝宮。奏可。〇是歲，西羌龐恬、傅幡等怨莽奪其地，反攻西海太守程永。永奔走。莽誅永，遣護羌校尉竇況擊之。

【章　旨】以上為第六段，寫孺子嬰即位，王莽居攝為代理皇帝。宗室劉崇反抗，曇花一現。

【注　釋】❶王莽上　《通鑑》不以新朝、新皇紀年，逕稱王莽，附於《漢紀》，乃封建史家不承認新朝為一個王朝。王莽（西元前四五－西元二三年），字巨君，魏郡元城縣（今河北大名東）人，自謂黃帝、虞舜之後。曾祖賀，武帝時為繡衣御史。祖父王禁，有四女八男，次女政君即元帝王皇后，次男王曼即莽父。父曼早死，莽以元后姪封新都侯，後官大司馬，總攬朝政。平帝死，立孺子嬰為帝，自稱「假皇帝」。三年後即真，改國號為新。託古改制，眾事紛擾；連年征戰，民不聊生。地皇四年（西元二三年），義軍攻進長安，在漸臺被殺。傳見《漢書》卷九十九。❷迎春　祭禮名，古代於每年立春日，天子親率群臣於東郊行迎春祭禮。❸大射　古代帝王為選擇參加郊、廟祭祀活動的人而舉行的射禮。古代帝王在舉行郊、廟祭祀以前，先舉行大射禮，選其射中多者參加祭祀活動。❹養老　古代對年老而有賢德的人，按時設宴款待酒食以示敬重，謂之養老。❺己丑　三月初一日。❻託　假託。❼卜相　占卜和看相。❽左輔　官名，相傳古代君王身邊有四位輔佐大臣，即前疑、後承、左輔、右弼，稱為「四鄰」。王莽託古改制，設左輔、右弼、前後承等官職。❾太阿　官名，商初，伊尹輔佐湯滅夏建商，而後又曾輔佐太甲，為阿衡，所以史稱太阿。王莽以甄豐為太阿，義取伊尹輔佐太甲之事。❿右拂　即「右弼」，官名。拂，通「弼」。⓫四少　即少師、少傅、少阿、少保。⓬劉崇　漢景帝之子長沙定王劉發之後。劉發的兒子劉丹始封安眾侯，劉崇是劉丹玄孫之子。⓭相　官名，此指侯國的相。列侯所食縣稱國，而行政長官改令、長為相，職掌如同令、長，治理侯國政事。⓮和　響應。⓯宛　縣名，宛縣為南陽郡治所，縣治在今河南南陽。⓰紹從弟竦與崇族父嘉詣闕自歸　張紹堂弟張竦與劉崇堂叔劉嘉，到京師宮門前自首請罪。從弟，堂弟。族父，同族兄弟之父。詣闕，到朝廷。自歸，自首。⓱因為　於是替。⓲作奏　寫作奏章。⓳負籠荷鍤　負，用背馱。籠，用竹片編織的盛土器。荷，用肩扛。鍤，即鍬，挖土工具。⓴馳之南陽　劉崇封國屬南陽郡，劉嘉要搗毀劉崇宮室，所以率家人飛速奔赴南陽。之，往。㉑豬崇宮室　豬，通「瀦」。水的停聚處。此處用為動詞。本句意謂搗毀劉崇宮室，並使其地變為汙水池。㉒古制　據說古代討平叛逆之國以後，使其宮室之地變為藏濁納垢的汙水池，名為凶墟。㉓社　指祭祀土神的社宮。古代諸侯國皆立社以祭土神。㉔亳社　即殷社。周滅殷後，命各諸侯國皆建亡國之社亳社以為鑑戒。此言應該像周王朝讓諸侯國都建亳社那樣，讓各諸侯國都立崇社，以為叛逆亡國的鑑戒。㉕監戒　即「鑑戒」。監，通「鑑」。㉖張伯松　即張竦，字伯松。㉗填　通「鎮」。安定。㉘甲辰　五月十七日。㉙丙辰朔　十月初一日。㉚廬　官員值宿所住的房舍。㉛府　指治事之所。漢代高級官員的治事之所稱府。㉜第　指所居住的宅第。

【校　記】①皇　原誤作「老」，今據嚴衍《通鑑補》改作「皇」。②為　原無此字。據章鈺校，甲十六行本、乙十一行本、孔天胤本皆有此字，今據補。③者　原無此字。據章鈺校，甲十六行本、乙十一行本、孔天胤本皆有此字，張敦仁《通鑑刊本識誤》同，今據補。④池　據章鈺校，甲十六行本作「地」，張敦仁《通鑑刊本識誤》同，張瑛《通鑑校勘記》作「瀦」。

【語　譯】王莽上

居攝元年（丙寅　西元六年）

春，正月，王莽在南郊祭祀上帝，又舉行迎春、大射、養老的典禮。

三月初一日己丑，冊立宣帝玄孫劉嬰為皇太子，號曰「孺子」。劉嬰，是廣戚侯劉顯的兒子。時年兩歲，假託占卜和看相最吉利，因此冊立他。尊皇后為皇太后。○任命王舜為太傅、左輔，甄豐為太阿、右拂，甄邯為太保、後承。又設置四少，秩祿都是二千石。

四月，安眾侯劉崇與侯國相張紹謀議說：「安漢公王莽一定會危害劉氏，全天下的人都指責他，但沒有人敢帶頭舉事，這是皇室的恥辱。我率領宗族首先起來，天下一定響應。」張紹等隨從的有一百多人，於是進攻宛城。沒有攻破就失敗了。

張紹堂弟張竦與劉崇堂叔劉嘉到朝廷自首請罪。王莽赦免沒有治罪。張竦於是替劉嘉寫奏書，稱頌王莽的美德，斥責劉崇的罪狀，聲稱：「願意作為宗室的帶頭人，父子兄弟背著土籠，扛著鐵鍬，馳往南陽，搗毀劉崇的宮室，使其變成汙水池，讓它合於古制。還要拆毀劉崇的祖廟，如同當年周朝拆毀殷商的祭壇亳社一樣，把祭器分賜諸侯，永遠作為鑑戒！」於是王莽大為高興，封劉嘉為率禮侯，劉嘉的七個兒子全都賜爵關內侯，後來又封張竦為淑德侯。長安城內因此流傳歌謠說：「要想封，找張伯松。拼命鬥，不如巧為奏。」從這以後，謀反的人，家宅都被拆毀變為汙水池。

群臣又建議：「劉崇等人敢於陰謀造反，是因為王莽的權力還輕，應當加重王莽的權力來鎮服天下。」五月十七日甲辰，太皇太后下詔，王莽朝見太皇太后自稱「假皇帝」。

冬，十月初一日丙辰，發生日蝕。

十二月，群臣上奏請求把安漢公在宮中值宿所住的房舍稱為攝省，辦公地稱為攝殿，住宅稱為攝宮。這個奏章被太皇太后批准。○這一年，西羌人龐恬、傅幡等人怨恨王莽掠奪他們的土地，反叛，攻打西海郡太守程永。程永逃走。王莽殺了程永，派護羌校尉竇況進攻西羌。

二年（丁卯　西元七年）

春，竇況等擊破西羌。

五月，更造貨❶：錯刀❷，一直❸五千；契刀❹，一直五百；大錢❺，一直五十；與五銖錢❻並行，民多盜鑄者。禁列侯以下不得挾黃金，輸御府❼受直，然卒❽不與直。

東郡太守翟義❾，方進之子也，與姊子上蔡陳豐謀曰：「新都侯攝天子位，號令天下，故❿擇宗室幼稚者以為孺子，依託周公輔成王之義，且以觀望⓫，必代漢家，其漸⓬可見。方今宗室衰弱，外無彊蕃⓭，天下傾首⓮服從，莫能亢扞⓯國難。吾幸得備宰相子，身守大郡，父子受漢厚恩，義當為國討賊，以安社稷；欲舉兵西，誅不當攝者，選宗室子孫輔而立之。設令⓰時命不成，死國埋名⓱，猶可以不慙於先帝。今欲發之，汝肯從我乎？」豐年十八，勇壯，許諾。義遂與東郡都尉⓲劉宇、嚴鄉侯劉信⓳、信弟武平侯劉璜結謀，以九月都試⓴日斬觀㉑令，因勒㉒其車騎、材官士㉓，募郡中勇敢，部署將帥。信子匡時為東平王，乃并東平兵，立信為天子。義自號大司馬、柱天大將軍。移檄郡國㉔，言「莽鴆殺㉕孝平皇帝，攝天子位，欲絕漢室。今天子已立，共行天罰㉖！」郡國皆震。比㉗至山陽㉘，眾十餘萬。

莽聞之，惶懼不能食。太皇太后謂左右曰：「人心㉙不相遠也。我雖婦人，亦知莽必以是[1]自危。」莽乃拜其黨、親輕車將軍・成武侯孫建為奮武將軍，光祿勳・成都侯王邑為虎牙將軍，明義侯王駿為彊弩將軍，春王㉚城門校尉㉛王況為震威將軍，宗伯㉜・忠孝侯劉宏為奮衝將軍，中少府㉝・建威侯王昌為中堅將軍，中郎將・震羌侯竇況為奮威將軍，凡七人㉞，自擇除㉟關西㊱人為校尉、軍吏，將㊲關東㊳甲卒，發奔命㊴以擊義焉。復以太僕武讓[2]為積弩將軍，屯㊵函谷關。將作大匠・蒙鄉侯逯並㊶為橫壄將軍，屯武關㊷。羲和、紅休侯劉秀為揚武將軍，屯宛㊸。

三輔㊹聞翟義起，自茂陵㊺以西至汧㊻二十三[3]縣，盜賊並發。槐里㊼男子趙朋[4]、霍鴻等自稱將軍，攻燒官寺㊽，殺右輔都尉㊾及犛㊿令，相與謀曰：「諸將精兵悉東，京師空，可攻長安！」眾稍(51)多至十餘萬，火見未央宮前殿。莽復拜衛尉(52)王級為虎賁將軍，大鴻臚(53)・望鄉侯閻遷為折衝將軍，西擊朋等。以常鄉侯王惲為車騎將軍，屯平樂館(54)；騎都尉王晏為建威將軍，屯城北；城門校尉趙恢為城門將軍，皆勒兵自備。以太保・後承・承陽侯甄邯為大將軍，受鉞(55)高廟，領天下兵，左杖節，右把鉞，屯城外。王舜、甄豐晝夜循行[56]殿中。莽日抱孺子禱郊廟，會羣臣而[5]稱曰：「昔成王幼，周公攝政，而管、蔡挾祿父[57]以畔[58]。今翟義亦挾劉信而作亂。自古大聖猶懼此，況臣莽之斗筲[59]！」羣臣皆曰：「不遭此變，不章聖德！」冬，十月甲子[60]，莽依周書[61]作大誥[62]曰：「粵其聞日[63]，宗室之儁有四百人，民獻儀[64]九萬夫，予[65]敬以終於此謀繼嗣圖功[66]。」遣大夫桓譚等班行[67]諭告天下，以當反位孺子[68]之意。

諸將東至陳留[69]菑[70]，與翟義會戰，破之，斬劉璜首。莽大喜，復下詔先封車騎都尉孫賢等五十五人皆為列侯，即[71]軍中拜授。因大赦天下。於是吏士精銳遂攻圍義於圉[72]城，十二月，大破之。義與劉信棄軍亡，至固始[73]界中，捕得義，尸磔陳[74]都市。卒不得信。

【章旨】以上為第七段，寫王莽大規模鎮壓擁漢派的地方起兵。

【注釋】❶更造貨　重新鑄造錢幣。❷錯刀　貨幣名，長兩寸，身形如刀，首有環。刀上有文「一刀直五千」五字。因用黃金錯（塗飾）其字，所以稱「錯刀」，又叫「金錯刀」。一錯刀值五千錢。❸直　通「值」。價值。❹契刀　貨幣名，長兩寸，身形如刀，首有環。刀上有文「契刀五百」四字。一契刀值五百錢。❺大錢　貨幣名，直徑一寸二分，重十二銖。上有文「大錢五十」四字。一大錢值五十錢。❻五銖錢　貨幣名，漢武帝始鑄五銖錢。一五銖錢值一錢。銖，重量名，一兩等於二十四銖。❼輸御府　上交御府。帝王儲藏財物的府庫稱御府。❽卒　最終。❾翟義　（?—西元七年）字文仲，汝南郡上蔡縣（今河南上蔡西南）人，翟方進之子。年二十為南陽都尉，後歷任弘農、河內太守、青州牧、東郡太守。平帝死，王莽居攝稱「攝皇帝」，義起兵討莽，眾達十餘萬。後為莽軍擊敗被殺。傳附見《漢書》卷八十四〈翟方進傳〉。❿故　故意。⓫覬望　調窺測人心。⓬漸　跡象。⓭蕃　通「藩」。指諸侯國。此言分封在各地的宗室王侯都力量衰弱，不能護衛朝廷。⓮傾首　低頭，表示屈服。⓯亢扞　抵禦；捍衛。⓰設令　假使。⓱死國埋名　為國難而死，姓名不被人知。⓲都尉　官名，佐太守執掌一郡的軍事，又稱郡尉。⓳劉信　宣帝曾孫，東平王劉雲之子。翟義討莽，立信為天子。事敗亡匿，不知所終。⓴都試　考試。漢制，以立秋日總試騎射。㉑觀　東郡屬縣名，縣治在今河南清豐東南。㉒勒　統率。㉓材官士　漢時選拔勇武之士建置的一種善射的兵種。㉔移檄郡國　發送聲討文書到各個郡國。檄，聲討文書。㉕鴆殺　用毒酒殺害。鴆，用鴆羽泡製毒酒。㉖共行天罰　王莽違背天意，天欲罰之，但是天不能自行征伐，所以現在代天行罰。古人常用「恭行天罰」來說明自己軍事行動的正義性。共，通「恭」。㉗比　等到。㉘山陽　郡名，治所在今山東金鄉西北。㉙人心　指人的想法。㉚春王　長安城門名，西漢長安每面三門，共十二門，東面最北的城門叫宣平門，又叫東都門，王莽改名春王門。此門是出城東行的交通要道。㉛城門校尉　官名，執掌城門的戍衛。㉜宗伯　官名，原名宗正，平帝時改稱宗伯，執掌皇族事務。㉝中少府　指長樂少府。長樂少府的職掌在宮中，所以稱中少府。㉞凡七人　孫建、劉宏、竇況，王莽的黨羽；王邑、王駿、王況、王昌，王莽的宗親。㉟擇除　選任。㊱關西　指函谷關以西地區。㊲將　率領。㊳關東　指函谷關以東地區。㊴奔命　軍隊名，這種軍隊由驍勇者組成，常在遇有緊急情況時調發作戰。㊵屯　駐紮。㊶逯並　人名，西漢末年，歷任騎都尉、將作大匠等職。平帝元始元年（西元一年），巡視各地風俗，稱頌王莽功德，封蒙鄉侯。王莽建新，官至大司馬，封同風侯。㊷武關　關名，在今陝西商南縣西南。㊸宛　縣名，南陽郡治，古時是軍事重鎮。今屬河南。㊹三輔　西漢京畿地區，劃為京兆尹、左馮翊、右扶風三個行政地區，治所皆在長安城中，渭城以西屬右扶風，長安以東屬京兆尹，長陵以北屬左馮翊，合稱三輔。㊺茂陵　縣名，縣治在今陝西興平東北。㊻汧　縣名，縣治在今陝西隴縣南。㊼槐里　縣名，縣治在今陝西興平東南。㊽官寺　官署。寺，衙署。㊾右輔都尉　即右扶風都尉，治所在今陝西眉縣東。漢制，郡設都尉，佐太守執掌軍事。太守的治所在首縣，而尉有獨自的治所。三輔建置猶郡，所以也設有都尉。㊿斄　縣名，縣治在今陝西武功西。(51)稍　逐漸。(52)衛尉　官名，執掌宮門警衛。(53)大鴻臚　官名，九卿之一。執掌接待賓客等事。(54)平樂館　又作「平樂觀」，宮觀名，漢高祖時始建，武帝增修，在長安上林苑（今陝西西安南戶縣、長安一帶）中。(55)受鉞　古代大將出征，接受天子所授予的符節與斧鉞，作為握有征伐權力的象徵，稱「受鉞」。(56)循行　巡視。循，通「巡」。(57)祿父　即殷紂王之子武庚。(58)畔　通「叛」。(59)斗筲　指才識短淺，器量狹小。斗，量器，容十升。筲，竹器，容一斗二升。因斗筲都是容量很小的量器，所以常用來喻指人的才識短淺，器量狹小。(60)甲子　十月十五日。(61)周書　《尚書》分為〈虞書〉、〈夏書〉、〈商書〉、〈周書〉四個部分，分別編次記述虞、夏、商、周時期的文章。(62)大誥　〈周書〉中有〈大誥〉篇，記述周公在東征平定三監勾結祿父叛亂之前的一次談話，申明大義以諭告天下。王莽託古，自比周公，所以也作〈大誥〉之文。(63)粵其聞日　聽到翟義反叛之日。粵，句首語氣詞，無義。(64)民獻儀　人民中賢而可為表率的。獻，賢。(65)予　我。王莽自稱「予」。(66)終於此謀繼嗣圖功　此言我要恭敬地依靠宗室中的優秀分子和人民中賢而可為表率者，完成治國計畫，續成功業。終，完成。繼嗣，繼續。(67)班行　頒行。(68)當反位孺子　把治理天下的職權歸還孺子。反，同「返」。歸還。(69)陳留　郡名，治所在今河南開封東南。(70)菑　縣名，縣治在今河南蘭考東南。菑縣原屬梁國，後改屬陳留郡。(71)即　到。(72)圉　縣名，縣治在今河南杞縣南。(73)固始　縣名，縣治在今河南太康南。(74)陳　縣名，淮陽國治所，縣治在今河南淮陽。

【校　記】①是　原作「此」。據章鈺校，甲十六行本、乙十一行本皆作「是」，今據改。②武讓　據章鈺校，甲十六行本作「武護」。③三　原作「二」。據章鈺校，甲十六行本作「三」，嚴衍《通鑑補》亦作「三」，今據改。④趙朋　據章鈺校，乙十一行本作「趙明」。下同。⑤而　原無此字。據章鈺校，甲十六行本、乙十一行本、孔天胤本皆有此字，今據補。

【語　譯】二年（丁卯　西元七年）

春，竇況等人打敗西羌。

五月，改鑄新貨幣：錯刀，一枚值五千錢；契刀，一枚值五百錢；大錢，一枚值五十錢；這些貨幣和五銖錢同時流通，很多百姓盜鑄貨幣。王莽禁令列侯以下不得挾有黃金，私人黃金應送繳御府按市值兌換現錢，可是上繳黃金的人最終沒有得到價款。

東郡太守翟義，是翟方進的兒子，和姐姐的兒子上蔡人陳豐謀劃說：「新都侯王莽代理皇帝，號令天下，故意選擇宗族中幼小的稱之為孺子，假託周公輔助成王之義，用以窺測人心，他必定要取代漢朝，它的跡象是可以看到的。如今皇族衰弱，地方上沒有強大的藩國，天下人俯首順從，沒有人能抵禦國家的災難。我有幸備位宰相之子，自己守護大郡，父子秉受漢朝的厚恩，有義務為國家討伐叛賊，使國家安定。我想興兵西進，誅滅那不應代理皇帝的人，選擇宗室子孫輔助他當皇帝。如果使命不能完成，為國難而死，埋沒姓名，還可以不愧於先帝。我將起兵，你肯跟從我嗎？」陳豐時年十八歲，勇武雄壯，答應了。翟義於是與東郡都尉劉宇、嚴鄉侯劉信、劉信的弟弟武平侯劉璜商定，在九月考試騎射的那天，斬殺觀縣縣令，收編他的騎兵和射擊手，招募郡中勇士，委派將領。劉信的兒子劉匡當時是東平王，因此就聯合東平國的軍隊，擁立劉信為皇帝。翟義自稱大司馬、柱天大將軍。傳檄各郡、國，說「王莽用鴆酒毒死孝平皇帝，代理天子，想斷絕漢室。如今天子已經即位，當恭敬地代天行罰！」郡、國全都大為震動。等到大軍抵達山陽郡時，部眾有十餘萬。

王莽聽到這個消息，驚慌恐懼，吃不下飯。太皇太后對她的近臣說：「人心都差不多。我雖是婦人，也知道王莽一定會因此招致危難。」王莽於是任命他的黨羽和親屬輕車將軍・成武侯孫建為奮武將軍，光祿勳・成都侯王邑為虎牙將軍，明義侯王駿為強弩將軍，春王城門校尉王況為震威將軍，宗伯・忠孝侯劉宏為奮衝將軍，中少府・建威侯王昌為中堅將軍，中郎將・震羌侯竇況為奮威將軍，共七人，由各人自己選擇任命關西人做校尉、軍吏，率領關東士兵，調派奔命部隊去攻打翟義。又任命太僕武讓為積弩將軍，駐防函谷關。命將作大匠、蒙鄉侯逯並為橫壄將軍，駐防武關。羲和、紅休侯劉秀為揚武將軍，駐防宛縣。

京畿附近的三輔地區得知翟義起兵，東自茂陵縣，西到汧縣，共二十三縣，盜賊一哄而起。槐里縣男子趙朋、霍鴻等自稱將軍，攻打並焚燒官衙，殺死右扶風都尉以及斄縣縣令，他們相互商議說：「各將領都率領精銳部隊去了東邊，京師空虛，我們可以攻打長安！」這時人數漸漸增多到十多萬，火光出現在未央宮前殿。王莽又命衛尉王級為虎賁將軍，大鴻臚・望鄉侯閻遷為折衝將軍，向西攻擊趙朋等。任命常鄉侯王惲為車騎將軍，駐防平樂館；騎都尉王晏為建威將軍，駐防城北。城門校尉趙恢為城門將軍，各位將軍都指揮軍隊備戰。任命太保・後承・承陽侯甄邯為大將軍，在高廟接受象徵專斷誅殺的大斧，統率天下的軍隊，在軍帳左邊執持符節，右邊把握大斧，駐紮在京師城外。王舜、甄豐晝夜在宮殿裡巡視。

王莽每天抱著孺子在郊廟祈禱，集合文武百官然後聲稱：「過去周成王年幼，周公攝理國事，而管叔、蔡叔挾持武庚祿父叛變。現在翟義也挾持劉信而作亂。自古以來偉大的聖人都懼怕發生這種事，何況才識短淺的我王莽呢！」群臣都說：「不遭遇這樣的變亂，就不能顯示您的聖德！」冬，十月十五日甲子，王莽按照〈周書・大誥〉而作〈大誥〉，說：「聽到翟義反叛之日，劉家宗室才俊之士有四百人，民眾中賢德模範之士有九萬人，我恭敬地依靠這些人，完成治國計畫，續成功業。」王莽派遣大夫桓譚等頒行，告諭天下，表明把帝位歸還孺子之意。

各路將領東進抵達陳留郡菑縣，與翟義的軍隊交戰，打敗了翟義，殺了劉璜。王莽非常高興，又下詔先賜封車騎都尉孫賢等五十五人為列侯，到軍中頒授爵位。接著大赦天下。於是，精銳的部隊圍攻翟義於圉城。十二月，攻下圉城。翟義與劉信丟棄軍隊逃亡，逃到固始縣的邊界，翟義被捕，在陳縣將翟義分屍，放在鬧市示眾。始終沒有抓到劉信。

初始元年（戊辰　西元八年）

春，地震。大赦天下。

詔[1]王邑[2]等還京師，西與王級等合擊趙朋、霍鴻。二月，朋等殄滅❶，諸縣息平。還師振旅❷，莽乃置酒白虎殿，勞饗[3]將帥。詔陳崇治校❸軍功，第❹其高下，依周制爵五等❺，以封功臣為侯、伯、子、男，凡三百九十五人，曰「皆以奮怒，東指西擊，羌寇、蠻盜，反虜、逆賊，不得旋踵❻，應時❼殄滅，天下咸服」之功封云。其當賜爵關內侯者，更名曰附城❽，又數百人。莽發翟義父方進及先祖冢在汝南[9]者，燒其棺柩，夷滅三族[10]，誅及種嗣[11]，至[12]皆同阬，以棘五毒[13]并葬之。又取義及趙朋、霍鴻黨眾之尸，聚之通路之旁，濮陽[14]、無鹽[15]、圉、槐里、盩厔[16]凡五所[17]，建表木[18]於其上，書曰「反虜、逆賊、鯨鯢[19]」。義等既敗，莽於是自謂威德日盛，大獲天人之助[4]，遂謀即真[20]之事矣。

羣臣復奏：進攝皇帝子安、臨爵為公[21]，封兄子光[22]為衍功侯。是時莽還歸[23]新都國，羣臣復白以封莽孫宗[24]為新都侯。

九月，莽母功顯君死。莽自以居攝踐阼[25]，奉漢大宗[26]之後，為功顯君緦縗[27]弁而加麻環絰[28]，如天子弔諸侯服。凡壹弔再會[29]，而令新都侯宗為主[30]，服喪三年云。

司威[31]陳崇奏：莽兄子衍功侯光私報[32]執金吾竇況，令殺人。況為收繫[33]，致其法[34]。莽大怒，切責光。光母曰：「汝自視孰與長孫、中孫[35]？」長孫、中孫者，宇及獲之字也。遂母子自殺，及況皆死。初，莽以事母、養嫂、撫兄子為名，及後悖虐[36]，復以示公義[37]焉。令光子嘉嗣爵為侯。

是歲，廣饒侯劉京言齊郡[38]新井，車騎將軍千人[39]扈雲言巴郡[40]石牛，太保屬[41]臧鴻言扶風雍[42]石。莽皆迎受。十一月甲子[43]，莽奏太后曰：「陛下遇漢十二世三七之阸㊹，承天威命㊺，詔臣莽居攝。廣饒侯劉京上書言：『七月中，齊郡臨淄縣㊻昌興亭長㊼辛當一暮數夢，曰：「吾，天公使也。天公使我告亭長曰[5]：『攝皇帝當為真。』即不信我，此亭中當有新井。」亭長晨起視亭中，誠㊽有新井，入地且㊾百尺。』十一月壬子㊿，直建冬至(51)，巴郡石牛，戊午(52)，雍石文，皆到于未央宮之前殿。臣與太保安陽侯舜等視，天風起，塵冥(53)，風止，得銅符帛圖於石前，文曰：『天告帝符，獻者封侯』，騎都尉崔發(54)等視說。孔子曰：『畏天命，畏大人(55)，畏聖人(56)之言。』臣莽敢不承用！臣請共事神祇(57)、宗廟，奏言太皇太后、孝平皇后，皆稱『假皇帝』。其號令天下，天下奏言事，毋言『攝』。以居攝三年為始初元年。漏刻(58)以百二十為度，用應天命。臣莽夙夜(59)養育隆就(60)孺子，令與周之成王比德，宣明太皇太后威德於萬方，期於富而教之。孺子加元服，復子明辟(61)，如周公故事。」奏可。眾庶知其奉符命，指意群臣(62)[6]博議(63)別奏，以示即真之漸矣。○期門郎(64)張充等六人謀共劫莽，立楚王(65)。發覺，誅死。

【章　旨】以上為第八段，寫王莽藉口天降符瑞，蠶食漢家國祚，由居攝皇帝再進一步稱假皇帝，即代理皇帝。

【注　釋】❶殄滅　消滅。❷振旅　整軍。❸治校　負責考核。❹第　排列次序。❺五等　公、侯、伯、子、男。❻旋踵調轉腳跟。意指時間極其短促。踵，腳後跟。❼應時　即時。❽附城　爵位名，周代分封，封地不到方圓五十里的小國附屬於大的諸侯國，稱附庸。王莽託古改制，建附城爵號，以比周代的附庸。❾汝南　郡名，治所在今河南平輿北。❿夷滅三族　夷滅，誅殺。三族，所指有幾說：一、父母、兄弟、妻子；二、父族、母族、妻族；三、父之兄弟、己之兄弟、子之兄弟；四、父、子、孫。⓫種嗣　後嗣。指嬰兒。⓬至　甚至。⓭五毒　五種有毒昆蟲和動物，五毒為：蠍子、蜈蚣、蛇、馬蜂、蟾蜍。⓮濮陽　縣名，東郡治所，縣治在今河南濮陽西南。⓯無鹽　縣名，東平國治所，縣治在今山東東平東。⓰盩厔　縣名，縣治在今陝西周至東。⓱凡五所　濮陽、無鹽、圉三所聚翟義同黨之屍，槐里、盩厔二所聚趙朋、霍鴻同黨之屍。⓲建表木　立木作為標誌。⓳鱷鯢　鯨魚。此喻指兇惡之人。鱷，同「鯨」。鯨魚雄稱鯨，雌稱鯢。⓴即真　正式即皇帝位。㉑進攝皇帝子安臨爵為公　平帝元始四年（西元四年），安封褒新侯，臨封賞都侯，今由侯爵進為公爵。㉒兄子光　指王莽之兄王永的兒子王光。㉓還歸　交還。㉔莽孫宗　王莽孫王宗，為王莽長子王宇之子，是王莽的嫡孫，所以封宗為新都侯。㉕踐阼　同「踐祚」。㉖大宗　宗法社會以嫡系長房為大宗，餘子為小宗。此指漢朝皇統。㉗緦縗　細麻布製作的喪服。緦，細麻布。縗，喪服。㉘環經　古代喪期結在頭上和腰間的麻帶叫做經。將經（麻帶）纏繞成環狀，戴在頭上，叫做環經。《周禮・春官・司服》：「凡喪，王為諸侯緦衰，首服弁經。」㉙壹弔再會　做一次弔唁，集合眾人兩次祭拜。㉚主　指喪主，即主持喪事的人。依喪禮，以嫡長子為喪主，如無嫡長子，則以嫡長孫為宗主。㉛司威　官名，王莽建置，執掌督察百官。㉜私報　私下囑告。㉝況為收繫　竇況為了王光拘禁了他人。㉞致其法　將其送交執法部門依法處置。㉟汝自視孰與長孫中孫　你看看自己，與長孫、中孫比，誰更親。孰與，與……相比怎麼樣。長孫、中孫，指王莽的長子、次子。長子王宇，字長孫；次子王獲，字次孫。兩子均被王莽所殺，王宇死於平帝元始三年，王獲死於哀帝元壽元年。㊱悖虐　逆亂暴虐。㊲公義　公正的義理。㊳齊郡　郡名，治所在今山東淄博東北舊臨淄北。㊴千人　官名，屬車騎將軍。㊵巴郡　郡名，治所在今重慶市北。㊶屬　官名，漢代三公府及郡縣等官府各曹副主管。㊷雍　右扶風屬縣名，縣治在今陝西鳳翔南。㊸甲子　十一月二十一日。㊹十二世三七之阸　十二世，指自建漢至今十二帝，即高祖、惠、文、景、武、昭、宣、元、成、哀、平、孺子。三七，指自建漢至今三七二百一十年。實際年數是二百一十四年（西元前二〇六－西元八年），此言其整數。阸，厄運。㊺承天威命　接受上天威嚴的命令。王莽奏稱加號「假皇帝」是上天的命令。㊻臨淄縣　齊郡治所，縣治在今山東淄博東北舊臨淄北。㊼亭長　官名，漢時，縣下設鄉，鄉下設亭，亭下設里。大致十里一亭，十亭一鄉。亭設亭長，執掌治安，捕盜賊，理民事，並供公差食宿。㊽誠　確實。㊾且　將近。㊿王子　十一月初九日。(51)直建冬至　這一天正當冬至日。直，正當。建，古代天文學稱北斗星斗柄所指為建。一年之中，斗柄旋轉而依次指向十二辰，稱為十二月建。夏曆的月分即由此而定。十一月斗柄指子，所以十一月為建子之月。此言正當月建的地支日（子）是冬至。52戊午　十一月十五日。53塵冥　因塵土飛揚而天色昏暗。54崔發　涿郡人，官騎都尉，依附王莽，編造符命，封說符侯。王莽建新，官至大司空。莽敗，為農民軍所殺。55大人　指在高位的人。56聖人　指有道德的人。語出《論語·季氏》。57神祇　天地之神。58漏刻　計時器。古代利用滴水多少來計量時間的一種壺狀儀器，叫做漏壺。漏壺中插入一根標竿，稱為箭，箭上刻符號表時間，所以叫做漏刻。59夙夜　日夜。60隆就　使其健康地成長。隆，隆盛；健康。使動用法。就，成就；成長。61復子明辟　歸還孺子明君之位。子，指孺子。明辟，明君。語出《尚書·洛誥》。62指意羣臣　向群臣指其意向。63博議　廣泛詳盡地討論。64期門郎　官名，執掌執兵扈從護衛。65楚王　指楚王劉紆。宣帝子，楚孝王劉器之孫，哀帝元壽元年（西元前二年）嗣侯。王莽建新，貶為公，第二年廢為平民。

【校　記】[1]詔　原無此字。據章鈺校，孔天胤本有此字，今據補。[2]王邑　據章鈺校，孔天胤本作「王惲」。按，翟義謀反，王莽拜其親黨王邑為虎牙將軍，發卒以擊翟義，故當作「王邑」。[3]饗　原作「賜」。據章鈺校，甲十六行本、乙十一行本皆作「饗」，今據改。[4]大獲天人之助　原無此六字。據章鈺校，甲十六行本、乙十一行本、孔天胤本皆有此六字，張敦仁《通鑑刊本識誤》、張瑛《通鑑校勘記》同，今據補。[5]曰　原無此字。據章鈺校，甲十六行本、乙十一行本、孔天胤本皆有此字，今據補。[6]臣　原作「公」。據章鈺校，甲十六行本、乙十一行本皆作「臣」，今據改。

【語　譯】初始元年（戊辰　西元八年）

春，發生地震。大赦天下。

詔王邑等人從前線回到京師，又向西和王級等人合力攻擊趙朋、霍鴻。二月，趙朋等人被消滅，各縣之亂平息。軍隊回京休整，王莽便在未央宮白虎殿設置酒宴，慰勞犒賞將帥。詔令陳崇考核軍功，排列他們的高下，按照周朝的制度把爵位分為五等，分封功臣為侯、伯、子、男四等，共三百九十五人，說「你們都發抒憤怒的心情，東征西討，羌寇、蠻盜、反虜、逆賊，尚未轉過腳後跟，就立即被消滅，天下人人敬服。」所有人的封爵都用這個理由。應當封關內侯的，改稱為附城，又有數百人。王莽挖掘翟義父親翟方進，以及在汝南的翟氏祖先墳墓，燒掉棺柩，誅殺翟氏三族，連幼兒都不放過。甚至斬殺之後，將男女老少的屍體都堆到一個大坑中，再放入荊棘、五毒一起埋葬。又取翟義、趙朋、霍鴻同黨的屍體，堆集在大路旁，共有濮陽、無鹽、圉、槐里、盩厔五處，立木作為標誌，上面寫有「反虜、逆賊、鯨鯢」。翟義等人失敗後，王莽自認為他的聲威德行日益興盛，獲得了天人極大的幫助，就密謀當真皇帝之事了。

群臣們又上奏：晉升代理皇帝王莽的兒子王安、王臨為公爵，封王莽哥哥王永的兒子王光為衍功侯。這時，王莽交還了自己的封國新都國，群臣們又上奏賜封王莽的孫子王宗為新都侯。

九月，王莽的母親功顯君去世。王莽自認為是代理帝位，繼承漢朝大宗之後，因此為功顯君穿用細麻布製作的喪服，帽子上環繞著麻帶，和天子弔唁諸侯的喪服一樣。王莽到靈前作一次弔唁，集合眾人兩次祭拜，由孫兒新都侯王宗主祭當喪主，服喪三年。

司威陳崇上奏說：王莽的姪兒衍功侯王光私下告訴執金吾竇況，命竇況代他殺人。竇況便為他拘禁了那個人，將其送交執法部門依法處置。王莽大怒，嚴厲地責備了王光。王光的母親說：「你看看自己和長孫、中孫相比哪一個親？」長孫、中孫，是王莽之子王宇、王獲的字。於是王光母子就自殺了，連竇況也都死了。當初，王莽因服事母親、供養嫂嫂、撫育姪兒而出名，到後來悖逆暴虐，又利用骨肉之親顯示公正無私。命王光的兒子王嘉繼承衍功侯的爵位。

這一年，廣饒侯劉京說齊郡出現一口新井，車騎將軍下屬千人名叫扈雲的人說巴郡發現一頭石牛，太保屬臧鴻說扶風郡雍縣發現石文。王莽都接受了。十一月二十一日甲子，王莽向太皇太后奏報說：「陛下正遇到漢朝十二代三七厄運，接受上天威嚴的命令，下詔讓我王莽代理皇帝之位。廣饒侯劉京上書說：『七月中，齊郡臨淄縣昌興亭長辛當一夜做了幾次夢，夢中有人對他說：「我是天公的使者。天公讓我告訴亭長說：『代理皇帝應當做真皇帝。』若不相信我，這個亭中應當有口新井。」亭長早晨起來，到亭裡去看，確實有口新井，井深將近一百尺。』初九日壬子，這一天正當冬至，巴郡出現石牛，十五日戊午，雍縣發現石文，都運送到未央宮的前殿。臣和太保安陽侯王舜等前去看時，天空颳起大風，塵土飛揚，天色昏暗，當大風停止時，在石頭面前得到銅符帛圖，上面的文字是說：『天告帝符，獻者封侯』，騎都尉崔發等人看了這些文字並能說出它的意思。孔子說：『怕天命，怕高位之人，怕聖人的話。』臣王莽不敢不接受這種推崇！臣請求讓臣在祭祀天神地祇、宗廟，以及向太皇太后、孝平皇后奏報時，都自稱『代理皇帝』。至於向全國發號施令，全國臣民向臣奏報事情，都不再稱『攝政』。把本年居攝三年改為始初元年。將計時的漏刻改為一百二十刻，用來順應上天的旨意。臣王莽日夜培養教育使孺子健康地成長，使他能與周成王的德行相媲美，宣揚彰明太皇太后威德，傳播萬國，期待孺子在年幼成長中受到良好的教育。等到孺子加冕後，臣再把明君的權力歸還給他，與周公當初所做的一樣。」太皇太后同意了。眾人知道王莽信奉符命，指示群臣廣泛詳細討論，另外奏報太皇太后，以表明當真皇帝已逐漸開始了。○期門郎張充等六人籌劃一起劫持王莽，擁立楚王劉紆為皇帝。結果被察覺而處死。

梓潼❶人哀章❷學問❸長安，素無行，好為大言，見莽居攝，即作銅匱，為兩檢❹，署❺其[1]一曰「天帝行璽金匱圖」，其一署曰「赤帝❻璽某傳予皇[2]帝金策書」。某者，高皇帝名也。書言王莽為真天子，皇太后如❼天命。圖書皆書莽大臣八人，又取令名王興、王盛❽，章因自竄姓名❾，凡十一人，皆署官爵，為輔佐。章聞齊井、石牛事下，即日昏時❿，衣黃衣，持匱至高廟，以付僕射⓫。僕射以聞。戊辰⓬，莽至高廟拜受金匱神禪⓭，御王冠⓮，謁⓯太后，還坐未央宮前殿，下書曰：「予以不德，託于皇初祖考黃帝之後⓰，皇始⓱祖考虞帝之苗裔，而太皇太后之末屬。皇天上帝隆顯大佑，成命⑱統序⑲，符契、圖文、金匱策書，神明詔告，屬予以天下兆民⑳。赤帝漢氏高皇帝之靈，承天命，傳國[3]金策之書，予甚祇畏㉑，敢不欽受㉒！以戊辰直定㉓，御王冠，即真天子位，定有天下之號曰新。其改正朔，易服色㉔，變犧牲，殊徽幟㉕，異器制。以十二月朔癸酉為始建國元年正月之朔㉖，以雞鳴為時㉗。服色配德上黃㉘，犧牲應正用白㉙，使節之旄幡㉚皆純黃，其署曰『新使五威節㉛』，以承皇天上帝威命也。」

莽將即真，先奉諸符瑞以白太后，太后大驚。是時以孺子未立，璽藏[4]長樂宮㉜。及莽即位，請璽，太后不肯授莽。莽使安陽侯舜諭指。舜素謹敕㉝，太后雅㉞愛信之。舜既見太后，太后知其為莽求璽，怒罵之曰：「而屬㉟父子宗族，蒙漢家力，富貴累世，既無以報，受人孤寄㊱，乘便利時奪取其國，不復顧恩義。人如此者，狗豬不食其餘㊲，天下豈有而兄弟邪㊳！且若㊴自以金匱符命為新皇帝，變更正朔、服制，亦當自更作璽，傳之萬世，何用此亡國不祥璽為，而欲求之！我漢家老寡婦，旦暮且死，欲與此璽俱葬，終不可得！」太后因涕泣而言，旁側長御以下皆垂涕。舜亦悲不能自止，良久，乃仰謂太后：「臣等已無可言者。莽必欲得傳國璽，太后寧㊵能終不與邪！」太后聞舜語切，恐莽欲脅㊶之，乃出漢傳國璽投之地，以授舜曰：「我老已死(42)，知[5]而兄弟今族滅(43)也！」舜既得傳國璽，奏之。莽大說，乃為太后置酒未央宮漸臺(44)，大縱眾樂。

莽又欲改太后漢家舊號，易其璽綬，恐不見聽。而莽疏屬(45)王諫欲諂(46)莽，上書言：「皇天廢去漢而命立新室，太皇太后不宜稱尊號，當隨漢廢，以奉天命。」莽以其書白太后，太后曰：「此言是也(47)！」莽因曰：「此誖德(48)之臣也，罪當誅！」於是冠軍(49)張永獻符命銅璧文(50)，言太皇太后當為新室文母太皇太后。莽乃下詔從之。於是鴆殺王諫而封張永為貢符子。

班彪(51)贊曰：「三代以來，王公失世，稀(52)不以女寵(53)。及王莽之興，由孝元后歷漢四世(54)為天下母，饗國(55)六十餘載，羣弟[6]世權(56)，更持國柄(57)。五將(58)、十侯(59)，卒成新都。位號已移於天下，而元后卷卷(60)猶握一璽，不欲以授莽，婦人之仁，悲矣[7]！」

【章旨】以上為第九段，寫王莽完成篡國奪取皇帝大位最後衝刺的過程。玩弄政治權術，王莽堪稱曠世奸雄。

【注釋】❶梓潼　縣名，廣漢郡治所，縣治在今四川梓潼。❷哀章　人名，王莽建新，以編造銅匱符命任國將，封美新公，為四輔之一，位上公。莽敗，為農民軍所殺。❸學問　學習和詢問；求學。❹檢　封緘。古書用竹木簡書寫，書成，上面加蓋一條簡，然後書與蓋簡用皮條或絲繩捆束，於繩結處封泥，在泥上鈐印，謂之檢。此言銅匱外面用兩道封檢。❺署　題字。❻赤帝　傳說漢高祖劉邦為赤帝子。❼如　順從；遵依。❽令名王興王盛　令名，美好的名字。王興、王盛，此二名，分言則為王者興、王者盛，合言則為王者興盛，所以視為令名。❾自竄姓名　把自己哀章的名字也列入其中。竄，列入。❿即日昏時　當日傍晚。⓫僕射　官名，太常屬官，執掌管理和供奉高廟。⓬戊辰　十一月二十五日。⓭神禪　言神命漢禪位於莽。禪，以帝王之位讓人。⓮御王冠　戴王者之冠。御，戴。⓯謁　拜見。⓰託于皇初祖考黃帝之後　有幸為皇初祖黃帝的後代子孫。託，寄身。皇初，初祖。祖考，祖先。⓱皇始　始祖。王莽自謂是黃帝、虞舜之後。黃帝是初祖，虞舜是始祖。⓲成命　既定的天命。⓳統序　世代相繼的帝王世系。⓴屬予以天下兆民　將眾民託付給我。屬，託付。予，我，王莽自稱。兆民，眾民。㉑祗畏　敬畏。㉒欽受　恭敬地接受。㉓以戊辰直定　因為戊辰日應當決定受命為天子事。直，應當。㉔改正朔二句　改正朔，指謂帝王新頒布的曆法。正朔，指曆法。正是一年的始月，朔是一月的始日。古代帝王新得天下，必改正朔。易服色，各種禮儀典制改故用新，表示治理天下從我開始更新。服色，指車馬祭牲的顏色。㉕殊徽幟　使旌旗等物特別地不同於前朝。殊，人為地使其特別不同。㉖以十二月朔句　此言以漢十二月為新之正月，初一日為癸酉。㉗以鷄鳴為時　鷄鳴，時辰名，古代分一晝夜為十二時辰，雞鳴為其一。與今天的二十四小時對照，雞鳴相當於早上三點至四點。與干支紀時對照，相當於丑時。時，開始的時辰。此言以丑時為一天十二時辰的開始。㉘服色配德上黃　德，指五行之德。上，通「尚」。尊崇；推重。古代陰陽家把金、木、水、火、土五行稱為五德，即五行之德。每德配一種顏色，即以一色為主色。認為歷代王朝各代表一德，按照五行相生或相剋的順序，交互更替，周而復始。漢為火德，依五行相生說，火生土，所以代漢者為土德。土主黃色，所以服色以黃為尊。㉙犧牲應正用白　王莽以漢十二月為正，則為建丑之月。人們認為萬物始發於丑，其色白，所以說與正相應犧牲用白色。㉚旄幡　用犛牛尾作為旗竿裝飾的旗幟。㉛五威節　五威，威鎮前、後、左、右、中五方。王莽改制，設置五威將帥，使節也用「五威」稱之。㉜璽藏長樂宮　皇帝玉璽收藏在長樂宮。長樂宮，太皇太后所居之宮。㉝謹敕　謹慎整飭。㉞雅　向來。㉟而屬　你輩；你們這些人。㊱孤寄　以孤兒相託付。㊲其餘　剩下的。此言狗豬恥於食其所食。㊳天下豈有而兄弟邪　此言普天之下難道有像你們兄弟一樣的人嗎。㊴若　你。此指王莽。㊵寧　豈；難道。㊶脅　逼迫。㊷已死　不久即死。已，旋即；不久。㊸族滅　滅族，即整個家族被誅滅。㊹漸臺　臺名，在未央宮滄池中。地皇四年（西元二三年），農民軍攻進長安，王莽逃至漸臺被殺，即此。㊺疏屬　遠支的族人。㊻諂　奉承；獻媚。㊼此言是也　這是恨怒之下的反語。㊽誖德　違背道德。㊾冠軍　縣名，縣治在今河南鄧州西北。㊿銅壁文　書寫在壁形銅器上的文字。壁，中心有孔的扁平圓形玉器。(51)班彪　（西元三—五四年）字叔皮，右扶風安陵縣（今陝西咸陽東北）人，東漢史學家。早年避難於天水，依隗囂。後至河西為竇融從事。東漢初，為徐令，後因病免官。好著述，作西漢史後傳六十五篇，以補《史記》之闕，後來其子班固據以寫成《漢書》。(52)稀　很少。(53)女寵　指帝王寵愛的女子。(54)歷漢四世　孝元皇后王政君歷元、成、哀、平四代皇帝。世，代。(55)饗國　享有國家。饗，通「享」。(56)世權　世代掌權。(57)更持國柄　指王政君群弟輪流掌握漢朝國家權柄。更，輪流。國柄，國家權柄。(58)五將　指王鳳、王音、王商、王根、王莽，皆為大司馬。(59)十侯　指陽平頃侯王禁、陽平敬侯王鳳、安成侯王崇、平阿侯王譚、成都侯王商、紅陽侯王立、曲陽侯王根、高平侯王逢時、安陽侯王音、新都侯王莽。(60)卷卷　通「拳拳」。眷戀不捨的樣子。

【校　記】[1]其　據章鈺校，甲十六行本無此字。[2]皇　張敦仁《通鑑刊本識誤》作「黃」。[3]國　原無此字。據章鈺校，甲十六行本、乙十一行本、孔天胤本皆有此字，今據補。[4]藏　原作「臧」。據章鈺校，甲十六行本作「藏」，今據改。[5]知　據章鈺校，甲十六行本、乙十一行本皆作「如」。[6]弟　原作「小」。據章鈺校，甲十六行本、乙十一行本皆作「弟」，張敦仁《通鑑刊本識誤》、張瑛《通鑑校勘記》同，今據改。[7]矣　原作「夫」。據章鈺校，甲十六行本、乙十一行本皆作「矣」，今據改。

【語　譯】梓潼縣人哀章在長安求學，品行一向不好，好說大話，看到王莽代理皇帝，就製作一只銅匱，又製作兩道封緘，一道上寫的是「天帝行璽金匱圖」，另一道寫的是「赤帝璽某傳予皇帝金策書」。所謂某，就是高皇帝的名字。策書說王莽是真天子，太皇太后順從天命。圖和書都寫有王莽的八個大臣，又取美名王興、王盛，把自己哀章的名字也列入裡面，共十一人，都寫明了官職和爵位，作為輔佐。哀章聽說齊郡新井、巴郡石牛事件已交由下面有關部門辦理，就在當天黃昏的時候，穿著黃色的衣服，拿著銅匱到高廟去，把它交給了僕射。僕射就向上奏報。十一月二十五日戊辰，王莽駕臨高廟下拜接受銅匱中天神關於禪位的指令，戴上王者之冠，拜謁太皇太后，返回後坐在未央宮前殿，頒布文告說：「我以不德之身，有幸是皇初祖黃帝的後代，皇始祖考虞帝的後裔，又是太皇太后的親族。皇天上帝大顯神佑，命臣繼承皇帝大統，符契、圖文、銅匱策書，都是在明顯指示，把天下人民託付給臣。赤帝漢朝高祖皇帝的神靈，謹遵天命，用銅匱傳下了旨意，臣十分敬畏，怎敢不恭敬地接受！十一月二十五日戊辰，應當是接受天命的吉日，臣戴上王者之冠，登上真天子之位，確定有天下之號為『新』。更改曆法，變易服色，改變祭祀用的牲畜，旗幟不同於前朝，器具與以前相異。以漢十二月初一日癸酉為始建國元年正月初一日，以雞鳴丑時作為十二時的開始。服裝的顏色與五行之德相配合尊尚黃色，祭祀用的牲畜全是白色，使節所持旗幟都是純黃色，上面書寫著『新使五威節』，用以順承皇天上帝威嚴的命令。」

王莽將當真皇帝，就先捧上那些符命祥瑞，向太皇太后稟報，太皇太后大驚。此時因為孺子劉嬰還沒有即位，皇帝御印收藏在太皇太后住的長樂宮裡。等到王莽即位，請太皇太后交出御印，太皇太后不肯給王莽。王莽讓安陽侯王舜說明旨意。王舜一向謹慎而整飭，太后向來寵愛和信任他。王舜見了太皇太后，太皇太后知道他來為王莽索取御印，十分生氣地罵王舜說：「你們父子兄弟、家庭宗族，蒙受漢家的恩惠，幾代享受榮華富貴，不僅沒有報答，反而利用別人託孤寄國的時機，奪取別人的政權，不顧念恩德情義。如此之人，連豬狗都不吃他剩餘的東西，天下怎麼會有像你們兄弟這樣的人！況且王莽自認為憑著銅匱符命當上新皇帝，改變曆法、服飾制度，就應當自己另外刻一枚御印，讓它傳之萬世，為什麼要用這顆亡國的不祥之物，還一定要討取它呢！我是漢家的一個老寡婦，早晚就要死了，想要跟這塊御璽一同埋葬，你們最後也得不到！」太皇太后一邊說，一邊流淚，身旁的侍從人員也都流淚，王舜也悲痛不能自止。過了很久，王舜才抬頭對太皇太后說：「臣已沒有話可說了。只是王莽一定要得到傳國御印，太皇太后難道能始終不給他嗎！」太皇太后聽王舜的話很重，又擔心王莽要逼迫她，就把御印投擲在地上，給了王舜，說：「我老了，不久就要死去，也知道你們兄弟全族將要滅亡！」王舜得到傳國的御印後，進呈給王莽。王莽非常高興，就在未央宮漸臺宴請太皇太后，讓大家縱情地作樂。

王莽又想要改太皇太后在漢朝原有的稱號，更換她的印信，又怕太皇太后不聽從。而王莽的遠房親屬王諫想討好王莽，就上奏說：「皇天廢除漢朝而命令建立新朝，太皇太后不應仍稱尊號，應該隨著漢朝一同廢除，以順應天命。」王莽把這奏書稟報太皇太后，太皇太后說：「這話說得對呀！」王莽乘機說：「這是個違背道德的人，其罪當殺！」這時，冠軍人張永獻上書寫在璧形銅器上的文字，說太皇太后應當稱「新室文母太皇太后」。王莽就下詔採納。於是王莽便用鴆酒毒死王諫而封張永為貢符子。

班彪評論說：「三代以來，君王或諸侯失去政權，很少不是由於寵愛的女人。到了王莽興起，從孝元帝皇后王政君經歷四代皇帝為天下國母，享受朝廷奉養六十餘年，王氏一群弟弟們世代把持政權，輪番掌握國家權柄。總計出現五個大將軍，十個侯爵，最後終於促成王莽篡漢。君王的名位、尊號都已轉移他人，而太皇太后還戀戀不捨地緊握一顆御印，不想交給王莽，這種婦人的仁慈之心，多麼可悲！」

【研　析】本卷詳載王莽篡漢的全過程，生動地揭示了專制政體下野心家是怎樣進行政治黑箱操作的，給人們留下深刻的歷史教訓。

王莽篡漢分為五個步驟，一點一點蠶食漢家政權。第一步，王莽晉爵安漢公，位在四輔之上。第二步，改爵號為「宰衡」，意思是王莽德高無比，享有西周冢宰周公和商朝伊尹阿衡之德。第三步，加賜九錫。第四步，居攝為代理皇帝。第五步，即真篡位為新朝皇帝，西漢終結。

王莽是中國古代第一個懂得大搞政治運動樹立個人崇拜的野心家。王莽搞的政治運動有兩手，一手正面宣傳，大搞造神運動，要全國萬眾庶民齊呼王莽得了天命，是全民的代表。一手負面打壓，運用各種暴力運動，顛倒黑白，不准官民有反對意見，製造萬馬齊喑的政治局面。野心家得逞，黑箱政治一路綠燈，這兩手缺一不可。

王莽大搞個人崇拜手法詭譎而變化多端。一、拉大旗作虎皮，他的意志總是通過太皇太后王政君下詔來實施的，這比假手傀儡皇帝平帝更為有效。當然，平帝、孺子嬰更是王莽的虎皮。王莽辭封、少要賞賜，甚至捐錢百萬，都要太皇太后下詔褒揚。二、諷諭公卿大臣上疏頌揚王莽。例如大司徒司直陳崇命張竦上疏歌頌王莽功德，提議加封采邑。三、發動成千上萬官民上疏，集體頌揚王莽。太保王舜就率領官民八千餘人請願太皇太后加封王莽。王莽裝腔作勢辭讓，全國官民有四十八萬多人請願加封王莽采邑。四、由親信或投機家在全國範圍製造符瑞，說齊郡臨淄縣有位亭長夜夢神人授命王莽應做真皇帝，是上天的意志。巴郡出現石牛，有石文曰「天告帝符，獻者封侯」。於是在京師有個叫哀章的人，狂妄製作了一個銅匱，又製作兩道封書題簽，說什麼「天帝行璽金匱圖」、「赤帝璽某傳予皇帝金策書」。所有上天降下的符契、圖文、銅匱、策書，無一不是人為製作。五、宣傳洗腦。王莽命少府宗伯鳳入宮給太皇太后講宗法正統的大義，朝廷大臣也要聽講。王莽還派王惲等八位大臣巡行全國考察風俗，實質是對天下萬民洗腦，偽造郡國民謠，對王莽歌功頌德。六、建造形象工程，明堂、辟雍、靈臺，以及皇家宗廟祭祀大搞排場等。

造神運動必須在高壓政治氣團下進行，不然就會被人識破。對造神運動不力，甚至敢於揭露的人，王莽就用暴力打殺。王莽藉呂寬事件，殺了自己的長子王宇，殺滅衛氏家族，殺滅王宇的妻族呂氏宗姓，又藉機把事件擴大成為全國性的政治運動，排除政敵。漢元帝的妹妹敬武長公主，王莽的諸父紅陽侯王立、平阿侯王仁，以及效忠漢室的大臣、地方官吏，有前將軍何武、前司隸校尉鮑宣、前丞相王商之子樂昌侯王安、前左將軍辛慶忌的三個兒子：護羌校尉辛通、函谷都尉辛遵、水衡都尉辛茂，以及南陽太守辛伯等數百人全都被處死刑。太學博士大儒王宇的老師吳章被腰斬分屍。王莽打壓不同的聲音，製造輿論一律，甚至拋棄假面具，赤裸裸地鎮壓。廣平國宰相班穉、琅邪太守公孫閎，不附和王莽，不製造民謠祥瑞，如實報告民間災情，遭到指控，說二人不與中央朝廷保持一致，是痛恨「聖政」。公孫閎被殺頭，班穉受到王政君的保護得免一死，被罷官回家。

在王莽的高壓政治下，不肯說假話的官僚士大夫採取了迴避策略，如逢萌趕快辭官回家，深恐避禍不及。明哲保身的大臣孔光、平當、馬宮，以及平當的兒子平晏、平咸等都阿順苟容，一個個成了諂媚拍馬之士。班固批評他們不配任職宰輔。

王莽篡漢，大樹特樹個人權威，對此，柏楊先生在他的現代語文版《資治通鑑》中做了可圈可點的精彩評論。柏楊說：

王莽先生的個人崇拜運動，如火如荼，這正是王氏集團大顯身手的良機，一面是寡廉鮮恥的歌功和頌德，一面是動刀動槍的監獄和誅殺，二者結合成一種狂熱，在這狂熱之中，上位的人為了奪權，下位的人為了奪利，純潔的青年群眾，則被撥弄成一群瘋狗，理性全失。白的變成黑的，黑的變成白的，是非忠奸，完全顛倒。於是，道德崩潰。

奸險詐偽，放到政治天平上，也是一種成熟。王莽巴結王政君身邊的侍從、宮女，花了上千萬的賞錢，人人替他唱讚歌。王莽倡導太學，為士子蓋了一萬間房舍。王莽徵召全國幾千名知識分子到公車府，讓他們口述著述，確實籠絡了許多士人。像揚雄、劉歆這樣的大儒，也俯首帖耳服務於新朝。

王莽的黑箱政治操作，之所以能夠得手，他依靠了王政君這塊招牌。於是班彪把西漢之亡歸咎於女人當政，說什麼自從三代以來，國君失去權勢，無不種因於女寵。於是女人是禍水就成為一種封建意識。不錯，外戚干政是來自女寵。沒有王政君，就沒有王莽。但這只是一種表面現象，當然，這也是原因之一。但更深層的原因，是皇權制度這一固有的弊端，正如柏楊先生的比喻，專制君王就像「一個擁有無限權威的司機，他如果決心把車開進萬丈深谷，誰都擋不住，誰都救不了」。王莽打了王政君這塊招牌，他假了皇權，於是王莽就坐上了這個開向深淵的「一個擁有無限權威的司機」，王莽的種種倒行逆施，誰又能阻擋得了呢！杜絕王莽的產生，就要剷除專制皇權，讓人民當家作主，讓輿論監督，使王莽的政治黑箱暴露在光天化日之下，他還能操作得了嗎？其次的原因，是漢家皇帝連續幾代是敗家子，女人專寵，首要的也是男性敗家子。這樣說來，王政君的責任，充其量也是第三位，所以班固的評論顛倒了是非，這個案要翻過來。此外，還有一個社會原因，由於專制政治的高壓，更由於漢家幾代敗家子皇帝，以及王莽的誅殺，討伐異己，輿論一律，士人丟了氣節，官吏丟了職守，皇室宗姓忘了祖宗創業之艱難，全都投入造神運動之中，不識王莽盧山真面目，或有識之，為了明哲保身，而遠離是非，如梅福、逢萌等，辭職歸隱，鮮有反抗王莽者。如果個人崇拜成為一種社會時尚，識者鉗口，於是群眾成了群氓，是非顛倒，黑白混淆，理性全失，道德崩潰，這時，一場社會的浩劫就不可避免了。在一個道德崩潰的社會中，誰能振臂一呼，大聲說：「王莽是個騙子，他不是真命天子，他不是人民的代表。」這個人就是發難者，因為他的一聲吼喚醒了人民。這個人粉身碎骨了，但他的精神卻永遠長存。王莽居攝，宗室劉崇、劉快，名臣之子東郡太守翟義，他是前丞相翟方進之子，他們起兵反抗王莽，就是這樣振臂一呼的人。他們明知力量小弱，反抗王莽，等於飛蛾撲火，但他們肩負正義，帶笑走向死亡，卻給王莽敲響了喪鐘，得到了王夫之的高度評價。王夫之在《讀通鑑論》中說：「二劉、翟義不忍國仇，而奮不顧身，以與逆賊爭存亡之命，非天也，其志然也；而義尤烈矣。義知事不成而忘其死，智不逮子房而勇倍之矣。」又說：「當莽之篡，天下如狂而奔赴之，孔光、劉歆之徒，援經術以導諛，上天之神，虞舜之聖，周公之忠，且為群不逞所誣而不能白。義正名其賊，以號召天下於魘魅之中，故南陽諸劉一起，而莽之首早隕於漸臺。義也，崇也，快也，自輸其肝腦以拯天之衰而伸莽之誅者也。不走而死，義尤烈哉！」翟義不逃，赴義而死，兩千年後的知音當數戊戌變法中的譚嗣同，以血警世，悲夫！壯哉！

卷第三十七

漢紀二十九

起屠維大荒落（己巳 西元九年），盡閼逢閹茂（甲戌 西元一四年），凡六年。

【題解】本卷記事起西元九年，迄西元一四年，凡六年史事。當王莽始建國元年，至天鳳元年，新朝前半期，王莽推行改朝換代的大規模改制。始建國元年，王莽首先推行官制改革，用新官名、新爵號，目的是用新朝制度取代漢家制度，用以消除漢朝的影響。後來王莽改地名，重構行政區劃，貶低周邊民族的封爵地位，都是如此。這種毫無實際意義的理念改革，旨在消除舊朝觀念，卻適得其反，打亂人們的生活習慣與語言，只能招來人民怨恨。接著推行井田制度，改革土地制度，禁止買賣，以抑制兼併。始建國二年，設置五均六筦，用以平抑物價。王莽由於用人不當，推行急迫，違背社會的發展，均遭失敗。王莽改革貨幣，目的就是用通貨膨脹的手法巧取民財，根本得不到推行。王莽貶低周邊民族封爵地位，輕啟邊患，連年征伐，騷動天下，數年之間，邊境地區成了無人區。王莽的改革可以說是自掘墳墓。清流士大夫，大多歸隱山林，拒絕與新朝合作。龔勝絕食而死，是威武不屈的榜樣。

王莽中

始建國元年（己巳　西元九年）

春，正月❶朔，莽帥公侯卿士奉皇太后璽韍❷上太皇太后，順符命，去漢號焉。

初，莽娶故丞相王訢❸孫宜春侯咸❹女為妻，立以為皇后。生四男，宇、獲前誅死，安頗荒忽❺，乃以臨為皇太子，安為新嘉辟❻。封宇子六人皆為公❼。大赦天下。

莽乃策命❽孺子為定安公，封以萬戶❾，地方百里；立漢祖宗之廟於其國，與周後❿並行其正朔、服色⓫；以孝平皇后為定安太后。讀策畢，莽親執孺子手，流涕歔欷⓬曰：「昔周公攝位，終得復子明辟。今予獨迫皇天威命，不得如意！」哀嘆良久。中傅⓭將孺子下殿，北面而稱臣。百僚陪位，莫不感動。

又按金匱⓮封拜⓯輔臣：以太傅・左輔王舜為太師，封安新公。大司徒平晏為太傅，就新公。少阿・羲和劉秀為國師，嘉新公。廣漢梓潼哀章為國將，美新公。是為四輔，位上公。太保・後承甄邯為大司馬，承新公。丕進侯王尋為大司徒，章新公。步兵將軍王邑為大司空，隆新公。是為三公。大[1]阿・右拂・大司空甄豐為更始將軍，廣新公。京兆王興為衛將軍，奉新公。輕車將軍孫建為立國將軍，成新公。京兆王盛為前將軍，崇新公。是為四將。凡十一公。王興者，故城門令史⑯；王盛者，賣餅。莽按符命求得此姓名十餘人，兩人容貌應卜相⑰，徑從布衣登用⑱，以示神⑲焉。

是日，封拜卿大夫、侍中、尚書官凡數百人，諸劉⑳為郡守者皆徙為諫大夫㉑。改明光宮㉒為定安館，定安太后居之。以大鴻臚府為定安公第，皆置門衛使者㉓監領㉔。敕㉕阿乳母㉖不得與嬰語，常在四壁中㉗，至於長大，不能名㉘六畜㉙。後莽以女孫宇子妻之㉚。

莽策命羣司㉛各以其職，如典誥之文㉜。置大司馬司允、大司徒司直、大司空司若，位皆孤卿㉝。更名大司農㉞曰義和，後更為納言；大理曰作士㉟；太常曰秩宗；大鴻臚曰典樂；少府曰共工㊱；水衡都尉曰予虞；與三公司卿㊲分屬三公。置二十七大夫，八十一元士㊳，分主中都官㊴諸職。又更光祿勳等名為六監㊵，皆上卿。改郡太守曰大尹，都尉曰大尉，縣令、長曰宰。長樂宮曰常樂室，長安曰常安。其餘百官、宮室、郡縣盡易其名，不可勝紀。

封王氏齊縗之屬㊶為侯，大功㊷為伯，小功㊸為子，緦麻㊹為男。其女皆為任㊺。男以「睦」，女以「隆」為號㊻焉。

又曰：「漢氏諸侯或稱王，至於四夷亦如之，違於古典[47]，繆[48]於一統。其定諸侯王之號皆稱公，及四夷僭號[49]稱王者皆更為侯。」於是漢諸侯王三十二〔2〕人皆降為公，王子侯者[50]百八十一人皆降為子，其後皆奪爵[51]焉。

莽又封黃帝[52]、少昊[53]、顓頊[54]、帝嚳[55]、堯[56]、舜[57]、夏[58]、商[59]、周[60]及皋陶[61]、伊尹[62]之後皆為公、侯，使各奉其祭祀。

莽因漢承平[63]之業，府庫[64]百官之富，百蠻賓服[65]，天下晏然[66]，莽一朝有之，其心意未滿，陿小[67]漢家制度，欲更為疏闊[68]。乃自謂黃帝、虞舜之後，至齊王建[69]孫濟北王安[70]失國，齊人謂之王家，因以為氏[71]。故以黃帝為初祖，虞帝為始祖。追尊陳胡公[72]曰〔3〕陳胡王，田敬仲[73]曰齊敬王〔4〕，濟北王安曰〔5〕濟北愍王。立祖廟五[74]，親廟四[75]。天下姚、嬀、陳、田、王五姓皆為宗室，世世復[76]，無有〔6〕所與[77]。封陳崇、田豐為侯，以奉胡王、敬王後。

天下牧、守皆以前有翟義、趙朋等作亂，領州郡，懷忠孝，封牧為男，守為附城。○以漢高廟為文祖廟[78]。漢氏園寢廟[79]在京師者，勿罷，祠薦[80]如故。諸劉勿解[81]其復，各終厥[82]身。州牧數存問[83]，勿令有侵冤[84]。

莽以劉之為字「卯、金、刀」[85]也，詔正月剛卯[86]、金刀[87]之利皆不得行，乃罷錯刀、契刀及五銖錢，更作小錢，徑六分，重一銖，文曰「小錢直一」，與前「大錢五十」者為二品，並行。欲防民盜鑄，乃禁不得挾銅、炭。

夏，四月，徐鄉侯劉快[88]結黨數千人起兵於其國[89]。快兄殷[90]，故漢膠東王，時為扶崇公。快舉兵攻即墨[91]，殷閉城門，自繫獄。吏民距快[92]。快敗走，至長廣[93]死。莽赦殷，益其國滿萬戶，地方百里。

【章　旨】以上為第一段，寫王莽改官制、改封爵，推行一套新朝制度，以此消除漢朝的影響。

【注　釋】❶正月　漢武帝時頒行《太初曆》，以建寅之月為正。王莽建新，改以建丑之月為正。這裡的正月為丑正，即寅正的十二月。❷皇太后璽韍　即張永所獻符命銅璧文，稱號為「新室文母太皇太后」。❸王訢　濟南郡（治所在今山東章丘西北）人，武帝時任被陽令，徵為右輔都尉、右扶風。昭帝時為御史大夫、丞相，封宜春侯。傳見《漢書》卷六十六。❹咸　王訢孫王咸，繼其父王譚襲爵為宜春侯。❺荒忽　猶「恍惚」，神志不清。❻辟　君。此為王莽改定的爵位名號，位在公上。❼封宇子六人皆為公　封王千為功隆公，王壽為功明公，王吉為功成公，王宗為功崇公，王世為功昭公，王利為功著公。❽策命　用策書命令。漢制，皇帝命書有四：一曰策書，二曰制書，三曰詔書，四曰戒書。策書以命諸侯王與三公。❾封以萬戶　以平原郡的平原、安德、漯陰、鬲、重丘等五縣封孺子，為定安公國，其地在今山東平原、陵縣、臨邑、禹城等縣一帶。❿周後　周朝的後代。武帝元鼎四年（西元前一一三年），封周後姬嘉於長社（今河南長葛東北），為周子南君，以奉周祀。其後子孫襲爵。元帝初元五年（西元前四四年），改封為周承休侯。成帝綏和元年（西元前八年），進爵為公。王莽建新，以時公姬當為章牟公。古代新王朝建立後，常封前兩代王朝的後代，漢否定秦繼周後的正統地位，封殷、周之後；王莽廢漢建新，則以周、漢為前代二王，所以封其後代以奉周、漢之祀。⑪並行其正朔服色　都在封國內沿用各自朝代所施行的曆法及車馬、服飾、顏色等各種禮儀制度。⑫歔欷　歎息抽泣聲。⑬中傅　漢代諸侯王國設太傅、中傅以輔諸侯王；中傅在宮中輔王，由宦者擔任。⑭金匱　指哀章所獻銅匱所署金匱圖、金策書。⑮封拜　封爵授官。⑯城門令史　城門校尉屬官，掌管文書。⑰應

卜相　符合占卜中的相貌。⑱徑從布衣登用　直接進用平民。徑，直接。布衣，指平民。登用，進用。⑲以示神　以此顯示神靈的意願。⑳諸劉　指漢朝劉氏皇族。㉑諫大夫　官名，掌諫議。閒散官員。王莽不讓劉姓皇室的人掌握地方實權任郡守，安置在京師為閒職。㉒明光宮　漢宮名，武帝太初四年（西元前一〇一年）建造，南與長樂宮相聯屬。㉓門衛使者　官名，執掌定安公府第的護衛。㉔監領　監督管理。㉕敕　告誡。㉖阿乳母　乳母。阿，詞頭語助詞。㉗常在四壁中　意謂令定安公獨居室內，不與外界接觸。㉘名　作動詞，叫出名字。㉙六畜　指牛、馬、羊、犬、豕、雞。㉚女孫宇子妻之　王莽將孫女，即莽子王宇的女兒嫁給孺子劉嬰為妻。㉛羣司　百官。㉜典誥之文　典誥，本指《尚書》中〈堯典〉、〈湯誥〉等篇，因其皆為記述帝王典制之文，所以後世用以指稱典章詔令一類的文字。《漢書．王莽傳》於本句上載有王莽對百官發布的策書，以天文對應人事，規定了百官的職責。這裡所說的「典誥之文」，即指《漢書》所載策書。㉝孤卿　官名，官位次於三公而高於卿。司允、司直、司若為王莽新設置的官名。㉞大司農　官名，主管國家錢穀租稅等財政經濟事務。王莽改名為羲和。㉟大理曰作士　大理，官名，秦置廷尉，執掌刑法。漢景帝時改稱大理，武帝時復為廷尉，哀帝時又改稱大理。今王莽改定官制，稱作士。㊱少府曰共工　少府，執掌山海湖澤的稅收，以供皇帝享用。王莽改名為共工。㊲司卿　指司允、司直、司若。㊳二十七大夫二句　王莽改定官制，以羲和、作士、秩宗、典樂、共工、予虞與三公司卿為九卿，每卿置大夫三人，共二十七大夫；每大夫置元士三人，共八十一元士。㊴中都官　京師各官府。㊵六監　王莽改光祿勳為司中，太僕為太御，衛尉為太衛，執金吾為奮武，中尉為軍正，又置大贅官（主乘輿服御物，後又典兵秩），位皆上卿，稱為六監。㊶齊縗之屬　齊縗，喪服名，為五服之一。齊，衣服的下邊。縗，喪服。古代五服中最重的喪服為斬縗，用粗麻布做成，不縫衣邊。齊縗次於斬縗，用粗麻布做成，縫衣邊。服齊縗者服期分為三年、一年、三月等不同的時間。屬，親屬。㊷大功　喪服名，為五服之一。其服用熟麻布做成，較齊縗稍細，較小功為粗。服大功者服期為九個月。㊸小功　喪服名，五服的第四等。其服用熟麻布做成，比大功較細，比緦麻為粗。服小功者服期為五個月。㊹緦麻　喪服名，為五服中最輕的一種。其服用疏織細麻布做成。服緦麻者服期為三個月。㊺任　王莽新置女爵位名，猶公主、翁主等名號。上言凡五服內的親屬，男者依親疏關係封予不同的爵位，女者皆封為任。㊻為號　作為封邑稱號。㊼違於古典　違背古代的典章制度。㊽繆　通「謬」。乖誤。㊾僭號　冒用帝王的稱號。㊿王子侯者　諸侯王之子封為侯的人。(51)奪爵　削除爵位。(52)黃帝　王莽以黃帝為初祖，舜為始祖。相傳舜為黃帝九世孫，舜生於姚墟，姓姚，所以王莽封姚恂為初睦侯，為黃帝後。(53)少昊　傳說中原始社會的部落首領，為黃帝之子。梁氏乃嬴姓，相傳嬴姓為少昊之後，所以王莽封梁護為脩遠伯，為少昊後。(54)顓頊　傳說中原始社會的部落首領，為黃帝之孫，昌意之子，號高陽氏。漢代以劉氏為堯的後代，而以堯出自顓頊，所以王莽封劉歆為初烈伯，為顓頊後。(55)帝嚳　傳說中原始社會的部落首領，為黃帝曾孫，顓頊的族子，號高辛氏。王莽自認是舜的後代，而以舜出自帝嚳，所以以其孫功隆公王千為帝嚳後。(56)堯　漢代以劉氏為堯的後代，所以王莽封劉歆之子劉疊為伊休侯，為堯後。(57)舜　相傳舜居媯汭，舜的後代以媯為氏，所以王莽封媯昌為始睦侯，為舜後。(58)夏　相傳夏禹姓姒，所以王莽封姒豐為章功侯，為夏後。(59)商　孔氏為商的後代，所以王莽封孔弘為章昭侯，為商後。(60)周　周代王室姓姬，所以王莽封姬黨為章平公，為周後。(61)皋陶　傳說為舜臣，執掌刑法。王莽封山遵為褒謀子，作為皋陶後。(62)伊尹　商湯大臣，助湯滅夏建商，尊為阿衡。王莽封伊玄為褒衡子，為伊尹後。(63)承平　太平。(64)府庫　國家貯藏財物、兵甲的處所。(65)賓服　歸順；臣服。(66)晏然　安定。(67)陋小　意動用法。此言認為漢代制度狹隘簡陋。(68)疏闊　簡略，宏大。(69)齊王建　戰國末期齊國國王田建，在位四十四年（西元前二六四—前二二一年）。秦兵攻齊，聽相后勝計，不戰而降，齊亡。(70)濟北王安　西元前二〇六年，秦亡，項羽分封諸侯，以原齊王田建之孫田安為濟北王，都博陽（今山東泰安東南）。同年，被田榮殺死。(71)以為氏　以王為氏。(72)陳胡公　即媯滿。舜後，西周初年封之於陳，以奉舜祀。(73)田敬仲　即陳完。西元前六七二年，陳國內亂，陳厲公之子公子完奔齊。在齊為田氏，死後謚敬仲，史稱田敬仲。田氏在齊勢力日強，終於西元前三八六年代姜氏為齊侯。事見《史記》卷四十六〈田敬仲完世家〉。(74)祖廟五　即黃帝、舜、陳胡公、田敬仲、濟北王安之廟。王莽自認黃帝為初祖，自己是濟北王安的七世孫。(75)親廟四　即高祖王遂、曾祖王賀、祖王禁、父王曼之廟。(76)復　免除賦稅、徭役。(77)無有所與　意謂享受宗室優待，凡事不要有所牽涉。與，干預。(78)文祖廟　堯的始祖廟，後世泛指太祖廟。(79)園寢廟　陵墓和宗廟。(80)祠薦　以祭品祀神靈祖先。(81)解　解除。(82)厥　其。(83)數存問　多次慰問、問候。(84)侵冤　被欺陵、受冤屈。(85)劉之為字卯金刀　「劉」字形體有卯、金、刀三個部分。(86)剛卯　漢代人用以避邪的佩飾，正月卯日製成，以金、玉或桃木為材料，長條四方形，上面刻有避邪內容的文字。中間有孔，以便穿繩佩帶。(87)金刀　指王莽所鑄錢幣錯刀、契刀等。此言王莽十分懼怕劉漢勢力，因為剛卯的「卯」字與同錯刀、契刀有關的「金」、「刀」二字可以拼聯成「劉」字，為消除劉漢政權對人們的影響，便將剛卯與錯刀、契刀都作為忌諱，不准使用。(88)劉快　一作「劉炔」，漢景帝七世孫，膠東恭王劉授之子。漢成帝元延元年（西元前一二年）封徐鄉侯。起兵反莽，事敗身死。(89)其國　指劉快的封地徐鄉侯國，治所在今山東黃縣西北。(90)快兄殷　劉快的哥哥劉殷。劉殷於漢成帝永始三年（西元前一四年）嗣爵為膠東王。王莽建新，貶爵號為公，為扶崇公，仍擁有原來的封地。今因拒納其弟，增其封邑。(91)即墨　縣名，扶崇公國治所。縣治在今山東平度東南。(92)距快　抗拒劉快。距，通「拒」。抵禦。(93)長廣　縣名，縣治在今山東萊陽東。

【校 記】①大 原作「太」。據章鈺校，十二行本、乙十一行本皆作「大」，今據改。②二 原作「三」。據章鈺校，十二行本、乙十一行本皆作「二」，張瑛《通鑑校勘記》同，今據改。③曰 原作「為」。據章鈺校，十二行本、乙十一行本、孔天胤本皆作「曰」，今據改。④曰齊敬王 原作「為田敬王」。據章鈺校，十二行本、乙十一行本、孔天胤本皆作「曰齊敬王」，今據改。⑤曰 原作「為」。據章鈺校，十二行本、乙十一行本、孔天胤本皆作「曰」，今據改。⑥有 原無此字。據章鈺校，十二行本、乙十一行本、孔天胤本皆有此字，張敦仁《通鑑刊本識誤》同，今據補。

【語 譯】王莽中

始建國元年（己巳 西元九年）

春，正月初一日，王莽率領公侯卿士捧著皇太后御印獻給太皇太后，順從上天的符命，除去了漢朝的尊號。

當初，王莽娶前丞相王訢的孫子宜春侯王咸的女兒為妻，冊立為皇后。生有四個兒子，王宇、王獲以前被誅死，三子王安神智不清，於是冊立小兒子王臨為皇太子，封王安為新嘉辟。冊封王宇的六個兒子都為公爵。大赦天下。

王莽策命封漢王朝的孺子劉嬰為定安公，賜食邑一萬戶，土地方圓一百里；在封國內建立漢朝祖宗祭廟，和周朝的後代一樣沿用本朝原有的曆法、服飾和顏色；將孝平皇后改稱為定安太后。宣讀策書完畢，王莽親自握著孺子劉嬰的手，流淚歎息說：「過去周公攝政，最後還是把明君的王位歸還給成王。現今我偏偏迫於上天威嚴的命令，而不能按自己的意思去做！」悲傷歎息許久。中傅帶著孺子劉嬰下殿，面向北稱臣。百官列位作陪，沒有人不感傷。

王莽又按照金匱圖、金策書上的人名，封授輔政大臣：任命太傅．左輔王舜為太師，封安新公。大司徒平晏為太傅，封就新公。少阿．羲和劉秀為國師，封嘉新公。廣漢郡梓潼人哀章為國將，封美新公。這是四輔，位列上公。又任命太保．後承甄邯為大司馬，封承新公。丕進侯王尋為大司徒，封章新公。步兵將軍王邑為大司空，封隆新公。這是三公。另外，大阿．右拂．大司空甄豐為更始將軍，封廣新公。京兆人王興為衛將軍，封奉新公。輕車將軍孫建為立國將軍，封為成新公。京兆人王盛為前將軍，封崇新公。這是四將。共十一公。王興是原城門令史，王盛是個賣餅的。王莽按照符命預言的姓名，找到十多個同此姓名的人，其中這兩人相貌符合占卜和看相的要求，就直接從一介平民提升到高位，用以向天下顯示神意。

這一天，任命卿大夫、侍中、尚書官共幾百人。所有劉氏皇族擔任郡太守的全都調任諫大夫。把明光宮改為定安館，讓定安太后居住。把大鴻臚府作為定安公住宅，都設置門衛使者負責監督管理。告誡劉嬰的乳母不准跟定安公說話，讓他經常處在四壁之中，直到長大成人，叫不出六畜的名稱。後來王莽把孫女也就是王宇的女兒嫁給他。

王莽用策書規定百官的職責，都依照《尚書》典、誥的文章。設置大司馬司允、大司徒司直、大司空司若，位皆孤卿。把大司農改名為羲和，後來又改稱納言；大理改稱作士；太常改稱秩宗；大鴻臚改稱典樂；少府改稱共工；水衡都尉改稱予虞，和司允、司直、司若三公司卿分別歸三公管轄。設置大夫二十七，元士八十一，分別擔任京師各官府中的各種職務。又把光祿勳等改名為六監，都是上卿。郡太守改稱大尹，都尉改稱大尉，縣令、長改稱宰。長樂宮改稱常樂室，長安改稱常安。其餘百官、宮室、郡縣全部換了名稱，無法完全記錄下來。

封王氏齊縗之屬為侯爵，大功之屬為伯爵，小功之屬為子爵，緦麻之屬為男爵。其中女的都封為任爵。男的用「睦」字、女的用「隆」字作稱號。

王莽又說：「漢朝有的諸侯稱王，甚至四方夷族也稱王，這和古代典制相違背，背離了大一統的原則。現在規定諸侯王的稱號都稱公，還有，四方夷族僭越稱王的都改為侯。」因此漢朝諸侯稱王的三十二人都降為公，王的子弟稱侯的一百八十一人都降為子，後來他們的爵位都被削奪。

王莽又封黃帝、少昊、顓頊、帝嚳、堯、舜、夏、商、周及皐陶、伊尹的後代都為公、侯，讓他們分別供奉自己祖先的祭祀。

王莽繼承了漢王朝太平之世的基業，官府倉庫和文武百官豐裕的財富，四方夷族都歸附依從，天下安定。王莽一下佔有了這一切，他的心意仍不滿足，認為漢朝的制度格局太小，而想改得簡略宏闊。於是王莽自稱是黃帝、虞舜的後裔，到齊王田建的孫子濟北王田安才失去政權，齊人稱田氏是「王家」，就以「王」為氏。所以把黃帝作為王氏的初祖，虞舜作為始祖。王莽下詔追封陳胡公叫作陳胡王，田敬仲叫作齊敬王，濟北王田安叫作濟北愍王。還建立五座祖宗祭廟，四座皇親祭廟。天下姚、嬀、陳、田、王五姓都是宗室，世世代代免除賦稅、徭役，享有宗室優待，凡事不受牽連。賜封陳崇、田豐二人為侯爵，讓他們分別作陳胡王嬀滿、田敬王田完的後代。

全國州牧、太守都因在翟義、趙朋等人造反時，能掌領州郡，心懷忠孝，因此王莽把州牧封為男爵，太守封為附城。○王莽把漢高廟作為文祖廟。在京師的劉家皇帝陵園寢廟，都不罷除，祭祀和原來一樣。不解除劉氏皇族免除賦稅徭役的優惠，直到本人去世。各州州牧要多次去慰問安撫，不要使他們遭受侵辱和冤屈。

王莽認為劉字是由「卯、金、刀」組成的，因此下詔禁止正月剛卯和錢幣金刀的通行，於是廢除錯刀幣、契刀幣和五銖錢，另製小錢，直徑六分，重量一銖，上面文字為「小錢直一」，與以前「大錢五十」的貨幣為兩類，同時通行。為了防止民間私自鑄造，就下令禁止私人擁有銅、炭。

夏，四月，徐鄉侯劉快集結黨羽數千人在他的封國起兵。劉快的哥哥劉殷，是從前漢朝的膠東王，當時已改為扶崇公。劉快興兵攻打即墨城，劉殷關閉城門，把自己關進監獄。官民合力抵抗劉快。劉快戰敗逃亡，到了長廣縣就死了。王莽赦免劉殷，還增加他的封國滿一萬戶，面積方圓一百里。

莽曰：「古者一夫田百畝❶，什一而稅❷，則國給民富而頌聲作。秦壞聖制，廢井田，是以兼并起，貪鄙生，彊者規田❸以千數，弱者曾❹無立錐之居。又置奴婢之市，與牛馬同闌❺，制於民臣，顓斷❻其命，繆於『天地之性人為貴❼』之義。漢氏[1]減輕田租❽，三十而稅一，常有更賦❾，罷癃❿咸出。而豪民侵陵，分田劫假⓫。厥名三十稅一，實什稅五也。故富者犬馬餘菽粟⓬，驕而為邪；貧者不厭⓭糟糠，窮而為姦。俱陷于辜⓮，刑用不錯⓯。

「今更名天下田曰『王田』，奴婢曰『私屬』，皆不得賣買。其男口不盈八而田過一井者，分餘田予九族、鄰里、鄉黨⓰。故⓱無田、今當受田者，如制度⓲。敢有非⓳井田聖制、無法⓴惑眾者，投諸四裔㉑，以禦魑魅㉒，如皇始祖考虞帝故事㉓！」

秋，遣五威將㉔王奇等十二人班㉕符命四十二篇於天下：德祥㉖五事，符命二十五，福應㉗十二。五威將奉符命，齎㉘印綬，王侯以下及吏官名更㉙者，外及匈奴、西域、徼㉚外蠻夷，皆即授新室印綬，因收故漢印綬。大赦天下。

五威將乘乾文車㉛，駕坤六馬㉜，背負㉝鷩鳥㉞之毛，服飾甚偉。每一將各置五帥，將持節㉟，帥持幢㊱。其東出者至玄菟㊲、樂浪㊳、高句驪㊴、夫餘㊵；南出者隃㊶徼外，歷㊷益州㊸，改句町王為侯㊹；西出者[2]至西域，盡改其王為侯；北出者[3]至匈奴庭㊺，授單于印，改漢印文，去璽曰[4]章㊻。

冬，雷，桐華[47]。

以統睦侯陳崇為司命[48]，主司察上公以下。又以說符侯崔發等為中城[49]、四關將軍[50]，主十二城門及繞霤[51]，羊頭[52]、肴黽[53]、汧隴[54]之固，皆以五威冠其號。

○又遣諫大夫五十人分鑄錢於郡國。○是歲，真定[55]、常山[56]大雨雹[57]。

【章旨】以上為第二段，寫王莽內政推行復古的井田制度，騷動全國；對外推行大漢族主義，貶低四夷屬國的封號，激化了民族矛盾。王莽建國伊始，就開始了自掘墳墓。

【注釋】❶古者一夫田百畝　指古代實行的井田制。據記載，我國奴隸社會的土地制度為井田制。一方里劃為一井，共有土地九百畝，平分為九塊，每塊百畝。其間百畝為公田，周圍八塊為私田。私田分給八家農戶耕種，每家百畝。從公田中劃出二十畝作為八家廬舍用地，每戶二畝半，其餘八十畝公田由八家共同耕種。私田收穫物歸耕者所有，公田收穫物歸奴隸主貴族。❷什一而稅　徵收十分之一的稅。❸規田　分割田地，佔有田地。❹曾　竟；卻。❺闌　通「欄」。飼養家畜的圈。❻顓斷　獨自決斷。顓，通「專」。❼天地之性人為貴　此言天地所生育的生命中，人是最寶貴的。引文見《孝經・聖治》。性，生命。❽減輕田租　古代什一而稅，漢初，減為十五稅一，漢文帝再減為三十稅一。❾更賦　漢代以納錢代更役的賦稅。漢制，男子年二十三至五十六，按規定輪番戍邊服兵役，稱為更役，以錢代役稱為更賦。賦，稅。❿罷癃　衰老多病。罷，通「疲」。⓫分田劫假　地主將土地分租給佃農，劫奪土地上的收穫物。⓬故富者犬馬餘菽粟　此句言富者所養犬馬有吃不完的糧食。菽，豆類糧食。粟，小米。⓭厭　通「饜」。吃飽。⓮辜　罪。⓯刑用不錯　刑法不能擱置。錯，通「措」。擱置；停止。⓰鄉黨　周制，五百家一黨，五黨一州，五州一鄉。後世用以泛指鄉里。⓱故　原來。⓲如制度　按規定授予田地。⓳非　指摘；詆毀。⓴無法　無視法紀。㉑投諸四裔　流放到四方邊遠地方。投，遷置。諸，「之於」的合音詞。四裔，四方邊遠地區。㉒魑魅　傳說中能害人的怪物，此喻指惡人。㉓如皇始祖考虞帝故事　依照始祖考虞舜的原有做法。《左傳》文公十八年：「舜臣堯，賓於四門，流四凶族渾敦、窮奇、檮杌、饕餮，投諸四裔，以禦螭魅。」㉔五威將　官名，王莽建新，置五威將，每一將置左、右、前、後、中五帥，各著方色（左（東）青、右（西）白、前（南）赤、後（北）黑、中黃）衣冠。將持節，稱太一之使；帥持幢，稱五帝之使。五威將帥周行各方，威鎮天下，故稱「五威」。㉕班　頒布。㉖德祥　因德行而獲得的祥瑞。㉗福應　靠福氣而獲得的報應。㉘齎　帶著。㉙更　改。㉚徼　邊界。㉛乾文車　繪有天文圖像的車。乾文，即天文。〈乾〉為八卦之一，以卦象物，乾為陽，為天。㉜坤六馬　六匹母馬。坤馬，即母馬；以數言，六為陰。〈坤〉為八卦之一，以卦象物，坤為陰，為地。㉝背負　以背載物。㉞鷩鳥　鳥名，俗稱錦雞，似山雞而小，胸腹皆赤，冠羽尤其美麗。此言五威將背上插著鷩鳥的羽毛。㉟節　符節。古代奉朝廷之命出行完成某種使命之臣，必執符節以為憑證。㊱幢　一種旌旗。垂筒形，上飾羽毛、錦繡。此以持節、持幢作為將、帥的區別。㊲玄菟　郡名，治所在今遼寧新賓西南。㊳樂浪　郡名，治所在今朝鮮平壤南。㊴高句驪　即高句麗，古國名，其地在今遼寧新賓以東。㊵夫餘　即扶餘，古國名。其地在今吉林松花江流域及其以西地區。㊶踰　越過。㊷歷　經過。㊸益州　郡名，治所在今雲南晉寧東。㊹改句町王為侯　句町為西南夷地，在今雲南廣南。漢昭帝始元六年（西元前八一年），句町侯毋波以擊殺反叛漢廷的部族有功，朝廷立其為句町王。王莽建新，貶句町王為侯，時王邯怨恨，被殺死。㊺匈奴庭　單于設幕立朝的地方。㊻去璽曰章　廢除「璽」名，稱為「章」。㊼冬三句　此言自然界的異常現象，冬季響雷，桐樹開花。華，花。㊽司命　即五威司命。王莽新設置的官名。㊾中城　即五威中城將軍。中城，京城。京城長安東西南北四面每面三門，共十二門。以崔發為五威中城將軍，執掌長安十二城門。㊿四關將軍　即五威前關將軍、五威後關將軍、五威左關將軍、五威右關將軍。四關，指京城長安前、後、左、右四面的四個關隘，即繞霤、羊頭、肴黽、汧隴。(51)繞霤　地名，在今陝西丹鳳西北。其地四面險阻，道路彎曲，溪谷迴繞。繞霤作為長安南面的要塞，以明威侯王級為五威前關將軍，率軍扼守。(52)羊頭　山名，在今山西長子東南。羊頭山作為長安北面的要塞，以尉睦侯王嘉為五威後關將軍，率軍扼守。(53)肴黽　即崤黽。崤指崤山，在今河南洛寧北。黽指黽池，在今河南澠池縣西。黽池位於崤山的北面，在崤山山谷的底部，古代曾於此設崤底關。肴黽作為長安東面的要塞，以掌威侯王奇為五威左關將軍，率軍扼守。(54)汧隴　汧，水名，在今陝西隴縣西南。隴，山名，在今陝西隴縣西北至甘肅平涼一帶。汧隴作為長安西面的要塞，以懷羌子王福為五威右關將軍，率軍扼守。(55)真定　國名，治所在今河北正定南。(56)常山　郡名，治所在今河北元氏西北。(57)雨霿　下冰雹。

【校記】 [1]漢氏　原無此二字。據章鈺校，十二行本、乙十一行本、孔天胤本皆有此二字，張敦仁《通鑑刊本識誤》、張瑛《通鑑校勘記》同，今據補。②者　原無此字。據章鈺校，十二行本、乙十一行本、孔天胤本皆有此字，今據補。③者　原無此字。據章鈺校，十二行本、乙十一行本、孔天胤本皆有此字，今據補。④曰　原作「言」。據章鈺校，十二行本、乙十一行本皆作「曰」，今據改。

【語譯】王莽說：「古代一個成年男子耕田一百畝，按十分之一交租稅，因此國家豐裕，百姓富足，頌揚之聲興起。秦朝破壞了聖人的制度，廢除井田，所以土地兼併之風興起，貪婪卑鄙的行為發生，強者佔田以千畝計算，弱者卻沒有立錐之地。還設置買賣奴婢的市場，和牛馬同欄，被主人控制，獨自決定他們的性命，違背了『天地之性人為貴』的大義。漢朝減輕田租，以三十分之一徵稅，但是經常有更賦，衰老多病的人都要承擔。而豪強侵犯欺陵，把土地分租給佃農，劫奪土地上的收穫物。名義上是以三十分之一徵稅，實際上十稅五。因此富人犬馬有吃不完的糧食，驕縱而為惡；窮人連糟糠都不能吃飽，因貧困而做邪惡，都淪陷為罪人，刑罰不能擱置。

「現在把天下的田地改名為『王田』，奴婢為『私屬』，都不准買賣。那些家庭男子人數不滿八人，而佔有田畝超過九百畝的，把多餘的田地分給親屬、鄰里和同鄉。原來沒有田地，現在應當接受田地的人，依照限定的標準辦理。若有敢於指摘井田聖制，無視法紀，蠱惑民眾的人，就把他流放到四方邊遠的地方，去抵禦妖怪，就像朕的始祖虞舜懲罰四凶的成例！」

秋，派五威將王奇等十二人到全國各地頒行四十二篇符命：德祥類五篇、符命類二十五篇、福應類十二篇。五威將捧著符命，手持著印信，凡是王侯以下和官吏更改名稱的，還有境外匈奴、西域和遠方的異族，都就地授予新朝的印信，並且收繳原來漢朝的印信。大赦天下。

五威將乘坐繪有天文圖像的車子，套著六匹母馬，背上插著錦雞的翎羽，服裝佩飾很雄偉。每一位五威將都在下面設置五個元帥，由五威將手持符節，五帥舉著旌旗。向東去的到達玄菟郡、樂浪郡、高句驪縣、夫餘國；向南去的越過邊塞之外，經過益州郡，將句町王改為句町侯；向西去的則到達西域，將那裡所有各國國王都改為侯；向北方去的到匈奴王庭，授予單于印信，改換漢朝印信的文字，廢除「璽」字，稱為「章」。

冬，打雷，桐樹開花。

任命統睦侯陳崇為司命，負責監督三公以下的朝廷官員。又任命說符侯崔發等人為中城、四關將軍，負責京城十二城門和繞霤、羊頭、肴黽、汧隴的防務，在陳崇、崔發兩人的官銜上增加「五威」兩個字。○王莽又遣諫大夫五十人分別到各郡、國鑄造錢幣。○這一年，真定縣、常山郡降下大冰雹。

二年（庚午　西元一〇年）

春，二月，赦天下。

五威將帥七十二人還奏事，漢諸侯王為公者悉上璽綬為民，無違命者。獨故廣陽王嘉❶以獻符命，魯王閔❷以獻神書，中山王成都❸以獻書言莽德，皆封列侯。

班固❹論曰：「昔周封國八百，同姓五十有餘，所以親親賢賢❺，關諸盛衰，深根固本，為不可拔者也。故盛則周、召❻相❼其治，致刑錯❽；衰則五伯❾扶其弱，與共守❿，天下謂之共主⓫，彊大弗之敢傾⓬。歷載八百餘年⓭，數極⓮德盡，降為庶人，用天年終⓯。秦訕笑⓰三代⓱，竊自⓲號為皇帝，而子弟為匹夫，內無骨肉本根之輔⓳，外無尺土藩翼之衛⓴。陳、吳㉑奮其白梃㉒，劉、項㉓隨而斃之㉔。故曰：周過其曆㉕，秦不及期㉖，國勢然也。

「漢興之初，懲戒亡秦孤立之敗，於是尊王㉗子弟，大啓九國㉘。自鴈門㉙以東盡遼陽[30]，為燕[31]、代[32]；常山[33]以南，太行[34]左轉[35]，度河、濟[36]，漸[37]于海，為齊[38]、趙[39]；穀[40]、泗[41]以往，奄有龜、蒙[42]，為梁[43]、楚[44]；東帶江、湖[45]，薄[46]會稽[47]，為荊、吳[48]；北界淮瀕[49]，略[50]廬、衡[51]，為淮南[52]；波漢之陽[53]，亙九嶷[54]，為長沙[55]。諸侯比境[56]，周匝[57]三垂[58]，外接胡、越[59]。天子自有三河[60]、東郡[61]、潁川[62]、南陽[63]，自江陵[64]以西至巴、蜀[65]，北自雲中[66]至隴西[67]，與京師、內史[68]，凡十五郡[69]。公主、列侯頗邑其中[70]。而藩國[71]大者夸州兼郡[72]，連城數十，宮室、百官同制京師[73]，可謂矯枉過其正[74]矣。雖然[75]，高祖創業，日不暇給，孝惠享國又淺，高后女主攝位，而海內晏如[76]，亡狂狡之憂[77]，卒折諸呂之難[78]，成太宗[79]之業者，亦賴〔1〕之於諸侯也。

「然諸侯原本以[80]大，末流[81]濫以致溢[82]，小者淫荒[83]越法[84]，大者睽孤[85]橫逆[86]以害身喪國，故文帝分齊、趙[87]，景帝削吳、楚[88]，武帝下推恩之令而藩國自析[89]。自此而〔2〕來，齊分為七[90]，趙分為六[91]，梁分為五[92]，淮南分為三[93]。皇子始立者，大國不過十餘城。長沙、燕、代雖有舊名，皆亡南北邊矣[94]。景遭七國之難[95]，抑損諸侯[96]，減黜其官[97]。武有衡山、淮南之謀[98]，作左官[99]之律。設附益之法[100]。諸侯惟得衣食稅租，不與政事。至於哀、平之際，皆繼體苗裔[101]，親屬疏遠[102]，生於帷牆之中[103]，不為士民所尊，勢與富室亡異[104]。而本朝短祚[105]〔3〕，國統三絕[106]。是故王莽知漢中外殫微[107]，本末俱弱，無所忌憚[108]，生其姦心，因母后之權，假伊、周之稱，顓作威福廟堂[109]之上，不降階序[110]而運天下。詐謀既成，遂據南面之尊，分遣五威之吏，馳傳[111]天下，班行符命。漢諸侯王厥角[112]稽首[113]，奉上璽韍，惟恐在後，或乃稱美頌德以求容媚[114]，豈不哀哉！」

【章　旨】以上為第三段，以班固評論為中心，論說封建諸侯與國運盛衰的關係。漢初封國過大而有吳楚七國之亂，其後貶抑諸侯過甚，導致王莽篡國。

【注　釋】❶廣陽王嘉　漢武帝子燕刺王劉旦之後劉嘉。哀帝建平四年（西元前三年），嗣爵為廣陽王。王莽建新，貶為公。今削除劉氏王侯的爵位，劉嘉因獻符命而封扶美侯，賜姓王。❷魯王閔　漢景帝子魯恭王劉餘之後劉閔。原封郡鄉侯，哀帝建平三年（西元前四年）嗣爵為魯王。王莽建新，貶為公。今削除劉氏王侯的爵位，劉閔因獻神書言莽德，封列侯，賜姓王。❸中山王成都　漢宣帝子東平思王劉宇之孫劉成都。平帝以中山王入繼帝位，於是立劉成都為中山王。王莽建新，貶為公。今削除劉氏王侯的爵位，劉成都因獻書言莽德，封列侯，賜姓王。❹班固　（西元三二—九二年）字孟堅，漢扶風安陵縣（今陝西咸陽東北）人，父班彪撰後傳數十篇，以補《史記》於西漢史未及記載武帝以後事之缺，書未成而卒。班固繼承父業，撰成《漢書》。後因在外戚竇憲事件中受牽連，被洛陽令逮捕，死於獄中。傳見《後漢書》卷四十。此下所錄班固的評論，為《漢書》卷十四〈諸侯王表〉的序文。❺親親賢賢　親愛親人，尊重賢者。第一個親字、賢字，作動詞用。❻周召　周公與召公。周公旦與召公奭是輔佐周武王滅殷建周的兩位政治家。周公旦封於魯，召公奭封於燕。二人皆未就封，而仍留京師輔佐周成王治理天下，由長子就封國，次子的後世子孫世世為周公、召公。❼相　輔佐。❽致刑錯　達到刑罰擱置不用。錯，通「措」。❾五伯　指春秋五霸。具體所指，有幾說：一說指齊桓公、晉文公、宋襄公、楚莊王、秦穆公；一說指齊桓公、晉文公、楚莊王、吳王闔閭、越王句踐；一說指齊桓公、宋襄公、晉文公、秦穆公、吳王夫差。伯，通「霸」。❿守　維持。⓫共

主　共同尊奉的君主。周王室天子為天下眾諸侯的共主。⑫弗之敢傾　即「弗敢傾之」。傾，覆滅。此言諸侯雖然勢力強大，不敢滅周。⑬歷載八百餘年　約西元前十一世紀周武王滅殷建周；戰國後期周室分為東、西周，西元前二五六年周赧王死，次年秦滅西周，西元前二四九年秦滅東周，周朝亡。周朝歷西周、東周（春秋、戰國），共八百多年。⑭極　盡。⑮用天年終　指周赧王盡天年而終。赧王在位五十九年。天年，自然的歲數。⑯訕笑　譏笑。⑰三代　夏、商、周三朝，史並稱為三代。⑱竊自　獨自；私自。⑲內無骨肉本根之輔　指朝中輔佐大臣不用宗親。骨肉本根，指用宗親為輔佐以固根本。⑳外無尺土藩翼之衛　此指廢除分封諸侯之制。外無尺土，指皇室宗親在朝外沒有一尺土地的分封。藩翼，護衛；屏蔽。㉑陳吳　陳勝、吳廣。是秦末農民起義的領袖。事見《史記》卷四十八〈陳涉世家〉與《漢書》卷三十一〈陳勝傳〉。㉒白梃　光禿禿的棍棒。㉓劉項　劉邦、項羽。㉔斃之　使秦敗亡。斃，使動用法。之，指秦。㉕周過其曆　曆，年數。相傳周武王滅殷，卜世三十，卜年七百，而周朝實際經歷三十七世，八百多年，所以說「過其曆」。㉖秦不及期　秦王嬴政於西元前二二一年滅六國，完成統一後，廢除諡法，以自己為始皇帝，後世要以數計算，二世三世至於萬世，世代相傳沒有窮盡。而秦朝實際只經歷秦始皇和秦二世兩代，僅十五年，所以說「不及期」。㉗王　作動詞，封為王。尊王，封為諸侯王，使之地位尊貴。㉘大啓九國　漢初大封九個同姓諸侯國：楚、齊、荊、燕、淮南、趙、梁、淮陽、代。大啓，指擴大分封諸侯王國的土地。啓，開拓。㉙鴈門　郡名，治所在今山西右玉南。㉚遼陽　縣名，縣治在今遼寧遼陽西北。㉛燕　王國名，高祖十二年（西元前一九五年），封子劉建為燕王，都薊（今北京市西南）。㉜代　王國名，高祖六年（西元前二〇一年），封兄劉喜為代王。七年，廢喜為侯，立子劉如意為代王。九年，徙如意為趙王。十一年，封子劉恆為代王，都晉陽（今山西太原西南）。㉝常山　山名，即恆山。五嶽中的北嶽，主峰在今河北曲陽西北。㉞太行　山名，南起黃河北岸，南北走向，綿延於今山西、河北兩省之間。㉟左轉　向東。㊱河濟　黃河、濟水。濟水源出今河南濟源王屋山，其故道本自黃河以北橫過黃河而南，然後東流，至今山東與黃河平行東北流入海。後來，濟水下游河道為黃河奪佔。㊲漸　至。㊳齊　王國名，高祖六年，封子劉肥為齊王，都臨淄（今山東淄博東北）。㊴趙　王國名，高祖九年，封子劉如意為趙王，都邯鄲（今河北邯鄲）。㊵穀　穀水，又名「碭水」，河流名，在今安徽碭山縣南，為睢水支流。㊶泗　泗水，河流名，源出今山東泗水縣陪尾山，南流入淮。㊷奄有龜蒙　《詩・魯頌・閟宮》：「奄有龜蒙，遂荒大東。」奄有，意謂盡有、全部擁有。龜，山名，在今山東泗水縣東北。蒙，山名，在今山東蒙陰南。龜山與蒙山綿延相連，實為同一山系。㊸梁　王國名，高祖十一年（西元前一九六年），封子劉恢為梁王，都定陶（今山東定陶西北）。㊹楚　王國名，高祖六年，封弟劉交為楚王，都彭城（今江蘇徐州）。㊺東帶江湖　東邊連接長江、太湖。

帶，連接。湖，指具區澤，又稱「五湖」，今名「太湖」。在今江蘇、浙江兩省交界處。㊻薄　靠近。㊼會稽　山名，在今浙江紹興東南。㊽荊吳　皆王國名，高祖六年，立堂兄劉賈為荊王，都吳縣（今江蘇蘇州）。十一年，淮南王黥布反，進攻荊國，殺賈。賈無後，國除為郡。十二年，以荊故地封兄劉仲之子劉濞為吳王。所以，荊、吳二國實為一地。㊾瀕　水邊。㊿略　疆界。此作動詞，作為疆界。(51)廬衡　皆山名。廬山，在今江西九江市南。衡山，指今安徽境內之霍山。(52)淮南　王國名，高祖十一年，封子劉長為淮南王，都壽春（今安徽壽縣）。(53)波漢之陽　沿著漢水北岸。波，沿循；順著。漢，漢水，河流名。發源於今陝西寧強，流經湖北，在武漢入長江，是長江的最大支流。陽，水北為陽。(54)亙九疑　亙，窮盡；終極。九疑，山名，又作「九疑」。在今湖南寧遠南。(55)長沙　王國名，滅秦後，項羽分封諸侯，封吳芮為衡山王。劉邦稱帝，徙芮為長沙王，都臨湘（今湖南長沙）。劉邦初為籠絡異姓功臣，分封了八個異姓諸侯王。當全國統一後，認為異姓王不利於鞏固劉氏統治，便先後將其中七國消滅，只有長沙王吳芮，因忠於漢廷，且國勢孤弱，得以保全傳世。(56)諸侯比境　諸侯國的疆域互相連成一片。(57)周匝　環繞。(58)三垂　指東、北、南三面邊地。垂，通「陲」。邊疆。(59)外接胡越　北邊與匈奴相連，南邊與南越接壤。胡，指居住在我國北方的少數民族，主要指匈奴。越，指居住在我國南方的少數民族，主要指南越。(60)三河　漢以河內、河南、河東三郡合稱三河。河內郡治所在今河南武陟西南，河南郡治所在今河南洛陽，河東郡治所在今山西夏縣西北。(61)東郡　郡名，治所濮陽，在今河南濮陽西。(62)潁川　郡名，治所在今河南禹州。(63)南陽　郡名，治所在今河南南陽。(64)江陵　縣名，為南郡治所。縣治在今湖北江陵。(65)巴蜀　皆郡名。巴郡，治所在今重慶市北。蜀郡，治所在今四川成都。(66)雲中　郡名，治所在今內蒙古托克托東北。(67)隴西　郡名，治所狄道縣，在今甘肅臨洮。(68)內史　官名，掌治京師及其周圍附近地區，治所在京師長安縣（今陝西西安西北）。(69)凡十五郡　總共十五個郡。漢初設郡的具體數目，缺乏記載，綜合文獻資料，約有五十餘郡，其中大部分封給了諸侯王國，中央直接管轄的只有十五郡，據清代學者錢大昕考證，為河內、河南、河東、東郡、潁川、南陽、南郡、漢中、巴郡、蜀郡、隴西、北地、上郡、雲中與內史。但是郡的隸屬關係並不是固定不變的，如東郡、潁川二郡，據《漢書・高帝紀》，高祖十一年，「立子恢為梁王，子友為淮陽王。罷東郡，頗益梁；罷潁川郡，頗益淮陽」。(70)頗邑其中　此言公主、列侯的封地都在這十五郡之內。頗，都。(71)藩國　諸侯國。(72)夸州兼郡　言諸侯國封地大，連著幾個州，多個郡。夸，通「跨」。跨越。(73)同制京師　與朝廷同制。指諸侯國所屬百官，有丞相、御史大夫等官，與中央朝廷官制相同。言其權力過大，擬於皇室。(74)矯枉過其正　此言意欲糾正秦朝不行分封的弊端而大封子弟，結果造成諸侯過於強盛，尾大不掉的失誤。矯，糾正。枉，邪曲不正。(75)雖然　儘管如此。(76)晏如　安定。(77)亡狂狡之憂　沒有異姓叛亂的憂慮。亡，通「無」。狂狡，狂妄狡詐，此指叛亂者。78卒折諸呂之難　卒，終於。折，挫敗。諸呂之難，漢惠帝死後，呂后稱制，諸呂專權。呂后死，諸呂懼為人制，欲為亂，太尉周勃、丞相陳平等誅殺諸呂，迎立高祖子代王劉恆為帝，是為文帝。事詳本書卷十三高后八年。79太宗　指漢文帝。文帝廟號太宗。80以　同「已」。81末流　水流的下游。82濫以致溢　此喻言到其後期勢力過於強盛，致使向外發展，圖謀不軌。濫，氾濫。溢，水滿外流。83淫荒　縱欲放蕩。84越法　犯法。85睽孤　悖謬。86橫逆　橫暴而不順情理。87文帝分齊趙　文帝即位，分趙國為二，立趙幽王劉友之子為王。後採納賈誼「眾建諸侯而少其力」的建議，實行「剖分」政策，分齊國為六，盡立齊悼惠王劉肥之子為王；分淮南國為三，盡立淮南厲王劉長之子為王。88景帝削吳楚　景帝時，採納鼂錯削減王國封地的「削藩」政策，先後削去楚之東海郡，吳之豫章郡、會稽郡，趙之常山郡，膠西之六縣歸屬朝廷。89下推恩之令而藩國自析　武帝時，採納主父偃提出的諸侯王可推恩子弟，將王國的部分土地分給子弟為侯的建議，實行「推恩」政策，以分削王國。推恩，推廣恩惠。析，分。90齊分為七　即城陽、濟北、濟南、菑川、膠西、膠東、齊七國。91趙分為六　即河間、廣川、中山、常山、清河、趙六國。92梁分為五　即濟川、濟東、山陽、濟陰、梁五國。93淮南分為三　即廬江、衡山、淮南三國。94皆亡南北邊矣　原來，長沙國的南面，燕、代二國的北面，分別外與越、胡相接。如今王國土地削小，邊地之郡已歸朝廷，所以說它們都已失去南北的邊境之地。95七國之難　指景帝三年（西元前一五四年）吳、楚、趙、膠西、濟南、菑川、膠東等七國發動的武裝叛亂。事詳本書卷十六景帝三年。96抑損諸侯　原來諸侯王親自治理其國，官吏除丞相外皆由諸侯王自行任免，王國的財政收入全部歸王國支配。平定七國之亂後，令諸侯王不得治其國，王國官吏由朝廷任免，王國只能享用其租稅收入，王國的行政權、官吏任免權及財政權皆收歸朝廷。97減黜其官　原來，王國設置官吏如朝廷之制，景帝中五年（西元前一四五年），改丞相曰相，省御史大夫、廷尉、少府、宗正、博士官，大夫、謁者、郎諸官長、丞皆減其員。98武有衡山淮南之謀　淮南王劉安與弟衡山王劉賜是淮南厲王劉長之子，武帝時安、賜皆與臣下謀劃反叛朝廷，元狩元年（西元前一二二年）事情敗露，安、賜自殺，國除為郡。事詳本書卷十九元朔五年至元狩元年。武，指漢武帝時。99左官　諸侯之官。100附益之法　有幾說：一說為限制諸侯封地過限之法，一說為重懲阿媚王侯之法，一說為懲處違背漢法而厚於王侯之法。101苗裔　後代。102親屬疏遠　此言諸侯國已非始封之君，與天子關係愈加疏遠。103帷牆之中　指王宮。104勢與富室亡異　意謂諸侯王在經濟上享有優厚的物質生活，而在政治上已失去民眾的擁戴，與一個富家翁沒有什麼區別。105本朝短祚　指平帝在位年限很短。祚，君位。106國統三絕　國統，君主一脈相傳的統緒。三絕，指成、哀、平三帝皆無繼嗣。107殫微　徹底衰落。108忌憚　懼怕。109廟堂　朝廷。110階序　正房兩旁的東西廂房。

⑪馳傳 駕駛驛站車馬急行。⑫厥角 其角。本指獸之角，後世多用其喻指人畏懼之時以額觸地之狀。⑬稽首 磕頭至地。一說磕頭時，兩手拱至地，頭至手，不觸及地。⑭容媚 奉承諂媚。

【校 記】①賴 據章鈺校，十二行本作「輔」。②而 原作「以」。據章鈺校，十二行本、乙十一行本皆作「而」，今據改。③祚 據章鈺校，十二行本、乙十一行本、孔天胤本皆作「世」。按，作「祚」字義長。

【語 譯】二年（庚午 西元一〇年）

春，二月，赦免天下。

五威將與所屬的五威帥七十二人回到京師奏事，說：改稱為公的漢室諸侯王全都繳還公爵印信，自願為平民，沒有違抗命令的。只有原廣陽王劉嘉因呈獻過符命，魯王劉閔因呈獻過神書，中山王劉成都因呈獻過頌德文章，三人都改封列侯。

班固評論說：「從前周王朝分封了八百個諸侯國，同姓封國五十多個，這就是友愛親人，尊重賢人，它關乎國家盛衰，深根固本，成為不可搖動的基礎。所以，西周的強盛，有周公、召公共同輔政治理，達到了刑罰停止不用的境界；西周衰落時，又有五霸來扶持西周的弱勢，共同守護王室，天下稱之為共主，儘管諸侯勢力強大，但都不敢顛覆周朝。周朝歷經了八百多年，運數盡了，德行沒了，降為平民，盡天年而終。秦王朝譏笑夏商周三代，私自號稱『皇帝』，而皇室子弟為匹夫，在內沒有骨肉之親的輔佐，在外沒有微小藩屬封國的護衛。陳勝、吳廣揭竿而起，劉邦、項羽繼而滅了秦朝。所以說：周王朝超過了國運的年數，而秦王朝沒有達到期限，這是封藩建屬的形勢不同所使然。

「漢朝建立初期，鑑於秦王朝孤立而失敗的教訓，因此大封劉姓宗室子弟為王，大封九個同姓諸侯王國。從雁門郡以東到遼陽，是燕國、代國；從恆山以南到太行山折向東，渡黃河，過濟水，一直延伸到渤海，是齊國、趙國；從穀水、泗水以南包括整個龜山、蒙山地區，是梁國、楚國；從東邊連接長江、太湖，臨近會稽山，為荊國、吳國；北邊以淮河為界，經過廬山、衡山，是淮南國；沿著漢水而下，直到九嶷山一帶，為長沙國。各封國邊界相接，環繞東、南、北三面邊疆，北面連接匈奴，南邊連接南越。皇帝直接控制的地區，只有河東郡、河南郡、河內郡、東郡、潁川郡、南陽郡，東起江陵縣，西到巴郡、蜀郡，北自雲中郡，南到隴西郡，加上京師、內史，共十五個郡。其中又有許多公主、列侯的食邑。大的藩國跨州兼郡，連城數十，封國的宮室、百官制度和朝廷完全相同，可以說是矯枉過正了。即使如此，高祖創建大業，忙得沒有空閒，孝惠帝在位的時間又短，高后呂雉代居帝位臨朝執政，而全國安定，沒有叛亂的憂慮，終於挫敗了諸呂之難，成就了太宗的功業，這也是仰賴諸侯的力量。

「但是，封國的諸侯原本勢力就已太大，後代子孫如同水流的下游氾濫，以到外溢，危害小的縱欲放蕩，觸犯法律，大的悖謬橫行為逆，結果為害自身，喪失封國，因此文帝分割齊國、趙國，景帝削弱吳國、楚國，武帝頒布推恩令，而讓封國自行分解。自此以後，齊國分為七國，趙國分為六國，梁國分為五國，淮南國分為三國。皇子開始受封的，大的封國不過十幾個城邑。長沙、燕、代等國，儘管仍保留原有名稱，已不再緊鄰南北邊塞。景帝遭遇吳、楚等七國之亂，貶抑諸侯王，減少封國官員的編制。武帝時有衡山王劉賜、淮南王劉安謀反，就制定了諸侯國置官的法律。又設置附益之法；封國諸侯只能獲得供穿衣吃飯的租稅，不能參與政事。到了哀帝、平帝時代，那些諸侯都是後代子孫，與皇帝的血緣關係疏遠，生長在王宮之中，不被士民尊敬，地位和富有人家沒有什麼不同。而本朝皇帝在位年限短促，成帝、哀帝、平帝接連三代沒有繼嗣。因此王莽知道漢室內外徹底衰微，本末俱弱，故而肆無忌憚，產生邪惡之心，憑藉太皇太后的權勢，假託伊尹、周公之名，在朝廷上獨自作威作福，不用走下臺階就將漢朝政權轉移到自己手中。詐謀成功以後，就憑藉皇帝的權勢，分派五威將、帥，駕驛站車馬疾馳全國，頒行符命。而漢家的諸侯王磕頭跪拜，雙手捧上印信，惟恐落在人後，有些人還歌頌王莽功德，以求取王莽的好臉色，難道不令人悲哀嗎！」

國師公劉秀言：「周有泉府❶之官，收不售❷，與欲得❸，即易所謂『理財正辭，禁民為非❹』者也。」莽乃下詔曰：「周禮有賒貸❺，樂語❻有五均❼，傳記❽各有筦❾焉。今開❿賒貸、張五均、設諸筦⓫者，所以齊眾庶，抑并兼也。」遂於長安及洛陽、邯鄲⓬、臨菑、宛、成都立五均司市、錢府官。司市常以四時仲月定物上中下之賈⓭，各為其市平⓮。民賣五穀、布帛、絲綿之物不售者，均官考檢厥實，用其本賈⓯取之。物貴過平一錢，則以平賈賣與民⓰；賤減平者，聽民自相與市。又民[1]有乏絕欲賒貸者，錢府予之，每月百錢收息三錢。

又以周官⓱稅民⓲，凡田不耕為不殖⓳，出三夫之稅⓴。城郭中宅不樹藝㉑者為不毛㉒，出三夫之布。民浮游無事，出夫布一疋。其不能出布者冗作㉓，縣官衣食之㉔。諸取金、銀、連㉕、錫、鳥、獸、魚、鱉於山林、水澤及畜牧者，嬪婦㉖桑蠶、織紝、紡績、補縫，工匠、醫、巫、卜、祝及他方技㉗，商販、賈人，皆各自占所為於其所之㉘，縣官除其本，計其利十[2]分之，而以其一為貢㉙。敢不自占、自占不以實者，盡沒入所采取而作縣官一歲㉚。○羲和魯匡復奏請榷酒酤㉛，莽從之。又禁民不得挾弩、鎧㉜，犯者徙西海[3]。

【章旨】以上為第四段，寫王莽改制，設置五均、六筦，用以平抑物價，延緩兼併。

【注釋】❶泉府　官名，據《周禮》，為司徒屬官，掌管國家稅收及收購市場上的滯銷物資等。❷收不售　收購賣不出去的物資。售，賣出。即收購民間賣不出去的物資。❸與欲得　賣給想得到的人。❹理財正辭二句　治理國家，使財物分配的法令公正，就能禁止人民做壞事。理財，治理國家財物。正辭，使辭正確。辭，言辭，此指制度、法令。此處引文，見《周易・繫辭下》。❺賖貸　賖，通「賒」。買物緩償其價。貸，借。據《周禮・地官・司徒》，泉府之官掌賖貸。賖謂賣物給人從事祭祀或喪事之用，不收現錢，賖欠的期限，祭祀者不過十天，喪事者不過三月，賖欠的貨值不計利息。貸謂借錢給人，先由主管部門審查批准，方可借給，借貸要計利息，利率以借貸者用來經營的行業應向國家交納的稅率為標準。❻樂語　又名《樂元語》，古書名。久佚。❼五均　官名，掌管均平市場物價。❽傳記　記載文字。❾筦　同「管」。主管；管理。此言根據記載，前代皆有主管財政之官。❿開　與「張」、「設」同義，設置。⓫諸筦　各種管理制度。王莽改制，實行的經濟管制措施，主要有六項，稱六筦，即鹽、酒、鐵專賣，改革幣制，山林、湖澤資源的管理等。⓬邯鄲　縣名，趙國治所，縣治在今河北邯鄲。⓭四時仲月定物上中下之賈　在春、夏、秋、冬四季每季的第二個月，即二、五、八、十一四個月定出貨物每季上中下三等價格。賈，同「價」。⓮市平　市場的標準價格。⓯本賈　本身的價格。⓰物貴過平一錢二句　意謂市場物價超過標準價格時，司市官將其掌握的貨物以標準價格賣出，以控制物價上漲。⓱周官　即《周禮》。⓲稅民　向民徵稅。⓳不殖　不耕種。⓴出三夫之稅　漢制，民年十五至五十六，每年交納一百二十錢人頭稅，叫做算賦。出，交納。三夫之稅，一人交三人的稅，每人一百二十錢，三人則三百六十錢。㉑不樹藝　不種植果木桑樹及蔬菜等。㉒不毛　沒有種植。㉓冗作　從事繁雜的徭役。㉔縣官衣食之　由政府供給服役人以衣食。衣食，作動詞用，供給衣食。㉕連　通「鏈」。鉛。㉖嬪婦　婦女。㉗工匠醫巫卜祝及他方技　工匠，百工藝人。醫，中醫。巫，以降神事鬼為職業的人。祝，祭祀時主持禮儀的人。他，其他；別的。方技，技術。㉘各自占所為於其所之　工商之人，各自在經營地申報自己的職業及資產。占，計數上報。所為，從事的職業。所之，所到的地方，即所在地。之，作動詞，往。㉙而以其一為貢　言凡從事以上諸類職業者皆須向所在地官府申報所從事的職業及其擁有的資產，官府除去其成本，經營所得須交納十分之一的所得稅，稱為貢。㉚盡沒入句　沒收全部收入，並罰其為官府從事一年勞役。㉛榷酒酤　政府實行酒專賣制度。㉜弩鎧　弩，用機械發箭的弓。鎧，護身鐵甲。

【校記】①民　據章鈺校，十二行本作「以」。②十　據章鈺校，「十」下有「一」字。按，商賈等人之利分為十，其一為貢。若其利之十分之一，再分其一為貢，則實收百分之一利。漢代十稅一為常法，故無「一」為是。③西海　據章鈺校，十二行本作「四海」。

【語　譯】國師公劉秀建言說：「周朝設置泉府的官職，收購民間賣不出去的物品，供給想得到的人，也就是《易經》所說的『治理國家，社會財物分配的法令公正，就能禁止人民為非作歹。』」王莽於是下詔說：「《周禮》記載有賒欠貸款的方法，《樂語》載有調節物資的五均官，古書記載了前代各種財政的主管制度。如今要開辦信貸，設置五均官，建立六筦的制度，目的是幫助平民，抑制兼併。」於是在長安以及洛陽、邯鄲、臨淄、南陽、成都六大城市設置五均官司市和錢府官。司市官在春、夏、秋、冬每個季度的第二個月確定上、中、下三等物價，各作為市場的標準價格。民間賣不出去的五穀、布帛、絲綿等物品，由均官調查核實，按照本身的價格收購。當物價上漲超過平價一錢時，那麼均官就以平價賣給平民百姓；物價低落在平價之下時，就任由百姓自由買賣。百姓如果缺乏資金需要借貸，就由錢府官貸出，每月百錢收息三錢。

同時，王莽又按照《周官》徵稅的辦法向民眾徵稅：凡是田地不耕種就叫做「不殖」，繳納三個人的稅。城市住宅不種植果木、蔬菜的叫做「不毛」，一個人要繳納三個人的布匹。百姓遊手好閒無所事事，繳納布一匹。不能繳納一匹布的，為官府做雜役，由官府供給衣食。所有在山林、水澤獲取金礦、銀礦、鉛礦、錫礦、鳥、獸、魚、鱉以及從事畜牧業的人，婦女養蠶、種桑、紡織、縫紉，工匠、醫生、巫師、算卦、祭祀以及其他技能的人，攤販、商人，全都各自在經營地申報職業及資產，地方官府扣除他們的成本，計算利潤，分為十份，拿出其中的一份作為貢稅。膽敢拒絕申報、或申報不實的，就沒收其全部資產，還要處罰為官府服役一年。○羲和魯匡又上奏請求酒類由官府專賣，王莽聽從這一建議。還下令禁止民間攜帶弩弓、鎧甲，違反者流放到西海郡。

初，莽既班四條❶於匈奴，後護烏桓使者❷告烏桓民，毋得復與匈奴皮布稅❸。

匈奴遣使者責稅，收烏桓酋豪❹，縛，倒懸之。酋豪昆[1]弟怒，共殺匈奴使。單于聞之，發左賢王❺兵入烏桓，攻擊之，頗殺人民，毆婦女弱小且千人去，置左地❻，告烏桓曰：「持馬畜皮布來贖之！」烏桓持財畜往贖，匈奴受，留不遣❼。

及五威將帥[2]王駿❽等六人❾至匈奴，重遺單于金帛，諭曉以受命代漢狀，因易單于故印。故印文曰「匈奴單于璽」，莽更曰「新匈奴單于章」。將率既至，授單于印紱，詔令上故印紱[3]。單于再拜受詔。譯❿前，欲解取故印紱，單于舉掖⓫授之。左姑夕侯蘇⓬從旁謂單于曰：「未見新印文，宜且勿與。」單于止，不肯與。請使者坐穹廬⓭，單于欲前為壽⓮。五威將曰：「故印紱當以時上。」單于曰：「諾。」復舉掖授譯，蘇復曰：「未見印文，且勿與。」單于曰：「印文何由變更！」遂解故印紱奉上將帥，受著新紱，不解⓯視印。飲食至夜，乃罷。右帥陳饒謂諸將帥曰：「曏者⓰姑夕侯疑印文，幾令單于不與人。如今視印，見其變改，必求故印，此非辭說所能距也⓱。既得而復失之，辱命莫大焉⓲！不如椎破⓳故印以絕禍根。」將帥猶與⓴，莫有應者。饒，燕士，果悍㉑，即引斧椎壞之。明日，單于果遣右骨都侯當㉒白將帥曰：「漢單于印言『璽』不言『章』，又無『漢』字。諸王已下乃有『漢』，言『章』。今即[4]去『璽』加『新』，與臣下無別。願得故印。」將帥示以故印，謂曰：「新室順天制作，故印隨將帥所自為破壞。單于宜承天命，奉新室之制！」當還白，單于知已無可奈何[5]，又多得賂遺，即遣弟右賢王輿奉馬牛隨將帥入謝，因上書求故印。將帥還到[6]左犁汙王㉓咸㉔所居地，見烏桓民多，以問咸。咸具言狀㉕。將帥曰：「前封四條，不得受烏桓降者。亟㉖還之！」咸曰：「請密與單于相聞，得語，歸之。」單于使咸報曰：「當從塞內還之邪，從塞外還之邪？」將帥不敢顓決，以聞。詔報：「從塞外還之。」莽悉封五威將為子，帥為男㉗。獨陳饒以破璽之功，封威德子。

單于始用㉘夏侯藩求地，有拒漢語，後以求稅烏桓不得，因寇掠其人民，釁㉙由是生，重以印文改易，故怨恨。乃遣右大且渠㉚蒲呼盧訾㉛等十餘人將兵眾萬騎，以護送烏桓為名，勒兵朔方㉜塞下，朔方太守以聞。莽以廣新公甄豐為右伯㉝，當出西域。車師後王㉞須置離㉟聞之，憚於供給煩費，謀亡入匈奴。都護㊱但欽召置離，斬之。置離兄輔國侯㊲狐蘭支㊳將置離眾二千餘人，亡降匈奴。單于受之，遣兵與狐蘭支共[7]入寇，擊車師，殺後城㊴長，傷都護司馬，及狐蘭兵復還入匈奴。

時戊己校尉㊵刁護病，史陳良、終帶、司馬丞韓玄、右曲侯任商相與謀曰：

「西域諸國頗[41]背叛，匈奴欲〔8〕大侵，要死[42]，可殺校尉，將〔9〕人眾降匈奴。」遂殺護及其子男、昆弟，盡脅略[43]戊己校尉吏士男女二千餘人入匈奴。單于號良、帶曰烏賁都尉。

冬，十一月，立國將軍孫建奏：「九月辛巳[44]，陳良、終帶自稱廢漢大將軍[45]，亡入匈奴。又今月癸酉[46]，不知何一男子遮[47]臣建車前，自稱『漢氏劉子輿，成帝下妻[48]子也。劉氏當復[49]，趣空宮[50]！』收繫[51]男子，即常安姓武字仲。皆逆天違命，大逆無道。漢氏宗廟不當在常安城中，及諸劉當與漢俱廢。陛下至仁，久未定，前故安眾侯劉崇等更聚眾謀反，今狂狡之虜復依託亡漢，至犯夷滅連[52]未止者，此聖恩不蚤絕其萌芽故也。臣請漢氏諸廟在京師者皆罷。諸劉為吏者皆罷〔10〕，待除於家[53]。」莽曰：「可。嘉新公、國師以符命為予四輔，明德侯劉龔[54]、率禮侯劉嘉等凡三十二人，皆知天命，或獻天符，或貢昌言[55]，或捕告反虜，厥功茂[56]焉。諸劉與三十二人同宗共祖者，勿罷，賜姓[57]曰王。」唯國師〔11〕以女配莽子[58]，故不賜姓。

定安公太后自劉氏之廢，常稱疾不朝會。時年未二十，莽敬憚傷哀，欲嫁之，乃更號為〔12〕黃皇室主[59]，欲絕之於漢。令孫建世子[60]盛飾，將醫往問疾。后大怒，笞鞭⒀其傍侍御，因發病，不肯起。莽遂不復彊也。

十二月，雷。○莽恃府庫之富，欲立威匈奴，乃更名匈奴單于曰「降奴服于」，下詔遣立國將軍孫建等率十二將分道並出：五威將軍苗訢(61)、虎賁將軍王況(62)出五原(63)；厭難將軍陳欽(64)、震狄將軍王巡(65)出雲中；振武將軍王嘉(66)、平狄將軍王萌出代郡(67)；相威將軍李棽(68)、鎮遠將軍李翁出西河(69)；誅貉將軍楊俊(70)、討濊將軍嚴尤(71)出漁陽(72)；奮武將軍王駿、定胡將軍王晏出張掖(73)。及偏裨(74)以下百八十人，募天下囚徒、丁男(75)、甲卒(76)三十萬人，轉輸(77)衣裘、兵器、糧食，自負海(78)江、淮至北邊，使者馳傳督趣，以軍興法(79)從事(80)。先至者屯(81)邊郡，須畢具(82)乃同時出，窮追匈奴，內(83)之丁令(84)。分其國土人民以為十五，立呼韓邪子孫十五人皆為單于。

【章旨】以上為第五段，寫王莽立威四夷，貶抑匈奴單于爵號，挑起邊患。

【注釋】❶四條　平帝元始二年（西元二年），王莽遣使向匈奴單于頒布四條，即，中國人亡入匈奴者，烏孫亡降匈奴者，西域諸國佩中國印綬降匈奴者，烏桓降匈奴者，皆不得受。見本書卷三十五。❷護烏桓使者　即護烏桓校尉，官名，執掌監督管理有關烏桓事務。❸與匈奴皮布稅　烏桓為東胡的一支。漢初，東胡被匈奴冒頓擊破，其一支退居烏桓山，因以為號。因勢力孤弱，所以常臣服匈奴，每年向匈奴輸納牛馬羊皮等。與，給與。❹收烏桓酋豪　拘捕了烏桓的部族酋長。❺左賢王　匈奴官號，有左、右賢王，是位在單于以下的最高官職。❻左地　左方之地，即東部。❼留不遣　扣留而不放還。❽王駿西漢末年，為中郎將、強弩將軍，封明義侯。新朝官奮武將軍、五威將。天鳳三年（西元一六年），在西域遭焉耆伏擊死。❾六人　指一將五帥。五帥為甄阜、王颯、陳饒、帛敞、丁業。❿譯　負責翻譯的官員。⓫掖　通「腋」。手臂。⓬左姑夕侯蘇　左姑夕侯，匈奴官號名。蘇，左姑夕侯之名。⓭穹廬　氈帳。⓮為壽　奉酒祝人長壽。敬頌之詞。⓯解　打開包裹。⓰曏者　前不久；往日。此指剛才。⓱非辭說所能距也　不是話語所能阻擋的事。辭說，言詞。距，通「拒」。拒絕。⓲辱命莫大焉　辱命，玷辱、辜負君命。莫，無定指代詞，沒有什麼。焉，於此。此言沒有什麼比這更為玷辱使命。⓳椎破　用椎擊壞。⓴猶與　即「猶豫」。㉑果悍　果斷勇敢。㉒右骨都侯當　右骨都侯，匈奴官號。當，右骨都侯之名。㉓左犂汙王　匈奴官號。㉔咸　呼韓邪單于之子，先後為左、右犂汙王。始建國三年（西元一一年），王莽拜咸為孝單于；五年，烏珠留單于死，繼立為單于，即烏累單于。㉕言狀　說明情況。此指劫掠烏桓民眾一事的情況。㉖亟　疾速。㉗封五威將為子二句　封五威將為子爵，五威帥為男爵。㉘用　以；因為。㉙釁　仇怨。㉚右大且渠　匈奴官號。㉛蒲呼盧訾　右大且渠之名。㉜朔方　郡名，治所在今內蒙古杭錦旗北。㉝右伯　王莽根據甄豐之子甄尋所造符命，分陝而立左、右二伯，以甄豐為右伯，以太傅平晏為左伯。㉞車師後王　車師後國之王。車師後國，西域國名，治所在務塗谷（今新疆吉木薩爾南）。㉟須置離　王名。㊱都護　即西域都護，官名。宣帝時，始於西域設都護，治烏壘城（今新疆輪臺東北），執掌監督管理西域事務。㊲輔國侯　車師國官號，相當於漢朝的丞相。㊳狐蘭支　輔國侯之名。㊴後城　城名，車師後城長國治所，在今新疆吉木薩爾北。㊵戊己校尉　官名，元帝時始於西域設戊己校尉，治高昌壁（今新疆吐魯番東南），掌管西域屯田事務。其屬官有丞、司馬、史、候等。㊶頗　大多。㊷要死　會被殺死。要，會。㊸脅略　劫持。㊹辛巳　九月十八日。㊺廢漢大將軍　意謂自己是被王莽廢滅的漢朝的大將軍。㊻今月癸酉　癸酉為寅正十一月十二日，丑正則為十二月十二日。「今月」當指丑正十二月。㊼遮　阻攔。㊽下妻　小妻；妾。㊾復　復興。㊿趣空宮　趕快把宮室空出來。(51)收繫　拘禁。(52)連　接連不斷。(53)皆罷二句　全都罷免官職，待在家中。(54)劉龔　劉向曾孫，劉秀（歆）之孫。(55)昌言　善言。(56)茂　盛大。(57)賜姓　古代帝王常賜姓功臣以示褒寵。(58)以女配莽子　劉秀之女劉愔，配王莽之子王臨。(59)黃皇室主　猶稱新朝未嫁公主。王莽建新，自以為土德，色尚黃，故稱黃皇。室主，意謂在室未嫁的公主。主，猶公主。(60)世子　太子；嫡長子。(61)苗訢　仕新朝，歷任五威將軍、大司馬、國師等職。地皇四年（西元二三年），與王莽等同於漸臺被農民軍殺死。(62)王況　王商之子。成帝時曾嗣爵成都侯，後因罪免為庶人。新朝官虎賁將軍。地皇四年，在與農民軍作戰中戰敗，歸朝自殺。(63)五原　郡名，治所在今內蒙古包頭西。(64)陳欽　研治《左傳》，以之授王莽。仕新朝，官厭難將軍。天鳳二年（西元一五年），王莽藉故將其逮捕下獄，欽自殺。(65)王巡　仕新朝，歷任震狄將軍、車騎將軍等。地皇四年，農民軍攻入皇宮，巡被殺死。66王嘉　王莽兄王永之孫，王光之子。居攝三年（西元八年），嗣爵為衍功侯。新朝歷任五威後關將軍、振武將軍、保拂等職，封尉睦侯。67代郡　郡名，治所在今河北蔚縣東北。68李棽　居攝年間，曾為厭難將軍。新朝賜名聖，官大將軍、揚州牧。地皇四年，在山東被義軍殺死。69西河　郡名，治所在今內蒙古東勝東南。70楊俊　《漢書・王莽傳》作「陽俊」。71嚴尤　仕新朝，任大司馬、討涉將軍、納言將軍等，封武建伯。地皇四年於昆陽戰敗後降劉望，望於汝南稱帝，以尤為大司馬。更始軍破汝南，尤被殺。72漁陽　郡名，治所在今北京市密雲西南。73張掖　郡名，治所在今甘肅張掖西北。74偏裨　偏將和裨將。古代對將佐的通稱。75丁男　成年男子。76甲卒　披甲持械的兵士。77轉輸　運輸。78負海　沿海。79軍興法　朝廷關於徵集軍用物資的法令。漢制，朝廷徵集財物以供軍用，謂之軍興。80從事　處置；處理。81屯　駐紮。82畢具　全部來到。83內　同「納」。放入；使進入。84丁令　又作「丁零」、「丁靈」，古代極北方民族名。漢時分布於匈奴之北，在今俄羅斯貝加爾湖一帶，服屬於匈奴。此言將匈奴逐入丁令地區。

【校　記】[1]昆　原作「兄」。據章鈺校，乙十一行本、孔天胤本皆作「昆」，今據改。[2]帥　原無此字。據章鈺校，十二行本、乙十一行本、孔天胤本皆有此字，張瑛《通鑑校勘記》同，今據補。[3]紱　原作「綬」。據章鈺校，十二行本、孔天胤本皆作「紱」，今據改。[4]即　原無此字。據章鈺校，十二行本、乙十一行本皆有此字，今據補。[5]何　據章鈺校，十二行本、乙十一行本、孔天胤本皆無此字。[6]到　原無此字。據章鈺校，十二行本、乙十一行本、孔天胤本皆有此字，張敦仁《通鑑刊本識誤》同，今據補。[7]共　據章鈺校，十二行本作「兵」。[8]欲　原無此字。據章鈺校，十二行本、乙十一行本、孔天胤本皆有此字，今據補。[9]將　原作「帥」。據章鈺校，十二行本、乙十一行本、孔天胤本皆作「將」，今據改。[10]罷　原無此字。據章鈺校，十二行本、乙十一行本、孔天胤本皆有此字，張敦仁《通鑑刊本識誤》、張瑛《通鑑校勘記》同，今據補。[11]國師　原作「國師公」。據章鈺校，十二行本、乙十一行本皆無「公」字，今據刪。[12]為　原作「曰」。據章鈺校，十二行本、乙十一行本、孔天胤本皆作「為」，今據改。[13]笞鞭　原作「鞭笞」。據章鈺校，十二行本、乙十一行本、孔天胤本二字皆互乙，今據改。

【語　譯】當初，王莽向匈奴頒布了關於處理歸降匈奴者的四條規定，後來，護烏桓使者告訴烏桓民眾，不要再給與匈奴皮布稅。匈奴派遣使者向烏桓催稅，拘捕了烏桓國的酋長，捆綁著，把他倒掛起來。酋長的兄弟非常憤怒，共同殺死匈奴的使者。匈奴單于知道這件事後，調發左賢王的軍隊侵入烏桓，進行攻擊，大量屠殺人民，驅趕婦女兒童近千人離開烏桓，安置在東部，告訴烏桓說：「拿馬匹牲畜和皮布來贖人！」烏桓拿著財物牲畜前去贖人，匈奴收下了實物，卻仍扣留被擄人眾不肯放還。

等到五威將帥王駿等六人到達匈奴，大量贈送單于黃金、絲帛，說明新朝接受天命取替漢朝的情況，因此須收換單于的舊印信。舊印字是「匈奴單于璽」，王莽更改為「新匈奴單于章」。王莽的將帥到達後，授予單于新印信，詔令交回舊印信。單于拜謝，接受詔書。翻譯人員走上前去，想從單于身上解取舊印信，單于抬起手臂向使者送交舊印信。匈奴左姑夕侯蘇從旁邊對單于說：「沒有看到新印文，暫且不要交給他們。」單于停了下來，不肯給與舊印信。單于請使者坐在帳幕裡，準備上前敬酒。五威將說：「舊的印信應當按時上交。」單于說：「好。」又舉起手臂想把舊印信交給翻譯人員，蘇又說：「沒有看到印章的文字，暫且不能給他們。」單于說：「印文怎會變更！」於是解下舊印呈交五威將帥，接受新印，沒有打開包裹看印章的文字。飲食直至午夜才散。右帥陳饒對將帥們說：「剛才姑夕侯懷疑印文，差點使單于不交出舊印。假如讓他看到印章，發現印文變改，一定要求拿回舊印，這不是用話語所能阻擋得了的。舊印已經到手而又失去，是對我們的使命最大的侮辱！不如打破舊印，以斷絕禍根。」五威將帥猶豫不定，沒有一人響應。陳饒是燕人，果敢而勇悍，當即舉起斧頭將舊印劈壞。第二天，單于果真派遣右骨都侯當告訴五威將帥說：「漢朝發給單于的印信是『璽』而不是『章』，又沒有『漢』字。各王以下的官員的印文有『漢』字，最後一個字也是『章』。現在去掉了『璽』字加上了『新』字，這樣使單于和臣屬沒有分別。希望得到舊印章。」五威將帥拿出擊破的舊印給他看，向他解釋說：「新朝順應天命，制定新的印章，舊印攜帶在將帥身邊，卻自行損壞。單于應接受天命，奉行新朝的制度！」右骨都侯當回去報告單于，單于知道事已無可奈何，況且又得到新朝許多饋贈，就派他的弟弟右賢王輿帶著進貢的牛馬，隨從五威將帥到新朝謝恩，仍上書請求襲用舊印。五威將帥回國到達左犂汙王咸管轄的地區，見到許多烏桓人，就詢問咸。咸就把從前掠奪烏桓的情況詳細告訴他們。五威將帥說：「從前中國對匈奴曾有四條規定，其中有一條就是不能接受逃亡投降的烏桓人。請立刻放他們回去！」左犁汙王咸說：「請允許我暗中報告單于，得到單于的話，就讓他們回去。」單于讓左犁汙王咸回話：「應當在塞內遣回他們，還是在塞外遣回他們？」五威將帥不敢擅作決定，就稟報朝廷。王莽下詔回答說：「從塞外放回。」王莽將出使匈奴的五威將都封為子爵，帥都封為男爵。唯獨右帥陳饒因立下擊壞單于舊印璽的功勞，特封為威德子。

單于當初因為漢朝中郎將夏侯藩向匈奴求取土地時，有拒絕漢朝的話，後來匈奴因為向烏桓索取賦稅而沒有得到，就掠奪烏桓百姓，與中國的矛盾由此產生，再加上這次印文的改變，所以怨恨中國。於是派遣右大且渠蒲呼盧訾等十多人率領一萬多名騎兵，以護送烏桓人眾回國的名義，部署軍隊在朔方郡邊塞附近，朔方郡的太守把此事奏報朝廷。王莽任命廣新公甄豐為右伯，準備出使西域。車師後王須置離聽到這個消息，害怕供給的費用龐大，就計劃逃亡到匈奴。西域都護但欽召見須置離，將他斬首。須置離的哥哥輔國侯狐蘭支率領須置離的部屬二千多人，逃跑投降匈奴。匈奴單于接受了他們，派兵和狐蘭支一起入境寇掠，攻打車師，殺了車師後城長，擊傷西域都護司馬，和狐蘭支一起撤回匈奴。

此時，戊己校尉刁護生病，校尉之史陳良、終帶、司馬丞韓玄、右曲候任商共同商量說：「西域各國大多背叛，匈奴想要大舉入侵，我們會死的，可以殺掉校尉，率領大家投降匈奴。」於是，殺了校尉刁護和他的兒子、兄弟，挾持戊己校尉所屬的吏士二千餘名男女投奔匈奴。單于任命陳良、終帶為烏賁都尉。

冬，十一月，立國將軍孫建上奏：「九月十八日辛巳，陳良、終帶自稱廢漢大將軍，逃入匈奴。此外，本月十二日癸酉，不知道從何處闖出一名男子，阻攔在我的車前，自稱『漢氏劉子輿，是成帝小妻的兒子。劉氏要重新登基，快去把宮殿空出來！』當時收押了這名男子，原來是常安人，姓武名仲。這些人都是逆天行事，違背符命，大逆不道。所以，漢朝的宗廟不應當在常安城裡，劉姓家族為官者應當全都罷免。陛下仁德之至，長期不作決定，從前原安眾侯劉崇等聚眾謀反，以致一些狂妄狡猾之徒又依托已亡的漢朝，使得犯殺身滅族大罪接連不斷發生，這就是聖上一味開恩未及早杜絕邪惡苗頭的緣故。臣請求凡是在京師的漢朝君王祠廟全部廢除。凡是為官的劉氏宗室全都免官，待在家中。」王莽說：「可以。嘉新公、國師劉秀響應符命任我的四輔，明德侯劉龔、率禮侯劉嘉等三十二人，都聽從上天符命，有的進獻天符，有的獻上善言，有的拘捕或告發反賊，他們的功勞都很大。與三十二人同宗共祖的劉姓皇族都不免職，賜姓為王。」只有國師因為將女兒許配給王莽的兒子王臨，因此不賜姓。

定安公太后自從劉氏被廢以後，常常假稱有病，不去朝見。此時她還不滿二十歲，王莽對她既尊敬害怕，又憂傷哀憐，想讓她改嫁，便改稱號為黃皇室主，想以此與漢朝斷絕關係。命孫建的嫡長子身著華美的服飾，帶著御醫前去請安問疾。定安公太后大怒，鞭打她身邊的侍從官。因而發病，臥床不肯起。王莽便不再勉強她。

十二月，打雷。〇王莽自恃國庫儲存豐厚，想在匈奴面前樹立國威，就將匈奴單于改稱「降奴服于」，下詔征伐，派遣立國將軍孫建等率領十二個將領，分路並進：五威將軍苗訢、虎賁將軍王況從五原郡出發；厭難將軍陳欽、震狄將軍王巡從雲中郡出發；振武將軍王嘉、平狄將軍王萌從代郡出發；相威將軍李棽、鎮遠將軍李翁從西河郡出發；誅貉將軍楊俊、討濊將軍嚴尤從漁陽郡出發；奮武將軍王駿、定胡將軍王晏從張掖郡出發。還有偏將和裨將以下一百八十人，招募天下囚犯、壯丁、甲士三十萬人，運輸軍衣皮服、兵器、糧食，從沿海、長江、淮河流域直到北部邊郡，使者駕驛站車馬急行監督敦促，依照軍興法處置。先到達的部隊駐紮在邊郡，等大軍全部結集後才同時出動，窮追匈奴，使他進入丁令。把匈奴的國土和百姓分成十五個部分，立呼韓邪單于的十五個子孫做單于。

莽以錢幣訖不行❶，復下書曰：「寶貨❷皆重❸則小用不給❹，皆輕則僦載❺煩費。輕重大小各有差品❻，則用便而民樂。」於是更作金、銀、龜、貝、錢、布之品❼，名曰寶貨。錢貨六品❽，金貨一品❾，銀貨二品❿，龜貨四品⓫，貝貨五品⑫，布貨十品⑬，凡寶貨五物⑭、六名⑮、二十八品⑯。鑄作錢布，皆用銅，殽⑰以連、錫。百姓憒[1]亂，其貨不行。莽知民愁，乃但行小錢直一與大錢五十，二品並行。龜、貝、布屬且寢⑱。盜鑄錢者不可禁，乃重其法，一家鑄錢，五家坐之，沒入為奴婢⑲。吏民出入持錢，以副符傳⑳，不持者，廚傳㉑勿舍㉒，關津㉓苛留㉔。公卿皆持以入宮殿門，欲以重而行之㉕。是時百姓便安漢五銖錢，以莽錢大小兩行㉖，難知，又數變改，不信，皆私以五銖錢市買；訛言大錢當罷，莫肯挾。莽患之，復下書：「諸挾五銖錢、言大錢當罷者，比非井田制㉗，投四裔！」及坐㉘賣買田宅、奴婢、鑄錢，自諸侯、卿大夫至于庶民，抵罪㉙者不可勝數。於是農商失業，食貨俱廢，民人至涕泣於市道。

莽之謀篡也，吏民爭為符命，皆得封侯。其不為者相戲曰：「獨無天帝除書㉚乎？」司命陳崇白莽曰：「此開姦臣作福之路㉛而亂天命，宜絕其原。」莽亦厭㉜之，遂使尚書大夫趙並驗治，非五威將帥所班，皆下獄。

初，甄豐、劉秀、王舜為莽腹心，唱導㉝在位，褒揚功德。安漢、宰衡之號及封莽母、兩子、兄子，皆豐等所共謀，而豐、舜、秀亦受其賜，並富貴矣，非復欲令莽居攝也㉞。居攝之萌，出於泉陵侯劉慶、前煇光謝囂、長安令田終術㉟。

莽羽翼已成，意欲稱攝，豐等承順其意。莽輒復封舜、秀、豐等子孫以報之。豐等爵位已盛，心意既滿，又實畏漢宗室、天下豪桀，而疏遠㊱欲進者並作符命，莽遂據以即真，舜、秀內懼而已。豐素剛彊，莽覺其不說，故託符命文，徙豐為更始將軍，與賣餅兒王盛同列。豐父子默默。時子尋為侍中、京兆大尹、茂德侯，即作符命：新室當分陝㊲，立二伯，以豐為右伯，太傅平晏為左伯，如周、召故事㊳。莽即從之，拜豐為右伯。當述職㊴西出，未行，尋復作符命，言故漢氏平帝后黃皇室主為尋之妻。莽以詐立，心疑大臣怨謗，欲震威以懼下，因是發怒曰：「黃皇室主天下母，此何謂也！」收捕尋。尋亡，豐自殺。尋隨方士㊵入華山㊶，歲餘，捕得，辭連㊷國師公秀子侍中[2]隆威侯棻、棻弟右曹、長水校尉、伐虜侯泳、大司空邑弟左關將軍、掌威侯奇及秀門人侍中、騎都尉丁隆等，牽引公卿黨、親、列侯以下，死者數百人。乃流棻于幽州㊸，放尋于三危㊹，殛㊺隆于羽山㊻，皆驛車載[3]其屍傳致㊼[4]云。

是歲，莽始興神仙事，以方士蘇樂言，起八風臺，臺成萬金㊽。又種五粱禾㊾於殿中，先以寶玉漬種㊿，計粟斛成一金(51)。

【章 旨】以上為第六段，寫王莽改革幣制，以及製造符命引發的內部矛盾。幣制改革，由於新幣種類面額極其複雜，難以通行，舊幣、私鑄貨幣通行，於是犯法者重，天下騷動。王莽詭稱符命，黑箱操作政治，死黨甄豐等如法炮製，引發矛盾。

【注 釋】❶錢幣訖不行 指錢幣始終不能很好地在社會生活中流通。訖，始終；一直。❷寶貨 指貨幣。❸重 指價值貴重。❹小用不給 指大錢不能滿足小的交易。❺僦載 雇車船運載。❻差品 等級；品級。❼錢布之品 錢，銅製錢幣。布，一種貨幣名稱。品，種類。❽錢貨六品 一名小錢，值一；二名么錢，值十；三名幼錢，值二十；四名中錢，值三十；五名壯錢，值四十；六名大錢，值五十。❾金貨一品 黃金一斤，值萬錢。❿銀貨二品 一名朱提銀，值一千五百八十錢；二名他銀，值千錢。⓫龜貨四品 一名元龜，值二千六百一十錢；二名公龜，值五百錢；三名侯龜，值三百錢；四名子龜，值百錢。⓬貝貨五品 一名大貝，二枚為一朋，值二百一十六錢；二名壯貝，一朋值五十錢；三名么貝，一朋值三十錢；四名小貝，一朋值十錢；五品不足一朋，一枚值三錢。⓭布貨十品 一名大布，值千錢；二名次布，值九百錢；三名弟布，值八百錢；四名壯布，值七百錢；五名中布，值六百錢；六名差布，值五百錢；七名厚布，值四百錢；八名幼布，值三百錢；九名么布，值二百錢；十名小布，值百錢。⓮五物 五種材料，指金、銀、龜、貝、銅。⓯六名 六種名稱。即金、銀、龜、貝、錢、布。⓰二十八品 前述錢六品、金一品、銀二品、龜四品、貝五品、布十品總共二十八品。⓱殽 混雜。⓲且寢 暫停使用。⓳沒入為奴婢 沒收財物，家人也收歸官府為奴婢。⓴副符傳 以錢作為符傳之副。符傳，通行證。此言官民出入，皆須攜帶錢作為通行的輔助憑證物。㉑廚傳 供應過客食宿、車馬的處所。㉒勿舍 不讓住宿。舍，住宿。使動用法。㉓關津 關卡和渡口。㉔苛留 盤查扣留。苛，通「呵」。責問。㉕重而行之 此言想要通過這種做法，提高錢幣的身價，而使之得以流通。重，使人們重視。㉖大小兩行 大錢和小錢兩種同時流通。㉗比非井田制 等同反對井田制治罪。比，等同。㉘坐 獲罪。㉙抵罪 因犯罪而受到相應的處罰。㉚除書 授予官爵的文書。㉛作福之路 謀求利祿的門路。㉜厭 厭惡。㉝唱導 帶頭提倡。此言首先提議讓王莽居高位。㉞非復欲令莽居攝也 意謂並非還想讓王莽代居天子之位以治天下。㉟田終術 田終術之說，史無載。㊱疏遠 指非親幸近臣。㊲陝 縣名，縣治在今河南三門峽市西。㊳周召故事 相傳西周初年，周公旦和召公奭分陝而治，自陝而東由周公主持治理，自陝而西由召公主持治理。㊴述職 上任履行職責。㊵方士 方術之士，即自稱能訪仙煉丹以求長生不老的人。㊶華山 山名，五嶽中的西嶽，主峰在今陝西華陰南。㊷辭連 口供牽連。㊸流棻于幽

州　將劉棻流放到幽州。幽州，州名，其地轄有今河北北部、遼寧大部及朝鮮半島的北部地區。㊹三危　山名，在今甘肅敦煌東南。㊺殛　誅戮。㊻羽山　山名，在今江蘇贛榆西南。《尚書・堯典》記載舜「流共工于幽州，放兜于崇山，竄三苗于三危，殛鯀于羽山，四罪而天下咸服」。王莽託古而治，所以學著舜的樣子，把這些人分別放逐、誅殺於幽州、三危、羽山等地。㊼皆驛車載其屍傳致　此言劉棻、甄尋、丁隆三人皆先殺死，然後用驛車裝載著他們的屍體，分別遞送到放逐地點。㊽臺成萬金　修成此臺，費資萬金。㊾五粱禾　五種穀物。王莽於殿中種植五種顏色不同的穀物，各種於與其色相應的方位，即東青、南赤、西白、北黑、中黃，表示自己在耕耘五德。㊿寶玉漬種　此言先用煮玉的水汁浸潤種子。漬，浸潤。51計粟斛成一金　計算產一斛的成本，要黃金一斤。斛，量器名，十斗為一斛。

【校　記】①憒　原作「潰」。胡三省注云：「『潰』，《漢書》作『憒』。」據章鈺校，十二行本、乙十一行本、孔天胤本皆作「憒」，今據改。②侍中　原無此二字。據章鈺校，十二行本、乙十一行本、孔天胤本皆有此二字，今據補。③載　原無此字。據章鈺校，乙十一行本、孔天胤本皆有此字，今據補。④其屍傳致　原作「傳致其屍」。據章鈺校，十二行本、乙十一行本、孔天胤本皆作「其屍傳致」，今據改。

【語　譯】王莽因為新朝錢幣始終不能流通，再次下詔說：「貨幣面額都過大，就不能滿足小的交易，如果都是小面額，雇用車裝船載搬運就很麻煩。貨幣的面額有大有小，各有等級，那才使用方便，人民樂意。」於是改製金、銀、龜、貝、銅錢、布貨等六種貨幣，名稱叫寶貨。其中錢幣六種，金幣一種，銀幣二種，龜幣四種，貝幣五種，布幣十種。總計，寶貨用五種材料製成，有六種名稱，共二十八個品種幣值。鑄造錢幣、布幣，全都使用銅，其中混雜鉛、錫。百姓認為混亂，貨幣不能流通。王莽知道民眾怨愁，於是只流通值一錢的小錢和值五十的大錢兩種。龜幣、貝幣、布幣等暫時停止使用。私鑄貨幣不能禁止，就加重刑罰力度，一家私鑄貨幣，五家連坐，沒入官府作奴婢。官民外出必須攜帶貨幣，作符傳通行證的附帶物，不持貨幣的人，路途住宿、飲食之處不准住宿，關卡和渡口要盤查扣留。公卿大夫都要帶著貨幣才能進入宮殿之門，想用這樣的辦法使人重視貨幣促進流通。當時百姓認為漢鑄的五銖錢使用方便習慣，而王莽鑄的大小錢兩種同時流通，不容易分辨，又經常變動，不可信任，都私下用五銖錢在市場上購買物品；訛傳大錢將被廢除，都不肯攜帶。王莽憂慮，又下詔書：「凡攜帶五銖錢，傳言大錢要廢除的人，罪同誹謗井田制度，放逐到四方極遠的地方去！」因買賣田宅、奴婢、私自鑄錢而獲罪，從諸侯、卿大夫到庶民，受到懲處的人多得難以計算。因而，農民、商人失業，經濟崩潰，以致百姓在街市路邊哭泣。

王莽陰謀篡位時，官民爭先恐後地偽造符命，都獲得封侯。那些沒有偽造符命的人互相戲言說：「難道你沒有接到上帝的任命書嗎？」司命陳崇稟報王莽說：「這是為奸臣開闢謀求利祿的途徑而擾亂天命，應當斷絕其源。」王莽也厭惡偽造符命的人，於是便派尚書大夫趙並負責查處，只要不是五威將、帥所頒布的符命，而自行製造的人都逮捕入獄。

當初，甄豐、劉秀、王舜都是王莽的心腹，他們帶頭提議王莽奪取大權，給王莽歌功頌德。安漢公和宰衡的稱號以及賜封王莽的母親、兩個兒子、姪子，都是由甄豐等人所共同謀劃的，而甄豐、王舜、劉秀也得到王莽的恩賜，都富貴了，但並不想讓王莽居位攝政。王莽居位攝政的初謀，出自泉陵侯劉慶、前輝光人謝囂和長安令田終術。王莽的羽毛已經豐滿，想要當代理皇帝，甄豐等人就順從他的旨意。王莽就又封王舜、劉秀、甄豐等人的子孫加以報答。甄豐等人爵位已顯赫，心意得到了滿足後，又深怕劉氏宗室和天下豪傑，而那些與王莽關係疏遠又想升官的人，就都造作符命，王莽便依據這些符命而正式登上帝位，王舜、劉秀只是在心裡恐懼罷了。甄豐一向剛毅強硬，王莽發覺甄豐不高興，因此就假借符命的文字，將他調任更始將軍，和賣餅兒王盛地位相當。甄豐父子默默無言。此時，甄豐的兒子甄尋任侍中、京兆大尹、茂德侯，就製造符命：說新朝應該把京師附近地區以陝縣為界分開治理，設置兩個地區長官，任命甄豐為右伯，太傅平晏為左伯，依照周公、召公的先例。王莽當即聽從，任命甄豐為右伯。甄豐上任履職向西出發，尚未動身，甄尋又製造符命，稱原漢平帝的皇后黃皇室主是甄尋的妻子。王莽憑藉騙術登上帝位，心裡疑慮大臣怨恨指責，想要顯示威嚴來懾服臣下，於是生氣地說：「黃皇室主是天下人之母，甄尋說的是什麼話！」就下令拘捕甄尋。甄尋逃跑了，甄豐自殺。甄尋跟著江湖術士躲進了華山，過了一年多，抓到了，供詞牽涉到國師公劉秀的兒子侍中隆威侯劉棻，劉棻的弟弟右曹、長水校尉、伐虜侯劉泳，大司空王邑的弟弟左關將軍、掌威侯王奇和劉秀的學生侍中、騎都尉丁隆等人，牽引公卿、鄉黨、親戚、列侯以下，被處死的有數百人。因此劉棻被流放到幽州，甄尋被流放到三危山，在羽山殺死丁隆，都用驛車裝運他們的屍體，遞送到放逐地。

這一年，王莽開始迷信神仙，因為方士蘇樂的話，興建八風臺，修成此臺耗費萬金。又在宮殿裡種植五種顏色的穀物，播種之前先用煮寶玉的水浸潤種子，計算產一斛粟的成本需要黃金一斤。

三年（辛未　西元一一年）

遣田禾將軍趙並發戍卒屯田❶五原、北假❷，以助軍糧。○莽遣中郎將藺苞、副校尉戴級[1]將兵萬騎，多齎❸珍寶至雲中塞下，招誘呼韓邪單于[2]諸子，欲以次拜為十五單于。苞、級使譯出塞，誘呼右[3]犁汙王咸、咸子登、助三人至，則[4]脅拜❹咸為孝單于，助為順單于，皆厚加賞賜。傳送助、登長安。莽封苞為宣威公，拜為虎牙將軍；封級為揚威公，拜為虎賁將軍。單于聞之，怒曰：「先單于受漢宣帝恩，不可負也。今天子非宣帝子孫，何以得立！」遣左骨都侯、右伊秩訾王呼盧訾❺及左賢王樂❻將兵入雲中益壽塞❼，大殺吏民。是後，單于歷告❽左右部都尉❾、諸邊王❿入塞寇盜，大輩萬餘，中輩數千，少者數百，殺鴈門、朔方太守、都尉，略吏民畜產，不可勝數，緣邊虛耗。

是時諸將在邊，以大眾未集，未敢出擊匈奴。討濊將軍嚴尤諫曰：「臣聞匈奴為害，所從來久矣，未聞上世有必征之者也。後世三家周、秦、漢征之，然皆未有得上策者也。周得中策，漢得下策，秦無策焉。當周宣王⑪時，獫狁⑫內侵，至于涇陽⑬，命將征之，盡境⑭而還。其視戎狄之侵，譬猶蟁蝱，歐之而已，故天下稱明，是為中策。漢武帝選將練兵，約齎輕糧⑮，深入遠戍，雖有克獲之功，胡輒⑯報之。兵連禍結⑰三十餘年，中國罷耗⑱，匈奴亦創艾⑲，而天下稱武，是為下策。秦始皇不忍小恥而輕民力，築長城之固，延袤⑳萬里，轉輸之行，起於負海。疆境既完㉑，中國內竭，以喪社稷，是為無策。今天下遭陽九之厄㉒，比年㉓饑饉，西北邊尤甚。發三十萬眾，具三百日糧，東援㉔海、代[5]，南取江、淮，然後乃備。計其道里，一年尚未集合㉕，兵先至者聚居暴露㉖，師老㉗械弊，勢不可用，此一難也。邊既空虛，不能奉軍糧，內調郡國，不相及屬㉘，此二難也。計一人三百日食，用糒㉙十八斛，非牛力不能勝。牛又當自[6]齎食，加二十斛，重矣。胡地沙鹵㉚，多乏水草，以往事揆㉛之，軍出未滿百日，牛必物故且盡㉜，餘糧尚多，人不能負，此三難也。胡地秋冬甚寒，春夏甚風，多齎釜鍑㉝、薪炭，重不可勝，食糒飲水，以歷四時，師有疾疫之憂，是故前世伐胡不過百日，非不欲久，勢力不能，此四難也。輜重㉞自隨，則輕銳者少，不得疾行，虜徐㉟遁逃，勢不能及。幸而逢虜，又累輜重。如遇險阻，銜尾相隨㊱，虜要遮㊲前後，危殆不測，此五難也。大用民力，功不可必立，臣伏憂之！今既發兵，宜縱先至者㊳，令臣尤等深入霆擊㊴，且以創艾胡虜。」莽不聽尤言，轉兵穀如故，天下騷動。

咸既受莽孝單于之號，馳出塞歸庭，具以見脅狀白單于。單于更以為於粟置支侯㊵，匈奴賤官也。後助病死，莽以登代助為順單于。

吏士屯邊者所在放縱，而內郡愁於徵發，民棄城郭，始流亡為盜賊，并州㊶、平州㊷尤甚。莽令七公㊸、六卿㊹號皆兼稱將軍，遣著武將軍逯並等鎮名都，中郎將、繡衣執法㊺各五十五人，分鎮緣邊大郡。督大姦猾擅弄兵者㊻，皆乘便為姦於外，撓亂州郡，貨賂為市㊼，侵漁㊽百姓。莽下書切責之曰：「自今以來，敢犯此者，輒捕繫，以名聞！」然猶放縱自若。北邊自宣帝以來，數世不見煙火之警，人民熾盛，牛馬布野。及莽撓亂匈奴，與之搆難㊾，邊民死亡係獲㊿，數年之間，北邊虛空，野有暴骨矣。

【章　旨】以上為第七段，寫王莽搆難匈奴，大發兵征討，騷動天下。數年之間，邊境地區成了無人區。

【注　釋】❶屯田　政府利用軍隊、農民或商人墾種荒廢田地，徵取收穫物以充軍餉，叫做屯田。根據屯田人員的不同，分別稱為軍屯、民屯、商屯。❷北假　地名，在今內蒙古河套以北、陰山以南一帶。❸齎　攜帶。❹脅拜　強迫授予。❺右伊

秩訾王呼盧訾　右伊秩訾王，匈奴官名。呼盧訾，右伊秩訾王之名。❻樂　左賢王之名。❼益壽塞　塞名。塞，構築城壘扼守要道的處所。❽歷告　逐一告訴；遍告。❾左右部都尉　即左、右大都尉，匈奴官名。❿諸邊王　匈奴與漢邊靠近的各王庭。⓫周宣王　西周後期周王，西元前八二七—前六八二年在位。⓬獫狁　即匈奴。匈奴於戰國前稱獫狁、葷粥、獯鬻等，戰國後期始稱匈奴。⓭涇陽　地名，其地在今陝西涇陽。⓮盡境　到達邊境盡頭。⓯約齎輕糧　此言少帶行裝，輕兵進擊。約，少。輕，分量小。⓰輒　往往；總是。⓱兵連禍結　戰爭、災禍連續不斷。⓲罷耗　指人民疲困，資財耗盡。罷，通「疲」。⓳創艾　懲戒。⓴延袤　綿亙；綿延伸展。㉑完　保全。㉒陽九之厄　術數家以四千六百一十七歲為一元。初入元一百零六歲，內有旱災九年，旱災為陽，所以謂之陽九。此言陽九之厄，意謂遭遇諸如災荒年景等厄運。㉓比年　連年。㉔援　牽帶。㉕一年尚未集合　意謂有的地方道路遙遠，一年時間還不能到達邊境地區。㉖暴露　置於露天之下，日曬雨淋，無所遮蔽。㉗師老　軍隊疲憊。㉘不相及屬　不能連續不斷地供應。及屬，相接；連續不斷。㉙糒　乾糧。㉚沙鹵　指含沙多而鹼性重的土質。㉛揆　揣度；推測。㉜物故且盡　死亡殆盡。物故，死亡。且，將要。㉝釜鍑　烹飪器皿。有足為鍋，無足稱釜。鍑，形似釜而口大的器皿。㉞輜重　行者攜載的物資，常指軍用物資。㉟徐　緩慢。㊱銜尾相隨　銜，馬嚼子。銅製或鐵製，放在馬口內，用以勒馬，控制其行止。尾，指馬尾。此言險隘路狹，人馬單行行進，前後相接。㊲要遮　攔截。㊳宜縱先至者　應發動先到邊境的部隊攻擊敵人。㊴霆擊　喻指迅猛的打擊。㊵於粟置支侯　匈奴官名，《漢書·匈奴傳》「粟」作「栗」。㊶并州　州名，其地轄有今內蒙古自治區南部、山西大部和河北西部等地區。㊷平州　西漢無平州。有人提出王莽分幽州部分地區新設，在今遼寧東部，然而缺乏文獻根據；胡三省認為「『平』字誤」。㊸七公　四輔與三公。㊹六卿　羲和、作士、秩宗、典樂、共工、予虞。㊺繡衣執法　官名，漢武帝時，置御史大夫屬官繡衣御史，執掌逐捕盜賊，審理重大案件。王莽改制，改御史為執法，所以繡衣御史改稱繡衣執法。㊻督大姦猾擅弄兵者　督，監視。姦猾，指奸詐狡猾的人。擅，擅自。弄兵，輕率動兵，此指滋事騷擾，興兵作亂。㊼貨賂為市　賄賂像做買賣一樣公開進行。貨賂，以財物賄賂人。為市，意謂像市場一樣公開交易。㊽侵漁　侵奪。㊾搆難　結仇交戰。㊿係獲　抓獲；俘虜。此言邊民或死亡，或被抓。

【校　記】①戴級　張敦仁《通鑑刊本識誤》作「戴伋」。②單于　原無此二字。據章鈺校，十二行本、乙十一行本、孔天胤本皆有此二字，今據補。③右　原作「左」。據章鈺校，十二行本、乙十一行本、孔天胤本皆作「右」，張瑛《通鑑校勘記》同，今據改。④則　原作「至則」。據章鈺校，十二行本、乙十一行本皆無「至」字，今據刪。⑤代　嚴衍《通鑑補》改作「岱」。

⑥當自　原作「自當」。據章鈺校，十二行本、乙十一行本二字皆互乙，今據改。

【語　譯】三年（辛未　西元一一年）

派遣田禾將軍趙並徵發戍守邊防的士兵在五原、北假屯田，用以補充軍糧。〇王莽派遣中郎將藺苞、副校尉戴級率一萬餘名騎兵，攜帶大量金銀財物到雲中郡的邊塞附近，招誘匈奴呼韓邪單于的幾個兒子，打算按照順序任命為十五個單于。藺苞、戴級派翻譯人員出塞，引誘右犁汗王欒提咸和他的兒子欒提登、欒提助三人來到雲中郡的邊塞，然後用威脅手段任命欒提咸為孝單于，欒提助為順單于，都給予豐厚的賞賜。並用驛車將欒提助、欒提登兄弟二人遞送到京師長安。王莽封藺苞為宣威公、虎牙將軍；封戴級為揚威公、虎賁將軍。匈奴單于欒提知聽說這個消息，生氣地說：「呼韓邪單于所受漢宣帝的恩德，不能辜負。如今的皇帝不是宣帝的子孫，憑什麼做皇帝！」因此派遣左骨都侯、右伊秩訾王呼盧訾和左賢王欒率領軍隊入侵雲中郡益壽塞，大肆屠殺官民。從此以後，匈奴單于欒提知逐一告訴左右大都尉、靠近漢朝邊界的那些王侯，讓他們入侵邊塞，搶劫掠奪，大規模的一次有一萬多人，中等規模的一次有數千人，規模最小的一次數百人，他們殺死雁門郡、朔方郡太守、都尉，掠奪官民畜產，不可勝數，邊境空虛。

這時，將領們都在邊塞，因大量兵馬沒有結集，不敢出擊匈奴。討濊將軍嚴尤勸諫說：「臣聽說匈奴侵害中國，由來已久，從未聽說上古之時有必須征討他們的先例。後來，周、秦、漢三代才征討他們，但是都沒有找到上策。周朝用的是中策，漢朝用的是下策，秦朝則是無策可言。周宣王的時候，獫狁部落入侵，到達涇陽，周朝命令將領率兵征伐，到達邊境就返回。周宣王視夷狄的入侵，如同蚊子、蝨子一般，趕走他們而已，因此天下都稱讚他英明，這是中策。漢武帝挑選將領，訓練軍隊，攜帶少量衣裝糧米，深入遠地戍守，雖然有克敵制勝的功績，但是匈奴往往回擊。兵連禍結三十多年，中國疲憊空虛，匈奴也受到懲戒，但是天下人都稱讚他勇武，這是下策。秦始皇忍不住小的恥辱，輕率地浪費民力，修築堅固結實的長城，綿延萬里，運輸的通道，從海濱開始。疆界保全了，國內卻告枯竭，終於喪失了國家政權，這是沒有策略。現在天下正遭受災荒厄運，連年饑饉，西北邊境尤其嚴重。朝廷發動三十萬大軍，儲備三百天糧食，東方牽動海濱、代山，南方取自長江、淮河，然後才齊備。計算它的路程，耗時一年兵馬還不能集合完成，軍隊先到達邊塞的，聚集而居，露天而宿，士氣疲憊，武器損壞，這情勢必不可以作戰，這是困難之一。邊塞已經空虛，無力供應軍糧，從內地各郡國徵集，不能連續不斷地供應，這是困難之二。估計一個士兵三百天的吃食，需要糧米十八斛，不用牛力運輸是不能勝任的。牛本身也要攜帶飼料，再加上二十斛，牛的負擔太重了。匈奴境內都是沙鹼地，大多缺乏水草，按照以往的經驗推測，軍隊出發不到一百天，牛必定死亡殆盡，剩下的糧草卻很多，人又不能背負，這是困難之三。匈奴境內秋冬天氣嚴寒，春夏風大，行軍要攜帶很多炊具、柴炭，重得背不動，吃乾糧喝水，一年四季如此，使軍隊有發生疾病的憂慮，所以前世討伐匈奴都不超過一百天，不是不想久戰，而是勢力不行，這是困難之四。部隊隨身攜帶供給物資，輕裝精銳的部隊很少，部隊不能快速行軍，即使敵人緩慢逃跑，也無法追上。偶然遇上敵軍，又被攜帶物資所累。如果遇到險阻，隊伍前後單行相隨，敵人若在前後攔截，危險不能預測，這是困難之五。大規模動用民力，功勞又未必能建立，這是臣所擔心的！現在既然派出軍隊，就應該發動先到邊塞的軍隊進攻，讓臣嚴尤等深入敵境，進行迅速猛烈的攻擊，暫且用以懲戒敵人。」王莽不聽從嚴尤的諫言，照從前一樣運輸兵器糧物，因此天下動亂不安。

欒提咸接受了王莽孝單于的封號後，縱馬飛馳出邊塞，回到匈奴王庭，把自己被脅迫的情況詳細向單于欒提知報告。單于便改封他為於粟置支侯，這是匈奴低賤的官職。後來，欒提助病死，王莽就讓欒提登代為順單于。

在邊塞集結的軍士到處放任騷擾，而關內諸郡又為徵兵催稅而發愁，百姓離鄉背井，開始逃亡做盜賊，并州、平州最為嚴重。王莽命令七公、六卿都兼稱將軍，派遣著武將軍逯並等鎮守各地重鎮名都，派中郎將、繡衣執法各五十五人，分別鎮守邊境大郡。這些監察大奸巨猾和擅動干戈生事的人，自己都趁機在各地作奸犯科，擾亂州郡，賄賂像做買賣一樣公開，還侵奪百姓財物。王莽下詔書嚴厲指責他們說：「從今以後，膽敢再犯此法的，就逮捕入獄，把名字報上來！」但是他們還是照樣放縱胡作非為。北部邊境從漢宣帝以來，幾代看不見煙火警報，人民旺盛，牛馬遍野。到王莽擾亂匈奴，和匈奴結仇交戰，邊境人民或死亡，或被抓，幾年之間，北方邊境空虛，野外已有無人掩埋的白骨。

太師王舜自莽篡位後，病悸寖劇❶，死。○莽為太子置師、友各四人，秩❷以大夫。以故大司徒馬宮等為師疑、傅丞、阿輔、保拂，是為四師❸。故尚書令唐林❹等為胥附、奔走、先後、禦侮，是為四友❺。又置師友、侍中、諫議、六經祭酒各一人，凡九祭酒❻，秩皆上卿。

遣使者奉璽書、印綬、安車、駟馬❼迎龔勝❽，即拜❾為師友祭酒。使者與郡太守、縣長吏❿、三老⓫、官屬⓬、行義⓭、諸生⓮千人以上入勝里致詔⓯。使者欲令勝起迎，久立門外。勝稱病篤⓰，為⓱牀室中戶西⓲、南牖⓳下，東首加朝服拖紳⓴。使者付璽書，奉㉑印綬，內㉒安車、駟馬，進謂勝曰㉓：「聖朝未嘗忘君，制作㉔未定，待君為政㉕，思聞所欲施行，以安海內。」勝對曰：「素愚，加以年老被㉖病，命在朝夕，隨使君㉗上道，必死道路，無益萬分！」使者即[1]要說㉘，至以印綬就加勝身。勝輒推不受。使者上言：「方盛夏暑熱，勝病少氣㉙，可須秋涼乃發㉚？」有詔許之。使者五日壹與太守俱問起居㉛，為勝兩子及門人高暉等言：「朝廷虛心待君以茅土之封㉜，雖疾病，宜動移[2]至傳舍㉝，示有行意，必為子孫遺大業㉞。」暉等白使者語，勝自知不見聽，即謂暉等：「吾受漢家厚恩，無以報。今年老矣，旦暮入地，誼㉟豈以一身事二姓，下見故主哉！」勝因敕㊱以棺斂喪事：「衣周於身，棺周於衣㊲。勿隨俗動吾冢、種柏、作祠堂！」語畢，遂不復開口飲食。積十四日死。死時，七十九矣。

是時清名㊳之士，又有琅琊紀逡㊴、齊薛方㊵、太原郇越㊶、郇相、沛㊷唐林、唐尊㊸，皆以明經㊹飭行㊺顯名於世。紀逡、兩唐皆仕莽，封侯，貴重，歷公卿位。唐林數上疏諫正，有忠直節。唐尊衣敝、履空㊻，被虛偽名。郇相為莽太子四友，病死，莽太子遣使祱㊼以衣衾㊽，其子攀㊾棺不聽，曰：「死父遺言：『師友之送，勿有所受！』今於皇太子得託友官㊿，故不受也。」京師稱之。莽以安車迎薛方，方因(51)使者辭謝曰：「堯、舜在上，下有巢、由(52)。今明主方隆唐、虞之德，小臣欲守箕山之節(53)。」使者以聞。莽說(54)其言，不彊致(55)。

初，隃麋郭欽(56)為南郡(57)太守，杜陵蔣詡(58)為兗州(59)刺史，亦以廉直為名。莽居攝，欽、詡皆以病免官，歸鄉里，臥不出戶，卒於家。哀、平之際，沛國(60)陳咸(61)以律令(62)為尚書。莽輔政，多改漢制，咸心非之。及何武、鮑宣死，咸歎曰：

「易稱『見幾而作，不俟終日。』[63]吾可以逝[64]矣！」即乞骸骨[65]去職。及莽篡位，召咸為掌寇大夫[66]。咸謝病[67]不肯應。時三子參、豐、欽〔3〕皆在位，咸悉令解官[68]歸鄉里，閉門不出入，猶用漢家祖臘[69]。人問其故，咸曰：「我先人豈知王氏臘乎！」悉收斂其家律令、書文，壁藏之。又，齊栗融、北海[70]禽慶、蘇章、山陽[71]曹竟，皆儒生，去官，不仕於莽。

班固贊[72]曰：「春秋列國卿大夫及至漢興將相名臣，懷祿〔4〕耽寵以失其世者多矣[73]，是故清節[74]之士，於是為貴。然大率[75]多能自治而不能治人。王、貢[76]之材，優於龔、鮑[77]。守死善道[78]，勝實蹈焉[79]。貞而不諒[80]，薛方近之[81]。郭欽、蔣詡，好遯不汙[82]，絕紀、唐矣[83]。」

是歲，瀕河郡蝗生。○河決魏郡[84]，泛[85]清河[86]以東數郡。先是，莽恐河決為元城[87]冢墓害。及決東去，元城不憂水，故遂不堤塞[88]。

【章旨】以上為第八段，寫情操高潔的士人，拒絕出仕新朝，龔勝絕食而死，是威武不屈的榜樣。也有一些士人，如紀逡、唐林、唐尊之流，入仕新朝。

【注釋】❶病悸寖劇　得了心跳病，日益加重。病，作動詞，患病。悸，心跳。寖，逐漸。劇，加劇，指病情惡化。❷秩　俸祿。❸是為四師　王莽為太子設置四師。以故大司徒馬宮為師疑，故少府宗伯鳳為傅丞，博士袁聖為阿輔，京兆尹王嘉為保拂。❹唐林　字子高，西漢末曾為尚書令。新朝官至保成師友祭酒，封建德侯。❺四友　王莽以故尚書令唐林為胥附，博士李充為奔走，諫大夫趙襄為先後，中郎將廉丹為禦侮，這叫四友。❻九祭酒　師友、侍中、諫議三祭酒與《六經》六祭酒，凡九祭酒。❼奉璽書印綬安車駟馬　奉，捧著，此言手持。璽書，皇帝的文書。安車，可以坐乘的車。古車立乘，此車坐乘，故稱安車。駟馬，一車套四馬。安車一般情況駕一馬，對乘者以示優禮尊崇時用四馬駕車，所謂安車駟馬。❽龔勝　（西元前六八－西元一一年）字君賓，楚國彭城（今江蘇徐州）人，哀帝時徵為諫大夫，後出任勃海太守。王莽秉政，歸隱鄉里。今徵授師友祭酒，誓不仕二姓，不食而死。傳見《漢書》卷七十二。❾即拜　就家授予官職。即，作動詞，就地。❿縣長吏　縣的行政長官稱令、長，其重要佐吏丞、尉等為長吏。⓫三老　鄉官名，執掌一鄉教化。⓬官屬　主要官員的屬吏。⓭行義　指有德行道義的人。⓮諸生　眾儒生。⓯入勝里致詔　進入龔勝的住地鄉里傳達詔命。致，傳達。⓰病篤　病情危重。⓱為設置。⓲戶西　門的西側。⓳牖　窗。⓴東首加朝服拖紳　東首，頭向東。加朝服，是說人躺臥在床上，把朝服披在身子上面。朝服，君臣朝會時或舉行隆重典禮時所穿的禮服。拖紳，把束腰大帶引拉到朝服上面。拖，引。紳，束在腰間的大帶。《論語・鄉黨》：「（孔子）疾，君視之，東首，加朝服，拖紳。」龔勝仿照孔子的做法應付王莽派來的使臣。㉑奉　獻上。㉒內　通「納」。進獻。㉓進謂勝曰　上前對龔勝說。㉔制作　指禮樂等典章制度。㉕為政　執掌國政。㉖被　遭受。㉗使君　對郡太守的尊稱。㉘要說　強行勸說。此言既逼迫，又勸說。要，逼迫。㉙少氣　氣不足。㉚可須秋涼乃發　等到秋天涼爽了，才可能動身。須，等待。㉛問起居　指問候身體安否。㉜茅土之封　指封為諸侯。古代天子社祭之壇以五色土建成，分封諸侯時，按封地所在方位，在天子社壇上取該方色土用白茅草包裹，謂之茅土，授予新封諸侯，帶到封國立社。㉝傳舍　供行人休息住宿的處所。即今之所謂旅館。㉞遺大業　留下大產業，指爵位與封地。㉟誼　同「義」。道義。此言根據道義。㊱敕　告誡。㊲衣周於身二句　此言衣不露身，棺不露衣。周，環繞。㊳清名　清美的聲譽。㊴紀逡　字王思，新朝任諫議祭酒，封封德侯。㊵薛方　字子容，西漢末曾為郡掾祭酒。新朝隱居不仕，以經教授弟子。㊶太原　郡名，治所在今山西太原西南。㊷沛　郡名，治所在今安徽淮北市西北。㊸唐尊　字伯高，沛郡人，新朝任予虞、太傅，封平化侯。地皇四年，與王莽等同在漸臺被農民軍殺死。㊹明經　通曉經術。㊺飭行　行為謹慎。㊻衣敝履空　身著破衣，腳穿破鞋。衣、履，均作動詞用。敝，指破舊衣服。空，通「孔」。洞。㊼襚　贈給死者的衣被。㊽衾　被。㊾攀　抓住。㊿託友官　託身居四友之官。(51)因　通過。(52)巢由　指巢父、許由。相傳堯讓天下給巢父，巢父不受；又讓許由，許由也不接受，且逃隱箕山之下。堯又召許由為九州長，許由聽後，感到這話髒了自己的耳朵，於是到潁水河邊去洗耳。(53)箕山之節　指歸隱的節操。箕山，山名，在今河南登封東南。相傳巢父、許由隱居於此。[54]說　通「悅」。[55]不彊致　不強行召辟。[56]郭欽　右扶風隃麋縣（今陝西千陽東）人，哀帝時為丞相司直，平帝時遷南郡太守。王莽居攝，以病免官，卒於家。[57]南郡　郡名，治所在今湖北江陵。[58]蔣詡　字元卿，京兆尹杜陵縣（今陝西西安東南）人，漢末為兗州刺史。王莽居攝，以病免官，卒於家。[59]兗州　州名，其地轄有今山東西南部和河南北部地區。[60]沛國　即沛郡。沛，西漢為郡，王莽時改稱吾符郡，東漢才為沛國。[61]陳咸　字子康，沛郡相縣（今安徽淮北市西北）人，歷任郡守，後徵為少府。傳附見《漢書》卷六十六〈陳萬年傳〉。[62]律令　法令。此指通曉法令。[63]易稱二句　此指事物剛顯示出的某種跡象。幾，隱微。作，行動。俟，等待。終日，一天。此處引文，見《周易・繫辭下》。[64]逝　離開。[65]乞骸骨　古代官吏自請退職稱乞骸骨，意謂使骸骨得歸葬故鄉。[66]掌寇大夫　王莽新設官名，王莽設九卿，其中作士掌司法。每卿設三大夫，掌寇大夫當為作士屬官。[67]謝病　以有病為由謝絕。[68]解官　辭去官職。[69]祖臘　祭名。祖，祭祀路神。臘，年終大祭。上古年終祭祀百神為蜡，祭祖先為臘。秦、漢以後，統稱臘。[70]北海　郡名，治所在今山東安丘西北。[71]山陽　郡名，治所在今山東金鄉西北。[72]贊　班固寫《漢書》，於每篇紀、傳、志之後有一段評論文字，稱為「贊」。此下所錄，為《漢書》卷七十二〈王貢兩龔鮑傳〉的贊語。[73]懷祿耽寵以失其世者多矣　此言很多人因為留戀爵祿、沉溺於恩寵，反而喪失了得到的地位，使其官位爵祿未能世代繼承下去。耽寵，沉溺於受到的恩寵。世，繼承。[74]清節　高潔的節操。[75]大率　大致。[76]王貢　指王吉、貢禹。兩人齊名，並稱。[77]龔鮑　龔有二人。《漢書》卷七十二記述兩龔：一為龔勝，字君賓；一為龔舍，字君倩。皆通曉經術，有名節。鮑，指鮑宣。[78]守死善道　指堅持到死而不改變，使正道完善。語出《論語・泰伯》：「子曰：篤信好學，守死善道。危邦不入，亂邦不居。」[79]勝實蹈焉　龔勝確是實際踐行了。蹈，實踐。龔勝不受莽官，所以說他用行動實踐了這些話。[80]貞而不諒　語出《論語・衛靈公》：「子曰：『君子貞而不諒。』」意謂君子堅守節操，而不必拘泥於小信。貞，正直而有操守。諒，誠信。[81]薛方近之　薛方實為堅守漢臣之節，口頭上卻譽莽為堯舜之君，說自己要效法巢、由守箕山之節。所以說他的行為接近於「貞而不諒」之義。[82]好遯不汙　意謂善於逃避，退歸鄉里，不仕莽朝，不使自己的節操被玷汙。[83]絕紀唐矣　絕，超越。紀、唐，紀逡和唐林、唐尊。三人都是有清名而仕於莽朝的人。[84]魏郡　郡名，治所在今河北臨漳西南。[85]泛　漫溢；氾濫。[86]清河　郡名，治所在今山東清河縣東南。[87]元城　縣名，縣治在今河北大名東。王莽是魏郡元城縣人。元城在黃河東岸，清河郡在其北面。河氾清河郡以東，所以元城王莽的祖墳未遭水害。[88]堤塞　築堤堵塞。

【校　記】1即　原無此字。據章鈺校，十二行本、乙十一行本皆有此字，今據補。2動移　原作「移動」。據章鈺校，十二行本、乙十一行本二字皆互乙，今據改。3豐欽　原作「欽豐」。據章鈺校，十二行本、乙十一行本、孔天胤本二字皆互乙，今據改。4懷祿　原無此二字。據章鈺校，十二行本、乙十一行本、孔天胤本皆有此二字，張敦仁《通鑑刊本識誤》、張瑛《通鑑校勘記》同，今據補。

【語　譯】太師王舜從王莽篡位以後，患了心跳病，日益加重而死。○王莽為太子設置師、友各四人，俸祿比照大夫。任命原大司徒馬宮等人為師疑、傅丞、阿輔、保拂，這是四師。任命原尚書令唐林等人為胥附、奔走、先後、禦侮，這是四友。又設置師友、侍中、諫議、《六經》祭酒各一人，共有九位祭酒，秩祿都同上卿。

王莽派遣使者帶上加蓋皇帝印璽的詔書、官印、安車、駟馬迎接龔勝，就家任命為師友祭酒。使者和郡太守、縣長吏、三老、官屬、行義、諸生共一千多人到龔勝的鄉里轉達詔書。使者想讓龔勝起身出門迎接，長時間站立在龔勝家門外。龔勝說是病情危重，就在臥室西側南窗之下安置床，頭向東方，把朝服披蓋在身上，拖著大帶。使者送上詔書，呈上官印，獻上安車、駟馬，上前對龔勝說：「聖朝沒有忘記您，典章制度尚未完備，等待您執掌國政，想聽聽您打算施政的意見，以便安定天下。」龔勝回答說：「臣向來愚昧，加之年老病重，命在旦夕，如果隨您上路，必定死在途中，沒有一點好處！」使臣便強行勸說，甚至把印綬佩戴在龔勝身上。龔勝推辭不接受。使臣上奏說：「正值盛夏炎熱，龔勝生病，力氣不足，可否等到秋涼時再動身？」王莽下詔同意。使臣每隔五天就與太守一起去問候龔勝起居飲食，並向龔勝的兩個兒子以及學生高暉等人說：「朝廷虛心地以封侯的禮儀對待龔老先生，他雖然身患疾病，也應當移動至旅店，顯示有啟程的意思；這樣一定可為子孫後代留下爵邑。」高暉等人將使臣的話轉告給龔勝，龔勝自己知道身不由己，就對高暉等人說：「我受漢家的厚恩，無以報答。現今年已衰老，早晚就要死了，在道義上，豈能以一身而侍奉兩個不同姓的君王，這樣到地府去見故主呢！」於是吩咐準備棺木、殯殮後事：「衣服只要包住身體就夠了，棺材只要包住衣服就可。葬後，不可隨俗動我的墳墓、種植柏樹、修建祠堂！」說完話，便不再開口喝水吃飯，歷時十四天而死。死時，七十九歲。

當時的清名人士，又有琅琊人紀逡、齊郡人薛方、太原人郇越、郇相、沛人唐林、唐尊，都以通曉經學，謹慎行事而聞名於世。紀逡、唐林、唐尊都在新朝為官，被封侯爵，地位尊貴，深受敬重，歷任公卿之職。唐林屢次上奏直言規勸，有忠直的節操。唐尊則身著破衣，腳穿破鞋，假冒儉樸，享受虛名。郇相是王莽太子王臨的四友之一，病死後，太子派使臣贈送壽衣、壽被，郇相的兒子手扶著棺材拒絕接受，說：「父親死前留有遺言：『師友的饋贈，不可接受！』現在對皇太子來說，居四友之官，故而不能接受。」京師人們稱讚他。王莽用安車迎接薛方，薛方通過使臣婉謝說：「唐堯、虞舜在上位，下面就有巢父、許由。現在聖明的君主正在光大唐堯、虞舜的美德，小臣我想堅守許由隱居箕山那樣的節操。」使臣稟報王莽。王莽很喜歡薛方的話，不再勉強徵召來京。

當初，隃麋人郭欽任南郡太守，杜陵人蔣詡任兗州刺史，也以廉潔正直而聞名。王莽攝政時，郭欽、蔣詡都因病免除官職，回到家鄉，臥病閉門不出，在家去世。在哀帝、平帝的時候，沛郡人陳咸因為通曉律令而被任命為尚書。王莽輔佐朝政，大量更改漢朝制度，陳咸內心很不滿。等到何武、鮑宣死去，陳咸歎息說：「《易經》說：『抓住時機，立即行動，不要錯過時機。』我應該離開了！」就請求辭職退休。等到王莽篡位，徵召陳咸任掌寇大夫。陳咸就稱病謝絕，不肯答應。這時，他的三個兒子陳參、陳豐、陳欽都在當朝做官，陳咸命令他們都辭官回家，閉門不出，年終祭祀，還是沿用漢家祖臘。別人問他這樣做的緣故，陳咸說：「我的祖先豈能知道王氏年終的臘祭呢！」他把家中所有的律令、書籍都藏在牆壁裡。還有齊郡人栗融、北海郡人禽慶、蘇章、山陽人曹竟，全是儒生，辭去官職，不仕於王莽。

班固評論說：「從春秋列國卿大夫一直到漢朝的將相名臣，留戀爵祿、沉迷於受寵而喪失自己的世代爵位繼承的，舉不勝舉，因而具有高潔節操的士人極為可貴。但是，大體上多數人能約束自己，而不能影響別人。王吉、貢禹的才能，強過龔勝、鮑宣。堅守死節，宏揚正道，龔勝確實踐行了。堅守正道，而不拘泥小信，薛方很接近。郭欽、蔣詡遁世歸隱，不汙志節，和紀逡、唐林、唐尊又完全不同。」

這一年，黃河旁邊的各郡發生蝗災。〇黃河在魏郡決口，清河以東數郡氾濫成災。在此之前，王莽深怕黃河決口給元城的祖墳造成危害。等到黃河決口，水向東氾濫，元城不擔心水災，因此決定不築堤堵塞。

四年（壬申　西元一二年）

春，二月，赦天下。◯厭難將軍陳欽、震狄將軍王巡上言：「捕得虜生口驗問，言虜犯邊者皆孝單于咸子角所為。」莽乃會諸夷，斬咸子登於長安市。◯大司馬甄邯死。

莽至明堂，下書：「以洛陽為東都，常安為西都。邦畿連體❶，各有采、任❷。州從禹貢為九❸。爵從周氏為五❹。諸侯之員千有八百，附城❺之數亦如之，以俟有功❻。諸公一同❼，有眾萬戶，其餘以是為差❽。今已受封者，公侯以下凡七百九十六人，附城千五百一[1]十一人。以圖簿❾未定，未授國邑，且令受奉都內❿，月錢數千。」諸侯皆困乏，至有傭作⓫者。

莽性躁擾⓬，不能無為，每有所興造，動欲慕古，不度⓭時宜，制度又不定。吏緣為姦，天下謷謷⓮，陷刑者眾。莽知民愁怨，乃下詔：「諸食王田，皆得賣之，勿拘以法⓯。犯私買賣庶人者，且一切⓰勿治。」然他政誖亂⓱，刑罰深刻⓲，賦斂重數⓳，猶如故焉。

初，五威將帥出西南夷⑳，改句町王為侯，王邯㉑怨怒不附㉒。莽諷牂柯㉓大尹周歆詐殺邯。邯弟承㉔起兵殺歆，州郡擊之，不能服。莽又發高句驪兵擊匈奴。高句驪不欲行，郡彊迫之[2]，皆亡出塞，因犯法為寇。遼西㉕大尹田譚追擊之，為所殺。州郡歸咎㉖於高句驪侯騶㉗，嚴尤奏言：「貉㉘人犯法，不從騶起，正有他心㉙，宜令州郡且尉㉚安之。今猥被㉛以大罪，恐其遂畔㉜，夫餘之屬必有和㉝者。匈奴未克，夫餘、濊貉㉞復起，此大憂也。」莽不尉安，濊貉遂反。詔尤擊之。尤誘高句驪侯騶至而斬焉，傳首㉟長安。莽大說，下書[3]更名高句驪為下句驪。於是貉人愈犯邊，東、北與西南夷皆亂。莽志方盛，以為四夷不足吞滅，專念稽古㊱之事，復下書：「以此年二月東巡狩，具禮儀調度㊲。」既而以文母太后體不安，且止待後。

初，莽為安漢公時，欲諂太皇太后，以斬郅支㊳功奏尊元帝廟為高宗，太后晏駕㊴後，當以禮配食㊵云。及莽改號太后為新室文母，絕之於漢，不令得體元帝㊶，墮㊷壞孝元廟，更為文母太后起廟。獨置孝元廟故殿以為文母篹食堂㊸，既成，名曰長壽宮，以太后在，故未謂之廟。莽置酒長壽宮，請太后。既至，見孝元廟廢徹塗地㊹，太后驚泣曰：「此漢家宗廟，皆有神靈，與何㊺治而壞之！且使鬼神無知，又何用廟為㊻！如今有知，我乃人之妃妾，豈宜辱帝之堂以陳饋食哉！」私謂左右曰：「此人慢㊼神多矣，能久得祐㊽乎！」飲酒不樂而罷。自莽篡位後，知太后怨恨，求所以媚太后[4]，無不為，然愈不說。莽更㊾漢家黑貂著黃貂㊿。又改漢正朔、伏臘日[51]。太后令其官屬黑貂。至漢家正、臘日，獨與其左右相對飲食。

【章旨】以上為第九段，寫王莽復古，倒行逆施，好大喜功而又輕狂，邊釁四起。又貶損漢家，觸怒太皇太后王政君。

【注釋】❶邦畿連體　指兩京西京長安、東都洛陽連片成一整體。邦畿，王畿。指東、西都地區。連體，連成一個整體。❷采任　采，男性在王畿內的封地。任，女性在王畿內的封地。❸州從禹貢為九　州的設置仿照〈禹貢〉的記載分為九州。《尚書・禹貢》記載的九州為：冀、兗、青、徐、揚、荊、豫、梁、雍。❹爵從周氏為五　封爵依照周代分封諸侯，分為公、侯、伯、子、男五等。❺附城　爵位名。王莽改關內侯名為附城。❻以俟有功　意謂目前未足其數，等待著有功的人享受封爵。❼同　土地縱橫各一百里為同。❽其餘以是為差　指侯、伯、子、男等爵位以此為差等。侯、伯有眾五千戶，土地縱橫各七十里；子、男有眾二千五百戶，土地縱橫各五十里。附城也分為五等，大者有眾九百戶，土地九成（土地縱橫各十里為一成）；每降一等，減眾二百戶，減土地二成。❾圖簿　地圖和戶籍。❿受奉都內　此言暫從朝廷國庫領取俸祿。奉，通「俸」。俸祿。都內，都城的內庫。⑪傭作　受雇為人工作。⑫躁擾　急躁好動。⑬度　考慮；估量。⑭謷謷　眾人愁怨的聲音。⑮勿拘以法　不要受法令的約束。實際是宣布廢除不准買賣王田的法令。拘，拘泥。⑯一切　一概；一律。⑰誖亂　混亂。⑱深刻　嚴峻苛刻。⑲賦斂重數　賦稅沉重頻繁。⑳西南夷　秦、漢時期對居住在巴郡、蜀郡以西以南地區，當今四川成都西北、西南，以及雲南、貴州兩省，廣西西部等廣大地區各少數民族的總稱。㉑王邯　句町王名叫邯。㉒附　歸服；順從。㉓牂柯　郡名，治所在今貴州凱里西。㉔承　邯弟名。㉕遼西　郡名，治所在今遼寧義縣西南。㉖歸咎　歸罪。㉗騶　人名，高句驪侯王。㉘貉 通「貊」。古稱居於東北地區的民族。㉙正有他心 即使有貳心。正，即使。㉚尉 通「慰」。安撫。㉛猥被多加。㉜畔 通「叛」。反叛。㉝和 響應。㉞濊貉 亦作「濊貊」，我國古代東北地區少數民族名。㉟傳首 傳送首級。㊱稽古 稽考古道。㊲具禮儀調度 開列禮儀程序和具體安排。具，陳述；開列。調度，指具體安排。㊳郅支 匈奴單于名號，匈奴呼韓邪單于之兄，名呼屠吾斯。漢宣帝五鳳元年（西元前五七年），匈奴五單于爭立，呼屠吾斯時為左賢王，於東部地區自立為郅支骨都侯單于。後來西走西域，侵擾漢之西陲。元帝建昭三年（西元前三六年），為西域都護所殺。㊴晏駕 車駕晚出。古為帝王死亡的諱稱。㊵配食 祭祀時配享。㊶不令得體元帝 此言不使元后能與元帝一體享受漢王朝的祭祀。體，一體。指夫婦關係密切，猶如一個整體。㊷墮 毀壞；拆毀。㊸篹食堂 陳設餐具食品的廳堂。篹，通「饌」。㊹廢徹塗地 指徹底毀壞不可收拾。廢徹，損毀。㊺與何 為什麼。與，為。㊻為 語氣助詞。用於句末，表示疑問或反詰語氣。㊼慢 輕慢。㊽祐 神靈保佑。㊾更 改變。㊿貂 動物名，皮毛極為輕暖，為貴重裘料。漢制，侍中、宦官之冠皆以黑貂尾為裝飾物。(51)伏臘日 伏祭和臘祭的日期。伏祭在夏天伏日，臘祭在農曆十二月。

【校 記】1一 原作「五」。據章鈺校，十二行本、乙十一行本、孔天胤本皆作「一」，今據改。2之 原無此字。據章鈺校，十二行本、乙十一行本、孔天胤本皆有此字，張敦仁《通鑑刊本識誤》、張瑛《通鑑校勘記》同，今據補。3下書 原無此二字。據章鈺校，十二行本、乙十一行本、孔天胤本皆有此二字，張瑛《通鑑校勘記》同，今據補。4后 此下原有「者」字。據章鈺校，十二行本、乙十一行本皆無「者」字，今據刪。

【語 譯】四年（壬申 西元一二年）

春，二月，赦免天下。〇厭難將軍陳欽、震狄將軍王巡上奏說：「抓捕匈奴俘虜，經過審問，供認匈奴多次侵犯邊境，都是孝單于欒提咸的兒子欒提角所為。」王莽於是召集在京的各族夷人，在長安鬧市斬了欒提咸的兒子欒提登。〇大司馬甄邯去世。

王莽來到明堂，下詔書說：「將洛陽定為東都，常安定為西都。邦畿相連為一體，受封的男女各有食邑。按照〈禹貢〉將全國分為九州。爵位依照周代分為公、侯、伯、子、男五等。諸侯的人數為一千八百名，附城的人數也是如此，以等待有功之人。所有公爵都是地方百里，一萬戶人家，其他爵位以此為等差。現在已經受封的，公侯以下共七百九十六人，附城一千五百一十一人。因為戶籍地簿還沒有確定，無法授給封國食邑，暫且向大司農所屬都內府領受俸祿，每月支錢數千。」諸侯們都很貧困，甚至有替人幫工的。

王莽性情急躁好動，不能無所作為，每做一件事，總是仰慕古代，不考慮是否適合當時的需要，而制度又不能確定。貪官汙吏加以利用，為非作歹，天下怨聲載道，犯罪的人很多。王莽知道百姓愁苦怨恨，便下詔說：「國家土地，都可以變賣，不要受法律拘束。違法私自買賣平民的，一律暫且不追究。」但是，其他政令混亂，刑罰嚴苛，賦稅繁重，還是和過去一樣。

當初，五威將帥出使西南夷，將句町王改為侯，句町王邯怨恨憤怒而不服從。王莽示意牂柯郡大尹周歆採取欺騙手段殺死了句町王邯。邯的弟弟承起兵殺死周歆，新室州郡發兵攻打承，未能降服。王莽又徵調高句驪的軍隊進攻匈奴。高句驪不願去，由於郡府強迫，全都逃出邊界，乘機犯法為寇。遼西大尹田譚追擊他們，被他們殺害。州郡官府把罪責歸在高句驪侯騶的身上，嚴尤上奏說：「貉人犯法，不是從騶開始的，即使騶別有用心，也應當命令州郡暫且去安撫他們。現在突然加以重大罪名，恐怕促成他們叛變，而夫餘等部族一定會有附和的。匈奴沒有平定，夫餘、濊貉又興起，這是很大的憂患。」王莽不加安撫，濊貉於是反叛。王莽下詔令嚴尤攻打他們。嚴尤引誘高句驪侯騶到來，將他斬首，將首級傳送到長安。王莽很高興，下詔書將高句驪改名為下句驪。如此一來，貉人更加侵犯邊境，東部、北部和西南的各蠻夷都作亂了。王莽開始得意起來，認為四方蠻夷不值得去併吞消滅，專心考究古事，又下詔說：「在本年二月，我要到東方巡視，有關部門需把禮儀程序開列安排出來。」不久，因為文母太后身體不適，暫緩出發。

當初，王莽為安漢公時，想討好太皇太后，藉口斬殺匈奴郅支單于的功勞，上奏尊稱漢元帝廟為高宗，太皇太后去世後，祭祀時應依禮配享。等到王莽將太后的名號改為新室文母，表示與漢朝斷絕關係以後，不讓她跟元帝為一體享受漢王朝的祭祀，毀壞孝元廟，另為文母太后建廟。僅保留孝元廟的一個舊殿作為文母放置膳具之堂，建成之後，稱為長壽宮，因為太后健在，所以沒有稱為廟。王莽在長壽宮設置酒會，宴請太后。太后到了之後，看到孝元廟徹底損毀，撒滿地面，她大為驚駭，哭著說：「這是漢家宗廟，都有神靈，為什麼定要毀壞它！假若鬼神無知，又何必要建廟呢！若鬼神有知，我是他的妻子，豈能侮辱元帝的廟堂用來陳設祭食呢！」她私下對侍從說：「這個人輕慢神靈多了，能長久獲得神靈的保佑嗎！」酒宴在不愉快中結束。從王莽篡權後，知道太后心懷怨恨，因此用盡一切可以討好太后的手段，然而太后更加不高興。王莽改漢家宮廷黑貂服裝為黃貂服裝。又更改了漢朝曆法，以及伏祭、臘祭的日期。太后命令她的下屬仍舊穿黑貂服裝。甚至在漢朝元旦和祭祀百神之日，獨自和身傍的侍從聚餐。

五年（癸酉　西元一三年）

春，二月，文母皇太后崩，年八十四，葬渭陵❶，與元帝合❷，而溝絕之❸。新室世世獻祭其廟，元帝配食，坐於牀下❹。莽為太后服喪三年。

烏孫❺大、小昆彌❻遣使貢獻。莽以烏孫國人多親附小昆彌，見匈奴諸邊並侵，意欲得烏孫心，乃遣使者引小昆彌使坐大昆彌使上。師友祭酒滿昌❼劾奏使者曰：「夷狄以中國有禮誼，故詘❽而服從。大昆彌，君也。今序❾臣使於君使❿之上，非所以有⓫夷狄也。奉使大不敬⓬！」莽怒，免昌官。◯西域諸國以莽積失⓭恩信，焉耆⓮先叛，殺都護但欽。西域遂瓦解。

十一月，彗星出。二十餘日，不見。◯是歲，以犯[1]挾銅炭者多，除其法。

匈奴烏珠留單于⓯死，用事大臣右骨都侯須卜當⓰，即王昭君女伊墨居次⓱

云⑱之壻也。云常欲與中國和親，又素⑲與於[2]栗置支侯⑳咸厚善，見咸前後為莽所拜，故遂立咸為烏累若鞮單于。烏累單于咸立，以弟輿㉑為左[3]谷蠡王㉒。烏珠留單于子蘇屠胡㉓本為左賢王，後更謂之護于㉔，欲傳以國。咸怨烏珠留單于貶己號㉕，乃貶護于為左屠耆王㉖。

【章 旨】以上為第十段，寫漢太皇太后逝世，西域背叛新朝。

【注 釋】❶渭陵 元帝墓地，在今陝西西安西北。❷與元帝合 把王政君與元帝合葬在一起。合，合葬。❸溝絕之 挖溝把元帝冢與王政君冢隔開。王莽不欲王政君與元帝合葬，故有此惡行。❹坐於牀下 王莽把漢元帝的神主放在王政君神主的几案下為陪襯。坐，放置。牀，放置神主的几案。❺烏孫 西域國名，其地在今新疆西部伊犁河一帶。❻昆彌 又作「昆莫」，烏孫王的名號。漢宣帝時始立大、小兩昆彌，分治烏孫地。❼滿昌 潁川郡人，成、哀時為詹事。新朝為師友祭酒。❽詘 屈服。❾序 排列次序。❿臣使於君使 按，大昆彌、小昆彌，猶稱大王、小王，大、小昆彌分治烏孫地，並非一君一臣。⓫有 通「友」。友好。⓬大不敬 重罪名。臣民不敬皇帝為大不敬。⓭積失 多失。⓮焉耆 西域國名，其地在今新疆焉耆回族自治縣一帶。⓯烏珠留單于 呼韓邪子，名囊知牙斯。成帝綏和元年（西元前八年）立為單于。⓰須卜當 右骨都侯之名。⓱居次 女子名號，猶漢人所稱公主。⓲云 王昭君之女名。⓳素 一向。⓴於栗置支侯 匈奴官號名。㉑輿 烏累單于之弟名，全稱為欒提輿。㉒左谷蠡王 匈奴官號名。㉓蘇屠胡 烏珠留單于子之名。㉔護于 匈奴官號名，烏珠留單于在位時，先後死了幾位左賢王，烏珠留單于以為其號不祥，便把左賢王改名為護于。護于為最尊貴官職，日後將繼任單于之位。㉕貶己號 始建國三年，咸由右犂汙王降為低級之官於栗置支侯。㉖左屠耆王 匈奴官名，即左賢王。匈奴稱賢為屠耆。

【校 記】[1]犯 原無此字。據章鈺校，十二行本、乙十一行本、孔天胤本皆有此字，今據補。[2]於 原作「伊」。據章鈺校，十二行本、乙十一行本皆作「於」，張瑛《通鑑校勘記》同，今據改。[3]左 原作「右」。據章鈺校，十二行本、乙十一行本皆作「左」，今據改。

【語譯】五年（癸酉　西元一三年）

春，二月，文母皇太后王政君去世，享年八十四歲，安葬在渭陵，與漢元帝合葬，中間用一條溝分開。規定新朝世世代代祭奠文母寢廟，漢元帝配享，漢元帝的牌位安放在太后神主几案下面。王莽為太后守喪三年。

烏孫國大、小昆彌派使者來朝貢。王莽認為烏孫國的人大多親附小昆彌，又看到匈奴的那些邊境都受到侵掠，就想博得烏孫人的歡心，於是派使臣帶領小昆彌的使者坐在大昆彌使者的上位。師友祭酒滿昌上奏彈劾使臣說：「夷狄因為中國具有禮義，因此委屈服從。大昆彌是國君。現在把臣子使者排列在國君使者之上，這不是與夷狄友好的做法。接待的使臣犯了大不敬之罪！」王莽大怒，罷免了滿昌的官職。○西域各國因為王莽多次失去恩德信義，焉耆國首先背叛，殺死西域都護但欽。西域和新室的關係便瓦解了。

十一月，出現彗星。二十餘天後，沒有出現。○這一年，因為犯了私藏銅、炭的人太多，就廢除了這項法令。

匈奴烏珠留單于去世，執事大臣右骨都侯須卜當，是王昭君的女兒伊墨居次云的丈夫。云常想與中國和親相好，又一向和於栗置支侯咸很友好，看到咸被王莽前後任官，所以就立咸為烏累若鞮單于。烏累單于咸即位後，任命弟弟輿為左谷蠡王。烏珠留單于的兒子蘇屠胡原是左賢王，後來改稱為護于，想把國政傳給他。咸怨恨烏珠留單于貶低自己的稱號，就將護于蘇屠胡貶為左屠耆王。

天鳳元年（甲戌　西元一四年）

春，正月，赦天下。○莽下詔：「將以是歲四仲月偏行巡狩之禮，太官❶齎糒、乾肉，內者行張坐臥❷，所過毋得有所給❸。俟畢北巡狩之禮，即于土中❹居洛陽之都。」羣公奏言：「皇帝至孝，新遭文母之喪，顏色未復❺，飲食損少。今一歲四巡，道路萬里，春秋尊❻，非糒、乾肉之所能堪。且無巡狩，須閡大服❼，以安聖體。」莽從之，要期❽以天鳳七年巡狩。厥明年，即土之中，遣太傅平晏、大司空王邑之洛陽營相宅兆❾，圖起宗廟、社稷❿、郊兆⓫云。

三月壬申晦⓬，日有食之。大赦天下。以災異策大司馬逯並就侯氏朝位⓭，太傅平晏勿領⓮尚書事。以利苗男訢⓯為大司馬。莽即真，尤備大臣⓰，抑奪下權⓱，朝臣有言其過失者，輒拔擢。孔仁⓲、趙博⓳、費興⓴等以敢擊大臣㉑，故見信任，擇名官而居之。國將哀章頗不清㉒，莽為選置和叔㉓。敕曰：「非但保國將閨門㉔，當保親屬在西州㉕者。」諸公皆輕賤㉖，而章尤甚㉗。

夏，四月，隕霜㉘殺草木，海瀕尤甚㉙。六月，黃霧四塞㉚。秋，七月，大風拔樹，飛北闕直城門㉛屋瓦。雨雹，殺牛羊。

莽以周官㉜、王制㉝之文，置卒正、連率、大尹，職如太守。又置州牧㉞、部監㉟二十五人㊱。分長安城旁六鄉，置帥各一人。分三輔為六尉郡㊲。河內、河東、弘農㊳、河南、潁川、南陽為六隊郡㊴。更名河南大尹曰保忠信卿。益河南屬縣滿三十，置六郊州長各一人，人主五縣。及他官名悉改。大郡至分為五，合百二十有五郡。九州之內，縣二千二百有三。又倣古六服[40]為惟城、惟寧、惟翰、惟屏、惟垣、惟藩，各以其方[41]為稱，總為萬國[42]焉。其後，歲復變更，一郡至五易名，而還復其故。吏民不能紀，每下詔書，輒繫其故名[43]云。

匈奴右骨都侯須卜當、伊墨居次云勸單于和親，遣人之西河[1]虎猛制虜塞[44]下，告塞吏曰[2]：「欲見和親侯。」和親侯者，王昭君兄子歙[45]也。中部都尉[46]以聞，莽遣歙、歙弟騎都尉．展德侯颯使匈奴，賀單于初立，賜黃金、衣被、繒帛。紿言侍子登在[47]，因購求陳良、終帶等。單于盡收陳良等二十七人，皆械檻[48]付使者，遣廚唯姑夕王富[49]等四十人送歙、颯。莽作焚如之刑[50]，燒殺陳良等。

緣邊大饑，人相食，諫大夫[51]如普行邊兵還[52]，言「軍士久屯寒苦，邊郡無以相贍[53]。今單于新和，宜因是罷兵。」校尉韓威進曰：「以新室之威而吞胡虜，無異口中蚤[54]蝨。臣願得勇敢之士五千人，不齎斗糧，飢食虜肉，渴飲其血，可以橫行！」莽壯[55]其言，以威為將軍。然采普言，徵還諸將在邊者，免陳欽等十八人，又罷四關鎮都尉諸屯兵。

單于貪莽賂遺，故外不失漢故事，然內利寇掠[56]。又使還，知子登前死，怨恨，寇虜[57]從左地入不絕。使者問單于，輒曰：「烏桓與匈奴無狀黠民[58]共為寇入塞，譬如中國有盜賊耳！咸初立持國[59]，威信尚淺，盡力禁止，不敢有二心！」

莽復發軍屯。

益州蠻夷愁擾，盡反，復殺益州大尹程隆[3]。莽遣平蠻將軍馮茂發巴、蜀、犍為[60]吏士，賦斂取足於民，以擊之。

莽復申下[61]金、銀、龜、貝之貨，頗增減其賈直，而罷大、小錢，改作貨布、貨泉[62]二品並行。又以大錢行久，罷之恐民挾不止，乃令民且獨行大錢。盡六年，毋得復挾大錢矣。每壹[4]易錢，民用[63]破業而大陷刑。

【章旨】以上為第十一段，寫王莽隨意更改制度，變更官名、行政區劃，屢變貨幣，民不堪命。對外四夷也無誠信，邊患不斷。新朝內外交困。

【注釋】❶太官　官名，太官令的省稱。屬少府，執掌皇帝膳食及燕享等事。❷內者行張坐臥　內者令準備帳篷及坐臥用具。內者，官名，內者令的省稱。屬少府，執掌宮廷所需被褥席帳等物。行，指在巡狩途中。張，陳設。坐臥，指坐臥之具。❸所過毋得有所給　沿途經過的地方不要供給費用。❹土中　四方之中。古以洛陽為天下之中。王莽詔書所述巡狩四方的順序，是東、南、西、北。所以結束北方巡狩之後，即停留在中土東都洛陽。❺顏色未復　謂王莽憂傷，臉色戚容仍在，沒有恢復。復，恢復。❻春秋尊　指年紀大。❼闋大服　指為王太后服喪三年事畢。闋，事畢。❽要期　約定日期。❾王邑之洛陽營相宅兆　王邑前往洛陽，選擇興建宮殿的基地。之，作動詞，往。營，辦理。相，勘察。宅，指宮殿、宗廟、陵墓等的用地。兆，區域。❿社稷　土神和穀神。此指社稷壇，即祭祀土神和穀神的處所。⓫郊兆　祭祀天地的地方。古於京城郊外祭祀天地，所以稱祭祀天地為郊。⓬壬申晦　三月三十日。⓭就侯氏朝位　意謂免去其大司馬之職，按照侯爵的身分參加朝會。當時，逯並為同風侯。⓮領　以高級官職兼任低級官職。領尚書事，兼任尚書事務。⓯訢　王訢。⓰莽即真二句　王莽正式即位為真皇帝，尤其防備大臣，憂心步自己的後塵。備，防備。⑰抑奪下權　限制、剝奪臣下之權。⑱孔仁　後任捕盜將軍、司命。地皇四年（西元二三年），被農民軍打敗後自殺。⑲趙博　所任官職不詳。地皇四年，與王莽等同在漸臺被農民軍殺死。⑳費興　後任大司馬司允、荊州牧。因觸怒王莽被免官。㉑擊大臣　彈劾、揭發大臣。㉒頗不清　很不清廉、清白。㉓和叔　王莽新設官名。㉔闈門　內室之門，此指家門。㉕西州　指哀章的家鄉廣漢郡（治所在今四川廣漢北）。㉖輕賤　輕視；瞧不起。此為被動用法。㉗章尤甚　哀章最被王莽輕視。㉘隕霜　降霜。㉙海瀕尤甚　沿海地區降霜尤其嚴重。㉚四塞　到處充塞。塞，充塞；充滿。㉛北闕直城門　未央宮北面的正門。長安城十二門，每面三門。西面三門，自南向北依次為章城門、直城門、雍門。㉜周官　即《周禮》。㉝王制　《禮記》篇名。㉞州牧　官名，州的最高行政長官。㉟部監　官名，即州部刺史。西漢地方行政區劃分為郡（國）縣兩級。全國郡縣分隸十三州，但州不是一級行政機構，只是由中央派遣監察御史與丞相史行郡監察。武帝時，改置十三部州刺史，每州刺史一人，上受中央御史中丞領導，負責監察一州郡國。後曾改刺史為州牧，又曾改州牧為刺史。王莽託古改制，同時並置州牧和刺史（稱部監）。㊱二十五人　部監員數。部監每人負責五郡，全國共計一百二十五郡。㊲六尉郡　京尉郡轄渭城等十縣，其地在今陝西西安西北。師尉郡轄高陵等十縣，其地在今西安東北。翊尉郡轄新豐等十縣，其地在今西安東。光尉郡轄霸陵等十縣，其地在今西安南。扶尉郡轄茂陵等十縣，其地在今西安西。列尉郡轄長陵等十縣，其地在今西安北。㊳弘農　郡名，治所在今河南靈寶北。㊴六隊郡　王莽所設的六個行政區，改郡稱隊，分為前、後、左、右、兆、祈六隊。南陽為前隊，河內為後隊，潁川為左隊，弘農為右隊，河東為兆隊，滎陽為祈隊。隊置大夫，職如郡太守；置屬正，職如郡都尉。㊵六服　周代王畿以外的諸侯邦國，依其距京師遠近，分為六個等次，稱六服，由近而遠為侯、甸、男、采、衛、蠻。王莽託古改制，也行六服之制。《漢書・王莽傳》：「公作甸服，是為惟城；諸在侯服，是為惟寧；在采、任諸侯，是為惟翰；在賓服，是為惟屏；在揆文教，奮武衛，是為惟垣；在九州之外，是為惟藩。」王莽所制名仍據《詩經・板》：「介人惟藩，大師惟垣。大邦惟屏，大宗惟翰。懷德惟寧，宗子惟城。」㊶方　地區。此言各服都按它的所在地區確定名稱。㊷萬國　意為天下。㊸繫其故名　如說「新平，故淮陽」、「陳定，故梁都」、「治亭，故東郡」等。繫，附帶。㊹西河虎猛制虜塞　西河，郡名。虎猛，縣名，屬西河郡。縣治在今內蒙古伊金霍洛旗西南。制虜塞，塞名，屬虎猛縣。㊺歙　王歙。漢末官長水校尉。曾幾次出使匈奴。㊻中部都尉　都尉為郡的武職，執掌一郡軍事。武帝以後，為加強對新闢地區少數民族的統治，往往於邊郡分部設置都尉。據《漢書・地理志》，西河郡設有南、北、西三部都尉和屬國都尉，未設中部都尉。此中部都尉，或王莽所設。㊼紿言侍子登在　欺騙匈奴單于說作為質子的欒提登還活著，繼提登是匈奴單于繼提咸的兒子。紿，欺騙。侍子，古代屬國之王或諸侯遣子入朝陪侍天子，所遣之子稱侍子。㊽械檻　拘繫於囚車。㊾廚唯姑夕王富　廚唯姑夕王，匈奴官號名。富，人名，廚唯姑夕王之名。㊿作焚如之刑　製作用火將人燒死的酷刑。焚如，語出《周易・離卦》。(51)諫大夫　官名，光祿勳屬官，執掌論諫。(52)如普行邊兵還　如普巡視邊兵回到京城。如普，人名，時任諫大夫。行，巡視。(53)相贍　供給。(54)蚤　跳蚤。(55)壯　意動用法，認為豪壯。(56)利寇掠　貪圖侵犯劫掠。(57)寇虜　猶「寇掠」。(58)無狀黠民　指行為醜惡不善的狡猾之民。(59)持國　主持國政。(60)犍為　郡名，治所在今四川宜賓西南。(61)復申下　重申推行新朝貨幣。下，推行。(62)貨布貨泉　兩種貨幣名，貨布重二十五銖，值二十五錢，其文右為「貨」，左為「布」。貨泉重五銖，值一錢，其文右為「貨」，左為「泉」。(63)用　因此。

【校　記】[1]西河　原作「西」，今據嚴衍《通鑑補》改作「西河」。[2]曰　原作「云」。據章鈺校，十二行本、乙十一行本、孔天胤本皆作「曰」，今據改。[3]程隆　原作「程降」。據章鈺校，十二行本、乙十一行本、孔天胤本皆作「程隆」，張瑛《通鑑校勘記》同，今據改。[4]壹　原作「一」。據章鈺校，十二行本、乙十一行本、孔天胤本皆作「壹」，今據改。按，二字通。

【語　譯】天鳳元年（甲戌　西元一四年）

春，正月，赦免天下。〇王莽下詔說：「將在今年四個季度的第二個月周遊天下，行巡狩之禮，太官準備乾糧乾肉，內者令準備帳篷及坐臥用具，巡狩經過的地方不准提供供給。等到結束北方巡視之禮，就停留在四方之中的洛陽都城。」眾大臣上奏說：「皇帝非常孝順，最近又逢文母的喪事，容顏沒有恢復，飲食減少。現在一年四次巡行，路程萬里，年歲已高，不是乾糧乾肉所能支持得了的。暫且不要巡狩，待三年喪服期滿，以保重身體。」王莽同意了，約定時間在天鳳七年巡狩。第二年，在全國四方的中心洛陽城，派遣太傅平晏、大司空王邑前往勘察基地區域，繪圖建造宗廟、社稷、祭壇。

三月三十日壬申，發生日蝕。大赦天下。因為災異之故，王莽下策書命大司馬逯並以侯爵就朝位，太傅平晏不再兼尚書事。任命利苗人王訢為大司馬。王莽正式登上帝位後，尤為防備大臣，限制、剝奪臣下的權力，朝中之臣有說大臣過失的，就加以提拔。孔仁、趙博、費興等人由於敢於攻擊大臣，因而獲得信任，選擇名聲大的官職讓他們擔任。國將哀章很不清廉，王莽特意為他設置了和叔的官位。敕令說：「不但要保住國將的家門，還要護住他在西州的親屬。」諸公都被王莽輕視，哀章更被瞧不起。

夏，四月，降霜凍死了草木，沿海格外厲害。六月，黃霧彌漫。秋，七月，大風將樹連根拔起，颳走了北闕直城門屋上的瓦。下冰雹，擊死牛羊。

王莽按照《周官》、〈王制〉的文字，設置卒正、連率、大尹，職務如同太守。又設置州牧、部監二十五人。把長安城郊劃分為六個鄉，每鄉設置鄉帥一人。把三輔劃分為六個尉郡。把河內郡、河東郡、弘農郡、河南郡、潁川郡、南陽郡作為六個隊郡。改稱河南大尹為保忠信卿。把河南郡屬縣增加到三十個，設置六郊州長各一人，每人管轄五個縣。還有別的官名也全都更改。大的郡甚至分為五個郡，全國共計一百二十五個郡。九州之內，共有二千二百零三縣。又仿照古制六服，將國土分為惟城、惟寧、惟翰、惟屏、惟垣、惟藩等六個區域，各自按其方位稱呼，總計是一萬封國。此後，每年又有變動，一個郡甚至改了五次名稱，最後，又回復它原來的名稱。官民不能記住，每次下詔書，總要在新名之下加上舊名。

匈奴右骨都侯須卜當、伊墨居次云鼓動單于欒提咸與中國和親，欒提咸派人到西河郡虎猛縣制虜塞下，告訴邊塞官吏說：「匈奴單于想見和親侯。」和親侯，就是王昭君的姪子王歙。中部都尉奏報朝廷，王莽派王歙與王歙的弟弟騎都尉、展德侯王颯出使匈奴，恭賀欒提咸登基，賞賜黃金、衣服、被褥、繒帛。欺騙說侍子欒提登還在世，並趁機懸賞尋找陳良、終帶等人。單于欒提咸就把陳良等二十七人全部逮捕，都拘繫於囚車，交給中國使者，派遣廚唯姑夕王欒提富等四十人護送王歙、王颯回國。王莽製造燒死人的刑罰，燒死了陳良等人。

北方邊境地區發生嚴重饑荒，人吃人。諫大夫如普巡察邊境部隊回到京師，建議說：「軍士長期在寒苦的邊境戍守，邊郡沒有辦法供應。現單于剛剛與我們和好，應當趁此機會撤軍。」校尉韓威進言說：「以新朝的威嚴，吞併匈奴，就如同吃掉口裡的跳蚤蝨子一樣。臣願意求得勇敢的士兵五千人，不攜帶一斗糧食，餓了就吃胡虜的肉，渴了就喝胡虜的血，能在匈奴境內橫衝直撞！」王莽覺得他的話很豪壯，任命韓威為將軍。然而，王莽採納了如普的建議，調回在邊境的將士，免去陳欽等十八人的職務，又撤回四關鎮都尉的那些屯兵。

匈奴單于貪圖王莽贈送的財物，因此在表面上仍保持對漢朝原有的禮節，但是心裡卻以侵掠為利。同時，匈奴使者從中國回去後，知道單于的兒子欒提登早已死去，欒提咸單于十分怨恨，便不斷地從左地一帶入侵邊境。王莽使者質問欒提咸單于，單于就回答說：「烏桓勾結匈奴中的無賴奸猾入盜邊境，就同中國有強盜一樣！我欒提咸剛剛即位主持國政，威信尚淺，盡力禁止，不敢有二心！」王莽重新派軍隊到邊地駐守。

益州蠻夷因為愁苦困擾，全都反叛，又把益州大尹程隆殺了。王莽派平蠻將軍馮茂徵發巴郡、蜀郡、犍為等郡地方的官兵，就地從民間徵收糧餉，用來攻擊叛亂的蠻夷。

王莽重新申令推行金、銀、龜、貝等貨幣，僅僅調整了大小的價值，廢除了大錢、小錢，更改為貨布、貨泉兩種貨幣一併流通。又因為大錢流通已久，一旦廢除又擔心無法禁止人民攜帶，就允許大錢暫時通用。以六年為期，六年以後禁止使用。每改變一次貨幣，百姓便因此而破產，大批民眾陷於刑獄。

【研　析】本卷集中載述王莽前期統治，推行改革的鬧劇，給全社會帶來混亂與災難，導致新朝短命滅亡。王莽改革，分為政治、經濟、文化三個層面來說。

王莽的政治改革。王莽出於「革漢立新，廢劉興王」的目的，大肆更張漢朝制度，大力推行新朝制度。但王莽的改革既沒有整頓吏治，更沒有創建新的國家制度，也沒有起用賢人治國，有何善政可言？王莽的政治改革，只是改官名、地名、變更周邊民族歸附漢朝的封章和名號，這樣的三大改革內容，完全是在形式上玩文字遊戲，徒事擾民的一場鬧劇。王莽改變原有的官名，如大司農稱義和、納言，少府稱共工，太守稱大尹，縣令縣長稱宰等等，名稱極為複雜，而職能仍是漢制，沒有絲毫觸動。王莽改地名，重新劃分行政區，改漢十三州為九州，增設郡、縣，全國共九個州，一百二十五個郡，一千二百零三個縣，比西漢增加二十二個郡，增加六百一十五個縣。王莽又恢復古代周制的五等封爵，濫加封賞，設立一千八百個封國。有的地名年年變更，甚至一郡五易其名，最後又回到了原來的名稱。

王莽改官名、地名，要消除一切帶漢的字眼，想要以這種方式強制人民忘掉漢朝，一下子弄得語言很混亂，全社會各階層的人都感到很不方便。在改變官名和改變行政區劃的過程中，王莽濫用無行無德的歌功頌德之徒，打擊忠於漢朝和反對新政權的官吏。所以王莽的政治改革只是一場權力的重新分配，沒有一絲治國愛民、整頓官吏、淳化風俗的內容，除了擾民亂政外，沒有任何積極意義，完全失敗了。

王莽對周邊民族，改變他們的王號名稱，用新印章換舊印，消除漢朝的痕跡，又帶上一層大漢族沙文主義，虛張新朝國威的聲勢。結果引起周邊各民族的反感。王莽改制徹底失敗了，已到不可收拾的地步，他為了挽回面子，轉移國內尖銳的社會矛盾，找藉口挑起邊患，大力征討匈奴、烏桓、西南夷和西域各國，導致四邊告急，幾十萬名士兵出征，騷動天下，府庫空虛，物價飛漲，米價高達五千到一萬錢一石。人禍加上旱、蝗、水災，民不聊生，而爆發農民大起義。

王莽的經濟改革。計有三大內容，即王田私屬、幣制改革與五均六筦。分述如次。

其一，王田私屬。始建國元年（西元九年），王莽下詔，歷數西漢社會土地兼併之弊，以及奴婢盛行的問題。王莽認為井田制瓦解和土地買賣是造成社會危機的根源。王莽運用行政命令宣布天下土地一律改稱王田，天下奴婢一律改稱私屬，都不許買賣。命令規定，男口不足八人而土地超過一井，即九百畝土地的，要把多出的部分分給九族、鄰里、鄉黨。無田者按一夫百畝的制度授田，違令者處罪。王莽不懂土地私有和買賣是社會的進步，他要復古回到井田制根本辦不到。高官、豪強地主多佔的土地沒法徵收，全國幾十萬流民和更多無地的農民也沒有授田。王莽推行井田制的結果，只是形式上禁止買賣，而走投無路還在手中有幾畝薄田的農民，出賣土地反而犯罪。出賣子女或出賣自身也要犯罪。當貧民只有出賣土地或出賣自身為奴還能多存活幾天的路都被堵死，那真是沒有活路了。王莽試圖解決土地、奴婢的問題，用心應該是好的，王莽的主觀意圖無可厚非。但他的方法不對，也無解決問題的綜合措施和政策，只是強制禁止買賣，更沉重地打擊了貧困的農民。始建國四年，王莽被迫宣布王田可以買賣，觸犯奴婢買賣的也不治罪。王田私屬的改革徹底失敗。

其二，幣制改革。王莽從居攝二年至天鳳元年，即西元七年至一四年，八年間進行了幣制改革。居攝二年，王莽新鑄錯刀、契刀、大錢等三種錢幣，規定錯刀一枚值五千，契刀一枚值五百，大錢一枚值五十，與漢朝的舊幣五銖錢同時流通。顯然王莽是在製造大額幣值，實際上就是政府無限制發行大額鈔票，用通貨膨脹的辦法，巧取民財。這種不等值的大額貨幣帶動了全社會的人都起來私鑄貨幣。王莽下令，私鑄貨幣判重刑，甚至不允許銅和炭的交易，也不准人民攜帶銅和炭，違令者判罪。於是成千上萬的人被判罪，重者被殺，輕者入獄。大額貨幣不便交易，又不保值，人民不用新幣，王莽下令，不用新幣也要判罪。

始建國元年，王莽發現，漢皇帝姓劉，而「劉」字由「卯、金、刀」三字組成，於是又禁止錯刀、契刀流通。這更是一種荒唐。王莽的幣制改革，帶來了社會的大混亂，簡直是一場浩劫。

其三，五均六筦。始建國二年，王莽推行對工商業和市場的改革，有兩項措施，一是五均，二是六筦。五均，又稱五均賒貸。五均是指在當時全國六大工商城市，即長安、洛陽、邯鄲、臨菑、宛、成都設置五均司市平，目的是平抑物價。司市管理人員，管理市場，每季的中月評估本地物價，叫做「市平」。物價低於市平，司市買進，物價高過市平，司市賣出。賒貸，指由五均官下屬的泉府，即國家銀行向急需用錢的民眾放貸，不取利息。六筦，指鹽、鐵、酒、鑄錢、名山大澤、五均賒貸六項事業統由國家掌管，不許私人經營。

王莽施行五均六筦的目的是「齊眾庶，抑併兼」，主觀用心還是好的，但實際推行仍是害民政策。王莽的五均六筦，並沒有多少新鮮東西，是漢武帝籌措戰爭經費實施平準、均輸和鹽鐵專賣政策的繼續，只是多了一項賒貸，即國家放債。漢武帝的平準、均輸、鹽鐵專賣，目的既不是發展經濟，也不是消除兩極分化，改善人民生活，而是籌措戰爭經費。漢武帝的經濟政策，沉重地打擊了工商自由市場，遏制了社會經濟發展，受到太史公司馬遷，以及昭帝時始元六年（西元前八一年）賢良文學的嚴厲批判。漢武帝的經濟政策，可以說是為了抗擊匈奴推行的戰時經濟體制，集中全社會的財富服務於戰爭，有它存在的理由。加上漢武帝的雄才大略，強有力的控制，國家得到了資財。王莽的五均六筦，也效法漢武帝，起用富商大賈來管理，而王莽沒有力量來控制他們，所以掌管五均六筦的商賈官吏藉機與郡縣貪官汙吏勾結，盤剝人民，損公肥私，給廣大人民帶來了沉重的災難。

王莽的文化改革。文化改革主要指統一意識形態和大力辦教育。漢武帝「罷黜百家，獨尊儒術」，要用崇儒來取代黃老。漢武帝大辦教育，興學校，置博士弟子員，培養有文化的治國人才，都取得了很大的成功。王莽在新朝的教育上沒有什麼成就，而在統一意識形態上不遺餘力，措施最笨拙，內容極荒唐。統一意識形態最核心的內容就是為新王朝製造合理存在的理論依據。王莽改正朔，易服色，這是改朝換代最基本最正常的行政措施，無需多談。王莽獨創了一套國家機器大力宣傳說謊話的愚民運動，既笨拙，又荒誕。說謊運動就是用各種手段在全國範圍宣傳符瑞，製造符瑞，要人民相信王莽是真命天子。王莽篡位的過程，就是一個說謊逐步升級的過程。王莽即真，篡了皇位以後，正式建立國家機構，向全國派出「五威將」來宣傳符瑞，迫使地方政府官員動員人民，集體上奏章，歌頌王莽，獻民歌民謠，獻符瑞，鬧出許多笑話，司馬光詳載於史冊，這裡不一一細述。

總上，王莽的改革就是一場鬧劇。《漢書》的〈王莽傳〉和司馬光的《通鑑》，生動詳實載於史冊，很快新朝完蛋，王莽身首異處。漢朝的班固和宋朝的司馬光兩位古代的史學大家，用歷史事實否定了王莽的改革，而偏偏近現代一些據說有了新理論武裝起來的什麼歷史家為王莽翻案，說他是什麼改革家。一個被人民起義送上斷頭臺的竊國大盜成了改革家，豈非咄咄怪事。

本卷最大事件是集中載述王莽的改革，所以這裡集中研討王莽的改革問題。其他值得研討的史事，有的已在注文中作了評議，茲不贅。

卷第三十八

漢紀三十

起旃蒙大淵獻（乙亥 西元一五年），盡玄黓敦牂（壬午 西元二二年），凡八年。

【題 解】本卷記事起西元一五年，迄西元二二年，凡八年史事，當新朝天鳳二年至地皇三年，是王莽執政的後期。史載王莽是怎樣違眾施政從內外交困到社會各種矛盾總爆發的過程。重大事件有七個方面。其一，王莽由擅權篡位而得天下，為了防止臣下效法自己，走上極端攬權自斃的道路，變亂官制及名稱以削弱臣下之權，而自己事無巨細都要親躬，結果是大權旁落，臣下舞弊，荒廢政務，舉國不寧。其二，官吏無俸，層層賄賂自供，導致政府機構，大小臣工全面腐敗，民不堪命。其三，王莽新政全面失敗，五均、六筦擾民，幣制屢變，通貨膨脹，人民犯法者眾。其四，王莽對周邊少數民族政策失誤，運用不誠信的詐計挑動民族之間的矛盾，企圖漁利，或用金錢外交羈縻，而常常運用重兵征討嚇阻，這是下下策，結果北方匈奴全線侵擾，又用兵西域、西南夷均遭失敗。其五，百姓受苛暴政治壓迫，賦役繁重，經不起天旱、水災、瘟疫、蝗災的打擊，流民四起，聚眾為盜，終於釀成綠林、赤眉大起義。其六，王莽拒諫，日聽讒媚之言，直臣隱退，群小得進。平定民變，王莽不用公孫祿之言，不聽大司馬士的下情上達，不用賢將，田況有功而生猜忌，用兵如兒戲，庸將征討，屢遭敗績而不悟，以致事不可為。其七，地皇二年，太子王臨謀誅王莽，發動了一場未遂的宮廷政變，統治集團上層分崩離析。地皇三年，南陽劉氏起兵，與綠林各軍聯合反對王莽，新朝已面臨崩潰邊緣。

王莽下

天鳳二年（乙亥　西元一五年）

春，二月，大赦天下。○民訛言❶黃龍墮死黃山宮❷中，百姓奔走往觀者有萬數。莽惡之❸，捕繫，問語[1]所從起❹，不能得。

單于咸既和親，求其子登屍。莽欲遣使送致，恐咸怨恨，害使者，乃收前言當誅侍子者故將軍陳欽，以他罪殺之。莽選辯士❺濟南❻王咸為大使。夏，五月，莽復遣和親侯歙與咸等送右廚唯姑夕王，因奉歸前所斬侍子登及諸貴人從者喪。單于遣云、當子男大且渠奢❼等至塞迎之。咸到單于庭，陳莽威德，莽亦多遺單于金珍，因諭說改其號，號匈奴曰「恭奴」，單于曰「善于」，賜印綬，封骨都侯當為後安公，當子男奢為後安侯。單于貪莽金幣，故曲聽❽之。然寇盜如故。

莽意❾以為制定❿則天下自平，故銳思⓫於地理⓬，制禮，作樂⓭，講合六經之說⓮。公卿旦入暮出，論議連年不決，不暇省獄訟冤結⓯，民之急務。縣宰缺者數年守兼⑯，一切貪殘⑰日甚。中郎將、繡衣執法在郡國者，並乘權勢，傳⑱相舉奏。又十一公士⑲分布勸農桑，班時令⑳，按諸章㉑，冠蓋相望㉒，交錯道路，召會㉓吏民，逮捕證左㉔，郡縣賦斂，遞相賕賂㉕，白黑紛然㉖，守闕告訴㉗者多。

莽自見前顓權以得漢政，故務㉘自攬㉙眾事，有司受成苟免㉚。諸寶物名、帑藏㉛、錢穀官皆宦者領㉜之。吏民上封事，宦官、左右開發，尚書不得知㉝，其畏備㉞臣下如此。又好變改制度，政令煩多，當奉行者，輒質問㉟乃以從事㊱，前後相乘㊲，憒眊不渫㊳。莽常御燈火㊴至明，猶不能勝㊵。尚書因是為姦㊶，寢事㊷，上書待報㊸者連年不得去，拘繫郡縣者逢赦而後出，衛卒不交代㊹者至三歲。穀糴常貴，邊兵二十餘萬人，仰衣食縣官㊺。五原、代郡尤被其毒，起為盜賊，數千人為輩，轉入旁郡。莽遣捕盜將軍孔仁將兵與郡縣合擊，歲餘乃定。◯邯鄲以北大雨，水出，深者數丈，流殺㊻數千人。

【章旨】以上為第一段，寫王莽懼怕臣下專權，自己總攬朝政，事無巨細親理，結果荒廢政務，臣下舞弊，舉國不寧。

【注釋】❶訛言　謠言。❷黃山宮　宮名，其址在今陝西興平西南。❸莽惡之　王莽自謂以黃德得天下，則黃龍墮死乃不祥之兆，故惡之。❹問語所從起　追查謠言的來源。❺辯士　能言善辯的人。❻濟南　郡名，治所在今山東章丘西北。❼云

當子男大且渠奢　大且渠奢是居次云與須卜當兩人的兒子，單于派他迎接漢使。子男，兒子。大且渠，匈奴官名。奢，大且渠之名。❽曲聽　曲意聽從。❾意　思量；猜想。❿制定　制度確定了。⓫銳思　精心思考。⓬地理　指全國地域的行政區劃。⓭制禮二句　制定禮、樂制度。⓮講合六經之說　考證符合《六經》的理論。說，理論。⓯暇省獄訟冤結　暇，空閒。省，察看，此指治理、審理。獄訟，訴訟案件。冤結，冤屈。⓰守兼　正職缺，由他官暫時代理。⓱貪殘　貪婪兇暴。⓲傳　通「轉」。輾轉。⓳公士　官名，公府掾屬。⓴班時令　頒行各季節有關農事的政令。班，同「頒」。㉑按諸章　此言考察各種規章制度的執行情況。按，考核。㉒冠蓋相望　指使者一路上往來不斷。冠，禮帽。蓋，車蓋。㉓召會　召集。㉔證左　證人。㉕遞相賕賂　層層賄賂。㉖白黑紛然　謂清濁不分，是非混淆。㉗守闕告訴　守在宮門中冤告狀。㉘務　務必；一定。㉙攬　總掌。㉚受成苟免　受成，執行既定的政令。苟免，敷衍應付，以求免除罪責。㉛帑藏　國庫。㉜領　統領；主管。㉝尚書不得知　原來上封事通過尚書上奏，如今王莽擔心受尚書蒙蔽，令宦官與左右近侍之臣拆閱所上封事。㉞畏備　懼怕和防範。㉟質問　請示、詢問以正是非。㊱乃以從事　這才辦理。㊲相乘　相繼。㊳憒眊不渫　昏亂糊塗不能辦事。渫，治。㊴御燈火　指點燃燈火。㊵猶不能勝　此言王莽時常日以繼夜地治理政事，還是不能把事情辦完。勝，盡。㊶因是為姦　因此作假、舞弊。㊷寖事　把事情壓下來不上報。㊸報　回答。㊹交代　前後任事者相接替。漢制，京師衛戍士卒的期限為一年。㊺仰衣食縣官　指戍邊兵靠政府供給衣食。㊻流殺　淹死。

【校　記】1語　原無此字。據章鈺校，十二行本、乙十一行本、孔天胤本皆有此字，張敦仁《通鑑刊本識誤》同，今據補。

【語　譯】王莽下

天鳳二年（乙亥　西元一五年）

春，二月，大赦天下。○民間謠傳黃龍摔死在黃山宮中，跑去觀看的老百姓有上萬人。王莽討厭這件事，下令逮捕人，追查謠言的來源。但沒有找到。

匈奴單于欒提咸與中國和親後，向新朝索要他兒子欒提登的屍體。王莽想派使者送到匈奴，又擔心欒提咸怨恨，殺害使者，就逮捕先前建議誅殺質子欒提登的將軍陳欽，用別的罪名殺了他。王莽挑選善於言辭的濟南人王咸任大使。夏，五月，王莽又派和親侯王歙和王咸等人護送右廚唯姑夕王，趁便歸還先前被斬首的質子欒提登和各位侍從貴人的屍體。單于派伊墨居次云、右骨都侯須卜當的兒子大且渠奢等人到邊境迎接。王咸到了單于王庭，陳述王莽的聲威德行，王莽也向單于饋贈了很多金銀珍寶，趁機勸說單于改變稱號，改匈奴叫「恭奴」，單于叫「善于」，賜給印信，封骨都侯須卜當為後安公，須卜當的兒子奢為後安侯。匈奴單于欒提咸貪圖王莽的金幣，所以曲意聽從。但是，寇掠依然如故。

王莽思量制度確定以後，天下就自然太平，所以精心思考劃分地域，制定禮儀，創作樂曲，考證符合《六經》的理論。公卿大臣早上入朝，晚上退朝，議論了幾年沒有定論，沒有時間審理獄訟和冤屈，以及處理民眾的急迫事務。空缺的縣長職位，好幾年仍由別官代理，各種貪贓兇暴日益嚴重。在各郡和諸侯國的中郎將、繡衣執法，都憑藉自己的權勢，互相檢舉奏報。還有十一個公士分布各地，勸課農桑，頒布各季節有關農事的時令，考核各種規章制度，使者往來不斷，交錯道路，他們集合官民，逮捕證人，郡縣官府苛徵暴斂，層層賄賂，黑白混淆，守在宮門申冤告狀的人很多。王莽自己清楚先前因為專權才取得漢朝政權，所以一定要親自總攬各種事務，主管部門執行既定的政令，敷衍應付，以求免除罪責。各種珍寶名器、錢庫、穀糧等主管官吏，均由宦官充任。官民奏上的密封奏章，由宦官、身邊的近臣拆封，尚書不得參與，王莽提防害怕臣下到如此地步。又喜歡改變制度，政令繁多，原本奉命執行的事，也要多次請示詢問確認後才去辦理，造成前一件事沒辦完，後一件事又接上來，以致昏亂糊塗不能理事。王莽經常點燈辦公直到天亮，仍不能辦完。尚書趁機舞弊，壓下事務不報，上奏等待回報的地方使者連年得不到回答不能離去，關押在郡縣監獄的人只有等到大赦才能出去，役期一年的京城衛兵，過了三年還沒人來交替。糧穀經常是高價，二十多萬名戍邊的士兵都靠官府供給衣食。五原、代郡的戍兵尤其遭殃，他們群起為盜，幾千人為一夥，轉入鄰近各郡。王莽派遣捕盜將軍孔仁領兵與郡縣官兵聯合攻擊，經過一年多才平定。〇邯鄲以北地區下大雨，大水湧出，深的地方有幾丈，沖走淹死了幾千人。

三年（丙子 西元一六年）

春，二月乙酉❶，地震，大雨雪。關東尤甚，深者二[1]丈，竹柏或枯。大司空王邑上書，以地震乞骸骨。莽不許，曰：「夫地有動有震，震者有害，動者不害。春秋記地震，易繫❷坤動。動靜辟翕❸，萬物生焉。」其好自誣飾❹，皆此類也。

先是，莽以制作未定，上自公侯，下至小吏，皆不得俸祿。夏，五月，莽下書曰：「予遭陽九之阸，百六之會❺，國用不足，民人騷動，自公卿以下，一月之祿十緵布❻二匹❼，或帛一匹。予每念之，未嘗不戚❽焉。今阸會已度，府帑❾雖未能充❿，略頗稍給⓫。其以六月朔庚寅始，賦⓬吏祿皆如制度。」四輔、公卿、大夫、士下至輿、僚，凡十五等。僚祿一歲六十六斛，稍⓭以差增[2]，上至四輔而為萬斛云。莽又曰：「古者歲豐穰⓮則充其禮，有災害則有所損，與百姓同憂喜也。其用上計⓯時通計⓰，天下幸無災害者，太官膳羞⓱備其品矣。即⓲有災害，以什率⓳多少而損膳焉。自十一公、六司、六卿以下，各分州郡、國邑保其災害⓴，亦以十率多少而損其祿。郎、從官、中都官吏食祿都內之委㉑者，以太官膳羞備損而為節㉒。冀㉓上下同心，勸進㉔農業，安元元㉕焉。」莽之制度煩碎如此，課計不可理㉖，吏終不得祿，各因官職為姦，受取賕賂以自共給㉗焉。戊辰㉘，長平館㉙西岸崩，壅㉚涇水不流，毀㉛而北行。羣臣上壽，以為河圖㉜所謂「以土填水」，匈奴滅亡之祥㉝也。莽乃遣并州牧宋弘㉞、游擊都尉任萌等將兵擊匈奴，至邊上[3]屯㉟。

秋，七月辛酉㊱，霸城門㊲災。◯戊子㊳晦，日有食之。大赦天下。

平蠻將軍馮茂擊句町，士卒疾疫死者什六七，賦斂民財什取五，益州㊴虛耗而不克㊵。徵還，下獄死。冬，更遣寧始將軍廉丹㊶與庸部㊷牧史熊㊸，大發天水㊹、隴西騎士，廣漢、巴、蜀、犍為吏民十萬人、轉輸者合二十萬人擊之。始至，頗斬首數千，其後軍糧前後不相及，士卒飢疫㊺。莽徵㊻丹、熊，丹、熊願益調度㊼，必克乃還，復大賦斂。就都㊽大尹馮英不肯給，上言：「自西南夷反叛以來，積且十年㊾，郡縣距擊不已，續用馮茂，苟施㊿一切之政(51)。僰道(52)以南，山險高深，茂多毆眾遠居，費以億計，吏士罹(53)毒氣死者什七。今丹、熊懼於自詭(54)，期會(55)調發諸郡兵穀，復訾(56)民取其什四，空破(57)梁州(58)，功終不遂(59)。宜罷兵屯田，明設購賞(60)。」莽怒，免英官，後頗覺寤，曰：「英亦未可厚非(61)。」復以英為長沙(62)連率(63)。越巂(64)蠻夷任貴(65)亦殺太守枚根(66)，自立為邛穀王[4]。

翟義黨王孫慶(67)捕得，莽使太醫(68)、尚方(69)與巧屠(70)共刳剝(71)之，量度(72)五藏(73)，以竹筳(74)導(75)其脈，知所終始(76)，云可以治病。

是歲，遣大使五威將王駿、西域都護李崇、戊己校尉郭欽(77)出西域。諸國皆郊迎(78)，送兵穀。駿欲襲擊之，焉耆(79)詐降而聚兵自備，駿等將莎車(80)、龜茲(81)兵七千餘人分為數部，命郭欽及佐帥(82)何封別將(83)居後(84)。駿等入焉耆，焉耆伏兵要遮(85)駿，及姑墨(86)、封犂(87)、危須(88)國兵為反間，還共襲駿等[5]，皆殺之。欽、封[6]後至焉耆，焉耆兵未還，欽襲擊，殺其老弱，從車師(89)還入塞。莽拜欽為填外將軍，封剿胡子；何封為集胡男。李崇收餘士，還保龜茲。及莽敗，崇沒，西域遂絕。

【章旨】以上為第二段，寫王莽內外交困。內政繁苛，官吏無俸，盤剝民眾，靠層層賄賂自供。外交與周邊民族交惡，北拒匈奴侵擾，用兵西域與西南，均遭敗績。

【注釋】❶乙酉 二月二十四日。❷易繫 指《周易・繫辭》。❸辟翕 開啟、閉合。《周易・繫辭上》：「夫坤，其靜也翕，其動也辟，是以廣生焉。」意謂大地靜時閉合，動時張開，因此能夠廣生萬物。❹誣飾 欺騙性粉飾。❺陽九之阨二句 術數家以四千六百一十七歲為一元。初入元一百零六歲，內有旱災九年。年數為一百零六，故稱百六；旱災為陽，故稱陽九。會，指適遇災厄之期。後世以百六、陽九指遭遇厄運。❻十緵布 一種質地較粗的布。古代布幅寬度在二尺二寸之內，以經線數的多少衡量布質地的粗細。以八十根經線為一緵，最粗的布為七緵布。❼匹 量詞。長四丈為一匹。❽戚 憂愁；悲傷。

⑨府帑　國庫。⑩充　足。⑪略頗稍給　能稍微寬裕。⑫賦　給予。⑬稍　逐漸。⑭豐穰　豐收。⑮上計　地方官於年終將境內戶口、賦稅、盜賊、獄訟等項編造計簿，遣吏逐級上報，奏呈朝廷，藉以考核地方官吏的政績。⑯通計　總計。⑰膳羞　美味的食物。⑱即　如果。⑲以什率　用十作為比率。⑳保其災害　此言公卿各負責若干州郡、國邑，保證這些地區不受災害。如遭災害，也要以十為比率，根據災減多少的比例數減少他們的俸祿。保，保證。㉑都內之委　京城倉庫的儲積糧。委，積聚。㉒節　尺度；標準。此言從京倉儲積糧領取俸祿的官吏，俸祿是領取足數還是減少多少，以皇帝進膳是齊備還是減少多少為標準。假如宮廷膳食供應減少到正常供應的百分之六十，那麼百官的俸祿也減少到百分之六十。㉓冀　希望。㉔勸進　鼓勵促進。㉕元元　百姓。㉖課計不可理　課，考核。計，計簿。不可理，無法考核清楚。㉗共給　即「供給」。㉘戊辰　應為閏五月初八日戊辰。㉙長平館　宮觀名，其址位於涇河南岸，在今陝西涇陽南。㉚壅　堵塞。㉛毀　沖毀河堤。㉜河圖　讖緯書名，相傳出自西漢，隋時焚毀。㉝祥　吉兆。中國在匈奴之南，王莽自謂得土德；匈奴在北，以五行配方位，北方為水。故云「以土填水」為匈奴滅亡之吉兆。㉞宋弘　字仲子，京兆尹長安縣人，哀、平時為侍中，新朝為共工、并州牧。建武年間，歷任太中大夫、大司空等，封栒邑侯。傳見《後漢書》卷二十六。㉟至邊上屯　到達邊境駐紮下來。㊱辛酉　七月初二。㊲霸城門　城門名，長安每面三門，共十二門。東面三門，自南而北為霸城門、清明門、宣平門。㊳戊子　七月二十九日。㊴益州　州名，其地轄有今陝西南部、甘肅東南部與四川、雲南、貴州三省大部分地區。㊵克　戰勝。㊶廉丹　先後為平蠻將軍、寧始將軍、大司馬，封平均侯。後被赤眉軍殺死。㊷庸部　即益州。王莽改益州為庸部。㊸史熊　先後為庸部牧、九虎將軍。地皇四年（西元二三年），在與農民軍作戰中戰敗自殺。㊹天水　郡名，治所在今甘肅通渭西。㊺飢疫　挨餓患病。㊻徵　召回。㊼益調度　增加兵員，重新部署。㊽就都　即廣漢郡。王莽改廣漢為就都。㊾積且十年　謂西南夷連續反叛將近十年。積，連續。且，將近。㊿苟施　隨意施行。(51)一切之政　使用一切手段、各種方法。一切，各種各樣。(52)僰道　縣名，犍為郡治所。縣治在今四川宜賓西南。(53)罹　遭遇。(54)自詭　自己承擔責任。詭，責成。(55)期會　約定時間集中。(56)訾　民財。(57)空破　財力空竭凋敝。使動用法。(58)梁州　指益州。益州為古梁州地。(59)遂　成。(60)購賞　懸賞，即出錢物公開徵求人幫助做某一件事。(61)厚非　過分責備。(62)長沙　郡名，治所在今湖南長沙。(63)連率　即郡守。王莽改郡守為連率。(64)越巂　郡名，治所在今四川西昌東南。(65)任貴　（？—西元四三年）一名長貴。殺太守自立為邛穀王，領太守事。後降公孫述，述敗又降光武，光武封貴邛穀王，命為越巂太守。建武十九年因謀襲漢軍，被殺。(66)枚根　太守姓名。據《後漢書・西南夷傳》記載，任貴殺越巂太守枚根在更始二年。(67)王孫慶　東郡人，有勇略，明兵法。居攝二年（西元七年）參加翟義

的反莽鬥爭，事敗潛匿。今被抓獲，遭殘殺。(68)太醫　官名，執掌皇家醫療。(69)尚方　官名，執掌方藥。(70)巧屠　技術高超的屠宰手。(71)刳剝　剖腹剝皮。(72)量度　測量；計算。(73)臧　通「臟」。五臧，指心、肺、肝、脾、腎。(74)竹筳　小竹枝。(75)導　貫通。(76)知所終始　弄清來龍去脈。(77)郭欽　先後為戊己校尉、填外將軍、九虎將軍，封剿胡子。地皇四年（西元二三年），被反莽軍隊戰敗後投降更始。(78)郊迎　到郊外迎接，表示敬重。(79)焉耆　西域國名，國都在今新疆焉耆回族自治縣。(80)莎車　西域國名，治所在今新疆莎車。(81)龜茲　西域國名，治所在今新疆庫車。(82)佐帥　副帥，此指五威帥的副職。(83)別將　另率部隊。(84)居後　在王駿所率部隊的後面。(85)要遮　攔截。(86)姑墨　西域國名，治所在今新疆阿克蘇。(87)封犂　即尉犂，西域國名，治所在今新疆庫爾勒東北。(88)危須　西域國名，治所在今新疆焉耆回族自治縣東北。(89)車師　西域國名，分為前後二國，車師前國治所在今新疆吐魯番西北，車師後國治所在今新疆奇臺西南。

【校　記】[1]二　原作「一」。據章鈺校，孔天胤本作「二」，張敦仁《通鑑刊本識誤》同，今據改。[2]增　原作「稱」。據章鈺校，十二行本、乙十一行本、孔天胤本皆作「增」，今據改。[3]上　原作「止」。據章鈺校，十二行本、乙十一行本、孔天胤本皆作「上」，張敦仁《通鑑刊本識誤》、張瑛《通鑑校勘記》同，今據改。[4]自立為邛穀王　原無此六字。據章鈺校，十二行本、乙十一行本、孔天胤本皆有此六字，張敦仁《通鑑刊本識誤》、張瑛《通鑑校勘記》同，今據補。[5]等　原無此字。據章鈺校，十二行本、乙十一行本、孔天胤本皆有此字，張敦仁《通鑑刊本識誤》同，今據補。[6]封　原無此字。據章鈺校，十二行本、乙十一行本、孔天胤本皆有此字，今據補。

【語　譯】三年（丙子　西元一六年）

春，二月二十四日乙酉，發生地震，下大雪。關東地區尤其嚴重，積雪厚達二丈，有的竹子、柏樹都枯死了。大司空王邑上書，因為地震請求辭職退休。王莽不批准，說：「大地有動有震，『震』有害而『動』無害。《春秋》記載地震，《易・繫辭》說地動。大地動時張開，靜時閉合，因而萬物滋生。」王莽喜歡自我欺騙粉飾自己，都是這一類。

此前，王莽藉口制度還沒有確定，上自公卿，下至小吏，都拿不到俸祿。夏，五月，王莽下詔書說：「我因遭遇陽九百六的厄運，國家用度不足，百姓騷動，從公卿以下，一個月的俸祿只有十緵布兩匹，或者帛一匹。我一想到這事，未曾不悲傷。如今厄運已經度過，國庫雖然還不充足，但稍微寬裕。將從六月一日庚寅開始，按照制度發給官吏俸祿。」從四輔、公卿、大夫、士，下至輿、僚共分十五個等級。僚吏的俸祿每年六十六斛，逐漸按照等級增加，到四輔每年一萬斛。王莽又下詔說：「古時候，年歲豐收俸祿按全額發放，年歲歉收就有所減少，與百姓同憂苦共歡樂。所需費用，是每年郡國上計京師的總額，天下沒有災害，太官供應的美食品類齊備。如果有了災害，按照災害的輕重以十為比率而減少膳食供應。從十一公、六司、六卿以下，分別到各州、郡、國去負責減災保護，也以十為比率而減少俸祿。在京倉儲積糧領取俸祿的郎官、侍從官、政府各部門的官吏，依照太官供應膳食齊備還是減少為標準決定俸祿的高低。希望上下同心同德，勉勵農業生產，安定百姓。」王莽的制度繁瑣細碎到這地步。由於年歲豐歉等級難以確定，無法計算考核清楚，所以官吏始終得不到俸祿，各級官吏就利用自己的職權做不法之事，靠收取賄賂來供養自己。

閏五月初八日戊辰，長平館西岸坍塌，阻塞了涇河水不能流通，沖毀河堤向北橫流。大臣們向王莽祝賀，認為《河圖》說的「用土填塞水流」，正是匈奴滅亡的吉兆。王莽於是就派并州牧宋弘、游擊都尉任萌等領兵出擊匈奴，到達北方邊境駐紮下來。

秋，七月初二日辛酉，霸城門發生火災。○最後一天二十九日戊子，發生日蝕。大赦天下。

平蠻將軍馮茂討伐句町國，士兵染上瘟疫而死亡的就有十分之六七，賦斂百姓財產十分之五，益州民窮財盡，而戰爭仍然沒有取得勝利。王莽把馮茂召回，投進監獄而死。冬，王莽另派寧始將軍廉丹和庸部牧史熊，大舉徵調天水、隴西的騎兵，以及廣漢、巴、蜀、犍為等郡官民十萬人，加上負責糧草運輸的人共二十萬人，攻打句町。大軍剛到達句町，斬殺數千名敵人，後來軍糧供應不上，士兵飢寒，染上瘟疫。王莽召回廉丹、史熊，廉丹、史熊要求增加兵員，重新部署，一定要取勝才班師還朝，於是又大舉徵收賦稅。就都大尹馮英不肯供給，上奏說：「自從西南夷叛變以來，連續將近十年，郡、縣不停地出兵抗擊，接著派出馮茂，隨心所欲地使用一切手段。僰道縣以南，山高水險，谷深林茂，馮茂將百姓趕到遠地居住，耗費以億計算，官兵中毒氣而死的十分之七。現在廉丹、史熊害怕追究自己的責任，就約定期限調用各郡的士兵、糧秣，又搜刮民財的十分之四，以致耗盡梁州地方的財力，但始終沒有取得成功。應當停止戰爭實行駐兵屯田，明令懸賞，徵求建功的軍民。」王莽大怒，免除馮英的官職，後來他有點醒悟，說：「對馮英不應該這麼深責。」重新任命馮英為長沙郡連率。越巂郡蠻夷酋長任貴殺死了太守枚根，自立為邛穀王。

翟義的黨羽王孫慶被抓獲，王莽命令太醫、尚方和技術高超的屠夫一同把王孫慶剝皮剖腹，測量五臟，用小竹枝貫通他的經脈，弄清來龍去脈，據說可以研治病患。

這一年，王莽派大使五威將王駿、西域都護李崇、戊己校尉郭欽出使西域。各國都到郊外迎接，送給士兵和糧穀。王駿打算襲擊焉耆國，焉耆國假裝投降，卻祕密集結軍隊自衛，王駿等人率領莎車國、龜茲國的軍隊七千多人，分為幾個部分，命令郭欽和佐帥何封另率一支軍隊作為後衛。王駿等人進入焉耆國，焉耆國的伏兵攔截王駿等人，還有姑墨、封犂、危須等國軍隊被策反，掉頭和焉耆軍隊一起襲擊王駿等人，把他們全部斬殺。郭欽、封犂後到焉耆國，焉耆國軍隊還沒有回來，郭欽發動襲擊，屠殺老弱，取道車師國返回進入邊塞。王莽任命郭欽為填外將軍，封為剿胡子；封何封為集胡男。李崇集結殘餘的軍隊，退還護衛龜茲國。等到王莽新王朝覆滅，李崇去世，西域就跟中國隔絕。

四年（丁丑　西元一七年）

夏，六月，莽更授諸侯[1]茅土於明堂❶。親設文石❷之平，陳菁茅❸四色之土❹，告於岱宗❺、泰社❻、后土❼、先祖❽、先妣❾以班授之。莽好空言，慕古法，多封爵人。性實吝嗇，託以地理未定，故且先賦茅土，用慰喜封者。

秋，八月，莽親之南郊，鑄作威斗❿，以五石銅為之，若北斗，長二尺[2]五寸，欲以厭⑪勝眾兵。既成，令司命負之，莽出在前⑫，入在御旁⑬。

莽置羲和命士，以督⑭五均、六筦⑮。郡有數人，皆用富賈為之，乘傳求利，交錯天下。因與郡縣通姦⑯，多張空簿⑰，府藏⑱不實⑲，百姓愈病。是歲，莽復下詔申明六筦，每一筦為設科條⑳防禁，犯者罪至死。姦吏猾民[3]並侵，眾庶各不安生，又一切調㉑上公以下諸有奴婢者，率一口出錢[4]三千六百，天下愈愁。納言馮常以六筦諫，莽大怒，免常官。法令煩苛㉒，民搖手觸禁㉓，不得耕桑，繇役煩劇㉔，而枯旱、蝗蟲相因，獄訟不決。吏用苛暴立威，旁緣㉕莽禁，侵刻小民，富者不[5]自保[6]，貧者無以自存，於是並起為盜賊，依阻㉖山澤，吏不能禽㉗而覆蔽㉘之，浸淫㉙日廣。臨淮㉚瓜田儀㉛等[7]依阻會稽㉜長州㉝；琅邪呂母㉞聚黨數千人，殺海曲宰，入海中為盜，其眾浸㉟多，至萬數。荊州㊱饑饉，民眾入野澤，掘鳧茈㊲而食之，更相侵奪。新市㊳人王匡㊴、王鳳㊵為平理㊶諍訟㊷，遂推為渠帥㊸，眾數百人。於是諸亡命者南陽馬武㊹、潁川王常㊺、成丹㊻等，皆往從之；共攻離鄉聚㊼，臧㊽於綠林山㊾中，數月間至七八千人。又有南郡張霸、江夏㊿羊牧等與王匡俱起，眾皆萬人。莽遣使者即赦(51)盜賊，還言：「盜賊解(52)輒復合。問其故，皆曰：『愁法禁煩苛，不得舉手(53)，力作(54)所得，不足以給貢稅(55)。閉門自守，又坐鄰伍56鑄錢挾銅，姦吏因以愁民。』民窮，悉起為盜賊。」莽大怒，免之。其或順指57言「民驕黠58當誅」及言「時運適然，且滅不久59」，莽說，輒遷官。

【章　旨】以上為第三段，寫王莽五均、六筦政策擾民，賦役苛重，民變四起，綠林起義爆發。

【注　釋】❶授諸侯茅土於明堂　明堂，舉行大政的議事之堂。古代諸侯受封，在明堂舉行隆重的授封典禮。祭壇陳設五色土，東方青色土，南方紅色土，西方白色土，北方黑色土，中央黃色土。受封諸侯按其受封土地的方位，對應受封的色土。天子用青茅包土授予諸侯。❷文石　有紋理的石頭。此言王莽親自砌平用文石砌成的壇位臺階。❸菁茅　精良的茅草。❹四色之土　古代天子社祭之壇以五色土建成，東、南、西、北、中各方各有方色：東方青土，南方赤土，西方白土，北方黑土，中央黃土。分封諸侯時，按封地所在方位，在天子社壇上取該方色土用白茅包裹，謂之茅土，授予新封諸侯，帶到封國立社。因為中央的色土不用來分封諸侯，所以只陳列東、南、西、北四方的色土。❺岱宗　泰山。❻泰社　又作「太社」，天子的宗廟社稷。❼后土　地神。❽先祖　祖先。❾先妣　先母；女祖。❿威斗　為顯示威嚴而製作的器物，故名威斗。用銅摻雜五色石鑄成，長二尺五寸，形如北斗。⓫厭　古代一種巫術，謂能以詛咒或某種器物制勝、鎮服人或事、物。⓬莽出在前　王莽外出時，司命背著威斗走在前面。⓭入在御旁　王莽入宮，把威斗放在座位旁邊。⓮督　統領。⓯六筦　王莽改制，實行的經濟管制措施，主要有六項，稱六筦，即鹽、酒、鐵專賣，改革幣制，山林、湖澤資源的管理等。⓰通姦　串通一氣幹違法邪惡之事。⓱張空簿　猶今所謂造假帳。張，設。空簿，不實的計簿。簿，簿冊。⓲府藏　府庫錢財。⓳不實　不真實。⓴科條　法令條規。㉑調　徵收。㉒煩苛　繁多苛刻。㉓搖手觸禁　此言民眾稍一動彈就觸犯了禁令。搖手，動一動手。㉔煩劇　繁重。㉕旁緣　依仗。㉖依阻　依恃；憑藉。㉗禽　通「擒」。捉拿。㉘覆蔽　遮掩；掩蓋。㉙浸淫　逐漸蔓延、擴展。㉚臨淮　郡名，治所在今江蘇泗洪縣南。㉛瓜田儀　人名，複姓瓜田，名儀。㉜會稽　郡名，治所在今江蘇蘇州。㉝長州　古苑名，其址在今江蘇蘇州西南太湖北。㉞呂母　琅邪郡海曲縣（今山東日照西南）人，其子被縣宰殺死，呂母聚眾起事，殺宰報仇，活動於海上。後病死。㉟浸　逐漸。㊱荊州　州名，其地轄有今河南南部，湖北、湖南二省，貴州東部及廣東、廣西二省區的北部等地區。㊲鳧茈 即荸薺。㊳新市 地名，其地在今湖北京山縣東北。㊴王匡 新朝末年綠林軍領袖。王莽政權被推翻後，劉玄封其為比陽王。後降劉秀，為劉秀部將所殺。㊵王鳳 新朝末年綠林軍領袖。王莽政權被推翻後，劉玄封其為宜城王。㊶平理 評斷。㊷諍訟 因爭論而訴訟。諍，通「爭」。爭論。訟，訴訟，即告於官府，評判是非曲直。㊸渠帥 首領。㊹馬武 （？—西元六一年）字子張，南陽郡湖陽縣（今河南唐河縣南）人，綠林軍重要將領。後歸劉秀，屢建戰功。劉秀稱帝，歷任侍中、捕虜將軍、中郎將等，封楊虛侯。傳見《後漢書》卷二十二。㊺王常 （？—西元三六年）字顏卿，潁川郡舞陽縣（今河南舞陽西北）人，綠林軍重要將領。劉秀稱帝，歷任左曹、橫野大將軍，封山桑侯。傳見《後漢書》卷十五。㊻成丹 （？—西元二五年）綠林軍重要將領。王莽政權被推翻後，劉玄以其為水衡大將軍，封襄邑王。後因被劉玄所疑而遭殺害。㊼離鄉聚 村鎮名，其地位於新市西北，在今湖北京山縣東北。㊽臧 通「藏」。㊾綠林山 山名，舊說在今湖北當陽東北；經近人考證，當即湖北的大洪山，主峰在京山縣西北。㊿江夏 郡名，治所在今湖北新洲西。(51)即赦 到其所在之地宣布赦免。(52)解 分散。(53)舉手 猶「搖手」。(54)力作 努力勞作。(55)貢稅 即貢賦。下之所供為貢，上之所取為賦。(56)鄰伍 鄰居。(57)順指 迎合旨意。(58)驕黠 驕橫狡詐。(59)且滅不久 不久將滅。

【校　記】[1]諸侯 原作「諸侯王」。據章鈺校，十二行本、乙十一行本皆無「王」字，今據刪。[2]尺 張敦仁《通鑑刊本識誤》作「丈」。[3]姦吏猾民 原作「姦民猾吏」。據章鈺校，十二行本、乙十一行本、孔天胤本皆作「姦吏猾民」，張敦仁《通鑑刊本識誤》同，今據改。[4]錢 原無此字。據章鈺校，十二行本、乙十一行本、孔天胤本皆有此字，今據補。[5]不 原作「不能」。據章鈺校，十二行本、乙十一行本、孔天胤本皆無「能」字，今據刪。[6]保 原作「別」。據章鈺校，十二行本、乙十一行本、孔天胤本皆作「保」，張敦仁《通鑑刊本識誤》同，今據改。[7]等 原無此字。據章鈺校，十二行本、乙十一行本、孔天胤本皆有此字，張敦仁《通鑑刊本識誤》同，今據補。

【語　譯】四年（丁丑　西元一七年）

夏，六月，王莽在明堂重新授予諸侯茅草和泥土。親自砌平有紋理的石頭壇位臺階，陳列菁茅和四色泥土，祭告泰山、泰社、后土、先祖、先妣，然後頒授諸侯。王莽喜好說空話，羨慕古代的法制，大量封爵給人。其實本性吝嗇，推託行政區域還沒有劃定，所以暫時授給茅土，用以安慰那些喜歡封爵的人。

秋，八月，王莽親前往南郊，鑄造威斗，用五色石和銅製作，像北斗，長二尺五寸，用來詛咒鎮壓所有叛亂的敵兵。鑄成之後，命令司命背著它，王莽外出時威斗在前，王莽回宮時威斗放在座位旁邊。

王莽設置羲和命士，督促實施五均、六筦制度。每郡有數人，都用富商大賈擔任，他們乘坐驛車，謀求私利，穿梭來往全國。乘機和郡縣官吏串通為姦，設立假帳，府庫錢財都不真實，而百姓更加窮困。這一年，王莽又下詔重申六筦制度，每一筦都制定了法令條規，防止犯禁，觸犯的人最高處以死刑。奸惡官吏與狡猾之人共同侵害百姓，黎民大眾的生活都不得安寧，此外一律徵收公爵以下擁有奴婢的人頭稅，每一個奴婢每人平均要繳納三千六百錢的稅金，全天下的人更加愁苦。納言馮常諫阻六筦制度，王莽大怒，罷免了馮常的官職。新朝的法令瑣碎苛刻，百姓動輒觸犯法令，無法耕田紡織，徭役繁重，旱災、蝗災接連發生，訴訟案子久拖不決。官吏用苛刻殘暴的手段建立威勢，依靠王莽的禁令，掠奪百姓，富人不能自保，窮人無法活命，因此一同起來做強盜，依恃高山大湖，官吏無法捕捉，就加以掩蓋，盜賊逐漸蔓延。臨淮人瓜田儀等人依恃會稽郡的長州苑；琅邪人呂母聚集黨徒數千人，殺死海曲縣宰，進入海中做海盜，部眾漸多，達到一萬人。荊州發生大饑荒，人們逃入山林沼澤，挖荸薺為食，以致互相搶奪。新市人王匡、王鳳因為處理民間糾紛公正，而被推舉為首領，有眾數百人。於是一些逃亡在外的南陽人馬武、潁川人王常、成丹等，都去跟隨王匡、王鳳；他們一同攻打離鄉聚，躲藏在綠林山中，數月之間集結七八千人。還有南郡人張霸、江夏人羊牧等，和王匡同時起事，人數都達上萬人。王莽派出使臣，就地赦免這些盜賊，使臣回到京都上奏說：「盜賊解散之後，很快就又聚集一起。問他們原因，都說：『苦於法令煩瑣而苛刻，手腳動彈不得，努力勞作所得，尚不足以繳納賦稅。閉門自守，又因鄰居私自鑄錢幣或攜帶銅器而要連坐入獄，貪官汙吏趁機害苦民眾。』百姓走投無路，就都起來做強盜。」王莽大怒，罷了使臣的官職。有的順著王莽的心意說「老百姓傲慢狡猾，應該誅殺」，或者說「時運註定，盜賊不久當滅」，王莽高興，就會升官。

五年（戊寅　西元一八年）

春，正月朔，北軍南門❶災❷。○以大司馬司允費興為荊州牧。見，問到部方略❸，興對曰：「荊、揚❹之民，率依阻山澤，以漁采❺為業。間者❻國張六筦，稅山澤，妨奪民之利，連年久旱，百姓饑窮，故為盜賊。興到部，欲令明曉告盜賊歸田里，假貸❼犂牛、種食，闊❽其租賦，冀可以解釋安集❾。」莽怒，免興官。天下吏以不得俸祿，並為姦利❿，郡尹、縣宰家累千金。莽乃考始建國二年胡虜猾夏⓫以來諸軍吏及緣邊吏大夫以上為姦利增產致富者，收其家所有財產五分之四以助邊急⓬。公府士馳傳天下，考覆⓭貪饕⓮，開⓯吏告其將、奴婢告其主，冀以禁姦，而姦愈甚。

莽孫功崇公宗坐自畫容貌被服⓰天子衣冠、刻三印⓱，發覺，自殺。宗姊妨⓲為衛將軍王興夫人，坐祝詛⓳姑⓴，殺婢以絕口，與興皆自殺。

是歲，揚雄㉑卒。初，成帝之世，雄為郎，給事㉒黃門㉓，與莽及劉秀並列。哀帝之初，又與董賢同官。莽、賢為三公，權傾人主，所薦莫不拔擢，而雄三世㉔不徙官。及莽篡位，雄以耆老㉕久次㉖，轉㉗為大夫。恬㉘於勢利，好古樂道，欲以文章成名於後世，乃作太玄㉙以綜天、地、人之道。又見諸子各以其智舛馳㉚，大抵㉛詆訾㉜聖人，即為怪迂㉝、析辯詭辭㉞以撓世事，雖小辯㉟，終破大道而惑眾，使溺㊱於所聞而不自知其非也，故人時有問雄者，常用法應之，號曰法言㊲。用心於內，不求於外，於時人皆忽㊳之，唯劉秀及范逡敬焉，而桓譚以為絕倫㊴，鉅鹿侯芭師事㊵焉。大司空王邑、納言嚴尤聞雄死，謂桓譚曰：「子常稱揚雄書，豈能傳於後世乎？」譚曰：「必傳，顧㊶君與譚不及見也。凡人賤近而貴遠㊷，親見揚子雲祿位容貌不能動人，故輕其書。昔老聃著虛無之言兩篇㊸，薄㊹仁義，非禮學，然後㊺好之者尚以為過於五經，自漢文、景之君及司馬遷皆有是言。今揚子之書文義至深，而論不詭㊻於聖人，則必度越㊼諸子矣！」

琅邪樊崇㊽起兵於莒㊾，眾百餘人，轉入太山㊿。羣盜以崇勇猛，皆附之，一歲間至萬餘人。崇同郡人逄安(51)、東海人徐宣(52)、謝祿(53)、楊音(54)各起兵，合數萬人，復引(55)從崇，共還攻莒，不能下，轉掠青、徐(56)間。又有東海刁子都(57)[1]，亦起兵鈔擊(58)徐、兗。莽遣使者發郡國兵擊之，不能克。

烏累單于死，弟左賢王輿立，為呼都而尸道皋若鞮單于。輿既立，貪利賞賜，遣大且渠奢(59)與伊墨居次云女弟之子醯櫝王(60)俱奉獻(61)至長安。莽遣和親侯歙與奢等俱至制虜塞下，與云及須卜當會。因以兵迫脅(62)云、當，將至(63)長安。云、當小男從塞下得脫，歸匈奴。當至長安，莽拜為須卜單于，欲出大兵以輔立之，兵調度亦不合。而匈奴愈怒，並入北邊為寇。

【章　旨】以上為第四段，寫揚雄之死和山東赤眉起義。匈奴怒恨新朝，大舉擾亂北邊。

【注　釋】❶北軍南門　北軍軍壘的南出營門。北軍，漢代守衛京師的部隊。未央宮在京城西南，其衛戍部隊稱南軍；長樂宮在京城東面偏北，其衛戍部隊稱北軍。❷災　發生火災。❸到部方略　到任後治理荊州的施政方針。到部，到任。部，署衙。❹揚　州名，揚州。其地轄有今江蘇、安徽二省淮河以南及浙江、福建、江西三省等地區。❺漁采　漁，捕撈水產。采，指採伐木材及採集果蔬等。❻間者　近來。❼假貸　借貸。❽闊　放寬。❾解釋安集　解釋，解散。安集，安撫。❿並為姦利　全都用不正當手段謀取利益。並，都。⓫猾夏　侵犯我夏族。猾，擾亂。夏，古代漢民族稱夏，又稱諸夏、華夏。⓬邊急　邊防的急用。⓭考覆　考察、審核。⓮貪饕　貪婪；貪得無厭。此言公府官員乘坐驛站提供的快車到全國各地調查審核貪官汙吏。⓯開　啟發。⓰被服　穿著。被，通「披」。⓱刻三印　其印文一為「維祉冠存已夏處南山臧薄冰」，二為「肅聖寶繼」，三為「德封昌圖」。⓲妨　王宗姐名，王妨。⓳祝詛　詛咒。祝告鬼神，使加禍於別人。⓴姑　婆母。㉑揚雄　（西元前五三—西元一八年）字子雲，蜀郡成都人，擅長辭賦，博通經籍，西漢末年著名文學家。傳見《漢書》卷八十七。㉒給事　供職。㉓黃門　官署名，黃門是宮廷的門，漢設黃門官供職於黃門之內。㉔三世　成、哀、平三世。㉕耆老　年老。㉖久次　長期居於原來的官職。㉗轉　調任。㉘恬　淡漠；不熱衷於。㉙太玄　又稱《太玄經》，揚雄撰。其書體裁模擬《周易》，分為一玄、三方、九州、二十七部、八十一家、七百二十九贊，以仿《周易》的兩儀、四象、八卦、六十四卦、三百八十四爻等；內容以「玄」為中心思想，相當於《老子》的「道」和《周易》的「易」，是儒、道、陰陽三家的混合體。共十卷。㉚舛馳　異道相背而馳，指諸子百家與儒家相違背。㉛大抵　大要；要旨。㉜詆訾　詆毀；毀謗。㉝即為怪迂　即，便。為，編造。怪迂，怪異迂闊。㉞析辯詭辭　指巧言邪說。㉟小辯　辯論瑣碎小事。㊱溺　沉溺。㊲法言　揚雄撰。其書體裁仿照《論語》，內容尊聖人，談王道，宣揚儒家傳統思想。因都是合乎儒家禮法的言論，故名《法言》。㊳忽　輕視。㊴絕倫　超群；無與倫比。㊵師事　拜為老師。㊶顧　只是。㊷賤近而貴遠　看不起今人而推崇古人。賤，輕視。貴，重視。㊸老聃著虛無之言兩篇　老聃，即老子。著虛無之言兩篇指《老子》，即《道德經》，分為上下兩篇，五千餘字。書中主張自然無為。㊹薄　鄙薄；輕視。㊺後　後世。㊻詭　違反。㊼度越　超過。㊽樊崇　（？—西元二七年）字細君，琅邪郡人，天鳳五年（西元一八年）在莒縣起義。所部皆塗抹朱眉，號赤眉軍。後擁立劉盆子為帝，崇為御史大夫。建武三年（西元二七年），投降劉秀，不久被殺。㊾莒　縣名，縣治在今山東莒縣。㊿太山　即泰山。(51)逄安　（？—西元二七年）字少子，琅邪郡東莞縣（今山東沂水縣）人，赤眉軍重要將領。擁立劉盆子為帝，安為左大司馬。建武三年投降劉秀，不久被殺。(52)徐宣　字驕稚，東海郡臨沂縣（今山東臨沂西北）人，赤眉軍重要將領。擁立劉盆子為帝，宣為丞相。建武三年，投降劉秀。後歸鄉里，卒於家。(53)謝祿　字子奇，東海郡臨沂縣人，赤眉軍重要將領。擁立劉盆子為帝，祿為右大司馬。建武三年投降劉秀，被殺。(54)楊音　東海郡人，赤眉軍重要將領。擁立劉盆子為帝，音為大司農。建武三年投降劉秀。後賜爵關內侯，歸鄉里，卒於家。(55)引　帶領。(56)青徐　皆州名。青州，其地轄有今山東北部及山東半島等地區。徐州，其地轄有今山東東部、南部及江蘇長江以北等地區。(57)刁子都　東海郡人，率部活動於今山東、河南、江蘇等省，發展到六七萬人。後歸劉玄，為徐州牧，不久為部下所殺。餘部在兗州瑕丘縣東北檀鄉（今山東兗州東北）重新集結，聯合其他義軍堅持鬥爭，號稱檀鄉兵。(58)鈔擊　抄掠。(59)奢　大且渠之名。(60)醯櫝王　匈奴官名。(61)奉獻　進貢。(62)迫脅　威逼。(63)將至　送到。

【校記】[1]刁子都　原作「刀子都」。據章鈺校，十二行本、乙十一行本皆作「刁子都」，今據改。

【語譯】五年（戊寅　西元一八年）

春，正月初一日，北軍營南門發生火災。〇任命大司馬司允費興為荊州牧。王莽接見費興，詢問他到任後的施政方針，費興回答說：「荊、揚二州的百姓，大都依靠山林湖沼，以捕魚、採樵為業。近來國家設置六筦制度，徵收山林湖沼稅，損害剝奪了百姓的利益，連年久旱，百姓飢餓走投無路，所以做了盜賊。我費興到任後，想要明令曉諭盜賊返回鄉里，貸放農具、耕牛、種子和糧食，放寬他們的租稅，希望能使他們各自歸家，安居樂業。」王莽很生氣，罷了費興的官。

全國的官吏由於得不到俸祿，都靠貪贓枉法牟取私利，郡尹、縣宰家裡，都積累上千斤黃金。王莽於是調查從始建國二年匈奴擾亂中國以來，因非法牟取利益而增加產業發了財的軍吏和大夫以上的邊境官吏，下令沒收他們全部財產的五分之四，用以資助邊防急需。各公府官吏乘坐驛車跑遍全國，調查審核貪官汙吏，啟發士兵控告自己的將領、奴婢告發自己的主人，希望以此來禁止奸邪，而奸邪反而越發嚴重。

王莽的孫子功崇公王宗，自畫了一幅穿戴皇帝衣幅的畫像，且私刻三枚印章，事情敗露，王宗自殺。王宗的姐姐王妨是衛將軍王興的夫人，犯了詛咒婆母的罪，為了滅口又殺死婢女，王妨、王興都自殺了。

這一年，揚雄去世。當初，漢成帝時，揚雄為郎官，供職於黃門，和王莽、劉秀官位並列。哀帝初期，又與董賢官位相同。王莽、董賢當了三公，權力超過皇帝，他們推薦的人沒有不被提拔的，但是揚雄歷經了三任皇帝沒有遷升官職。等到王莽篡奪帝位，揚雄因年老久居原職，調任為大夫。揚雄把勢利看得很淡漠，好古樂道，想以文章成名傳於後世，於是撰寫《太玄》一書，以綜合天、地、人三方面的道理。揚雄又發現先秦諸子的學說，各自憑藉其智慧之言，相互背道而馳，要旨是詆毀儒家學派的聖人，編造怪異迂闊、巧言邪說以擾亂時政，雖然是辯論瑣碎小事，但終究可能破壞儒家學派的大道而迷惑群眾，讓人們沉溺於所聞而不知道它是不對的，因此當時有人詢問揚雄，揚雄都用合乎禮法的言論回答，成書後名曰《法言》。只是自己用心，不向外宣揚，當時人都輕視他，惟有劉秀和范逡尊敬他，而桓譚認為他無與倫比，鉅鹿人侯芭拜揚雄為師。大司空王邑、納言嚴尤聽說揚雄去世，對桓譚說：「先生經常稱讚揚雄的著作，難道能留傳後世嗎？」桓譚說：「必然能留傳，只可惜你和我都看不到罷了。人大都輕視近人、崇敬古人，看見揚雄官職地位容貌都沒有動人之處，因此瞧不起他的著作。從前老聃著虛無之說兩篇，輕視仁義，非議禮學，但是，後世喜歡它的人還認為它的價值超過《五經》，從漢文帝、漢景帝到司馬遷，都有這樣的說法。現在揚雄的著作，文章的內容和涵義都十分深刻，所發議論不違背儒家學說，將來必定超過其他學派的學說！」

琅邪人樊崇在莒城起兵，部眾有一百餘人，輾轉進入泰山。群盜因樊崇勇猛，全都依附他，一年之間達到萬餘人。樊崇同郡人逄安、東海人徐宣、謝祿、楊音各自起兵，總共達數萬人，又都帶兵跟隨樊崇，一同回軍進攻莒城，沒有攻下，轉移到青、徐二州一帶搶劫。還有東海人刁子都，也起兵在徐、兗二州一帶抄掠。王莽派遣使臣徵調各郡國的軍隊攻打他們，不能取勝。

匈奴烏累單于去世，他的弟弟左賢王欒提輿繼位，稱為呼都而尸道皋若鞮單于。欒提輿即位後，貪戀賞賜，就派遣大且渠奢和伊墨居次云妹妹的兒子醯櫝王一起到長安進貢。王莽派遣和親侯王歙與大且渠奢等人一起到制虜塞，和伊墨居次云、須卜當會面。趁機用兵將伊墨居次云、須卜當二人脅迫到長安。伊墨居次云、須卜當的小兒子從塞下逃脫，回到匈奴。須卜當到長安後，王莽任命他為須卜單于，想派出大軍幫助他在匈奴登位，而大軍一時難以集結。匈奴因此而更加憤怒，在北邊全線侵擾搶劫。

六年（己卯　西元一九年）

春，莽見盜賊多，乃令太史推❶三萬六千歲曆紀❷，六歲一改元，布天下。下書自言「己當如黃帝仙❸升天」，欲以誑燿百姓，銷解❹盜賊。眾皆笑之。○初獻新樂❺於明堂、太廟。

更始將軍廉丹擊益州，不能克。益州夷棟蠶、若豆等起兵殺郡守。越巂夷人大牟亦叛，殺略吏人。莽召丹還，更遣大司馬護軍郭興、庸部牧李曅擊蠻夷若豆等、太傅羲叔❻士孫喜❼清潔江湖❽之盜賊。而匈奴寇邊甚，莽乃大募天下丁男及死罪囚❾、吏民奴❿，名曰豬突、豨勇，以為銳卒。一切稅天下吏民，訾三十取一，縑帛⓫皆輸長安。令公卿以下至郡縣黃綬⓬皆保養軍馬，多少各以秩為差，吏盡復以與民⓭。又博募有奇技術可以攻匈奴者，將待以不次之位⓮，言便宜⓯者以萬數。或言能度水不用舟楫⓰，連馬接騎，濟百萬師；或言不持斗糧，服食藥物，三軍不飢；或言能飛，一日千里，可窺⓱匈奴。莽輒試之，取大鳥翮⓲為兩翼⑲，頭與身皆著毛，通引環紐⑳，飛數百步墮。莽知其不可用，苟欲獲其名㉑，皆拜為理軍㉒，賜以車馬，待發。

初，莽之欲誘迎須卜當也，大司馬嚴尤諫曰：「當在匈奴右部，兵不侵邊，單于動靜輒語㉓中國，此方面㉔之大助也。于今迎當置長安槀街㉕，一胡人耳，不如在匈奴有益。」莽不聽。既得當，欲遣尤與廉丹擊匈奴，皆賜姓徵氏，號二徵將軍，令誅單于輿而立當代之。出車城西橫廄㉖，未發。尤素有智略，非㉗莽攻伐四夷，數諫不從。及當出，廷議㉘，尤固言㉙：「匈奴可且以為後，先憂山東盜賊。」莽大怒，策免尤。

大司空議曹史㉚代郡范升㉛奏記㉜王邑曰：「升聞子以人不間㉝於其父母為孝，臣以下不非其君上為忠。今眾人咸稱朝聖，皆曰公明。蓋明者無不見，聖者無不聞。今天下之事，昭昭㉞於日月，震震㉟於雷霆，而朝云不見，公云不聞，則元元焉所呼天㊱！公以為是而不言，則過小矣。知而從令，則過大矣。二者於公無可以免，宜乎天下歸怨於公矣。朝以遠者㊲不服為至念㊳，升以近者不悅為重憂㊴。今動與時戾㊵，事與道反，馳騖㊶覆車之轍，踵循㊷敗事之後，後出益可怪，晚發愈可懼耳。方春歲首而動發遠役，藜藿㊸不充，田荒不耕，穀價騰躍，斛至數千，吏民陷於湯火[44]之中，非國家之民也[45]。如此，則胡、貊守闕[46]，青、徐之寇在於帷帳[47]矣。升有一言，可以解[48]天下倒縣[49]，免元元之急，不可書傳[50]，願蒙引見，極陳所懷。」邑不聽。

翼平[51]連率田況奏郡縣訾[1]民不實，莽復三十取一。以況忠言憂國，進爵為伯，賜錢二百萬，眾庶皆詈[52]之。青、徐民多棄鄉里流亡，老弱死道路，壯者入賊中。

夙夜[53]連率韓博上言：「有奇士，長丈，大十圍[54]，來至臣府曰[2]：欲奮擊胡虜，自謂巨毋霸[55]，出於蓬萊[56]東南五城[57]西北昭如海瀕[58]，軺車[59]不能載，三馬不能勝。即日以大車四馬，建虎旗，載霸詣闕。霸臥則枕鼓，以鐵箸[60]食，此皇天所以輔新室也！願陛下作大甲、高車、賁、育[61]之衣，遣大將一人與虎賁百人迎之於道，京師門戶不容者，開高大之，以示百蠻，鎮安天下。」博意欲以風[62]莽。莽聞，惡之，留霸在所[63]新豐[64]，更其姓曰巨母氏，謂因文母太后而霸王符也[65]。徵博，下獄，以非所宜言，棄市[66]。○關東饑旱連年，刁子都等黨眾寖多，至六七萬。

【章旨】以上為第五段，寫王莽拒諫，施政屢失，橫徵無已，民怨沸騰，與匈奴交惡，全線告警。

【注釋】❶推 推算。❷曆紀 紀年的曆法。紀，古代紀年單位。❸仙 成仙。相傳黃帝在荊山鑄成鼎後，有龍下迎黃帝，黃帝乘龍升天而去。❹銷解 消除。❺新樂 新朝之樂。王莽主持創作的樂曲。❻羲叔 官名，王莽所設，為太傅副職。❼士孫喜 複姓士孫，名喜。❽清潔江湖 指清除四方各地的叛亂。❾死罪囚 死刑罪犯。❿吏民奴 官吏及平民的家奴。⓫縑帛 質地細薄的絲織品。⓬黃綬 漢制，官吏級別為四百石、三百石與二百石的，皆鋼印黃綬。此指郡縣官署中印用黃綬的官吏。⓭吏盡復以與民 意謂官吏又全將馬交百姓餵養。⓮不次之位 不按一般的次序，意謂可以越級提升。⓯便宜 指有利國家、合乎事宜之事。⓰楫 船槳。⓱窺 偵察。⓲翮 羽毛。⓳翼 翅膀。⓴通引環紐 此言全身用連環扣結纏繞。通，全身。引，取用。環紐，連環扣結。㉑苟欲獲其名 此言不顧一切地想要取得重視人才的好名聲。苟，苟且。㉒理軍 軍官名。㉓語 告訴。㉔方面 指一個地方的軍政要職或其長官。㉕槀街 長安街名，四方邊遠部族在長安的住所皆在此街。㉖橫廄 廄名。廄，馬房。㉗非 批評；反對。㉘廷議 在朝廷上商議。㉙固言 堅持說。㉚議曹史 大司空屬官名。㉛范升 字辯卿，代郡人，通經術，新朝為大司空議曹史。光武帝時為博士，明帝時任聊城令。後因事免官，卒於家。傳見《後漢書》卷三十六。㉜奏記 書面向長官陳述意見。㉝間 責備；批評。㉞昭昭 明白；顯著。㉟震震 巨大的聲音。㊱焉所呼天 到哪裡呼天求救。㊲遠者 指四夷。㊳至念 最憂慮的。㊴重憂 嚴重的憂患。㊵戾 乖戾；不合。㊶馳騖 奔走。㊷踵循 緊跟。㊸藜藿 泛指野菜。藜，草名，葉可食。藿，豆類作物的葉子。㊹湯火 滾燙的水和熾熱的火，此喻指處境的極端險惡。㊺非國家之民也 意謂將鋌而走險，反叛朝廷。㊻守闕 守候在宮門。此指逼近京師。㊼帷帳 帷幕床帳。㊽解 解除；消除。㊾倒縣 指極其艱難與危急的處境。縣，同「懸」。㊿書傳 書面表達。(51)翼平 王莽新設郡名。王莽改北海郡壽光縣為翼平，以此設郡，治所在今山東壽光東北。(52)詈 罵。(53)夙夜 王莽新設郡名。王莽改東萊郡不夜縣為夙夜，以此設郡，治所在今山東文登東北。(54)圍 計量周長的約略單位。其長度尺寸其說不一，一般用來指兩手或兩臂之間合拱的長度。(55)巨毋霸 人名，身高一丈，腰粗十圍。地皇四年（西元二三年），巨毋霸任壘尉，驅趕著猛獸參加昆陽之戰，以助軍威。(56)蓬萊 地名，在今山東蓬萊。(57)五城 地名，漢武帝在此登望海中蓬萊仙山，因以蓬萊作為此地的名字，築有五城、十二樓。(58)昭如海瀕 昭如海邊。瀕，水邊。(59)軺車 一匹馬駕的輕便車。(60)箸 筷子。(61)賁育 指孟賁、夏育。相傳為古代二位勇士。(62)風 通「諷」。微言勸告。王莽字巨君，韓博之意，蓋謂巨君不得篡位稱霸。(63)所 處所；地方。(64)新豐 縣名，縣治在今陝西臨潼東北。此言讓巨毋霸停留在所在的地方新豐縣。㊺謂因文母太后句　巨毋霸改稱巨母霸，則「巨母霸」這個名字就成為說明巨君通過文母太后而稱霸稱王的符命。㊻棄市　死刑名，在鬧市處死，並把屍體棄置街頭示眾。

【校　記】①貰　原作「眥」。胡三省注云：「『眥』與『貰』同。」據章鈺校，十二行本、孔天胤本皆作「貰」，今據改。②曰　原無此字。據章鈺校，十二行本、乙十一行本、孔天胤本皆有此字，今據補。

【語　譯】六年（己卯　西元一九年）

春，王莽看見全國盜賊很多，就命令太史推算三萬六千年的日曆，每六年改元一次，布告天下。王莽下詔書自稱「我當像軒轅黃帝一樣成仙升天」，想用這辦法欺騙迷惑老百姓，消除盜賊。人們都笑話他。〇王莽首次將他御製的新樂呈獻於明堂、太廟。

更始將軍廉丹攻擊益州郡叛亂的蠻族，不能取勝。益州蠻族棟蠶、若豆等部落起兵殺死郡太守。越巂郡夷人大牟也起兵謀反，屠殺官民。王莽召廉丹回來，另派大司馬護軍郭興、庸部牧李曅去攻打蠻夷若豆等部落，派太傅羲叔士孫喜去清除江湖的盜賊。而匈奴侵犯邊境，形勢更為嚴峻，王莽就大舉招募全國壯丁以及死罪囚犯、官吏及平民的家奴，起名為豬突、豨勇，作為精銳部隊。向全國所有官民開徵賦稅，收取財產的三十分之一，綢絹全部運送到長安。又下令公卿以下直到郡縣最低級官員，都要負責飼養並保護軍馬，其數目根據各人的俸祿規定等級，而官吏又都把軍馬轉給百姓飼養。還廣泛招募有可以攻擊匈奴的奇巧技術的人才，對他們破格越級提升，於是上書陳述方略的數以萬計。有的聲稱渡過江河可以不用舟船，只要將戰馬首尾相接，就可運送百萬雄師；有的聲稱不用攜帶軍糧，只要服一種藥物，軍隊就不會飢餓；有的聲稱能夠飛行，一日千里，可以偵察匈奴。王莽就當場讓他們試驗，他們拿大鳥羽毛做成兩個大翅膀，頭上和全身都插著羽毛，全身用環形扣結纏繞，飛行幾百步就落下來了。王莽知道這種技術不能用，又想博取珍惜人才的名聲，都任命為理軍，賜給車馬，等候出發。

當初，王莽想引誘須卜當來長安的時候，大司馬嚴尤勸諫說：「須卜當在匈奴右部，他的部眾沒有侵犯過邊境，匈奴單于的一舉一動，他都常常告訴中國，這對中國當地長官有很大的幫助。現今把須卜當迎來安置在長安槀街，那就是一個普通的匈奴人而已，不如讓他在匈奴更有益。」王莽不聽。把須卜當召誘來後，王莽想派嚴尤和廉丹去攻打匈奴，特賜姓徵氏，號稱二徵將軍，要他們殺死單于欒提輿，然後用須卜當去代替他。從長安車城西橫廄出發，尚未動身。嚴尤一向很有智謀和才幹，反對王莽攻打四方夷族，屢次諫阻，王莽不肯聽從。此次出征時，舉行廷議，嚴尤堅持說：「匈奴可以暫且放在以後考慮，我們應該先憂慮山東地區的盜賊。」王莽大怒，下策書罷免嚴尤。

大司空議曹史代郡人范升向大司空王邑提出書面建議，說：「我范升聽說，對兒子來說，讓別人不批評他的父母，就是孝，對臣子來說，君主有過則諫，使在下位的人不詆毀君主，就是忠。現今，人們都歌頌朝廷神聖，讚揚你英明。但是，英明就是無所不見，神聖就是無所不聞。現今天下大事，比日月還昭明，比雷霆還震撼，然而朝廷說看不見，你說聽不到，那麼天下黎民到哪裡去呼喊蒼天！你認為是對的而不說，過錯就小。明知是錯的卻仍聽命執行，那麼過失就大了。這兩種情況，你都不可能避免，天下人將所有的怨恨都集中在你的身上也就是應該的了。朝廷以為四夷不服是最大的憂慮，我范升則認為國內人民不滿意，才是最大的憂慮。如今舉措不合時宜，所辦事情與常規相背，在翻車的道路上疾馳，緊跟在失敗的事情後面，往後降臨的災禍越發令人震驚，爆發得越晚就越可怕。如今正逢一年開始的春天，卻興兵遠征，野菜都不夠吃，田地荒蕪無人耕種，穀價猛漲，一斛達到數千錢，官吏和百姓都陷於水深火熱之中，已不再是國家的人民了。如此，就好比胡人、貊人把守未央宮宮門，青州、徐州的賊寇處在帳幕之內。我范升有一句話，可以解除天下危急，免除百姓的急難，我不能書面表達，希望承蒙你引見皇帝，盡力陳述我所想說的話。」王邑沒有聽從。

翼平郡連率田況奏報郡縣所報百姓的財產不屬實，王莽又按三十分之一徵稅。王莽認為田況進呈忠言，為國家憂慮，晉升為伯爵，賜給兩百萬錢，百姓都咒罵田況。青、徐二州的百姓大多背井離鄉逃亡，老弱死於道路，年輕力壯的則加入盜賊。

夙夜郡連率韓博奏報說：「有一個奇士，身高一丈，腰粗十圍，來到臣的官府說：想要奮擊匈奴，自稱名叫巨毋霸，出自蓬萊山東南、五城西北的昭如海邊，軺車無法載他，三匹馬拖不動他。當天我用四匹馬的大車，豎立虎旗，載著巨毋霸前來京師。巨毋霸躺著就用鼓做枕頭，用鐵筷子吃飯，這是皇天派他來輔助新朝的。希望陛下能為他特製大鎧甲、高車和勇士孟賁、夏育穿的衣服，派遣一員大將、勇士百人，在道路上迎接他，京師門戶若不能容納，就增高加大，用以展示給所有蠻族看看，以鎮服天下。」韓博意在諷諭王莽。王莽聽說了，很厭惡，命巨毋霸留在所到達的新豐縣，把他的姓改為巨母氏，說這個人是因文母太后而使自己成為霸王的符命。然後，徵召韓博，關進監獄，以說話不當為由，將他在鬧市處死。〇函谷關以東連年饑饉荒旱，刁子都等黨羽日漸增多，已達六、七萬人。

地皇元年（庚辰　西元二〇年）

春，正月乙未❶，赦天下。改元曰地皇，從三萬六千歲曆號❷也。〇莽下書曰：「方出軍行師，敢有趨讙犯法者輒論斬❸，毋須時❹！」於是春、夏斬人都市，百姓震懼，道路仄[1]目❺。

莽見四方盜賊多，復欲厭之，又下書曰[2]：「予之皇初祖考黃帝定天下，將兵為上[3]將軍，內設大將，外置大司馬五人，大將軍至士吏凡七十三萬八千九百人，士千三百五十萬人。予受符命之文，稽❻前人，將條備❼焉。」於是置前、後、左、右、中大司馬之位，賜諸州牧至縣宰皆有大將軍、偏、裨、校尉之號焉❽。

乘傳使者經歷郡國，日且十輩，倉無見穀⑨以給，傳車馬不能足，賦取⑩道中車馬，取辦⑪於民。

秋，七月，大風毀王路堂⑫。莽下書曰：「乃壬午⑬餔時⑭，有列風⑮雷雨發屋折木⑯之變⑰，予甚恐焉。伏念一旬，迷乃解矣。昔符命文④立安為新遷王，臨國洛陽⑱，為統義陽王，議者皆曰：『臨國洛陽為統⑲，謂據土中⑳為新室統㉑也，宜為皇太子。』自此後，臨久病，雖瘳不平㉒。臨有兄而稱太子，名不正。惟即位以來，陰陽未和，穀稼鮮耗㉓，蠻夷猾夏，寇賊姦宄㉔，人民征營㉕，無所錯手足㉖。深惟厥咎㉗，在名不正焉。其立安為新遷王，臨為統義陽王。」○莽又下書曰：「寶黃廝赤㉘。其令郎從官皆衣絳㉙。」

望氣㉚為數㉛者多言有土功㉜象㉝。九月甲申㉞，莽起九廟㉟於長安城南，黃帝廟方四十丈，高十七丈，餘廟半之，制度甚盛。博徵㊱天下工匠及吏民以義入錢穀助作㊲者，駱驛㊳道路。窮極㊴百工之巧，功費數百餘萬，卒徒㊵死者萬數。○

是月，大雨六十餘日。

鉅鹿㊶男子馬適求等謀舉燕、趙兵以誅莽。大司空士王丹㊷發覺，以聞。莽遣三公大夫逮治㊸黨與，連及郡國豪桀數千人，皆誅死。封丹為輔國侯。

莽以私鑄錢死㊹及非沮㊺寶貨投四裔，犯法者多，不可勝行。乃更輕其法，私鑄作泉布者與妻子沒入為官奴婢，吏及比伍㊻知而不舉告㊼，與同罪。非沮寶貨，民罰作㊽一歲，吏免官。

太傅平晏死。以予虞唐尊為太傅。尊曰：「國虛民貧，咎在奢泰㊾。」乃身短衣小褏㊿，乘牝馬(51)、柴車(52)，藉稾(53)，以瓦器飲食，又以歷遺(54)公卿。出，見男女不異路者，尊自下車，以象刑赭幡污染其衣(55)。莽聞而說之，下詔申敕公卿：「思與厥齊」。封尊為平化侯。

汝南郅惲(56)明天文曆數(57)，以為漢必再受命(58)，上書說莽曰：「上天垂戒(59)，欲悟(60)陛下，令就臣位。取之以天，還之以天，可謂知命矣！」莽大怒，繫惲詔獄(61)，踰冬，會(62)赦得出。

【章旨】以上為第六段，寫王莽面對民變四起，不思撫恤，反而變本加厲橫徵暴斂，派出使者擾民，又用改封皇子的辦法以應天變，自欺欺人，結果民變更加如火如荼發展。

【注釋】❶乙未　正月二十七日。❷從三萬六千歲曆號　依從三萬六千歲曆法，每六年改元一次，今年正值改元，故改元地皇。❸趨讙犯法者輒論斬　趨讙，奔走號叫。論斬，判處死刑。論，定罪。❹毋須時　不必等到執行死刑的季節。古代處決死刑，一般在秋冬二季執行。❺道路仄目　路上行人斜眼示意，不敢交談。仄目，斜著眼看。❻稽　相同。❼條備　逐項設置齊備。❽賜諸句　州牧號為大將軍，郡卒正、連率、大尹為偏將軍，屬令、長為裨將軍，縣宰為校尉。❾見穀　現成的糧食。見，同「現」。⑩賦取　徵用。⑪取辦　取用與辦理。⑫王路堂　宮殿名，王莽改未央宮前殿為王路堂。⑬壬午　七月十六日。⑭餔時　即申時，午後三時至五時。⑮烈風　暴風。⑯發屋折木　指掀掉屋頂，折斷樹木。⑰變　指異常的自然現象。⑱臨國洛陽　以洛陽作為王臨的封國。臨，王臨。⑲為統　指王號稱「統」，叫統義陽王。⑳據土中　擁有天下中心地區。㉑統　世代相繼的系統；正統。㉒雖瘳不平　病雖然好了，健康尚未恢復。瘳，病癒。平，康復。㉓穀稼鮮耗　糧食減產。鮮，少。耗，減。㉔姦宄　違法作亂。亂在外為姦，在內為宄。㉕征營　惶恐不安。㉖無所錯手足　沒有地方安放手足，常用以形容沒有辦法，不知如何是好。㉗深惟厥咎　深深思考過錯在哪裡。惟，思考。咎，過錯。㉘寶黃廝赤　尊崇黃色，輕視紅色。寶，尊崇。廝，輕視。㉙衣絳　穿深紅色的衣服。衣，穿，作動詞用。㉚望氣　方士的一種占候術，通過觀察天空的雲氣來預測吉凶。㉛數　技術；技能。㉜土功　指治水、築城、建造宮殿等土木工程。㉝象　徵象。㉞甲申　九月十九日。㉟九廟　王莽所建九廟：一為黃帝太初祖廟，二為帝虞始祖昭廟，三為陳胡王統祖穆廟，四為齊敬王世祖昭廟，五為濟北愍王王祖穆廟，六為濟南伯王尊禰昭廟，七為元城孺王尊禰穆廟，八為陽平頃王戚禰昭廟，九為新都顯王戚禰穆廟。㊱博徵　廣泛徵集。㊲以義入錢穀助作　無私捐獻錢糧資助建造。㊳駱驛　同「絡繹」。往來不斷。㊴窮極　極盡。㊵卒徒　服勞役的人。㊶鉅鹿　郡名，治所在今河北平鄉西南。㊷王丹　王莽的叔父王立之子。西漢末曾官中山太守。新朝為大司空士，以馬適求案封輔國侯。後降劉秀為將軍，戰死。㊸逮治　逮捕查辦。㊹死　判處死刑。㊺非沮　詆毀，破壞。㊻比伍　比、伍都是古代居民基層組織的名稱，即戶籍五戶編為一比，又稱一伍。㊼舉告　檢舉告發。㊽作　服勞役。㊾奢泰　奢侈過度。㊿褎　同「袖」。衣袖。(51)牝馬　母馬。(52)柴車　簡陋無飾的車子。(53)藉槀　坐臥用的草墊。(54)歷遺　遍送。此言又把用瓦器盛的飲食遍送公卿。(55)以象刑赭幡污染其衣　用紅土泥水弄髒犯人的衣服，表示象刑。赭，紅土。幡，抹布。此言按照古代象刑的做法，拿用紅土汁浸過的抹布將其衣服染髒。據《白虎通》的記載，犯劓刑（割掉鼻子）者以赭染其衣。(56)郅惲　字君章，汝南郡西平縣（今河南西平西）人，通經術，尤精天文曆數。東漢初曾為長沙太守。傳見《後漢書》卷二十九。(57)曆數　觀測天象以推算年時節候的方法。(58)受命　接受天命，指取得君位。古稱帝王治理天下的權力是上天授予的。(59)垂戒　顯示警戒。(60)悟　覺悟。使動用法。(61)詔獄　奉詔令關押犯人的監獄。(62)會　適逢。

【校　記】 [1]仄　原作「以」。據章鈺校，孔天胤本作「仄」，張敦仁《通鑑刊本識誤》同，今據改。[2]又下書曰　原作「下書又曰」。據章鈺校，十二行本、乙十一行本、孔天胤本皆作「又下書曰」，今據改。[3]上　原作「大」。據章鈺校，十二行本、乙十一行本皆作「上」，今據改。④文　原無此字。據章鈺校，十二行本、乙十一行本、孔天胤本皆有此字，張敦仁《通鑑刊本識誤》、張瑛《通鑑校勘記》同，今據補。

【語　譯】地皇元年（庚辰　西元二〇年）

春，正月二十七日乙未，赦免天下。改年號為地皇，是根據三萬六千年曆法六年一改的理論。〇王莽下詔書說：「正當大軍出征，敢在大街奔跑、號叫，觸犯法令的人，立即判處斬首，不必等到行刑的季節！」於是春、夏季節也在街市殺人，百姓震驚害怕，路上行人斜眼示意，不敢說話。

王莽看到四面八方盜賊很多，再次想用詛咒妖術鎮服盜賊，又下詔書說：「我的皇初祖黃帝平定天下，統領軍隊任上將軍，內設大將，外置大司馬五人，從大將軍到士吏，總計七十三萬八千九百人，士兵一千三百五十萬人。我接受符命的文字，與古人相同，將逐項設置齊備。」於是設置前、後、左、右、中五個大司馬的職位，各地州牧至縣宰，都具有大將軍、偏將軍、裨將軍、校尉的稱號。乘著驛車的使者，經過各郡、國傳達詔命，每天將近十批，倉庫沒有現糧供給，驛站車馬不能滿足，就徵用路途中所見車馬，或者向民間取用。

秋，七月，狂風摧毀未央宮的王路堂。王莽下詔書說：「在七月十六日壬午下午三至五時，有狂風雷雨摧毀房屋、折斷樹木的變異，我內心十分擔憂。沉思十天之久，迷惑才終於解開。先前上天下降符命文說要立王安為新遷王，王臨的封國在洛陽，為統義陽王，參與封王討論的人都說：『王臨封國洛陽，又有統字為稱號，是說他居於全國的中心，是新室的正統，應當做皇太子。』王臨為皇太子以後，長久生病，後來雖然痊癒，但身體尚未恢復健康。王臨上有兄長而稱皇太子，名分不正。我從即位以來，陰陽不能調和，糧食減產，蠻夷侵犯中國，盜賊違法作亂，百姓惶恐不安，手足無措。深思其過錯，在於名分不正。應當按符命立王安為新遷王，王臨為統義陽王。」〇王莽又下詔書說：「黃色尊貴，紅色輕賤。應讓郎官、侍從官都穿深紅色的衣服。」

以觀察天象為技能的人很多都說出現了大興土木工程的徵象。九月十九日甲申，王莽於是在長安城的南面建築九座祭廟，其中軒轅黃帝的祭廟方圓四十丈，高十七丈，其他祭廟是它的一半大，規模極為壯觀。廣泛徵召全國工匠和義務捐糧贊助興建的官民，人員和物資在路上絡繹不斷。整個工程極盡百工精巧之能事，耗費數百萬錢，服勞役而死的人以萬計。○九月分開始，大雨一連下了六十多天。

鉅鹿郡男子馬適求等人商議發動燕、趙地區的士兵討伐王莽。大司空的屬吏王丹發現後，向上稟報。王莽派遣三公大夫逮捕查辦他們的黨羽，牽連地方紳士豪傑數千人，全都處死。封王丹為輔國侯。

王莽因所有私自鑄造錢幣的處以死刑，詆毀、損壞寶貨的一律流放到四方荒遠的地方，以致犯法的人太多，法律無法執行。就把處罰的刑法減輕，私自鑄錢的，夫妻同時送進官府做奴婢，官吏和鄰居知道而不檢舉告發的與私鑄錢同罪。散布謠言破壞錢幣流通的，如果是百姓就罰一年勞役，官吏就免職。

太傅平晏去世。任命予虞唐尊為太傅。唐尊說：「國家空虛，百姓貧窮，原因在於奢侈過甚。」因而身穿小袖短衣，騎母馬，乘坐簡陋無飾的車子，坐臥草墊，用瓦器作餐具，又將這些東西遍贈公卿。外出時，看到男女不分路而走，唐尊親自下車，給予象徵性的刑罰，用紅土泥水弄髒他們的衣服。王莽聽說後，很讚賞他的做法，下詔給所有文武官員：「你們要向唐尊看齊」。封唐尊為平化侯。

汝南人郅惲知曉天文星象、曆法，認為漢氏一定再受天命當皇帝，上書勸誡王莽說：「上天垂示警戒，是想使陛下醒悟，回到臣子的位置。陛下的帝位取之於天，應還之於天，可說是知道天命了！」王莽大怒，把郅惲拘禁詔獄，過了一個冬天，遇到赦免出獄。

二年（辛巳　西元二一年）

春，正月，莽妻死，諡曰孝睦皇后。初，莽妻以莽數殺其子，涕泣失明，莽令太子臨居中養焉。莽妻旁侍者原碧❶，莽幸❷之，後[1]臨亦通❸焉。恐事泄，謀共殺莽。臨妻愔❹，國師公女，能為星❺，語臨宮中且有白衣會❻，臨喜，以為所謀且成。後貶為統義陽王，出在外第，愈憂恐。會莽妻病困，臨予書曰：「上於子孫至嚴，前長孫、中孫年俱三十而死。今臣臨復適❼三十，誠恐一旦不保中室❽，則不知死命所在❾！」莽候❿妻疾，見其書，大怒，疑臨有惡意，不令得會喪⓫。既葬，收原碧等考問，具服姦、謀殺狀。莽欲祕⓬之，使殺案⓭事使者司命從事⓮，埋獄中，家不知所在。賜臨藥，臨不肯飲，自刺死。又詔國師公：「臨本不知星，事從愔起。」愔亦自殺。

是月，新遷王安病死。初，莽為侯就國時，幸侍者增秩、懷能⓯，生子興、匡⓰，皆留新都國，以其不明⓱故也。及安死，莽乃以王車⓲遣使者迎興、匡，封興為功脩公，匡為功建公。

卜者王況謂魏成⓳大尹李焉曰：「漢家當復興，李氏為輔。」因為焉作讖書⓴，合十餘萬言。事發，莽皆殺之。◯莽遣太師義仲㉑景尚、更始將軍護軍㉒王黨將兵擊青、徐賊，國師和仲㉓曹放助郭興擊句町，皆不能克。軍師放縱，百姓重困。莽又轉㉔天下穀帛詣西河、五原、朔方、漁陽，每一郡以百萬數，欲以擊匈奴。須卜當病死，莽以庶女㉕妻㉖其子後安公奢，所以尊寵之甚厚，終為欲[2]出兵立之者。會莽敗，云、奢亦死。

秋，隕霜殺菽㉗，關東大饑，蝗。◯莽既輕私鑄錢之法，犯者愈眾，及伍人相坐，沒入為官奴婢。其男子檻車㉘，女子步㉙，以鐵瑣琅當其頸㉚，傳詣長安[3]鍾官㉛以十萬數。到者易其夫婦㉜。愁苦死者什六七。

上谷㉝儲夏㉞自請說瓜田儀降之。儀未出而死。莽求其尸葬之，為起冢、祠室，諡曰瓜寧殤男。

閏月㉟丙辰㊱，大赦。◯郎陽成脩㊲獻符命，言繼立民母㊳。又曰：「黃帝以百二十女㊴致㊵神仙。」莽於是遣中散大夫㊶、謁者各四十五人，分行天下，博采鄉里所高有淑女者上名㊷。

莽惡漢高廟神靈，遣虎賁武士入高廟，拔劍[4]四面提擊㊸，斧壞戶牖，桃湯㊹、赭鞭㊺鞭灑屋壁㊻，令輕車校尉㊼居其中。

【章旨】以上為第七段，寫王莽皇后及太子王臨之死。王臨被王莽逼殺，因為他策劃了一場未遂的宮廷政變。王莽的奸詐與猜忌，連兒子都看不慣而要背叛，王莽的下場可想而知。

【注釋】❶原碧 旁侍者之名。❷幸 古稱帝王與女子同房為幸。❸通 通姦。❹愔 王臨妻之名，劉歆之女。❺星 指星相術，即通過觀察天文星象推算吉凶的方術。❻且有白衣會　謂將有喪事發生。且，將要。白衣會，指喪事的徵兆。《史記・天官書》：「昴曰髦頭，胡星也，為白衣會。」白衣，喪服。會，指二星會合。古代星相家認為白衣會為凶象，主將死，人多疾疫。❼適　恰好。❽中室　中宮，指莽妻，即臨母。❾死命所在　命死何處。❿候　探視。⓫會喪　參加喪禮。⓬祕保密。⓭案　審理。⓮司命從事　官名，司命屬官。王莽以司命從事為案事使者負責審理此事，事後派人將其殺死。⓯增秩懷能　二侍者名。⓰生子興匡　懷能生了王興，增秩生了王匡。⓱不明　意謂恐侍者另與其他男子私通，不清楚所生興、匡是否確為己子。⓲王車　諸侯王的車乘。朱班輪、青蓋、左右騑、駕三馬。⓳魏成　郡名，王莽改魏郡為魏成。《漢書・地理志》作「魏城」。⓴讖書　預言吉凶的文字。㉑羲仲　官名，太師屬官。㉒護軍　軍官名，更始將軍屬官。㉓和仲　官名，國師屬官。㉔轉　調運。㉕庶女　妾生之女。此指侍者開明所生之女王捷。㉖妻　嫁給。㉗菽　豆類作物。㉘檻車　用柵欄封閉的車。用以囚禁犯人。㉙步　步行。㉚以鐵瑣琅當其頸　用鐵鎖鏈鎖在犯人的脖子上。瑣，通「鎖」。鎖鏈。琅當，用鐵鎖鎖人。㉛鍾官　官名，執掌鑄造錢幣。㉜易其夫婦　改換他們的配偶。㉝上谷　郡名，治所在今河北懷來東南。㉞儲夏人名。㉟閏月　該年寅正閏八月，王莽行丑正，則閏九月。㊱丙辰　閏九月二十七日。㊲陽成脩　人名，複姓陽成，名脩。㊳民母　指皇后。㊴百二十女　指有后妃姬妾一百二十人。㊵致　達到；求得。㊶中散大夫　官名，司中屬官，參與論議政事。㊷博采鄉里所高有淑女者上名　廣泛地選擇鄉閭大家讚許的漂亮淑女，呈送她們的名字。高，推崇；尊重。淑女，賢良美好的女子。上，呈報。㊸提擊　擲擊。㊹桃湯　古人認為桃木可驅鬼避邪，所以用桃木煮湯揮灑。㊺赭鞭　紅色鞭子。㊻鞭灑屋壁　在牆壁上用桃湯揮灑，用赭鞭抽打。㊼輕車校尉　官名，原名虎賁校尉，王莽改稱輕車校尉，執掌輕車。

【校　記】①後　原無此字。據章鈺校，十二行本、乙十一行本皆有此字，張敦仁《通鑑刊本識誤》同，今據補。②為欲　原作「欲為」。據章鈺校，十二行本、乙十一行本二字皆互乙，今據改。③長安　原無此二字。據章鈺校，十二行本、乙十一行本、孔天胤本皆有此二字，張瑛《通鑑校勘記》同，今據補。④拔劍　原無此二字。據章鈺校，十二行本、乙十一行本、孔天胤本皆有此二字，張敦仁《通鑑刊本識誤》、張瑛《通鑑校勘記》同，今據補。

【語　譯】二年（辛巳　西元二一年）

春，正月，王莽妻子去世，諡號為孝睦皇后。當初，王莽妻子因為王莽多次殺死她的兒子，哭瞎了眼睛，王莽讓太子王臨住在宮中奉養母親。王莽妻子身邊有一個侍女叫原碧，王莽召幸了她，後來王臨也和她私通。

害怕事情敗露，就共同商量殺死王莽。王臨的妻子劉愔，是國師公劉歆的女兒，能觀看星象，告訴王臨說宮中將有喪事發生，王臨高興，認為謀劃將會成功。後來貶為統義陽王，出宮住在自己的府第，更加憂愁恐懼。適逢王莽的妻子病重，王臨給她寫信說：「皇上對子孫最為嚴厲，先前長孫王宇、中孫王獲都是年三十歲被處死，如今臣王臨年歲又恰好三十，深怕母后一旦有什麼不幸，臣不知道命死何處！」王莽去探視妻子的病情，看到了這封信，大怒，疑心王臨有惡意，妻子死後，不讓王臨參與喪禮。王莽把妻子安葬完畢，逮捕原碧等人拷打審問，原碧原原本本承認通姦，以及謀殺的事。王莽想掩蓋這件醜聞，派人祕密殺死審問案件的司命從事，埋在監獄中，家裡人不知道下落。王莽賜給王臨毒藥，王臨不肯飲藥，用劍自殺而死。王莽又下詔國師公說：「王臨原本不懂星象，事件由劉愔而起。」劉愔也自殺了。

這一月，新遷王王安病死。當初，王莽為侯回到封國時，寵幸侍女增秩、懷能，生子王興、王匡，都留在新都國，因為兩子身分不明的緣故。等到王安死了，王莽就用侯王的專車派使者迎接王興、王匡，冊封王興為功脩公，王匡為功建公。

卜卦算命的王況對魏成郡大尹李焉說：「漢家會復興，李氏為輔臣。」就替李焉編造讖書，合起來有十多萬字。這件事暴露，王莽把兩人都殺死了。〇王莽派遣太師羲仲景尚、更始將軍護軍王黨領兵攻打青、徐地區的賊寇，國師和仲曹放協助郭興攻打句町國，兩支部隊都沒有取勝。軍隊放縱，百姓深為困苦。

王莽又把全國的糧食、絹帛轉運到西河、五原、朔方、漁陽等郡，每郡以百萬計，想用以攻擊匈奴。須卜當病死，王莽把庶女王捷嫁給須卜當的兒子後安公須卜奢，之所以對他尊榮賞賜都如此優厚，在於王莽始終要用武力送他回國即位。恰遇王莽失敗，而欒提云、須卜奢也死了。

秋，霜凍傷害莊稼，函谷關以東大饑饉，蝗蟲成災。〇王莽減輕私自鑄錢的處罰後，犯法的人更多了，連及鄰居坐罪，沒入官府做奴婢。其中男子裝入囚車，女子步行，都用鐵鎖鏈鎖住他們的脖子，押解到長安鑄錢官府，人數以十萬計。到了那兒，就被改配夫婦，愁苦而死的十有六七。

上谷郡人儲夏自己請求去說服瓜田儀投降。瓜田儀還沒有出面就死了。王莽要來他的屍體，安葬了他，為他修墓與祠廟，諡號為瓜寧殤男。

閏九月二十七日丙辰，大赦天下。○郎官陽成脩進獻符命，稱要繼立皇后。又說：「軒轅黃帝因後宮有一百二十個女子才成了神仙。」王莽於是派中散大夫、謁者各四十五人，分路到全國各地，廣泛地挑選鄉閭大眾讚許的美麗淑女，呈送她們的姓名。

王莽憎惡漢高祖廟的神靈，就派遣虎賁武士進入高廟，拔劍四面擲擊，用斧頭砍壞門窗，用桃木煮的水揮灑牆壁，又用紅色鞭子亂抽亂打，命令輕車校尉住在廟中。

是歲，南郡秦豐❶聚眾且萬人，平原❷女子遲昭平❸亦聚數千人在河阻中❹。莽召問群臣禽賊方略，皆曰：「此天囚❺行尸❻，命在漏刻❼。」故左將軍公孫祿❽徵來與議❾，祿曰：「太史令宗宣，典星曆❿，候氣變⓫，以凶為吉，亂天文，誤朝廷。太傅平化侯尊，飾虛偽以媮名位⓬，賊夫人之子⓭。國師嘉信公[1]秀，顛倒五經⓮，毀師法⓯，令學士疑惑。明學男張邯⓰、地理侯孫陽，造井田，使民棄土業⓱。羲和魯匡，設六筦以窮⓲工商。說符侯崔發，阿諛取容，令下情不上通。宜誅此數子以慰天下！」又言：「匈奴不可攻，當與和親。臣恐新室憂不在匈奴而在封域之中也。」莽怒，使虎賁扶祿出，然頗采其言，左遷⓳魯匡為五原卒正，以百姓怨誹故也。六筦非匡所獨造，莽厭⓴眾意而出之。

初，四方皆以飢寒窮愁起為盜賊，稍稍[2]羣聚，常思歲熟㉑得歸鄉里，眾雖萬數，不敢略有㉒城邑，轉掠求食[3]，日闋而已㉓。諸長吏牧守皆自亂鬬中兵㉔而死，賊非敢欲殺之也，而莽終不諭㉕其故。是歲，荊州牧發奔命二萬人討綠林賊。賊帥王匡等相率迎擊於雲杜㉖，大破牧軍，殺數千人，盡獲輜重。牧欲北歸，賊[4]馬武等復遮擊㉗之，鉤牧車屏泥㉘，刺殺其驂乘㉙，然終不敢殺牧。賊遂攻拔竟陵㉚，轉擊雲杜、安陸㉛，多略婦女，還入綠林中，至有五萬餘口，州郡不能制。又，大司馬士按章㉜豫州㉝，為賊所獲，賊送付縣。士還，上書具言狀。莽大怒，下獄[5]，以為誣罔㉞，因下書責七公㉟曰：「夫吏者，理㊱也。宣德明恩㊲，以牧養㊳民，仁之道也㊴。抑彊督姦㊵，捕誅盜賊，義之節也㊶。今則不然。盜發不輒得㊷，至成羣黨遮略乘傳宰士。士得脫者又妄自言：『我責數㊸賊：何故為是[6]？賊曰：以貧窮故耳。賊護出我。』今俗人議者率多若此。惟貧困飢寒犯法為非，大者羣盜，小者偷穴㊹，不過二科㊺。今乃結謀連黨㊻以千百數，是逆亂之大者，豈飢寒之謂邪！七公其嚴敕卿大夫、卒正、連率、庶尹，謹牧養善民，急捕殄盜賊！有不同心并力疾惡黠賊，而妄曰飢寒所為，輒捕繫，請其罪㊼！」於是羣下愈恐，莫敢言賊情者，州郡又不得擅發兵，賊由是遂不制㊽。

唯翼平連率田況素果敢，發民年十八以上四萬餘人，授以庫兵[49]，與刻石為約[50]。樊崇等聞之，不敢入界。況自劾奏。莽讓[51]況：「未賜虎符[52]而擅發兵，此弄兵也，厥罪乏興[53]。以況自詭[54]必禽滅賊，故且勿治。」後況自請出界擊賊，所嚮皆破。莽以璽書[55]令況領[56]青、徐二州牧事，況上言：「盜賊始發，其原甚微，部吏[57]、伍人[58]所能禽也。咎在長吏不為意，縣欺其郡，郡欺朝廷，實百言十，實千言百。朝廷忽略，不輒督責，遂至延蔓連州，乃遣將帥，多〔7〕使者，傳相監趣[59]。郡縣力事[60]上官[61]，應塞[62]詰對[63]，共[64]酒食，具資用，以救斷斬[65]，不暇復憂盜賊、治官事。將帥又不能躬[66]率吏士，戰則為賊所破，吏氣寖傷，徒費百姓。前幸蒙赦令，賊欲解散，或反遮擊，恐入山谷[67]，轉相告語。故郡縣降賊皆更驚駭，恐見詐滅[68]，因饑饉易動[69]，旬日之間更十餘萬人，此盜賊所以多之故也。今洛陽以東，米石二千，竊見詔書欲遣太師、更始將軍。二人爪牙[70]重臣，多從人眾，道上空竭，少則無以威示遠方。宜急選牧、尹以下，明其賞罰，收合[71]離鄉[72]。小國無城郭者，徙其老弱置大城中，積臧穀食，并力固守。賊來攻城，則不能下。所過無食，勢不得羣聚。如此，招之必降，擊之則滅。今空復多出將帥，郡縣苦之，反甚於賊。宜盡徵還乘傳諸使者，以休息[73]郡縣。委任臣況以二州盜賊，必平定之。」莽畏惡(74)況，陰為發代(75)，遣使者賜況璽書。使者至，見況，因令代監(76)其兵，遣況西詣長安，拜為師尉大夫。況去，齊地遂敗。

【章旨】以上為第八段，寫王莽剛愎自用，不聽公孫祿之言，不納大司馬士的實情報告，不用田況有效的征撫方略，一切征剿措施都按錯誤的方向走，於是綠林、赤眉大起。

【注釋】❶秦豐　南郡郡縣黎丘鄉（今湖北襄樊東南）人，地皇二年（西元二一年）起義，佔據黎丘，自號楚黎王，設置相、將等官吏。建武五年（西元二九年）降劉秀，被殺於洛陽。❷平原　郡名，治所在今山東平原縣南。❸遲昭平　農民起義軍女領袖。地皇二年起義，活動於流經平原一帶的黃河沿岸地區。❹在河阻中　活動在黃河險要地帶。河，黃河。阻，險要地區。❺天囚　獲罪於天的囚犯。❻行尸　指徒具形骸，雖生猶死的人。❼漏刻　頃刻。❽公孫祿　哀帝世先後為右將軍、左將軍。哀帝崩，因朝舉大司馬人選事忤王莽，被免官。❾與議　參加朝議。❿典星曆　主管天文曆法。⓫候氣變　候，占驗；預測。氣變，節氣的變化。⓬飾虛偽以婾名位　巧用虛偽的言行，用來竊取名譽地位。飾，掩飾。婾，同「偷」。竊取。⓭賊夫人之子　害了別人家的孩子。賊，害。夫人，別人。夫，指示詞。⓮顛倒五經　西漢官學為今文經學，古文經學只在民間流傳，不被官方重視。西漢末年，劉歆提倡古文經學，爭立古文經博士，遭今文經學家反對，沒有成功。後因得王莽支持，為古文經學設立博士。所謂「顛倒《五經》」，是站在今文經學派的立場對劉歆提倡古文經學的指責。⓯毀師法　誹謗老師傳授的學術。⓰張邯　通經學，新朝官大長秋、大司徒等職，封明學男。地皇四年（西元二三年），被農民軍殺死。⓱棄土業　喪失土地產業。⓲窮　使困苦窘迫。⓳左遷　降官；貶職。⓴厭　滿足。㉑歲熟　年成豐收。㉒略有　攻佔。㉓日闋而已　所得糧食當日吃光。闋，盡。㉔中兵　被兵器所傷。㉕諭　知曉。㉖雲杜　縣名，縣治在今湖北京山縣。㉗遮擊　截擊。㉘屏泥　古代車前有軾木，供人立乘時依靠。屏泥是軾前的裝飾物，同時用來遮擋泥土。㉙驂乘　陪乘。古代乘車之法，御者居中，尊者居左，另有一人居於車右，以備車乘傾倒，稱驂乘。㉚竟陵　縣名，縣治在今湖北潛江市西北。㉛安陸　縣名，縣治在今湖北雲夢。㉜按章　根據奏章提出的問題進行查處。㉝豫州　州名，其地轄有今河南中部、東部及安徽西北部等地區。治所譙縣，在今安徽亳州。㉞誣罔　以不實之詞欺騙人。㉟七公　指四輔、三公。㊱理　治理；管理。㊲宣德明恩　宣揚德政，彰顯恩澤。㊳牧養　治理；統治。㊴仁之道也　這就是仁政的原則。仁，指仁政、善政。道，原則。㊵抑彊督姦　壓制強暴，督察奸邪。㊶義之節也　這就是義的標準。義，正義；正當的行為。節，法度；標準。㊷輒得　即時捕獲。㊸責數　斥責。㊹偷穴　入室偷竊。㊺科　類；種。㊻結謀連黨　合謀結成一夥。㊼請其罪　請治其罪。㊽不制　不能禁止。㊾庫兵　庫存兵器。㊿約　法令。(51)讓　責備。(52)虎符　朝廷授予臣下兵權或調發軍隊權力的信物。符作虎形，故稱虎符。銅鑄，背有銘文。符分為兩半，右半留存朝廷，左半交給臣下。調發軍隊時，持符驗合方可。(53)乏興　即乏軍興。耽誤軍事行動或軍用物資的徵集調撥，叫乏軍興。是一種違反軍律的罪名。(54)自詭　自我責求。(55)璽書　加蓋皇帝印璽的詔書。(56)領　代理。(57)部吏　各級所屬治安部門的官吏，如郡賊曹、縣游徼、鄉亭長等。(58)伍人　同伍之人。當時的軍隊基層編制，五人為一伍。(59)傳相監趣　輾轉督察。傳，通「轉」。監，督促。趣，催促。(60)力事　盡力服事。(61)上官　上級官吏。(62)應塞　應付搪塞。(63)詰對　對責問的回答。(64)共　通「供」。(65)斷斬　指死刑。此言郡縣官吏以此求己免受死刑。(66)躬　親自。(67)恐入山谷　因恐懼而進入山林。(68)恐見詐滅　此言怕受騙被消滅。見，被。(69)因饑饉易動　因為饑荒之年人心容易動搖。(70)爪牙　得力的助手；親信。(71)收合　集聚；集中。(72)離鄉　分散的村落。(73)休息　即休養生息，指在國家大動盪或大變革以後，減輕人民負擔，安定生活，以恢復元氣。(74)畏惡　害怕忌恨。(75)陰為發代　暗中派遣前去代替的人。陰，暗中。(76)監　掌管；率領。

【校　記】[1]嘉信公　嚴衍《通鑑補》改作「嘉新公」。[2]稍　「稍」字原不重。據章鈺校，十二行本、乙十一行本、孔天胤本「稍」字皆重，今據補。[3]轉掠求食　原無此四字。據章鈺校，十二行本、乙十一行本、孔天胤本皆有此四字，張敦仁《通鑑刊本識誤》、張瑛《通鑑校勘記》同，今據補。[4]賊　原無此字。據章鈺校，十二行本、乙十一行本皆有此字，張敦仁《通鑑刊本識誤》、張瑛《通鑑校勘記》同，今據補。[5]下獄　原無此二字。據章鈺校，十二行本、乙十一行本、孔天胤本皆有此二字，今據補。[6]何故為是　原作「何為如是」。據章鈺校，十二行本、乙十一行本、孔天胤本皆作「何故為是」，今據改。[7]多　張敦仁《通鑑刊本識誤》認為「多」下應有「發」字。

【語　譯】這一年，南郡人秦豐聚眾近萬人，在黃河險要地帶平原郡女子遲昭平也聚眾幾千人。王莽召集群臣詢問剿拿動亂民眾的策略，大家都說：「這些人是獲罪於天的囚犯，行屍走肉，頃刻之間就將滅亡。」前左將軍公孫祿被召來參與議事，公孫祿說：「太史令宗宣，主管星象曆算，占候氣節的變化，把凶險的徵兆說成是吉祥的徵兆，擾亂天文，貽誤朝廷。太傅平化侯唐尊，用巧飾虛偽的言行竊取名譽地位，害了人家的子弟。國師嘉信公劉秀，顛倒《五經》，破壞師法，使學士們的思想混亂。明學男張邯、地理侯孫陽，造作井田制度，使農民喪失了土地產業。羲和魯匡，設置六筦制度，使工商業陷入崩潰。說符侯崔發，阿諛拍馬，使下情不能上達。應當處死這幾個人，用來平息全國的民憤！」又說：「不能攻打匈奴，應當與其和親。臣擔心新朝的憂慮不在匈奴，而是在國內。」王莽大怒，命令虎賁郎將公孫祿扶出宮去，但採納了他的一些建議，將魯匡降職為五原卒正，因為老百姓怨恨抨擊他。六筦制度不是魯匡一個人所創造，王莽為了滿足大家的願望，把魯匡外放。

當初，全國各地的百姓都因飢寒貧困群起為盜，逐漸聚集在一起，經常想待年歲豐收能回到鄉里，人數儘管以萬計，但不敢奪取城邑，而遊擊轉戰，掠奪糧食，所得糧食當日吃光。地方州牧、長吏都是自己亂撞亂鬥被兵刃所傷而死，盜賊並不敢也不想攻殺他們，可是王莽始終不明白這其中原因。這一年，荊州牧調發奔命士兵兩萬人討伐綠林軍。綠林軍帥王匡等領兵在雲杜縣迎戰，大敗荊州牧的軍隊，殺死幾千人，剿獲了全部軍用物資。荊州牧打算向北撤退，賊人馬武等又攔擊他，用鐵鉤鉤住了荊州牧座車的車前擋泥板，刺殺了荊州牧的陪乘，然而始終不敢殺荊州牧。賊眾於是攻佔了竟陵，轉攻雲杜、安陸，大量擄掠婦女，還歸綠林山中，眾達五萬餘人，州郡官府不能制服。又，大司馬士到豫州按奏章進行查處，被賊軍抓獲，賊軍將他送交縣府。大司馬士回到朝廷，上書詳細報告他的經歷。王莽大怒，將他下獄，認為他編瞎話騙人，便下詔書指責三公四輔，說：「吏的意思是治理。宣揚德政，彰顯恩澤，用以管教養育人民，這就是仁的原則。壓制豪強，督察奸邪，捕殺盜賊，這就是義的準則。如今卻不是這樣。盜賊出現卻不及時捕拿，甚至到了成群結黨劫掠乘坐驛車的政府官吏。官吏脫身後又胡言亂語，說：『我斥責盜賊：為什麼做強盜？盜賊回答說：因為貧困走投無路啊！盜賊還護送我出境。』如今平庸的人說起盜賊的事大多如此。試想因貧困飢寒就為非犯法，大群的一夥就去搶劫，小股的入室偷竊，不外就是這兩種。如今卻是結黨合謀，人數成百上千，這是罪大惡極的叛亂，豈能用飢寒來解釋呢！四輔、三公要嚴厲告誡卿大夫、卒正、連率、庶尹各級官吏，認真扶養善良的民眾，緊急捕殺消滅盜賊！若有不同心合力痛恨狡猾的盜賊，反而胡說他們因飢寒才做盜賊的人，就把他逮捕入獄，請治他的罪！」於是群臣更加惶恐，沒有人敢說盜賊的實情，州郡又不能擅自發兵，盜賊從此就不能禁止了。

只有翼平郡的連率田況一向果斷勇敢，他調發十八歲以上的丁壯四萬多人，發給他們府庫的兵器，將紀律法令刻在石頭上。樊崇等人聽說了，不敢進入翼平郡界。田況自己彈劾上奏。王莽責備田況，說：「沒有賜給虎符而擅自調發軍隊，這是玩弄兵權，與犯貽誤軍機的乏興罪同等。由於田況自我責求一定擒滅盜賊，所以暫且不予治罪。」之後，田況自動請求出境擊賊，所到之處，攻無不破。王莽便用璽書令田況代理青、徐兩州的政務，田況上書說：「盜賊剛起來時，原本勢力很小，地方治安官員和同伍的人就能擒拿。責任就是地方長官不放在心上，縣欺騙郡，郡欺騙朝廷，實際盜賊一百人，只說十人，實際上一千人，只說一百人。朝廷忽視，不能及時督察問責，於是蔓延發展到連片幾個州，這才派遣將帥和許多使臣，輾轉督察。郡縣盡力伺候上司，應付責問，供給酒飯，奉獻財貨，用以解救自己的死刑，沒有功夫去考慮盜賊、辦理公事。將帥又不能親自為士卒做表率，一交戰就被盜賊打敗，官兵士氣沮喪，白白地耗費了百姓的資財。前次幸而蒙受朝廷的赦免，盜賊想要解散，想不到有的遭到官兵伏擊，他們因驚恐又逃入山谷，互相轉告。以致各郡縣已經投降的盜賊都更加驚駭，害怕受騙遭到消滅，趁著饑荒人心容易動搖，十天之間便又集聚了十多萬人，這就是盜賊所以眾多的緣故。如今洛陽以東，一石米售價二千，臣看到詔書打算派遣太師、更始將軍出征。兩人是朝廷的爪牙重臣，隨從人員眾多，道路之上供給空竭，隨從人員少了又無法威震遠方。應當趕快選拔州牧、大尹以下官員，申明賞罰，合併分散的村落。沒有城郭的小封國，將其境內的老弱遷移安置到鄰近的大城市中，積蓄糧穀，合力固守。盜賊來攻城，無法攻破。所經過的地方沒有糧食，形勢逼使盜賊不能大規模聚集。如果這樣，招撫盜賊，一定會投降，進攻盜賊，一定可以殲滅。如今徒然派出許多將帥，困苦郡縣，反而超過盜賊的騷擾。應當盡快召回乘驛車的使者，讓郡縣休養生息。委任我田況負責青、徐兩州的盜賊事務，一定能夠平定盜賊。」王莽害怕忌恨田況，暗中派遣前去取代他的人，派出使臣頒賜田況璽書。使者到達，召見田況，宣布接替他掌管兵權，送田況西去長安，被任命為師尉大夫。田況離開青、徐二州，齊地就敗落了。

三年（壬午　西元二二年）

春，正月，九廟❶成，納神主❷，莽謁見❸，大駕❹乘六馬❺，以五采毛為龍文衣❻，著角❼，長三尺。又造華蓋九重❽，高八丈一尺，載以四輪車。輓❾者皆呼「登仙❿」，莽出，令在前。百官竊言⓫：「此似輀車⓬，非仙物也。」

二月，樊崇等殺景尚。◯關東人相食。

夏，四月，遣太師王匡、更始將軍廉丹東討眾賊。初，樊崇等眾既寖盛，乃相與為約：「殺人者死，傷人者償創。」其中最尊號三老，次從事，次卒史。及聞太師、更始將討之，恐其眾與莽兵亂，乃皆朱其眉以相識別，由是號曰赤眉。匡、丹合將銳士十餘萬人，所過放縱。東方為之語曰：「寧逢赤眉，不逢太師！太師尚可，更始殺我！」卒如田況之言。◯莽又多遣大夫、謁者分教民煮草木為酪⓭，酪不可食，重為煩費⓮。

綠林賊遇疾疫，死者且半，乃各分散引去⓯。王常、成丹西入南郡，號「下江兵⓰」。王匡、王鳳[1]、馬武及其支黨朱鮪⓱、張卬⓲等北入南陽，號「新市兵⓳」。

皆自稱將軍。莽遣司命大將軍孔仁部[20]豫州，納言大將軍嚴尤、秩宗大將軍陳茂擊荊州，各從吏士百餘人，乘傳到部募士。尤謂茂曰：「遣將不與兵符，必先請而後動[21]，是猶紲[22]韓盧[23]而責之獲也。」

蝗從東方來，飛蔽天。○流民入關者數十萬人，乃置養贍官[24]稟食之[25]，使者監領，與小吏共盜其稟，飢死者什七八。

先是，莽使中黃門[26]王業領[27]長安市買[28]，賤取於民。民甚患之。業以省費[29]為功，賜爵附城。莽聞城中饑饉，以問業。業曰：「皆流民也。」乃市所賣[30]粱飯[31]、肉羹，持入示莽曰：「居民食咸如此。」莽信之。

秋，七月，新市賊王匡等進攻隨[32]。平林[33]人陳牧[34]、廖湛[35]復聚眾千餘人，號「平林兵」，以應之。

莽以[2]詔書讓廉丹[36]曰：「倉廩[37]盡矣，府庫空矣，可以怒矣，可以戰矣！將軍受國重任，不捐身於中野[38]，無以報恩塞責！」丹惶恐，夜，召其掾馮衍[39]，以書示之。衍因說丹曰：「張良[40]以五世相韓[41]，椎秦始皇博浪之中[42]。將軍之先[43]，為漢信臣[44]。新室之興，英俊不附[45]。今海內潰亂[46]，人懷漢德，甚於詩[3]人思召公[47]也。人所歌舞[48]，天必從之[49]。今方[50]為將軍計，莫若屯據[51]大郡，鎮撫[52]吏士，砥厲[53]其節，納[54]雄桀之士，詢[55]忠智之謀，與社稷之利，除萬人之害，則福祿流[56]於無窮，功烈著於不滅。何與軍覆於中原[57]，身膏[58]於草野，功敗名喪，恥及先祖哉！」丹不聽。衍，左將軍奉世[59]曾孫也。

冬，無鹽索盧恢[60]等舉兵，反城[61]附賊，廉丹、王匡攻拔之，斬首萬餘級。莽遣中郎將奉璽書勞[62]丹、匡，進爵為公，封吏士有功者十餘人。

赤眉別校[63]董憲[64]等衆數萬人在梁郡[65]，王匡欲進擊之。廉丹以為新拔城，罷[66]勞，當且休士養威。匡不聽，引兵獨進，丹隨之。合戰成昌[67]，兵敗，匡走。丹使吏持其印、紱、節付匡曰：「小兒可走，吾不可！」遂止，戰死。校尉汝雲、王隆等二十餘人別鬬[68]，聞之，皆曰：「廉公已死，吾誰為[69]生！」馳奔賊[70]，皆戰死。

國將哀章自請願平山東，莽遣章馳東[71]與太師匡并力。又遣大將軍陽浚守敖倉[72]。司徒王尋將十餘萬屯洛陽，鎮南宮[73]。大司馬董忠[74]養士習射北軍中壘[75] [4]。大司空王邑兼三公之職。

【章旨】以上為第九段，寫王莽傾全力大規模鎮壓起義軍，由於軍紀敗壞，更加使民眾痛苦不堪，加上瘟疫、天災，民變更加如火如荼，赤眉軍、綠林軍雖受挫折，卻愈戰愈強，新朝已呈潰敗之勢。

【注　釋】❶九廟　天子祭祀祖宗，按傳統的儒家理論是天子立七廟，而王莽自大，為新朝太廟立九廟，祭祀九位祖宗。❷納神主　指接神主入廟。神主，為已死君主、諸侯作的牌位。用木或石製成。天子主長一尺二寸，諸侯主長一尺。❸謁見　前去拜見。❹大駕　皇帝出行，車乘儀仗按其規模分為大駕、小駕、法駕。大駕是規模最大的車乘儀仗形式，前由公卿引導，大將軍陪乘，太僕駕車，後隨車隊由八十一輛車組成。❺乘六馬　所乘之車駕著六匹馬。❻龍文衣　編織成龍形圖案的衣服。此言馬身上披著有用五彩羽毛編織成的龍形圖案的衣套。❼著角　意謂馬的頭上安著假角。❽華蓋九重　華麗的車蓋有九層。重，層。❾輓　拉車。❿登仙　成仙。相傳黃帝建造華蓋而登仙，所以王莽作此。⓫竊言　私下說。⓬輀車　拉載棺柩的喪車。⓭酪　用草籽、樹果煮熬而成的液體糊漿。⓮重為煩費　又增加一層煩擾耗費。⓯引去　退去。⓰下江兵　古以南郡（今湖北西部）以下，地屬長江下游，稱下江。以王常、成丹為首的一支綠林軍主要活動於南郡地區，故稱下江兵。⓱朱鮪　淮陽國（治所在今河南淮陽）人，綠林軍重要將領。劉玄稱帝，以鮪為大司馬，封膠東王。建武元年（西元二五年）降劉秀，先後為平狄將軍、少府，封扶溝侯。⓲張卬　綠林軍重要將領。劉玄稱帝，為衛尉大將軍，封淮陽王。後被劉玄疑忌，卬歸赤眉軍。⓳新市兵　王匡、王鳳為新市人，所以他們領導的一支綠林軍稱新市兵。⓴部　統率。㉑先請而後動　先向朝廷呈報請示，批准後，才能行動。㉒紲　用繩索拴住。㉓韓盧　戰國時韓國的良犬名。㉔養贍官　負責供給流民吃喝的官吏。㉕稟食之　供給飢民食物。稟，供給食物。食，拿食物給人吃。㉖中黃門　官名。黃門，指宮廷之門。中黃門由宦者擔任，執掌給事禁中。㉗領　主管。㉘市買　買賣；交易。㉙省費　節省收購費用。㉚市所賣　買市場上所賣食品。市，買。㉛粱飯　好米飯。㉜隨　縣名，縣治在今湖北隨州。㉝平林　隨縣村鎮名，其地在今湖北隨州東北。㉞陳牧　地皇三年（西元二二年）起事，號平林兵。劉玄稱帝，為大司空，封陰平王。後為劉玄疑忌，被殺。㉟廖湛　地皇三年，與陳牧一起起事。劉玄稱帝，廖湛為執金吾大將軍，封穰王。後為劉玄疑忌，歸赤眉軍。建武二年（西元二六年），被劉嘉戰敗，被殺。㊱廉丹　新朝歷官寧始將軍、禦侮等職。地皇三年，被赤眉軍殺死。㊲倉廩　貯藏米穀的倉庫。㊳捐身於中野　捐軀在戰場。㊴馮衍　字敬通，京兆杜陵縣人，新朝時廉丹召為屬官。丹死，歸劉玄，後降劉秀。東漢初為曲陽令，遷司隸從事。因交通外戚免官，卒於家。善辭賦，為東漢初年著名辭賦家。傳見《後漢書》卷二十八。㊵張良　（？—西元前一八九年）字子房，西漢初年韓人，助劉邦滅秦、楚，建漢朝，封留侯。傳見《史記》卷五十五與《漢書》卷四十。㊶五世相韓　據《史記》、《漢書》：張良「大父開地，相韓昭侯、宣惠王、襄哀王。父平，相釐王、悼惠王。」㊷椎秦始皇博浪之中　椎，用椎擊。博浪，即博浪沙，地名，其地在今河南原陽東南。秦滅韓，張良得力士刺秦王。秦始皇東遊，至博浪沙，以椎擊之，誤中副車。㊸先　先人；祖先。漢宣帝時，其先人廉褒為後將軍。㊹信臣　忠誠可靠之臣。㊺附　歸附；順從。㊻潰亂　散亂。㊼詩人思召公　據記載，西周成王時，周、召二公分陝而治，自陝而東周公主之，自陝而西召公主之。召公巡視治理地區，常在一棵棠樹下審斷案件，處理政事，很得人們的擁戴。召公死後，人民懷念他，作〈甘棠〉之詩歌頌他。㊽歌舞　既歌又舞，此指頌揚。㊾從之　順從民意。㊿今方　如今；現在。51屯據　駐紮據守。52鎮撫　安撫。53砥厲　激勵；勉勵。54納　接納。55詢　諮詢；訪問。56流　傳布；流傳。57何與軍覆於中原　何與，與……相比怎麼樣；比……怎麼樣。覆，全數潰滅。中原，即原中，指戰場。58膏　潤溉，此借指死亡。59奉世　馮奉世，字子明，上黨郡潞縣（今山西潞城東北）人，後遷京兆杜陵縣。漢武帝末年入仕，元帝永光年間病卒。官至左將軍、光祿勳，賜爵關內侯。傳見《漢書》卷七十九。60索盧恢　人名，姓索盧，名恢。61反城　佔據城邑起來造反。62勞　慰勞。63別校　單獨領軍作戰的中級軍官。64董憲　東海郡（治所在今山東郯城西北）人，新朝末年在東海起事。劉玄稱帝，封劉永為梁王。永佔據梁地，自置官吏，拜憲為翼漢大將軍，立為海西王。建武六年（西元三〇年），與劉秀軍戰，軍敗被殺。65梁郡　梁本為王國名，都睢陽縣（今河南商丘南）。王莽建新，改國為郡。66罷　通「疲」。67成昌　地名，今地不詳。68別鬭　在別的地方作戰。69誰為　即「為誰」。70馳奔賊　飛馬衝向賊軍。71馳東　飛快趕往東方。72敖倉　倉名，其地在今河南鄭州西北邙山上，北臨黃河。73南宮　洛陽城內宮殿名，其址在今洛陽東北郊。74董忠　人名，王莽建新，封降符伯。天鳳六年（西元一九年），代嚴尤為大司馬。地皇四年（西元二三年），與劉歆、王涉謀殺王莽，事洩被殺。75北軍中壘　漢代京師的衛戍部隊分為南、北軍。文帝時合南北軍，其後南軍名沒，而北軍名存。漢設中壘校尉，執掌北軍營壘之事。此言大司馬董忠率軍駐紮在北軍中壘營地，並在那裡訓練部隊。

【校　記】[1]王匡王鳳　原作「王鳳王匡」。據章鈺校，十二行本、乙十一行本、孔天胤本皆作「王匡王鳳」，今據改。[2]以　原無此字。據章鈺校，十二行本、孔天胤本皆有此字，張敦仁《通鑑刊本識誤》同，今據補。[3]詩　原作「周」。據章鈺校，十二行本、乙十一行本、孔天胤本皆作「詩」，今據改。[4]北軍中壘　原誤作「中軍北壘」。嚴衍《通鑑補》改作「北軍中壘」，今據以校正。

【語　譯】三年（壬午　西元二二年）

春，正月，九廟落成，各廟安放了神主，王莽前去祭拜，乘坐六馬拉的大駕，馬身上披著用五色羽毛織成龍文圖案的套子，馬頭上裝飾假角，長三尺。還製造華麗的九層車蓋，高八丈一尺，用四輪車裝載。拉車的人高呼「登仙」的口號，王莽出行時，用這輛車在前開路。文武百官竊竊私語說：「這像載著棺柩的喪車，不是仙物。」

二月，樊崇等人殺死了景尚。○函谷關以東地區人吃人。

夏，四月，王莽派太師王匡、更始將軍廉丹東出討伐盜賊。起初，樊崇等人的部眾逐漸強大，於是與眾約定：「殺人的人抵命，傷人的人償創。」其中，最高首領稱號三老，其次叫從事，再次叫卒史。等到得知太師、更始將軍將要來討伐，擔心自己的部眾與王莽的官兵相混，就把部眾的眉毛塗成紅色相區別，因此稱號叫赤眉軍。王匡、廉丹合計率領精銳士兵十餘萬人，每經過一地，對士兵不加約束。東部地區因而流行歌謠說：「寧可遇上赤眉，不願碰到太師！太師勉強過得去，更始來了就沒命！」始終如同田況說的一樣。○王莽又大批派出大夫、謁者到各地去教民眾用草木煮成酪漿充飢，酪漿無法食用，更加重了百姓的煩擾和耗費。

綠林軍染上了病疫，死亡將近半數，因而各自分散退去。王常、成丹向西進入南郡，稱為「下江兵」。王匡、王鳳、馬武及其支黨朱鮪、張卬等人，向北進入南陽，稱為「新市兵」。各個首領都自稱將軍。王莽派司命大將軍孔仁統領豫州，納言大將軍嚴尤、秩宗大將軍陳茂出擊荊州，各自帶領隨從官員一百多人，乘坐驛車到各自任所招募士兵。嚴尤對陳茂說：「派遣將領卻不給發兵的兵符，一定要先請示然後才行動，這好比是用繩子拴住獵狗韓盧卻要求牠去捕獲獵物啊。」

蝗蟲從東方飛來，遮蔽了天空。○流亡進入函谷關的難民有幾十萬人，朝廷在各地設置養贍官供給食物，由使臣監管，他們卻和小吏一起盜竊這些食物，以致流民餓死的十有七八。

此前，王莽派遣中黃門王業主管長安城市場貿易，用低價取民貨物。百姓很厭恨。王業卻因節省收購費用而立功，被賜爵為附城。王莽聽說京城裡發生饑荒，就詢問王業。王業回答說：「這些都是流民。」於是買來售賣的好米飯、肉羹，呈送給王莽看，說：「本城居民吃的都是這樣的東西。」王莽相信了他的話。

秋，七月，新市兵首領王匡等進攻隨縣。平林人陳牧、廖湛也聚眾一千餘人，稱為「平林兵」，以響應王匡。

王莽以詔書斥責廉丹說：「倉庫糧食光了，國庫財物空了，應該大怒奮起了，應該出擊交戰了。將軍身受朝廷的重任，若不能捐軀於戰場，就無法報答朝廷的厚恩完成自己的職責！」廉丹恐懼，當晚就召喚他的屬吏馮衍，將詔書拿給他看。馮衍趁機對廉丹說：「張良父祖五代輔佐韓王，在博浪沙用鐵椎謀刺秦始皇。將軍的祖先，是漢朝的忠誠之臣。新王朝興起，英雄豪傑都不歸附。如今全國潰散混亂，百姓懷念漢朝的恩德，超過詩人懷念召公。人們歌之舞之而頌揚的，上天一定順從他。現今我替將軍謀劃，不如駐紮在一個大郡，安撫吏士，砥礪他們的志節，接納英雄豪傑之士，諮詢忠直智慧的謀略，為國家興利，替萬民除害，那麼，你的福祿就會流傳無窮，功業永垂青史。與軍隊覆滅戰場，身死草野，功敗名喪，使祖先蒙辱相比怎麼樣！」廉丹沒有聽馮衍的勸告。馮衍是左將軍馮奉世的曾孫。

冬，無鹽縣索盧恢等人起兵，據城反叛，響應賊軍，廉丹、王匡攻陷無鹽縣城，殺死一萬多人。王莽派中郎將奉詔書慰勞廉丹、王匡，晉升二人為公爵，封有功官吏十多人。

赤眉別校董憲等數萬名部眾駐在梁郡，王匡想攻擊董憲。廉丹認為剛攻下縣城，軍隊疲勞，應當暫且休整，恢復軍威。王匡不聽，率領軍隊單獨挺進，廉丹跟隨著他。在成昌交戰，王匡兵敗逃走。廉丹派人拿著王匡的印信、綬帶、符節全送交王匡說：「小兒可以逃走，我卻不能！」於是停下來，戰死了。校尉汝雲、王隆等二十餘人正在別處作戰，聽說廉丹戰死的消息，都說：「廉將軍已死，我們還為誰活！」馳馬衝入敵陣，都戰死。

國將哀章自己請求希望平定山東地區，王莽便派遣哀章飛快趕往東方和太師王匡會合。又派遣大將軍陽浚防守敖倉。司徒王尋率領十餘萬人駐守洛陽，鎮守南宮。大司馬董忠在北軍中壘營地訓練士兵騎射。任命大司空王邑兼掌三公的職責。

初[1]，長沙定王發❶生舂陵節侯買，買生戴侯熊渠，熊渠生考侯❷仁。仁以南方❸卑濕❹，徙封南陽之白水鄉❺，與宗族往家❻焉。仁卒，子敞嗣，值莽篡位，國除。節侯少子外為鬱林❼太守，外生鉅鹿都尉回，回生南頓❽令欽。欽娶湖陽樊重❾女，生三男：縯❿，仲⓫，秀⓬，兄弟早孤⓭，養於叔父良⓮。縯性剛毅，慷慨有大節，自莽篡漢，常憤憤，懷復社稷之慮，不事家人居業⓯，傾身⓰破產，交結天下雄俊。秀隆準日角⓱，性勤稼穡⓲。縯常非笑⓳之，比於高祖⓴兄仲㉑。秀姊元㉒為新野鄧晨㉓妻，秀嘗與晨俱過穰㉔人蔡少公，少公頗學圖讖，言「劉秀當為天子」。或曰：「是國師公劉秀乎？」秀戲曰：「何用㉕知非僕㉖邪！」坐者皆大笑。晨心獨喜。

宛人李守，好星曆、讖記，為莽宗卿師㉗，嘗謂其子通㉘曰：「劉氏當興，李氏為輔。」及新市、平林兵起，南陽騷動，通從弟㉙軼㉚謂通曰：「今四方擾亂，漢當復興。南陽宗室，獨劉伯升兄弟汎愛㉛容眾㉜，可與謀大事。」通笑曰：「吾意也！」會秀賣穀於宛，通遣軼往迎秀，與相見，因具言讖文事，與相約結，定謀[2]議。通欲以立秋材官都試騎士日，劫前隊大夫㉝甄阜及屬正㉞梁丘賜，因以號令大眾，使軼與秀歸舂陵舉兵以相應。於是縯召諸豪桀計議曰：「王莽暴虐，百姓分崩。今枯旱連年，兵革並起，此亦天亡之時，復高祖之業，定萬世之秋㉟也！」眾皆然之。於是分遣親客於諸縣起兵，縯自發舂陵子弟。諸家子弟恐懼，皆亡匿，曰：「伯升殺我！」及見秀絳衣大冠㊱，皆驚曰：「謹厚者亦復為之！」乃稍自安。凡得子弟七八千人，部署賓客，自稱「柱天㊲都部㊳」。秀時年二十八。

李通未發，事覺，亡走。父守及家屬坐死者六十四人。

縯使族人嘉㊴招說新市、平林兵，與其帥王鳳、陳牧西擊長聚㊵。進屠㊶唐子鄉㊷，又殺湖陽尉㊸。軍中分財物不均，眾恚恨㊹，欲反攻諸劉。秀[3]斂㊺宗人㊻所得物，悉以與之，眾乃悅。進拔棘陽㊼，李軼、鄧晨皆將賓客來會。

嚴尤、陳茂破下江兵。成丹、王常、張卬等收散卒入蔞谿㊽，略㊾鍾、龍㊿間，眾復振。引軍與荊州牧戰于上唐(51)，大破之。

十一月，有星孛于張(52)。○劉縯欲進攻宛，至小長安聚(53)，與甄阜、梁丘賜戰。時天密霧，漢軍大敗。秀單馬走，遇女弟伯姬，與共騎而奔。前行，復見姊元，趣(54)令上馬，元以手揮曰：「行矣，不能相救，無為兩沒(55)也！」會追兵至，元及三女皆死，縯弟仲及宗從(56)死者數十人。

縯復收會兵眾，還保棘陽。阜、賜乘勝留輜重於藍鄉(57)，引精兵十萬南度潢淳(58)，臨泚水(59)[4]，阻(60)兩川(61)間為營，絕(62)後橋，示無還心。新市、平林見漢兵數敗，阜、賜軍大至，各欲解去，縯甚患之。會下江兵五千餘人至宜秋(63)，縯即與秀及李通俱[5]造其壁(64)曰：「願見下江一賢將，議大事。」眾推王常。縯見常，說以合從(65)之利，常大悟曰：「王莽殘虐，百姓思漢。今劉氏復興，即真主也。誠思出身為用，輔成大功。」縯曰：「如事成，豈敢獨饗(66)之哉！」遂與常深相結而去。常還，具為餘將成丹、張卬言之。丹、卬負(67)其眾曰：「大丈夫既起，當各自為主(68)，何故受人制乎！」常乃徐曉說(69)其將帥曰：「王莽苛酷，積失(70)百姓之心，民之謳吟(71)思漢，非一日也，故使吾屬因此得起。夫民所怨者，天所去也；民所思者，天所與也。舉大事，必當下順民心，上合天意，功乃可成；若負彊恃勇，觸情恣欲(72)，雖得天下，必復失之。以秦、項之勢，尚至夷覆(73)，況今布衣相聚草澤(74)，以此行之，滅亡之道也。今南陽諸劉舉宗起[6]兵，觀其來議者，皆有深計大慮，王公之才，與之并合，必成大功，此天所以祐吾屬也！」下江諸將雖屈彊(75)少識(76)，然素敬常，乃皆謝曰：「無王將軍，吾屬幾陷於不義！」即引兵與漢軍、及[7]新市、平林合。於是諸部齊心同力，銳氣益壯。縯大饗軍士，設盟約，休卒三日，分為六部。十二月晦(77)，潛師(78)夜起，襲取藍鄉，盡獲其輜重（ㄓㄨㄥˋ）。

【章　旨】以上為第十段，寫南陽劉氏起兵反對王莽，劉縯、劉秀兄弟說服各支綠林兵眾將聯合作戰，初戰告捷，起義兵士氣大振。

【注　釋】❶發　劉發。漢景帝子。封長沙國，死後謚定，史稱長沙定王。傳見《史記》卷五十九與《漢書》卷五十三。❷考侯　《漢書．王子侯表》作「孝侯」。❸南方　指封地春陵。春陵，鄉名，屬零陵郡泠道縣，在今湖南寧遠西北，故稱南方。❹卑濕　地勢低下潮溼。❺白水鄉　鄉名，屬南陽郡蔡陽縣，在今湖北棗陽南。漢元帝時，春陵侯的封地徙移此地，把白水鄉改名春陵。❻家　作動詞。安家；定居。❼鬱林　郡名，治所在今廣西桂平西南。❽南頓　縣名，縣治在今河南項城西。❾樊重　字君雲，南陽郡湖陽縣（今河南唐河縣西南）人，其女樊嫻就是光武帝劉秀之母。終年八十多歲。建武十八年（西元四二年），追爵謚為壽張敬侯。❿縯　劉縯（？—西元二三年），字伯升，劉秀長兄。地皇三年（西元二二年）起兵反新。劉玄稱帝，為大司徒，封漢信侯，不久被劉玄殺害。劉秀稱帝，追爵謚為齊武王。傳見《後漢書》卷十四。⓫仲　劉仲，劉秀次兄。地皇三年冬被王莽軍殺死。建武十五年追爵謚為魯哀王。⓬秀　劉秀（西元前六—西元五七年），字文叔。地皇三年隨兄劉縯起事反莽。劉玄稱帝，為太常偏將軍，封武信侯。後以破虜將軍行大司馬事，鎮撫河北州郡。在河北發展勢力，於更始三年（西元二五年）六月在常山郡鄗縣（今河北高邑東南）稱帝，年號建武。同年十月，定都洛陽，是為東漢。在位三十三年（西元二五—五七年），死後謚光武，廟號世祖，史稱光武帝。傳見《後漢書》卷一。⓭早孤　劉秀九歲，父卒。孤，年幼失父。⓮良　劉良，字次伯。劉秀的叔父。平帝時舉孝廉，為蕭縣令。劉秀稱帝，封王。傳見《後漢書》卷十四。⓯居業　產業。⓰傾身　竭盡全力。⓱隆準日角　高鼻樑，額角突起。隆，高。準，鼻子。日角，額角中央隆起，形狀如日。舊時認為這是大貴的長相。⓲稼穡　稼，播種農作物。穡，收穫農作物。這裡「稼穡」連言，泛指農業生產。⓳非笑　譏笑。⓴高祖　指劉邦。㉑仲　劉邦兄，名喜。據《史記．高祖本紀》，劉邦稱帝後，曾對他父親說：「始大人常以臣無賴，不能治產業，不如仲力，今某之業所就孰與仲多？」㉒元　劉元。劉秀的次姐。地皇三年被莽軍所殺。劉秀稱帝，追爵為新野長公主。㉓鄧晨　（？—西元四九年）字偉卿，南陽郡新野縣人，劉秀之姐劉元的丈夫。隨劉秀兄弟起事反莽。劉秀稱帝，歷任郡守，定封西華侯。傳見《後漢書》卷十五。㉔穰　縣名，縣治在今河南鄧州。㉕何用　何以。㉖僕　我。自稱的謙詞。㉗宗

卿師　王莽所置官名，執掌宗室事務。㉘通　李通（?—西元四二年），字次元，南陽郡宛縣人，劉秀之妹劉伯姬（寧平公主）的丈夫。隨劉秀兄弟起事反莽。劉玄稱帝，為柱天大將軍，封西平王。建武年間，歷任大司農、前將軍、大司空等職，封固始侯。傳見《後漢書》卷十五。㉙從弟　堂弟。㉚軼　李軼。隨劉秀兄弟起事。劉玄稱帝，為五威中郎將，封舞陰王。後為劉玄的大司馬朱鮪所殺。㉛汎愛　博愛；普遍地愛。㉜容眾　謂心懷寬廣，能寬容眾人。㉝前隊大夫　王莽於六隊郡置大夫，職如太守。㉞屬正　王莽所置官名，職如郡都尉。㉟定萬世之秋　奠定千秋萬世大業之時。㊱絳衣大冠　軍官服裝。絳衣，大紅色的衣服。大冠，武冠。㊲柱天　若天之柱。㊳都部　統率。㊴嘉　劉嘉（?—西元三九年），字孝孫。劉秀族兄。隨劉秀兄弟起事反莽。劉玄稱帝，為扶威大將軍，封漢中王。建武年間為千乘太守，封順陽侯。㊵長聚　村鎮名。㊶屠　破城屠滅。㊷唐子鄉　鄉名，屬湖陽縣。其地在今湖北棗陽北。㊸尉　縣尉。執掌軍事，負責治安。㊹恚恨　怨恨。㊺斂　收聚。㊻宗人　同族的人。㊼棘陽　縣名，縣治在今河南南陽南。㊽蔞谿　地名。㊾略　擄掠。㊿鍾龍　皆山名。鍾山，在今湖北隨州東北。龍山，在今湖北應山縣東北。51上唐　鄉名，屬隨縣。其地在今湖北隨州西北。52有星孛于張　星，指彗星。孛，指彗星出現時光芒四射的樣子。張，星宿名，為二十八宿之一。古人用天上的二十八宿所處的方位與地上的州、國等區域相對應，叫做分野。張宿在地上的對應分野是周地。古人把彗星看作是預示兵亂的惡星，彗星出現在張宿，預示地上與張宿對應的分野周地將有兵亂。53小長安聚　村鎮名，其地在今河南南陽南。54趣　催促。55沒　通「歿」。死。56宗從　同族的人；本家。從，堂房親屬。57藍鄉　地名，其地在今河南泌陽境。58潢淳　河流名，黃水流經潢淳聚後又稱潢淳水。在今河南唐河縣境。59泚水　河流名，唐河的上游，古稱「訛水」。在今河南泌陽境。60阻　阻隔。61兩川　指潢淳和泚水。62絕斷。63宜秋　地名，其地在今河南唐河縣東南。64造其壁　到劉縯的營壘。造，往。65合從　聯合。66饗　享受。67負　仗恃。68為主　作為首領。69徐曉說　慢慢地勸說。70積失　久失。71謳吟　歌唱吟詠。72觸情恣欲　任情縱欲。73夷覆　滅亡。74草澤　荒野。75屈彊　倔強。屈，通「倔」。76少識　見識不廣；缺乏知識。77晦　每月最後一日為晦，大月是三十日，小月是二十九日。地皇四年十二月丙子朔，三十晦為乙巳日。疑原文晦字上脫乙巳兩字。78潛師　祕密出兵。

【校　記】1初　張敦仁《通鑑刊本識誤》認為「初」下應有「景帝子」三字。2謀　原作「計」。據章鈺校，十二行本、乙十一行本、孔天胤本皆作「謀」，今據改。3秀　原作「劉秀」。據章鈺校，十二行本、乙十一行本、孔天胤本皆無「劉」字，今據刪。4泚水　據章鈺校，孔天胤本作「沘水」。5俱　原無此字。據章鈺校，十二行本、乙十一行本、孔天胤本皆有此字，今據補。⑥宗起　原無此二字。據章鈺校，十二行本、乙十一行本、孔天胤本皆有此二字，張敦仁《通鑑刊本識誤》、張瑛《通鑑校勘記》同，今據補。⑦及　原無此字。據章鈺校，十二行本、乙十一行本、孔天胤本皆有此字，張敦仁《通鑑刊本識誤》同，今據補。

【語　譯】起初，漢朝景帝子長沙定王劉發生春陵節侯劉買，劉買生戴侯劉熊渠，劉熊渠生考侯劉仁。劉仁因為南方地勢低下，氣候潮溼，改封到南陽郡的白水鄉，與他的家族前往定居。劉仁死後，兒子劉敞繼承爵位，正遇王莽篡奪帝位，封國被廢除。節侯劉買的幼子劉外任鬱林太守，劉外生鉅鹿郡都尉劉回，劉回生南頓縣令劉欽。劉欽娶湖陽縣樊重的女兒為妻，生了三個兒子：劉縯、劉仲、劉秀，兄弟三人幼年喪父，由叔父劉良撫養成人。劉縯個性剛強堅毅，慷慨大度，自從王莽篡漢，常常忿忿不平，懷有光復漢朝的想法。他不經營家產，反而傾家蕩產，交結天下英雄豪傑。劉秀的鼻子很高，額角中心隆起，形狀如日，愛好農耕。劉縯經常譏笑他，把他比作漢高祖劉邦的兄長劉仲。劉秀的姐姐劉元是新野人鄧晨的妻子，劉秀曾經與鄧晨一起拜訪穰縣人蔡少公，蔡少公對圖讖頗有研究，說「劉秀當為天子」。有人說：「是說國師公劉秀嗎？」劉秀開玩笑說：「何以知道不是我呢！」在座的人全都大笑。鄧晨心裡獨自高興。

宛城人李守喜好星象、讖書，任王莽的宗卿師，曾對他的兒子李通說：「劉氏當復興，李氏為輔佐。」等到新市兵、平林兵興起，南陽郡人心騷動，李通的堂弟李軼對李通說：「如今天下混亂，漢王朝應當復興。南陽郡劉家宗室，唯有劉縯兄弟博愛大眾，容納人才，可以與他們圖謀國家大事。」李通笑著說：「我正有此意！」恰好劉秀到宛城賣糧食，李通派李軼去迎接劉秀，與劉秀見面，趁機詳細地將讖文上的事告訴劉秀，彼此盟誓結交，共同商定計謀。李通想在立秋那天，趁著騎士總考試時，劫持前隊大夫甄阜和屬正梁丘賜，趁此號令大眾起兵，讓李軼和劉秀回春陵縣起兵響應。於是，劉縯召集當地豪傑計議說：「王莽殘暴酷虐，百姓分崩離析；如今連年旱災，到處兵荒馬亂，這是上天滅亡王莽之時，恢復漢高祖大業，奠定萬世基業之秋！」大家一致贊同。於是，分別派出親近賓客到各縣策動興兵起事，劉縯自己發動春陵縣的子弟。各家子弟都很害怕，紛紛逃避，說：「劉縯要害死我！」待見到劉秀身穿紅衣，頭戴武官的大帽，都吃驚地說：「謹慎忠厚的人也都這樣幹了！」心裡這才逐漸安定下來。劉縯他們一共集結子弟七、八千人，把賓客加以調配安置，自稱「柱天都部」。劉秀此時二十八歲。李通聚眾起兵還沒有行動就洩漏了，李通逃亡。他的父親李守和被牽連犯罪的家屬，一共死了六十四人。

劉縯派同族人劉嘉去招撫說服新市兵、平林兵，與他們的主帥王鳳、陳牧聯合西擊長聚；進兵屠滅唐子鄉，又殺死湖陽縣尉。軍中由於分配財物不均，大家都很怨恨，想要反擊劉縯的兵馬。劉秀搜集同族人所得的財物，全部交給他們，大家才高興。進兵攻取棘陽縣，李軼、鄧晨都率領賓客前來會合。

嚴尤、陳茂打敗下江兵。成丹、王常、張卬等搜集散兵進入蔞谿，在鍾山和龍山一帶擄掠，部隊又振作起來。帶領軍隊在上唐鄉和荊州牧作戰，大破州府官軍。

十一月，有彗星出現在南方張宿。○劉縯想進攻宛縣，到達小長安聚，和甄阜、梁丘賜交戰。當時大霧迷漫，漢軍大敗。劉秀單騎逃走，遇到妹妹劉伯姬，兄妹共乘一馬逃跑。在向前行進時，又碰見姐姐劉元，劉秀催她趕快上馬，劉元揮手說：「快走，你們不能救我，不要彼此都死！」恰巧追兵已到，劉元和三個女兒都被殺害，劉縯的弟弟劉仲和宗族子弟死去的有幾十人。

劉縯又集結部眾，撤到棘陽縣拒守。甄阜、梁丘賜乘勝把輜重裝備留在藍鄉，率領十萬名精兵南渡潢淳水，到達泚水，依托潢淳水和泚水兩水之間的險要地區紮營，毀斷了身後的水上橋樑，以示死也不後退的決心。新市兵、平林兵看到劉縯的漢軍屢次失敗，而甄阜、梁丘賜的軍隊大批到來，就打算脫離劉縯各自離去，劉縯深感憂慮。適逢下江兵五千餘人到了宜秋聚，劉縯立即帶領劉秀、李通一起到營寨拜訪，說：「我們想會見下江兵的一位賢明將領，商議大事。」下江兵推出王常。劉縯見到王常，向他說明聯合作戰的好處，王常大為醒悟，說：「王莽殘酷暴虐，百姓都思念漢朝。如今劉氏再次興起，就是真命天子。我們真心想挺身而出為你所用，助你完成大業。」劉縯說：「若大事成功，我豈敢獨自享受！」於是與王常深相結交而後離去。王常回到軍營，就向其他將領成丹、張卬詳細說明這件事情。成丹、張卬憑仗自己的兵力強大，說：「大丈夫既然起事，就應當各自做主，為什麼要受別人控制呢！」王常不慌不忙地勸說將帥們，說：「王莽苛刻殘酷，久失百姓之心，百姓謳歌思漢，不是一天了，所以促使我們能夠乘機興起。百姓所怨恨的人，就是上天要剷除的人；百姓所思念的人，就是上天要贊助的人。興舉大事，必須下順民心，上合天意，功業才能告成；若只憑藉自己強大勇猛，為所欲為，即便得到天下，必定還是要失去。以秦始皇、項羽的威勢，尚且遭到覆滅，何況如今我們這些平民，相聚在山林水澤，按這樣走下去，那是滅亡之路。現在，南陽郡劉氏所有的家族領頭都起兵，觀察他們派來跟我們商議的幾位首領，都有深謀遠慮，王公之才，和他們合作，大功必成，這正是上天派來保佑我們的啊！」下江兵的將領們儘管倔強，缺少見識，卻素來尊敬王常，於是都道歉說：「沒有王將軍，我們幾乎成為不義之人！」立即率軍和漢軍、等到與新市兵、平林兵會合。這樣一來，各部同心合力，士氣更高昂。劉縯大宴士卒，訂立盟約，讓士卒休息三天，分兵為六部。十二月最後一天，劉縯下令祕密拔營起寨，乘夜襲擊藍鄉，全部獲取了甄阜的軍用物資。

【研　析】這裡著重研析王莽末年的農民大起義。

起義的形成過程。王莽末年的農民大起義，首先發生在北方邊郡地區。王莽改革失敗，為了轉移矛盾視線，人為地挑起邊界事端，特別是出擊匈奴，在北方沿邊長年駐屯幾十萬大軍，後勤供給不足，駐軍大肆騷擾百姓，邊民不堪其苦，有的流亡內地為人奴婢，有的鋌而走險，聚眾為盜，形成一股一股的民變起事。始建國三年（西元一一年）以後，并州、平州、五原、代郡不斷發生農民起義。全國大亂後，河北為甚，有銅馬、大彤、高湖、重連、鐵脛、大槍、尤來、上江、青犢、五校、五幡、五樓、富平、獲索等大小農民軍數十支，大股的有數萬、數十萬，合計有幾百萬。天鳳四年（西元一七年）南方民變四起，綠林、赤眉軍起義，形成了全國農民大起義。綠林軍活動在荊州，赤眉軍活動在齊魯，這兩支是最大的農民起義軍。

天鳳四年，荊州一帶發生嚴重饑荒，新市人王匡、王鳳聚眾起義，被推為首領，王常、成丹也聚眾來附。他們隱蔽在今湖北京山縣北的綠林山中，因而被稱為綠林軍。幾個月後，綠林軍發展到七八千人。地皇二年（西元二一年），綠林軍打敗荊州牧的鎮壓，發展到數萬人。第二年，由於瘟疫流行，綠林軍死亡過半，餘下的不得不分兵活動，王常、成丹西入南郡，稱下江兵；王匡、王鳳、馬武等北上南陽，稱新市兵。這時，平林人陳牧、廖湛聚眾響應，稱平林兵。

沿海東部地區，也在綠林起義軍的天鳳四年發生民變。在琅邪海曲，今山東日照地區有呂母起義，在會稽長州，今江蘇蘇州地區有臨淮人瓜田儀起義。第二年，即天鳳五年，琅邪人樊崇率眾在莒縣起義。青、徐各地起義首領還有徐宣、逄安、謝祿、楊音等人，都率眾歸附樊崇。為了作戰時與敵人相區別，起義軍把眉毛塗紅，因此號稱赤眉軍。地皇三年，赤眉軍在成昌，今山東東平擊敗王莽軍，殺王莽大將廉丹，人數達到數十萬，勢力擴展到黃河兩岸、長江之北的華北、江淮兩大平原。

南陽大地主集團的代表人物劉縯、劉秀兄弟在地皇三年也拉起隊伍加入反對王莽的起義行列。劉氏兄弟居南陽舂陵，在今湖北棗陽，這一支地主武裝史稱舂陵軍。舂陵軍訓練有素，目標明確，光復漢室。劉氏兄弟長期隱蔽活動，宣揚漢室復興，於是掀起「人心思漢」的思潮。由於舂陵軍與王莽軍接戰不利，劉氏兄弟遊說下江兵合縱。在「人心思漢」思潮的影響下，各支綠林軍與舂陵軍聯合，並正式建立漢家旗號，擁立劉姓宗室劉玄做皇帝，史稱更始皇帝。更始旗號下的聯軍，史稱漢軍。

有了明確政治目標的漢軍，成為了反抗王莽的中堅和主力軍，當然也是王莽的眼中釘。王莽進行全國總動員，集中了四十三萬大軍征討，號稱百萬。地皇四年，王莽軍和漢軍在昆陽決戰，這就是歷史上有名的以少勝眾的昆陽之戰。劉秀率領的一萬餘人漢軍，打敗王莽的四十三萬大軍，不久新朝就滅亡了。劉秀一戰成名，是人們心中的真龍天子，他就是中興漢朝的光武帝。當然，這是後話，在後面的研析中詳說。

起義原因。王莽革新改制，不但沒有解決社會問題，沒有消除尖銳的社會矛盾，而且變本加厲擾民。買賣王田、奴婢、私鑄錢幣、私帶銅炭，被誅殺的有幾十萬人。五均六筦，也引起愈來愈大的社會混亂。王莽為了挽回威信，拯救滅亡，一面繼續玩弄符命把戲，欺騙人民；一面虛張聲勢，發動對匈奴、西南夷和西域的邊境戰爭。結果，王莽軍處處受挫，四邊告急，物價暴漲，米價高達二千、五千、一萬錢一石，甚至災區人相食。戰爭的騷擾，加重了沉重的賦役，再加上殘酷的刑法，使農民完全喪失了活路。廣大農民被王莽的改制新政弄得「搖手觸禁，不得耕桑」，不得不起為盜賊。政治昏暗，加重天災，旱災、水災、蝗災不斷。如果說北方農民起義由兵禍引起，南方綠林軍起義，天鳳四年的嚴重饑荒成為導火線，而山東呂母起義則是呂母之子被冤殺引起。總之，天災人禍逼得廣大勞動人民無法再生活下去了，統治集團內部也不穩，全國人民推翻王莽政權的起義時機成熟了，於是全國農民起義大爆發。王莽後期，連兒子也起來反對，發動了未遂的宮廷政變。王莽末年的農民大起義是三分天災，七分人禍。

王莽違道施政，自掘墳墓。這裡所說的道，既不是指抽象的天道，也不是指德義的人道，而特指一個正常人的常理人道。人道萬端，內容很多。而作為君王的常理人道，一是要聖明，二是要用賢。君王不明，則政治昏亂；君王聖明，則政治清明。王莽聰明絕倫，是玩弄政治的高手，他完全有智慧有能力治理好西漢，而成為漢家周公、劉氏伊尹，不辜負自詡的「安漢公」和「宰衡」的稱號。可惜王莽動了竊國之心，一念之差，一切都顛倒了。不能說王莽一登上政治舞臺就有野心。王莽的野心，是成帝、哀帝的昏庸政治栽培的，是王政君的長壽搭建了平臺。當王莽一旦有了野心，一切為了奪權竊國，他就要掩人耳目，他的聰明就走上了邪道，於是行為詭異，久而久之，他的心理被扭曲，人性被權力異化。王莽不遺餘力宣揚符命，竟異想天開下詔書說自己要「成仙升天」，想用這個辦法來欺騙人民，化解民變，豈不讓人啞然失笑。王莽專權篡國，他害怕臣下效仿，成了他的一個心病。有了心病，王莽變得瘋狂，他把事無巨細的一切權力攬在手裡，原來奉命執行的事，臣下也要多次請求詢問後才能辦理。公卿大臣，入朝議事，敷衍搪塞，整天空談，國家大政連續議論幾年沒有定論，地方奏報的緊急政務，久久不能上報，許多地方使者整年得不到回答。因為王莽白天黑夜，忙得暈頭轉向，竟致不能理事。尚書趁機舞弊，上下其手，王莽的大權實際旁落。上行下效，加之地方官吏，手腳被束，關押在郡縣監獄的人，沒有人審理，只有等到大赦才能出來。如此行政，國家還能治理得好嗎？

王莽不明，用人更是一團糟。阿諛逢迎之徒得到重用，巨毋霸、哀章之流盈於朝廷。王莽忌用賢人，眼見民變大起，王莽不聽公孫祿之言，不納大司馬士的實情報告，不用田況為將。一個效忠又懂軍事的嚴尤，正面意見就是不聽，始終不用他獨當一面，將百萬大軍交給王邑、王尋。田況早就指出，王邑、王尋輩不宜為將，王莽就是不聽。

農民起義，為飢餓所迫，只是找一條活路，因此起義時往往為盜，掠取婦女財物，並無攻城略地的打算。綠林軍打敗荊州軍，俘虜了荊州牧並不敢殺害，送還官軍，赤眉軍和綠林軍一樣，只盼望王莽換一個清官，年成豐收，他們好回鄉歸農。費興被任命為荊州牧，王莽問他如何治理。費興說：「明令曉諭盜賊，返回鄉里，貸放農具、耕牛、種子和糧食，放寬他們的租稅，希望能使他們消解愁怨，安於其業。」王莽聽了大怒，罷了費興的官。王莽要殺滅起義的農民，天下人都反，難道能把天下人殺光嗎？

王莽更為荒唐的事件，是不給官吏俸祿，讓官吏自己供給。有了俸祿還十官九貪，沒有俸祿，不就是明目張膽給賄賂公行開綠燈嗎！各級官吏，利用職權貪贓枉法。朝廷派出的各種各樣的使者、公士，一到地方，公開擾民。王莽改革失敗，最大的原因，也是敗在貪官汙吏之手。官逼民反，新朝最為典型。王莽末年的農民大起義，完全是王莽的詭異施政造成的。

卷第三十九

漢紀三十一

起昭陽協洽（癸未　西元二三年），盡閼逢涒灘（甲申　西元二四年），凡二年。

【題解】本卷記事起西元二三年，迄西元二四年，凡兩年史事，當淮陽王更始元年、二年。兩年間歷史發生大轉折。更始元年二月，劉玄稱帝，六月一日昆陽大戰，漢兵大捷，劉秀建立殊功。九月新朝覆滅，王莽被斬首分屍。劉玄遷都洛陽，遣使巡行全國勸降，多不奉命，劉秀持節安撫河北，脫離更始獨當一面。更始二年，劉玄入關都長安，荒怠政事，官民離心。是年，劉秀在河北，歷經艱險，平滅王郎，收編銅馬，誅殺謝躬，與更始決裂。赤眉軍西征，公孫述稱帝於蜀，梁王劉永、邔縣人秦豐、汝南人田戎各自起兵，更始帝號令不行，全國進入群雄紛爭的局面。

淮陽王❶

更始元年（癸未　西元二三年）

春，正月甲子朔❷，漢兵與下江兵共攻甄阜、梁丘賜，斬之，殺士卒二萬餘人。王莽納言將軍嚴尤、秩宗將軍陳茂引兵欲據宛，劉縯與戰於淯陽❸下，大破之，遂圍宛。先是，青、徐賊眾雖數十萬人，訖無文書❹、號令、旌旗、部曲❺，及漢兵起，皆稱將軍，攻城略地，移書稱說❻。莽聞之，始懼。

舂陵戴侯曾孫玄在平林兵中，號更始將軍。時漢兵已十餘萬，諸將議以兵多而無所統一，欲立劉氏以從人望。南陽豪桀及王常等皆欲立劉縯，而新市、平林將帥樂放縱，憚縯威明，貪玄懦弱，先共定策立之，然後召縯示其議。縯曰：「諸將軍幸欲尊立宗室，甚厚！然今赤眉起青、徐，眾數十萬，聞南陽立宗室❼，恐赤眉復有所立，王莽未滅而宗室相攻，是疑天下❽而自損權，非所以破莽也。舂陵去宛三百里耳，遽自尊立，為天下準的❾，使後人得承吾敝，非計之善者也。不如且稱王以號令，王勢亦足以斬諸將。若赤眉所立者賢，相率而往從之，必不奪吾爵位。若無所立，破莽，降赤眉，然後舉尊號，亦未晚也。」諸將多曰「善！」張卬拔劍擊地曰：「疑事無功，今日之議，不得有二！」眾皆從之。二月辛巳朔，設壇場❿於淯水⓫上沙中，玄即皇帝位，南面立，朝羣臣。羞愧流汗，舉手不能言。於是大赦，改元，以族父⓬良為國三老⓭，王匡為定國⓮上公，王鳳為成國上公，朱鮪為大司馬，劉縯為大司徒，陳牧為大司空，餘皆九卿將軍⓯。由是豪桀失望，多不服。

【章　旨】以上為第一段，寫綠林軍擁立更始皇帝，表明起義軍要消滅王莽，重建漢室。

【注　釋】❶淮陽王　指劉玄（？—西元二五年），字聖公，西漢宗室，光武帝劉秀的族兄。王莽地皇四年（西元二三年）二月，被綠林農民起義軍擁立為帝，年號更始。當年六月都宛城，十月北都洛陽。次年二月，西都長安。更始三年（西元二五年）九月，赤眉軍攻入長安，劉玄敗降，被縊殺。劉秀於更始三年六月在河北稱帝，九月聞赤眉攻入長安，劉玄敗，詔封劉玄為淮陽王，故史稱淮陽王。❷甲子朔　正月初一日。按，更始元年正月壬子朔，非甲子，此處記載疑有誤。❸淯陽　又作「育陽」，縣名，縣治在今河南南陽南。❹訖無文書　始終沒有公文。❺部曲　編制。❻移書稱說　指到處張貼告示，數說王莽罪狀。❼宗室　指西漢皇室之後。❽疑天下　使天下人疑惑。❾準的　標準。❿壇場　古代設壇舉行祭祀、即位、盟會、拜將等大典的場所。壇，高臺。場，壇旁平地。⓫淯水　河流名，即今白河。發源於河南伏牛山，東南流至方城縣西，而後南流，經南陽、新野入湖北，會唐河後注入漢水。⓬族父　同族伯叔父。⓭國三老　官名，榮職，以年老望重者擔任。⓮定國　尊美之號。⓯九卿將軍　卿職帶將軍名號，是受了王莽官制的影響。

【語　譯】淮陽王

更始元年（癸未　西元二三年）

春，正月甲子朔，漢兵與下江兵一起攻打甄阜、梁丘賜，將二人斬首，殺死士卒二萬多人。王莽手下的納言將軍嚴尤、秩宗將軍陳茂率兵想據守宛城，劉縯與他們在淯陽縣交戰，大破嚴尤、陳茂軍，於是包圍宛城。此前，青、徐兩州的起義軍雖有數十萬人，但始終沒有公文、號令、旌旗、部曲編制，等到漢兵興起，他們都自稱號將軍，攻城掠地，到處張貼告示，數說王莽罪狀。王莽聽到消息，開始懼怕。

春陵戴侯曾孫劉玄在平林兵中，稱更始將軍，這時漢兵已有十多萬人，眾將領一同商議，認為軍隊眾多，卻沒有統一，想擁立一個劉姓首領以順從民望。南陽郡的豪傑和下江兵王常等都想擁立劉縯，而新市兵、平林兵的將領喜歡鬆散放縱，害怕劉縯威嚴明察，貪圖劉玄懦弱，事先就商量好擁立劉玄，然後召來劉縯，向劉縯出示其商議的意見。劉縯說：「蒙各位將軍厚愛，想尊立劉氏宗室，很好！但是如今赤眉在青、徐二州興起，有眾數十萬，一旦聽說南陽擁立了宗室，恐怕赤眉軍也要擁立一個宗室。王莽還沒消滅而宗室互相攻擊，這會使天下人迷惑，損害了自己的權力，這不是打敗王莽的好辦法。春陵縣離宛城不過三百里，突然隨意尊立皇帝，成為天下攻擊的目標，使得後人跟著我們不好的行為做，這不是好的謀略。不如暫時稱王以號令天下，而王的權力也足可以斬殺犯禁的諸將。如果赤眉擁立的人賢能，我們就相率前去依附他，他們一定不會不授給我們官爵。如果赤眉沒有擁立皇帝，等消滅了王莽，降服了赤眉，然後再稱皇帝，也不晚。」眾將領大多數說「好！」張卬抽出寶劍砍地，說：「做事懷疑就不能成功，今天有了決議，不能另有別的想法！」大家都聽從了張卬的話。二月初一日辛巳，在淯水河岸沙灘設置壇場，劉玄登壇即皇帝位，面向南站立，接受群臣朝拜。劉玄羞愧流汗，舉手說不出話。於是宣布大赦，改年號，任命族叔劉良為國三老，王匡為定國上公，王鳳為成國上公，朱鮪為大司馬，劉縯為大司徒，陳牧為大司空，其餘將領都分任九卿將軍。由此豪傑失望，大多內心不服。

王莽欲外示自安，乃染其須髮，立杜陵史諶❶女為皇后。置後宮，位號視公、卿、大夫、元士者凡百二十人❷。

莽赦天下，詔：「王匡、哀章等討青、徐盜賊，嚴尤、陳茂等討前隊醜虜❸，明告以生活❹丹青❺之信。復迷惑不解散，將遣大司空、隆新公將百萬之師剿絕❻之矣。」

三月，王鳳與太常偏將軍劉秀等徇❼昆陽❽、定陵❾、郾❿，皆下之。

王莽聞嚴尤、陳茂敗，乃遣司空王邑馳傳⑪，與司徒王尋發兵平定山東。徵諸明兵法六十三家以備軍吏，以長人巨毋霸為壘尉⑫，又驅諸猛獸虎、豹、犀、象之屬以助威武。邑至洛陽，州郡各選精兵，牧守自將，定會⑬者四十二[1]萬人，號百萬。餘在道者，旌旗、輜重，千里不絕。夏，五月，尋、邑南出潁川，與嚴尤、陳茂合。

諸將見尋、邑兵盛，皆反走，入昆陽，惶怖，憂念妻孥⑭，欲散歸諸城⑮。劉秀曰：「今兵穀既少而外寇強大，并力禦之，功庶可立。如欲分散，勢無俱全。且宛城未拔，不能相救。昆陽即拔，一日之間，諸部亦滅矣。今不同心膽，共舉⑯功名，又欲守妻子財物邪！」諸將怒曰：「劉將軍何敢如是！」秀笑而起。會候騎⑰還，言：「大兵且⑱至城北，軍陳⑲數百里，不見其後。」諸將素輕秀，及迫急，乃相謂曰：「更請劉將軍計之。」秀復為圖畫⑳成敗，諸將皆曰：「諾。」時城中唯有八九千人，秀使王鳳與廷尉㉑大將軍王常守昆陽，夜與五威將軍李軼等十三騎出城南門，於外收兵㉒。

時莽兵到城下者且十萬，秀等幾不得出。尋、邑縱兵圍昆陽，嚴尤說邑曰：「昆陽城小而堅，今假號㉓者在宛，亟㉔進大兵，彼必奔走。宛敗，昆陽自服。」

邑曰：「吾昔圍翟義[25]，坐不生得以見責讓[26]，今將百萬之眾，遇城而不能下，非所以示威也。當先屠此城，蹀血而進[27]，前歌後舞，顧[28]不快邪！」遂圍之數十重，列營百數，鉦[29]鼓之聲聞數十里，或為地道、衝輣撞城[30]，積弩[31]亂發，矢下如雨，城中負戶而汲[32]。王鳳等乞降，不許。尋、邑自以[2]功在漏刻[33]，不以軍事為憂。嚴尤曰：「兵法：『圍城為之闕[34]』，宜使得逸出[35]以怖宛下。」邑又不聽。

棘陽[36]守長[37]岑彭[38]與前隊貳嚴說[39]共守宛城，漢兵攻之數月，城中人相食，乃舉城降。更始入都之。諸將欲殺彭，劉縯曰：「彭，郡之大吏，執心堅[3]守，是其節也。今舉大事，當表[40]義士，不如封之。」更始乃封彭為歸德侯。

劉秀至郾、定陵，悉發諸營兵。諸將貪惜財物，欲分兵守之。秀曰：「今若破敵，珍寶萬倍，大功可成；如為所敗，首領無餘[41]，何財物之有！」乃悉發之。六月己卯朔，秀與諸營俱進，自將步騎千餘為前鋒，去大軍四五里而陳。尋、邑亦遣兵數千合戰，秀奔[42]之，斬首數十級。諸將喜曰：「劉將軍平生見小敵怯，今見大敵勇，甚可怪也！且復居前，請助將軍！」秀復進，尋、邑兵卻，諸部共乘[43]之，斬首數百、千級。連勝，遂前，諸將膽氣益壯，無不一當百，秀乃與敢死者三千人從城西水㊹上衝其中堅㊺。尋、邑易之，自將萬餘人行陳㊻，敕諸營皆按部毋得動，獨迎與漢兵戰，不利，大軍不敢擅相救。尋、邑陳亂，漢兵乘銳㊼崩㊽之，遂殺王尋。城中亦鼓譟㊾而出，中外合勢，震呼動天地。莽兵大潰，走者相騰踐㊿，伏尸百餘里。會大雷、風，屋瓦皆飛，雨下如注，滍川(51)盛溢(52)，虎豹皆股戰(53)，士卒赴水溺死者以萬數，水為不流。王邑、嚴尤、陳茂輕騎乘死人度水逃去，盡獲其軍實輜重，不可勝筭，舉之(54)連月不盡，或燔燒其餘。士卒奔走，各還其郡，王邑獨與所將長安勇敢數千人還洛陽，關中聞之震恐。於是海內豪桀翕然(55)響應，皆殺其牧守，自稱將軍，用漢年號以待詔命。旬月之間，偏於天下。

【章　旨】以上為第二段，寫昆陽大戰，劉秀建功，王莽軍潰敗，形勢急轉，新朝的滅亡進入倒數計時。

【注　釋】❶史諶　以皇后父封和平侯，拜寧始將軍。莽敗，降劉玄，被殺。❷置後宮二句　《漢書・王莽傳》：「備和嬪、美御、和人三，位視公；嬪人九，視卿；美人二十七，視大夫；御人八十一，視元士：凡百二十人。」❸前隊醜虜　指更始皇帝所在的南陽綠林軍。前隊，站在起義軍前驅的位置。醜虜，指綠林軍。❹生活　指降者不殺。❺丹青　紅色和青色。丹青色豔而不易退色，故用以比喻鮮明顯著。❻剿絕　殺絕。剿，同「勦」。❼徇　攻取。❽昆陽　縣名，縣治在今河南葉縣。❾定陵　縣名，縣治在今河南郾城西北。❿郾　縣名，縣治在今河南郾城南。⓫馳傳　駕驛站車馬急行。⓬壘尉　軍官名，主管營壘之事。⓭定會　按照規定期限會合。⓮孥　兒女。⓯散歸諸城　分別回到各自駐守的城池。⓰舉　立；建。⓱會候騎　會，適逢。候騎，巡邏偵察的騎兵。⓲且　將。⓳陳　同「陣」。⓴圖畫　謀劃。㉑廷尉　官名，卿職，執掌刑獄司法。

㉒收兵　招收士兵。㉓假號　指舉兵起事者假立名號。㉔亟　急。㉕吾昔圍翟義　翟義舉兵討莽，王邑以虎牙將軍參加了鎮壓翟義的軍事行動。事詳本書卷三十六。㉖坐不生得以見責讓　因沒活捉翟義受到斥責。坐，因為。生得，活捉。見責讓，被責備。㉗蹀血而進　踏著血跡前進。蹀，腳踩著。㉘顧　難道。㉙鉦　打擊樂器。有柄，形狀像鐘，而比鐘狹長，銅製。行軍時用以節止步伐。㉚衝輣撞城　衝，衝車，古代攻城用的戰車。輣，輣車，車上設望樓作瞭望用，又稱「樓車」。撞，衝擊。㉛積弩　連射之弩。弩，用機械發箭的弓。㉜負戶而汲　背著門板取水。負戶以擋箭矢。汲，取水。㉝漏刻　本指古代計時器，即漏壺。這裡用以指時間短暫，義猶「頃刻」。㉞闕　缺口。《孫子兵法・軍爭》：「圍師必闕。」㉟逸出　逃出。㊱棘陽　縣名，縣治在今河南南陽南。㊲守長　代理縣長。守，多指官階低而代理較高的官職。㊳岑彭　（？—西元三五年）字君然，南陽郡棘陽縣人，王莽時守棘陽長。初降劉玄，後歸劉秀。劉秀稱帝，以彭為廷尉，封舞陰侯。後率師入蜀伐公孫述，被述所遣刺客刺殺。傳見《後漢書》卷十七。㊴前隊貳嚴說　前鋒副將嚴說。貳，副職。㊵表　表彰。㊶首領無餘　頭頸都留不下。首，頭。領，脖子。㊷奔　衝殺。㊸乘　乘機追殺。㊹城西水　指昆水。昆水是潁水支流，由西向東流經昆陽城南。此言劉秀率敢死隊從昆陽城西南北渡昆水攻擊敵人的中堅部隊。㊺中堅　古代主將所在的中軍部隊，是全軍的主力，稱為中堅。㊻行陳　巡視軍陣。㊼銳　鋒利。此指銳不可當之勢。㊽崩　崩潰，使動用法，意謂摧毀。㊾鼓譟　擊鼓吶喊。㊿騰踐　奔馳踐踏。(51)滍川　河流名，潁水支流，由西向東流經昆陽城北。(52)盛溢　指河水盛大漲滿，向外漫溢。(53)股戰　大腿發抖。股，大腿。戰，發抖。(54)舉之　指搬運戰利品。舉，取。(55)翕然　形容一致的樣子。

【校　記】①二　原作「三」。據章鈺校，十二行本、乙十一行本、孔天胤本皆作「二」，張瑛《通鑑校勘記》同，今據改。②以　原作「以為」。據章鈺校，十二行本、乙十一行本、孔天胤本皆無「為」字，今據刪。③堅　原作「固」。據章鈺校，十二行本、乙十一行本、孔天胤本皆作「堅」，今據改。

【語　譯】王莽想對外顯示鎮定自若，就把自己的頭髮和鬍鬚染黑，冊立杜陵人史諶的女兒為皇后。設置後宮，嬪婦的封號地位，分等級比照公、卿、士大夫、元士待遇，共有一百二十人。

王莽大赦天下，下詔書說：「王匡、哀章等人討伐青、徐二州的盜賊，嚴尤、陳茂討伐前隊的醜虜，公開把不殺降人明確不變的誠信進行告示。如果仍然執迷不悟，拒絕解散，將派大司空兼隆新公領兵百萬大軍剿滅叛亂。」

三月，王鳳與太常偏將軍劉秀等攻取昆陽、定陵、郾城三縣，全都攻克。

王莽聽說嚴尤、陳茂戰敗，就派司空王邑駕驛車飛馳前去，與司徒王尋發兵平定山東地區。徵召六十三家懂得兵法的人以充軍吏，用長人巨毋霸為壘尉，又驅趕各種猛獸虎、豹、犀牛、大象之類來壯軍威。王邑到了洛陽，州郡各自選派精兵，由州牧、郡守自己率領，限期會合的已達四十二萬人，號稱百萬。其餘行進在道路上的，旌旗、輜重，絡繹千里不絕。夏，五月，王尋、王邑向南出發到潁川，與嚴尤、陳茂會合。

起義軍各個將領看到王尋、王邑軍隊聲勢浩大，全都退走，進入昆陽，惶恐不安，掛念妻子兒女，想分散兵力回到各城。劉秀說：「如今兵糧既少，而城外的敵人又強大，合力抵禦，或許可以立功。若想要分散，勢必無法都保全。況且宛城還沒攻破，不能前來救援。昆陽若被敵人攻下，只要一天的時間，各路軍隊也就會被消滅。今天不同心共建功名，卻想要守住妻子兒女和財物嗎！」各位將領生氣地說：「劉將軍怎麼敢這樣！」劉秀笑著站起身。正好偵察的騎兵回來，說：「大兵即將到達城北，軍陣長達數百里，不見盡頭。」各位將領一向看不起劉秀，等到形勢緊急，才互相說：「再去請劉將軍來商量！」劉秀再給大家籌劃成敗，各位將領都說：「是。」此時城中只有八九千人，劉秀讓王鳳和廷尉大將軍王常守昆陽，當夜自己和五威將軍李軼等十三騎出昆陽城南門，在外邊招收士兵。

此時王莽到達城下的軍隊已將近十萬，劉秀等人差點出不去。王尋、王邑擺開兵馬包圍昆陽，嚴尤勸王邑說：「昆陽城小而堅固，現在假立名號的人住在宛城，趕快把大軍開過去，他們一定逃走。宛城那邊潰敗了，昆陽自然就會降服。」王邑說：「我從前圍攻翟義，因為沒有活捉他而受到斥責，現在統率百萬大軍，碰上城池不把它攻克，不能顯示軍威。應該先屠滅此城，踏血前進，前歌後舞，豈不痛快！」於是就將昆陽城包圍幾十重，布列營壘數以百計，鉦鼓的聲音傳出數十里，有的地段挖掘地道攻城，有的用衝車輣車撞城，弓箭亂發，矢如雨下，城中人背負門板取水。王鳳等人乞求投降，沒有被允許。王尋、王邑等自認為頃刻之間就可成功，不再為軍事操心。嚴尤說：「兵法上說：『圍城要留有缺口』，應當讓他們能夠逃出去，使宛城外的敵人感到恐懼。」王邑又不聽從。

棘陽縣代理縣長岑彭與前隊副將嚴說共守宛城，漢軍圍攻了幾個月，城中人吃人，於是全城投降。更始皇帝劉玄進入宛城，作為臨時首都。各位將領都想殺岑彭，劉縯說：「岑彭是一郡的長官，一心堅守城垣，這是他的節操。我們現在興起大事，應當表揚義士，還不如封他官爵為好。」劉玄便封岑彭為歸德侯。

劉秀到郾城、定陵，便徵調各路軍營裡的兵馬。各位將領貪戀財物，想要分兵看守。劉秀說：「現在若能打敗敵軍，珍寶比這裡多上萬倍，大功也可告成；若被打敗，腦袋都留不住，還能有什麼財物！」因此就把軍隊全部調出來。六月初一日己卯，劉秀和諸營兵馬一同進軍，他親自率領了一千多名步兵、騎兵充當前鋒，在距敵軍四五里處擺下陣勢。王尋、王邑也派出幾千名兵馬來交戰，劉秀帶兵衝殺過去，斬殺數十個敵人。各位將領高興地說：「劉將軍平日見到小敵膽怯，今天遇到大敵反而勇敢，真令人驚奇！將軍再作前鋒，請讓我們幫助將軍！」劉秀再次向前衝擊，王尋、王邑的軍隊後退，各路兵馬乘機一同衝殺上去，斬殺成百上千人首級。接連獲勝，就乘勢前進，各位將領的膽氣更加旺盛，無不以一當百，劉秀就和三千名敢死隊員從城西水邊衝擊敵軍的主將營壘。王尋、王邑輕視漢軍，親自率領一萬餘人在陣前巡視，指示各營都控制部隊不可妄動，單獨迎戰漢軍，不利，大軍又不敢擅自救援。王尋、王邑的軍陣混亂，漢軍乘著銳勢擊潰了他們，就此殺了王尋。城裡也擂鼓吶喊而出，內外合勢，殺聲驚天動地。王莽軍全線潰敗，逃命的人相互踐踏，長達百餘里的路上躺滿屍體。恰逢遇上巨雷響起，狂風大作，屋上的瓦片都被颳飛，暴雨傾盆而下，滍川的水漲溢出來，虎、豹都很顫抖，跑到水裡逃命被淹死的士卒數以萬計，水被堵塞而不流動。王邑、嚴尤、陳茂率領輕裝騎兵從死人屍體上渡水逃走，漢軍繳獲了王莽軍的全部輜重，多得無法清點，連月搬運都沒有運完，餘下的東西有的被燒掉。王莽軍潰散的士卒四處逃走，各自回到自己的郡邑，唯有王邑和他率領的長安勇士數千人返回洛陽，關中聽到這個消息，大為震驚。因此海內豪傑一致響應，都殺死當地的州牧、太守，自稱將軍，改用漢朝的年號以等待詔命。不到一個月的時間，遍及全國。

莽聞漢兵言莽鴆殺孝平皇帝，乃會公卿於王路堂，開所為平帝請命金縢之策，泣以示羣臣。

劉秀復徇潁川，攻父城❶不下，屯兵巾車鄉❷。潁川郡掾馮異❸監五縣，為漢兵所獲。異曰：「異有老母在父城，願歸，據五城以效功報德！」秀許之。異歸，謂父城長苗萌曰：「諸將多暴橫，獨劉將軍所到不虜略，觀其言語舉止，非庸人也！」遂與萌率五縣以降。

新市、平林諸將以劉縯兄弟威名益盛，陰勸更始除之。秀謂縯曰：「事欲不善。」縯笑曰：「常如是耳。」更始大會諸將，取縯寶劍視之。繡衣御史❹申徒建❺隨獻玉玦❻，更始不敢發。縯舅樊宏❼謂縯曰：「建得無有范增之意❽乎？」縯不應。李軼初與縯兄弟善，後更諂事新貴❾。秀戒縯曰：「此人不可復信！」縯不從。縯部將劉稷，勇冠三軍，聞更始立，怒曰：「本起兵圖大事者，伯升兄弟也。今更始何為者邪！」更始以稷為抗威將軍，稷不肯拜❿。更始乃與諸將陳兵數千人，先收稷，將誅之。縯固爭。李軼、朱鮪因勸更始并執縯，即日殺之，以族兄光祿勳賜⓫為大司徒。秀聞之，自父城馳詣宛謝。司徒官屬迎弔⓬秀，秀不與交私語，惟深引過⓭而已，未嘗自伐⓮昆陽之功。又不敢為縯服喪，飲食言笑如平常。更始以是慚，拜秀為破虜大將軍，封武信侯。

道士⑮西門君惠⑯謂王莽衛將軍王涉曰：「讖文劉氏當復興，國師公姓名是也。」涉遂與國師公劉秀、大司馬董忠、司中⑰大贅⑱孫伋謀，以所部兵劫莽降漢，以全宗族。秋，七月，伋以其謀告莽，莽召忠詰責⑲，因格殺⑳之，使虎賁以斬馬劍㉑剉㉒忠，收其宗族，以醇醯㉓、毒藥、白刃、叢棘并一坎而埋之。秀、涉皆自殺。莽以其骨肉舊臣㉔，惡其內潰，故隱其誅。莽以軍師外破，大臣內畔，左右亡所信，不能復遠念郡國，乃召王邑還，為大司馬，以大長秋張邯為大司徒，崔發為大司空，司中壽容苗訢為國師。莽憂懣㉕不能食，但飲酒，啗㉖鰒魚㉗，讀軍書倦，因馮几寐㉘，不復就枕矣。

成紀㉙隗崔、隗義、上邽㉚楊廣、冀㉛人周宗同起兵以應漢，眾數千人[1]，攻平襄㉜，殺莽鎮戎㉝大尹李育。崔兄子囂㉞，素有名，好經書，崔等共推為上將軍。崔為白虎將軍，義為左將軍。囂遣使聘平陵方望㉟，以為軍師。望說囂立高廟于邑東㊱。己巳㊲，祠高祖、太宗、世宗㊳，囂等皆稱臣執事，殺馬同盟㊴，以興輔劉宗㊵，移檄郡國，數莽罪惡。勒兵十萬，擊殺雍州㊶牧陳慶、安定㊷大尹王向㊸。分遣諸將徇隴西、武都、金城、武威、張掖、酒泉、敦煌㊹，皆下之。

【章　旨】以上為第三段，寫昆陽之戰後，敵對雙方在新形勢下均發生微妙變化。更始皇帝火拼劉縯，為劉秀興起留下伏筆。王莽內部分崩離析，再次發生宮廷未遂政變。新朝後院隴西反叛，王莽四面楚歌。

【注　釋】❶父城　縣名，縣治在今河南平頂山市西北。❷巾車鄉　父城縣鄉名，其地在縣治南。❸馮異　（？—西元三四年）字公孫，潁川郡父城縣人，王莽時為潁川郡掾。降劉秀，隨定河北。劉秀稱帝，進軍河南，平定關中，戰功卓著。封陽夏侯。傳見《後漢書》卷十七。❹繡衣御史　御史大夫屬官，其職為逐捕盜賊，治理大獄。❺申徒建　即申屠建。更始命為西屏大將軍，封平氏王。後遭疑忌，於更始三年被殺。❻玦　古時佩帶的玉器，環形，有缺口。古人常借用其音（決）、形（斷缺）將其作為表示決斷、決絕的象徵物。❼樊宏　（？—西元五一年）字靡卿。劉秀稱帝，位特進，封壽張侯。傳見《後漢書》卷三十二。❽范增之意　范增為項羽謀臣，勸羽殺死劉邦，在鴻門宴上幾次舉所佩玉玦以示項羽。❾新貴　指朱鮪等。❿不肯拜　不肯拜受抗威將軍的任命。⓫賜　劉賜（？—西元二五年），字子琴，劉秀族兄。更始時官至丞相，封宛王。劉秀稱帝，封安成侯，奉朝請。傳見《後漢書》卷十四。⓬弔　弔慰；弔問。⓭引過　承擔過錯。⓮伐　自我誇耀。⓯道士　方士。⓰西門君惠　人名，精天文，好圖讖。預言劉氏當復興，謀立劉歆（後改名秀）。事覺被殺。⓱司中　官名，王莽改光祿勳為司中。⓲大贅　官名，王莽新置，起初主管乘輿服飾等，後來有時也典領軍隊。⓳詰責　責問。⓴格殺　擊殺。㉑斬馬劍　漢寶劍名，其利可以斬馬，所以稱斬馬劍。以其藏於尚方，後世俗稱尚方寶劍。㉒剉　砍剁。㉓醇醯　濃醋。㉔骨肉舊臣　王涉是莽叔王根之子，於莽為骨肉之親。劉歆是王莽多年的追隨者，於莽是親幸舊臣。㉕憂懣　愁悶。㉖啗　吃。㉗鰒魚　海魚名，又叫鮑魚、石決明。㉘因馮几寐　便靠在几案上而睡。因，就；便。馮几，憑靠几案。馮，同「憑」。寐，睡。㉙成紀　縣名，縣治在今甘肅秦安北。㉚上邽　縣名，縣治在今甘肅天水市。㉛冀　縣名，縣治在今甘肅天水市西北。㉜平襄　縣名，天水郡治所。縣治在今甘肅通渭西。㉝鎮戎　莽改天水郡為鎮戎。㉞囂　隗囂（？—西元三三年），字季孟，天水郡成紀縣人，王莽末年，起兵隴右。初附劉玄，為御史大夫。劉玄敗，屬光武，為西州大將軍。後叛漢歸公孫述，為朔寧王。光武帝率師西征，囂奔西縣，恚憤而死。傳見《後漢書》卷十三。㉟方望　右扶風平陵縣（今陝西咸陽西北）人，更始元年，隗囂於隴右起兵，聘為軍師。二年，因勸阻囂等赴長安未成則辭囂而去。三年，於臨涇立前孺子劉嬰為天子，望為丞相。劉玄派兵擊破，嬰、望被殺。㊱邑東　指平襄之東。㊲己巳　七月二十一日。㊳祠高祖太宗世宗　祠，祭祀。高祖，漢高祖劉邦。太宗，指漢文帝。世宗，指漢武帝。㊴殺馬同盟　《後漢書‧隗囂傳》：「囂等皆稱臣執事，史奉璧而告。祝畢，有司穿坎於庭，牽馬操刀，奉盤錯鍉，遂割牲而盟。」㊵劉宗　西漢劉氏宗室。㊶雍州　州名，王莽改涼州為雍州。其地轄有今甘肅大部及青海東部、寧夏回族自治區南部等地區。㊷安定　郡名，治所高平縣，在今寧夏固原。㊸王向　王譚之子，王莽堂弟。㊹隴西句　皆郡名，其治所，隴西郡在今甘肅臨洮，武都郡在今甘肅西和西南，金城郡在今甘肅蘭州西，武威郡在今甘肅武威，張掖郡在今甘肅張掖西北，酒泉郡在今甘肅酒泉，敦煌郡在今甘肅敦煌西。

【校　記】①眾數千人　原無此四字。據章鈺校，十二行本有此四字，張敦仁《通鑑刊本識誤》同，今據補。

【語　譯】王莽聽到漢軍說他用鴆酒毒殺了漢平帝，就在王路堂集會公卿，打開從前他藏於金縢櫃中，為平帝向上天請命，解除疾病的策書，哭著拿給大臣們看。

劉秀又略取潁川一帶，進攻父城縣沒有攻克，屯兵巾車鄉。潁川郡掾馮異督察五個縣，被漢軍抓獲。馮異說：「我有老母在父城縣，希望回去，用這五座縣城來報答恩德！」劉秀答應了他。馮異回去後，對父城縣長苗萌說：「劉玄的各位將領大多兇暴蠻橫，唯獨劉秀將軍所到之處不搶劫，看他的言談舉止，不是庸碌之人！」就與苗萌一同率領五縣的官民投降劉秀。

新市兵、平林兵的各位將領，因為劉縯兄弟威名日盛，暗中勸劉玄除掉他們。劉秀對劉縯說：「事情對我們不妙。」劉縯笑著說：「經常如此。」劉玄集合全體將領，取來劉縯的寶劍仔細觀察。繡衣御史申徒建隨即獻上玉玦，劉玄不敢發令。劉縯的舅舅樊宏對劉縯說：「申徒建莫非有范增殺劉邦的意圖？」劉縯不理。李軼最初與劉縯兄弟感情很好，後來轉而諂媚有權柄的新貴。劉秀告誡劉縯說：「對這個人不能再信任了！」劉縯不聽。劉縯的部將劉稷，勇冠三軍，聽說劉玄登皇位，就生氣地說：「當初興兵圖謀大事的，是劉縯兄弟。現在劉玄算幹什麼的呢！」劉玄任命劉稷為抗威將軍，劉稷不肯拜受。劉玄就與將領們布置數千名士兵，先逮捕劉稷，準備殺掉。劉縯堅決反對。李軼、朱鮪趁機勸劉玄把劉縯一起抓起來，當天就把他們二人殺了，劉玄任命堂兄光祿勳劉賜為大司徒。劉秀聽說這個消息，當即從父城奔回宛城請罪。司徒所屬官員迎接劉秀，表示哀悼，劉秀不和他們說一句私話，只是深切承擔過錯而已，不曾自誇昆陽之戰的功勞。又不敢為劉縯穿喪服，飲食說笑與平常一樣。劉玄因此慚愧，任命劉秀為破虜大將軍，封武信侯。

道士西門君惠對王莽衛將軍王涉說：「讖書上說劉氏應當復興，國師公的姓名就是。」王涉於是就和國師公劉秀、大司馬董忠、司中大贅孫伋商議，用他們所統領的部隊，劫持王莽，投降劉玄，以保全自己的家族。秋，七月，孫伋將所商議之事報告了王莽，王莽召見董忠責問，乘機擊殺了他，命虎賁武士用斬馬劍將董忠屍體剁成碎片，逮捕董忠的家族，與濃醋、毒藥、利刃、荊棘混合放在一個坑裡埋掉了。劉秀、王涉都自殺。王莽因為王涉是他的親屬，劉秀是他的舊臣，嫌惡他們從內部分裂，所以將誅殺他們之事隱瞞起來。王莽因為軍隊在外面吃了敗仗，大臣們又在內部反叛，身邊沒有可以信任的人，無法再考慮遠方的郡國，就把王邑召回，擔任大司馬，任命大長秋張邯為大司徒，崔發為大司空，司中壽容苗訢為國師。王莽憂愁煩悶，吃不下飯，只是喝酒、吃鰒魚，閱讀軍書疲倦了，就靠著几案打盹，不再上床睡覺。

成紀人隗崔與隗義、上邽人楊廣、冀縣人周宗同時起兵，響應劉玄的漢軍，有數千人，攻打平襄縣，殺死王莽的鎮戎郡大尹李育。隗崔的姪兒隗囂向來很有聲望，喜好經書，隗崔等人共同推舉隗囂做上將軍。隗崔為白虎將軍，隗義為左將軍。隗囂派遣使者聘請平陵人方望擔任軍師。方望勸說隗囂在平襄縣東郊興建漢高祖祭廟。七月二十一日己巳，祭祀漢高祖、太宗、世宗，隗囂等人都稱臣執事，殺馬盟誓，同心合力以振興輔佐劉氏宗親，還向各郡國傳遞文告，聲討王莽罪行。統率十萬軍隊，擊殺雍州牧陳慶、安定大尹王向。又分別派遣將領進攻隴西、武都、金城、武威、張掖、酒泉、敦煌等郡，諸郡都投降了隗囂。

初，茂陵公孫述❶為清水❷長，有能名。遷導江卒正❸，治臨邛❹。漢兵起，南陽宗成、商❺人王岑起兵徇漢中以應漢，殺王莽庸部❻牧宋遵，眾合數萬人。述遣使迎成等，成等至成都，虜掠暴橫。述召郡中豪桀謂曰：「天下同苦新室，思劉氏久矣，故聞漢將軍到，馳迎道路。今百姓無辜而婦子係獲，此寇賊，非義兵也。」乃使人詐稱漢使者，假⑦述輔漢將軍、蜀郡太守兼益州牧印綬，選精兵西擊⑧成等，殺之，并其眾。

前鐘武侯[1]劉望起兵汝南，嚴尤、陳茂往歸之。八月，望即帝[2]位，以尤為大司馬，茂為丞相。

王莽使太師王匡、國將哀章守洛陽。更始遣定國上公王匡攻洛陽，西屏大將軍申屠建、丞相司直李松⑨攻武關，三輔震動。析⑩人鄧曄⑪、于匡⑫起兵南鄉⑬以應漢，攻武關都尉朱萌，萌降。進攻右隊⑭大夫宋綱，殺之。西拔湖⑮。莽愈憂，不知所出。崔發言：「古者國有大災，則哭以厭之。宜告天以求救！」莽乃率羣臣至南郊，陳其符命本末，仰天大哭，氣盡，伏而叩頭。諸生、小民旦夕會哭，為設餐粥。甚悲哀者，除以為郎，郎至五千餘人。

莽拜將軍九人，皆以虎為號，將北軍精兵數萬人以東⑯，內⑰其妻子宮中以為質⑱。時省中黃金尚六十餘萬斤，他財物稱是⑲，莽愈愛⑳之，賜九虎士人四千錢。眾重怨，無鬬意。九虎至華陰㉑回谿㉒，距隘自守。于匡、鄧曄擊之，六虎敗走，二虎㉓詣闕歸死，莽使使責死者安在，皆自殺，其四虎㉔亡。三虎㉕收散卒保渭口㉖京師倉。

鄧曄開武關迎漢兵。李松將三千餘人至湖，與曄等共攻京師倉，未下。曄以弘農掾王憲為校尉，將數百人北度渭，入左馮翊界。李松遣偏將軍韓臣等徑西至新豐，擊破③莽波水將軍，追奔至長門宮㉗。王憲北至頻陽㉘，所過迎降。諸縣大姓各起兵稱漢將④，率眾隨憲。李松、鄧曄引軍至華陰，而長安旁兵四會城下。又聞天水隗氏方到，皆爭欲先⑤入城，貪立大功、鹵掠㉙之利。莽赦城中囚徒，皆授兵，殺豨㉚，飲其血，與誓曰：「有不為新室者，社鬼記之！」使更始將軍史諶將之。度渭橋㉛，皆散走，諶空還。眾兵發掘莽妻、子、父、祖冢，燒其棺椁及九廟、明堂、辟雍，火照城中。

九月戊申朔㉜，兵從宣平城門入。張邯逢兵見殺，王邑、王林㉝、王巡、𧽤惲㉞等分將兵距擊北闕下，會日暮，官府、邸第㉟盡奔亡。己酉㊱，城中少年朱弟、張魚等恐見鹵掠，趨讙並和㊲，燒作室門㊳，斧敬法闥㊴，呼曰：「反虜王莽，何不出降！」火及掖庭㊵、承明㊶，黃皇室主所居。黃皇室主曰：「何面目以見漢家！」自投火中而死。

莽避火宣室㊷前殿，火輒隨之。莽紺袀服㊸，持虞帝匕首㊹。天文郎㊺按式㊻於前，莽旋席㊼隨斗柄㊽而坐，曰：「天生德於予，漢兵其如予何㊾！」庚戌㊿，旦[6]明，羣臣扶掖莽自前殿之漸臺，欲阻池水[7]，公卿從官尚千餘人隨之。王邑晝夜戰，罷(51)極，士死傷略盡。馳入宮，間關(52)至漸臺，見其子侍中睦解衣冠欲逃，邑叱之，令還，父子共守莽。軍人入殿中，聞莽在漸臺，眾共圍之數百重。臺上猶與相射，矢盡，短兵接。王邑父子、䡅惲、王巡戰死，莽入室。下餔時(53)，眾兵上[8]臺，苗訢、唐尊、王盛等皆死。商人杜吳殺莽，校尉東海公賓就(54)斬莽首。軍人分莽身，節解臠分(55)，爭相殺者數十人。公賓就持莽首詣王憲。憲自稱漢大將軍，城中兵數十萬皆屬焉。舍(56)東宮，妻(57)莽後宮，乘其車服。癸丑(58)，李松、鄧曄入長安，將軍趙萌(59)、申屠建亦至。以王憲得璽綬不上，多挾宮女，建天子鼓旗，收斬之。傳莽首詣宛，縣於市。百姓共提擊之，或切食其舌。

班固贊曰(60)：「王莽始起外戚，折節(61)力行以要(62)名譽，及居位輔政，勤勞國家，直道而行(63)，豈所謂『色取仁而行違(64)』者邪！莽既不仁而有佞邪(65)之材，又乘四父(66)歷世之權，遭漢中微，國統三絕(67)，而太后壽考(68)，為之宗主(69)，故得肆其姦慝(70)以成篡盜之禍。推是言之，亦天時，非人力之致矣！及其竊位南面，顛覆之勢險於桀、紂，而莽晏然自以黃、虞復出也，乃始恣睢(71)，奮其威詐(72)，毒流諸夏，亂延蠻貉(73)，猶未足[9]逞其欲焉。是以四海之內囂然(74)，喪其樂生之心，中外憤怨，遠近俱發[75]，城池不守，支體分裂，遂令天下城邑為虛，害徧生民，自書傳所載亂臣賊子，考其禍敗，未有如莽之甚者也！昔秦燔詩、書以立私議[76]，莽誦六藝以文姦言[77]，同歸殊塗[78]，俱用[79]滅亡，皆聖王[80]之驅除[81]云爾。」

【章旨】以上為第四段，寫新朝的覆滅，王莽被砍頭分屍而遺臭萬年。

【注釋】[1]公孫述　（?—西元三六年）字子陽，扶風茂陵縣（今陝西興平東北）人，王莽末年，佔據益州（今四川一帶），稱蜀王。建武元年（西元二五年）稱帝，十二年為漢軍所破，被殺。傳見《後漢書》卷十三。[2]清水　縣名，縣治在今甘肅清水縣西北。[3]導江卒正　《後漢書・公孫述傳》李賢注：「王莽改蜀郡曰導江，太守曰卒正。」[4]臨邛　蜀郡屬縣名，縣治在今四川邛崍。[5]商　縣名，縣治在今陝西丹鳳。[6]庸部　王莽改益州為庸部。[7]假　授以代理官職。[8]西擊　《後漢書・公孫述傳》：「乃選精兵千餘人，西擊成等。比至成都，眾數千人，遂攻成，大破之。成將垣副殺成，以其眾降。」臨邛在成都西南，自臨邛攻成都，向東北出擊，不當云「西擊」。此蓋《通鑑》襲用《後漢書》之文而致誤。[9]李松　李通從弟。劉玄時官至丞相。後為赤眉俘虜。[10]析　縣名，縣治在今河南西峽縣。[11]鄧曄　劉玄時為執金吾、復漢將軍。後降劉秀，仍為復漢將軍。[12]于匡　劉玄時為輔漢將軍。後降劉秀，仍為輔漢將軍。[13]南鄉　析縣鄉名，其地在縣治南。東漢於此置縣。[14]右隊　王莽改弘農郡為右隊。[15]湖　縣名，縣治在今河南靈寶西北。[16]以東　向東出發。[17]內　同「納」。進入。使動用法。[18]質　人質。[19]稱是　與此相當。[20]愛　珍愛。[21]華陰　縣名，縣治在今陝西華陰東。[22]回谿　即回谿阪，又名「回阬」，山谷名。在今河南洛寧東北。[23]二虎　指史熊、王況。[24]四虎　史佚姓名。[25]三虎　指郭欽、陳翬、成重。[26]渭口　華陰市地名。[27]長門宮　宮名。[28]頻陽　縣名，縣治在今陝西富平東北。[29]鹵掠　搶奪人和物。鹵，通「擄」。[30]豨　豬。[31]渭橋　長安附近渭水上的橋。有三座：一名中渭橋，又名橫橋，在今陝西西安北；二名東渭橋，在今西安東北；三名西渭橋，又名便橋、便門橋，在今陝西咸陽南。[32]戊申朔　九月初一日。[33]王林　王舜之子。王莽時為侍中、衛將軍，封同說侯。後降劉玄，被殺。[34]豐惲　人名，王莽時為中常侍，後隨莽敗死漸臺。[35]邸第　官僚貴族的府第。[36]己酉　九月初二日。[37]趨讙並和　疾走喧譁，互相應和。[38]作室門　供工徒出入之門，為未央宮的便門。作室，指尚方所屬的工作室，在未央宮西北。[39]斧

敬法闥　用斧砍敬法殿的小門。斧，作動詞用，用斧砍。敬法，殿名。闥，宮中小門。㊵掖庭　宮中妃嬪居住的地方。㊶承明　未央宮中的殿名。㊷宣室　未央宮中的殿名。㊸莽紺袀服　王莽穿上深青透紅的衣服。紺，深青透紅之色。袀服，純一色的服裝。㊹虞帝匕首　舜時不可能製造金屬匕首，大概是王莽時所造，而用舜的名義欺騙人。㊺天文郎　觀察天象、推算時日的官吏。㊻式　通「栻」。古代占卜時日的器具，後來稱為星盤。㊼旋席　轉動座席。㊽斗柄　斗指北斗。北斗共七星，第一至第四星像斗，第五至第七星像柄。此指星盤上的斗柄。㊾天生德於予二句　《論語・述而》論述孔子的話說：「天生德於予，桓魋其如予何？」莽引孔子之言以自況。㊿庚戌　九月初三日。(51)罷　通「疲」。(52)間關　崎嶇輾轉。(53)下餔時　餔為申時，即今十五時至十七時，餔後謂之下餔，指今十八時前後。餔也作「晡」。(54)公賓就　複姓公賓，名就。(55)節解臠分　分解肢體，割裂肌肉。(56)舍　留宿。(57)妻　以……為妻。(58)癸丑　九月初六日。(59)趙萌　南陽郡棘陽縣人。劉玄納萌女為夫人，以萌為右大司馬，委政於萌，萌專權。(60)班固贊曰　此為《漢書・王莽傳》末的贊語。(61)折節　屈己下人。(62)要　通「徼」。求取；博取。(63)直道而行　按照正道行事。(64)色取仁而行違　表面上愛好仁德，實際行為卻違背仁德。語出《論語・顏淵》。(65)佞邪　奸佞。(66)四父　指相繼秉政的王鳳、王音、王商、王根。(67)國統三絕　指成帝、哀帝、平帝三世絕嗣。(68)壽考　長壽。(69)宗主　依恃的代表人物。(70)肆其姦慝　肆意行其奸惡。肆，放縱。姦慝，邪惡。(71)恣睢　放縱暴戾。(72)奮其威詐　施展他的威勢和奸詐。(73)亂延蠻貉　禍亂延及周邊民族。延，達到；及於。蠻貉，泛指少數民族。(74)囂然　憂愁的樣子。(75)發奮起，此指起兵反莽。(76)立私議　確立自己一家的主張。(77)文姦言　粉飾謬論。(78)同歸殊塗　為了同樣的目標，卻採用了不同的做法。塗，通「途」。(79)用　以；因。(80)聖王　指西漢的劉邦與建立東漢的劉秀。(81)驅除　此謂為聖王之起排除障礙。

【校　記】[1]鐘武侯　原作「鍾武侯」。據章鈺校，十二行本、乙十一行本皆作「鐘武侯」，今據改。[2]帝　原作「皇帝」。據章鈺校，十二行本、乙十一行本皆無「皇」字，今據刪。[3]破　原無此字。據章鈺校，十二行本、乙十一行本、孔天胤本皆有此字，張敦仁《通鑑刊本識誤》、張瑛《通鑑校勘記》同，今據補。[4]將　原作「將軍」。據章鈺校，十二行本、乙十一行本、孔天胤本皆無「軍」字，今據刪。[5]先　原無此字。據章鈺校，十二行本、乙十一行本、孔天胤本皆有此字，張敦仁《通鑑刊本識誤》同，今據補。[6]旦　原作「且」。據章鈺校，乙十一行本、孔天胤本皆作「旦」，今據改。[7]欲阻池水　原無此四字。據章鈺校，十二行本、乙十一行本、孔天胤本皆有此四字，張敦仁《通鑑刊本識誤》、張瑛《通鑑校勘記》同，今據補。[8]上　據章鈺校，乙十一行本作「出」。[9]足　原作「足以」。據章鈺校，十二行本、乙十一行本皆無「以」字，今據刪。

【語　譯】起初，茂陵人公孫述任清水縣長，有才幹，聞名於世。調任導江卒正，郡城治所在臨邛縣。漢兵興起，南陽人宗成、商縣人王岑也起兵進攻漢中郡以響應漢軍，殺死王莽委任的庸部牧宋遵，部眾合計有數萬人。公孫述派人迎請宗成等人，宗成等到了成都，搶劫暴虐。公孫述召集郡中豪傑，對他們說：「天下的人都被新朝所害，想念漢朝很久了，所以聽到漢室將軍到來，都跑到路上迎接。如今百姓無罪，他們的妻子子女被抓捕，這是強盜，不是義軍。」便派人假稱漢室劉玄的使者，任命公孫述為輔漢將軍、蜀郡太守兼益州牧，頒發印章綬帶，公孫述挑選精兵西擊宗成等人，殺了宗成、王岑，合併了他們的部眾。

前鐘武侯劉望在汝南起兵，嚴尤、陳茂前往歸附。八月，劉望即帝位，任命嚴尤為大司馬，陳茂為丞相。

王莽派太師王匡、國將哀章守衛洛陽。更始皇帝劉玄派定國上公王匡攻打洛陽，西屏大將軍申屠建、丞相司直李松攻打武關，三輔震動。析縣人鄧曄、于匡在析縣南鄉起兵響應漢軍，進攻武關都尉朱萌，朱萌投降。漢軍進攻右隊大夫宋綱，殺了宋綱。西進攻下湖縣。王莽更加憂慮，不知道怎麼辦。崔發說：「古時國家有了大災難，可以用哭來壓制。應該向上天禱告求救！」王莽於是率領群臣到南郊，陳述他得到符命的始末，仰天大哭，聲嘶氣絕，伏地磕頭。眾儒生與老百姓早晚聚集大哭，王莽為大哭的人準備稀飯。哭得十分悲哀的人，就任命為郎官，郎官達到五千多人。

王莽任命了九個將軍，都用虎為稱號，率領北軍精兵數萬人向東進發，把將官們的老婆孩子召入宮中為人質。當時宮中還有黃金六十多萬斤，其他財寶也與此相當，王莽此時更加珍愛財物，賞賜給九虎戰士每人四千錢。大家非常怨恨，毫無鬥志。九虎將軍行進到華陰縣回谿阪，據守險要。于匡、鄧曄攻擊他們，六位虎將軍敗走，其中兩位虎將軍回到朝廷請罪，王莽派使者責問戰死的人在哪裡，兩位虎將軍都自殺了，其他四位逃走。還有三位虎將軍搜集殘兵敗將，退入渭口保衛京師倉。

鄧曄打開武關迎接漢兵。李松率領三千多人到達湖縣，與鄧曄等一起攻打京師倉，沒有攻下。鄧曄任命弘農掾王憲為校尉，率領幾百名兵士渡過渭水，進入左馮翊郡界。李松派遣副將韓臣等人直接向西到達新豐縣，擊敗王莽的波水將軍竇融，追擊竇融敗兵到達長門宮。王憲北進到達頻陽縣，沿路招降。各縣的大姓豪強各自起兵都稱號漢將，率領部眾追隨王憲。李松、鄧曄率眾到達華陰縣，而長安周圍各路軍隊從四面八方會合長安城下。又聽說天水的隗氏軍隊剛抵達，大家都爭著想先進入長安，貪圖建立大功、搶掠財物之利。王莽赦免城中的囚徒，都發給兵器，殺豬飲血，與他們立誓說：「有不替新朝盡力的人，由土地神記住他！」派更始將軍史諶率領他們。這些人渡過渭橋，全都逃散，史諶一人回來。很多漢兵挖掘王莽妻子、兒子、父親、祖父的墳冢，燒掉棺槨以及九廟、明堂、辟雍，火光照亮了長安城。

九月初一日戊申，漢兵從宣平門攻入長安城。大司徒張邯遭遇漢兵被殺死，大司馬王邑與王林、王巡、𨵦惲等人分別率領軍隊在未央宮北門抵禦漢兵，趕上天黑，官府、邸宅的人們全都逃亡了。初二日己酉，長安城中青年朱弟、張魚等人擔心被搶劫，就奔跑呼喊，互相應和，放火焚燒未央宮西北作室便門，砍開敬法殿的小門，大聲叫喊：「反賊王莽，為何不出來投降！」大火延燒到掖庭後宮、承明殿。承明殿是黃皇室主的居所。黃皇室主說：「我有什麼臉面去見漢家的人！」自己投入火中而死。

王莽逃到未央宮宣室前殿避火，大火隨即燒過來。王莽穿著深青透紅的衣服，拿著虞舜匕首。天文郎在前面持著星盤，撥動指針，王莽隨著斗柄所指轉動座席而坐，說：「上天降下大德在我王莽身上，漢軍能把我怎樣呢！」九月初三日庚戌，早晨天亮後，大臣們扶著王莽從前殿前往漸臺，想藉池水阻擋漢兵，此時公卿侍從還有一千多人跟著他。王邑日夜作戰，疲倦至極，士兵死傷殆盡。王邑跑回皇宮，輾轉進入漸臺，遇見他兒子侍中王睦脫下官衣官帽準備逃跑，王邑大聲斥責他，命令他回來，父子一起守衛王莽。漢兵進入殿中，聽說王莽在漸臺，就把漸臺包圍了數百層。漸臺守軍還在與對方互射，箭射光了，雙方短兵相接。王邑父子、𨵦惲、王巡戰死，王莽逃入室內。申時過後，大批士兵登上漸臺，國師苗訢、太傅唐尊、王盛等全被殺死。商縣人杜吳殺死王莽，校尉東海郡人公賓就砍下王莽人頭。眾兵士分解王莽的肢體，析骨割肉，爭著砍殺的有幾十人。公賓就拿著王莽人頭進獻給王憲。王憲自稱漢室大將軍，城裡幾十萬士兵都歸屬他。王憲宿留長樂宮，把王莽的妃嬪都作為妻妾，乘坐穿戴王莽的車馬、衣服。初六日癸丑，李松、鄧曄進入長安，將軍趙萌、西屏大將軍申屠建也到了。由於王憲繳獲皇帝玉璽印信不肯上交，又挾持很多宮女，建立天子旗幟鼓號，就把他捉來殺掉了。把王莽的人頭送到宛城，懸掛街市。百姓一起投擊王莽的人頭，有人割食他的舌頭。

班固評論說：「王莽開始由外戚起家，屈己下人，盡力做事，以便博取聲譽。等到位居輔政大臣，操勞國事，按照正道行事，哪裡是孔子所說的『表面上愛好仁德，實際行動卻違背仁德』的人呢！王莽既無仁德，卻有奸邪巧佞的才幹，又憑藉四位伯父、叔父歷代掌握的權勢，適逢漢朝中途衰落，成帝、哀帝、平帝三代沒有繼嗣，而王政君太后長壽，成為王莽依靠的宗主，所以王莽能夠肆行奸惡，造成竊國篡位的災禍。按照這個歷程說來，也是天道時勢，不是人力能夠做得到的！等到他竊取帝位，南面稱尊，傾覆之勢比夏桀王、殷紂王時還要危險，而王莽卻安然自得，以為是黃帝、虞舜重新出世，便開始放縱暴戾，施展他的威勢和奸詐，禍害流毒全國，混亂蔓延到周邊蠻夷各族，還不足以表現他的欲望。因此全國之內人民愁苦，喪失了生存的樂趣，朝廷內外憤怨，遠近四方同時奮起反叛，城池不能堅守，自身軀體被分裂，於是使天下城邑變為廢墟，害苦了所有黎民蒼生，自有書傳記載以來的亂臣賊子，考察他們帶來的失敗與災禍，沒有一個能超過王莽！從前，秦朝燒毀《詩》、《書》典籍，貫徹一己的主張，王莽誦讀《六經》來文飾奸言，殊途同歸，都因而滅亡，全是替聖明的君王開闢道路罷了。」

定國上公王匡拔洛陽，生縛莽太師王匡、哀章，皆斬之。冬，十月，奮威大將軍劉信❶擊殺劉望於汝南，并誅嚴尤、陳茂，郡縣皆降。

更始將都洛陽，以劉秀行司隸校尉，使前❷整脩宮府。秀乃置[1]僚屬，作文移❸，從事❹司察❺，一如舊章。時三輔吏士東迎更始，見諸將過，皆冠幘❻而服婦人衣，莫不笑之。及見司隸僚屬，皆歡喜不自勝，老吏或垂涕曰：「不圖今日復見漢官威儀！」由是識者皆屬心焉。

更始北都洛陽，分遣使者徇郡國，曰：「先降者復爵位！」使者至上谷，上谷太守扶風耿況❼迎，上印綬。使者納之，一宿，無還意。功曹❽寇恂❾勒兵入見使者，請之，使者不與，曰：「天王使者，功曹欲脅之邪！」恂曰：「非敢脅使君，竊傷❿計之不詳也。今天下初定，使君建節⓫銜命⓬，郡國莫不延頸⓭傾耳。今始至上谷而先墮⓮大信，將復何以號令他郡乎！」使者不應。恂叱左右以使者命召況。況至，恂進取印綬帶⓯況。使者不得已，乃承制詔之，況受而歸。

宛人彭寵⓰、吳漢⓱亡命在漁陽，鄉人韓鴻為更始使，徇北州⓲，承制拜寵偏將軍，行漁陽太守事，以漢為安樂⓳令。

更始遣使降⓴赤眉。樊崇等聞漢室復興，即留其兵，自[2]將渠帥二十餘人隨使者至洛陽，更始皆封為列侯。崇等既未有國邑，而留眾稍有離叛者，乃復亡歸其營。

王莽廬江㉑連率潁川李憲㉒據郡自守，稱淮南王。○故梁王立之子永㉓詣洛陽，更始封為梁王，都睢陽㉔。

更始欲令親近大將徇河北，大司徒賜言：「諸家子㉕獨有文叔可用。」朱鮪等以為不可，更始狐疑，賜深勸之。更始乃以劉秀行大司馬事，持節北度河，鎮慰州郡。○以大司徒賜為丞相，令先入關脩宗廟、宮室。

大司馬秀至河北，所過郡縣，考察官吏，黜陟能否㉖，平遣㉗囚徒，除王莽苛政，復漢官名。吏民喜悅，爭持牛酒迎勞，秀皆不受。

南陽鄧禹㉘杖策㉙追秀，及於鄴㉚。秀曰：「我得專封拜㉛，生遠來，寧㉜欲仕乎？」禹曰：「不願也。」秀曰：「即如是，何欲為？」禹曰：「但願明公㉝威德加於四海，禹得効其尺寸，垂功名於竹帛㉞耳！」秀笑，因留宿間語㉟。禹進說曰：「今山東未安，赤眉、青犢㊱之屬，動以萬數。更始既是常才，而不自聽斷，諸將皆庸人屈起㊲，志在財幣，爭用威力，朝夕自快而已，非有忠良明智、深慮遠圖，欲尊主安民者也。歷觀往古聖人之興，二科而已，天時與人事也。今以天時觀之，更始既立，而災變方興；以人事觀之，帝王大業，非凡夫所任，分崩離析，形勢可見。明公雖建藩輔㊳之功，猶恐無所成立㊴也。況明公素有盛德大功，為天下所嚮服，軍政齊肅，賞罰明信。為今之計，莫如延攬㊵英雄，務悅民心，立高祖之業，救萬民之命，以公而慮，天下不足㊶定也！」秀大悅，因令禹常[3]宿止於中，與定計議。每任使諸將，多訪於禹，皆當其才。

秀自兄縯之死，每獨居輒不御[42]酒肉，枕席有涕泣處，主簿[43]馮異獨叩頭寬譬[44]。秀止之曰：「卿勿妄言！」異因進說曰：「更始政亂，百姓無所依戴。夫[45]人久飢渴，易為充飽。今公專命[46]方面[47]，宜分遣官屬徇行郡縣，宣布惠澤。」秀納之。○騎都尉宋子耿純[48]謁秀於邯鄲，退，見官屬將兵法度，不與他將同，遂自結納[49]。

故趙繆王子林[50]說秀決列人[51]河水[52]以灌赤眉，秀不從。去之真定[53]。林素任俠[54]於趙、魏間，王莽時，長安中有自稱成帝子子輿者，莽殺之。邯鄲卜者王郎[55]，緣是詐稱[56]真子輿，云「母故成帝謳者[57]，嘗見黃氣從上下，遂任身[58]。趙后[59]欲害之，偽易他人子，以故得全。」林等信之，與趙國大豪李育、張參等謀共立郎。會民間傳赤眉將度河，林等因此宣言「赤眉當立劉子輿」，以觀眾心，百姓多信之。十二月，林等率車騎數百晨入邯鄲城，止於王宮，立郎為天子。分遣將帥徇下幽、冀，移檄州郡，趙國以北、遼東以西皆望風響應[60]。

【章　旨】以上為第五段，寫更始皇帝劉玄遷都洛陽，分派使者巡行全國勸降，多不奉命。劉秀持節安撫河北，豪傑之士鄧禹、耿純等多從之。

【注釋】❶劉信　劉顯之子。初隨劉縯起兵反莽。劉玄命為奮威大將軍，封汝陰王。❷前　前去。❸文移　文書；公文。❹從事　司隸校尉屬官名，執掌督促文書，察舉非法。❺司察　督察。❻幘　古代包紮髮髻的巾。❼耿況　（？—西元三六年）字俠游，扶風茂陵縣人，王莽時為上谷郡太守。後歸劉秀，加大將軍，封隃麋侯。傳見《後漢書》卷十九。❽功曹　官名，漢代郡守屬官有功曹史，簡稱功曹，除掌人事外，得以參與一郡政務。❾寇恂　（？—西元三六年）字子翼，上谷郡昌平縣（今北京市昌平東南）人，歷任河內、潁川、汝南太守及執金吾，封雍奴侯。傳見《後漢書》卷十九。❿傷　憂思。⓫建節　執持符節。古代使臣受命，建節以為憑信。⓬銜命　奉命；受命。⓭延頸　伸長脖子。⓮墮　敗壞。⓯帶　佩帶。⓰彭寵　（？—西元二九年）字伯通，南陽郡宛縣人，歸劉玄，行漁陽太守事。劉秀至薊，封建忠侯，賜號大將軍。後反，自立燕王，為其奴所殺。傳見《後漢書》卷十二。⓱吳漢　（？—西元四四年）字子顏，南陽郡宛縣人，官至大司馬，封廣平侯。傳見《後漢書》卷十八。⓲北州　北方之州，指幽州、并州等。⓳安樂　縣名，縣治在今北京市順義西北。⓴降　招降。㉑盧江　郡名，治所在今安徽盧江縣西南。㉒李憲　（？—西元三〇年）潁川郡許縣（今河南許昌東）人，王莽時為盧江連率。莽敗，據郡自守，始稱淮南王，繼而自立為天子。後為部下所殺。傳見《後漢書》卷十二。㉓永　劉永（？—西元二七年），故梁王劉立之子。劉玄以永紹封梁王，都睢陽。劉玄敗，永自稱天子。後為光武軍擊敗，被部將所殺。傳見《後漢書》卷十二。㉔睢陽　縣名，縣治在今河南商丘南。㉕諸家子　指南陽劉姓同族子弟。㉖黜陟能否　有才能的人升官，無能的降職。降官為黜，升官為陟。㉗平遣　平反遣歸。㉘鄧禹　（西元二—五八年）字仲華，南陽郡新野縣人，早年受業長安。後赴河北從劉秀。劉秀稱帝，官至大司徒，封高密侯。傳見《後漢書》卷十六。㉙杖策　手執馬鞭。意指策馬而行。㉚鄴　縣名，縣治在今河北臨漳西南。㉛專封拜　獨掌封爵授官。㉜寧　難道。㉝明公　舊時對有名位者的尊稱。㉞竹帛　指史冊。㉟間語　私語。㊱青犢　一支農民軍的名號。㊲屈起　崛起。屈，通「崛」。㊳藩輔　屏衛佐助。㊴成立　成就。㊵延攬　招攬。㊶不足　不難。㊷御　食用。㊸主簿　官名，執掌文書，辦理事務。㊹寬譬　寬慰勸解。㊺夫　句首語氣助詞。㊻專命　不奉上命而自由行事。㊼方面　四方的一面，一個地區。㊽耿純　（？—西元三七年）字伯山，鉅鹿郡宋子縣（今河北趙縣東北）人，先歸劉玄，為騎都尉。後歸劉秀，為前將軍、東郡太守等，封東光侯。傳見《後漢書》卷二十一。㊾結納　結交。㊿趙繆王子林　趙繆王，漢景帝七世孫，名元。其子劉林。(51)列人　縣名，縣治在今河北肥鄉東北。(52)河水　漳水自西南入縣境，經縣南，東北流。當時，赤眉軍在河東，劉林故進此策。(53)去之真定　劉秀離開列人縣，到了真定縣。去，離開。之，往。(54)任俠　仗義行俠。相與信為任，同是非為俠。(55)王郎　（？—西元二四年）一名王昌，趙國邯鄲縣人，詐稱是漢成帝子劉子輿，在邯鄲自稱天子。後被劉秀擊敗，被殺。傳見《後漢書》卷十二。56緣是詐稱　藉此謊稱。緣是，藉王莽殺劉子輿事件。57謳者　歌唱的女子。58任身　懷孕。任，通「妊」。妊娠。59趙后　指成帝皇后趙飛燕。60望風響應　聽到風聲，依據情勢，就起來響應。

【校　記】1置　據章鈺校，乙十一行本作「致」。2自　原無此字。據章鈺校，十二行本、孔天胤本皆有此字，張敦仁《通鑑刊本識誤》同，今據補。3常　原無此字。據章鈺校，十二行本、乙十一行本、孔天胤本皆有此字，張敦仁《通鑑刊本識誤》同，今據補。

【語　譯】定國上公王匡攻陷洛陽，活捉王莽的太師王匡、國將哀章，全都斬首。冬，十月，奮威大將軍劉信在汝南擊殺劉望，同時殺了大司馬嚴尤、丞相陳茂，所屬郡縣全都投降。

更始皇帝劉玄準備建都洛陽，任命劉秀為代理司隸校尉，派他前去洛陽整修宮殿和府署。劉秀於是設置屬官，用正式公文通知所屬郡縣，派從事去督察政務，一切按照西漢舊制，此時三輔吏士到洛陽迎接劉玄，看到各位將領路過，都用布包頭，穿著女人的服裝，沒有不譏笑的。等到看見劉秀的下屬官吏，都高興得不能自已，年紀大的官吏有人流淚說：「想不到今天還能看到漢朝官員的威儀！」自此，有見識的人都心向著劉秀。

劉玄往北定都洛陽，分別派遣使臣巡視郡、國，宣布詔命說：「率先投降的，保持他的封爵官位！」使臣到達上谷郡，上谷郡太守扶風人耿況出城迎接，繳納印信。使臣接受，過了一夜，並無發還的意思。功曹寇恂帶兵去見使臣，請求發還印信，使臣不給，說：「我是天子的使臣，功曹想要威脅我嗎！」寇恂說：「不敢威脅使君，只是憂愁使君的計謀不周全。現在天下剛平定，使君持節奉命，各郡、國沒有一個不是伸長脖子洗耳恭聽的。如今使君剛到上谷郡，便先自毀信譽，將拿什麼再向其他的郡發號施令呢！」使臣不理。寇恂大聲呵斥左右隨從，讓利用使臣的名義召耿況來。耿況來後，寇恂上前去拿印信佩帶在耿況身上。使臣不得已，只好承奉天子的制命賜給他，耿況接受印信後告辭回府。

宛城人彭寵、吳漢逃亡到漁陽郡，同鄉韓鴻為更始的使臣，巡視北方沿邊郡縣，稟承天子的制命，任命彭寵為偏將軍，代理漁陽郡太守，任命吳漢為安樂縣令。

更始皇帝劉玄派遣使臣招降赤眉。樊崇等人聽說漢室復興消息，就將部眾留下，親自率領二十餘名將領隨同使臣到洛陽，更始把他們全封為列侯。樊崇等人既無采邑，而且留在原地的部眾，漸漸有叛離的人，樊崇等又逃回他們的營地。

王莽廬江連率潁川人李憲佔據本郡，自稱淮南王。○前梁王劉立的兒子劉永前往洛陽，更始皇帝封他為梁王，建都睢陽縣。

更始皇帝想派親信大將招撫河北地區，大司徒劉賜說：「南陽宗族子弟中，唯有劉秀可以勝任。」朱鮪等認為不可以，更始皇帝猶豫不定，劉賜懇切地規勸更始皇帝；這才任命劉秀兼任大司馬之職，執持符節，北渡黃河，撫慰州郡。○劉玄任命大司徒劉賜為丞相，派他先進入函谷關，修建宗廟、宮室。

大司馬劉秀到達河北，所經郡縣，考察官吏政績，有才能的晉升，無能的降職，平反冤案，遣歸囚徒，廢除王莽時代的暴政，恢復漢朝官名。官民一片歡欣，爭先恐後地拿著牛肉、美酒來迎接慰勞，劉秀一律不接受。

南陽人鄧禹策馬追趕劉秀，在鄴城追上了劉秀。劉秀說：「我獨掌封爵任官的權力，先生從遠方來，難道是想當官嗎？」鄧禹說：「不想做官。」劉秀說：「既然如此，你想幹什麼？」鄧禹說：「只希望明公的威望與恩德普及全國，我能獻出尺寸之力，使功業、名聲流傳在史冊而已！」劉秀笑笑，就留鄧禹住下，私下交談。鄧禹奉上建議說：「如今山東沒有完全平定，赤眉、青犢的部隊，都數以萬計。更始劉玄既是一個平凡人物，又不能自己作主聽取意見，做出決斷，各位將領都是乘機崛起的平庸之輩，志向在於發財，賣弄權勢，圖眼前快樂罷了，沒有忠良明智、深謀遠慮，想尊主安民的人。歷觀古代聖明君主的興起，只有兩條：天時與人事。現今從天時來看，更始即位之後，災變更多；從人事來看，帝王大業，不是平凡人所能勝任的，分崩離析的形勢可以看得見。明公儘管建立輔佐的功勳，恐怕也沒有什麼成就。何況明公一向具有盛大的德行與功業，為天下人心所向，治軍理政，紀律嚴肅，賞罰明信。當今之計，莫如招攬英雄，使民心歡悅，創立漢高祖那樣的功業，拯救萬民的性命，以明公的遠慮，天下不難平定！」劉秀非常高興，因此常命鄧禹在營中居住，與他商定計謀。劉秀每次任命將領，大多向鄧禹徵求意見，而所用的將領都與他們的才幹相稱。

劉秀自兄長劉縯死後，每逢獨處之時就不吃酒肉，枕頭上常有他悲傷哥哥的淚痕，主簿馮異獨自叩首寬慰勸說。劉秀阻止他說：「你不要亂講！」馮異趁機建議說：「更始政治混亂，百姓無所依從。人長久飢渴，就容易使他吃飽。現在明公獨當一面，應當派遣部屬巡行郡縣，發布善政恩德。」劉秀採納了他的建議。○騎都尉宋子縣人耿純在邯鄲謁見劉秀，退出後，發現劉秀的屬官帶兵的方法，與其他的將領大不相同，就主動和劉秀結交。

原漢朝趙繆王的兒子劉林建議劉秀把漳水在列人縣的那段堤防掘開，用以淹沒赤眉軍。劉秀沒有聽從。他離開列人縣到了真定縣。劉林在趙、魏一帶素來仗義行俠，王莽時，長安城中有個自稱是成帝的兒子劉子輿的人，王莽將他殺了。現在邯鄲有一位占卜先生王郎，便藉此謊稱自己是真正的劉子輿，他說「母親從前是成帝的歌女，曾見一股黃氣從上面下到她的身上，就懷了孕。趙飛燕想謀害她，就假換別人的兒子頂替，因而才得以保全生命。」劉林等便信以為真，於是和趙國有影響力的豪紳李育、張參等人商議，共同立王郎做天子。正好這時民間傳說赤眉將西渡黃河，劉林等趁機公開說「赤眉應立劉子輿做天子」，用以觀察民心，百姓大多數相信這件事。十二月，劉林等率領車騎數百人，在淩晨進入邯鄲城，停息在以前的趙王宮中，立王郎為天子。分別派遣將領攻下幽、冀二州，發送文告到各州郡，趙國以北，遼東以西都望風響應。

二年（甲申　西元二四年）

春，正月，大司馬秀以王郎新盛，乃北徇薊❶。

申屠建、李松自長安迎更始遷都。二月，更始發洛陽。初，三輔豪桀假號誅莽者，人人皆望封侯。申屠建既斬王憲，又揚言「三輔兒大黠，共殺其主。」吏民惶恐，屬縣屯聚。建等不能下。更始至長安，乃下詔大赦，非王莽子，他皆除其罪，於是三輔悉平。

時長安唯未央宮被焚，其餘宮室、供帳、倉庫、官府皆案堵❷如故，市里不改於舊。更始居長樂宮，升前殿，郎吏以次列庭中。更始羞怍❸，俛首刮席❹，不敢視。諸將後至者，更始問：「虜掠得幾何？」左右侍官皆宮省❺久吏，驚愕相視。

李松與棘陽趙萌說更始宜悉王❻諸功臣。朱鮪爭之，以為高祖約，非劉氏不王❼。更始乃先封諸宗室：祉❽為定陶王，慶❾為燕王，歙❿為元氏王，嘉⓫為漢中王，賜為宛王，信為汝陰王。然後立王匡為沘陽王[1]，王鳳為宜城王，朱鮪為膠東王，王常為鄧王，申屠建為平氏王，陳牧為陰平王，衛尉大將軍張卬為淮陽王，執金吾大將軍廖湛為穰王，尚書胡殷為隨王，柱天大將軍李通為西平王，五威中郎將李軼為舞陰王，水衡大將軍成丹為襄邑王，驃騎大將軍宗佻⓬為潁陰王，尹尊⓭為郾王。唯朱鮪辭不受，乃以鮪為左大司馬，宛王賜為前大司馬，使與李軼等鎮撫關東。又使李通鎮荊州，王常行南陽太守事。以李松為丞相，趙萌為右大司馬，共秉內任⑭。

更始納⑮趙萌女為夫人，故委政⑯於萌，日夜飲讌⑰後庭。羣臣欲言事，輒醉不能見。時⑱不得已，乃令侍中坐帷內[2]與語。韓夫人尤嗜酒，每侍飲⑲，見常侍⑳奏事，輒怒曰：「帝方對我飲，正用此時持事來邪！」起，抵破書案㉑。趙萌專權，生殺自恣㉒。郎吏有說萌放縱者，更始怒，拔劍斬[3]之，自是無敢復言。以至羣小、膳夫㉓皆濫授官爵，長安為之語曰：「竈下養，中郎將；爛羊胃，騎都尉；爛羊頭，關內侯㉔。」軍師將軍李淑上書諫曰：「陛下定業，雖因下江、平林之勢，斯蓋臨時濟用㉕，不可施之既安㉖。唯名與器㉗，聖人所重㉘。今加非其人，望其裨益萬分，猶緣木求魚，升山采珠㉙。海內望此，有以窺度㉚漢祚！」更始怒，囚之。諸將在外者皆專行誅賞，各置牧守，州郡交錯，不知所從。由是關中離心，四海怨叛。

更始徵隗囂及其叔父崔、義等。囂將行，方望以為[4]更始成敗未可知，固止之。囂不聽，望以書辭謝而去。囂等至長安，更始以囂為右將軍，崔、義皆即舊號。

【章　旨】以上為第六段，寫更始皇帝入都關中，荒怠政事，官民離心。

【注　釋】❶薊　縣名，縣治在今北京市西南。❷案堵　安定。❸羞怍　羞愧。❹俛首刮席　此言羞慚不敢仰視，兩手不知所措而摩擦坐席。俛，同「俯」。❺宮省　皇宮。❻王　作動詞用，封王。❼高祖約二句　《史記·呂太后本紀》：「高帝刑白馬盟曰：『非劉氏而王，天下共擊之。』」❽祉　劉祉（西元前七—西元三五年），字巨伯，光武族兄，劉敞之子。傳見《後漢書》卷十四。❾慶　劉慶，劉敞的弟弟。赤眉軍攻入關中，慶為亂兵所殺。❿歙　劉歙（？—西元三四年），字經孫，光武族父。傳見《後漢書》卷十四。⓫嘉　劉嘉（？—西元三九年），字孝孫，光武族兄。傳見《後漢書》卷十四。⓬宗佻　一作「宋佻」。⓭尹尊　一作「尹遵」。建武二年，降劉秀。⓮內任　指朝廷之內的職任。⓯納　娶。⓰委政　付以政柄。⓱飲讌　飲宴。⓲時　有時。⓳侍飲　陪侍宴飲。⓴常侍　即中常侍，官名。皇帝的侍從近臣。㉑抵破書案　擊破書案。㉒生殺自恣　隨意決定人的生與死。㉓膳夫　官名，執掌宮廷的飲食。㉔竈下養六句　意謂在伙房擔任炊事工作的人授官中郎將，能煮爛羊胃的人授官騎都尉，能煮爛羊頭的人賜爵關內侯。養，擔任炊事工作的人。㉕濟用　利用。㉖施之既安　用在安定以後。㉗名與器　名，名號。器，器物，此指能夠表明貴賤尊卑等級的各種禮儀制度的器物。㉘聖人所重　《左傳》魯成公二年記載孔子的話說：「唯器與名，不可以假人，君之所司也。」㉙緣木求魚二句　攀到樹上去尋求魚，登到山上去採集珍珠。比喻求非其所，終無所得。㉚窺度　暗中窺測。

【校　記】①沘陽王　原作「泚陽王」。據章鈺校，十二行本作「沘陽王」，張敦仁《通鑑刊本識誤》同，今據改。②內　原作「中」。據章鈺校，十二行本、乙十一行本、孔天胤本皆作「內」，今據改。③斬　據章鈺校，十二行本作「擊」。④為　原無此字。據章鈺校，十二行本、乙十一行本、孔天胤本皆有此字，今據補。

【語　譯】二年（甲申　西元二四年）

春，正月，大司馬劉秀因為王郎新起興盛，就向北攻佔薊縣。

申屠建、李松從長安來迎請更始皇帝劉玄遷都。二月，更始從洛陽出發。當初，假稱漢室將軍而誅殺王莽的三輔豪傑，人人都盼望封侯。申屠建把王憲殺死後，又揚言說：「三輔的男子太狡猾，一起殺了自己的君主。」官民一片恐慌，所屬各縣屯聚自保。申屠建等人不能攻克。更始皇帝到了長安，就發布詔令大赦，只要不是王莽的子孫，其他人都免予治罪，於是三輔全部平定了。

此時長安只有未央宮被燒，其他宮室、供帳、倉庫、官府都同過去一樣完好，城裡街市也與原來的一樣沒有改變。更始皇帝劉玄住在長樂宮，登上前殿，官員們依照次序，排列在殿庭中。更始一見這場面，羞愧變色，低著頭，兩手擦席，不敢看人。後到的將領，劉玄便問：「你擄掠所得有多少？」左右侍從官都是宮中的舊吏，驚愕相視。

李松和棘陽人趙萌勸說更始應該將功臣都封為王。朱鮪不同意，認為漢高祖劉邦約定，不是姓劉的，不能封王。更始就先封劉氏宗室：劉祉為定陶王，劉慶為燕王，劉歙為元氏王，劉嘉為漢中王，劉賜為宛王，劉信為汝陰王。然後再封王匡為沘陽王，王鳳為宜城王，朱鮪為膠東王，王常為鄧王，申屠建為平氏王，陳牧為陰平王，衛尉大將軍張卬為淮陽王，執金吾大將軍廖湛為穰王，尚書胡殷為隨王，柱天大將軍李通為西平王，五威中郎將李軼為舞陰王，水衡大將軍成丹為襄邑王，驃騎大將軍宗佻為潁陰王，尹尊為郾王。只有朱鮪推辭不受，於是劉玄就任命朱鮪為左大司馬，宛王劉賜為前大司馬，讓他們和李軼等人安撫函谷關以東地區。又派李通鎮守荊州，王常代理南陽郡太守政務。任命李松為丞相，趙萌為右大司馬，共同主持朝廷內政務。

更始皇帝劉玄娶趙萌女兒做夫人，因而將朝政大權都委託趙萌處理，他自己日夜在後宮歡宴。大臣們想奏請或議論政事，更始往往因醉酒而不能接見。有時推辭不掉，就命侍中坐帳幕內代替他回答。韓夫人尤其愛好喝酒，每當侍奉更始喝酒，看見中常侍前來奏事，就生氣說：「皇上正和我對飲，你為什麼在這個時候來奏事！」站起來，擊破書案。趙萌獨攬大權，生殺隨意。郎官中有人說趙萌恣意妄為，更始大怒，拔劍殺了那個郎官，從此之後，再沒有人敢說話。以致成群的小人、廚子，都被隨意授官封爵，長安街頭因此流傳歌謠：「灶下會炊烹，可做中郎將；煮爛羊胃，可做騎都尉；煮爛羊頭，可做關內侯。」軍師將軍李淑上奏規諫說：「陛下完成大業，儘管是靠著下江兵、平林兵的勢力，但這只能是臨時利用一下，不能用在天下安定以後。只有名號和器物，是聖人所看重的。若加封不當，希望受封的人對國家有萬分貢獻，那就像緣木而求魚，登高山而採珠。四海之內看到這個樣子，定會有人暗中窺伺漢朝皇位！」更始大怒，將李淑逮捕下獄。在地方上的各位將領，獨自施行誅殺和賞賜，各自設置州牧和太守，州、郡行政官吏互相重疊，不知服從誰好。因而關中地區百姓離心，全國人民怨恨反叛。

更始皇帝劉玄徵召隗囂與他的叔父隗崔、隗義等人。隗囂即將出發，方望認為劉玄政權的成敗尚未可知，就極力阻止。隗囂不聽，方望便留下辭職書而離去。隗囂等人到達長安，劉玄任命隗囂為右將軍，隗崔、隗義仍保留原來的稱號。

耿況遣其子弇❶奉奏詣長安，弇時年二十一。行至宋子，會王郎起，弇從吏孫倉、衛包曰：「劉子輿，成帝正統。捨此不歸，遠行安之！」弇按劍曰：「子輿弊賊，卒為降虜耳！我至長安，與國家陳❷漁陽、上谷[1]兵馬，歸發突騎❸，以轔❹烏合之眾，如摧枯折腐耳。觀公等不識去就❺，族滅不久也！」倉、包遂亡，降王郎。

弇聞大司馬秀在盧奴❻，乃馳北上謁。秀留署❼長史❽，與俱北至薊。王郎移檄購秀十萬戶❾，秀令功曹令史❿潁川王霸⓫至市中募人擊王郎，市人皆大笑，舉手邪揄⓬之，霸慚懅⓭而反。秀將南歸，耿弇曰：「今兵從南方來，不可南行。漁陽太守彭寵，公之邑人；上谷太守，即弇父也。發此兩郡控弦⓮萬騎，邯鄲不足慮也。」秀官屬腹心皆不肯，曰：「死尚南首⑮，奈何北行入囊中⑯！」秀指弇曰：「是我北道主人也。」

會故廣陽王⑰子接⑱起兵薊中以應郎，城內擾亂，言邯鄲使者方到，二千石以下皆出迎。於是秀趣⑲駕而出，至南城門，門已閉。攻之，得出，遂晨夜⑳南馳，不敢入城邑，舍食㉑道傍。至蕪蔞亭㉒，時天寒烈，馮異上豆粥。至饒陽㉓，官屬皆乏食。秀乃自稱邯鄲使者，入傳舍，傳吏方進食，從者飢，爭奪之。傳吏疑其偽，乃椎鼓數十通，紿言㉔「邯鄲將軍至」。官屬皆失色。秀升車欲馳，既而懼不免，徐還坐，曰：「請邯鄲將軍入。」久，乃駕去。晨夜兼行，蒙犯㉕霜雪，面皆破裂。

至下曲陽㉖，傳聞王郎兵在後，從者皆恐。至滹沱河㉗，候吏㉘還白㉙：「河水流澌㉚，無船，不可濟。」秀使王霸往視之。霸恐驚眾，欲且㉛前，阻水還㉜，即詭曰：「冰堅可度。」官屬皆喜。秀笑曰：「候吏果妄語也！」遂前。比㉝至河，河冰亦合，乃令王霸護度，未畢數騎而冰解。至南宮㉞，遇大風雨，秀引車入道傍空舍，馮異抱薪，鄧禹爇火，秀對竈燎㉟衣，馮異復進麥飯。

進至下博㊱城西，惶惑不知所之。有白衣老父在道旁，指曰：「努力！信都郡[37]為長安城守[38]，去此八十里。」秀即馳赴之。是時郡國皆已降王郎，獨信都太守南陽任光[39]、和戎[40]太守信都邳彤[41]不肯從。光自以孤城獨守，恐不能全，聞秀至，大喜。吏民皆稱萬歲[42]。邳彤亦自和戎來會，議者多言可因信都兵自送，西還長安。邳彤曰：「吏民歌吟思漢久矣，故更始舉尊號而天下響應，三輔清宮除道以迎之。今卜者王郎，假名因勢，驅集烏合之眾，遂振[43]燕、趙之地，無有根本之固。明公奮二郡[44]之兵以討之，何患不克！今釋此而歸，豈徒空失河北，必更驚動三輔，墮損威重，非計之得者也。若明公無復征伐之意，則雖信都之兵，猶難會也。何者？明公既西，則邯鄲勢成，民不肯捐[45]父母、背成主[46]而千里送公，其離散亡逃可必[47]也！」秀乃止。

秀以二郡兵弱，欲入城頭子路[48]、刁子都[2]軍中。任光以為不可。乃發傍縣，得精兵四千人，拜任光為左大將軍，信都都尉李忠[49]為右大將軍，邳彤為後大將軍、和戎太守如故，信都令萬脩[50]為偏將軍，皆封列侯。留南陽宗廣領信都太守事。使任光、李忠、萬脩將兵以從，邳彤將兵居前，任光乃多作檄文曰：「大司馬劉公將城頭子路、刁子都兵百萬眾從東方來，擊諸反虜！」遣騎馳至鉅鹿界中。吏民得檄，傳[51]相告語。秀投暮[52]入堂陽[53]界，多張騎火[54]，彌滿澤中，堂陽即降。

又擊貰縣[55]，降之。城頭子路者，東平爰曾也，寇掠河、濟間，有眾二十餘萬，刁子都有眾六七萬，故秀欲依之。昌城人劉植[56]聚兵數千人據昌城，迎秀。秀以植為驍騎將軍。耿純率宗族賓客二千餘人，老病者皆載木[57]自隨，迎秀於育[58]。拜純為前將軍。進攻下曲陽，降之。眾稍合，至數萬人，復北擊中山[59]。耿純恐宗家懷異心，乃使從弟訢[60]、宿[61]歸，燒廬舍以絕其反顧之望。

秀進拔盧奴，所過發奔命兵，移檄邊郡共擊邯鄲。郡縣還復響應。時真定王楊[62]起兵附王郎，眾十餘萬，秀遣劉植說楊，楊乃降。秀因留真定，納楊甥郭氏[63]為夫人以結之。進擊元氏[64]、防子[65]，皆下之。至鄗[66]，擊斬王郎將李惲。至柏人[67]，復破郎將李育[68]。育還保城。攻之，不下。

南鄭人延岑[69]起兵據漢中。漢中王嘉擊降之，有眾數十萬。校尉南陽賈復[70]見更始政亂，乃說嘉曰：「今天下未定，而大王安守所保，所保得無不可保乎？」嘉曰：「卿言大，非吾任也。大司馬在河北，必能相用。」乃為書薦復及長史南陽陳俊[71]於劉秀。復等見秀於柏人，秀以復為破虜將軍，俊為安集掾[72]。

秀舍中兒犯法，軍市令[73]潁川祭遵[74]格殺[75]之，秀怒，命收遵。主簿陳副諫曰：「明公常欲眾軍整齊，今遵奉法不避，是教令所行也。」乃貰[76]之，以為刺姦將軍(77)，謂諸將曰：「當備祭遵！吾舍中兒犯法尚殺之，必不私諸卿也。」

初，王莽既殺鮑宣，上黨(78)都尉路平欲殺其子永(79)。太守苟諫保護之，永由是得全。更始徵永為尚書僕射，行大將軍事，將兵安集河東(80)、并州，得自置偏裨(81)。永至河東，擊青犢，大破之。以馮衍為立漢將軍，屯太原，與上黨太守田邑(82)等繕(83)甲養士以扞衛并土(84)。

或說大司馬秀以守柏人不如定鉅鹿，秀乃引兵東北拔廣阿(85)。秀披(86)輿地圖(87)，指示鄧禹曰：「天下郡國如是，今始乃得其一，子前言以吾慮天下不足定，何也？」禹曰：「方今海內殽亂(88)，人思明君，猶赤子之慕慈母。古之興者在德薄厚，不以大小也！」

薊中之亂，耿弇與劉秀相失，北走昌平(89)，就其父況，因說況擊邯鄲。時王郎遣將徇漁陽、上谷，急發其兵，北州疑惑，多欲從之。上谷功曹寇恂、門下掾(90)閔業(91)說況曰：「邯鄲拔起(92)，難可信向(93)。大司馬，劉伯升母弟(94)，尊賢下士，可以歸之。」況曰：「邯鄲方盛，力不能獨拒，如何？」對曰：「今上谷完實，控弦萬騎，可以詳(95)擇去就。恂請東約漁陽，齊心合眾，邯鄲不足圖也！」況然之，遣恂東約彭寵，欲各發突騎二千匹、步兵千人詣大司馬秀。

安樂令吳漢、護軍[96]蓋延[97]、狐奴[98]令王梁[99]亦勸寵從秀，寵以為然。而官屬皆欲附王郎，寵不能奪[100]。漢出止外亭，遇一儒生，召而食之，問以所聞。生言：「大司馬劉公，所過為郡縣所稱。邯鄲舉尊號者，實非劉氏。」漢大喜，即詐為秀書，移檄漁陽，使生齎[101]以詣寵，令具以所聞說之。會寇恂至，寵乃發步騎三千人，以吳漢行長史，與蓋延、王梁將之，南攻薊，殺王郎大將趙閎。

寇恂還，遂與上谷長史景丹[102]及耿弇將兵俱南，與漁陽軍合，所過擊斬王郎大將、九卿、校尉以下，凡斬首三萬級，定涿郡[103]、中山、鉅鹿、清河[104]、河間[105]凡二十二縣。前及廣阿，聞城中車騎甚眾，丹等勒兵問曰：「此何兵？」曰：「大司馬劉公也。」諸將喜，即進至城下。城下[3]初傳言二郡兵為邯鄲來，眾皆恐。劉秀自登西城樓勒兵問之。耿弇拜於城下，即召入。具言發兵狀。秀乃悉召景丹等入，笑曰：「邯鄲將帥數言我發漁陽、上谷兵，吾聊應言『我亦發之』，何意[106]二郡良[107]為吾來！方[108]與士大夫共此功名耳。」乃以景丹、寇恂、耿弇、蓋延、吳漢、王梁皆為偏將軍，使還領其兵，加耿況、彭寵大將軍，封況、寵、丹、延皆為列侯。

吳漢為人，質厚[109]少文[110]，造次[111]不能以辭自達，然沈勇[112][4]有智略，鄧禹數薦之於秀，秀漸親重之。

更始遣尚書令(113)謝躬(114)率六將軍討王郎，不能下。秀至，與之合軍，東圍鉅鹿，月餘未下。王郎遣將攻信都，大姓馬寵等開城[5]內之。更始遣兵攻破信都，秀使李忠還，行太守事。王郎遣將倪宏、劉奉率數萬人救鉅鹿，秀逆戰(115)於南緣(116)，不利。景丹等縱突騎擊之，宏等大敗。秀曰：「吾聞突騎天下精兵，今見其戰，樂可言邪！」

耿純言於秀曰：「久守鉅鹿，士眾疲弊，不如及大兵精銳，進攻邯鄲，若王郎已誅，鉅鹿不戰自服矣。」秀從之。夏，四月，留將軍鄧滿守鉅鹿。進軍邯鄲，連戰，破之，郎乃使其諫大夫杜威請降。威雅稱(117)郎實成帝遺體(118)，秀曰：「設使成帝復生，天下不可得，況詐子輿者乎！」威請求萬戶侯，秀曰：「顧(119)得全身可矣！」威怒而去。秀急攻之，二十餘日。五月甲辰(120)，郎少傅李立開門內漢兵，遂拔邯鄲。郎夜亡走，王霸追斬之。秀收郎文書，得吏民與郎交關(121)謗毀者數千章(122)。秀不省(123)，會諸將軍燒之，曰：「令反側子(124)自安！」

【章旨】以上為第七段，寫劉秀歷經艱險，平定王郎。

【注釋】❶弁 耿弁（西元三—五八年），字伯昭，扶風茂陵縣人，耿況之子。劉秀稱帝，為建威大將軍，封好時侯。傳見《後漢書》卷十九。❷陳 陳述。❸突騎 能衝擊軍陣的精銳騎兵。❹轢 車輪輾壓。此指踐踏。❺不識去就 不懂選擇歸屬。去就，取捨。❻盧奴 縣名，縣治在今河北定州。❼署 暫時擔任。❽長史 官名，協助長官處理官署事務。❾購秀十萬戶 殺死或抓到劉秀者，賞給十萬戶的封地。❿功曹令史 大司馬府屬官名。⓫王霸 （?—西元五九年）字元伯，潁川郡潁陽縣（今河南許昌西南）人，歷任討虜將軍、上谷太守等，封淮陵侯。傳見《後漢書》卷二十。⓬邪揄 嘲笑；戲弄。⓭慚懅 羞愧。⓮控弦 指持弓善射的士兵。⓯南首 頭朝南。⓰北行入囊中 漁陽、上谷二郡之北即為邊塞，北行至此則道路窮盡，猶如進入布袋中，故以為喻。⓱廣陽王 名劉嘉，漢武帝五世孫。⓲接 廣陽王之子劉接。⓳趣 急忙。⓴晨夜 日夜。㉑舍食 住吃。㉒蕪蔞亭 亭名，屬饒陽縣，處於縣治北。其址在今河北肅寧南。㉓饒陽 縣名，縣治在今河北饒陽東北。㉔紿言 詐言；謊稱。紿，欺騙。㉕蒙犯 冒著。㉖下曲陽 縣名，縣治在今河北晉州西北。㉗滹沱河 河流名，源出今山西繁峙東之泰戲山，穿太行山東流入河北平原。在獻縣與滏陽河匯合後稱子牙河。至天津市，會北運河入海。滹沱河於下曲陽北自西向東流。㉘候吏 負責整治道路、稽查奸盜及迎送賓客的官員。㉙白 報告。㉚澌 同「凘」。解凍時流動的冰塊。㉛且 通「徂」。往。㉜阻水還 被河水所阻而回。㉝比 等到。㉞南宮 縣名，縣治在今河北南宮西北。㉟燎 烘烤。㊱下博 縣名，縣治在今河北深州東南。㊲信都郡 郡名，治所信都縣，在今河北冀州。㊳守 護衛。㊴任光 （?—西元二九年）字伯卿，南陽郡宛縣人，歸劉秀，為左大將軍，太守如故，封阿陵侯。傳見《後漢書》卷二十一。㊵和戎 郡名。《後漢書·邳彤傳》作「和成」。治所在下曲陽。㊶邳彤 《後漢書》作「邳肜」。字偉君，信都人，歸劉秀，為後大將軍，太守如故，封靈壽侯。傳見《後漢書》卷二十一。㊷萬歲 喜悅歡呼之詞。㊸振 收取。㊹二郡 指信都、和戎二郡。㊺捐 拋棄。㊻成主 已確立的君主。此指王郎。㊼必 斷定。㊽城頭子路 姓爰，名曾，字子路，起兵盧縣（今山東長清東南）城頭，號稱城頭子路。活動於今河北、山東兩省的黃河、濟水流域，發展到二十餘萬人。劉玄稱帝，命曾為東萊太守，行大將軍事，不久為部將所殺。㊾李忠 （?—西元四三年）字仲都，東萊郡黃縣（今山東黃縣東）人，歸劉秀，為右大將軍、五官中郎將、丹陽太守等，封中水侯。傳見《後漢書》卷二十一。㊿萬脩 （?—西元二六年）字君游，扶風茂陵縣人，歸劉秀，為偏將軍、右將軍等，封槐里侯。傳見《後漢書》卷二十一。(51)傳 通「轉」。輾轉。(52)投暮 傍晚。(53)堂陽 縣名，縣治在今河北新河縣西北。(54)多張騎火 布疑兵。《後漢書·任光傳》：「使騎各持炬火，彌滿澤中，光炎燭天地。舉城莫不震驚惶怖，其夜即降。」(55)貰縣 縣名，縣治在今河北辛集西南。(56)劉植 （?—西元二六年）字伯先，鉅鹿郡昌城縣（今河北冀州西北）人，歸劉秀，為驍騎將軍，封昌城侯。傳見《後漢書》卷二十一。(57)木　指棺材。(58)育　《後漢書・耿純傳》李賢注：「育，縣名，故城在冀州。」檢兩〈漢志〉，無育縣；兩《漢書》以育為地名者，僅〈耿純傳〉一見。胡注認為，「育」蓋「貰」字之誤。貰縣故治在今河北辛集西南。(59)中山　王國名，治所在今河北定州。(60)訢　耿訢（？—西元二六年），隨堂兄耿純歸劉秀，為偏將軍、赤眉將軍等，封著武侯。後隨鄧禹西征，戰死。(61)宿　耿宿，隨堂兄耿純歸劉秀，為偏將軍，後官至代郡太守，封遂鄉侯。(62)楊　劉楊（？—西元二六年），漢景帝七世孫。後圖謀自立，被殺。(63)郭氏　郭昌女郭聖通。建武二年（西元二六年）立為皇后。傳見《後漢書》卷十上〈皇后紀〉。(64)元氏　縣名，縣治在今河北元氏西北。(65)防子　即房子，縣名，縣治在今河北高邑西南。(66)鄗　縣名，縣治在今河北高邑東南。(67)柏人　縣名，縣治在今河北內丘東北。(68)李育　王郎的大司馬。(69)延岑　（？—西元三六年）字叔牙，南陽郡筑陽縣（今湖北穀城東北）人，初起兵南鄭，佔據漢中。後降漢中王劉嘉。建武二年（西元二六年），擊走劉嘉，在漢中自稱武安王。後降公孫述，為大司馬，封汝寧王。漢軍攻破成都，被殺。傳見《後漢書》卷十三。(70)賈復　（？—西元五五年）字君文，南陽郡冠軍縣（今河南鄧州西北）人，初從漢中王劉嘉，為校尉。後歸劉秀，官至左將軍，封膠東侯。傳見《後漢書》卷十七。(71)陳俊　（？—西元四七年）字子昭，南陽郡西鄂縣（今河南南陽東北）人，初從劉嘉，為長史。後歸劉秀，為強弩大將軍、琅邪太守，封祝阿侯。傳見《後漢書》卷十八。(72)安集掾　官名，欲安集軍民，所以特意設置此官。(73)軍市令　官名，軍中置市，設置軍市令掌管。(74)祭遵　（？—西元三三年）字弟孫，潁川郡潁陽縣（今河南許昌西南）人，歷任軍市令、征虜將軍，封潁陽侯。傳見《後漢書》卷二十。(75)格殺　擊殺。(76)貰　赦免。(77)刺姦將軍　將軍名號，主管督察奸詐狡猾的人。(78)上黨　郡名，治所在今山西長子西南。(79)永　鮑永，字君長，上黨郡屯留縣（今山西屯留南）人，歷任司隸校尉、兗州牧等。傳見《後漢書》卷二十九。(80)河東　郡名，治所在今山西夏縣西北。(81)偏裨　偏將、裨將，此泛指將佐。(82)田邑　字伯玉，馮翊蓮芍縣（今陝西蒲城南）人，後為漁陽太守、諫議大夫。(83)繕　整治。(84)并土　并州之地。(85)廣阿　縣名，縣治在今河北隆堯東。(86)披　打開。(87)輿地圖　地圖。(88)殽亂　混亂。(89)昌平　縣名，縣治在今北京市昌平東南。(90)門下掾　官名，州郡長官自行舉用的屬吏，治理官署眾事。(91)閔業　官至遼西太守，爵關內侯。(92)拔起　突起。(93)信向　信賴。(94)母弟　同母弟弟。(95)詳　審慎。(96)護軍　官名，將軍幕府屬官。(97)蓋延　（？—西元三九年）字巨卿，漁陽郡要陽縣（今河北灤平西北）人，歷任虎牙將軍等，封安平侯。傳見《後漢書》卷十八。(98)狐奴　縣名，縣治在今北京市順義東北。(99)王梁　（？—西元三八年）字君嚴，漁陽郡要陽縣人，歷任大司空、河南尹、濟南太守等，封阜成侯。傳見《後漢書》卷二十二。(100)奪　強迫改變。(101)齎　帶著。(102)景丹　（？—西元二六年）

字孫卿，馮翊櫟陽縣（今陝西富平東南）人，官至驃騎大將軍，封櫟陽侯。傳見《後漢書》卷二十二。⑩涿郡　郡名，治所在今河北涿州。⑩清河　郡名，治所在今河北清河縣東南。⑩河間　王國名，治所在今河北獻縣東南。⑩何意　哪裡料想到。⑩良　確實。⑩方　正要。⑩質厚　樸實厚道。⑩少文　沒有文采。此指不善言辭。⑪造次　倉促；急遽。⑫沈勇　深沉果敢。⑬尚書令　官名，尚書臺的長官，管理諸曹尚書。⑭謝躬　（?—西元二四年）字子張，南陽郡人，劉玄稱帝，為尚書令，徇行河北，與劉秀共同擊滅王郎。後為劉秀部將吳漢等殺死於鄴城。⑮逆戰　迎戰。⑯南䜌　縣名，縣治在今河北巨鹿北。⑰雅稱　極言。⑱遺體　古稱兒女之身為父母的遺體。⑲顧　只是。⑳甲辰　五月初一日。㉑交關　交往；勾結。㉒章公文一篇，或信一封。㉓省　看。㉔反側子　反覆無常的人。

【校　記】①漁陽上谷　原作「上谷漁陽」。據章鈺校，十二行本、乙十一行本、孔天胤本二詞皆互乙，今據改。②刁子都　原作「力子都」。胡三省注云：「《考異》曰：『范《書》作「力子都」。』同編修劉攽曰：『「力」當作「刁」，音彫。』」據章鈺校，孔天胤本皆作「刁子都」，張敦仁《通鑑刊本識誤》同，今據改。③下　據章鈺校，十二行本作「中」。④勇　原作「厚」。據章鈺校，十二行本、乙十一行本、孔天胤本皆作「勇」，張敦仁《通鑑刊本識誤》同，今據改。⑤城　原作「門」。據章鈺校，十二行本、乙十一行本、孔天胤本皆作「城」，今據改。

【語　譯】耿況派他的兒子耿弇拿著奏章前往長安，耿弇當時二十一歲。耿弇走到宋子縣，正趕上王郎起事，耿弇的隨從官員孫倉、衛包說：「劉子輿是成帝正統。丟掉他不去歸附，還遠行到哪裡去呢！」耿弇拿著寶劍說：「劉子輿這個壞東西，最終是個降虜罷了！我到長安，向國家陳奏漁陽、上谷兩郡兵馬，回來發動精銳騎兵，用它來踏平烏合之眾，如同摧枯拉朽罷了。看你們兩位不懂選擇歸屬，遭滅族之禍不會太久！」孫倉、衛包兩人便逃跑了，投降了王郎。

耿弇聽說大司馬劉秀在盧奴縣，便馳馬北上去晉見劉秀。劉秀留下耿弇暫時擔任長史，並和耿弇一起北行到薊縣。王郎懸賞十萬戶封邑捉拿劉秀，劉秀派功曹令史潁川人王霸到鬧市上召募兵士討伐王郎，市人全都大笑，做手勢戲弄王霸，王霸羞愧而回。劉秀將要南歸，耿弇說：「如今敵人從南向北來，不可以南行。北方漁陽太守彭寵，是明公老鄉；上谷太守，就是我耿弇的父親。發動這兩郡善射騎士一萬人，邯鄲就不必憂慮了。」劉秀的心腹部屬都不同意，說：「即便是死，頭也要向著南方，為何還要北行鑽入口袋中！」劉秀指著耿弇說：「他就是我北行路上的主人啊。」

正巧前廣陽王的兒子劉接在薊縣起兵響應王郎，城內混亂，傳言邯鄲使者剛到，二千石以下官員都要出城迎接。於是劉秀趕緊駕車出城，到了南門，南門已經關閉。發起進攻，才得以出城，於是日夜南馳，不敢進入城邑，在路邊吃住。到達蕪蔞亭，當時天氣異常寒冷，馮異端上豆粥。到達饒陽，部屬全部都沒吃飯。劉秀便自稱是邯鄲派來的使者，進入驛站，驛站屬吏剛擺出食物，跟隨劉秀的人飢餓已極，大家爭搶食物。驛站屬吏懷疑劉秀是冒牌使者，便擂鼓數十下，欺騙說「邯鄲派來的將軍到了」。劉秀的部屬全都變了臉色。劉秀想登車逃跑，馬上又怕不能脫身，於是不慌不忙回到座位上，說：「請邯鄲的將軍進來。」過了很長時間，劉秀才駕車離去。日夜兼程，冒著霜雪趕路，臉面都凍裂了。

到達下曲陽，傳聞王郎追兵跟在後邊，隨從官吏全都驚恐。將到滹沱河邊，前面探路的候吏回來說：「河水流動著冰塊，沒有船，無法渡河。」劉秀派王霸前去察看。王霸擔心眾人驚恐，想讓大家往前走，被河水阻擋再回頭，當即誑稱說：「河冰堅實可渡。」隨從官吏全都高興。劉秀笑著說：「候吏果然是胡說！」於是前行。等到了河邊，河冰連接起來了，便命令王霸指揮渡河，還剩下幾匹馬和人沒渡過河，河冰就破裂了。到了南宮縣，遇上狂風暴雨，劉秀拉車進入路邊的空房，馮異抱柴，鄧禹燒火，劉秀對著灶烤衣，馮異送上麥米飯。

前行到下博城西，惶恐疑惑不知到哪裡去。有一位穿白衣的老者在路邊，指路說：「諸君努力呀！信都郡是長安城的護衛，離這裡八十里。」劉秀立即奔馳前往。這時，河北郡國都投降了王郎，只有信都太守南陽人任光、和戎太守信都人邳彤不肯附從。任光自己認為信都是一座孤城獨自堅守，擔心不能保全，聽到劉秀來到，十分高興。官民全都呼喊萬歲。邳彤也從和戎來會合，議事的人多數說可利用信都的兵馬護送自己，向西返回長安。邳彤說：「官民謳歌思念漢朝很長時間了，所以更始皇帝建立尊號，全國響應，三輔清理宮殿，掃除道路迎接他。如今賣卦人王郎，冒名乘勢，驅趕一群烏合之眾，於是收取了燕、趙之地，並沒有鞏固的根據地。明公振奮信都、和戎兩郡的兵力討伐王郎，何愁不勝！如今丟了這機會而西歸，哪裡只是白白地丟了整個河北地區，一定還會驚動三輔，損害聲威，這不是一個好計謀。如果明公已沒有征伐叛逆的意思，那麼即使信都的兵也難會合。為什麼呢？明公既然西走，那麼就成就了邯鄲的勢力，百姓不肯丟掉父母，背叛已成的主子遠行千里護送明公，他們離散逃亡是肯定的！」劉秀這才停止西行。

劉秀認為兩郡的兵力單薄，打算到城頭子路、刁子都的軍隊中去。任光認為不可，便徵召鄰縣的丁壯，得到四千名精兵，劉秀任命任光為左大將軍，信都郡都尉李忠為右大將軍，邳彤為後大將軍，仍任和戎太守，信都縣縣令萬脩為偏將軍，都封為列侯。留南陽人宗廣代理信都郡太守政務。命令任光、李忠、萬脩率領兵馬隨從自己討伐王郎，邳彤率兵充任前鋒，任光撰寫大量聲討文告說：「大司馬劉公率領城頭子路、刁子都大軍百萬，自東方來，討伐各路叛賊！」派出騎兵趕到鉅鹿郡內散發。吏民看到聲討文告，互相轉告。劉秀在傍晚時進入堂陽縣界，多置騎兵火把，布滿在草澤中，堂陽縣當夜投降。緊接著攻打貰縣，貰縣也投降了。城頭子路，是東平郡人爰曾，在黃河、濟水一帶搶劫擄掠，有部眾二十餘萬，而刁子都部眾也有六、七萬，所以劉秀想依附他們。昌城人劉植聚集軍隊數千人佔據昌城縣，迎接劉秀。劉秀任命劉植為驍騎將軍。耿純率領宗族賓客二千多人，年老患病的各自帶著棺木跟隨，到育縣迎接劉秀。劉秀任命耿純為前將軍。攻打下曲陽，下曲陽投降。此時劉秀軍隊逐漸增多，已達數萬人，又向北進攻中山郡。耿純怕宗族懷有二心，就派他的堂弟耿訢、耿宿回到故鄉，燒掉房舍，斷絕他們返回的希望。

劉秀攻下盧奴縣，所到之處，徵發地方兵馬，傳送檄文給邊塞郡、縣，一起攻打邯鄲城。郡、縣反戈紛紛響應。此時，真定王劉楊起兵依附王郎，部眾十餘萬，劉秀派遣劉植去遊說劉楊，劉楊便投降了。劉秀因而留在真定縣，娶了劉楊的外甥女郭氏為夫人，用以團結劉楊。接著攻打元氏縣、防子縣，全都攻了下來。到達鄗縣，擊殺王郎部將李惲。進至柏人縣，又打敗王郎部將李育。李育退守柏人縣城。劉秀圍攻，沒有攻下。

南鄭人延岑起兵佔據漢中。漢中王劉嘉攻打延岑，延岑投降，劉嘉部眾有數十萬。校尉南陽人賈復看到更始政治混亂，便向劉嘉建議：「如今天下還未安定，而大王卻安守漢中郡，漢中郡恐怕未必能保吧？」劉嘉說：「你說的話關係重大，不是我所能勝任的。大司馬劉秀在河北，必定能任用你。」因而寫信，將賈復和長史南陽人陳俊推薦給劉秀。賈復等人在柏人縣拜見劉秀，劉秀任命賈復為破虜將軍，陳俊為安集掾。劉秀家中年輕人犯了法，軍市令潁川人祭遵把他擊殺了。劉秀大怒，命人逮捕了祭遵。主簿陳副諫阻劉秀說：「明公經常要求眾軍軍紀整肅，現今祭遵執法毫無迴避，這正是在執行明公的教令呀。」劉秀因此饒恕了祭遵，用他擔任刺姦將軍，對眾將說：「你們要當心祭遵！我的家中年輕人犯法都給殺了，他肯定不會偏袒你們。」

當初，王莽殺害鮑宣時，上黨郡都尉路平就想趁機殺死鮑宣的兒子鮑永。上黨郡太守苟諫保護鮑永，鮑永才得以保命。更始徵召鮑永為尚書僕射，代理大將軍事，率領軍隊安撫河東郡和并州所屬郡縣，可以自行任命偏將和裨將。鮑永到達河東郡，攻打青犢兵，大敗青犢。鮑永任命馮衍為立漢將軍，屯駐太原郡，和上黨郡太守田邑等人繕治兵甲，訓練士卒，用以保衛并州疆土。

有人勸說大司馬劉秀，與其固守柏人縣，不如去平定鉅鹿郡。劉秀便率軍向東北，攻下鉅鹿郡的廣阿縣。劉秀翻開地圖，指給鄧禹看，說：「天下郡、國這麼多，至今我才得到其中的一個，先生此前說憑我的思慮，天下不難平定，為什麼？」鄧禹回答說：「眼下天下混亂，人們渴望出現英明的君主，就彷彿初生的嬰兒思念慈母。古代興起的帝王，都在於他們品德的厚薄，而不依靠他們所佔地盤的大小！」

薊中之亂時，耿弇與劉秀失散，向北逃到昌平縣，回到他父親耿況那裡，勸說他父親耿況攻打邯鄲。當時，王郎派遣將領進掠漁陽郡、上谷郡，緊急調發沿邊郡縣的部隊，北方沿邊州郡疑惑不安，多數人想歸從王郎。上谷郡功曹寇恂、門下掾閔業向耿況建議說：「邯鄲突然崛起，難以信賴。大司馬劉秀，是劉縯的親弟弟，禮賢下士，我們應當歸附他。」耿況說：「邯鄲勢力正日漸強盛，我們的力量不能單獨抵抗，怎麼辦？」寇恂回答說：「現在上谷郡充實堅固，擁有騎兵萬人，應當審慎選擇去就。我寇恂願意到東方聯絡漁陽郡的彭寵，同心合力，邯鄲不愁攻不下！」耿況表示同意，派遣寇恂東去聯合彭寵，打算各自派出騎兵突擊隊兩千人、步兵一千人前往大司馬劉秀那裡。

安樂縣令吳漢、護軍蓋延、狐奴縣令王梁也力勸彭寵歸附劉秀，彭寵表示贊同。但是，他的部屬都想歸附王郎，彭寵不能強迫他們。吳漢出城在城外的亭子裡休息時，遇到一位儒生，就召他一同進餐，並向他打聽消息。儒生說：「大司馬劉秀，每經過郡、縣，都受到當地官民的稱讚。邯鄲那位皇帝，並非劉氏子弟。」吳漢很高興，立即偽造一份劉秀致漁陽郡的文告，教那儒生拿著去見彭寵，囑咐他把所聽到的消息詳細告訴彭寵。正好寇恂抵達，彭寵便派出步騎三千人，命吳漢為代理長史，和蓋延、王梁一起率領，南下攻打薊縣，殺死王郎大將趙閎。

寇恂返回上谷郡，於是與上谷郡長史景丹以及耿弇率軍南下，和漁陽郡的軍隊會合，進軍途中斬殺王郎的大將、九卿、校尉以下吏士共計約三萬人，平定涿郡、中山、鉅鹿、清河、河間等二十二縣。前鋒到達廣阿縣，聽說城裡兵馬很多，景丹等停兵打聽消息，問道：「這是什麼人的軍隊？」回答說：「是大司馬劉秀的。」眾將都很高興，當即抵達城下。城裡最初謠傳上谷、漁陽二郡的軍隊為援助王郎而來，大家都十分惶恐。劉秀親自登上西城樓布置軍隊詢問來意。耿弇在城下拜見，劉秀當即叫他進城，耿弇詳細說明了兩郡發兵情況。劉秀因此把景丹等將領全請到城裡來，笑著說：「邯鄲將領多次說我徵調了漁陽、上谷二郡的兵力，我隨聲附和說『我是徵召了』，想不到二郡兵馬真的為我而來！我正好與各位士大夫共享此功名。」就任命景丹、寇恂、耿弇、蓋延、吳漢、王梁等為偏將軍，讓他們各自回去統領自己的部隊。擢升耿況、彭寵為大將軍，封耿況、彭寵、景丹、蓋延都為列侯。

吳漢為人質樸，不善言辭，緊急倉促時就辭不達意，但沉著果敢，有智謀才略，鄧禹多次向劉秀推薦，劉秀逐漸對他親近敬重。

更始派尚書令謝躬率領六位將軍討伐王郎，不能戰勝。劉秀到達後，謝躬便與劉秀軍隊會合，向東包圍鉅鹿，一個多月沒有攻下。王郎派遣將領攻打信都郡，城內大族馬寵等人打開城門迎接。更始派軍隊攻下了信都，劉秀命李忠返回信都，代理太守。王郎派遣將領倪宏、劉奉帶領數萬名士兵救鉅鹿，劉秀在南緣迎戰，結果失利。景丹等派出突擊騎兵襲擊敵人，倪宏等大敗。劉秀說：「我聽說突擊騎兵是天下的精銳部隊，現在親眼看到他們作戰，高興得無法用語言來形容！」

耿純對劉秀說：「我們長久包圍鉅鹿城，官兵疲憊，不如趁大軍兵精氣盛，直接進攻邯鄲，如果王郎被殺，鉅鹿不用去打就自動降服了。」劉秀採納了他的建議。夏，四月，劉秀留下將軍鄧滿繼續圍困鉅鹿。親自率領大軍向邯鄲挺進，連戰連勝，王郎於是派他的諫大夫杜威請求投降。杜威極言王郎確實是漢成帝嫡親骨肉，劉秀說：「假如成帝復活，也不能再得天下，何況他的冒牌兒子！」杜威請求封王郎萬戶侯，劉秀說：「只不要他死就可以了！」杜威發怒而去。劉秀加緊攻城，歷時二十餘天。五月初一日甲辰，王郎少傅李立打開城門迎接漢軍，於是奪取了邯鄲。王郎當夜逃走，王霸追殺了他。劉秀收繳王郎文書檔案，獲得吏民勾結王郎、誹謗自己的文書達數千件。劉秀不察看，集合全體將領，當著大家的面，將這些文書用火燒毀，說：「使反覆無常的人安心！」

秀部分❶吏卒各隸❷諸軍，士皆言願屬大樹將軍。大樹將軍者，偏將軍馮異也，為人謙退不伐，敕吏士非交戰受敵，常行諸營之後。每所止舍，諸將並坐論功，異常獨屏❸樹下，故軍中號曰「大樹將軍」。

護軍宛人朱祜❹[1]從容[2]言於秀曰：「長安政亂，公有日角之相，此天命也！」秀曰：「召刺姦收護軍！」祜乃不敢復言。

更始遣使立秀為蕭王，悉令罷兵，與諸將有功者詣行在所❺。遣苗曾❻為幽州牧，韋順為上谷太守，蔡充為漁陽太守，並北之部。

蕭王居邯鄲宮，晝臥溫明殿❼，耿弇入，造牀下請閒❽，因說曰：「吏士死傷者多，請歸上谷益兵。」蕭王曰：「王郎已破，河北略平，復用兵何為？」弇曰：「王郎雖破，天下兵革乃❾始耳。今使者從西方來，欲罷兵，不可聽也。銅馬❿、赤眉之屬數十輩，輩數十百萬人，所向無前，聖公不能辦⓫也，敗必不久。」蕭王起坐曰：「卿失言，我斬卿！」弇曰：「大王哀厚⓬弇如父子，故敢披⓭赤心。」蕭王曰：「我戲卿耳，何以言之？」弇曰：「百姓患苦王莽，復思劉氏，聞漢兵起，莫不歡喜，如去虎口得歸慈母。今更始為天子，而諸將擅命於山東，貴戚縱橫於都內，虜掠自恣，元元叩心⓮，更思莽朝，是以知其必敗也。公功名已著，以義征伐，天下可傳檄⓯而定也。天下至重，公可自取，毋令他姓得之！」蕭王乃辭以河北未平，不就徵⓰，始貳於更始。

是時，諸賊銅馬、大肜、高湖、重連、鐵脛、大槍、尤來、上江、青犢、五校、五幡、五樓、富平、獲索⓱等各領部曲⓲，眾合數百萬人，所在寇掠。蕭王欲擊之，乃拜吳漢、耿弇俱為大將軍，持節北發幽州十郡⓳突騎。苗曾聞之，陰敕⓴諸郡不得應調㉑。吳漢將二十騎先馳至無終㉒，曾出迎於路，漢即收㉓曾，斬之。耿弇到上谷，亦收韋順、蔡充，斬之。北州震駭，於是悉發其兵。

秋，蕭王擊銅馬於鄡㉔，吳漢將突騎來會清陽㉕，士馬甚盛，漢悉上兵簿㉖於莫府㉗，請所付與，不敢自私，王益重之。王以偏將軍沛國朱浮㉘為大將軍、幽州牧，使治薊城。銅馬食盡，夜遁，蕭王追擊於館陶㉙，大破之。受降未盡，而高湖、重連從東南來，與銅馬餘眾合。蕭王復與大戰於蒲陽㉚，悉破降之，封其渠帥為列侯。諸將未能信賊，降者亦不自安。王知其意，敕令降者各歸營勒兵，自乘輕騎㉛按行㉜部陳㉝。降者更相語曰：「蕭王推赤心置人腹中，安得不投死㉞乎！」由是皆服，悉以降人分配諸將，眾遂數十萬。赤眉別帥與青犢、上江、大彤、鐵脛、五幡十餘萬眾在射犬㉟，蕭王引兵進擊，大破之。南徇河內㊱，河內太守韓歆㊲降。

初，謝躬與蕭王共滅王郎，數與蕭王違戾㊳，常欲襲蕭王，畏其兵彊而止。雖俱在邯鄲，遂分城而處，然蕭王每[3]有以慰安之。躬勤於吏職，蕭王常稱之曰：「謝尚書，真吏也！」故不自疑。其妻知之，常戒之曰：「君與劉公積不相能㊴，而信其虛談㊵，終受制㊶矣！」躬不納。既而躬率其兵數萬還屯於鄴。及蕭王南擊青犢，使躬邀擊㊷尤來於隆慮山㊸，躬兵大敗。蕭王因躬在外，使吳漢與刺姦大將軍岑彭襲據鄴城。躬不知，輕騎還鄴，漢等收斬之㊹，其眾悉降。

【章 旨】以上為第八段，寫劉秀剿滅銅馬，誅殺更始所署幽州牧苗曾和將軍謝躬，與劉玄決裂。

【注 釋】❶部分 部署。❷隸 歸屬。❸屏 退避。❹朱祜 （?—西元四八年）《後漢書》作「朱祐」。《通鑑考異》云「祜」作「祐」，係避安帝諱。字仲先，南陽郡宛縣人，為建義大將軍，封鬲侯。傳見《後漢書》卷二十二。❺行在所 指天子所在的地方。❻苗曾 劉玄任命為幽州牧，後為吳漢所殺。❼溫明殿 殿名。❽造牀下請間 到床邊請求單獨談話。造，到。請間，意謂求私下談事，不想讓他人知道。❾乃 才。❿銅馬 義軍之一，後為劉秀擊敗，投降後其眾被分散到諸將營中，壯大了劉秀的軍事力量，由此人稱劉秀為「銅馬帝」。⓫聖公不能辦 意謂更始帝不能制服銅馬、赤眉。⓬哀厚 憐愛厚待。⓭披 表露；陳述。⓮叩心 捶胸。⓯傳檄 傳布檄文。⓰就徵 應召。⓱銅馬大彤句 各支義軍的名號。⓲部曲 指所屬部隊。⓳幽州十郡 即涿郡、廣陽郡、代郡、上谷郡、漁陽郡、右北平郡、遼西郡、遼東郡、玄菟郡、樂浪郡。⓴陰敕 祕密告誡。㉑應調 接受調遣。㉒無終 縣名，縣治在今天津市薊縣。㉓收 拘捕。㉔鄗 縣名，縣治在今河北辛集東。㉕清陽 縣名，縣治在今河北清河縣東南。㉖兵簿 軍隊名冊。㉗莫府 同「幕府」。古代將帥駐所門施帷帳，因稱將帥治事之所為幕府。㉘朱浮 字叔元，沛國蕭縣（今安徽蕭縣西北）人，歷任大將軍、幽州牧、太僕、大司空等職，封新息侯。傳見《後漢書》卷三十二。㉙館陶 縣名，縣治在今河北館陶。㉚蒲陽 山名，在今河北滿城西北。㉛輕騎 輕裝坐騎。㉜按行 巡視。㉝部陳 陣列。此指部隊。㉞投死 效死。㉟射犬 即射犬聚，野王縣村鎮名，在今河南沁陽東北。㊱河內 郡名，治所在今河南武陟西南。㊲韓歆 （?—西元三九年）字翁君，南陽郡棘陽縣人，初為劉玄河內太守，更始二年降劉秀。鄧禹率軍入關，以歆為軍師。劉秀稱帝，歷任沛郡太守、大司徒等，封扶陽侯。後因直言免官，自殺。傳見《後漢書》卷二十六。㊳違戾 違背；不一致。㊴積不相能 長久不和。積，久。能，親善；和睦。㊵虛談 虛假的言詞。㊶受制 受人控制。㊷邀擊 截擊；阻擊。㊸隆慮山 山名，今名林慮山，在今河南林州西北。㊹收斬之 意謂逮捕謝躬，將其斬首。

【校 記】①朱祜 原作「朱祐」。胡三省注云：「《考異》曰：『范《書》、袁《紀》「朱祜」皆作「祐」。』」據章鈺校，十二行本、乙十一行本、孔天胤本皆作「朱祜」，張敦仁《通鑑刊本識誤》同，今據改。②從容 原無此二字。據章鈺校，十二行本、乙十一行本、孔天胤本皆有此二字，今據補。③每 原無此字。據章鈺校，十二行本、乙十一行本、孔天胤本皆有此字，今據補。

【語 譯】劉秀安排官兵各自隸屬各位將領，大家都說願意隸屬大樹將軍。大樹將軍，就是偏將軍馮異，馮異為人謙遜不誇耀，中令自己的部屬，只要不是與敵交戰或受到攻擊，行軍時常常走在各支部隊的後面。每次駐停一個地方，各位將領聚在一起議論戰功，馮異常常獨自退避樹下，所以軍中稱他「大樹將軍」。

　護軍宛人朱祐從容對劉秀說：「長安政令混亂，明公有帝王的相貌，這是天命啊！」劉秀說：「叫刺姦將軍來收捕你！」朱祐便不敢再說了。

　更始派使臣封劉秀為蕭王，命令他們解散軍隊，並和有功將領一同來皇帝所在地。派苗曾去當幽州牧，韋順當上谷郡太守，蔡充當漁陽郡太守，同時到北方赴任。

　蕭王劉秀住在邯鄲趙王宮，白天睡在溫明殿，耿弇入殿，走到床邊請求單獨談話，趁機說：「吏卒死傷太多，請允許我回上谷郡補充兵員。」劉秀說：「王郎已經消滅，河北基本平定，還要兵力幹什麼呢？」耿弇說：「王郎雖被消滅，全國性的戰爭才開始。現在更始的使臣從西方來，想解散軍隊，絕不可聽從。銅馬、赤眉之類的團伙有數十個，每一個團伙都有數十萬甚至百萬人，所向無敵，更始皇帝不能制服他們，失敗一定不會太久。」劉秀從床上坐起來說：「你說了不該說的話，我殺死你！」耿弇說：「大王憐愛厚待我如同父子，所以我才敢披露赤心。」劉秀說：「我跟你開玩笑罷了，你為什麼這麼說？」耿弇說：「百姓被王莽害得苦不堪言，思念劉氏，聽說漢軍興起，無不高興，就像脫離虎口而回到慈母懷抱一樣。現今更始做皇帝，而各位將領在山東不聽節制，皇親國戚在京城內恣肆橫行，隨意搶掠，老百姓捶胸頓足，甚至思念王莽的新朝，因而可以推知更始必定失敗。明公您的功業英名傳播海內，以仁義作號召進行討伐，傳遞檄文，天下就可平定。天下極為重要，明公可自行奪取，切莫讓他姓的人得到它！」劉秀就以河北尚未平定為藉口，不接受徵召，開始和更始分裂。

　當時，銅馬、大肜、高湖、重連、鐵脛、大槍、尤來、上江、青犢、五校、五幡、五樓、富平、獲索等賊寇各自統率部隊，人數合計有幾百萬，到處搶奪擄掠。劉秀打算攻打他們，就任命吳漢、耿弇都為大將軍，持節往北方徵調幽州所屬十郡的騎兵突擊隊。幽州牧苗曾聽到這個消息，暗中吩咐各郡不得響應徵調。吳漢率領二十餘名騎兵先趕往幽州無終縣，苗曾出城在道路上迎接，吳漢當即逮捕苗曾，殺了他。耿弇到達上谷，也逮捕韋順、蔡充，並殺掉了。北方各州大為震驚，於是紛紛發兵。

秋，劉秀在鄗縣攻打銅馬，吳漢率領騎兵突擊隊趕到清陽與劉秀會合，士馬氣勢很盛，吳漢到幕府呈上所有官兵名冊，請求調撥，不敢私自留用，蕭王劉秀愈發敬重他。劉秀任命偏將軍沛國人朱浮為大將軍兼幽州牧，將州府設在薊城。銅馬兵糧盡，乘夜逃跑，劉秀追擊到館陶縣，大敗銅馬。劉秀接受銅馬投降還沒完成，而高湖、重連等各部從東南殺來，與還沒有投降的銅馬會合。劉秀又與他們在蒲陽縣大戰，高湖等各部被徹底打敗，全都投降，劉秀封他們的首領為列侯。劉秀的將領們不敢信任降兵降將，而降兵降將內心也不能自安。劉秀知道他們的心思，便命令降將各自回到營地，統率軍隊，劉秀自己騎馬輕裝巡視部隊。降兵降將互相告誡說：「蕭王對我們推心置腹，我們怎能不為他效死命呢！」從此大家心悅誠服。劉秀把投降的部隊分配給各將領，這時部隊已達數十萬。赤眉的另一位頭領和青犢、上江、大肜、鐵脛、五幡等共約有十餘萬人集結在射犬聚，劉秀率領軍隊前去攻打，大獲全勝。劉秀向南招撫河內郡，河內郡太守韓歆投降。

當初，謝躬與蕭王劉秀一起消滅王郎，多次與蕭王相背，常想偷襲劉秀，卻因畏懼劉秀軍隊強大而不敢動。雙方的部隊儘管都在邯鄲，但分城駐紮，然而蕭王劉秀經常安慰謝躬。謝躬處理政務很勤勉，劉秀常常稱讚他說：「謝尚書真是一個好官吏！」所以謝躬不再懷疑。謝躬的妻子知道這情況，常常告誡他說：「你跟劉秀長久不和，但是你卻相信他的假話，最後會被他控制的！」謝躬不接受她的勸告。不久，謝躬率領他幾萬軍隊回到鄴城駐守。等到劉秀向南攻打青犢時，命謝躬在隆慮山截擊尤來，謝躬的軍隊大敗。劉秀趁謝躬領兵在外，命吳漢和刺姦大將軍岑彭乘虛偷襲並佔據鄴城。謝躬不知情，率領輕裝騎兵返回鄴城，吳漢等把謝躬抓起來殺了，他的部隊全部投降了。

更始遣柱功侯[1]李寶❶、益州刺史張忠[2]將兵萬餘人徇蜀、漢。公孫述遣其弟恢❷擊寶、忠於綿竹❸，大破走之。述遂自立為蜀王，都成都，民、夷❹皆附之。

冬，更始遣中郎將歸德侯颯❺、大司馬護軍陳遵❻使匈奴，授單于漢舊制璽綬，因送云、當餘親屬、貴人、從者還匈奴❼。單于輿❽驕，謂遵、颯曰：「匈奴本與漢為兄弟。匈奴中亂，孝宣皇帝輔立呼韓邪單于，故稱臣以尊漢。今漢亦大亂，為王莽所篡，匈奴亦出兵擊莽，空其邊境，令天下騷動思漢。莽卒以敗而漢復興，亦我力也，當復尊我！」遵與相掌拒❾，單于終持此言。

赤眉樊崇等將兵入潁川，分其眾為二部，崇與逢安❿為一部，徐宣、謝祿、楊音為一部。赤眉雖數戰勝，而疲敝厭兵，皆日夜愁泣，思欲東歸。崇等計議，慮眾東向必散，不如西攻長安。於是崇、安自武關，宣等從陸渾關⓫，兩道俱入。更始使王匡、成丹與抗威將軍劉均等分據河東、弘農以拒之。

蕭王將北徇燕、趙，度赤眉必破長安，又欲乘釁并關中⓬，而未知所寄⓭，乃拜鄧禹為前將軍，中分⓮麾下⓯精兵二萬人，遣西入關，令自選偏裨以下可與俱者。時朱鮪、李軼、田立⓰、陳僑⓱將兵號三十萬，與河南太守武勃⓲共守洛陽。鮑永、田邑在并州。蕭王以河內險要富實，欲擇諸將守河內者而難其人⓳，問於鄧禹。禹[3]曰：「寇恂文武備足，有牧民[4]御眾之才⓴，非此子莫可使也！」乃拜恂河內太守，行大將軍事。蕭王謂恂曰：「昔高祖留蕭何關中㉑，吾今委公以河內㉒。當給足軍糧，率厲㉓士馬，防遏㉔他兵，勿令北度而已！」拜馮異為孟津㉕將軍，統魏郡、河內兵於河上，以拒洛陽。蕭王親送鄧禹至野王，禹既西㉖，蕭王乃復引兵而北。寇恂調糇糧㉗、治器械以供軍。軍雖遠征，未嘗乏絕。

隗崔、隗義謀叛歸天水。隗囂恐并及禍，乃告之。更始誅崔、義，以囂為御史大夫。

梁王永據國起兵，招諸郡豪桀，沛人周建㉘等並署為將帥，攻下濟陰㉙、山陽、沛、楚、淮陽㉚、汝南，凡得二十八城。又遣使拜西防㉛賊帥山陽佼彊㉜為橫行將軍，東海賊帥董憲㉝為翼漢大將軍，琅邪賊帥張步㉞為輔漢大將軍，督㉟青、徐二州，與之連兵，遂專據㊱東方。

邔㊲人秦豐起兵於黎丘㊳，攻得邔、宜城㊴等十餘縣，有眾萬人，自號楚黎王。

○汝南田戎㊵攻陷夷陵㊶，自稱掃地大將軍。轉寇郡縣，眾數萬人。

【章旨】以上為第九段，寫劉秀稱雄於河北，公孫述稱王於蜀，赤眉軍西進長安，梁王劉永、邔縣人秦豐、汝南人田戎各自起兵，更始帝劉玄號令不行，全國進入群雄紛爭的局面。

【注釋】❶李寶 劉玄時為柱天將軍，封柱功侯。後為漢中王劉嘉之相。鄧禹西征，嘉降，寶被殺。❷恢 公孫恢（？—西元三六年），公孫述之弟。建武元年（西元二五年）公孫述於成都稱帝，以恢為大司空。後光武派大軍攻蜀，恢戰死。❸綿

竹　縣名，縣治在今四川綿竹東南。❹民夷　指漢人與少數民族。❺颯　劉颯（？—西元二五年），漢成帝建始二年（西元前三一年）嗣爵歸德侯，在位五十六年。❻陳遵　字孟公，京兆尹杜陵縣人，西漢末年，歷任郁夷令、河南太守、河內都尉等職。劉玄時為大司馬護軍。後留守朔方，為賊人所殺。傳見《漢書》卷九十二。❼因送句　天鳳五年，云、當至長安。莽敗，云、當死。現將留下的親屬、貴人、從者等人員送還匈奴。❽輿　單于名，即欒提輿。❾掌拒　抗爭。掌，同「撐」。❿逢安　即逄安。⓫陸渾關　關名，在今河南宜陽東南。⓬乘釁并關中　趁機吞併關中。⓭所寄　指可託付的人。寄，委託；託付。⓮中分　平分。⓯麾下　部下。⓰田立　劉玄封為廩丘王。⓱陳僑　劉玄封為白虎公。⓲武勃　後於守衛洛陽的戰爭中戰死。⓳難其人　以得其合適人選為難。難，以為難。⓴牧民御眾之才　有治民與統軍的才能，即文武雙全。牧民，治民。御眾，統率軍隊。㉑高祖留蕭何關中　在劉、項戰爭中，蕭何鎮守關中，安撫百姓，為前線供給軍糧，補充兵員，保證了前線的需要，使劉邦無後顧之憂。此劉秀喻寇恂為蕭何。㉒委公以河內　委，託付。劉邦先據漢中而得關中，與項羽爭奪天下；劉秀先據河北而得河內，始貳於劉玄。所以，以今之河內比於昔日之關中。㉓率厲　統率激勵。㉔防遏　防禦阻截。㉕孟津　黃河渡口名，位於洛陽東北，在今河南孟州南。㉖既西　向西進發以後。㉗糇糧　乾糧。㉘周建　（？—西元二八年）沛人，劉玄稱帝，劉永紹封為梁王，以周建為將帥，攻下二十餘城。永為部將殺死後，建立永子紆為梁王。後遭光武大軍進擊，死於敗逃途中。㉙濟陰　郡名，治所在今山東定陶西北。㉚淮陽　王國名，治所在今河南淮陽。㉛西防　縣名，縣治在今山東成武東北。㉜佼彊　山陽人，梁王劉永以彊為橫行將軍。建武五年（西元二九年），率其眾降光武。㉝董憲　（？—西元三〇年）東海郡人，更始二年（西元二四年）在東海起兵。梁王劉永以憲為翼漢大將軍；永稱天子，立憲為海西王。後遭光武大軍進擊，兵敗被殺。㉞張步　（？—西元三二年）字文公，琅邪郡不其縣（今山東即墨西南）人，王莽末年，於家鄉率眾起兵。劉永紹封梁王，以步為輔漢大將軍。永為天子，立步為齊王。建武五年（西元二九年）降光武，封安丘侯。後叛離入海，被殺。傳見《後漢書》卷十二。㉟督　統領。㊱專據　獨佔。㊲邔　縣名，縣治在今湖北宜城北。㊳黎丘　邔縣鄉名，位於縣治北，在今湖北襄樊東南。㊴宜城　縣名，縣治在今湖北宜城東南。㊵田戎　（？—西元三六年）汝南郡人，更始二年（西元二四年）在夷陵縣起兵。建武五年（西元二九年）入蜀投歸公孫述，封翼江王。後光武大軍入蜀，在江州（今重慶市北）兵敗被殺。傳見《後漢書》卷十三。㊶夷陵　縣名，縣治在今湖北宜昌東南。

【校記】①柱功侯　原作「枉功侯」。據章鈺校，十二行本、乙十一行本、孔天胤本皆作「柱功侯」，今據改。②張忠　原作「李忠」。據章鈺校，十二行本、乙十一行本皆作「張忠」，張敦仁《通鑑刊本識誤》同，今據改。③禹　原作「鄧禹」。據章鈺校，十二行本、乙十一行本皆無「鄧」，今據刪。④民　原作「人」。據章鈺校，十二行本、乙十一行本皆作「民」，今據改。

【語　譯】更始派遣柱功侯李寶、益州刺史張忠率軍萬餘人攻打蜀郡、漢中郡。公孫述派他的弟弟公孫恢在綿竹縣攻擊李寶、張忠，李寶、張忠大敗逃走。公孫述便自立為蜀王，建都成都，漢民、夷人都歸附他。

冬，更始派遣中郎將歸德侯劉颯、大司馬護軍陳遵出使匈奴，授給單于漢朝舊制印信，順便遣送欒提云與他丈夫須卜當尚存的親屬、貴人、隨從返回匈奴。匈奴單于欒提輿態度傲慢，對陳遵、劉颯說：「匈奴和漢朝本來是兄弟。匈奴內亂，孝宣皇帝幫助立了呼韓邪單于，所以才稱臣以示尊敬漢朝。如今漢朝也大亂，政權被王莽篡奪，匈奴也曾出兵攻打王莽，使他的北方邊境空虛，使天下騷動而人心思漢。王莽最終失敗，而漢朝復興，也是我們的力量，漢朝應當反過來尊敬我們！」陳遵與他相抗爭，單于欒提輿始終堅持自己的意見。

赤眉首領樊崇等率軍進入潁川郡，把他的部隊分為兩部分，樊崇、逄安率領一部分，徐宣、謝祿、楊音率領另一部分。赤眉軍儘管屢打勝仗，但已精疲力盡，厭惡作戰，都日夜愁苦哭泣，想向東回到自己的家鄉。樊崇等商議，擔心部眾向東勢必一哄而散，不如向西攻打長安。因此樊崇、逄安從武關，徐宣等從陸渾關，兩路同時向長安進軍。更始派王匡、成丹和抗威將軍劉均等人分別駐守河東郡、弘農郡抵抗赤眉。

蕭王劉秀想向北奪取燕、趙地區，因估計赤眉必定會攻破長安，因此又想利用劉玄和赤眉的爭鬥而併吞關中，但不知道將這任務交給誰好，於是任命鄧禹為前將軍，將部下精兵分出兩萬，派他率領西入函谷關，並讓他自己選擇可以隨同出征的副將以下的官吏。此時，更始的將領朱鮪、李軼、田立、陳僑率領軍隊，號稱三十萬，與河南郡太守武勃共同防守洛陽。鮑永、田邑駐軍并州。劉秀因河內郡地勢險要，物產充足，想在諸將領中選擇一位有才幹的人守衛河內郡，卻難以找到合適人選，就問鄧禹。鄧禹說：「寇恂文武兼備，有治民統軍的才能，除了他再沒有更合適的人！」劉秀就任命寇恂為河內郡太守，並代理大將軍職務。劉秀對寇恂說：「從前漢高祖將蕭何留在關中，現在我把河內郡委託給你。應當使軍糧充足，統率激勵兵馬，防禦其他的軍隊，不使他們北渡黃河就可以了！」劉秀又任命馮異為孟津將軍，統領魏郡、河內兩郡的地方兵力，沿著黃河北岸布防，以抗擊洛陽方面的更始軍隊。劉秀親自送鄧禹到野王縣，鄧禹西去以後，劉秀就又率領軍隊北上。寇恂徵調乾糧，製造兵器，供給前方軍隊。軍隊雖然遠征，也不匱乏物資。

隗崔、隗義圖謀反叛更始，回到天水郡。隗囂害怕事情敗露一起遭殃，就向更始告發他們。更始誅殺隗崔、隗義，任命隗囂為御史大夫。

梁王劉永在他的封國起兵，招攬各郡的豪傑，沛郡人周建等都被任命為將領，攻陷濟陰、山陽、沛、楚、淮陽、汝南等郡，共獲得二十八座城池。又派遣使者任命西防縣賊帥山陽人佼彊為橫行將軍，東海郡賊帥董憲為翼漢大將軍，琅邪郡賊帥張步為輔漢大將軍，統領青、徐二州，並將軍隊都集結起來，於是獨自佔有東方。

邔縣人秦豐在黎丘起兵，攻佔了邔縣、宜城等十餘縣，有部眾萬餘人，自稱楚黎王。○汝南人田戎攻陷夷陵縣，自稱掃地大將軍。輾轉劫掠郡縣，有部眾數萬人。

【研　析】本卷記述淮陽王，即更始帝劉玄得天下、失天下來去匆匆的歷史事件，它給人們留下這樣一個歷史思考：不是真命天子，得了天下也是保不住的。劉縯首先打出了興漢的旗號，但他也不是真命天子，事業剛開始就悲劇結局。劉秀勝利了，說明他是真命天子。那麼三人之間，各有什麼特點？他們的差別在哪裡呢？劉秀的問題，在下一卷研析中還要評說，這裡只評說劉縯和更始帝劉玄失敗的原因，劉玄是評說的重點。

劉縯、劉秀兄弟是劉姓皇室宗親，兄弟三人，劉縯老大，劉秀老三，是小弟。中間老二劉仲早夭。劉縯、劉秀兄弟是西漢景帝子劉發的第九代孫，舂陵侯的後裔。新朝建立，王莽廢除了舂陵侯國。兄弟兩人的父親劉欽早死，兄弟二人由叔父劉良養大成人。

劉縯對王莽奪了劉氏天下，從小就憤憤不平。劉縯性情剛毅慷慨，發誓要奪回政權，因此野心勃勃，不事生產作業，反而賣田賣宅，投身江湖，有漢高帝劉邦之風度。劉秀性情溫和，謹慎小心，勤事農作，被劉縯譏笑，把他比為劉邦的二哥劉仲。但劉秀與劉仲雖同在種田，而心胸完全不同。有一個穰縣人民間星象家蔡少公說：圖讖有言「劉秀當做天子」。王莽的國師公劉歆也叫劉秀。人們都認為圖讖上的劉秀是指國師公劉秀，而舂陵劉秀卻坦然笑說：「怎麼就不是說的我呢？」這說明劉秀心中也在圖謀大志，他的勤懇務農，不過如同劉備種菜，只是一種韜晦術，竟然瞞過了其兄劉縯。由此比較，劉秀比劉縯更加城府。

地皇三年（西元二二年），劉縯起兵，與新市兵、平林兵聯合。在一次戰鬥中因分配搶奪的財物不公平，新市兵、平林兵憤怒喧譁，要發動對劉縯的攻擊，劉秀在這緊要關頭，當機作出決斷，把掠得的財物全部交出，維護了大局，也博得了忠厚長者之稱。

昆陽大捷，劉秀立下首功，名聲大震。正是這時，擁戴更始帝綠林兵諸將，謀害了劉縯。眼看大禍就要落到劉秀身上，劉秀連忙從前線趕回南陽，向劉玄陪罪，不接近劉縯的部屬，不給劉縯披喪服。劉玄找不到殺劉秀的理由，而內心愧疚，任命劉秀為破虜大將軍，封武信侯。白天劉秀飲食說笑與平常一樣，夜裡為兄長的慘死流淚，浸透了枕巾。沉穩的韜晦使劉秀化險為夷。堅強隱忍的性格和控制力，有如句踐臥薪嚐膽。這表明劉秀確實有帝王氣度。劉秀外貌「隆準日角」，也就是高鼻樑，高額角，相術家稱為帝王之相，也使劉秀贏得不少英雄志士的親愛。

劉縯也恢宏大度，誠信待人，顧全大局。綠林兵首領，多是農民和無賴出身，沒有文化，沒有遠見，所以他們也很容易被「漢家當復興」、「人心思漢」的輿論征服，於是嚷嚷著要立一個劉姓皇帝。諸將本能地敵視劉縯，以張卬、朱鮪為首，強行擁立心無主見，又膽小如鼠的劉玄做傀儡皇帝，不僅劉縯諸將不服，綠林軍中有許多將領也不服，例如王常就不服。但是劉縯為了顧全大局，做了讓步，以強讓弱，表明劉縯有帝王氣度。劉縯還推誠與人相交。他的舅舅和劉秀都向他提出警告，李軼不可信任，張卬等諸將要提防，劉縯置若罔聞。但是，當更始一班人找碴要誅殺劉縯時，劉縯還沒有意識到，還不做防範。謀害諸將先殺劉縯部將劉稷試探。劉縯為了保護自己的部將劉稷，當眾抗命劉玄，結果把自己的命也搭進去了。劉縯不知韜晦，不知防人，維護部屬表現婦人之仁，這些都說明劉縯政治上的不成熟，有野心家的胸懷氣度，而沒有野心家的殘忍和手段，所以他失敗了，他不是真命天子。

劉玄是偶然因素把他推上政治舞臺，如同赤眉軍擁立牧羊童劉盆子為帝一樣，本來就是做傀儡的，更不是真命天子。劉玄登壇即皇帝位，南向站立，接受群臣朝拜，他沒見過這個場面，羞愧得流汗，緊張得舉手說不出話。諸將攻入長安，滅了王莽，更始帝從洛陽遷都長安，住在長樂宮，登上前殿，接見群臣，官員們依照秩序，排列在前殿院子裡等候朝見。劉玄看到這莊嚴肅穆的場面，又羞愧變色，低頭擦席，不敢看人。劉玄與諸將說話，竟然問起：「你搶了多少東西？」簡直不成體統。劉玄進宮，沉迷酒色。他娶了趙萌的女兒做夫人，就把朝政大權交給趙萌處理，樂得日夜在後宮歡宴。大臣奏事或議論朝政，劉玄有時醉得不省人事。如此一個國君，處在亂世之中，怎麼能削平群雄做成大事呢？

更始諸將擁立傀儡皇帝，只是要一個名義上的皇帝，拉一張遮羞布來掩蓋自己的搶劫本性，因此不接受制度約束，打進長安就發生了一場火拼。搶先進入長安的王憲自稱漢室大將軍，他繳獲了王莽的皇帝玉璽不肯上交，又挾持很多宮女，在軍中建立天子旗幟鼓號，被將軍趙萌、申屠建等人抓了把柄就地正法。皇上更始如彼，更始諸將如此，一群好利之徒，不忘搶掠本性，不脫農民意識，哪能識天命、審時度勢統一群雄呢！

何為天命？孟子有言：「得天下有道：得其民，斯得天下矣；得其民有道：得其心，斯得民矣。」《孟子·離婁上》得到了民心的人就是得天命，贏得人民擁護就是真命天子。天命在地上人心，不在天上神靈。怎麼樣叫做得民心？抓住時機，拿出辦法，想民之所想，去民之所惡，就得到了民心。英雄仰慕，服從領導，是得民心的一大標誌。王莽末年，王莽成了天下人的公憤，反抗王莽就是得民心。劉玄被推為皇帝，因為他參加了農民軍，他反對王莽，所以得了民心。劉玄入都洛陽，全天下的人都渴望統一，更始帝劉玄成了天下的人心所望。赤眉軍首領樊崇等主動歸附，接受收編。天水人隗囂也撫安關西大片土地。此時天下形勢，赤眉軍活動中心在濮陽，城頭子路、力子都在河濟間，銅馬、大彤在燕趙，李憲在淮南。最大的敵對勢力是赤眉。如果更始皇帝能審時度勢，定都在洛陽，遣一能吏入關中，穩定局勢為根本，全力在東靖亂，安撫好赤眉，那麼天下就大定了。劉秀在河北也未敢輕舉妄動。王夫之說：「當其時，氣乍盈而易弛，機至速而難留。」（《讀通鑑論》）樊崇入洛陽，是統一之機的到來，樊崇逃出洛陽，統一之機喪失。「更始之亡，所以決於樊崇之入見也。」（王夫之語）真是一針見血，說得是何等的好啊。

從形勢上說，更始之亡，亡於捨棄定都洛陽而西入長安。更始失敗的教訓成為光武帝劉秀的財富。從人格魅力上說，劉玄無智力，頂多是一個中等才幹的人，不能控馭諸將。劉玄無大略，不知天下形勢。劉玄不懂政治，不僅拿不出治理天下的一套方略，而且對歸降的人不知怎樣安撫。樊崇接受招安，到了洛陽，卻又跑了。如此糊塗的皇帝，當然不是真命天子。

更始帝劉玄喪失了難得的一次統一機會，於是劉秀稱雄於河北，公孫述稱王於蜀，隗囂據隴西，梁王劉永、邔縣人秦豐、汝南人田戎各自起兵，更始帝號令不行。赤眉軍西進長安，更始政權滅亡，全國進入群雄紛爭的局面。

卷第四十

漢紀三十二

起旃蒙作噩（乙酉　西元二五年），盡柔兆閹茂（丙戌　西元二六年），凡二年。

【題解】本卷記事起西元二五年，迄西元二六年，凡兩年史事，當光武帝建武元年、二年。這是西漢末群雄逐鹿中原局勢發生重大變化的兩年，綠林軍、赤眉軍、南陽光武帝漢軍等三大建立帝位的武裝集團發生巨變，綠林軍瓦解，赤眉削弱，光武漢軍獨大，東漢建立。最大事件，光武帝劉秀掃平河北，即位鄗邑，建立了東漢，開始了統一戰爭。第二件大事，赤眉軍入長安，立牧羊童劉盆子為帝，更始政權被顛覆，綠林軍瓦解，諸將軍潰散。光武帝封劉玄為淮陽王，所以史稱更始政權為淮陽王。劉玄為赤眉軍所控制，未能投歸光武帝，後為赤眉軍所殺。第三件大事，更始覆沒，西北局勢發生重大變化。竇融保有河西五郡，隗囂據天水，盧芳稱帝於塞北，赤眉禍亂關中，那裡成為主戰場。赤眉遭到光武帝、隗囂、公孫述三方圍攻，不到一年退出了長安，在東歸途中為光武帝所滅。第四件大事，光武帝部署全國統一戰爭。光武帝用離間之計，使更始大將朱鮪殺洛陽守將李軼，接著光武帝又赦朱鮪謀殺其兄劉縯之罪，不戰而下洛陽。第五件大事，光武帝在天下紛爭之時，不失時機推行教化，表彰清廉官吏代表人物卓茂，尊禮耿正大臣宋弘，淳風俗，清吏治，盡顯一代明君風采。第六件大事，光武帝大將賈復、吳漢南討，軍紀不肅，搶掠濫殺，南人降而復反。幽州牧朱浮逼反漁陽太守彭寵。建武二年末，光武帝北討彭寵受挫，南方戰爭陷入膠著。突發事件延緩了光武帝的統一事業，賈復、吳漢、朱浮三功臣之過也，光武帝含容不懲，有聖德焉。

世祖光武皇帝❶上之上

建武元年（乙酉　西元二五年）

春，正月，方望與安陵人弓林共立前定安公嬰為天子，聚黨數千人，居臨涇❷。更始遣丞相松等擊破，皆斬之。◯鄧禹至箕關❸，擊破河東都尉，進圍安邑❹。赤眉二部俱會弘農。更始遣討難將軍蘇茂❺拒之。茂軍大敗。赤眉眾遂大集，乃分萬人為一營，凡三十營。三月，更始遣丞相松與赤眉戰於蓩鄉❻，松等大敗，死者三萬餘人。赤眉遂轉北至湖❼。

蜀郡功曹李熊說公孫述宜稱天子。夏，四月，述即帝位，號成家，改元龍興。以[1]李熊為大司徒，述弟光為大司馬，恢為大司空。越巂任貴據郡降述。

蕭王北擊尤來、大槍、五幡於元氏❽，追至北平❾，連破之。又戰於順水❿北，乘勝輕進，反為所敗。王自投高岸⓫，遇[2]突騎王豐下馬授王，王僅而得免。散兵歸保范陽⓬，軍中不見王，或云已歿[3]，諸將不知所為，吳漢曰：「卿曹努力！

王兄子⑬在南陽，何憂無主！」眾恐懼，數日乃定。賊雖戰勝，而憚王威名，夜，遂引去。大軍復追[4]至安次⑭，連戰，破之。賊退入漁陽，所過虜掠。彊弩將軍陳俊言於王曰：「賊無輜重，宜令輕騎出賊前，使百姓各自堅壁⑮以絕其食，可不戰而殄⑯也。」王然之，遣俊將輕騎馳出賊前，視人保壁⑰堅完者，敕令固守；放散⑱在野者，因掠取之。賊至，無所得，遂散敗。王謂俊曰：「困此虜者，將軍策也。」

馮異遺李軼書，為陳禍福，勸令歸附蕭王。軼知長安已危，而以伯升之死，心不自安，乃報書曰：「軼本與蕭王首謀造漢⑲，今軼守洛陽，將軍鎮孟津，俱據機軸⑳，千載一會㉑，思成斷金㉒。唯深達蕭王㉓，願進愚策以佐國安民。」軼自通書之後，不復與異爭鋒，故異得北攻天井關㉔，拔上黨兩城，又南下㉕河南成皋㉖以東十三縣，降者十餘萬。武勃將萬餘人攻諸畔者，異與戰於士鄉㉗下，大破，斬勃。軼閉門不救。異見其信效㉘，具以白王。王報異曰：「季文㉙多詐，人不能得其要領㉚。今[5]移㉛其書告守、尉㉜當警備者。」眾皆怪王宣露軼書。朱鮪聞之，使人刺殺軼，由是城中乖離㉝，多有降者。

朱鮪聞王北征而河內孤，乃遣其將蘇茂、賈彊將兵三萬餘人度鞏河㉞，攻溫㉟。

鮪自將數萬人攻平陰㊱以綴異㊲。檄書至河內，寇恂即勒軍馳出，並移告屬縣，發兵會溫下。軍吏皆諫曰：「今洛陽兵度河，前後不絕，宜待眾軍畢集，乃可出也。」恂曰：「溫，郡之藩蔽㊳，失溫則郡不可守。」遂馳赴之。旦日㊴，合戰，而馮異遣救及諸縣兵適㊵至，恂令士卒乘城㊶鼓譟，大呼言曰：「劉公兵到！」蘇茂軍聞之，陳動㊷。恂因奔擊，大破之。馮異亦渡河擊朱鮪，鮪走。異與恂追至洛陽，環城一帀㊸而歸。自是洛陽震恐，城門晝閉。

異、恂移檄上狀㊹，諸將入賀，因上尊號㊺。將軍南陽馬武先進曰：「大王雖執謙退，柰宗廟社稷何！宜先即尊位，乃議征伐。今此誰賊㊻而馳騖㊼擊之乎？」王驚曰：「何將軍出此言？可斬也！」乃引軍還薊。復遣吳漢率耿弇、景丹等十三將軍追尤來等，斬首萬三千餘級，遂窮追至浚靡㊽而還。賊散入遼西、遼東，為烏桓㊾、貊㊿人所鈔擊略盡。

都護將軍賈復與五校戰於真定，復傷創(51)甚。王大驚曰：「我所以不令賈復別將者，為其輕敵也。果然，失吾名將！聞其婦有孕，生女邪，我子娶之，生男邪，我女嫁之。不令其憂妻子也。」復病尋(52)愈，追及王於薊，相見甚驩。還至中山，諸將復上尊號，王又不聽。行到南平棘(53)，諸將復固請之，王不許。諸將且出，耿純進曰：「天下士大夫，捐親戚，棄土壤[54]，從大王於矢石[55]之間者，其計固望攀龍鱗，附鳳翼[56]，以成其所志耳。今大王留時[57]逆眾[58]，不正號位，純恐士大夫望絕計窮，則有去歸之思，無為久自苦也。大眾一散，難可復合。」純言甚誠切，王深感曰：「吾將思之。」

行至鄗[59]，召馮異詣鄗[6]，問四方動靜。異曰：「更始必敗，宗廟之憂在於大王[60]，宜從眾議！」會儒生彊華自關中奉赤伏符[61]來詣王曰：「劉秀發兵捕不道，四夷雲集龍鬬野，四七[62]之際火為主。」群臣因復奏請。六月己未[63]，王即皇帝位于鄗南，改元[64]，大赦。

【章旨】以上為第一段，寫劉秀掃蕩河北，南挫更始，於是在鄗邑即皇帝位，東漢建立，漢室復興。

【注釋】❶世祖光武皇帝　姓劉，名秀，字文叔，南陽郡蔡陽縣（今湖北棗陽西南）人，西元二五年稱帝建漢，年號建武，定都洛陽，是為東漢。在位三十三年（西元二五—五七年）。死謚光武，廟號世祖，史稱光武帝。事見《後漢書》卷一。❷臨涇　縣名，縣治在今甘肅鎮原東南。❸箕關　關名，其地在今河南濟源西北。❹安邑　縣名，縣治在今山西夏縣西北。❺蘇茂　（？—西元二九年）陳留郡人，初為劉玄的討難將軍，後降劉秀，不久又降劉永，永以茂為大司馬、淮陽王。永被殺，茂與周建等立永子紆為梁王。事敗，投張步，被殺。❻蕤鄉　弘農縣鄉名，其地在今河南靈寶北。❼湖　縣名，縣治在今河南靈寶西北。❽元氏　縣名，縣治在今河北元氏西北。❾北平　縣名，縣治在今河北滿城北。❿順水　一名「徐水」，河流名。順水自西北向東南流經北平縣境。⓫投高岸　逃向水邊高地。投，奔。⓬范陽　縣名，縣治在今河北定興西南。⓭王兄子　指劉縯之子劉章、劉興。⓮安次　縣名，縣治在今河北安次西北。⓯堅壁　堅守壁壘，隱藏物資不使落在敵人手裡。⓰殄滅絕。⑰保壁　即堡壘，軍事上防守用的堅固建築物。保，通「堡」。⑱放散　分散。⑲首謀造漢　首先提出重新建立漢朝。造，建。⑳機軸　喻指關鍵重要的處所。㉑千載一會　形容機會難得。㉒斷金　語出《周易・繫辭上》：「二人同心，其利斷金。」後世謂同心協力或情義深重。㉓唯深達蕭王　希望認真地轉告蕭王。唯，希望。深達，透徹地向上報告。㉔天井關　關名，其地在今山西晉城南。㉕下　攻克。㉖成皋　縣名，屬河南郡。縣治在今河南滎陽西北。㉗士鄉　聚名，位於洛陽東，其地在今河南洛陽東北。㉘信效　守信用，並於行動中收到實效。㉙季文　李軼字。㉚要領　真實用意。㉛移　傳送。㉜告守尉　指把李軼要效忠蕭王的信通告給劉玄任命的河南郡守、尉。㉝乖離　背離。㉞鞏河　鞏，縣名，縣治在今河南鞏縣西南。鞏縣北臨黃河，有渡口五社津。鞏河即指流經鞏縣的一段黃河。㉟溫　縣名，縣治在今河南溫縣西。㊱平陰　縣名，縣治在今河南孟津東北。㊲綴異　牽制馮異。㊳藩蔽　屏障。㊴旦日　明日。㊵適　恰好。㊶乘城　登城。㊷陳動　軍陣騷動。㊸一帀　一周；一圈。㊹上狀　報告情況。㊺上尊號　指請即帝位。㊻誰賊　誰為賊。㊼馳騖　奔走。此言不即帝位，名號不正，難分正邪。㊽浚靡　縣名，縣治在今河北遵化西北。㊾烏桓　古民族名，東胡的一支。漢初匈奴冒頓滅東胡，其中一支退居烏桓山（今內蒙古阿魯科爾沁旗西北），後稱烏桓。㊿貊　古稱居於東北地區的民族為貊。(51)傷創　即創傷。(52)尋　不久。(53)南平棘　即平棘，縣名，縣治在今河北趙縣東南。(54)土壤　土地。此指鄉里故土。(55)矢石　箭和壘石。為古時守城的武器。此言身冒矢石，跟隨劉秀征戰。(56)攀龍鱗二句　喻指依附帝王以成就功業。語出揚雄《法言・淵騫》。(57)留時　拖延時日。(58)逆眾　違背眾望。(59)鄗　縣名，縣治在今河北高邑東南。(60)在於大王　指寄希望於劉秀。(61)赤伏符　方士編造的讖語。(62)四七　指四七之數為二十八。自劉邦建漢至劉秀起兵反莽為二百二十八年（西元前二〇六—西元二二年），即所謂四七之際。漢為火德，所以說火為主。(63)己未　六月二十二日。(64)元　指年號。劉秀稱帝，年號建武。

【校　記】〔1〕以　原無此字。據章鈺校，十二行本、乙十一行本、孔天胤本皆有此字，張敦仁《通鑑刊本識誤》同，今據補。〔2〕遇　原無此字。據章鈺校，十二行本、乙十一行本、孔天胤本皆有此字，張敦仁《通鑑刊本識誤》、張瑛《通鑑校勘記》同，今據補。〔3〕歿　原作「殺」。據章鈺校，十二行本、乙十一行本、孔天胤本皆作「歿」，張瑛《通鑑校勘記》同，今據改。〔4〕追　原作「進」。據章鈺校，十二行本、乙十一行本皆作「追」，張敦仁《通鑑刊本識誤》同，今據改。〔5〕令　原作「今」。張敦仁《通鑑刊本識誤》以為當作「令」，其義長，今據改。〔6〕詣鄗　原無此二字。據章鈺校，十二行本、乙十一行本、孔天胤本皆有此二字，張敦仁《通鑑刊本識誤》同，今據補。

【語　譯】世祖光武皇帝上之上

建武元年（乙酉　西元二五年）

春，正月，方望與安陵人弓林共同擁立前定安公劉嬰為天子，聚集黨羽數千人，盤踞在臨涇縣。更始劉玄派丞相李松等領兵擊破，全都斬首。○鄧禹抵達箕關，打敗河東郡都尉，進兵包圍了安邑縣。

赤眉軍的兩支軍隊在弘農郡會合。更始劉玄派遣討難將軍蘇茂抵抗。蘇茂軍大敗。赤眉軍於是大規模集結，每一萬人編成一營，一共有三十營。三月，更始劉玄派丞相李松與赤眉軍大戰於蓩鄉，李松等大敗，死了三萬餘人。赤眉軍於是轉向北方到了湖縣。

蜀郡功曹李熊勸說公孫述應當自稱天子。夏，四月，公孫述即帝位，稱號成家，改年號為龍興。任命李熊為大司徒，公孫述弟弟公孫光為大司馬，公孫恢為大司空。越巂人任貴佔據越巂郡，歸降了公孫述。

蕭王劉秀北進在元氏縣攻打尤來、大槍、五幡，追至北平縣，連續打敗他們。又在順水河的北岸交戰，乘勝輕率進軍，反被對方打敗。劉秀獨自奔至水邊高地上，遇到騎兵突擊隊的王豐下馬，把馬給了劉秀，劉秀僅以身免於禍難。潰散的兵卒退守范陽縣時，發現劉秀不見了，有人說劉秀已經被殺，眾將領都不知該怎麼辦。吳漢說：「大家再加一把勁！劉秀哥哥的兒子在南陽郡，我們何必擔憂沒有國君！」大家恐慌，過了幾天才安定下來。賊軍雖然打了勝仗，然而畏懼劉秀的威名，當夜便撤走了。劉秀的軍隊又追到安次縣，連續交戰，大敗賊軍。賊軍退入漁陽郡，沿途大肆擄掠。強弩將軍陳俊向劉秀進言說：「賊軍沒有糧食輜重，應當派輕騎兵擋在賊軍的前面，讓沿途的百姓各自堅守壁壘，以斷絕他們的糧食，可以不交戰而消滅他們。」劉秀贊同他的意見，派遣陳俊率領輕騎兵疾馳到賊軍前面，視察那些堅固完整的壁壘，下令百姓固守；分散在野外荒郊的食物，乘機掠取。賊軍到達之後，什麼也沒有得到，於是潰散了。劉秀對陳俊說：「讓這些賊軍困窘的，是將軍的計策。」

馮異寫信給李軼，向他講明利害關係，勸他歸附蕭王劉秀。李軼知道長安已危在旦夕，但因為劉縯之死，心裡很不自安，因此回信給馮異說：「我李軼本來與劉秀首先合謀重建漢朝，現在我守洛陽，將軍你鎮守孟津，都是據守關鍵要地，這是千載難逢的良機，你我二人齊心協力，其利足可斷金。希望你將我的意思透徹地轉達給蕭王，我甘願進獻愚策，以助他定國安民。」李軼自和馮異通信後，就不再與馮異交戰，所以馮異能向北進攻天井關，佔領上黨郡的兩個縣城，又向南攻取河南郡成皋以東十三個縣，投降的人有十餘萬人。更始的將領武勃率領萬餘人攻打各支叛變的部隊，馮異與武勃在洛陽東士鄉聚展開激戰，大破武勃軍，殺了武勃。李軼緊閉城門，不予救援。馮異見李軼守信而使自己獲得實效，便將情況詳細稟報蕭王劉秀。劉秀回覆馮異說：「李軼詭計多端，人們不知他的真實用意。命令傳送他的書信，通告郡守郡尉應當加以警備。」大家都奇怪劉秀何以要公開李軼的書信。朱鮪聽到消息，派人刺殺了李軼，因此，洛陽城中人心背離，有很多人出城投降。

朱鮪聽說蕭王劉秀北征，河內郡勢單力孤，便派部將蘇茂、賈彊領兵三萬多人，從鞏縣渡過黃河，進攻溫縣。朱鮪親自率領數萬人馬進攻平陰縣牽制馮異。檄文傳到河內郡，寇恂立即率軍迅速出擊，並傳告所屬各縣，發兵會聚溫縣。軍吏都勸阻說：「如今洛陽兵渡河，前後不斷。應該等到各縣的兵集結以後，才可出擊。」寇恂說：「溫縣是河內郡的屏障，失去溫縣郡城就守不住了。」於是寇恂飛奔趕赴溫縣。第二天早晨，兩軍交戰，馮異派來的救兵以及各縣來救的兵恰好趕到，寇恂命令士兵登上城樓擊鼓吶喊，大聲呼叫說：「劉公大軍到了！」蘇茂軍聽到喊聲，軍陣騷動。寇恂趁機衝擊，大敗蘇茂軍。這時，馮異也渡過黃河攻擊朱鮪，朱鮪逃走。馮異與寇恂追到洛陽，環城繞了一圈撤回。從此洛陽震驚恐懼，白天也緊閉城門。

馮異、寇恂發布公文並向蕭王劉秀呈報戰果，各位將領紛紛向劉秀祝賀，乘機懇請劉秀稱帝。將軍南陽人馬武首先進言說：「大王儘管謙虛退讓，但國家宗廟社稷怎麼辦！您應該先即帝位，然後再討論征伐的事。現在誰是賊軍，我們東奔西走去攻擊他？」劉秀吃驚說：「將軍怎麼說出這種話？該當殺頭！」於是率軍返回薊縣。又派遣吳漢率領耿弇、景丹等十三位將軍追擊尤來等賊寇，斬殺一萬三千餘人，於是窮追到浚靡縣才返回。賊寇分散進入遼西、遼東郡，被烏桓、貊人部落劫掠擊殺，幾乎死光。

都護將軍賈復在真定與五校交戰，賈復身負重傷。劉秀大驚說：「我所以不讓賈復單獨率軍，就是因為他輕敵。果真如此，喪失我一員名將！聽說他的妻子懷有身孕，生了女兒，我的兒子娶她為妻；生了男孩，我的女兒嫁給他。不要讓他為妻子兒女擔憂。」賈復的傷勢不久痊癒，在薊縣追上劉秀，兩人見面後十分高興。

蕭王劉秀回到中山縣，各位將領再次請求他即位皇帝，劉秀又沒有聽從。大軍行進到南平棘，眾將領又堅決請求劉秀即位皇帝，劉秀不同意。眾將領將要出門，耿純進言說：「天下的士大夫，拋棄親戚，離開故土，冒著飛箭滾石追隨大王您，目的是希望能攀龍附鳳，以成全自己的志向。現在大王您拖延時間，違背眾望，不正號位，我耿純擔心天下的士大夫希望破滅，無計可施，因而產生退歸故里的念頭，不想長久辛苦下去。大家一散，就很難再集合了。」耿純的話非常誠懇真切，蕭王劉秀大受感動，說：「我將考慮這件事。」

劉秀到達鄗縣，召見馮異去鄗縣，詢問四方的動靜。馮異說：「更始必敗，宗廟社稷的憂慮在於大王的身上，應當接受大家的建議！」正好儒生彊華從關中捧著〈赤伏符〉來進見蕭王，說：「劉秀發兵捕不道，四夷雲集龍鬥野，四七之際火為主。」群臣們乘機又奏請。六月二十二日己未，劉秀在鄗縣南郊即皇帝位，改換年號，大赦天下。

鄧禹圍安邑，數月未下，更始大將軍樊參將數萬人度大陽❶，欲攻禹。禹逆擊於解❷南，斬之。王匡、成丹、劉均合軍十餘萬，復共擊禹，禹軍不利。明日，癸亥❸，匡等以六甲窮日❹，不出，禹因得更治兵❺。甲子，匡悉軍出攻禹。禹令軍中毋得妄動，既至營下，因傳發❻諸將，鼓而並進，大破之。匡等皆走，禹追斬均及河東太守楊寶，遂定河東，匡等奔還長安。

張卬與諸將議曰：「赤眉旦暮且至，見滅不久，不如掠長安，東歸南陽。事若不集⑦，復入湖池中為盜耳！」乃共入，說更始。更始怒不應，莫敢復言。更始使王匡、陳牧、成丹、趙萌屯新豐⑧，李松軍掫⑨，以拒赤眉。張卬、廖湛、胡殷、申屠建與隗囂合謀，欲以立秋日貙膢⑩時，共劫更始，俱成前計。更始知之，託病不出，召張卬等入，將悉誅之。唯隗囂稱疾⑪不入，會客王遵、周宗等勒兵自守。更始狐疑不決，卬、湛、殷疑有變，遂突出。獨申屠建在，更始斬建，使執金吾鄧曄將兵圍隗囂第。卬、湛、殷勒兵燒門，入戰宮中，更始大敗。囂亦潰圍⑫，走歸天水。明旦，更始東奔趙萌於新豐。更始復疑王匡、陳牧、成丹與張卬等同謀，乃並召入。牧、丹先至，即斬之。王匡懼，將兵入長安，與張卬等合。

赤眉進至華陰，軍中有齊巫⑬，常鼓舞⑭祠城陽景王⑮，巫狂言：「景王大怒曰：『當為縣官⑯，何故為賊！』」有笑巫者輒病，軍中驚動。方望弟陽說樊崇等曰：「今將軍擁百萬之眾，西向帝城⑰，而無稱號，名為羣賊，不可以久。不如立宗室，挾義⑱誅伐，以此號令，誰敢不從！」崇等以為然，而巫言益甚。前至鄭⑲，乃相與議曰：「今迫近長安，而鬼神若此，當求劉氏共尊立之。」

先是，赤眉過式⑳，掠故式侯萌㉑之子恭、茂、盆子㉒三人自隨。恭少習尚書，隨樊崇等降更始於洛陽，復封式侯，為侍中，在長安。茂與盆子留軍中，屬右校卒史㉓劉俠卿，主牧牛。及崇等欲立帝，求軍中景王後，得七十餘人，唯茂、盆子及前西安侯孝㉔最為近屬。崇等曰：「聞古者天子將兵稱上將軍」，乃書札㉕為符曰「上將軍」，又以兩空札置笥㉖中，於鄭北設壇場，祠城陽景王，諸三老、從事㉗皆大會。列盆子等三人居中立，以年次㉘探札㉙，盆子最幼，後探，得符。諸將皆稱臣，拜。盆子時年十五，被髮徒跣㉚，敝衣赭汗㉛，見眾拜，恐畏欲啼。茂謂曰：「善藏㉜[1]符！」盆子即齧折㉝，棄之。以徐宣為丞相，樊崇為御史大夫，逢安為左大司馬，謝祿為右大司馬，其餘皆列卿、將軍。盆子雖立，猶朝夕拜劉俠卿，時欲出從牧兒戲。俠卿怒止之，崇等亦不復候視㉞也。

【章旨】以上為第二段，寫更始政權發生內訌。赤眉軍西進，立牧羊童劉盆子為主，以正號位。

【注釋】❶大陽　縣名，縣治在今山西平陸西南。❷解　縣名，縣治在今山西臨猗西南。❸癸亥　六月二十六日。❹六甲窮日　古代以干支遞次相配紀日，首日為甲子，末日為癸亥，共六十日，為一個甲子。其中，甲日有六，即甲子、甲戌、甲申、甲午、甲辰、甲寅，稱六甲。一輪甲子的末日癸亥，稱六甲窮日。古人迷信，認為這一日不吉利。❺治兵　部署軍隊。❻傳發　傳令出發。❼集　成功。❽新豐　縣名，縣治在今陝西臨潼東北。❾揤　新豐縣地名，位於縣治西北，在今臨潼北。❿貙膢　立秋日祭名。貙，獸名，似貍而大。膢，祭名，古代常以立秋日祭獸，王者於此日出獵，還，以祭宗廟，稱貙膢之祭。⓫稱疾　假說有病。⓬潰圍　突破包圍。⓭齊巫　齊地之巫。巫，以降神事鬼為職業的人。⓮鼓舞　擊鼓跳舞。⓯城陽景王　指劉章。劉邦之孫，齊悼惠王劉肥之子。初封朱虛侯，呂后死，與周勃、陳平等人共誅諸呂。文帝立，封章城陽王，死後諡景，史稱城陽景王。事見《史記》卷五十二、《漢書》卷三十八。⑯縣官　指天子。⑰帝城　指長安。⑱挾義　倚仗正當名義。⑲鄭　縣名，縣治在今陝西華縣。⑳式　縣名，屬泰山郡。縣治今地不詳。㉑式侯萌　即式侯劉萌。城陽景王劉章六世孫，萌父劉憲於漢元帝時封式侯；憲死，萌嗣。㉒盆子　劉盆子，西元二五年被赤眉軍擁立為天子，西元二七年降光武。傳見《後漢書》卷十一。㉓右校卒史　軍官名。㉔西安侯孝　即西安侯劉孝，其人不知所出。㉕札　書寫所用小而薄的木簡，用於一般書信。㉖笥　盛衣物或飯食的方形竹編容器。㉗三老從事　赤眉軍最尊的稱號是三老，其次是從事，再次是卒史。㉘年次　年齡大小的次序。㉙探札　摸取書札。㉚徒跣　光著腳。㉛赭汗　紅褐色的汗水。汗水浸漬破衣而呈現的顏色。㉜善藏　很好地收藏。㉝齧折　用牙咬斷。㉞候視　探望問候。

【校　記】①藏　原作「臧」。據章鈺校，十二行本、孔天胤本皆作「藏」，今據改。

【語　譯】鄧禹圍攻安邑縣，幾個月都沒攻下，更始的大將軍樊參率領幾萬人從大陽渡過黃河，準備攻打鄧禹。鄧禹在解縣南郊迎擊，殺了樊參。王匡、成丹、劉均集合軍隊十餘萬，再次攻打鄧禹，鄧禹的軍隊失利。第二天，六月二十六日癸亥，王匡等人認為癸亥是一輪甲子的最後一天，不宜出戰，鄧禹因此得以重新部署軍隊。二十七日甲子，王匡等傾巢而出攻擊鄧禹。鄧禹下令軍隊不可輕舉妄動，等王匡的軍隊到達營壘附近時，才傳令諸將出發，擊鼓齊進，大破敵軍。王匡等人全都逃走，鄧禹追殺了劉均和河東郡太守楊寶，於是平定河東。王匡等逃回長安。

張卬與眾將軍商議說：「赤眉軍早晚就要到來，我們被滅亡就在眼前，不如搶掠了長安，東歸南陽。事情如果不成功，我們就回到江湖重新做強盜罷了！」於是便一同入宮，說服更始劉玄。更始發怒，不回應，張卬等人也不敢再說。更始命王匡、陳牧、成丹、趙萌駐守新豐縣，李松駐軍掫地，以抵抗赤眉軍。張卬、廖湛、胡殷、申屠建和隗囂合謀，想趁立秋貙膢之祭時一同劫持更始，實現原先商議的計畫。劉玄得知這消息後，稱病不出，召張卬等進宮，準備把他們全部斬首。只有隗囂稱病沒有進宮，與他的賓客王遵、周宗等布置軍隊防守。更始猶豫不決，張卬、廖湛、胡殷懷疑事情有變化，便突然出宮。只有申屠建仍留在宮中，更始就殺了申屠建，派執金吾鄧曄率兵包圍隗囂的住宅。張卬、廖湛、胡殷率領軍隊，火燒宮門，殺進宮中，更始大敗。隗囂也突破包圍，逃出長安回到天水郡。第二天早晨，更始往東投奔駐守在新豐縣的趙萌。更始又懷疑王匡、陳牧、成丹和張卬等共同謀劃，便將他們一同召入。陳牧、成丹先到，立即被斬首。王匡害怕，就率領軍隊進入長安，與張卬等會合。

赤眉軍進入華陰縣，軍中有一位齊國的巫師，經常擊鼓跳舞，祭祀城陽景王劉章。巫師狂言：「景王劉章大發雷霆，說：『應當做天子，為什麼要做盜賊！』」有譏笑巫師的人就生病，軍中驚恐騷動。方望弟弟方陽勸說赤眉軍首領樊崇等人說：「如今將軍擁有百萬大軍，向西進軍京城，卻沒有一個稱號，被人看作一夥盜賊，這樣是不可能長久的。不如立劉氏宗室，倚仗正當的名義前往討伐，以此發號施令，誰敢不服從！」樊崇等人認為說得對，而巫師的狂言也越來越厲害。軍隊前進到達鄭縣，大家就互相商議說：「如今已逼近長安，而鬼神的旨意如此，應當尋求劉氏宗室，我們共同立他為皇帝。」

在這之前，赤眉軍經過式縣，劫持了西漢時故式侯劉萌的兒子劉恭、劉茂、劉盆子三人隨軍行動。劉恭自幼學習《尚書》，隨著樊崇等人到洛陽投降更始劉玄，重新封為式侯，為侍中，留在長安。劉茂與劉盆子，仍留在赤眉軍中，歸右校卒史劉俠卿管轄，負責放牛。等到樊崇等人要立劉氏為帝，就在軍中尋找景王劉章的後代，一共找到七十餘人，其中只有劉茂、劉盆子以及前西安侯劉孝是劉章血緣關係最近的。樊崇等人說：「聽說古代天子親自率領軍隊都稱上將軍」，因此就將「上將軍」三個字寫在木簡上作為符命，又將兩片未寫字的木簡一起放在竹箱中，在鄭縣的北面設置祭壇，祭祀城陽景王，各位三老、從事都參加祭典。請劉盆子等三人排列在中間站著，按照年齡大小的次序摸取木簡，劉盆子年紀最幼，最後抽取，抽得有符命的木簡。眾將領都向劉盆子稱臣、下拜。劉盆子當年十五歲，披頭散髮，光著雙腳，穿著破衣服，流著紅褐色的汗水，看到各位將領向他跪拜，驚恐得想哭。劉茂對他說：「藏好你的符命！」劉盆子當即將它咬斷，扔掉。於是任命徐宣為丞相，樊崇為御史大夫，逢安為左大司馬，謝祿為右大司馬，其餘將領都被任命為卿、將軍。劉盆子儘管被立為皇帝，仍每天早晚向劉俠卿跪拜，有時想出去和牧童玩耍。劉俠卿發怒制止他，樊崇等人也不再來問候探視。

秋，七月辛未❶，帝使使持節拜鄧禹為大司徒，封酇侯，食邑萬戶。禹時年二十四。又議選大司空，帝以赤伏符曰「王梁主衛❷作玄武❸」，丁丑❹，以野王令王梁為大司空❺。又欲以讖文❻用平狄將軍孫咸行大司馬，眾咸不悅。壬午❼，以吳漢為大司馬。

初，更始以琅邪伏湛❽為平原太守。時天下兵起，湛獨晏然，撫循❾百姓。門下督❿謀為湛起兵，湛收斬之。於是吏民信向，平原一境賴湛以全。帝徵湛為尚書，使典定⓫舊制。又以鄧禹西征，拜湛為司直⓬，行大司徒事。車駕每出征伐，常留鎮守。

鄧禹自汾陰⓭渡河，入夏陽⓮，更始左輔都尉⓯公乘歙引其眾十萬與左馮翊兵共拒禹於衙⓰。禹復破走之。

宗室劉茂⓱聚眾京、密⓲間，自稱厭新將軍，攻下潁川、汝南，眾十餘萬人。帝使驃騎大將軍景丹、建威大將軍耿弇、彊弩將軍陳俊攻之。茂來降，封為中山王。

己亥⓳，帝幸⓴懷㉑，遣耿弇、陳俊軍㉒五社津㉓，備滎陽㉔以東，使吳漢率建義[1]大將軍朱祜等十一將軍圍朱鮪於洛陽。八月，進幸河陽㉕。

李松自擲引兵還，從更始與趙萌共攻王匡、張卬於長安。連戰月餘，匡等敗走，更始徙居長信宮㉖。

赤眉至高陵㉗，王匡、張卬等迎降之，遂共連兵進攻東都門。李松出戰，赤眉生得松，松弟況為城門校尉，開門納之。九月，赤眉入長安。更始單騎走，從廚城門㉘出。式侯恭以赤眉立其弟，自繫詔獄。聞更始敗走，乃出，見定陶王祉，祉為之除械，相與從更始於渭濱。左[2]輔都尉嚴本，恐失更始為赤眉所誅，即將㉙更始至高陵，本將兵宿衛，其實圍之。更始將相皆降赤眉，獨丞相曹竟㉚不降，手劍㉛格死㉜。○辛未㉝，詔封更始為淮陽王。吏民敢有賊害者，罪同大逆㉞，其送詣吏㉟者封列侯。

【章　旨】以上為第三段，寫更始政權在光武帝、赤眉軍的夾擊下崩潰。赤眉軍入長安。光武帝封更始劉玄為淮陽王。

【注　釋】❶辛未　七月初五日。❷主衛　為衛之主，此指野王縣令。衛，古衛國。西元前二三九年，衛自濮陽（今河南濮陽西南）徙居野王（今河南沁陽）。所以此以衛指野王。❸玄武　古代神話中的北方之神名。其形為龜，或龜蛇合體。龜是水中動物，所以玄武又為水神之名。司空為主水土之官，所以此以玄武指司空。❹丁丑　七月十一日。❺以野王令王梁為大司空　《後漢書・王梁傳》：「帝以野王衛之所徙，玄武水神之名，司空水土之官也，於是擢拜梁為大司空。」❻讖文　《東觀漢記》載讖文說：「孫咸征狄。」❼壬午　七月十六日。❽伏湛　（？—西元三七年）字惠公，琅邪郡東武縣（今山東諸城）人，王莽時為後隊屬正，劉玄時為平原太守，光武時官至大司徒。傳見《後漢書》卷二十六。❾撫循　安撫存恤。❿門下督　官名，郡屬吏，執掌兵衛。⓫典定　主持審定。⓬司直　官名，大司徒司直，即丞相司直之職。⓭汾陰　縣名，縣治在今山西萬榮西南的黃河東岸。⓮夏陽　縣名，縣治在今陝西韓城南的黃河西岸。汾陰與夏陽隔黃河東西相對。⓯左輔都尉　官名，三輔都設有都尉，左輔即左馮翊。⓰衙　縣名，縣治在今陝西黃龍西南。⓱劉茂　南陽郡舂陵縣人，劉秀族父。王莽末年，起兵反莽，自稱厭新將軍。建武元年降光武，封中山王，後改封為單父侯（一說穰侯）。⓲京密　皆縣名。京縣，縣治在今河南滎陽東南。密縣，縣治在今河南密縣東南。京、密二縣南北鄰接。⓳己亥　七月丁卯朔，無己亥日。⓴幸　帝王親臨。㉑懷　縣名，縣治在今河南武陟西南。㉒軍　作動詞用，駐紮。㉓五社津　一名「五渡津」，黃河渡口，在鞏縣北。此謂鞏河，即指稱此津所在河段。㉔滎陽　縣名，縣治在今河南滎陽東北。㉕河陽　縣名，縣治在今河南孟州西。㉖長信宮　宮名。㉗高陵　縣名，縣治在今陝西高陵。㉘廚城門　城門名，長安城每面三門，北面三門，自東至西依次為洛城門、廚城門、橫門。㉙將　帶領。㉚曹竟　字子期，山陽郡人，王莽建新，棄官不仕。劉玄時徵為丞相。㉛手劍　親手用劍刺殺。㉜格死　格鬥而死。㉝辛未　七月初六日。㉞大逆　罪名，封建時代稱危害君父、宗廟、宮闕的罪行為大逆。《漢書・景帝紀》顏師古注引如淳說：「律，大逆不道，父母妻子同產皆棄市。」㉟送詣吏　意謂把劉玄送到官府。

【校　記】①建義　原作「建議」。據章鈺校，十二行本、乙十一行本、孔天胤本皆作「建義」，今據改。②左　原作「右」。張敦仁《通鑑刊本識誤》作「左」，嚴衍《通鑑補》亦改作「左」，今據以校正。

【語　譯】秋，七月初五日辛未，皇上劉秀派遣使臣持符節任命鄧禹為大司徒，封為酇侯，食邑萬戶。當時鄧禹二十四歲。又商議選拔大司空，皇上因為〈赤伏符〉上說的「王梁主衛作玄武」，十一日丁丑，任命野王縣令王梁為大司空。皇上又想依讖書的記載，任用平狄將軍孫咸為代理大司馬，大家全都不高興。十六日壬午，任命吳漢為大司馬。

最初，更始任命琅邪人伏湛為平原郡太守。當時全國各地紛紛起兵，伏湛卻安逸無事，慰問安撫百姓。門下督為伏湛籌劃起兵，伏湛將他抓起來殺了。於是吏民信賴他，整個平原郡都依靠他得以保全。光武帝徵召伏湛為尚書，由他主持審訂舊有的典章制度。又因為鄧禹率軍西征，任命伏湛為司直，代行大司徒政務。

光武帝每次外出親征，常常留下伏湛鎮守。

鄧禹從汾陰縣渡過黃河，進入夏陽縣，更始的左輔都尉公乘歙率領十萬大軍與左馮翊的軍隊在衙縣共同阻擊鄧禹。鄧禹再次大敗更始軍，公乘歙等逃走。

宗室劉茂在京、密地區聚眾起兵，自稱厭新將軍，攻下潁川、汝南，有部眾十餘萬人。光武帝派驃騎大將軍景丹、建威大將軍耿弇、強弩將軍陳俊攻打劉茂。劉茂前來投降，封為中山王。

己亥日，光武帝巡幸懷縣，派耿弇、陳俊駐軍五社津，防備滎陽以東的來敵，派出吳漢率領建義大將軍朱祜等十一位將軍把朱鮪圍困在洛陽。八月，光武帝臨幸河陽。

李松從掫地率領軍隊回到新豐，追隨更始與趙萌會合一同攻打在長安的王匡、張卬。交戰一個多月，王匡等兵敗逃走，更始遷居長安城長信宮。

赤眉軍到達高陵縣，王匡、張卬等前往投降，於是他們聯合一同攻打長安的東都門。李松出城迎戰，赤眉活捉了李松，李松的弟弟李況任城門校尉，就打開城門迎接赤眉軍。九月，赤眉軍進入長安。更始劉玄單人獨騎從廚城門逃出長安。式侯劉恭因為赤眉軍立他弟弟劉盆子為皇帝，就將自己囚禁在詔獄裡。聽說劉玄兵敗逃走，才出詔獄，遇見定陶王劉祉，劉祉替他解下身上刑具，一同追隨更始到渭水河畔。左輔都尉嚴本害怕更始走失被赤眉軍所殺，就帶領更始到達高陵縣，嚴本率領軍隊守衛，實際是把他包圍起來。更始的將相全部投降了赤眉軍，惟有丞相曹竟不投降，持劍格鬥而死。○初六日辛未，光武帝下詔封更始皇帝劉玄為淮陽王。官吏或百姓敢有傷害更始的，罪同大逆，把更始送到官府的人，封為侯爵。

初，宛人卓茂❶，寬仁恭愛，恬蕩❷樂道，雅實不為華貌，行己❸在於清濁❹之間，自束髮❺至白首，與人未嘗[1]有爭競❻，鄉黨❼故舊，雖行能❽與茂不同，而皆愛慕欣欣焉。哀、平間為密令，視民如子，舉善而教，口無惡言，吏民親愛，不忍欺之。民嘗有言部❾亭長受其米肉遺者❿，茂曰：「亭長為從汝求乎？為汝有事囑之而受乎？將平居⓫自以恩意遺之乎？」民曰：「往遺之耳。」茂曰：「遺之而受，何故言邪？」民曰：「竊聞賢明之君，使民不畏吏，吏不取民。今我畏吏，是以遺之。吏既卒受⓬，故來言耳。」茂曰：「汝為敝民⓭矣！凡人所以羣居不亂，異於禽獸者，以有仁愛禮義，知相敬事也。汝獨不欲修之，寧能高飛遠走，不在人間邪！吏顧⓮不當乘威力彊請求耳。亭長素善吏，歲時⓯遺之，禮也。」民曰：「苟如此，律何故禁之？」茂笑曰：「律設大法，禮順人情。今我以禮教汝，汝必無怨惡；以律治汝，汝何所措其手足乎！一門之內，小者可論⓰，大者可殺也。且歸念⓱之！」初，茂到縣，有所廢置⓲，吏民笑之，鄰城⓳聞者皆嗤[2]其不能⓴。河南郡為置守令，茂不為嫌㉑，治事自若㉒。數年，教化大行，道不拾遺。遷京部丞㉓，密人老少皆涕泣隨送。及王莽居攝，以病免歸。上即位，先訪求茂，茂時年七十餘。甲申㉔，詔曰：「夫名冠天下㉕，當受天下重賞。今以茂為太傅，封褒德侯。」

臣光曰：「孔子稱『舉善而教不能則勸。』㉖是以舜舉皐陶，湯舉伊尹，而不仁者遠，有德故也㉗。光武即位之初，羣雄競逐㉘，四海鼎沸㉙，彼摧堅陷敵之人，權略㉚詭辯之士，方見重於世，而獨能取忠厚之臣，旌㉛循良之吏㉜，拔於草萊㉝之中，寘㉞諸羣公之首㉟，宜其光復舊物㊱，享祚久長，蓋由知所先務㊲而得其本原㊳故也。」

【章　旨】以上為第四段，寫光武帝初即位，天下還在紛爭之時，首先推行教化，表彰清廉官吏的代表人物卓茂，受到司馬光的高度讚揚。

【注　釋】❶卓茂　（?—西元二八年）字子康，南陽郡宛縣人，西漢末期，初辟丞相府史，後為密縣令。劉玄時為侍中祭酒。劉秀稱帝，為太傅，封褒德侯。傳見《後漢書》卷二十五。❷恬蕩　淡泊坦蕩。❸行己　謂自己的立身行事。❹清濁　品優行善謂之「清」，貪汙不正謂之「濁」。❺束髮　束紮髮髻。古代男孩子由幼兒到童年時要束髮為髻，因以「束髮」代指成童之年。❻爭競　爭執；計較。❼鄉黨　鄉、黨皆為周代社會基層組織名稱。周代二十五家為閭，四閭為族，五族為黨，五黨為州，五州為鄉。後以鄉黨泛指鄉里。❽行能　品行與才能。❾部　所部；下屬。指卓茂的下屬，一位亭長。❿受其米肉遺者　謂亭長收了他贈送的糧米和肉。遺，贈送。⓫平居　平時。⓬卒受　最終收受。⓭敝民　刁民；德薄之人。⓮顧　只是。⓯歲時　每年一定的季節或者時間。⓰論　定罪。⓱念　思考。⓲廢置　革除或興作。⓳鄰城　鄰近之縣。⓴嗤其不能　譏笑卓茂沒有才能。嗤，嘲笑。不能，沒有才能。㉑不為嫌　不認為有妨礙。嫌，妨礙。㉒自若　像自己平日一樣，不變常態。正令在而置守令，卓茂卻認為於己無礙，治事自若，作者敘此以見卓茂之賢。㉓京部丞　官名，王莽置大司農部丞十三人，分掌刺史部農業生產。京部丞，主管司隸校尉所屬地區的農業生產。㉔甲申　九月十九日。㉕冠天下　天下第一。㉖孔子稱句　語出《論語・為政》。舉，提拔。勸，鼓勵；勉勵。此言無能的人受到鼓勵。㉗是以舜舉皋陶四句　《論語・顏淵》記子夏的話說：「舜有天下，選於眾，舉皋陶，不仁者遠矣。湯有天下，選於眾，舉伊尹，不仁者遠矣。」㉘競逐　競爭。㉙鼎沸　形容形勢動盪、群情激揚的狀況如同鼎中的開水翻滾沸騰一樣。㉚權略　權謀；謀略。㉛旌　表彰。㉜循良之

吏　奉公守法的清廉官吏。㉝草萊　此指民間。㉞寘　安置。㉟羣公之首　東漢上公，僅置太傅一人，位在三公上。卓茂為太傅，所以說「寘諸羣公之首」。㊱光復舊物　指收復故土或恢復舊時典章制度。㊲先務　首要的事務。㊳本原　根源。

【校　記】①與人未嘗　原作「未嘗與人」。據章鈺校，十二行本、乙十一行本、孔天胤本皆作「與人未嘗」，今據改。②嗤　原作「蚩」。據章鈺校，孔天胤本作「嗤」，今據改。

【語　譯】當初，宛縣人卓茂寬厚仁義，恭謙慈愛，性情淡泊坦蕩，樂守聖賢之道，雅正樸實，不注重浮華的外表，自己的行為在清濁之間，從稚童到老年，跟別人從沒有爭執過，鄉里故舊，儘管品行才幹與卓茂不同，但大家都高興地愛戴和仰慕他。卓茂在西漢哀帝、平帝時任密縣令，視民如子，推舉善言善行來教化百姓，不口出惡言，官吏百姓親愛他，對他不忍心欺騙。曾有人上告說，卓茂屬下的一個亭長收下了他所饋贈的糧米和肉，卓茂說：「是亭長向你要的呢？還是你有事託他而送給他的呢？還是因平時就有恩惠情感而贈送給他的呢？」那個人說：「是我去送給他的。」卓茂說：「你自己送給他，他接受了，為何還要上告呢？」那個人說：「我聽說賢明的國君，使老百姓不怕官吏，而官吏也不向老百姓索取財物。如今我懼怕官吏，因此才送財物給他。官吏最終收下了，所以我來告他。」卓茂說：「你真是個德薄的人！人之所以能群居在一起生活而不混亂，不同於禽獸，是因為人類有仁愛禮義，知道互相尊敬。而你卻不遵循這些，難道你能遠走高飛，不在人間嗎！官吏只是不應該憑權力強求索取。亭長平時是個好官，每年一定的時節送他一點東西，是正常的禮節。」那個人說：「若是這樣，那法律為什麼又禁止這樣做呢？」卓茂笑著說：「法律是按行為立下的規範，禮義是順應人情。現在我用禮義開導你，你一定沒有怨恨厭惡；若我用法律懲辦你，你就不知該怎麼辦了！同一件事情，按小的說可以論罪，按大的說便可以殺頭。你姑且回去想想吧！」當初卓茂到密縣任職，有所興替，官民嘲笑他，鄰近縣城的官民知道後也都譏笑他沒有才能。河南郡為此在密縣又安置一位臨時代理縣令，卓茂也不認為有妨礙，辦公像平常一樣。幾年之後，卓茂所推行的教化蔚然成風，以致路不拾遺；後來卓茂被升遷為京部丞，密縣的老少都流淚為他送行。當王莽居攝皇帝時，卓茂便稱病辭職回家。

劉秀稱帝後，首先尋訪卓茂的下落，卓茂此時已七十餘歲。九月十九日甲申，光武帝下詔說：「名譽滿天下的人，應該受到國家最重的獎賞。今任命卓茂為太傅，封為褒德侯。」

司馬光說：「孔子說『提拔賢能的人教育那些無能的人，無能的人就受到激勵。』因此虞舜推薦皋陶，商湯推薦伊尹，而不仁的人就遠去，這是由於這兩位品德高尚的緣故。光武帝剛剛即位，群雄紛爭，天下混亂，那些衝鋒破敵的將領，擅長奇計謀略、雄辯善言的策士，正被世人所敬重，而光武帝竟能起用忠厚的大臣，表彰奉公守法的清廉官吏，從民間選拔人才，安排在公卿首位，光武帝理所當然光復舊制，享受長久的國運，這是由於他知道首先要做的是什麼並且找到了問題根源的緣故。」

諸將圍洛陽數月，朱鮪堅守不下。帝以廷尉岑彭嘗為鮪校尉，令往說之。鮪在城上，彭在城下，為陳成敗。鮪曰：「大司徒被害時，鮪與其謀，又諫更始無遣蕭王北伐，誠自知罪深，不敢降！」彭還，具言於帝。帝曰：「舉大事者不忌小怨。鮪今若降，官爵可保，況誅罰乎！河水在此，吾不食言！」彭復往告鮪，鮪從城上下索❶曰：「必信，可乘此上。」彭趣❷索欲上，鮪見其誠，即許降。辛卯❸，朱鮪面縛❹，與岑彭俱詣河陽。帝解其縛，召見之，復令彭夜送鮪歸城。明旦，與蘇茂等悉其眾出降。拜鮪為平狄將軍，封扶溝侯。後為少府，傳封累世❺。

帝使侍御史❻河內杜詩❼安集洛陽。將軍蕭廣縱兵士暴橫，詩敕曉❽不改，遂格殺廣，還，以狀聞。上召見，賜以棨戟❾，遂擢任❿之。

冬，十月癸丑⑪，車駕入洛陽，幸南宮，遂定都焉。

【章　旨】以上為第五段，寫光武帝寬仁大度，赦朱鮪之罪，不戰而下洛陽，於是定都洛陽。

【注　釋】❶下索　放下繩索。❷趣　通「趨」。走向。❸辛卯　九月二十六日。❹面縛　兩手反綁於背後。❺累世　接連幾代。❻侍御史　官名，屬少府，為御史中丞屬官。執掌監察，或奉命出外執行指定任務。❼杜詩　（？—西元二八年）字君公，河內郡汲縣（今河南衛輝西南）人，歷任侍御史、南陽太守等。傳見《後漢書》卷三十一。❽敕曉　告誡曉諭。❾棨戟　有繒衣或油漆的木戟。為古代官吏出行時用作前導的一種儀仗。❿擢任　提拔任用。⓫癸丑　十月十八日。

【語　譯】漢眾將包圍洛陽幾個月，朱鮪堅守而未能攻下。光武帝因廷尉岑彭曾經當過朱鮪的校尉，就派他去勸降朱鮪。朱鮪在城牆上，岑彭在城樓下，向朱鮪陳說成敗利害。朱鮪說：「大司徒劉縯被害的時候，我朱鮪參與了謀劃，又諫阻更始帝不派蕭王北伐，我確實知道自己的罪孽深重，不敢投降！」岑彭回來，向光武帝原原本本轉述了朱鮪的話。光武帝說：「興辦大事業的人，不計較小的仇怨。朱鮪現在如果投降，官位爵祿可以保全，怎麼會誅罰他呢！黃河水在此作證，我不能食言！」岑彭再次前去告訴朱鮪，朱鮪從城樓上放下繩索，說：「果真可信，可坐此繩上來。」岑彭走向繩索打算登城，朱鮪看到了岑彭的誠意，當即答應投降。九月二十六日辛卯，朱鮪把兩手反綁在身後，與岑彭一起前往河陽。光武帝解開朱鮪的繩索，召見了他，又下令岑彭當夜送朱鮪回洛陽城。第二天早晨，朱鮪與蘇茂等人帶領全部人馬出城投降。光武帝任命朱鮪為平狄將軍，封扶溝侯。後來擔任少府，封爵累世相傳。

光武帝派侍御史河內人杜詩安撫穩定洛陽。將軍蕭廣放縱士兵橫行暴虐，杜詩告誡曉諭仍然不改，於是擊殺了蕭廣，回到河陽把實情報告皇上。光武帝召見了杜詩，賞贈他王公用的木戟儀仗，並提拔任用他。

冬，十月十八日癸丑，光武帝車駕進入洛陽，駕臨南宮，於是定都洛陽。

赤眉下書曰：「聖公降者，封為長沙王。過二十日，勿受。」更始遣劉恭請降，赤眉使其將謝祿往受之。更始隨祿，肉袒❶，上璽綬於盆子。赤眉坐更始，置庭中，將殺之。劉恭、謝祿為請，不能得❷，遂引更始出。劉恭追呼曰：「臣誠力極❸，請得先死！」拔劍欲自刎。樊崇等遽❹共救止之，乃赦更始，封為畏威侯。劉恭復為固請，竟❺得封長沙王。更始常依謝祿居，劉恭亦擁護❻之。劉盆子居長樂宮，三輔郡縣、營長❼遣使貢獻，兵士輒剽奪❽之，又數暴掠吏民，由是皆復固守。

百姓不知所歸，聞鄧禹乘勝獨克而師行有紀，皆望風相攜負❾以迎軍，降者日以千數，眾號百萬。禹所止，輒停車住節❿以勞來⓫之，父老、童穉，垂髮⓬、戴白⓭滿其車下，莫不感悅，於是名震關西。

諸將豪桀皆勸禹徑攻⓮長安，禹曰：「不然。今吾眾雖多，能戰者少，前無可仰之積，後無轉饋之資。赤眉新拔長安，財穀充實，鋒銳未可當也。夫盜賊羣居無終日之計⓯，財穀雖多，變故萬端，寧能堅守者也！上郡⓰、北地⓱、安定三郡，土廣人稀，饒穀多畜，吾且休兵北道，就糧養士，以觀其敝，乃可圖也。」於是引軍北至栒邑⓲，所到，諸營保⓳郡邑皆開門歸附。◯上遣岑彭擊荊州羣賊，下犨⑳、葉㉑等十餘城。

十一月甲午㉒，上幸懷。○梁王永稱帝於睢陽。

十二月丙戌㉓，上還洛陽。○三輔苦赤眉暴虐，皆憐更始，欲盜出㉔之。張卬等深以為慮，使謝祿縊殺之。劉恭夜往，收藏其尸。帝詔鄧禹葬之於霸陵㉕。中郎將宛人趙憙㉖[1]將出武關，道遇更始親屬，皆裸跣飢困，憙竭其資糧以與之，將護㉗而前。宛王賜聞之，迎還鄉里。

【章　旨】以上為第六段，寫赤眉軍暴虐三輔百姓，誅殺更始劉玄，鄧禹進軍陝北，覬覦關中。

【注　釋】❶肉袒　脫去上衣，裸露肢體。古人請罪，常肉袒以示惶懼服罪。❷不能得　沒得到同意。❸力極　力氣用盡；竭盡全部力量。❹遽　急忙。❺竟　終於。❻擁護　保護。❼營長　當時地方武裝頭領的稱號。❽剽奪　搶劫；掠奪。❾攜負　牽挽背負，即扶老攜幼。❿拄節　持節。⓫勞來　慰問、勸勉前來的人。⓬垂髮　兒童垂下的頭髮，此指兒童。⓭戴白　頭頂白髮，此指老年人。⓮徑攻　直接攻打。⓯無終日之計　連貫徹一天的計畫都沒有。極言其無長遠之計。⓰上郡　郡名，治所在今陝西榆林東南。⓱北地　郡名，治所在今寧夏靈武西南。⓲栒邑　縣名，縣治在今陝西旬邑東北。⓳營保　即「營堡」。堡壘。⓴犨　縣名，縣治在今河南平頂山市西南。㉑葉　縣名，縣治在今河南葉縣西南。㉒甲午　十一月三十日。㉓丙戌　十二月乙未朔，無丙戌日。㉔盜出　暗地裡劫走；暗中解救出來。㉕霸陵　縣名，縣治在今陝西臨潼西。㉖趙憙　（西元前四—西元八〇年）《後漢書》本傳作「趙熹」。字伯陽，南陽郡宛縣人，光武時官至太尉，位三公。章帝時為太傅，位上公。傳見《後漢書》卷二十六。㉗將護　衛護。

【校　記】[1]趙憙　原作「趙熹」。據章鈺校，十二行本、乙十一行本、孔天胤本皆作「趙憙」，今據改。下同。

【語　譯】赤眉軍寫信給更始劉玄說：「聖公如果投降，封為長沙王。超過了二十天，就不接受投降。」更始劉玄派劉恭請求投降，赤眉軍派出將領謝祿前往接受投降。更始劉玄跟隨謝祿，脫衣裸背，向劉盆子獻上印璽綬帶。赤眉軍將領讓更始坐著，放在庭院中間，即將殺他。劉恭、謝祿替他請求，沒有得到同意，於是把更始帶出庭院。劉恭追著喊叫說：「臣盡了最大努力，請讓我先死！」拔出劍來想要自刎。樊崇等人急忙一同制止，這才赦免更始，封為畏威侯。劉恭又堅決替更始求情，終於得封為長沙王。更始經常靠近謝祿居住，劉恭也全力保護他。

劉盆子居住在長樂宮，三輔郡縣、營長派使節朝拜進貢，赤眉軍士兵卻在半路打劫，又多次殘暴地掠奪吏民，因此，三輔吏民又回到各自的營壘固守。

三輔百姓不知歸附誰，聽說鄧禹的軍隊接連戰勝，而行軍紀律嚴明，全都聽到風聲就扶老攜幼迎接鄧禹軍，每天歸降的人以千計，軍眾號稱百萬。鄧禹所到之處，就停車持節慰問來歸附的民眾，父老、兒童，滿頭白髮的、垂著頭髮的遍布在鄧禹的車下，沒有不感激高興的，這時鄧禹名震關西。

眾將領和地方豪傑都勸鄧禹直接進攻長安，鄧禹說：「不行。如今我們的人數雖多，能作戰的人很少，前面沒有可仰賴的糧草，後方沒有運來的物資。赤眉軍剛剛佔有長安，錢糧充實，鋒芒銳利不可抵擋。但一群烏合的強盜，沒有完整一天的計畫，錢糧雖然很多，而變故多端，豈能長期堅守！上郡、北地、安定三郡，地廣人稀，糧食充足，牲畜很多，我暫且在此一邊休養士卒，一邊觀察等待赤眉軍的弊病，才可以消滅他們。」於是鄧禹率軍向北到達栒邑，所到之處，各營寨郡邑都開門歸順。○光武帝派岑彭攻擊荊州群盜，攻下犨縣、葉縣等十多座縣城。

十一月三十日甲午，光武帝巡幸懷縣。○梁王劉永在睢陽稱帝。

十二月丙戌日，光武帝返回洛陽。○三輔百姓苦於赤眉軍的暴虐，都同情更始劉玄，想暗中解救出來。張卬等人十分憂慮，就派謝祿勒死了劉玄。劉恭趁夜前往，收拾劉玄的屍體藏匿起來。光武帝下詔鄧禹把劉玄安葬在霸陵。原劉玄的中郎將宛人趙憙將要兵出武關，路上遇到更始劉玄的親屬，全都赤腳露體，飢餓困乏，趙憙拿出全部錢財糧食送給他們，衛護他們前行。宛王劉賜得到消息，迎接他們返回家鄉。

隗囂歸天水，復招聚其眾，興修故業，自稱西州上將軍。三輔士大夫避亂者多歸囂，囂傾身❶引接，為布衣交❷。以平陵范逡❸為師友❹，前涼州刺史河南[1]鄭興❺為祭酒❻，茂陵申屠剛❼、杜林❽為治書❾，馬援❿為綏德將軍，楊廣、王遵⓫、周宗及平襄行巡⓬、阿陽王捷⓭、長陵王元⓮為大將軍，安陵班彪之屬為賓客，由此名震西州，聞於山東。馬援少時，以家用不足辭其兄況，欲就⓯邊郡田牧⓰。況曰：「汝大才，當晚成，良工不示人以朴⓱，且從所好⓲。」遂之北地田牧。常謂賓客曰：「丈夫為志，窮當益堅，老當益壯。」後有畜數千頭，穀數萬斛。既而歎曰：「凡殖財產，貴其能賑施⓳也，否則守錢虜⓴耳！」乃盡散於親舊。聞隗囂好士，往從之。囂甚敬重，與決籌策㉑。班彪，穉之子也。

初，平陵竇融㉒累世仕宦河西，知其土俗，與更始右大司馬趙萌善，私謂兄弟曰：「天下安危未可知。河西殷富，帶㉓河為固，張掖屬國㉔精兵萬騎，一旦緩急，杜絕河津㉕，足以自守，此遺種處也㉖！」乃因萌求往河西。萌薦融於更始，以為張掖屬國都尉。融既到，撫結㉗雄桀，懷輯㉘羌虜，甚得其歡心。是時，酒泉太守安定梁統㉙、金城太守庫鈞㉚、張掖都尉茂陵史苞㉛、酒泉都尉竺曾㉜、敦煌都尉辛肜㉝，並州郡英俊，融皆與厚善。及更始敗，融與梁統等計議曰：「今天下擾亂，未知所歸。河西斗絕㉞在羌、胡中，不同心戮力，則不能自守，權鈞力齊㉟，復無以相率，當推一人為大將軍，共全五郡，觀時變動。」議既定，而各謙讓。以位次，咸共推梁統。統固辭，乃推融行河西五郡大將軍事。武威太守馬期、張掖太守任仲並孤立②無黨㊱，乃共移書告示之。二人即解印綬去。於是以梁統為武威太守，史苞為張掖太守，竺曾為酒泉太守，辛肜為敦煌太守。融居屬國，領都尉職如故。置從事，監察五郡。河西民俗質樸，而融等政亦寬和，上下相親，晏然富殖，脩兵馬，習戰射，明烽燧㊲。羌、胡犯塞，融輒自將與諸郡相救，皆如符要㊳，每輒破之。其後羌、胡皆震服親附，內郡流民避凶饑者㊴歸之不絕㊵。

王莽之世，天下咸思漢德，安定三水盧芳㊶居左谷㊷中，詐稱武帝曾孫劉文伯，云「曾祖母，匈奴渾邪王之姊也」，常以是言誑惑㊸安定間。王莽末，乃與三水屬國羌、胡起兵。更始至長安，徵芳為騎都尉，使鎮撫㊹安定以西。更始敗，三水豪桀共立芳為上將軍、西平王，使使與西羌、匈奴結和親。單于以為：「漢氏中絕，劉氏來歸，我亦當如呼韓邪立之，令尊事我。」乃使句林王將數千騎迎芳兄弟入匈奴，立芳為漢帝，以芳弟程為中郎將，將胡騎還入安定。

【章　旨】以上為第七段，寫建武元年（西元二五年），中國西北部地區在戰亂中的形勢，竇融保河西，隗囂據有天水，盧芳稱帝於陝北。

【注　釋】❶傾身　身體向前傾。用以形容對人謙卑恭順。❷布衣交　指猶如平民不拘身分地位高低那樣的朋友。布衣，布製的衣服。布衣一般為平民所服，所以用「布衣」借指平民。❸范逡　扶風平陵縣（今陝西咸陽西）人，初同杜林等人一起避居河西，後歸光武。❹師友　官名，參決謀議，備顧問，待以師友之位。❺鄭興　字少贛，河南尹開封縣（今河南開封西南）人，劉玄時為涼州刺史，後歸隗囂。建武六年（西元三〇年）光武徵為太中大夫，後左遷蓮勺令。興明古學，尤精《左傳》、《周禮》。傳見《後漢書》卷三十六。❻祭酒　官名，執掌博士。❼申屠剛　字巨卿，扶風茂陵縣人，王莽時避居河西、巴蜀，建武七年（西元三一年）光武徵為侍御史，後任尚書令、太中大夫等職。傳見《後漢書》卷二十九。❽杜林　（？—西元四七年）字伯山，扶風茂陵縣人，初為郡吏，後避居河西。建武六年東歸，光武徵為侍御史，後官至大司空。傳見《後漢書》卷二十七。❾治書　即治書侍御史，官名。御史中丞屬官，在殿中蘭臺掌圖籍祕書。❿馬援　（西元前一四—西元四九年）字文淵，扶風茂陵縣人，王莽時為新成大尹。莽敗，避亂河西，隗囂以為綏德將軍。後歸光武，歷任隴西太守、虎賁中郎將、伏波將軍等，封新息侯。傳見《後漢書》卷二十四。⓫王遵　字子春，京兆霸陵縣人，王莽末年，隗囂在隴右自稱上將軍，以遵為明威將軍，後為大將軍。後歸光武，為太中大夫，封向義侯。⓬行巡　人名，初歸隗囂，為大將軍。囂敗，降光武。⓭王捷　天水郡阿陽縣（今甘肅靜寧西南）人，事隗囂為大將軍。建武八年（西元三二年），光武帝率師西征，兵敗自殺。⓮王元　字惠孟，左馮翊長陵縣（今陝西咸陽東北）人，初事隗囂，為大將軍。囂敗，入蜀歸公孫述。後降光武，歷任上蔡令、東平相等。因事下獄死。⓯就　到。⓰田牧　耕植、畜牧。⓱朴　未雕琢的玉石材料，此泛指未經加工的原材料。喻才華不外露。⓲且從所好　暫且去從事你自己意願的事吧。⓳賑施　救濟施與。⓴虜　奴。㉑籌策　謀劃。㉒竇融　（西元前一六—西元六二年）字周公，扶風平陵縣人，劉玄時，據河西，稱河西五郡大將軍。後歸光武，官至大司空，封安豐侯。傳見《後漢書》卷二十三。㉓帶　環繞。㉔張掖屬國　張掖郡屬國都尉。漢代於邊郡設屬國都尉，主管鎮撫內屬的少數民族。㉕杜絕河津　斷絕黃河渡口。㉖此遺種處也　此言河西乃為可得保全而不被滅絕之地。遺，留。㉗撫結　撫慰結納。㉘懷輯　安撫招徠。㉙梁統　字仲寧，安定郡烏氏縣（今寧夏固原東南）人，劉玄時為酒泉太守。竇融稱河西五郡大將軍，以統為武威太守。後歸光武，歷任宣德將軍、太中大夫、九江太守等，封陵鄉侯。傳見《後漢書》卷三十四。㉚庫鈞　《後漢書》作

「厙鈞」，人名，隨竇融歸光武，封輔義侯。㉛史苞　字叔文。為張掖太守。隨竇融歸光武，封褒義侯。㉜竺曾　為酒泉太守、武鋒將軍。隨竇融歸光武，封助義侯。㉝辛肜　為敦煌太守、酒泉太守。隨竇融歸光武，封扶義侯。㉞斗絕　孤懸。㉟權鈞力齊　彼此權勢相當。鈞，通「均」。㊱並孤立無黨　指馬期、任仲等人都孤立沒有同黨的人。並，都。黨，同夥的人。㊲烽燧　古代邊防報警的信號。白天放煙叫烽，夜間舉火叫燧。㊳符要　盟約。㊴避凶饑者　躲避凶年饑荒的人。㊵歸之不絕　歸附竇融的人絡繹不絕。㊶盧芳　字君期，安定郡三水縣（今寧夏同心東）人，詐稱是漢武帝曾孫劉文伯。建武十六年（西元四〇年）降光武，立為代王。後叛漢入匈奴。傳見《後漢書》卷十二。㊷左谷　三水縣地名，其地在縣治東。㊸誑惑　欺騙迷惑。㊹鎮撫　鎮守安撫。

【校　記】①河南　原作「河內」。據章鈺校，十二行本、乙十一行本、孔天胤本皆作「河南」，今據改。②立　據章鈺校，十二行本作「亡」。

【語　譯】隗囂回到天水郡，又重新召集他的部眾，興復舊時功業，自稱西州上將軍。躲避戰亂的三輔的士大夫很多都歸附了隗囂，隗囂謙卑地接待，與他們像普通百姓一般平等地交朋友。任命平陵人范逡為師友，前涼州刺史河南人鄭興為祭酒，茂陵人申屠剛、杜林為治書侍御史，馬援為綏德將軍，楊廣、王遵、周宗以及平襄人行巡、阿陽人王捷、長陵人王元為大將軍，安陵人班彪等為賓客，因此威名震動西州，聞名於山東。馬援年輕時，因為家用不足，辭別他的哥哥馬況，想到邊郡一帶耕墾放牧。馬況說：「你是一個大才，會大器晚成。能工巧匠不把沒雕琢好的器物給別人看，你暫且去從事自己意願的事吧。」於是馬援就到北地郡耕墾放牧。他常對賓客說：「大丈夫所懷之志，處境困窮應更加堅定，人老了應更加壯烈。」後來他擁有數千頭牲口，數萬斛糧食。不久又感歎說：「大凡積累財富，可貴之處在於能夠賑救施捨，否則只是一個守財奴罷了！」因此，他便將全部家產分送給親朋好友。他聽說隗囂禮賢下士，就去投奔他。隗囂很器重馬援，讓他參與決策。班彪，是班穉的兒子。

當初，平陵人竇融累世任官河西，熟悉當地風俗民情，他和更始劉玄的右大司馬趙萌關係交好，私下對他的弟弟說：「天下的安危不能預測。河西非常富足，環繞的黃河是牢固的屏障，張掖屬國有一萬名精銳騎兵，一旦有危急的情況，斷絕黃河渡口，就足以保全自己，這是個保全自己不被絕滅的好地方！」竇融憑藉趙萌的關係請求到河西去。趙萌將竇融推薦給更始劉玄，更始任用竇融為張掖屬國都尉。竇融到任後，撫慰結納英豪，安撫招徠西羌各部族，使他們十分歡心。這時，酒泉郡太守安定人梁統、金城郡太守庫鈞、張掖郡都尉茂陵人史苞、酒泉郡都尉竺曾、敦煌郡都尉辛肜，都是州郡的英雄俊傑，竇融和他們的交往深厚。等到更始失敗，竇融和梁統等人商議說：「現在天下大亂，不知該歸向誰。河西地方孤懸在羌、胡的中間，如果不同心協力，就不能保衛自己。但權勢和力量都相等，又誰也不能統率誰，應該推舉一個人做大將軍，共同保全五個郡，以觀察時局的變化。」商定之後，大家各自謙讓。按照各位的次序，一致推舉梁統為大將軍。梁統堅決推辭，便推舉竇融代管河西五郡大將軍之事。武威郡太守馬期、張掖郡太守任仲都勢單力孤，竇融等就寫信告訴他們。他們馬上解下印綬離去。於是任命梁統為武威郡太守，史苞任張掖郡太守，竺曾為酒泉郡太守，辛肜為敦煌郡太守。竇融居住在張掖屬國，仍舊任都尉之職。設置從事，監督五個郡。河西一帶民風淳樸，竇融等人施政也寬和，上下相親，安定富足，訓練兵馬，練習作戰射箭，明瞭烽燧。羌、胡侵犯邊塞，竇融就親自率領兵卒和各郡的軍隊相救助，全同約定的一樣，每戰經常能將敵人打敗。後來羌、胡全都被竇融的威名所震而親近歸附。內地各郡躲避凶年饑荒的人絡繹不絕地歸順竇融。

王莽當政時，天下人都思念漢朝恩德，安定郡三水縣人盧芳住在左谷中，冒稱自己是漢武帝的曾孫劉文伯，說「我的曾祖母是匈奴渾邪王的姐姐」，盧芳常用這些話在安定一帶欺騙蠱惑大家。王莽末年，盧芳與三水屬國的羌、胡人一同興兵。更始劉玄到達長安，徵召盧芳為騎都尉，派他鎮守安撫安定郡以西地區。更始失敗後，三水豪傑共同擁立盧芳為上將軍、西平王，盧芳派遣使臣與西羌、匈奴結親和好。匈奴單于認為：「漢室中途絕續，劉氏皇族前來歸附，我也應當像當年漢朝冊立呼韓邪那樣冊立劉芳，讓他尊敬侍奉我。」因此就派遣句林王率領數千名騎兵迎接盧芳兄弟到匈奴，立盧芳為漢帝，任命盧芳的弟弟盧程為中郎將，讓他們率領胡人騎兵返回安定郡。

帝以關中未定，而鄧禹久不進兵，賜書責之曰：「司徒，堯也；亡賊，桀也。長安吏民遑遑無所依歸，宜以時進討，鎮慰西京，繫百姓之心！」禹猶執❶前意，別攻上郡諸縣，更徵兵❷引穀❸，歸至大要❹。積弩將軍馮愔、車騎將軍宗歆守栒邑，二人爭權相攻，愔遂殺歆，因反擊禹，禹遣使以聞。帝問使人：「愔所親愛為誰？」對曰：「護軍黃防。」帝度愔、防不能久和，勢必相忤，因報禹曰：「縛馮愔者，必黃防也。」乃遣尚書宗廣持節往降之。後月餘，防果執愔，將❺其眾歸罪❻。更始諸將王匡、胡殷、成丹等皆詣廣降，廣與東歸。至安邑，道欲亡，廣悉斬之。

愔之叛也，引兵西向天水。隗囂逆擊，破之於高平❼，盡獲其輜重。於是禹承制遣使持節命囂為西州大將軍，得專制❽涼州❾、朔方❿事。

臘日⓫，赤眉設樂大會，酒未行，羣臣更相辯鬬。而兵眾遂各踰宮⓬，斬關入⓭，掠酒肉，互相殺傷。衛尉諸葛穉聞之，勒兵入，格殺百餘人，乃定。劉盆子惶恐，日夜啼泣，從官皆憐之。

帝遣宗正劉延攻天井關，與田邑連戰十餘合，延不得進。及更始敗，邑遣使請降。即拜為上黨太守。帝又遣諫議大夫儲大伯持節徵鮑永，永未知更始存亡，疑不肯從，收繫大伯，遣使馳至長安，詗⑭問虛實。

初，帝從更始在宛，納新野陰氏之女麗華⑮。是歲，遣使迎麗華與帝姊湖陽公主⑯、妹寧平公主⑰俱到洛陽。以麗華為貴人⑱。更始西平王李通先娶寧平公主，上徵通為衛尉。

初，更始以王閎⑲為琅邪太守，張步據郡拒之。閎諭降，得贛榆⑳等六縣，收兵與步戰，不勝。步既受劉永官號，治兵於劇㉑，遣將徇泰山、東萊、城陽、膠東、北海、濟南、齊郡㉒，皆下之。閎力不敵，乃詣步相見。步大陳兵而見之，怒曰：「步有何罪，君前見攻之甚！」閎按劍曰：「太守奉朝命，而文公㉓擁兵相拒。閎攻賊耳，何謂甚邪！」步起跪謝，與之宴飲，待為上賓，令閎關掌㉔郡事。

【章旨】以上為第八段，寫光武帝建武元年（西元二五年）歲末時形勢，從三輔到山東齊魯，西有赤眉，東有梁王劉永、張步，東西一線成為戰亂中心。

【注釋】❶執 堅持。❷徵兵 徵調軍隊。❸引穀 運輸糧食。引，拉。❹歸至大要 會集到大要縣。歸，會集。大要，縣名，縣治在今甘肅寧縣。❺將 率領。❻歸罪 自首認罪。❼高平 縣名，縣治在今寧夏固原。❽專制 獨自掌管。❾涼州 州名，轄有今甘肅大部、青海東部及寧夏回族自治區南部等地區。❿朔方 州名，西漢置朔方州，轄有今陝西北部、山西西北部黃河沿岸、內蒙古自治區河套地區及寧夏回族自治區北部等地區。東漢廢，其地併入并州。⓫臘日 舉行臘祭之日。

即農曆十二月初八日。⓬踰宮　越過宮牆。宮，指宮牆。⓭斬關入　砍斷門栓進入。⓮詗　偵察；探聽。⓯麗華　陰麗華（西元五—六四年），南陽郡新野縣人，更始元年（西元二三年）與劉秀結婚。建武元年（西元二五年）立為貴人，十七年（西元四一年）立為皇后。傳見《後漢書》卷十上〈皇后紀〉。⓰湖陽公主　光武帝的姐姐劉黃，建武二年封為湖陽長公主。⓱寧平公主　光武帝的妹妹劉伯姬，李通的妻子。建武二年封為寧平長公主。⓲貴人　皇帝妃嬪的名號，位次皇后。⓳王閎　王莽叔父王譚之子。王莽時為東郡太守，劉玄時為琅邪太守。後降光武。傳見《後漢書》卷十二。⓴贛榆　縣名，縣治在今江蘇贛榆東北。㉑劇　縣名，縣治在今山東昌樂西北。㉒泰山句　皆為郡國名，治所都在今山東。泰山郡治在泰安東，東萊郡治在龍口東，城陽國都在莒縣，膠東國都在即墨西北，北海郡治在濰坊西南，濟南郡治在章丘西北，齊郡治所在淄博東北。㉓文公　張步之字。㉔關掌　通管。

【語譯】光武帝因為關中還未平定，而鄧禹長期不進兵長安，就寫信指責鄧禹說：「大司徒你是唐堯；亡命的賊寇是夏桀。長安城的官民終日遑遑不安，無所依歸，你應當抓住時機進兵討伐，鎮撫長安，維繫百姓之心！」鄧禹仍然堅持自己先前的意見，分兵攻打上郡各縣，然後徵兵運糧，會集到大要縣。積弩將軍馮愔、車騎將軍宗歆共同防守栒邑縣，兩人因為爭權奪利而互相攻擊，馮愔終於殺了宗歆，乘機掉頭來攻打鄧禹，鄧禹派遣使者向光武帝稟報。光武帝詢問使者：「馮愔最親近的人是誰？」使者回答說：「是護軍黃防。」光武帝料定馮愔、黃防不能長久和睦，勢必相攻，就回答鄧禹說：「將來捆綁馮愔的，一定是黃防。」便派尚書宗廣持符節前往招降他們。一個多月後，黃防果真將馮愔抓起來，率領他的部屬自首認罪。更始劉玄的幾位將領王匡、胡殷、成丹等都到宗廣那裡投降，宗廣與他們東歸洛陽。到達安邑縣，他們想逃跑，宗廣把他們都殺了。

馮愔叛變後，率領軍隊西往天水郡。隗囂迎擊，在高平縣打敗馮愔，得到馮愔的全部輜重。於是，鄧禹稟承光武帝的旨意，派遣使者持符節任命隗囂為西州大將軍，獨自掌管涼州、朔方郡的軍政大事。

十二月初八臘祭日，赤眉軍在長安舉行盛大宴會，酒還沒有開始喝，文武百官就相互吵鬧爭鬥。而士兵們也紛紛翻越宮牆，砍斷門栓進入宮內，搶奪宴席上的酒肉，彼此相互殘殺。衛尉諸葛穉得到消息，帶領軍隊進宮，斬殺一百多人，才平定下來。劉盆子嚇得要命，日夜哭泣，左右侍從官都很憐憫他。

光武帝派宗正劉延攻打天井關，同更始劉玄的守將田邑連戰十餘次，劉延不得前進。等到更始失敗，田邑派使者請求投降。光武帝就地任命田邑為上黨郡太守。光武帝又派諫議大夫儲大伯持符節徵召鮑永，鮑永不知更始劉玄的存亡，猶豫不肯歸順，囚禁了儲大伯，派遣使者馳至長安，探聽虛實。

當初，光武帝跟從劉玄在宛縣時，娶新野縣陰氏的女兒陰麗華。建武元年，光武帝派遣使者迎接陰麗華與光武帝的姐姐湖陽公主、妹妹寧平公主一起來到洛陽。光武帝封陰麗華為貴人。更始的西平王李通早先已娶寧平公主為妻，光武帝便徵召李通為衛尉。

當初，更始劉玄任命王閎為琅邪郡太守，張步佔據琅邪郡拒絕王閎。王閎通過勸降，獲得贛榆等六個縣，聚集兵力與張步交戰，沒有取勝。張步接受在睢陽稱帝的劉永的官職後，在劇縣訓練軍隊，派將領攻打泰山、東萊、城陽、膠東、北海、濟南、齊郡等郡，全都攻克了。王閎的力量戰不過張步，就到張步的駐地與張步見面。張步大規模布列軍隊接見王閎，生氣地說：「我有什麼罪，你那麼緊迫地攻打我！」王閎手按著劍說：「我是太守，奉朝廷的命令到任，而你卻聚集軍隊抗拒。我攻打賊寇罷了，談什麼緊迫！」張步起身跪拜謝罪，設宴對飲，待為上賓，讓王閎統管全郡事務。

二年（丙戌　西元二六年）

春，正月甲子朔❶，日有食之。

劉恭知赤眉必敗，密教弟盆子歸璽綬，習為辭讓之言❷。及正旦大會❸，恭先曰：「諸君共立恭弟為帝，德誠深厚！立且一年，殽亂日甚，誠不足以相成，恐死而無益，願得退為庶人，更求賢知，唯諸君省察！」樊崇等謝曰：「此皆崇等罪也。」恭復固請，或曰：「此寧式侯事邪！」恭惶恐起去。盆子乃下牀解璽綬，叩頭曰：「今設置縣官而為賊如故，四方怨恨，不復信向，此皆立非其人所致。願乞骸骨，避❹賢聖路！必欲殺盆子以塞責❺者，無所離死❻！」因涕泣噓唏❼。崇等及會者數百人，莫不哀憐之，乃皆避席頓首❽曰：「臣無狀❾，負陛下，請自今已後，不敢復放縱！」因共抱持盆子，帶以璽綬，盆子號呼，不得已。既罷出，各閉營自守。三輔翕然，稱天子聰明，百姓爭還長安，市里❿且滿。後二十餘日，復出，大掠如故。

刁子都[1]為其部曲所殺，餘黨與諸賊會檀鄉⓫，號檀鄉賊，寇魏郡、清河。魏郡大吏李熊弟陸謀反城⓬迎檀鄉，或⓭以告魏郡太守潁川銚期⓮，期召問熊，熊叩頭首服⓯，願與老母俱就死。期曰：「為吏儻不若為賊樂者，可歸與老母往就陸也！」使吏送出城。熊行，求得陸，將詣⓰鄴城西門⓱。陸不勝愧感⓲，自殺以謝期。期嗟歎，以禮葬之，而還熊故職。於是郡中服其威信。

帝遣吳漢率王梁等九將軍擊檀鄉於鄴東漳水⓳上，大破之，十餘萬眾皆降。又使梁與大將軍杜茂⓴將兵安輯㉑魏郡、清河、東郡，悉平諸營保，三郡清靜，邊路流通㉒。

庚辰㉓，悉封諸功臣為列侯。梁侯鄧禹、廣平侯吳漢皆食四縣。博士丁恭㉔議曰：「古者封諸侯不過百里，強幹弱枝㉕，所以為治也。今封四縣，不合法制。」帝曰：「古之亡國皆以無道，未嘗聞功臣地多而滅亡者也。」陰鄉侯陰識㉖，貴人之兄也，以軍功當增封，識叩頭讓曰：「天下初定，將帥有功者眾，臣託屬掖廷㉗，仍加爵邑，不可以示天下。此為親戚受賞，國人計功也㉘。」帝從之。帝令諸將各言所樂，皆占㉙美縣，河南太守潁川丁綝㉚獨求封本鄉。或問其故，綝曰：「綝能薄功微，得鄉亭㉛厚矣！」帝從其志，封新安鄉侯。帝使郎中㉜魏郡馮勤㉝典諸侯封事，勤差量㉞功次㉟輕重，國土遠近，地勢豐薄，不相踰越，莫不厭服㊱焉。帝以為能，尚書眾事皆令總錄㊲之。故事：尚書郎以令史㊳久次㊴補之，帝始用孝廉㊵為尚書郎。

起㊶高廟于洛陽，四時合祀㊷高祖、太宗、世宗；建社稷于宗廟之右；立郊兆㊸于城南。

長安城中糧盡，赤眉收載珍寶，大縱火燒宮室、市里，恣行殺掠，長安城中無復人行。乃引兵而西，眾號百萬，自南山轉掠城邑，遂入安定、北地。鄧禹引兵南至長安，軍昆明池[44]，謁祠高廟，收十一帝[45]神主[46]，送詣洛陽。因巡行[47]園陵[48]，為置吏士奉守[49]焉。

【章　旨】以上為第九段，寫赤眉軍退出長安，禍亂三輔。光武帝為平亂蓄勢，大封功臣。

【注　釋】❶甲子朔　正月初一日。❷習為辭讓之言　學習推辭謙讓的話。❸正旦大會　正月初一大規模朝會。❹避　讓。❺塞責　補過。❻無所離死　不敢逃避死亡。❼噓唏　同「歔欷」。哽咽抽泣。❽頓首　頭叩地而拜。❾無狀　指行為醜惡，表現不好。❿市里　街市里巷。⓫檀鄉　瑕丘縣地名，其地在今山東兗州東北。⓬反城　傾城反叛。⓭或　有人。⓮銚期（？—西元三四年）字次況，潁川郡郟縣（今河南郟縣）人，歷任虎牙大將軍、魏郡太守、衛尉等，封安成侯。傳見《後漢書》卷二十。⓯首服　自首服罪。⓰將詣　帶到。⓱西門　鄴縣縣城的西門。鄴縣是魏郡治所。⓲愧感　慚愧與感激。⓳漳水　河流名，源於山西東部，上游二源，一名清漳水，一名濁漳水。東南流至河南、河北二省交界處匯合為一，名漳水。至河北磁縣南，折向東北流，注入渤海。⓴杜茂　（？—西元四三年）字諸公，南陽郡冠軍縣（今河南鄧州西北）人，官至驃騎大將軍，封參蘧鄉侯。傳見《後漢書》卷二十二。㉑安輯　安撫。㉒邊路流通　由洛陽通往北部邊郡的道路，暢通無阻。㉓庚辰　正月十七日。㉔丁恭　字子然，山陽郡東緡縣（今山東金鄉）人，研治《公羊嚴氏春秋》，世稱大儒。歷任博士、少府、侍中祭酒、騎都尉等，封關內侯。傳見《後漢書》卷七十九下。㉕強幹弱枝　使朝廷強大，諸侯弱小。以樹為喻，幹喻指朝廷，枝喻指王、侯的封國。㉖陰識　（？—西元五九年）字次伯，南陽郡新野縣人，光武陰皇后的同父異母哥哥。歷任關都尉、侍中、執金吾等。初封陰鄉侯，後定封原鹿侯。傳見《後漢書》卷三十二。㉗託屬掖廷　意謂廁身後宮親屬的行列。掖廷，後宮嬪妃所居之所。此借指嬪妃。㉘親戚受賞二句　意謂親戚無功即可授官賜爵，一般人計功才能受賞。語出《戰國策・趙策三》，係公孫龍對平原君趙勝說的話。㉙占　選擇。㉚丁綝　字幼春，潁川郡定陵縣（今河南郾城西）人，歷任偏將軍、河南太守。初封新安鄉侯，後徙封陵陽侯。㉛鄉亭　指鄉侯、亭侯。㉜郎中　指尚書郎中，官名。㉝馮勤　（？—西元五六年）字偉伯，魏郡繁陽縣（今河南內黃西北）人，官至司徒。傳見《後漢書》卷二十六。㉞差量　衡量。㉟功次　指功績的大小、官階升遷的先後順序。㊱厭服　心服。㊲總錄　總領；全面負責。㊳令史　尚書令史，官名，地位次於尚書郎。

㊴久次　久居此官位。㊵孝廉　漢代舉薦人才為官的科目之一。㊶起　興建。㊷四時合祀　每年四季都將高祖、文帝、武帝合於一處祭祀。㊸郊兆　設於城郊祭祀天地的祭壇。㊹昆明池　湖沼名，漢武帝時開鑿，位於長安西南郊。㊺十一帝　西漢十一位皇帝，即高、惠、文、景、武、昭、宣、元、成、哀、平。㊻神主　為死者做的牌位。用木或石製作。㊼巡行　巡視。㊽園陵　帝王的墓地。㊾奉守　供奉祭祀，守護墓地。

【校　記】①刁子都　原作「刀子都」。胡三省注云：「『刀』，依《考異》當作『刁』。」據章鈺校，乙十一行本、孔天胤本皆作「刁子都」，今據改。

【語　譯】二年（丙戌　西元二六年）

春，正月初一日甲子，發生日蝕。

劉恭知道赤眉政權必定失敗，便暗中囑咐弟弟劉盆子交出玉璽綬帶，練習說推辭謙讓的話。到元旦大規模朝會群臣，劉恭搶先說：「諸公一起擁立我的弟弟做皇帝，恩德實在太深厚了！他即位快一年，天下混亂一天比一天嚴重，他實在不足以成就功業，即使死了也對國家無益，希望能讓他退位，做一個普通老百姓，再另找賢德明智的人，謹請諸公詳察！」樊崇等人謝罪說：「這都是我們的罪過。」劉恭再次堅決請求。有人說：「這難道是式侯你管的事嗎！」劉恭害怕，起身離去。劉盆子於是下了寶座解下玉璽綬帶，向諸公磕頭說：「現今雖設立了皇帝，但做強盜的人仍舊做強盜，天下百姓怨恨，不再信服歸向我們，這都是由擁立錯了皇帝所造成的。懇請各位讓我辭職，為聖賢明君讓路！若一定要殺我來補過，我也不敢避死！」說完就痛哭流涕。樊崇等與參加朝會的數百人，沒有一個不同情可憐他的，便都離開座位向劉盆子叩首說：「都是我們不好，對不起陛下，請從今往後，我們不敢再放縱！」就一起抱住劉盆子，給他繫上玉璽綬帶，劉盆子大哭大叫，不能停止。宴會畢，諸將出宮，各自閉營自守。三輔一片和睦，稱頌天子聖明，百姓爭先恐後返回長安，街市里巷上擠滿了人。二十多天以後，赤眉官兵又跑出軍營，照舊大肆搶劫。

刁子都被他的部下所殺，餘黨與其他賊寇在檀鄉會合，號稱檀鄉賊，他們寇掠魏郡、清河郡。魏郡大吏李熊的弟弟李陸陰謀傾城反叛，迎接檀鄉賊，有人把消息告訴了魏郡太守潁川人銚期，銚期召見李熊質問，李熊磕頭自首認罪，並願與老母一塊兒赴死。銚期說：「你如果認為做官還不如做賊快樂，可以回去和老母一塊兒到你的弟弟李陸那裡！」銚期派官吏把李熊母子送出城。李熊出城，找到李陸，把他帶到鄴城西門。李陸不勝慚愧感激，就自殺向銚期謝罪。銚期歎息，按照禮節安葬李陸，並恢復李熊的官職。因此，魏郡的人都敬服銚期的威信。

光武帝派遣吳漢率領王梁等九位將軍在鄴城東面的漳水河畔攻打檀鄉賊，大敗賊兵，十多萬賊兵全部投降。光武帝又派王梁與大將軍杜茂率領軍隊安撫魏郡、清河郡、東郡，掃平了各部賊兵的營堡，三郡安寧，由洛陽通往北部邊郡的道路暢通無阻。

正月十七日庚辰，光武帝封所有功臣為列侯。梁侯鄧禹、廣平侯吳漢都食邑四縣。博士丁恭建議說：「古代封諸侯地不過百里，強幹弱枝，目的是治理好國家。如今封四個縣的食邑，不合法制。」光武帝說：「古代亡國都是由於不行仁政，從來沒有聽說過因為功臣的封地多而亡國的。」陰鄉侯陰識是貴人陰麗華的哥哥，因戰功該增加封地，陰識卻磕頭辭謝說：「天下剛剛平定，有戰功的將帥很多，我廁身後宮的親屬，還要增加爵位食邑，便無法面對天下百姓。這樣就成了親戚無功受祿，而一般人計功才能受賞。」光武帝聽從了他的意見。光武帝讓將領們各自說出自己最想封在什麼地方，大家都選擇富庶的縣，河南郡太守潁川人丁綝卻請求將本鄉封給他。有人問他原因，丁綝說：「我的能力微薄，功勞也小，能夠封個鄉侯亭侯就很優厚了！」光武帝順從他的志願，封為新安鄉侯。光武帝命郎中魏郡人馮勤主持諸侯分封事宜，馮勤衡量每人功勞的大小次序和輕重，國土的遠近，土地的肥沃貧瘠，論功行賞，沒有發生超越不符實際的差錯，沒有人不心服。光武帝認為馮勤很能幹，尚書的眾多事務都讓他總領。依照成例：尚書郎是由資深的尚書令史依次補用，到光武皇帝才開始用孝廉為尚書郎。

光武帝在洛陽建築高廟，每年四季一同祭祀漢高祖、漢文帝、漢武帝；在宗廟右邊建造社稷；在城南建築祭祀天地的祭壇。

長安城裡糧食耗盡，赤眉軍搜刮珍珠寶物裝車運走，大肆縱火焚燒宮室、街市里巷，任意殺人搶劫，長安城裡再也沒有行人。赤眉軍這才引兵西行，號稱百萬大軍，從南山出發，劫掠所經過的城邑，隨後進入安定、北地二郡。鄧禹率領軍隊向南到達長安，駐軍於昆明池，拜謁祭祀高廟，搜集西漢十一位皇帝的神位，送往洛陽。並巡視歷代皇帝的墓園，為它們設立官員和衛士供奉祭祀，守護墓地。

真定王楊造讖記❶曰：「赤九之後，癭楊為主❷。」楊病癭，欲以惑眾，與綿曼❸賊交通。帝遣騎都尉陳副、游擊將軍鄧隆徵之，楊閉城門不內。帝復遣前將軍耿純持節行幽、冀，所過勞慰王、侯，密敕收楊。純至真定，止傳舍，邀楊相見。純，真定宗室之出❹也，故楊不以為疑，且自恃眾強，而純意安靜，即從官屬詣之，楊兄弟並將輕兵在門外。楊入，見純，純接以禮敬，因延請其兄弟皆入，乃閉閤❺，悉誅之，因勒兵而出。真定震怖，無敢動者。帝憐楊謀未發而誅，復封其子為真定王。

二月己酉❻，車駕幸修武❼。◯鮑永、馮衍審知❽更始已亡，乃發喪，出儲大伯等，封上印綬，悉罷兵，幅巾❾詣河內。帝見永，問曰：「卿眾安在？」永離席叩頭曰：「臣事更始，不能令全，誠慚以其眾幸❿富貴，故悉罷之。」帝曰：「卿言大⓫」，而意不悅。既而永以立功見用，衍遂廢棄。永謂衍曰：「昔高祖賞季布之罪⓬，誅丁固之功⓭。今遭明主，亦何憂哉！」衍曰：「人有挑⓮其鄰人之妻者，其長者⑮罵而少者報⑯之。後其夫死，取⑰其長者。或謂之曰：『夫非罵爾者邪！』曰：『在人⑱欲其報我，在我⑲欲其罵人也！』夫天命難知，人道易守，守道之臣，何患死亡？」

大司空王梁屢違詔命⑳，帝怒，遣尚書宗廣持節即軍中斬梁。廣檻車送京師。既至，赦之，以為中郎將，北守箕關。

壬子㉑，以太中大夫京兆宋弘為大司空。弘薦沛國桓譚，為議郎、給事中。帝令譚鼓琴，愛其繁聲㉒。弘聞之，不悅。伺譚內出㉓，正朝服坐府上，遣吏召之。譚至，不與席而讓之，且曰：「能自改邪，將令相舉以法㉔乎？」譚頓首辭謝；良久，乃遣之。後大會羣臣，帝使譚鼓琴。譚見弘，失其常度。帝怪而問之，弘乃離席免冠㉕謝曰：「臣所以薦桓譚者，望能以忠正導主，而令朝廷耽悅㉖鄭聲㉗，臣之罪也。」帝改容謝之。

湖陽公主新寡，帝與共論朝臣，微觀㉘其意。主曰：「宋公威容㉙德器㉚，羣臣莫及。」帝曰：「方且㉛圖之。」後弘被引見，帝令主坐屏風後，因謂弘曰：「諺言『貴易交，富易妻』，人情乎？」弘曰：「臣聞貧賤之知不可忘，糟糠之妻不下堂㉜。」帝顧謂主曰：「事不諧㉝矣！」

【章　旨】以上為第十段，寫光武帝撲滅劉楊反叛於萌芽之際，招降更始忠臣鮑永，以及尊禮耿正大臣宋弘，盡顯一代明君的風采。

【注　釋】❶真定王楊造讖記　真定王劉楊編造讖緯書記載讖語。❷赤九之後二句　漢為火德，所以說「赤」。光武帝為漢高祖九世孫，所以說「九」。癭，指長在脖子上的一種囊狀瘤子。當時真定王劉楊患有癭病，所以以「癭楊」自指。此讖記意謂：漢於劉秀之後，劉楊當為君主。❸綿曼　縣名，縣治在今河北獲鹿北。❹出　姐妹出嫁所生，即外甥、外孫。耿純的母親當是真定王宗室之女。❺閤　小門。❻己酉　二月十六日。❼修武　亦作「脩武」。縣名，縣治在今河南獲嘉。❽審知　確知。❾幅巾　古代男子以全幅細絹裹頭的頭巾。此言不戴帽子，只用幅巾裹頭。❿幸　希求；僥倖得到。⓫大　善；好。⓬昔高祖賞季布之罪　在楚漢戰爭中，楚將季布幾次使劉邦處於困境。滅項羽後，劉邦初以千金購求季布，敢藏匿者罪三族。後聽臣諫，明白了「臣各為其主用，職耳」的道理，召布以為郎中。⓭誅丁固之功　在楚漢戰爭中，楚將丁固曾放跑了劉邦，而滅楚後，劉邦以他「為項王臣不忠」而殺了他。事見本書卷十一高帝五年。⓮挑　挑逗；引誘。⓯長者　年齡大的妻子。鄰人有二妻，一年長，一年少。⓰報　應許。⓱取　同「娶」。⓲在人　指為他人之妻時。⓳在我　指為我的妻子時。此寓言故事見《戰國策．秦策一》。⓴屢違詔命　《後漢書．王梁傳》：「建武二年，與大司馬吳漢等俱擊檀鄉，有詔軍事一屬大司馬，而梁輒發野王兵，帝以其不奉詔敕，令止在所縣，而梁復以便宜進軍。」屢違詔命，即指此。㉑壬子　二月十九日。㉒繁聲　指柔靡的音樂。㉓內出　從宮內出來。㉔相舉以法　列舉罪行，繩之以法。㉕免冠　脫帽。古人用以表示謝罪。㉖耽悅　沉溺；特別喜好。㉗鄭聲　古代鄭地的地方音樂。後用以指淫蕩的樂歌。㉘微觀　暗中觀察。㉙威容　威儀容貌。㉚德器　道德器識。㉛方且　將要。㉜下堂　指妻子被丈夫遺棄。㉝不諧　不成。

【語　譯】真定王劉楊編造讖書說：「赤九之後，癭楊為主。」劉楊脖子上長了一個瘤子，他想藉此迷惑民眾，與綿曼縣的盜賊勾結。光武帝派騎都尉陳副、游擊將軍鄧隆徵召劉楊，劉楊關閉城門，不讓他們入城。光武帝又派遣前將軍耿純持符節巡視幽、冀二州，每到一處，慰勞王、侯，並密令耿純逮捕劉楊。耿純到達真定縣，住在驛站，邀請劉楊相見。耿純是真定王劉楊的外甥，所以劉楊不疑心耿純，並且仗著自己人多勢眾，而耿純神安氣靜，劉楊便帶著隨從官吏前往耿純那裡，劉楊的兄弟率領輕裝士兵守在門外。劉楊進入，見到耿純，耿純恭敬，以禮相待，並邀請他的兄弟們都進來，於是關閉房門，將他們全都殺了，然後率領士兵走出驛站。真定縣人惶恐震動，沒有人敢妄動。光武帝憐惜劉楊謀反未遂而被殺，就又封劉楊的兒子劉德為真定王。

二月十六日己酉，皇上車駕巡幸脩武。○更始劉玄的部將鮑永、馮衍確知更始劉玄已死，就為他發喪追悼，並放出儲大伯等人，將印章綬帶封好呈上，遣散所有部隊，用頭巾裹著自己的頭往河內歸降。光武帝召見鮑永，問他：「你的部隊在哪裡？」鮑永離開席位，跪下磕頭，說：「我侍奉更始，卻不能保全他，實在慚愧利用更始的部眾僥倖取得富貴，所以全都遣散了。」光武帝說：「你說得很好」，但心裡不高興。不久，鮑永因立戰功而被重用，馮衍則被廢棄不用。鮑永對馮衍說：「從前漢高祖獎賞有罪的季布，而誅殺有功的丁固。如今我們遇到了聖明的國君，還有什麼好憂慮的呢！」馮衍說：「從前有人挑逗鄰居的兩個妻子，年長的就詬罵他，年輕的卻表示應許。後來鄰居的丈夫死了，他卻娶了鄰居年長的妻子。有人對他說：『她不是詬罵過你的人嗎！』那人說：『她是別人的妻子，我盼她接受我的挑逗，她是我的妻子，我希望她詬罵挑逗的人！』天命難以預料，但做人的道德卻容易遵守。遵守做人道德的臣子，何必擔心死亡？」

大司空王梁屢次違背詔令，光武帝很生氣，派遣尚書宗廣持符節到王梁的軍營中就地處斬王梁。宗廣用囚車把他送到首都洛陽。到了洛陽後，光武帝赦免了他，任命為中郎將，到北方防守箕關。

二月十九日壬子，光武帝任命太中大夫京兆人宋弘為大司空。宋弘舉薦沛國人桓譚，當了議郎、給事中。光武帝讓桓譚彈琴，喜歡他的柔靡音樂。宋弘聽說此事，很不高興。探知桓譚出宮，宋弘就穿好官服坐在府堂上，派官吏宣召桓譚。桓譚到了，宋弘不給他讓座，指責他，並且說：「能自己改正過失呢，還是由我列舉罪行，繩之以法呢？」桓譚磕頭謝罪。過了很久，宋弘才讓他走。後來有一天光武帝大會群臣，又讓桓譚彈琴。桓譚看到宋弘，失去了常態。光武帝覺得奇怪，就問怎麼回事，宋弘便離開座席，脫掉官帽，謝罪說：「我舉薦桓譚，目的是希望他能用忠正之道來輔導君主，但現在讓皇上沉溺鄭聲，這是我的罪過。」光武帝變了臉色向宋弘表示歉意。

湖陽公主新近死了丈夫，光武帝與她一起談論朝廷大臣，暗中觀察她對誰有意。公主說：「宋公的威儀容貌，道德器識，群臣沒有比得上的。」光武帝說：「我將考慮這件事。」後來宋弘被召見，光武帝事先讓湖陽公主坐在屏風後面，皇上就對宋弘說：「俗語說『地位高了換朋友，錢財多了換老婆』，這是人之常情吧？」宋弘說：「我卻聽說過：貧窮時候的朋友不能忘，一塊吃過苦的老婆不能休棄。」皇上回過頭來對公主說：「事情不成嘍！」

帝之討王郎也，彭寵發突騎以助軍，轉糧食，前後不絕。及帝追銅馬至薊，寵自負其功，意望甚高。帝接之不能滿❶，以此懷不平。及即位，吳漢、王梁，寵之所遣，並為三公，而寵獨無所加，愈怏怏❷不得志，歎曰：「如此❸，我當為王。但爾者❹，陛下忘我邪！」

是時北州破散，而漁陽差完❺，有舊鐵官❻，寵轉以貿穀，積珍寶，益富彊。幽州牧朱浮，年少有俊才，欲厲風迹❼，收士心，辟召州中名宿❽及王莽時故吏二千石，皆引置❾幕府，多發諸郡倉穀稟贍❿其妻子。寵以為天下未定，師旅方起，不宜多置官屬以損軍實，不從其令。浮性矜急⓫自多⓬，寵亦佷[1]彊⓭，嫌怨轉積⓮。浮數譖構⓯之，密奏寵多聚兵穀，意計⓰難量。上輒漏泄令寵聞，以脅恐之⓱。至是，有詔徵寵，寵上疏，願與浮俱徵。帝不許。寵益以自疑，其妻素剛，不堪抑屈⑱，固勸無受徵，曰：「天下未定，四方各自為雄，漁陽大郡，兵馬最精，何故為人所奏而棄此去乎？」寵又與所親信吏計議，皆懷怨於浮，莫有勸行者。帝遣寵從弟子后蘭卿喻之。寵因留子后蘭卿，遂發兵反，拜署將帥，自將二萬餘人，攻朱浮於薊。又以與耿況俱有重功，而恩賞並薄，數遣使要[2]誘況。況不受，斬其使。

延岑復反，圍南鄭。漢中王嘉兵敗走，岑遂據漢中，進兵武都。為更始柱功侯李寶所破，岑走天水。公孫述遣將侯丹取南鄭。嘉收散卒得數萬人，以李寶為相，從武都南擊侯丹，不利，還軍河池⑲、下辨⑳，復與延岑連戰。岑引北，入散關㉑，至陳倉㉒。嘉追擊，破之。◯公孫述又遣將軍任滿㉓從閬中㉔下江州㉕，東據扞關㉖，於是盡有益州之地。

【章旨】以上為第十一段，寫幽州牧朱浮逼反漁陽太守彭寵，公孫述全據益州之地。

【注釋】❶滿　指滿足意願。❷怏怏　形容不滿意的神情。❸如此　指吳漢、王梁皆為三公事。❹爾者　如此，指自己目前的狀況。❺差完　略微完整。❻鐵官　漢代鐵實行官營，於各地設鐵官，負責鐵礦的採冶和鐵器的鑄造。❼厲風迹　激勵改革風俗。❽名宿　素有名望的人。❾引置　舉用安置。❿稟贍　供應糧食以養人。⓫矜急　高傲嚴厲。⓬自多　自負；自以為是。⓭佷彊　兇狠倔強。⓮嫌怨轉積　指嫌怨越來越深。怨，怨恨。⓯譖構　誣陷。⓰意計　意圖。⓱以脅恐之　意謂用洩漏朱浮的告狀信內容來要挾、恐嚇彭寵，使其畏懼。⓲抑屈　壓抑屈辱。⓳河池　縣名，縣治在今甘肅徽縣西北。⓴下

辨　縣名，縣治在今甘肅成縣西北。㉑散關　關名，其地在今陝西寶雞西南。㉒陳倉　縣名，縣治在今陝西寶雞東。㉓任滿　公孫述部將，後述以為大司徒。建武十一年（西元三五年）岑彭率軍進擊公孫述，滿為述將所殺。㉔閬中　縣名，縣治在今四川閬中。㉕江州　縣名，縣治在今重慶市北。㉖扞關　關名，在今重慶市奉節東北。

【校　記】①佷　原作「狠」。據章鈺校，十二行本、乙十一行本皆作「佷」，今據改。②要　原作「邀」。胡三省注云：「『邀』作『要』。」據章鈺校，十二行本、乙十一行本、孔天胤本皆作「要」，今據改。

【語　譯】光武帝征討王郎時，彭寵徵調騎兵突擊隊協同作戰，運輸糧食，前後不斷。等到光武帝追擊銅馬軍到了薊縣，彭寵仗著自己的功勞，心裡要求很高。光武帝接待他，不能滿足他的願望，因此心懷不平。等到光武帝即位之後，吳漢、王梁過去都是彭寵的部下，並列為三公，唯獨彭寵沒有加官，越發顯出不滿意、不得志的樣子，歎息說：「像他們那樣能列為三公，我應當封為王。我只是現在這個樣子，是陛下忘記了我！」

這時，北方各州郡殘破，只有漁陽郡略微完好，有舊時設置的鐵官，彭寵轉賣鐵器用來購買糧食，囤積金銀財寶，越發富裕強大。幽州牧朱浮年輕而才華出眾，想激勵改革風俗，收攏士子之心，便徵召州中一向有名望的人，以及王莽時俸祿二千石的舊官吏，都舉用安置在幕府裡，調撥各郡縣府庫的糧食贍養他們的妻子兒女。彭寵認為天下還沒有安定，戰爭方興未艾，不應該設置很多官員來損耗軍用物資，沒有聽從朱浮的命令。朱浮性情高傲嚴厲，自以為是，彭寵也兇狠倔強，因此二人之間的嫌隙怨恨越來越深。朱浮多次向光武帝進讒言陷害彭寵，祕密上奏說彭寵聚集軍隊，囤積糧草，意圖很難預測。光武帝便故意將此事洩露讓彭寵知道，用以威脅恐嚇彭寵。到此時，有詔書徵召彭寵，彭寵就給光武帝上疏，請求與朱浮一起徵召。光武帝不同意。彭寵因而更加驚疑，他的妻子素來剛強，不能忍受這種壓抑和屈辱，力勸彭寵不要接受徵召，說：「天下沒有安定，四方英雄割據稱雄，漁陽是個大郡，兵精馬壯，為什麼一被小人控告就放棄這裡而離去呢？」彭寵又與自己親信官吏商議，大家都懷恨朱浮，沒有一人勸彭寵去洛陽的。光武帝派彭寵的堂弟彭子后字蘭卿的人到漁陽開導彭寵。彭寵藉此扣留了子后蘭卿，於是起兵造反。設立統帥部，任命各級將領，親自率領二萬多人，在薊縣攻打朱浮。彭寵又因為與耿況都有大功，而封賞都同樣微薄，就多次派遣使者邀約誘惑耿況。耿況拒絕，斬了他的使者。

延岑又叛變，包圍南鄭縣。漢中王劉嘉兵敗逃走，延岑於是佔據漢中，向武都縣進軍。被更始劉玄的杜功侯李寶擊敗，延岑逃往天水郡。公孫述派將軍侯丹奪取南鄭縣。劉嘉搜集散兵數萬人，任用李寶為丞相，從武都縣南進攻打侯丹，失利，退回到河池縣、下辨縣，又與延岑連續交戰。延岑領兵向北，進入散關，抵達陳倉。劉嘉追擊，打敗了延岑。〇公孫述又派遣將軍任滿從閬中縣南下攻陷江州縣，向東佔據扞關，於是佔據了全部益州之地。

辛卯❶，上還洛陽。

三月乙未❷，大赦。〇更始諸大將在南方未降者尚多。帝召諸將議兵事，以檄叩地❸曰：「郾最彊，宛為次，誰當擊之？」賈復率然對曰：「臣請擊郾。」帝笑曰：「執金吾擊郾，吾復何憂！大司馬當擊宛。」遂遣復擊郾，破之，尹尊降。又東擊更始淮陽太守暴汜，汜降。

夏，四月，虎牙大將軍蓋延督駙馬都尉馬武等四將軍擊劉永，破之。遂圍永於睢陽。〇故更始將蘇茂反，殺淮陽太守潘蹇，據廣樂❹而臣於永。永以茂為大司馬、淮陽王。

吳漢擊宛，宛王賜奉更始妻子詣洛陽降。帝封賜為慎侯。叔父良、族父歙、族兄祉皆自長安來。甲午[5]，封良為廣陽王，祉為城陽王。又封兄縯子章[6]為太原王，興[7]為魯王。更始三子求、歆、鯉皆為列侯[8]。

鄧王王常降，帝見之甚歡，曰：「吾見王廷尉，不憂南方矣！」拜為左曹[9]，封山桑侯。

五月庚辰[10]，封族父歙為泗水王。○帝以陰貴人雅性寬仁，欲立以為后。貴人以郭貴人有子，終不肯當。六月戊戌[11]，立貴人郭氏為皇后，以其子彊[12]為皇太子。大赦。○丙午[13]，封泗水王子終[14]為淄川王。

秋，賈復南擊召陵、新息，平之。復部將殺人於潁川，潁川太守寇恂捕得，繫獄。時尚草創，軍營犯法，率多相容，恂戮之於市。復以為恥，還，過潁川，謂左右曰：「吾與寇恂並列將帥，而為其所陷，今見恂，必手劍之！」恂知其謀，不欲與相見。姊子谷崇曰：「崇，將也，得帶劍侍側。卒[15]有變，足以相當。」恂曰：「不然，昔藺相如不畏秦王而屈於廉頗者[16]，為國也。」乃敕屬縣盛供具[17]，儲酒醪[18]。執金吾[19]軍入界，一人皆兼二人之饌[20]。恂出迎於道，稱疾而還。復勒兵欲追之，而吏士皆醉，遂過去。恂遣谷崇以狀聞，帝乃徵恂。恂至，引見。時賈復先在坐，欲起相避。帝曰：「天下未定，兩虎安得私鬭！今日朕分[21]之。」

於是並坐極歡，遂共車同出，結友而去。

八月，帝自率諸將征五校。丙辰㉒，幸內黃㉓，大破五校於羛陽㉔，降其眾五萬人。

帝遣游擊將軍鄧隆助朱浮討彭寵。隆軍潞㉕南，浮軍雍奴㉖，遣吏奏狀。帝讀檄，怒，謂使吏曰：「營相去百里，其勢豈可得相及！比若還㉗，北軍必敗矣。」彭寵果遣輕兵擊隆軍，大破之。浮遠，遂不能救。

蓋延圍睢陽數月，克之。劉永走至虞㉘，虞人反，殺其母、妻。永與麾下數十人奔譙㉙。蘇茂、佼彊、周建合軍三萬餘人救永，延與戰於沛㉚西，大破之。永、彊、建走保湖陵㉛，茂奔還廣樂。延遂定沛、楚、臨淮㉜。

帝使太中大夫伏隆㉝持節使青、徐二州，招降郡國。青、徐羣盜聞劉永破敗，皆惶怖請降。張步遣其掾孫昱隨隆詣闕上書，獻鰒魚。隆，湛之子也。○堵鄉㉞人董訢反宛城，執南陽太守劉驎。揚化將軍堅鐔㉟攻宛，拔之。訢走還堵鄉。吳漢徇南陽諸縣，所過多侵暴。破虜將軍鄧奉㊱謁歸㊲新野，怒漢掠其鄉里，遂反，擊破漢軍，屯據淯陽，與諸賊合從。

九月壬戌㊳，帝自內黃還。

【章　旨】以上為第十二段，寫光武帝北征南討受挫。鄧隆北援朱浮被彭寵擊敗，賈復、吳漢南討，軍紀不肅，南人降而復叛，南方戰事陷於膠著。

【注　釋】❶辛卯　二月甲午朔，無辛卯日。❷乙未　三月癸亥朔，無乙未日。❸以檄叩地　此言以檄板叩擊地面。檄，官府用以徵召、曉諭、聲討的文書，用木簡書寫，簡長一尺二寸。❹廣樂　虞縣地名，位於縣治西南，在今河南虞城西北。❺甲午　四月初二日。❻章　劉章（？—西元四六年），劉縯之子。曾任平陰令、梁郡太守。初封太原王，後徙封齊王。❼興　劉興（？—西元六四年），劉縯之子，繼為光武二兄劉仲後。曾任緱氏令、弘農太守。初封魯王，後徙封北海王。傳見《後漢書》卷十四。❽更始三子求歆鯉皆為列侯　更始帝劉玄的三個兒子都封為列侯。劉求封襄邑侯（後徙封成陽侯），劉歆封穀孰侯，劉鯉封壽光侯。❾左曹　加官名，典樞機，收受尚書省奏事。❿庚辰　五月十九日。⓫戊戌　六月初七日。⓬彊　劉彊（西元二五—五八年），光武帝之子。初立為皇太子，後封為東海王。傳見《後漢書》卷四十二。⓭丙午　六月十五日。⓮終　劉終（？—西元三四年），劉歙之子。劉玄時為侍中。少時與劉秀關係親密，建武二年封為淄川王。傳見《後漢書》卷十四。⓯卒　通「猝」。突然。⓰昔藺相如句　藺相如不與廉頗爭地位高低，是忠於國家的表現。事見本書卷四周赧王三十六年。⓱供具　餐飲器具。⓲儲酒醪　儲備醇香的酒。酒醪，汁滓混合之酒，此指酒。⓳執金吾　指賈復。此時復任執金吾之職。⓴饌　食物。㉑分　解。㉒丙辰　八月二十六日。㉓內黃　縣名，縣治在今河南內黃西北。㉔蕭陽　內黃縣村鎮名，位於縣治南，在今河南內黃西南。㉕潞　縣名，縣治在今河北大廠回族自治縣西北。㉖雍奴　縣名，縣治在今天津市武清西北。㉗比若還　等到你回師。㉘虞　縣名，縣治在今河南虞城北。㉙譙　縣名，縣治在今安徽亳州。㉚沛　縣名，縣治在今江蘇沛縣。㉛湖陵　縣名，縣治在今山東魚臺東南。東漢章帝時改名湖陸縣。㉜沛楚臨淮　三郡國名。沛郡，治所相縣，在今安徽縣西北。楚，國名，都彭城，在今江蘇徐州。臨淮郡，治所盱眙縣，在今安徽盱眙西北。㉝伏隆　字伯文。伏湛之子。歷任太中大夫、光祿大夫。後被張步所殺。傳見《後漢書》卷二十六。㉞堵鄉　堵陽縣鄉名，在今河南方城。㉟堅鐔　（？—西元五〇年）字子伋，潁川郡襄城縣（今河南襄城）人，歷任揚化將軍、左曹，封合肥侯。傳見《後漢書》卷二十二。㊱鄧奉　南陽郡新野縣人，鄧晨兄子。明年，在小長安戰敗，被殺。㊲謁歸　請假回家。㊳壬戌　九月初二日。

【語　譯】辛卯日，光武帝從脩武返回洛陽。

三月乙未日，大赦天下。〇更始劉玄在南方沒投降的大將還很多。光武帝召集將領們商議戰事，光武帝用寫有檄文的木簡敲擊地面說：「郾縣敵人最強，其次是宛縣，誰承擔攻擊他們的任務？」賈復不假思索地回答說：「臣請求攻打郾縣。」光武帝笑著說：「執金吾去攻打郾縣，我還有什麼可憂慮的！大司馬吳漢應攻打宛縣。」於是，派遣賈復攻打郾縣，攻下了郾縣，尹尊投降。又向東攻打更始劉玄的淮陽郡太守暴汜，暴汜投降。

夏，四月，虎牙大將軍蓋延督率駙馬都尉馬武等四位將軍攻打在睢陽稱帝的劉永，打敗劉永軍。於是，在睢陽縣包圍劉永。○原更始劉玄的將領蘇茂叛變，殺死淮陽郡太守潘蹇，佔據廣樂縣，向劉永稱臣。劉永任命蘇茂為大司馬，封淮陽王。

吳漢攻打宛縣，宛王劉賜帶領劉玄的妻子兒女前往洛陽投降。光武帝封劉賜為慎侯。光武帝叔父劉良、堂叔劉歙、堂兄劉祉都從長安來洛陽。四月初二日甲午，封劉良為廣陽王，劉祉為城陽王。又封哥哥劉縯的兒子劉章為太原王、劉興為魯王。劉玄的三個兒子劉求、劉歆、劉鯉都封為侯爵。

更始所封鄧王王常投降，光武帝見到他很高興，說：「我看到王廷尉，不再憂慮南方了！」任命王常為左曹，封為山桑侯。

五月十九日庚辰，封堂叔劉歙為泗水王。○光武帝因為貴人陰麗華素來性情寬厚仁愛，想立她為皇后。陰麗華因為郭貴人已有兒子，始終不肯答應。六月初七日戊戌，光武帝立貴人郭氏為皇后，封她生的兒子劉彊為皇太子。大赦天下。○十五日丙午，光武帝封泗水王劉歙的兒子劉終為淄川王。

秋，賈復南下進攻召陵、新息，平定了這兩縣。賈復的部將在潁川殺人，潁川郡太守寇恂把他捕獲，拘繫獄中。當時，各項制度還是初創時期，軍營犯法的大多相互包容，而寇恂把這位殺人者在鬧市中斬首。賈復認為很羞辱，回軍路過潁川，對身邊親信說：「我與寇恂同樣都是將帥，卻被他欺侮，今天見到寇恂，定要親手給他一劍！」寇恂知道賈復的預謀，不想與他見面。寇恂外甥谷崇說：「我谷崇是一名將領，能佩劍侍候在您身邊；突然之間有什麼變化，足夠抵擋。」寇恂說：「不應這樣，從前藺相如不怕秦王而受辱於廉頗，完全是為了國家。」因而下令所屬各縣盛設餐飲器具，儲備醇香的酒。執金吾賈復的軍隊進入潁川郡境內，每人全都是兩份酒食。寇恂親自出城在道旁迎候，然後聲稱有病而返回城內。賈復帶領軍隊想追他，但將領士兵們都醉了，於是過境而去。寇恂派遣谷崇到洛陽將情況向皇上稟報，光武帝就徵召寇恂。寇恂到達洛陽，皇上召見。這時，賈復先在座，想起身迴避。光武帝說：「天下未定，兩虎怎麼能私下相鬥！今天我來調解你們。」於是兩人並肩而坐，極盡歡樂，然後同乘一輛車子出宮，結為好友後離去。

八月，皇上親自統率大軍征討五校軍。二十六日丙辰，到達內黃縣，在羛陽村把五校軍打得大敗，招降了五校部眾五萬人。

光武帝派游擊將軍鄧隆協助朱浮討伐彭寵。鄧隆屯駐在潞縣的南邊，朱浮屯駐在雍奴縣，派出使者向光武帝奏報布防情況。光武帝讀了檄文，大怒，對使者說：「兩軍營地相距百里，這種態勢豈能夠相互救援！等到你回去，北方軍隊一定失敗了。」彭寵果真派遣輕裝的精兵攻擊鄧隆的軍隊，大敗鄧隆軍隊。朱浮距離遙遠，終於不能相救。

蓋延圍攻睢陽數月，攻了下來。劉永逃到虞縣，虞縣百姓反叛劉永，殺了他的母親和妻子。劉永與部下數十人逃往譙縣。蘇茂、佼彊、周建聯合軍隊共三萬餘人援救劉永，蓋延跟他們在沛郡西邊交戰，大破蘇茂等軍。劉永、佼彊、周建逃到湖陵縣據守，蘇茂逃回廣樂縣。蓋延於是平定了沛郡、楚郡、臨淮郡。

光武帝派太中大夫伏隆執節出使青、徐二州，招降劉永管轄下的各郡、國。青、徐二州的盜賊聽說劉永失敗，都惶恐驚慌，請求投降。張步派遣他的掾屬孫昱隨從伏隆到洛陽向皇上奏書，獻上鰒魚。伏隆，是伏湛的兒子。〇堵鄉人董訢在宛城叛變，逮捕了南陽郡太守劉驎。揚化將軍堅鐔進攻宛城，攻取了它。董訢逃回堵鄉。

吳漢進軍南陽郡的各縣，所過之處多有搶掠。破虜將軍鄧奉請假回新野縣，看到吳漢軍隊掠奪他的鄉里，十分生氣，於是叛變，擊敗吳漢的軍隊，駐紮淯陽縣，與各路賊寇聯合起來。

九月初二日壬戌，光武帝從內黃縣返回洛陽。

陝賊蘇況攻破弘農。帝使景丹討之。會丹薨，征虜將軍祭遵擊弘農、柏華❶、蠻中❷賊，皆平之。

赤眉引兵欲西上隴❸，隗囂遣將軍楊廣迎擊，破之。又追敗之於烏氏❹、涇陽❺間。赤眉至陽城❻、番須❼中，逢大雪，坑谷皆滿，士多凍死。乃復還，發掘諸陵❽，取其寶貨。凡有玉匣殮者，率❾皆如生。賊遂汙辱呂后❿尸。鄧禹遣兵擊之於郁夷⓫，反為所敗，禹乃出之雲陽⓬。赤眉復入長安。延岑屯杜陵，赤眉將逢安擊之。鄧禹以安精兵在外，引兵襲長安。會謝祿救至，禹兵敗走。延岑擊逢安，大破之，死者十餘萬人。

廖湛將赤眉十八萬攻漢中王嘉。嘉與戰於谷口⓭，大破之，嘉手殺湛，遂到雲陽就穀⓮。嘉妻兄新野來歙⓯，帝之姑子也，帝令鄧禹招嘉，嘉因歙詣禹降。李寶倨慢⓰，禹斬之。

冬，十一月，以廷尉岑彭為征南大將軍。帝於大會中指王常謂羣臣曰：「此家⓱率下江諸將輔翼漢室，心如金石，真忠臣也！」即日，拜常為漢忠將軍，使與岑彭率建義大將軍朱祜等七將軍討鄧奉、董訢。彭等先擊堵鄉，鄧奉救之。朱祜軍敗，為奉所獲。○銅馬、青犢、尤來餘賊共立孫登為天子。登將樂玄殺登，以其眾五萬餘人降。

鄧禹自馮愔叛後，威名稍損，又乏糧食，戰數不利，歸附者日益離散。赤眉、延岑暴亂三輔，郡縣大姓各擁兵眾，禹不能定。帝乃遣偏將軍馮異代禹討之，車駕送至河南⑱，敕異曰：「三輔遭王莽、更始之亂，重以赤眉、延岑之醜⑲，元元塗炭⑳，無所依訴。將軍今奉辭㉑討諸不軌，營堡[1]降者，遣其渠帥詣京師；散其小民，令就農桑；壞其營壁，無使復聚。征伐非必略地、屠城，要在平定安集之耳。諸將非不健鬬，然好虜掠。卿本能御吏士，念自修敕，無為郡縣所苦！」異頓首受命，引而西。所至布威信，羣盜多降。

臣光曰：「昔周人頌武王之德曰㉒：『鋪時繹思㉓，我徂惟求定㉔。』言王者之兵志在布陳威德安民而已。觀光武之所以取關中，用是道也。豈不美哉！」

又詔徵鄧禹還，曰：「慎毋與窮寇㉕爭鋒！赤眉無穀，自當來東。吾以飽待飢，以逸待勞，折箠笞㉖之，非諸將憂也。無得復妄進兵！」

帝以伏隆為光祿大夫，復使於張步，拜步東萊㉗太守，并與新除青州牧、守、都尉俱東，詔隆輒拜令、長以下㉘。

十二月戊午㉙，詔宗室列侯為王莽所絕者，皆復故國。

三輔大饑，人相食，城郭皆空，白骨蔽野，遺民往往聚為營保，各堅壁清野。赤眉虜掠無所得，乃引而東歸，眾尚二十餘萬，隨道復散。帝遣破姦將軍侯進等屯新安㉚，建威大將軍耿弇等屯宜陽㉛，以要其還路，敕諸將曰：「賊若東走，可引宜陽兵會新安；賊若南走，可引新安兵會宜陽。」馮異與赤眉遇於華陰，相拒六十餘日，戰數十合，降其將卒五千餘人。

【章　旨】以上為第十三段，寫赤眉軍西竄東逃，走上窮途末路，光武帝派出馮異、侯進、耿弇數路大軍布置天網，只等赤眉軍來投網。

【注　釋】❶栢華　或作「柏華」，村鎮名。今地不詳。❷蠻中　新城縣地名，位於縣治東南，在今河南汝陽東南。❸隴　縣名，縣治在今甘肅張家川回族自治縣。❹烏氏　縣名，縣治在今寧夏固原東南。❺涇陽　縣名，縣治在今甘肅平涼西北。❻陽城　汧縣地名，位於縣治西北，在今甘肅華亭南。❼番須　即番須口，汧縣地名。位於縣治西北，在陽城南，在今陝西隴縣西北。❽諸陵　西漢各帝的陵墓。❾率　都。❿呂后　漢高祖呂皇后，與高祖合葬長陵，高祖陵在西，呂后陵在東。⓫郁夷　縣名，縣治在今陝西寶雞東。⓬雲陽　縣名，縣治在今陝西淳化西北。⓭谷口　縣名，縣治在今陝西禮泉東北。⓮就穀　到糧多的地方取得給養。⓯來歙　（？—西元三五年）字君叔，南陽郡新野縣人，歷任太中大夫、中郎將。傳見《後漢書》卷十五。⓰倨慢　傲慢。⓱此家　此人。⓲河南　縣名，縣治在今河南洛陽。⓳醜　兇殘；暴行。⓴塗炭　此喻極困苦的景況。㉑奉辭　奉命。㉒周人頌武王之德曰　引詩見《詩經・賚》。此詩是頌揚周文王之德，此云周武王，司馬光誤。㉓鋪時繹思　意謂布陳恩德。鋪，布。時，是，此指恩德。繹，陳。思，語氣助詞，無義。㉔我徂惟求定　此言我前往征伐是為了求得天下安定。徂，往。㉕窮寇　處境困窘的敵人。㉖箠笞　用鞭抽打。箠，鞭；杖。笞，鞭打；杖擊。㉗東萊　郡名，治所在今山東龍口東。㉘詔隆輒拜令長以下　下詔書給伏隆，可以有權任命縣長、縣令，及其以下的官員。輒，專擅；特授的權力。拜，任命。㉙戊午　十二月三十日。㉚新安　縣名，縣治在今河南澠池縣東。㉛宜陽　縣名，縣治在今河南宜陽西。

【校　記】①堡　原作「保」。據章鈺校，十二行本、乙十一行本、孔天胤本皆作「堡」，張敦仁《通鑑刊本識誤》同，今據改。

【語　譯】陝縣盜賊蘇況攻下弘農縣。光武帝派景丹征討他。碰上景丹去世，征虜將軍祭遵攻打弘農縣、栢華、蠻中各地盜賊，全都被平定。

赤眉軍想西往隴縣，隗囂派遣將軍楊廣迎擊，打敗了赤眉軍。又乘勝追擊，在烏氏、涇陽兩縣間再敗赤眉軍。赤眉軍到達陽城、番須一帶，遇到大雪，坑谷都填滿了，很多士卒被凍死。就又返回來，挖掘西漢皇帝陵墓，掘取墓中金銀財寶。凡是用金縷玉衣入殮的屍體，都栩栩如生。赤眉軍於是侮辱呂后的屍體。鄧禹派兵在郁夷縣攻打赤眉軍，反而被擊敗，鄧禹就逃往雲陽縣。赤眉軍又進入長安。延岑駐紮在杜陵，赤眉軍的將領逢安攻打延岑。鄧禹認為逢安的精銳部隊都在外出擊，於是就率軍偷襲長安。正巧赤眉大將謝祿率救兵趕到，鄧禹軍戰敗逃走。延岑攻擊逢安，大破赤眉軍，殺死的人有十多萬。

廖湛率十八萬赤眉軍攻打漢中王劉嘉。劉嘉與廖湛在谷口縣交戰，大敗廖湛，劉嘉親手殺了廖湛，隨後領兵到雲陽縣獲取糧草。劉嘉妻子的哥哥新野縣人來歙，是光武帝姑媽的兒子，光武帝命令鄧禹招降劉嘉，劉嘉就通過來歙到鄧禹那裡歸降，劉嘉的丞相李寶態度傲慢，鄧禹將他殺了。

冬，十一月，光武帝任命廷尉岑彭為征南大將軍。光武帝在大會群臣時指著王常對文武大臣說：「此人率領下江眾將輔佐漢室，心誠如金石，真是一個忠臣！」當天，任命王常為漢忠將軍，派他與岑彭率領建義大將軍朱祜等七位將軍去討伐鄧奉、董訢。岑彭等先攻打堵鄉董訢，鄧奉出兵援救。朱祜軍敗，被鄧奉俘虜。

○銅馬、青犢、尤來等殘餘部眾共同擁立孫登為皇帝。孫登部將樂玄殺了孫登，率領他的部下五萬人歸降。

鄧禹自從馮愔叛變後，威名受損，又缺乏糧食，幾次和赤眉軍作戰不利，歸附的人開始逐漸離散。赤眉軍、延岑軍暴虐三輔，郡縣的豪門大族各自擁有兵眾，鄧禹未能平定他們。光武帝便派偏將軍馮異代替鄧禹討伐他們，並親自送馮異到河南縣，告誡馮異說：「三輔地區遭受王莽、劉玄戰亂，又加上赤眉、延岑的暴行，人民塗炭，無處可依無處可訴。將軍如今奉命討伐叛逆，營堡歸降的人，把他們的首領送到洛陽；遣散平民百姓，讓他們從事農桑；毀壞他們的營壘，不讓重新聚集。出征討伐不一定要攻佔土地，屠滅城邑，關鍵在於平定叛亂，安撫人民。各位將領並不是不英勇善戰，但就是喜好擄掠。卿原本擅長管理部眾，希望自我整敕，不要給郡縣人民帶來痛苦！」馮異磕頭接受命令，率軍西進。所到之處，布告示威，建立信譽，群盜很多來降。

司馬光說：「從前周人稱頌周武王的恩德說：『布陳恩德，我前往征伐是為了求得天下的安定。』這話的意思就是說，聖王用兵的目的，就是展現聲威恩德，讓人民安居樂業罷了。觀察光武帝之所以能取得關中，遵循的就是這一原則，難道不是很美好嗎！」

光武帝又頒詔徵召鄧禹返還，說：「千萬不要與窮寇爭高低！赤眉軍沒有糧食，自然應該向東來。我軍以飽食來對付飢餓，以安逸對付疲勞，到那時，用鞭子抽打敵人，眾將領不必憂慮，不得再輕率進軍！」

光武帝任命伏隆為光祿大夫，再派他出使張步，任命張步為東萊太守並且與新任命的青州牧、太守、都尉一起東下，下詔給伏隆，有權委任縣令、縣長及以下各級官員。

十二月三十日戊午，詔令被王莽廢除的宗室列侯，全部恢復原來的封國。

三輔發生大饑荒，人吃人，城郭空虛，白骨遍野，倖存者往往聚集一起修築營壘以自保，各自堅壁清野。赤眉軍搶劫不到東西，於是率軍向東回歸，人眾還有二十多萬，隨著長途行軍，逃散了不少。光武帝派破姦將軍侯進等屯駐新安，建威大將軍耿弇等屯駐宜陽，在赤眉軍的歸路上攔截，告誡諸將說：「赤眉軍如果向東逃竄，宜陽之軍出動到新安會合；赤眉軍如果南逃，新安之軍出動到宜陽會合。」馮異與赤眉軍在華陰縣遭遇，互相對峙了六十多天，交戰數十回合，招降了赤眉軍將士五千多人。

【研　析】本卷研析光武中興，著重評述劉秀的人格魅力。

光武帝的統一戰略分為三步。第一步，經營河北，建立根據，用了近四年時間，河北粗安。第二步，南向爭天下，掃蕩山東群雄，安定中原，光武帝用了三年時間。第三步，用兵隴蜀，平定隗囂和公孫述，用了六年時間。光武帝中興，掃滅群雄，完成全國統一，前後用了十三年的時間，《資治通鑑》用了三卷的篇幅來載述，即第四十卷、四十一卷、四十二卷，每卷正好是光武帝的一個戰略步驟。本卷載述光武帝經營河北，建立根據地的史事，是統一戰略的第一步，也是光武帝統一事業最艱難的時期，僅憑更始帝的一紙詔書，一根符節，徒手打天下，又遭逢王郎之變，光武帝幾乎性命不保，但他勝利了。光武帝為何取得勝利，是本卷研析的重心，所以著重評述劉秀的人格魅力。下面從經營河北、納降有術、受降赤眉、著手文治四個方面，略述如次。

兼併農民軍，經營河北。劉秀為人謙和，辦事謹慎小心，營中諸將原本看不起他。等到昆陽之戰，在危急關頭，劉秀盡顯英雄本色。他臨危不懼，有謀有略，有膽有識，衝鋒陷陣，勇冠三軍。劉秀成了全軍的靈魂，大家這才看到他劉秀內剛，智勇雙全，而且是一個超凡絕倫的人物，一夜聲名遠播。綠林諸將殺害劉秀兄長劉縯時，劉秀表現出的冷靜與忍辱能力也不同凡響。更始元年（西元二三年），劉玄計劃北上，遷都洛陽，要派一位大將到河北去安撫那裡的軍民，最適合的人選，非劉秀莫屬。劉秀到達洛陽，恢復西漢官名、服飾，不接受官民贈送的禮物，贏得一片讚揚聲。劉秀帶隊出行，嚴肅威武，老人看見感動得流淚說：「想不到今天重新看到漢家威儀。」劉秀到了河北，巡行諸郡縣，釋放囚徒，廢除王莽苛政，一路順風，到達河北盧奴，今河北定縣。這時突然發生劇變，邯鄲王郎詐稱是西漢成帝的兒子劉子輿，自稱漢帝，河北郡縣紛紛反叛。王郎聲勢浩大，劉秀走投無路。幸虧得到漁陽太守彭寵、上谷太守耿況的支持，劉秀才站穩腳跟。彭寵派大將吳漢、王梁率領步騎三千人，耿況派兒子耿弇率領突騎二千人追隨劉秀。南陽人鄧禹，千里追明主來到河北，成了劉秀的智囊。劉秀與鄧禹規劃了奪取天下的方針，軍事上紀律嚴明，賞罰分明，政治上廣招人才，爭取民心，步驟上先滅王郎，次併河北銅馬、青犢等上百萬農民軍，建立河北根據地，然後南向以爭天下。不到一年的光景，劉秀實現了割據河北的目的，於是與更始決裂。更始三年六月，劉秀在鄗縣，今河北高邑縣即皇帝位，國號漢，改年號，以當年為建武元年。不久，定都洛陽，史稱東漢。劉秀死後，諡號光武，史稱光武帝。

納降有術，度釋前嫌。綠林諸將殺害劉縯的主謀人是朱鮪，脅從策劃人是與劉縯、劉秀一同起兵的友人李軼。對朱鮪來說，他替更始帝劉玄排除對手，這叫人各為其主，儘管是主謀，道理上可以理解，敵對鬥爭，不是你死就是我亡，沒有道義責任。對李軼來說，他投靠了新主子，出賣了舊主子，是劉氏叛徒，人品低下，是見利忘義的小人。朱鮪可恕，李軼不可恕。當劉秀在河北獨大，與更始決裂以後，朱鮪、李軼最為恐慌。朱鮪是更始政權的中堅，掌握軍事大權。朱鮪派李軼率領三十萬大軍守洛陽，阻擊劉秀南下和西進。

劉秀部署鄧禹率領精兵二萬入河東圖取關中。派寇恂為河內太守、馮異留守魏郡為孟津將軍，共同對付洛陽之敵。劉秀接受馮異的建議招降李軼。馮異寫信給李軼，分析形勢，陳說禍福，勸他投降。李軼回信馮異說：「我李軼與蕭王劉秀，原本共同起兵興復漢室。如今我李軼守洛陽，將軍你守孟津，都是軍事戰略重鎮，這是千載難逢的良機，你我二人齊心協力，其利足可斷金。請你把我的意思轉達給蕭王，我甘願獻計出力，幫助他定國安民。」劉秀讓馮異把李軼的信公開，假手朱鮪誅殺了李軼。接著朱鮪親自死守洛陽，漢軍久攻不克。劉秀派岑彭招降朱鮪，朱鮪坦誠地說：「殺害蕭王之兄劉縯是我朱鮪主謀，寧可戰死，絕不投降受辱而死。」劉秀再讓岑彭轉告朱鮪說：「做大事業的人，不忌小怨，朱鮪投降，保有原官原職，滔滔黃河作證，我劉秀絕不食言。」於是朱鮪率領全軍投降，劉秀不戰而下洛陽，宣布洛陽為都城。朱鮪降漢後，果然被任命為將軍，封列侯。

朱鮪、李軼同是惡人，劉秀均恨之入骨，早就恨不得殺掉二人為兄長報仇。兩人為了生存，同心死守洛陽，如果漢軍久攻不下，可能形勢逆轉。當時河北未靖，更始未滅，赤眉正隆。劉秀鑑於更始失策，必須迅速拿下居天下之中的洛陽，定為都城，以此號令天下，使英雄有所歸附。光復漢室的大局在此一舉，個人恩仇只是小怨。但叛徒李軼絕不可恕。於是光武略施小技，借朱鮪之手除掉李軼，然後招降朱鮪，釋卻前嫌。朱鮪效忠補過，可以說功大於過，理不可殺。李軼反覆無常，沒有絲毫氣節，他是自取滅亡。

劉秀招降的不同策略，表現了他的深謀與義正，雄略之主也。

漁利勝算，受降赤眉。赤眉軍首領只有徐宣一人做過獄吏，樊崇、逢安、謝祿等人都不識字，政治、軍事知識都很缺乏，一路搶掠燒殺，不知建立根據地，不懂長遠治國。赤眉打敗更始，絕不能長久。赤眉與更始政權展開生死戰，一死一傷，劉秀坐收漁利。長安糧盡，赤眉東歸。劉秀派英勇善戰的馮異代替鄧禹在華陰阻擊和追殺赤眉軍。又派出破姦將軍侯進屯駐新安，建威大將軍耿弇屯駐宜陽，以逸待勞。劉秀告誡諸將說：「赤眉軍出關東逃，宜陽之軍出動到新安會合；赤眉軍如果南逃，新安之軍出動到宜陽會合。」馮異在華陰與赤眉軍對峙六十餘日，大敗赤眉軍，使赤眉軍受到很大消耗。接著馮異追擊，又在崤底再敗赤眉。赤眉東歸二十餘萬大軍，只剩下十餘萬。等到赤眉殘餘走到宜陽，遭到宜陽、新安兩路大軍合擊，劉秀親自統軍，赤眉軍喪失鬥志，不戰而降。赤眉軍最終敗降在建武三年春閏二月，所以寫入下卷。

更始政權瓦解，赤眉軍被消滅，東漢政權得到鞏固。全國統一，只是早晚之間的事。劉秀完成了漢室中興，史稱光武中興。

伴隨軍事鬥爭，劉秀著手文治。他即位伊始就尋訪前朝的清廉官吏和隱逸守志的士大夫。劉秀徵召伏湛，起用卓茂。伏湛是秦末大儒濟南伏生之後，世代書香門第。更始立，伏湛任平原太守，即使在戰亂之中，伏湛仍教授不廢，他是當時的知名大儒。劉秀徵召伏湛為尚書，拜為司直，代理大司徒之職，兩年後正式任職大司徒。卓茂在哀帝時任密縣令，政寬愛民，深受人民愛戴。王莽為代理皇帝，卓茂就辭職回家。光武即位，卓茂已七十多歲，沒有行政能力了。光武帝仍然徵起，下詔表揚說：「名譽滿天下的，應該受到國家的重賞，任命卓茂為太傅，封為褒德侯。」

伏湛、卓茂的被徵用，表達了光武帝的一個治國信號，全國統一後，軍人將退出政治舞臺，士大夫文人將為治國中堅。劉秀的思慮何其深遠。光武中興，劉秀成為真命天子，不是應該的嗎！

卷第四十一

漢紀三十三

起強圉大淵獻（丁亥　西元二七年），盡屠維赤奮若（己丑　西元二九年），凡三年。

【題　解】本卷記事起西元二七年，迄西元二九年，凡三年史事，當光武帝建武三年至建武五年。這一時期，是光武帝定天下最有成效的三年，也是西漢末群雄逐鹿中原戰鬥最激烈的時期。首先，將赤眉軍趕出關中，消滅於河南，使東漢根基站穩洛陽。其次以善戰的馮異代鄧禹入鎮關中，並羈縻天水隗囂，成功地阻止了公孫述北上。光武帝分遣諸將征討，不時親征，次第平滅了張豐、秦豐、劉永、張步，破董憲、走田戎，中原大局粗安。在併滅群雄過程中，因處置失當，逼反鄧豐、彭寵、龐萌，使局勢一度逆轉，最終三叛將亦被掃滅。建武五年，南疆交趾、西域各國歸附漢朝。河西竇融附漢，牽制隗囂遲遲不敢稱王。此時期之末，天下未平者，尚有三大割據集團。西北有盧芳，勾結匈奴擾亂北疆，天水隗囂不聽班彪、鄭興勸諫，陰蓄異態，西蜀公孫述割據稱帝，光武帝四分天下已有其三，佔絕對優勢。

世祖光武皇帝上之下

建武三年（丁亥　西元二七年）

春，正月甲子❶，以馮異為征西大將軍。鄧禹慙於受任無功，數以飢卒徼赤眉戰，輒❷不利。乃率車騎將軍鄧弘等自河北❸度至湖❹，要❺馮異共攻赤眉。異曰：「異與賊相拒數十日，雖虜獲雄將，餘眾尚多，可稍以恩信傾誘❻，難卒用兵破也。上今使諸將屯澠池❼，要其東，而異擊其西，一舉取之，此萬成計❽也！」禹、弘不從，弘遂大戰移日❾。赤眉陽❿敗，棄輜重走。車皆載土，以豆覆其上，兵士飢，爭取之。赤眉引還，擊弘，弘軍潰亂。異與禹合兵救之，赤眉小卻⓫。異以士卒飢倦，可且休。禹不聽，復戰，大為所敗，死傷者三千餘人，禹以二十四騎脫歸宜陽。異棄馬步[1]走，上回谿阪，與麾下數人歸營，收其散卒，復堅壁自守。

辛巳⓬，立四親廟於雒陽⓭，祀父南頓君以上至舂陵節侯。○壬午⓮，大赦。

閏月乙巳⓯，鄧禹上大司徒、梁侯印綬。詔還梁侯印綬，以為右將軍。

馮異與赤眉約期會戰，使壯士變服與赤眉同，伏於道側。旦日⓰，赤眉使萬人攻異前部，異少出兵以救之。賊見勢弱，遂悉眾攻異，異乃縱兵大戰。日昃⓱，賊氣衰，伏兵卒⓲起，衣服相亂，赤眉不復識別，眾遂驚潰。追擊，大破之於崤底⑲，降男女八萬人。帝降璽書勞異⑳曰：「始雖垂翅回谿㉑，終能奮翼澠池㉒，可謂失之東隅㉓，收之桑榆㉔。方論㉕功賞，以答大勳㉖。」

赤眉餘眾東向宜陽。甲辰㉗，帝親勒六軍，嚴陳㉘以待之。赤眉忽遇大軍，驚震不知所謂㉙[2]，乃遣劉恭乞降曰：「盆子將百萬眾降陛下，何以待之？」帝曰：「待汝以不死耳！」丙午㉚，盆子及丞相徐宣以下三十餘人肉袒降，上所得傳國璽㉛綬。積兵甲宜陽城西，與熊耳山㉜齊。赤眉眾尚十餘萬人，帝令縣㉝廚㉞皆賜食。明旦，大陳兵馬臨雒水，令盆子君臣列而觀之。帝謂樊崇等曰：「得無悔降乎？朕今遣卿歸營，勒兵鳴鼓相攻，決其勝負，不欲彊相服也。」徐宣等叩頭曰：「臣等出長安東都門，君臣計議，歸命聖德。百姓可與樂成㉟，難與圖始，故不告眾耳。今日得降，猶去虎口歸慈母，誠歡誠喜，無所恨也！」帝曰：「卿所謂鐵中錚錚㊱，傭中佼佼㊲者也！」戊申㊳，還自宜陽。帝令樊崇等各與妻子居雒陽，賜之田宅。其後樊崇、逢安反，誅。楊音、徐宣卒於鄉里。帝憐盆子，以為趙王㊴郎中。後病失明，賜滎陽均輸官㊵地，使食其稅終身。劉恭為更始報仇，殺謝祿，自繫獄。帝赦不誅。

【章　旨】以上為第一段，寫赤眉軍的覆沒，並交代赤眉諸將和劉盆子的後事。

【注　釋】❶甲子　正月初六日。❷輒　常常；總是。❸河北　縣名，縣治在今山西芮城西，位於黃河北岸。❹度至湖　湖縣在黃河南岸，隔河與河北縣南北相對。度，通「渡」。❺要　約。❻傾誘　誘使別人順服。❼澠池　即黽池，縣名，縣治在今河南澠池縣西。❽萬成計　萬全之策。❾移日　日影移動，言時間長久。❿陽　通「佯」。假裝。⓫小卻　稍稍後退。⓬辛巳　正月二十三日。⓭立四親廟於雒陽　光武帝在洛陽修建了四代親廟。父以上四世，即高祖買（舂陵節侯）、曾祖外、祖回、父欽。雒陽，光武帝都洛陽，以漢為火德，忌水，故改洛陽為雒陽。⓮壬午　正月二十四日。⓯閏月乙巳　本年閏二月戊午朔，無乙巳日。乙巳應為二月十八日。⓰旦日　天亮時。⓱日昃　太陽偏西。⓲卒　通「猝」。突然。⓳崤底　地名，位於崤山山谷之底，在今河南澠池縣西南。⓴降璽書勞異　下達加蓋皇帝璽印的詔書慰勞馮異。降，下達。勞，慰勞。㉑垂翅回谿　指馮異兵敗回谿。垂翅，垂翼，謂鳥翅下垂不能高飛。此喻指人受挫折，才力未能施展。㉒奮翼澠池　指於崤底大破赤眉軍。奮翼，振翼高飛。此喻指人奮力有為。㉓東隅　日出之處。㉔桑榆　落日所照之處。㉕方論　正在議定。㉖以答大勳　用來報答你的大功。答，報答。大勳，大功。㉗甲辰　二月十七日。㉘嚴陳　嚴陣。陳，通「陣」。㉙所謂　所為。謂，通「為」。㉚丙午　二月十九日。㉛傳國璽　秦以後皇帝世代相傳的印章。相傳秦用藍田玉刻製，上紐交五龍，正面刻秦篆「受命於天，即壽永昌」八字。秦亡歸漢，世世傳受。㉜熊耳山　山名，秦嶺東段支脈，以東西兩峰相峙，狀如熊耳得名。在今河南盧氏、嵩縣之間。㉝縣　指宜陽縣。㉞廚　主管糧餉的官員。㉟樂成　樂享成功。㊱鐵中錚錚　比喻才能較為出眾的人。㊲傭中佼佼　指在平凡的人中才能較為突出。傭，平凡的人。佼佼，美好出眾。㊳戊申　二月二十一日。㊴趙王　指劉秀叔父趙王劉良。㊵均輸官　此指均輸官之衙署。均輸官屬大司農。大司農下置均輸令、丞，統一徵收、買賣和運輸貨物。

【校　記】①步　原作「奔」。據章鈺校，十二行本、乙十一行本、孔天胤本皆作「步」，張敦仁《通鑑刊本識誤》、張瑛《通鑑校勘記》同，今據改。②謂　張敦仁《通鑑刊本識誤》作「為」。

【語　譯】世祖光武皇帝上之下

建武三年（丁亥　西元二七年）

春，正月初六日甲子，任命馮異為征西大將軍。鄧禹愧於接受重任而未能建功，多次率領飢餓的士兵與赤眉軍交戰，總是失敗。於是率領車騎將軍鄧弘等從河北縣南渡到湖縣，邀約馮異一起進攻赤眉軍。馮異說：「我和赤眉軍對陣幾十天，雖然俘獲了他們的勇猛戰將，但剩下的部眾還很多，可以慢慢用恩德信義誘使他們歸順，難以很快用武力打敗他們。皇上如今派各位將領屯駐在澠池，在他們東邊攔截，我在西邊攻擊，可以一舉成功，這是萬全之策！」鄧禹、鄧弘不同意，鄧弘於是出軍大戰了很長時間。赤眉軍假裝敗退，丟棄輜重逃跑。車上都裝載泥土，用豆子蓋在土上面，漢兵飢餓，爭搶豆子。赤眉軍趁機回軍，反擊鄧弘，鄧弘軍大敗潰散。馮異與鄧禹合兵救鄧弘，赤眉軍才稍微後退。馮異認為士兵飢餓疲勞，應暫且休養。鄧禹不聽，又向赤眉軍發動進攻，結果被赤眉軍打得大敗，死傷三千餘人。鄧禹只帶了二十四名騎兵脫險，逃回宜陽。馮異棄馬步行逃走，登上回谿阪，和幾個部下回到營寨，搜集散兵，重新加固壁壘，自我守護。

正月二十三日辛巳，光武帝在洛陽建造四座親廟，祭祀他的父親南頓君劉欽以及上至高祖父舂陵節侯劉買。〇二十四日壬午，大赦天下。

閏月乙巳日，鄧禹呈上大司徒、梁侯的官印和綬帶。光武帝詔令歸還梁侯的官印和綬帶，讓他擔任右將軍。

馮異與赤眉軍約定交戰日期，讓精壯兵士換上與赤眉軍一樣的服裝，埋伏在路旁。天亮時，赤眉軍派出萬餘人攻打馮異的前鋒，馮異只用少數軍隊救援。赤眉軍發現馮異人少勢弱，就全軍出動，攻打馮異，馮異這才全線出擊，與赤眉軍大戰。太陽偏西時，赤眉軍士氣衰落，馮異伏兵突然殺出來，因服裝相混，赤眉軍不能分辨敵我，驚駭逃散。馮異率軍追擊，在崤底大敗赤眉軍，降服男女八萬人。光武帝下達加蓋皇帝璽印的詔書慰勞馮異說：「你開始雖然在回谿阪受到挫折，最後能在澠池振翼高飛，可以說是失之東隅，收之桑榆。我要給你論功行賞，以酬答你的卓越功勳。」

赤眉軍殘餘軍隊向東邊潰退到宜陽縣。二月十七日甲辰，光武帝親自指揮大軍，在宜陽縣嚴陣等候赤眉軍。赤眉軍突然遇到東漢大軍，嚇得不知怎麼辦好，就派劉恭乞降，說：「劉盆子率領百萬部眾投降陛下，陛下如何對待他呢？」光武帝說：「待他不死罷了！」十九日丙午，劉盆子及丞相徐宣以下三十餘人裸露上身投降，獻上所得傳國璽綬。赤眉軍的兵器都堆積在宜陽城的西邊，和熊耳山一樣高。此時，赤眉軍還有十餘萬人，光武帝命令宜陽縣的廚官給赤眉軍食物。第二天早晨，光武帝在洛水邊列陣大批兵馬，命令劉盆子君臣列隊觀看。光武帝對樊崇等人說：「你們是否後悔投降？朕今天讓你們回營，率領你們的軍隊鳴鼓相攻，決戰勝負，朕不想勉強你們歸順。」徐宣等磕頭說：「臣等走出長安東都門，君臣商議，都願歸順聖上。百姓可以和他們樂享成功，卻不能和他們一開始就進行圖謀，所以沒有告訴部眾。今天臣等能投降，就像離開虎口回到了慈母的懷抱，真的是高興得很，沒有一點後悔！」光武帝說：「卿真是鐵中之鋼，平凡人中的佼佼者呀！」二十一日戊申，光武帝從宜陽縣回到洛陽。光武帝讓樊崇等人隨同家人居住在洛陽，並賜給他們土地、住宅。後來，樊崇、逄安謀反，被殺。楊音、徐宣在家鄉去世。光武帝可憐劉盆子，任命他為趙王劉良的郎中。後來，劉盆子因病失明，皇上就把滎陽縣均輸官所屬的土地賜給他，讓他終身享用土地上的租稅。劉恭替劉玄報仇，殺了謝祿，自首投入監獄。皇上赦免了他，不予追究。

二月，劉永立董憲為海西王。永聞伏隆至劇，亦遣使立張步為齊王。步貪王爵，猶豫未決。隆曉譬曰：「高祖與天下約，非劉氏不王。今可得為十萬戶侯耳！」步欲留隆，與共守二州❶。隆不聽，求得反命，步遂執隆而受永封。隆遣間使❷上書曰：「臣隆奉使無狀，受執凶逆。雖在困阸，授命❸不顧。又，吏民知步反畔，心不附之，願以時進兵，無以臣隆為念！臣隆得生到闕廷，受誅有司，此其大願。若令沒身❹寇手，以父母、昆弟長累❺陛下。陛下與皇后、太子永享萬國❻，與天無極❼！」帝得隆奏，召其父湛，流涕示之，曰：「恨❽不且許❾而遽求還也！」

其後步遂殺之。帝方北憂漁陽，南事梁、楚，故張步得專集⑩齊地，據郡十二⑪焉。○帝幸懷。○吳漢率耿弇、蓋延擊青犢於軹⑫西，大破降之。

三月壬寅⑬，以司直伏湛為大司徒。○涿郡太守張豐反，自稱無上大將軍，與彭寵連兵。朱浮以帝不自征彭寵，上疏求救。詔報曰：「往年赤眉跋扈⑭長安，吾策⑮其無穀必東，果來歸附。今度此反虜，勢無久全，其中必有內相斬者。今軍資未充⑯，故須⑰後麥耳！」浮城中糧盡，人相食，會耿況遣騎來救，浮乃得脫身走，薊城遂降於彭寵。寵自稱燕王，攻拔右北平⑱、上谷數縣，賂遺匈奴，借兵為助。又南結張步及富平、獲索諸賊，皆與交通。

帝自將征鄧奉，至堵陽⑲。奉逃歸淯陽，董訢降。夏，四月，帝追奉至小長安，與戰，大破之。奉肉袒因⑳朱祐降。帝憐奉舊功臣，且釁起吳漢，欲全宥㉑之。岑彭、耿弇諫曰：「鄧奉背恩反逆，暴師㉒經年，陛下既至，不知悔善㉓，而親在行陳，兵敗乃降。若不誅奉，無以懲惡！」於是斬之。復朱祐位。

延岑既破赤眉，即拜置牧守，欲據關中。時關中眾寇猶盛，岑據藍田，王歆據下邽㉔，芳丹據新豐，蔣震據霸陵，張邯據長安，公孫守據長陵㉕，楊周據谷口，呂鮪據陳倉，角閎據汧，駱延據盩厔，任良據鄠㉖，汝章據槐里，各稱將軍，擁兵多者萬餘人，少者數千人，轉相攻擊。馮異且戰且行，屯軍上林苑中。延岑引張邯、任良共攻[1]異。異擊，大破之，諸營保附岑者皆來降，岑遂自武關走南陽。時百姓飢餓，黃金一斤易豆五升，道路斷隔，委輸㉗不至，馮異軍士悉以果實為糧㉘。詔拜南陽趙匡為右扶風，將兵助異，并送縑、穀。異兵穀漸盛，乃稍誅擊豪傑不從令者，褒賞降附有功勞者，悉遣諸營渠帥詣京師，散其眾歸本業，威行關中。唯呂鮪、張邯、蔣震遣使降蜀㉙，其餘悉平。

吳漢率驃騎大將軍杜茂等七將軍圍蘇茂於廣樂。周建招集得十餘萬人救之。漢迎與之戰，不利，墮馬傷厀，還營。建等遂連兵入城。諸將謂漢曰：「大敵在前，而公傷臥，眾心懼矣！」漢乃勃然㉚裹創㉛而起，椎牛㉜饗士㉝，慰勉㉞之，士氣自倍。旦日㉟，蘇茂、周建出兵圍漢。漢奮擊，大破之，茂走還湖陵。睢陽人反城迎劉永，蓋延率諸將圍之。吳漢留杜茂、陳俊守廣樂，自將兵助延圍睢陽。

車駕自小長安引還㊱，令岑彭率傅俊㊲、臧宮㊳、劉宏等三萬餘人南擊秦豐。五月己酉㊴，車駕還宮。○乙卯晦㊵，日有食之。

六月壬戌㊶，大赦。○延岑攻南陽，得數城。建威大將軍耿弇與戰於穰㊷，大破之。岑與數騎走東陽㊸，與秦豐合；豐以女妻之㊹。建義大將軍朱祐率祭遵等與岑戰於東陽，破之。岑走歸秦豐。祐遂南與岑彭等軍合。

延岑護軍鄧仲況擁兵據陰縣[45]，而劉歆孫龔[46]為其謀主[47]。前侍中扶風蘇竟[48]以書說之，仲況與龔降。竟終不伐[49]其功，隱身[50]樂道[51]，壽終於家[52]。

秦豐拒岑彭於鄧[53]，秋，七月，彭擊破之。進圍豐於黎丘，別遣積弩將軍傅俊將兵徇江東[54]，揚州悉定。

蓋延圍睢陽百日，劉永、蘇茂、周建突出[55]，將走酇[56]。延追擊之急，永將慶吾[57]斬永首降。蘇茂、周建奔垂惠[58]，共立永子紆[59]為梁王。佼彊奔保西防。

冬，十月壬申[60]，上幸舂陵[61]，祠園廟[62]。◯耿弇從容言於帝，自請北收上谷兵未發者，定彭寵於漁陽，取張豐於涿郡，還收富平、獲索，東攻張步，以平齊地。帝壯[63]其意，許之。

十一月乙未[64]，帝還自舂陵。◯是歲，李憲稱帝，置百官，擁九城，眾十餘萬。

帝謂太中大夫來歙曰：「今西州[65]未附，子陽[66]稱帝，道里阻遠[67]，諸將方務[68]關東，思西州方略，未知所在[69]，奈何[2]？」歙曰：「臣嘗與隗囂相遇長安。其人始起，以漢為名。臣願得奉威命[70]，開以丹青之信，囂必束手自歸。則述自亡之勢，不足圖也！」帝然之，始令歙使於囂。囂既有功於漢，又受鄧禹爵署，其腹心議者多勸通使京師，囂乃奉奏詣闕。帝報以殊禮71，言稱字72，用敵國73之儀74，所以慰藉75之甚厚。

【章　旨】以上為第二段，寫光武帝平叛滅鄧奉，誅梁王劉永，勸降隗囂，而北邊幽州彭寵、齊魯張步、江東董憲、巴蜀公孫述、南陽秦豐、巴東田戎等數賊，仍割據稱雄。

【注　釋】❶二州　指青、徐二州。❷間使　負有伺機行事使命的使者。❸授命　捐獻生命。❹沒身　喪身。❺累　託付。❻萬國　指天下。❼無極　無窮盡，此言與天一樣永存。❽恨　悔恨。❾且許　暫且答應。❿專集　全力聚集；專力籠絡。⓫郡十二　指城陽、琅邪、高密、膠東、東萊、北海、齊、千乘、濟南、平原、泰山、淄川等十二郡國。⓬軹　縣名，縣治在今河南濟源南。⓭壬寅　三月十六日。⓮跋扈　橫暴。⓯策　預計。⓰充　足。⓱須　等待。⓲右北平　郡名，治所在今河北豐潤東。⓳堵陽　縣名，縣治在今河南方城東。⓴因　通過。㉑全宥　保全性命，寬恕罪行。㉒暴師　謂軍隊在外風餐露宿。㉓悔善　悔改向善。㉔下邽　縣名，縣治在今陝西渭南市東北。㉕長陵　縣名，縣治在今陝西咸陽東北。㉖鄠　縣名，縣治在今陝西戶縣。㉗委輸　轉運；運送。㉘以果實為糧　採摘樹上的野果作為充飢的食糧。㉙蜀　指盤踞蜀地的公孫述。㉚勃然　奮然。㉛裹創　包紮傷口。㉜椎牛　殺牛。㉝饗士　犒賞士卒。㉞慰勉　慰問勉勵。㉟旦日　明日；第二天。㊱引還　率軍退回。㊲傅俊　（？—西元三一年）字子衛，潁川郡襄城縣（今河南襄城）人，歷任侍中、積弩將軍等，封昆陽侯。傳見《後漢書》卷二十二。㊳臧宮　（？—西元五八年）字君翁，潁川郡郟縣（今河南郟縣）人，歷任侍中、輔威將軍、廣漢太守、左中郎將等，封朗陵侯。傳見《後漢書》卷十八。㊴己酉　五月二十四日。㊵乙卯晦　五月三十日。㊶壬戌　六月初七日。㊷穰　縣名，縣治在今河南鄧縣。㊸東陽　育陽縣村鎮名，位於縣治西北，在今河南南陽西南。㊹以女妻之　把女兒嫁給延岑。㊺陰縣　縣名，縣治在今湖北老河口市西北。㊻龔　劉龔，字孟公。劉向曾孫，劉歆孫。㊼謀主　主謀的人。㊽蘇竟　字伯況，扶風平陵縣人，漢平帝時為講書祭酒，王莽時為代郡都尉，光武時為代郡太守、侍中等。傳見《後漢書》卷三十上。㊾伐　誇耀。㊿隱身　謂隱退家居，不貪求揚名於世。51樂道　喜好聖賢之道。52壽終於家　《後漢書》本傳：

「年七十，卒於家。」❺❸鄧　縣名，縣治在今湖北襄樊西北。❺❹江東　古代指自安徽蕪湖市以下的江南地區為江東。江東之稱始於漢初。❺❺突出　突圍出來。❺❻酇　縣名，縣治在今河南永城西北。❺❼慶吾　劉永部將。❺❽垂惠　山桑縣村鎮名，位於縣治南，在今安徽蒙城北。❺❾紆　劉紆，劉永子。劉永被殺，其部下立紆為梁王。建武五年（西元二九年），紆被部下軍士所殺。❻⓪壬申　十月十九日。❻❶春陵　地名，在今湖北棗陽南。本為蔡陽縣白水鄉，漢光武祖春陵侯劉仁由零陵郡泠道縣（今湖南寧遠東）的春陵鄉徙侯此地，於是改名春陵。建武六年（西元三〇年），改為章陵縣。❻❷園廟　在帝王墓地所建的宗廟。❻❸壯　推崇；讚許。❻❹乙未　十一月十二日。❻❺西州　指隗囂佔據的地區。❻❻子陽　公孫述字。❻❼阻遠　險阻遙遠。❻❽方務　正在致力於。❻❾未知所在　此言還沒有想出解決西方隗囂、公孫述問題的辦法，故云未知方略所在。所在，在何處。❼⓪威命　天威之命，指詔命。❼❶殊禮　特別的禮遇。❼❷言稱字　講話時，稱對方之字，以示尊敬。❼❸敵國　地位或勢力相等的國家。❼❹儀　禮儀。❼❺慰藉　撫慰。

【校　記】①攻　原作「擊」。據章鈺校，十二行本、乙十一行本、孔天胤本皆作「攻」，今據改。②奈何　原無此二字。據章鈺校，十二行本、乙十一行本、孔天胤本皆有此二字，張敦仁《通鑑刊本識誤》同，今據補。

【語　譯】二月，劉永封董憲為海西王。劉永聽到伏隆到達劇縣，也派出使者封張步為齊王。張步因貪圖王爵，而猶豫不決。伏隆開導說：「漢高祖曾與天下人約定，不是劉氏就不得封王。如今你能得十萬戶侯爵應說待你不錯！」張步想留下伏隆，和他共同防守青、徐二州。伏隆不同意，要求返回洛陽覆命，張步就把伏隆抓起來，並接受劉永的王爵封號。伏隆暗中派遣特使上書說：「臣奉命出使，沒有收穫，被兇惡的叛逆拘禁。臣雖然身處險境，即使獻出生命，也義無反顧。再有，吏民知道張步叛變，心裡都不願歸附他，希望陛下按時發兵，不要考慮臣的安危！臣能活著回到朝廷，接受主管官吏的誅殺，這是臣最大的願望。倘若臣喪身於叛賊之手，父母兄弟就要長期託付陛下了。願陛下和皇后、太子永遠享有天下，地久天長！」光武帝看到伏隆的奏書，就召見伏隆的父親伏湛，流著眼淚把伏隆的上書給他看，說：「我恨不得伏隆暫且答應張步的要求，馬上求得生還呀！」後來，張步終於殺了伏隆。皇上正擔心北方的漁陽郡，南方正對梁、楚用兵，所以張步得以全力籠絡齊地，佔領了十二個郡。〇光武帝親臨懷縣。〇吳漢率領耿弇、蓋延在軹縣西邊攻打青犢軍，大破青犢軍並使之投降。

三月十六日壬寅，光武帝任命司直伏湛為大司徒。○涿郡太守張豐叛亂，自稱為無上大將軍，和彭寵的軍隊聯合起來。朱浮因皇上不親自征討彭寵，就上疏求救。光武帝下詔回應說：「往年赤眉軍在長安橫暴，我預計他們缺糧一定會向東逃走，後來果然前來歸順。現今估計這些叛賊，其勢不能長久保全，內部一定互相殘殺。現今我軍的軍需物資不充足，所以要等收完麥子才出兵！」朱浮所在的薊城糧食吃盡，人吃人，恰好耿況派遣騎兵來救，朱浮才得以脫身逃走，薊城於是投降了彭寵。彭寵自稱為燕王，攻陷右北平、上谷等幾個縣，送財物賄賂北方匈奴，向他借兵相助。又向南邊結交張步以及富平、獲索幾路盜匪，彭寵都同他們往來。

光武帝親自率軍征討鄧奉，到達堵陽縣。鄧奉逃回淯陽縣，董訢投降。夏，四月，光武帝追擊鄧奉到小長安，同鄧奉交戰，大敗鄧奉。鄧奉裸露上身，通過朱祜投降。光武帝憐憫鄧奉是過去的有功之臣，而且他的反叛是由吳漢引起，想要保全生命寬恕他。岑彭、耿弇諫阻說：「鄧奉背叛恩主起兵造反，我軍風餐露宿歷經一年，陛下親征抵達堵陽，他不知悔改向善，反而親自上陣交戰，失敗了才投降。如果不殺鄧奉，就無法懲戒惡人！」於是，殺了鄧奉。恢復朱祜的官職。

延岑打敗赤眉軍之後，立即設置並任命州牧、太守，打算佔領關中。當時關中地區盜賊勢力仍很強大，延岑佔有藍田縣，王歆佔有下邽縣，芳丹佔有新豐縣，蔣震佔有霸陵縣，張邯佔有長安縣，公孫守佔有長陵縣，楊周佔有谷口縣，呂鮪佔有陳倉縣，角閎佔有汧縣，駱延佔有盩厔縣，任良佔有鄠縣，汝章佔有槐里縣，各自號稱將軍，擁有部眾多則萬餘人，少則數千人，各部之間互相攻打。馮異一邊作戰，一邊向前推進，駐軍上林苑中。延岑率領張邯、任良一起攻打馮異。馮異迎擊，把他打得大敗，很多歸附延岑的營堡都來投降馮異，延岑便從武關逃到南陽縣。當時，關中百姓饑荒，一斤黃金只能換五升豆子，道路阻絕，運送的糧食不能到達，馮異的士兵只好拿樹上的果實充飢。光武帝下詔任命南陽人趙匡為右扶風太守，率領軍隊去援助馮異，並運送縑帛、糧食。馮異士兵有了補給，士氣逐漸旺盛，於是攻殺那些不服從命令的豪強，獎賞投降有功的人，把各營堡的首領全都送到京城，遣散他們的部屬，令他們各自回去從事農業，馮異威震關中。只有呂鮪、張邯、蔣震派出使節投降西蜀公孫述，其餘都被掃平。

吳漢率領驃騎大將軍杜茂等七位將軍在廣樂城圍攻蘇茂。劉永的另一大將周建招集到十餘萬人援救蘇茂。吳漢迎戰周建，失利，從馬上摔倒，傷了膝蓋，返回營地。周建等人於是帶兵入城。眾將領對吳漢說：「大敵當前，而您卻受傷躺在床上，軍心恐慌！」吳漢就奮然起身，包紮好傷口，殺牛犒勞將士，慰問勉勵他們，軍中士氣倍增。第二天，蘇茂、周建出兵包圍吳漢。吳漢奮力回擊，大敗敵軍，蘇茂逃回湖陵縣。這時，睢陽人據城反叛，迎接劉永，蓋延率領眾將包圍睢陽城。吳漢留下杜茂、陳俊防守廣樂城，自己率領軍隊去支援蓋延，包圍睢陽城。

光武帝從小長安回師，命令岑彭率領傅俊、臧宮、劉宏等三萬餘人向南攻擊秦豐。五月二十四日己酉，光武帝回到洛陽宮。○三十日己卯，發生日蝕。

六月初七日壬戌，大赦天下。○延岑攻打南陽郡，佔領了幾座縣城。建威大將軍耿弇同延岑在穰縣作戰，大敗延岑。延岑和幾個騎兵逃到東陽縣，與秦豐會合；秦豐把女兒嫁給延岑。建義大將軍朱祐率領祭遵等同延岑在東陽交戰，擊敗延岑。延岑逃到秦豐那裡。朱祐於是向南和岑彭等軍隊會合。

延岑的護軍鄧仲況統兵佔有陰縣，而劉歆的孫子劉龔是他的主謀人。前侍中扶風人蘇竟寫信勸說他，鄧仲況就與劉龔一起投降了。蘇竟始終不誇耀自己的功績，隱居樂道，在家壽終。

秦豐在鄧縣抵禦岑彭，秋，七月，岑彭擊敗秦豐。進兵在黎丘城包圍了秦豐，另外派積弩將軍傅俊領兵進攻江東，揚州地區全部平定。

蓋延圍困睢陽一百天，劉永、蘇茂、周建突圍出城，將要逃到酇縣。蓋延快速追擊，劉永的將領慶吾斬劉永首級投降。蘇茂、周建逃到垂惠聚，共同立劉永的兒子劉紆為梁王。劉永另一個將領佼彊逃到西防縣自保。

冬，十月十九日壬申，光武帝巡幸舂陵，祭祀陵園寢廟。○耿弇閒談時向光武帝說，請求到北方召集上谷郡還沒有遣散的士兵，往漁陽郡平定彭寵，到涿郡捉拿張豐，轉回來收拾富平、獲索軍，再轉向東攻打張步，從而平定齊地。光武帝讚許他的雄心壯志，答應了他。

十一月十二日己未，光武帝從舂陵回京。○這一年，李憲稱帝，設置文武百官，擁有九個縣城，部眾十餘萬。

光武帝對太中大夫來歙說：「如今西州還沒有歸附，公孫述又自稱皇帝，道路險阻遙遠，眾將領正致力於征討關東，考慮討伐西州的方略時，還想不出辦法來，該怎辦呢？」來歙說：「臣曾經和隗囂在長安相見。此人開始起兵時，是以興漢為名義。臣願意奉陛下天威之命，陳述您丹青般的誠信，隗囂一定會束手歸順。那麼公孫述自然處於滅亡的形勢，也就不值得費力圖謀了！」光武帝贊同來歙的意見，開始派他出使隗囂。隗囂既對漢室有功，又接受鄧禹署置的爵位，他的心腹及謀士們多勸他派使節和洛陽聯繫，於是隗囂就捧著奏疏到朝廷。光武帝用特殊的禮儀接待隗囂，說話時稱他的字，用對待地位平等的國家的禮儀款待隗囂，撫慰十分隆重。

四年（戊子　西元二八年）

正月甲申❶，大赦。

二月壬子❷，上行幸懷。壬申❸，還雒陽。○延岑復寇順陽❹。遣鄧禹將兵擊破之。岑奔漢中，公孫述以岑為大司馬，封汝寧王。

田戎聞秦豐破，恐懼，欲降。其妻兄辛臣圖❺彭寵、張步、董憲、公孫述等所得郡國以示戎曰：「雒陽地如掌❻耳，不如且按甲❼以觀其變。」戎曰：「以秦王⑧之彊，猶為征南⑨所圍，吾降決矣！」乃留辛臣使守夷陵，自將兵沿江泝沔上黎丘⑩。辛臣於後盜戎珍寶，從間道⑪先降於岑彭，而以書招戎曰：「宜以時降，無拘前計！」戎疑臣賣己，灼龜卜降⑫，兆中坼⑬，遂復反，與秦豐合。岑彭擊破之，戎亡歸夷陵。

夏，四月丁巳⑭，上行幸鄴。己巳⑮，幸臨平⑯，遣吳漢、陳俊、王梁擊破五校於臨平。鬲縣⑰五姓共逐守長⑱，據城而反。諸將爭欲攻之。吳漢曰：「使鬲反者，守長罪也。敢輕冒進兵者斬！」乃移檄告郡使收守長，而使人謝⑲。城中五姓大喜，即相率降。諸將乃服，曰：「不戰而下城，非眾所及也！」

五月，上幸元氏。辛巳⑳，幸盧奴，將親征彭寵。伏湛諫曰：「今兗、豫、青、冀，中國之都㉑，而寇賊從橫，未及從化㉒。漁陽邊外㉓荒耗㉔，豈足先圖！陛下捨近務遠，棄易求難，誠臣之所惑也！」上乃還。

帝遣建義[1]大將軍朱祐、建威大將軍耿弇、征虜將軍祭遵、驍騎將軍劉喜㉕討張豐於涿郡。祭遵先至，急攻豐，禽之。初，豐好方術，有道士言豐當為天子，以五綵囊裹石繫豐肘，云「石中有玉璽」。豐信之，遂反。既執，當斬，猶曰「肘石有玉璽」。傍人為椎破之，豐乃知被詐，仰天嘆曰：「當死無恨！」

上詔耿弇進擊彭寵。弇以父況與寵同功[26]，又兄弟無在京師者，不敢獨進，求詣雒陽。詔報[27]曰：「將軍舉宗為國，功效尤著，何嫌何疑，而欲求徵[28]！」況聞之，更遣弇弟國[29]入侍[30]。時祭遵屯良鄉[31]，劉喜屯陽鄉[32]，彭寵引匈奴兵欲擊之。耿況使其子舒[33]襲破匈奴兵，斬兩王，寵乃退走。

六月辛亥[34]，車駕還宮。

秋，七月丁亥[35]，上幸譙，遣捕虜將軍馬武、騎都尉王霸圍劉紆、周建於垂惠。

董憲將賁休以蘭陵[36]降。憲聞之，自郯[37]圍之。蓋延及平狄將軍山陽龐萌[38]在楚，請往救之。帝敕曰：「可直往擣[39]郯，則蘭陵自解。」延等以賁休城危，遂先赴之。憲逆戰而陽敗退，延等因拔圍入城[40]。明日，憲大出兵合圍。延等懼，遽出突走，因往攻郯。帝讓之曰：「間[41]欲先赴郯者，以其不意故耳！今既奔走，賊計已立，圍豈可解乎！」延等至郯，果不能克。而董憲遂拔蘭陵，殺賁休。

八月戊午[42]，上幸壽春[43]，遣揚武將軍南陽馬成[44]率誅虜將軍南陽劉隆[45]等三將軍發會稽、丹陽[46]、九江[47]、六安[48]四郡兵擊李憲。九月，圍憲於舒[49]。

王莽末，天下亂，臨淮大尹河南侯霸[50]獨能保全其郡。帝徵霸會壽春，拜尚書令。時朝廷無故典[51]，又少舊臣，霸明習故事，收錄遺文，條奏[52]前世善政法度，施行之。

冬，十月甲寅[53]，車駕還宮。◯隗囂使馬援往觀公孫述。援素與述同里閈[54]，相善，以為既至，當握手歡如平生。而述盛陳陛衛[55]以延[56]援入，交拜禮畢，使出就館[57]。更為援制都[58]布單衣、交讓冠[59]。會百官於宗廟中，立[60]舊交之位，述鸞旗[61]、旄騎[62]，警蹕就車，磬折[63]而入，禮饗[64]官屬甚盛，欲授援以封侯大將軍位。賓客[65]皆樂留[66]，援曉之曰：「天下雌雄[67]未定，公孫不吐哺[68]走迎國士，與圖成敗，反修飾邊幅[69]，如偶人形[70]，此子[71]何足久稽[72]天下士乎！」因辭歸，謂囂曰：「子陽，井底蛙耳，而妄自尊大！不如專意[73]東方。」

囂乃使援奉書雒陽。援初到，良久[74]，中黃門[75]引入。帝在宣德殿[76]南廡[77]下，但幘[78]，坐，迎笑，謂援曰：「卿遨遊[79]二帝[80]間。今見卿，使人大慙。」援頓首辭謝，因曰：「當今之世，非但君擇臣，臣亦擇君矣！臣與公孫述同縣，少相善，臣前至蜀，述陛戟[81]而後進臣。臣今遠來，陛下何知非刺客姦人，而簡易若是！」帝復笑曰：「卿非刺客，顧[82]說客[83]耳。」援曰：「天下反覆，盜名字者[84]不可勝數。今見陛下恢廓大度[85]，同符[86]高祖，乃知帝王自有真也。」◯太傅卓茂薨。

十一月丙申(87)，上行幸宛。岑彭攻秦豐三歲，斬首九萬餘級。豐餘兵裁(88)千人，食且盡。十二月丙寅(89)，帝幸黎丘，遣使招豐，豐不肯降。乃使朱祐等代岑彭圍黎丘，使岑彭、傅俊南擊田戎。

公孫述聚兵數十萬人，積糧漢中。又造十層樓船，多刻天下牧守印章。遣將軍李育(90)、程烏(91)[2]將數萬眾出屯陳倉，就呂鮪，將徇三輔。馮異迎擊，大破之，育、烏俱奔漢中。異還，擊破呂鮪，營保降者甚眾。

是時，隗囂遣兵佐異有功，遣使上狀，帝報以手書曰：「慕樂(92)德義，思相結納。昔文王三分，猶服事殷(93)，但駑馬(94)、鉛刀(95)，不可強扶，數蒙伯樂(96)一顧之價(97)。將軍南拒公孫之兵，北御羌、胡之亂，是以馮異西征，得以數千百人躑躅(98)三輔。微(99)將軍之助，則咸陽(100)已為他人禽(101)矣！如今子陽到漢中，三輔願因(102)將軍兵馬，鼓旗相當。儻(103)肯如言，即智士(104)計功割地(105)之秋也！管仲(106)曰：『生我者父母，成我者鮑子(107)。』自今以後，手書(108)相聞，勿用傍人間構(109)之言。」其後公孫述數遣將間出(110)，囂輒與馮異合勢，共摧挫(111)之。述遣使以大司空、扶安王印綬授囂。囂斬其使，出兵擊之，以故蜀兵不復北出。

泰山豪傑多與張步連兵。吳漢薦強弩大將軍陳俊為泰山太守，擊破步兵，遂定泰山。

【章 旨】以上為第三段，寫建武四年（西元二八年），漢兵滅張豐，敗秦豐、田戎，聯合隗囂抗拒公孫述，確保關中。馬援歸服光武帝。

【注 釋】❶甲申 正月初二日。❷壬子 二月初一日。❸壬申 二月二十一日。❹順陽 縣名，縣治在今河南內鄉西南。❺圖 此作動詞用，繪；畫。❻如掌 像手掌一樣大小。喻其地狹小。❼按甲 即按兵，屯兵不動。按，停止。❽秦王 指秦豐。秦豐於建武二年在邔縣黎丘鄉稱王，以黎丘為古楚地，所以自稱楚黎王。田戎以其姓秦稱王，所以稱其秦王。❾征南 指岑彭。當時岑彭為征南大將軍。❿泝沔上黎丘 泝，逆水而上。沔，河流名，即漢水。此言從漢水入江處溯漢而上到達黎丘。⓫間道 小路。⓬灼龜卜降 指用龜甲占卜投降的吉凶。灼，燒；炙。龜，指龜甲，用以占卜。古代用火燒炙龜甲，視其裂紋以測吉凶。⓭兆中坼 龜甲裂紋從中斷開。兆，占卜時燒灼龜甲獸骨所呈現的預示吉凶的裂紋。坼，裂開。⓮丁巳 四月初七日。⓯己巳 四月十九日。⓰臨平 縣名，縣治在今河北辛集北。⓱鬲縣 縣名，縣治在今山東德州東南。⓲守長 郡守、縣令。此指地方長官。⓳謝 謝罪；認錯。⓴辛巳 五月初一日。㉑都 中心地區之稱。㉒從化 順從歸化。指接受統治。㉓邊外 邊境。㉔荒耗 荒僻貧瘠。㉕劉喜 字共仲，鉅鹿郡昌城縣（今河北冀州西北）人，初與兄劉植同歸光武，植為驍騎將軍，喜為偏將軍。建武二年（西元二六年），劉植戰死，以喜率植之軍，繼植為驍騎將軍，封觀津侯。㉖同功 都有助劉秀徇定河北之功。㉗報 指對耿弇請求的答覆。㉘求徵 指請求召回京師洛陽。㉙國 耿弇弟名。㉚入侍 入朝侍奉皇帝。㉛良鄉 縣名，縣治在今北京市房山區東南。㉜陽鄉 縣名，縣治在今河北固安西北。㉝舒 耿況子名。㉞辛亥 六月初二日。㉟丁亥 七月初八日。㊱蘭陵 縣名，縣治在今山東棗莊東南。㊲郯 縣名，縣治在今山東郯城西北。㊳龐萌 （？—西元三〇年）山陽郡人，劉玄時為冀州牧。劉秀稱帝，為侍中、平狄將軍。建武四年反叛，自號東平王。後事敗被殺。傳見《後漢書》卷十二。㊴擣 攻打。㊵拔圍入城 指蓋延突破了董憲之圍，進入蘭陵城。㊶間 前些時。㊷戊午 八月初十日。㊸壽春 縣名，縣治在今安徽壽春。㊹馬成 （？—西元五六年）字君遷，南陽郡棘陽縣人，歷任揚武將軍、天水太守、行大司空事、中山太守等，封全椒侯。傳見《後漢書》卷二十二。㊺劉隆 （？—西元五七年）字元伯，南陽郡安眾縣（今河南鄧州東北）人，歷任誅虜將軍、南陽太守、中郎將、驃騎將軍行大司空事，封慎侯。傳見《後漢書》卷二十二。㊻丹

陽　郡名，治所在今安徽宣城。(47)九江　郡名，治所在今安徽淮南市東。(48)六安　王國名，治所在今安徽六安東北。(49)舒縣名，縣治在今安徽廬江縣西南。(50)侯霸　（？—西元三七年）字君房，河南郡密縣人，官至大司徒，封關內侯。傳見《後漢書》卷二十六。(51)故典　舊典；舊的規章制度。(52)條奏　分條上奏。(53)甲寅　十月初七日。(54)里閈　里門，指鄉里。(55)陛衛　陛側的侍衛。陛，殿、壇的臺階。(56)延　迎。(57)就館　到客舍。(58)都　布名。(59)交讓冠　冠名。(60)立　設置。(61)鸞旗天子車上之旗。赤色，編以羽毛，上繡鸞鳥。(62)旄騎　皇帝儀仗中的一種擔任先驅的騎兵。(63)磬折　屈身如磬的曲折，以表示謙恭。(64)禮饗　以禮宴飲賓客。(65)賓客　指馬援的隨從。(66)樂留　樂意留下。(67)雌雄　喻指勝負。(68)哺　口中所含的食物。相傳周公為接待士人一飯三吐哺。極言殷勤待士，求賢心切。(69)邊幅　布製的邊緣，喻指人的儀表、衣著。(70)偶人形　用土木陶瓷等製成的人形物。形，情況；樣子。(71)此子　指公孫述。(72)稽　留。(73)專意　專心；心思專用於某一方面。(74)良久很久。(75)中黃門　官名，宦官充任，屬少府，在宮中供役使。(76)宣德殿　殿名。(77)廡　殿堂下周圍的走廊、廊屋。(78)幘　包紮髮髻的巾。(79)遨遊　奔走；周旋。(80)二帝　指自己與公孫述。公孫述於更始三年（西元二五年）四月稱帝。(81)陛戟　近臣持戟侍衛陛側。(82)顧　只是。(83)說客　遊說的人。(84)盜名字者　指佔據一地，自建名號，稱帝稱王。名字，名號。(85)恢廓大度　胸懷開闊，寬宏大量。(86)同符　相合；完全相同。(87)丙申　十一月十九日。(88)裁　通「才」。(89)丙寅　十二月二十日。(90)李育　公孫述將。後述敗，降光武。(91)程烏　一名程焉，公孫述將。後述敗，降光武。(92)慕樂　嚮往喜好。(93)昔文王三分二句　《論語・泰伯》：孔子曰：「三分天下有其二，以服事殷。周之德，其可謂至德也已矣。」(94)駑馬　劣馬；下等的馬。(95)鉛刀　用鉛製成的刀，刃鈍，不鋒利。此以駑馬、鉛刀喻指人愚鈍沒有才能。(96)伯樂　人名，相傳姓孫，名陽，字伯樂，春秋秦穆公時人，是一位著名的善於相馬、馴馬的人。(97)一顧之價　《戰國策・燕策二》：人有賣駿馬者，「往見伯樂曰：『臣有駿馬，欲賣之，此三旦立於市，人莫與言。願子還而視之，去而顧之，臣請獻一朝之賈。』伯樂乃還而視之，去而顧之，一旦而馬價十倍。」伯樂一顧而馬價提高十倍，用以喻指由於受人稱揚提攜而使自己的地位得到提高。(98)躑躅　來回走動，此指活動於一個地區。(99)微　沒有。(100)咸陽　指馮異。馮異入關中，所戰克捷，人稱咸陽王，故此以咸陽代稱馮異。(101)禽同「擒」。活捉。(102)因　利用。(103)儻　如果。(104)智士　有智慧或有智謀的人。(105)計功割地　立功封侯。(106)管仲　（？—西元前六四五年）名夷吾，字仲，春秋齊國人，輔佐齊桓公稱霸諸侯，是我國古代著名政治家。(107)成我者鮑子　語出《史記・管晏列傳》。成，成就。鮑子，指鮑叔牙，又稱鮑叔，春秋齊國人，與管仲交，知管仲賢，將管仲推薦給齊桓公，於是管仲相齊桓公稱霸諸侯。管仲感慨稱揚鮑子，曰：「生我者父母，成我者鮑子。」(108)手書　親手寫的書信。(109)間構　離間中傷。(110)間

出　乘隙而出。⑪摧挫　挫敗。

【校　記】①建義　原作「建議」。據章鈺校，十二行本、乙十一行本、孔天胤本皆作「建義」，今據改。②烏　張敦仁《通鑑刊本識誤》作「焉」。下同。

【語　譯】四年（戊子　西元二八年）

正月初二日甲申，大赦天下。

二月初一日壬子，光武帝巡幸懷縣。二十一日壬申，回到洛陽。○延岑又侵犯順陽縣。光武帝派鄧禹率軍打敗了延岑。延岑逃往漢中郡，公孫述任命延岑為大司馬，封為汝寧王。

田戎聽說秦豐被打敗，很害怕，打算投降。他妻子的哥哥辛臣畫出彭寵、張步、董憲、公孫述等所得郡、國給田戎看，對他說：「洛陽之地就像手掌那麼大而已，不如暫且按兵不動，以觀察局勢的變化。」田戎說：「以秦豐之強，還被征南將軍岑彭所圍困，我決心投降！」於是留下辛臣，讓他守衛夷陵縣，自己率領軍隊沿江而下至沔水，再由沔水逆流而上到達黎丘聚。辛臣在田戎出發後盜取田戎的珍寶，從小路搶先向岑彭投降，而後寫信給田戎說：「你應該及時投降，不要拘泥於以前的計畫！」田戎懷疑辛臣出賣自己，就用龜甲占卜是否投降，龜甲的裂紋從中斷開，於是田戎又反叛，同秦豐聯合。岑彭率軍打敗田戎，田戎逃回夷陵縣。

夏，四月初七日丁巳，光武帝巡幸鄴縣。十九日己巳，光武帝到達臨平縣，派吳漢、陳俊、王梁在臨平縣擊敗五校軍。鬲縣五家豪門大族一起趕走郡太守和縣令，佔據縣城反叛。眾將領搶著要去攻打。吳漢說：「讓鬲縣人反叛，是郡太守和縣令的罪過。敢輕易冒險進軍的人，斬首！」於是用公文通告郡府拘捕郡太守和縣令，派人向鬲縣人謝罪。城中五家豪門大族非常高興，立即一起投降。眾將領這才心服，說：「不打仗就拿下城邑，這不是我們所能及的！」

五月，光武帝臨幸元氏縣。初一日辛巳，光武帝臨幸盧奴縣，將要親自討伐彭寵。伏湛諫阻說：「如今兗、豫、青、冀等州是中國的中心地區，而盜匪賊寇橫行霸道，還沒有順從歸化。漁陽郡是邊境荒涼貧瘠之地，哪裡值得首先去圖謀呢！陛下捨近求遠，棄易求難，實在使臣感到迷惑！」光武帝才返回洛陽。

光武帝派建義大將軍朱祐、建威大將軍耿弇、征虜將軍祭遵、驍騎將軍劉喜在涿郡征討張豐。祭遵先到，發動猛烈攻擊，活捉了張豐。當初，張豐喜好方術，有位道士說張豐應做天子，用五彩口袋包一塊石頭，繫在張豐的手腕上，說「石頭裡有皇帝用的玉璽」。張豐深信不疑，於是叛變。被活捉後，罪當斬首，張豐還說「手腕繫的石頭裡有玉璽」。旁邊的人用槌子把石頭敲開後，張豐這才知道被騙，仰天長歎說：「我該死，沒有什麼遺憾的！」

光武帝詔令耿弇攻打彭寵。耿弇因父親耿況和彭寵同有助漢的功勳，又無兄弟在京師做人質，不敢單獨進軍，就要求前往洛陽。光武帝下詔書回覆說：「將軍全族人都為國效忠，功勞十分顯著，有什麼嫌隙和疑慮而要求徵還洛陽呢！」耿況得知此事後，就又派耿弇的弟弟耿國入朝侍奉皇帝。這時，祭遵駐軍良鄉縣，劉喜駐軍陽鄉縣，彭寵想引導匈奴軍隊進攻他們。耿況派他的兒子耿舒偷襲並打敗了匈奴軍隊，殺了兩位匈奴親王，彭寵便敗退而逃走。

六月初二日辛亥，皇帝車駕回到洛陽宮。

秋，七月初八日丁亥，皇上巡幸譙縣，派捕虜將軍馬武、騎都尉王霸在垂惠聚包圍梁王劉紆、周建。

董憲的部將賁休獻出蘭陵縣投降漢軍。董憲知道後，就從郯縣去包圍蘭陵縣。蓋延跟平狄將軍山陽縣人龐萌駐紮在楚地，請求前往蘭陵救援賁休。光武帝告誡說：「可直接前往攻打郯縣，那麼，蘭陵縣自然解除包圍。」蓋延等人認為賁休的城池危急，就先去救賁休。董憲迎戰而假裝敗退，蓋延等於是突破包圍進入蘭陵城。第二天，董憲率領大軍重新包圍蘭陵。蓋延等人害怕，立即出城突圍，前往攻打郯縣。光武帝責備蓋延等人說：「前些時想讓你們先攻打郯縣，為的是出其不意！現在你們既然敗走，敵軍的謀略已定，蘭陵城之圍難道還能解除嗎！」蓋延趕到郯縣，果然不能取勝。而董憲卻攻下蘭陵縣，殺了賁休。

八月初十日戊午，光武帝幸臨壽春縣，派揚武將軍南陽人馬成率領誅虜將軍南陽人劉隆等三位將軍徵調會稽、丹陽、九江、六安四個郡的兵力攻打李憲。九月，在舒縣包圍李憲。

王莽末年，天下大亂，唯獨臨淮郡大尹河南人侯霸能保全其郡。光武帝徵召侯霸到壽春會見，任命為尚書令。當時，東漢朝廷沒有舊典可依，又缺少西漢老臣，而侯霸熟悉舊制，就讓他搜集失散的文獻檔案，分條呈奏前代的善政法制，加以實施。

冬，十月初七日甲寅，皇帝車駕回到洛陽宮。○隗囂派馬援前往成都觀察公孫述的動向。馬援和公孫述原本是同鄉，一向友好，認為到達成都以後，兩人一定像過去那樣握手相歡。但公孫述大量布置警衛來迎接馬援進入，交拜禮過後，就要馬援出宮，到客舍休息。另外用都布為馬援製作了單衣、交讓冠。公孫述在宗廟會集文武百官，設置舊友的座位，公孫述從皇宮出來，設立天子的鑾旗、旄騎，開路清道，禁止行人，登車前往宗廟，彎腰如磬而入，隆重地以禮宴飲賓客，打算封馬援侯爵，任命為大將軍。馬援帶領的賓客們都樂意留下，馬援開導他們說：「天下勝負還未定，公孫述不懂得以一飯三吐哺來接待國士，與他們圖謀大業成敗，反而修飾儀表，就像木偶人，這種人怎能長久留住天下賢士呢！」於是告辭而回，對隗囂說：「公孫述，井底之蛙而已，卻狂妄自大！不如一心歸向東方。」

隗囂就派馬援帶著給劉秀的書信到洛陽。馬援剛到，等了很久，中黃門領進。光武帝在宣德殿南側的廊屋下，頭上裹著包頭巾，坐著，笑著起來迎接，對馬援說：「先生遨遊二帝之間。今天看見您，使我感到慚愧。」馬援磕頭拜謝，乘機說：「當今，不但君主選擇臣子，臣子也要選擇君主。臣與公孫述是同鄉，從小就要好，臣前些時到成都，公孫述在陛側布置持戟衛士後，才肯讓臣進去。臣今遠道而來，陛下怎麼知道臣不是姦人刺客，如此簡裝召見呢！」光武帝又笑著說：「先生不是刺客，只是個說客罷了。」馬援說：「天下動盪不安，竊取帝王名號的人不計其數。今天臣見陛下寬宏大度，和漢高祖相同，才知道帝王原本有真的。」

○太傅卓茂去世。

十一月十九日丙申，光武帝巡幸宛縣。岑彭攻打秦豐三年，殺了九萬餘人。秦豐剩餘的部隊才一千人，糧食將要斷絕。十二月二十日丙寅，光武帝幸臨黎丘城，派使者招降秦豐，秦豐不肯投降。於是派朱祐等人代替岑彭包圍黎丘，派岑彭、傅俊南下攻打田戎。

公孫述結集兵馬數十萬，在漢中郡囤積糧食。又建造十層的樓船，大量刻製天下州牧、太守的印章。派將軍李育、程烏率領數萬軍隊出外駐紮在陳倉，到呂鮪那裡，即將攻取三輔地區。馮異率軍迎擊，大敗敵軍。李育、程烏都逃回漢中郡。馮異回軍打敗呂鮪，各地的營寨紛紛投降。

這時，隗囂派兵協助馮異作戰有功，派使者上報朝廷。光武帝親自寫信回覆說：「將軍嚮往喜好恩德信義，希望與將軍結交，從前周文王三分天下有其二，還侍奉殷朝，只是我像劣馬與鉛刀，不可勉強扶持，卻多次承蒙您這位伯樂一顧而增價十倍。將軍南面抗拒公孫述的軍隊，北面抵禦羌胡的侵擾，因此馮異西征，才得以靠幾千人的隊伍在三輔來往活動。如果沒有將軍的幫助，那麼咸陽早已被人佔據了！如果公孫述到了漢中，三輔地區就託給將軍，依靠將軍的兵馬抗拒公孫述。如果你同意按我的話做，那就是智士立功封侯的時候了。管仲說：『生我的是父母，成就我的是鮑叔牙。』從今以後，我倆之間用親筆通信，不要聽信旁人離間中傷之言。」此後，公孫述一再乘隙出兵三輔，隗囂常與馮異聯合，共同挫敗公孫述。公孫述派使者送給隗囂大司空、扶安王的印章綬帶。隗囂殺了使者，出兵攻擊，因此蜀兵再沒有北上。

泰山郡的豪傑很多與張步連兵。吳漢舉薦強弩大將軍陳俊為泰山郡太守，擊敗張步的軍隊，於是平定了泰山郡。

五年（己丑　西元二九年）

春，正月癸巳❶，車駕還宮。○帝使來歙持[1]節送馬援歸隴右。隗囂與援共臥起，問以東方事，曰：「前到朝廷，上引見數十，每接❷燕語❸，自夕至旦，才明❹勇略❺，非人敵❻也。且開心見誠，無所隱伏，闊達❼多大節，略與高帝同，經學博覽，政事文辨❽[2]，前世無比。」囂曰：「卿謂何如高帝？」援曰：「不如也。高帝無可無不可，今上好吏事❾，動如節度❿，又不喜飲酒。」囂意不懌⓫，曰：「如卿言，反復勝邪⓬！」

二月丙午⓭，大赦。○蘇茂將五校兵救周建於垂惠。馬武為茂、建所敗，奔過⓮王霸營，大呼求救。霸曰：「賊兵盛，出必兩敗，努力⓯而已！」乃閉營堅壁。軍吏皆爭之，霸曰：「茂兵精銳，其眾又多，吾吏士心恐，而捕虜⓰與吾相恃⓱，兩軍不一⓲，此敗道也。今閉營固守，示不相援，賊必乘勝輕進，捕虜無救，其戰自倍⓳。如此，茂眾疲勞，吾承其敝，乃可克也。」茂、建果悉出攻武，合戰良久，霸軍中壯士數十人斷髮⓴請戰，霸乃開營後，出精騎襲其背。茂、建前後受敵，驚亂敗走，霸、武各歸營。茂、建復聚兵挑戰，霸堅臥不出，方饗士作倡樂㉑。茂雨射營中㉒，中霸前酒樽㉓，霸安坐不動。軍吏皆曰：「茂前日已破，今易擊也！」霸曰：「不然，蘇茂客兵㉔遠來，糧食不足，故數挑戰，以徼㉕一時之勝。今閉營休士，所謂『不戰而屈人兵㉖』者也。」茂、建既不得戰，乃引還營。其夜，周建兄子誦㉗反㉘，閉城拒㉙之，建於道死。茂奔下邳㉚，與董憲合。劉紆奔佼彊。

乙丑㉛，上行幸魏郡。○彭寵妻數為惡夢，又多見怪變。卜筮、望氣㉜者皆言兵當從中㉝起。寵以子后蘭卿質漢歸，不信之，使將兵居外，無親於中。寵齋㉞在便室㉟，蒼頭㊱子密㊲等三人因寵臥寐㊳，共縛著牀，告外吏云：「大王齋禁，皆使吏休。」偽稱寵命，收縛奴婢，各置一處。又以寵命呼其妻，妻入，驚曰：「奴反！」奴乃捽㊴其頭，擊其頰㊵。寵急呼曰：「趣為諸將軍辦裝㊶！」於是兩奴將妻入取寶物，留一奴守寵。寵謂守奴曰：「若小兒㊷，吾素所愛也。今為子密所迫劫耳！解我縛，當以女珠㊸妻汝，家中財物皆以與若。」小奴意欲解之，視戶外，見子密聽其語，遂不敢解。於是收金玉衣物，至寵所裝之，被馬㊹六匹，使妻縫兩縑囊。昏夜後，解寵手，令作記㊺告城門將軍云：「今遣子密等至子后蘭卿所，速開門出[3]，勿稽留㊻之。」書成，斬寵及妻頭置囊中，便持記馳出城，因以詣闕。明旦，閤門不開，官屬踰牆而入，見寵尸，驚怖。其尚書韓立等共立寵子午為王，國師韓利斬午首詣祭遵降，夷其宗族。帝封子密為不義侯。

權德輿㊼議曰：「伯通㊽之叛命，子密之戕㊾君，同歸于亂，罪不相蔽，宜各致於法，昭示㊿王度(51)。反乃爵於五等(52)，又以『不義』為名。且舉(53)以不義，莫可侯也。此而可侯，漢爵為不足勸(54)矣。春秋書齊豹盜、三叛人名之義(55)，無乃異於是乎56！」

帝以扶風郭伋57為漁陽太守。伋承離亂之後，養民訓兵，開示威信，盜賊銷散，匈奴遠迹。在職五年，戶口增倍。

帝使光祿大夫樊宏持節迎耿況於上谷，曰：「邊郡寒苦，不足久居。」況至京師，賜甲第58，奉朝請59，封牟平侯。

【章旨】以上為第四段，寫王霸智勝蘇茂，誅周建。彭寵因家奴反叛而滅亡，北疆平定。

【注釋】❶癸巳　正月十七日。❷接　會合。此指會面。❸燕語　交談；閒談。❹才明　才智。❺勇略　勇敢和謀略。❻非人敵　不是其他人能敵得上的。❼闊達　胸懷開闊；豁達。❽文辨　即文辯，能文善辯。❾吏事　政事。❿如節度　符合法度。⓫懌　喜悅。⓬反復勝邪　反而更勝一籌。復，又。勝，超過。⓭丙午　二月初一日。⓮奔過　敗逃中經過。⓯弩力　猶努力。⓰捕虜　指馬武。馬武這時為捕虜將軍。⓱恃　依賴。⓲不一　指揮不統一。⓳自倍　自然加倍努力，一人頂兩人。⓴斷髮　剪斷頭髮，以此表示請戰的決心。㉑作倡樂　藝人演奏歌舞。作，表演。倡樂，倡人的歌舞雜戲表演。倡，古代表演歌舞雜戲的藝人。㉒雨射營中　箭像雨點一樣地射入軍營內。㉓樽　盛酒器。㉔客兵　由外地來的軍隊。㉕徼　求。㉖不戰而屈人兵　《孫子．謀攻》：「百戰百勝，非善之善者也；不戰而屈人之兵，善之善者也。」㉗誦　周建兄子名。㉘反　指叛劉紆而降光武。㉙拒　不接受。㉚下邳　縣名，縣治在今江蘇邳縣西南。㉛乙丑　二月二十日。㉜望氣　古代方士的一種占候術，通過觀測雲氣來預測吉凶。㉝中　內部。㉞齋　齋戒。㉟便室　正室以外的別室。㊱蒼頭　指奴僕。漢時奴僕用深青色巾包頭，所以稱蒼頭。㊲子密　蒼頭名。㊳因寵臥寐　趁著彭寵睡覺。寐，睡。㊴捽　抓；揪。㊵擊其頰　打她耳光。頰，臉的兩旁；面頰。㊶趣為諸將軍辦裝　趕快去替這幾位將軍置辦行裝。趣，從速；趕快。將軍，稱奴僕為將軍。辦裝，置辦行裝。彭寵此言是想支走反奴，分化三人，以便找機會為自己鬆綁。㊷若小兒　你是個小孩子。㊸珠　女名。㊹被馬　把馬鞍、嚼子、轡頭等施加於馬。㊺令作記　讓彭寵寫通行文書。作，寫。記，書札；文書。㊻稽留　停留。㊼權德輿　（西元七五九—八一八年）字載之，唐代天水郡略陽（今甘肅張家川回族自治縣西）人，官至禮部尚書、同中書門下平章事。傳見《舊唐書》卷一百四十八、《新唐書》卷一百六十五。48伯通　彭寵字。49戕　殺害。50昭示　顯示。51王度　王法；國家的法度。52爵於五等　授予五等中的爵位。爵，授予爵位。五等，指五等爵位，即公、侯、伯、子、男。周代封建，爵分五等，即公、侯、伯、子、男。漢代郡、國並行，爵分王、侯二等。53舉　舉動；行為。此句謂子密等行事不義，怎麼能封侯呢！54勸　勉勵。此謂叛人能封侯，那麼封侯就不足以勉勵人立功做善事。55春秋書齊豹盜三叛人名之義　書，記載，指《春秋》記載。齊豹是春秋衛國司寇。衛靈公的哥哥公孟縶輕慢齊豹，並且剝奪了他的司寇官職和封邑。於是齊豹與他人合謀殺了公孟縶。《春秋》記載此事說：「盜殺衛侯之兄縶。」事見《春秋左傳》魯昭公二十年。三叛人，指春秋邾國庶其、黑肱與莒國牟夷。三人都以所守之地歸降於魯國。其事分別見於《春秋左傳》魯襄公二十一年、魯昭公三十一年與魯昭公五年。根據《春秋》的行文慣例，一般情況書字，而如果違禮行事則書名。《春秋》記此三事，三人皆書其名，以示懲戒。《左傳》魯昭公三十一年評述《春秋》筆法時說：「《春秋》書齊豹曰『盜』，三叛人名，以懲不義。」56無乃異於是乎　無乃……乎，不是……嗎。為將語氣表述得更委婉一些，一般譯為「恐怕……吧」。異於是，與這種做法不同。57郭伋　（西元前三九—西元四七年）字細侯，扶風茂陵縣人，歷任尚書令、漁陽太守、潁川太守、并州牧等。傳見《後漢書》卷三十一。58甲第　豪門貴族的宅第。59奉朝請　加官名，原來古代諸侯春季朝見天子叫朝，秋季朝見為請。因稱定期參加朝會為奉朝請。漢代退職大臣、將軍和皇室、外戚多以加官奉朝請名義參加每月初一、十五兩日的朝會。

【校　記】1持　原作「特」。顯係誤刻，今校正。2辨　據章鈺校，十二行本、乙十一行本皆作「辯」。按，二字通。3速開門出　原無此四字。據章鈺校，十二行本、乙十一行本、孔天胤本皆有此四字，張敦仁《通鑑刊本識誤》、張瑛《通鑑校勘記》同，今據補。

【語　譯】五年（己丑　西元二九年）

春，正月十七日癸巳，皇帝車駕回到洛陽宮。○光武帝派來歙持節送馬援回隴右。隗囂與馬援同床臥起，詢問東邊洛陽的情況，馬援說：「前些天我到朝廷，皇上召見我數十次，每次見面閒談，通宵達旦，皇上的才智勇略，不是其他人敵得上的。況且敞開胸懷，披露誠心，沒有什麼隱藏，心胸豁達，常持大節，大致與漢高帝相同，博覽經學，政事上能文善辨，前代帝王沒有人比得上他。」隗囂說：「你細說一下與漢高帝相比怎麼樣？」馬援說：「比不上漢高帝。漢高帝無可無不可，當今皇上喜歡政務，行動符合法度，又不喜歡飲酒。」隗囂很不高興，說：「照你的說法，反而勝過高帝！」

二月初一日丙午，大赦天下。○蘇茂率領五校之兵到垂惠聚救援周建。馬武被蘇茂、周建聯軍打敗，敗逃時經過王霸軍營，大聲呼喊求救。王霸說：「賊兵士氣旺盛，我出戰，你我一定都失敗，你自己努力吧！」於是緊閉軍營，堅壁自守。軍官們都爭著要去營救，王霸說：「蘇茂的士兵精銳，他的人數又多，我軍官兵恐慌，而捕虜將軍馬武與我互相依靠，兩軍指揮又不統一，這只會走向失敗。如今我緊閉軍營固守，顯示不去救援，敵人一定會乘勝輕率進軍，捕虜將軍沒有救援，作戰自然加倍努力。這樣一來，蘇茂軍會精疲力竭，我軍趁賊兵疲弊時襲擊，才能取勝。」蘇茂、周建果然傾巢出動攻擊馬武，雙方交戰很久，王霸軍中有幾十個勇士割斷頭髮，請求出戰，王霸這才打開軍營的後門，出動精銳騎兵襲擊賊兵的後背。蘇茂、周建前後受到夾攻，驚慌敗逃，王霸、馬武各自回營。蘇茂、周建重新集合軍隊挑戰，王霸堅決休息不出戰，正在軍營設宴酬勞將士，藝人演奏歌舞。蘇茂軍像下雨一樣向王霸軍營射箭，一箭射中王霸面前的酒杯，王霸安坐不動。軍官們都說：「蘇茂前天已被打敗，今天容易擊潰他！」王霸說：「不是這樣，蘇茂客軍從遠道而來，糧食不足，所以多次挑戰，以求一戰取勝。如今我堅閉營門，修整士兵，這正是『不戰而屈人之兵』的方法啊。」蘇茂、周建得不到機會交戰，只好退回軍營。當天夜裡，周建哥哥的兒子周誦反叛，關閉城門，不接納蘇茂、周建，周建死在逃跑的路上。蘇茂投奔下邳郡，與董憲會合。劉紆逃奔佼彊。

二月二十日乙丑，光武帝巡幸魏郡。○彭寵的妻子多次做惡夢，又見到很多奇怪反常的現象。占卜、望氣的人都說亂兵將從內部興起。彭寵因為子后蘭卿在洛陽做人質回來，不信任他，派他率領軍隊住在外地，不讓他留在府中。彭寵在便室齋戒，奴僕子密等三人趁彭寵睡覺，一起用繩索把彭寵綁在床上，對府外的官吏說：「大王正在齋戒，讓大家都休息。」他們假傳彭寵的命令，把其他奴僕、婢女都捆綁起來，各置一處。又利用彭寵的命令，叫來他的妻子，彭寵的妻子一進便殿，驚恐大叫：「奴僕反了！」奴僕就揪住她的頭髮，打她的耳光。彭寵急喊：「趕快為這幾位將軍置辦行裝！」於是兩個奴僕帶著彭寵的妻子到後宮掠取金銀財寶，只留下一個奴僕看守彭寵。彭寵對看守他的奴僕說：「你是個小孩子，我素來喜歡你。而今只是被子密逼迫而已！替我解開縛繩，我會把女兒彭珠嫁給你，家裡的財寶也都給你。」小奴僕想為他解開繩子，就觀察門外動靜，看到子密在聽他們說話，便不敢去解。於是，子密等搜取財寶衣物，回到彭寵被捆的便殿，裝入袋子，備好六匹馬，又叫彭寵的妻子縫兩個絹袋。天黑之後，把彭寵手上的繩索解開，命令他給守衛城門的將軍寫下通行文書：「今派子密等人到子后蘭卿處，立即開門出去，不得滯留他們。」寫好後，子密等人殺了彭寵和他的妻子，把他們的頭裝在口袋裡，拿著通行文書驅馬出城，直奔東漢都城洛陽。第二天早晨，彭寵的府門不開，他的下屬翻牆進入，見了彭寵的屍體，都很驚慌。彭寵的尚書韓立等人一起立彭寵的兒子彭午為燕王，國師韓利斬了彭午的頭，到祭遵處投降，祭遵夷滅了彭寵的宗族。光武帝封子密為不義侯。

權德輿評議說：「彭寵叛變，子密弒君，同樣都屬作亂，罪惡不能掩蓋，都應各自繩之以法，以顯示聖主的法度。光武帝反而授予子密五等中的爵位，又用『不義』作為名稱。既然子密的行為不義，就不應封為侯爵。如果這種行為可以封侯，東漢的爵位就不足以起到勸勉的作用了。《春秋》記載衛國司寇齊豹因私怨殺死衛侯的哥哥孟縶而稱強盜，對庶其、黑肱、牟夷三個叛徒直書其名，恐怕與光武帝的做法是不一樣的吧！」

光武帝任命扶風人郭伋為漁陽太守。郭伋接受離亂後的殘局，教導百姓，訓練士兵，宣示恩威和誠信，使這個地區盜賊消失，匈奴也逃往遠方。在他任職五年間，人口增加了一倍。

光武帝派遣光祿大夫樊宏持節到上谷郡接迎耿況，說：「邊塞郡縣寒冷貧窮，不能長久居住。」耿況到達京師，皇上賜予豪宅，定期參加朝會，封為牟平侯。

吳漢率耿弇、王常擊富平、獲索賊於平原，大破之。追討餘黨，至勃海，降者四萬餘人。上因詔弇進討張步。

平敵將軍龐萌，為人遜順，帝信愛之，常稱曰：「可以託六尺之孤❶，寄百里之命❷者，龐萌是也。」使與蓋延共擊董憲。時詔書獨下延而不及萌，萌以為延譖❸己，自疑，遂反襲延軍，破之。與董憲連和，自號東平王，屯桃鄉❹之北。帝聞之，大怒，自將討萌，與諸將書曰：「吾常[1]以龐萌為社稷之臣，將軍得無笑其言乎！老賊當族❺，其各厲兵馬❻，會睢陽！」

龐萌攻破彭城，將殺楚郡太守孫萌。郡吏劉平❼伏太守身上，號泣請代其死，身被七創。龐萌義而捨之。太守已絕復蘇❽，渴求飲，平傾創血❾以飲之。

岑彭攻拔夷陵，田戎亡入蜀，盡獲其妻子、士眾數萬人。公孫述以戎為翼江王。〇岑彭謀伐蜀，以夾川❿穀少，水險難漕⓫，留威虜將軍馮駿軍江州，都尉田鴻軍夷陵，領軍李玄軍夷道⓬，自引兵還屯津鄉⓭，當荊州要會⓮，喻告諸蠻夷降者，奏封⓯其君長。

夏，四月，旱，蝗。

【章旨】以上為第五段，寫各路漢軍連連告捷，光武帝一紙詔書不慎逼反龐萌，東邊戰局逆轉。

【注釋】❶託六尺之孤　指輔佐幼主。❷寄百里之命　指封為諸侯，託管地方百里的諸侯國。❸譖　誣陷。❹桃鄉　縣名，縣治在今山東東平東。❺族　滅族。❻厲兵馬　即厲兵秣馬，謂磨利兵器，餵飽馬匹。指作好戰爭準備。❼劉平　字子公，楚郡彭城縣人，官至宗正。傳見《後漢書》卷三十九。❽絕復蘇　氣絕後又蘇醒。今謂之休克。絕，斷氣；死去。蘇，蘇醒；活過來。❾傾創血　從傷口擠血。傾，擠盡。❿夾川　沿江河兩岸。川，河流。⓫漕　水道運輸。⓬夷道　縣名，縣治在今湖北宜都。⓭津鄉　江陵縣地名，位於縣治東南，長江北岸，在今湖北江陵東南。⓮當荊州要會　正處於荊州的要衝。當，正在；位於。要會，起通道作用的要地，即交通要衝。江陵縣位於荊州中心地區，南臨長江，是南郡治所。⓯奏封　奏請朝廷封賞。

【校　記】①常　原作「嘗」。據章鈺校，十二行本、乙十一行本、孔天胤本皆作「常」，今據改。

【語　譯】吳漢率領耿弇、王常在平原郡攻擊富平、獲索等賊兵，大獲全勝。又追擊餘部至勃海郡，投降的人有四萬多。光武帝於是下詔命令耿弇征討張步。

平敵將軍龐萌為人謙遜和氣，光武帝很信任喜歡他，經常稱讚他說：「可以輔佐六尺幼主，可以託管地方百里的諸侯國的人，就是龐萌啊。」光武帝派他和蓋延一起進攻董憲。當時詔令只單獨給蓋延而沒有提到龐萌，龐萌以為是蓋延在皇上面前毀謗自己，遂起疑心，於是反叛，襲擊蓋延，大破蓋延軍。又和董憲聯合起來，自稱東平王，在桃鄉以北駐紮。光武帝聽到龐萌叛變，極為憤怒，親自率領大軍討伐龐萌，寫信給將領們，說：「我曾經認為龐萌是個可以託付國家命運的重臣，你們莫非要恥笑我說過的話吧！龐萌這個老賊應當滅族，你們各自厲兵秣馬，會師睢陽！」

龐萌攻下彭城，要殺楚郡太守孫萌。楚郡官吏劉平趴在太守孫萌的身上，大聲哭喊請求代替太守而死，身上被砍七刀。龐萌認為劉平很有義氣，就放了他們。孫萌氣絕後又蘇醒過來，口渴想喝水，劉平從傷口擠盡血液給他喝。

岑彭攻取夷陵縣，田戎逃入蜀郡，岑彭全部俘虜他的妻子、兒女，以及士卒數萬人。公孫述封田戎為翼江王。〇岑彭計劃征討蜀郡，因長江兩岸糧食不足，水流湍急，漕運困難，就留威虜將軍馮駿駐守江州，都尉田鴻駐守夷陵縣，領軍李玄駐守夷道縣，他自己回軍駐守津鄉，位於荊州要衝，告諭安撫那些歸降的蠻夷，並上奏請求封賞他們的頭領。

夏，四月，大旱，蝗災。

隗囂問於班彪曰：「往者周亡，戰國並爭，數世然後定。意者從橫之事復[1]起於今乎？將承運迭興，在於一人也❶？」彪曰：「周之廢興，與漢殊異。昔周爵五等，諸侯從政❷，本根❸既微，枝葉❹彊大，故其末流❺有從橫之事，勢數❻然也。漢承秦制，改立郡縣，主有專己之威❼，臣無百年之柄。至於❽成帝，假借❾外家，哀、平短祚❿，國嗣三絕⓫，故王氏擅朝⓬，能[2]竊號位，危自上起，傷不及下⓭，是以即真⓮之後，天下莫不引領而歎⓯。十餘年間，中外騷擾，遠近俱發，假號雲合⓰，咸稱劉氏，不謀同辭⓱。方今雄桀帶州域⓲者，皆無六國世業⓳之資⓴，而百姓謳吟思仰，漢必復興，已可知矣。」

囂曰：「生㉑言周、漢之勢可也，至於但見愚人習識㉒劉氏姓號之故，而謂漢復興，疏㉓矣！昔秦失其鹿㉔，劉季㉕逐而掎之㉖，時民復知漢乎？」

彪乃為之著王命論以風㉗切㉘之曰：「昔堯之禪㉙舜曰：『天之曆數在爾躬㉚。』舜亦以命禹㉛。洎于稷、契，咸佐唐、虞㉜，至湯、武而有天下。劉氏承堯之祚㉝，堯據火德而漢紹之，有赤帝子之符，故為鬼神所福饗，天下所歸往。

由是言之，未見運世無本，功德不紀[34]，而得屈起[35]在此位者也！俗[36]見高祖興於布衣，不達[37]其故，至比天下於逐鹿，幸捷[38]而得之。不知神器[39]有命，不可以智力求也。悲夫，此世所以多亂臣賊子者也！夫餓饉流隸[40]，飢寒道路，所願[41]不過一金[42]，然終轉死溝壑[43]，何則？貧窮亦有命也。況乎天子之貴，四海之富，神明之祚，可得而妄處[44]哉！故雖遭罹阨會[45]，竊其權柄，勇如信、布[46]，彊如梁、籍[47]，成[48]如王莽，然卒潤鑊伏質[49]，亨醢分裂[50]。又況幺麼[51]尚不及數子，而欲闇奸天位者虖[52]！昔陳嬰之母[53]以嬰家世貧賤，卒富貴不祥，止嬰勿王。王陵之母[54]知漢王必得天下，伏劍而死，以固勉[55]陵。夫以匹婦[56]之明，猶能推事理之致[57]，探禍福之機[58]，而全宗祀[59]於無窮，垂策書於春秋[60]，而況大丈夫之事虖！是故窮達有命[61]，吉凶由人，嬰母知廢，陵母知興，審此二者，帝王之分決[62]矣。加之高祖寬明而仁恕，知人善任使，當食吐哺，納子房之策；拔足揮洗，揖酈生之說；舉韓信於行陳，收陳平於亡命。英雄陳力[63]，羣策畢舉，此高祖之大略[64]所以成帝業也。若乃[65]靈瑞符應[66]，其事甚眾，故淮陰、留侯謂之天授，非人力也。英雄誠知覺寤，超然遠覽，淵然深識[67]，收[68]陵、嬰之明分[69]，絕信、布之覬覦[70]，距逐鹿之瞽說[71]，審神器之有授，毋貪不可冀[72]，為二母[73]之所笑，則福祚流于子孫74，天祿75其永終76矣！」囂不聽。彪遂避地河西77。竇融以為從事，甚禮重78之。彪遂為融畫策，使之專意事漢焉。

【章旨】以上為第六段，寫隗囂不聽班彪勸諫，陰蓄異志。

【注釋】❶意者三句　此三句是說，試想合縱連橫之事是在今天重演呢？還是承受天命改換朝代取決於一人呢？「將……將……」句式，表示選擇關係，意為「是……還是……」。承運，承受天命。迭，更替；輪流。❷從政　參與政事；治理政事。此言周朝的諸侯國各自為政。❸本根　指周王室。❹枝葉　指諸侯國。❺末流　末世。❻勢數　形勢和命運。❼專己之威　獨斷專行的權威。威，威勢；權力。❽至於　到了。❾假借　給予。此指朝政大權掌握在外戚手中。❿哀平短祚　哀帝在位六年，平帝在位五年，所以說「短祚」。⓫國嗣三絕　成、哀、平三帝皆無子，所以說「三絕」。⓬擅朝　獨攬朝政。⓭危自上起二句　意謂危及漢朝劉氏統治的，是上層外戚，而下層民眾並沒有傷害朝廷。⓮即真　由攝政而正式即皇帝位。此指王莽廢漢建新稱帝。⓯引領而歎　伸頸歎氣。用以形容極度失望的樣子。⓰雲合　喻指群聚。⓱不謀同辭　事前沒有商量而意見完全一致。⓲帶州域　擁有一州的地區。帶，領有。⓳世業　世代相傳的事業。⓴資　憑藉；資本。㉑生　「先生」的省稱。㉒習識　熟知。㉓疏　指班彪的看法說漢氏能復興，不切實際。㉔秦失其鹿　失去帝位。語本《史記·淮陰侯列傳》：「秦失其鹿，天下共逐之。」裴駰《集解》引張晏曰：「以鹿喻帝位也。」㉕劉季　劉邦。㉖逐而掎之　意即逐鹿，指爭奪天下。掎，牽；拉。㉗風　通「諷」。微言勸告。㉘切　批評。㉙禪　以帝位讓人。㉚天之曆數在爾躬　語本《論語·堯曰》。天命的運轉到你身上。曆數，運數。爾，你。躬，自身。㉛舜亦以命禹　舜也用這番話讓位給禹。㉜洎于稷契二句　至於后稷、殷契全都輔助唐堯、虞舜。洎，至。稷，姓姬，名棄，周人祖先。堯舜時為主農之官，號后稷。契，商人祖先。堯舜時為司徒，封於商。㉝劉氏承堯之祚　劉邦建漢取得天下，上繼唐堯的國統。此說始於劉向。《漢書·高帝紀》「贊」語引劉向說：「漢帝本系，出自唐帝。」㉞未見運世無本二句　從未見過朝代的繼承沒有根源，功勞恩德不被世人銘記。運，國運。世，繼承。本，本原；根據。不紀，不為人所紀念。㉟屈起　即「崛起」。突起；猝然興起。㊱俗　指一般人。㊲達　通曉。

㊳幸捷　僥倖成功。㊴神器　代表國家政權的實物，如玉璽、寶鼎之類。此借指帝位、政權。㊵流隸　指流亡他鄉的微賤之民。㊶願　希望。㊷金　古代計算貨幣單位名稱。㊸轉死溝壑　意指餓死棄屍在山溝裡。轉，拋棄。壑，山溝；溪谷。㊹妄處　非分享有、據有。㊺遭罹阨會　遭遇厄運。阨會，眾災會合；厄運。㊻信布　韓信、黥布。韓信（?—西元前一九六年），佐助劉邦滅項羽建漢稱帝。傳見《史記》卷九十二與《漢書》卷三十四。黥布（?—西元前一九五年），本名英布，因受黥刑而稱黥布。項羽大將，後投漢封淮南王，謀反誅。傳見《史記》卷九十一與《漢書》卷三十四。㊼梁籍　項梁、項羽。項梁，項羽的叔父。在會稽起兵反秦。後與秦將章邯作戰中兵敗被殺。項羽，名籍，字羽。滅秦的主將，自封西楚霸王，與劉邦爭天下，兵敗自殺。傳見《史記》卷七、《漢書》卷三十一。㊽成　成功；實現。指王莽已建新稱帝。㊾卒潤鑊伏質　卒，終於。潤鑊，受烹刑。鑊，大鍋。伏質，古代有腰斬的死刑，施刑時罪犯裸身伏在砧上，所以稱伏質。這裡用以指被處死。質，通「鑕」。古刑具，腰斬時所用砧板。㊿亨醢分裂　亨，同「烹」。古代用鼎鑊煮人的酷刑。醢，將人剁成肉醬。(51)幺麼　微小。(52)闇奸天位者虖　闇，通「奄」。遽然。奸，竊取。天位，天子之位；帝位。虖，同「乎」。語氣助詞，用於句末。(53)陳嬰之母　秦末，陳嬰起兵，其母勸其投靠項梁，不要稱王。事見本書卷八秦二世二年。(54)王陵之母　項羽欲召王陵為將，扣留王陵之母為人質，陵母自殺以絕項羽之望，激勵陵投劉邦。事見本書卷九高祖元年。(55)固勉　堅定與激勵。(56)匹婦　平民婦女。(57)推事理之致　指能推究深奧微妙的道理。(58)探禍福之機　探求禍福變化的關鍵。(59)全宗祀　保全宗廟祭祀。即謂保全宗族不遭禍難。(60)垂策書於春秋　謂青史留名。垂，流傳。策書，指用以記錄史實的簡冊。春秋，歷史。(61)窮達有命　困頓與顯達均由天命決定。(62)決　指是非判斷就可決定了。(63)陳力　施展才力。(64)大略　宏大的謀略。(65)若乃　至於。(66)靈瑞符應　靈瑞，祥瑞，即吉祥的徵兆。符應，上天顯示的與人事相應的徵兆。(67)淵然深識　見識深遠。(68)收　採取。(69)明分　本分。(70)覬覦　非分的希望。(71)距逐鹿之瞽說　拒絕聽信爭天下是追逐鹿的謬論。距，通「拒」。拒絕。瞽說，胡說；不明事理的言論。(72)冀　希望。(73)二母　指陳嬰、王陵二人的母親。(74)福祚流于子孫　福祿傳給子孫。(75)天祿　天賜的福祿。(76)永終　長久。(77)河西　古代地區名，春秋戰國時指今山西、陝西兩省間黃河南段之西。漢唐時指今甘肅、青海兩省黃河以西，即河西走廊與湟水流域。(78)禮重　禮敬尊重。

【校　記】[1]復　原作「將復」。據章鈺校，十二行本、乙十一行本、孔天胤本皆無「將」字，今據刪。[2]能　據章鈺校，孔天胤本作「因」。

【語 譯】隗囂問班彪：「以前周朝滅亡，戰國群雄並立，互相爭戰，經過幾代紛亂，天下才終於統一。試想，合縱連橫的故事是在今天重演呢？還是承受天命改換朝代取決於一個人呢？」班彪說：「周朝的興亡，和西漢完全不同。從前周朝把爵位分為五等，諸侯國各自為政，作為根本的周王室已衰弱，而作為枝葉的諸侯國勢力卻強盛，所以到了周朝末年出現了合縱連橫之事，這是形勢和命運發展的必然結果。漢朝繼承秦朝的政治制度，改設郡、縣，君主有獨斷專行的權威，而臣子沒有終身的權柄。到漢成帝時，大權給予外戚，漢哀帝、平帝在位時間極短，皇位的合法繼承人三次斷絕，所以王莽獨攬朝政，能篡取皇位，漢政權的危機發生在上層，百姓沒有傷害朝廷，因此王莽正式即帝位後，天下人莫不引頸歎息。十多年間，內擾外亂，遠近都興兵造反，假借名號，群聚起事，全都號稱劉氏，沒有商議而說法相同。現在擁有一州的人，都沒有六國世代創業的資本，而老百姓歌頌、吟詠、思念、仰慕大漢，漢朝必會復興，這已經是顯而易見的了。」

隗囂說：「先生說的周、漢兩朝形勢是對的，但只看見愚昧的老百姓熟知劉氏帝王姓號，就說漢朝會復興，那就不合實際了！從前，秦朝失去政權，劉邦追逐而獲取了它，當時的老百姓也知道漢朝嗎？」

班彪因此撰寫了〈王命論〉，用以諷諫批評隗囂說：「從前，唐堯把帝位禪讓給虞舜的時候說：『天命運轉到你身上了。』虞舜也用這番話讓位給夏禹。至於后稷、殷契都輔佐唐堯、虞舜，直到商湯、周武王而擁有天下。劉邦繼承唐堯帝業，唐堯得到火德，而漢朝把它承襲下來，因而擁有赤帝子的符命，所以受到鬼神的保佑，天下人都歸順劉氏。由此說來，從未見過朝代的繼承沒有根源，功勞恩德不被世人銘記，而能突然取得天子之位的！世俗的人看到劉邦從一介平民登上皇帝的高位，不解其中緣故，以致把得天下比為眾人逐鹿，誰的腿快就僥倖抓住了。卻不知道帝位的取得是有天命的，不是靠智慧和武力可取得的。可悲啊，這就是世上為何有那麼多亂臣賊子的原因！那些遭遇饑荒的流民，在路上挨餓受凍，他們希望的只是一點點錢而已，然而最終還是死在溝壑，這是什麼原因呢？貧窮也是命中註定的。何況天子的尊貴，四海的富裕，神明的賜福，哪是能非分據有的呢！所以國家雖遭厄難，權力被竊取，勇猛如韓信、英布，強悍如項梁、項籍，甚至成功篡奪帝位的王莽，這些人最後還是被烹殺、腰斬、煮成肉醬、五馬分屍。又何況是那些還比不上這幾人的微不足道的小人，卻妄想突然盜竊帝位嗎！從前陳嬰的母親因為陳嬰家世代貧賤，突然獲得富貴不吉祥，就阻止陳嬰稱王。王陵母親知道劉邦一定能得天下，就用劍自殺，以此堅定和鼓勵王陵緊跟劉邦的決心。她們憑普通平民婦女的眼力，還能推究深奧微妙的道理，探知禍福的關鍵，保全宗廟祭祀，她們的姓名事跡被記錄在史書中，更何況大丈夫處事呢！因此貧賤顯達是由天命決定，吉祥凶險則由自己掌握，陳嬰的母親知道誰會滅亡，王陵的母親知道誰會興起，考究這兩個事例，帝王名分的歸屬也就可以決定了。再說劉邦豁達聰明、仁慈寬厚、知人善用，正當吃飯時，劉邦能吐出口裡的飯而接待張良獻策；正在洗腳時，劉邦能立即拔出腳不洗，拱手迎入酈食其聽取他的意見；從士兵隊伍中提拔韓信，把逃亡中的陳平收留重用。於是，英雄豪傑為他施展才力，謀士們為他出謀劃策，這就是劉邦成就帝王大業的宏大謀略。至於說到祥瑞符命和人事相應，這類事情很多，所以淮陰侯韓信、留侯張良說高帝的帝位是上天賜予，不是人的力量。英雄如果有自知之明，高瞻遠矚，見識深遠，採用王陵、陳嬰的思想，謹守自己的本分，拒絕韓信、英布那樣非分的貪圖，拒絕聽信爭天下是追逐逃鹿的謬論，認識到帝位的傳授是上天意旨，不要貪圖不屬於自己的東西，而被陳嬰、王陵的母親所嘲笑，那麼，自己的福祿就能流傳給子孫，天賜的福祿也會永遠享用了！」

隗囂不聽班彪勸告。於是班彪躲避到河西。竇融任命班彪為從事，很尊重他。班彪就替竇融出謀劃策，使竇融專心致志地去侍奉東漢。

初，竇融等聞帝威德，心欲東向，以河西隔遠，未能自通，乃從隗囂受建武正朔。囂皆假❶其將軍印綬。囂外順人望，內懷異心，使辯士張玄❷說融等曰：「更始事已成，尋復亡滅，此一姓❸不再興之效❹也！今即所有❺主，便相係屬❻，一旦拘制❼，自今失柄，後有危敗，雖悔無及。方今豪桀競逐，雌雄未決，當各據土宇，與隴、蜀合從，高可為六國⑧，下不失尉佗⑨。」融等召豪桀議之，其中識者皆曰：「今皇帝姓名見於圖書⑩，自前世博物⑪道術⑫之士谷子雲⑬、夏賀良等皆言漢有再受命之符，故劉子駿⑭改易名字，冀應其占。及莽末，西門君惠謀立子駿，事覺被殺，出謂觀者曰：『讖文不誤，劉秀真汝主也！』此皆近事暴⑮著，眾所共見者也。況今稱帝者數人，而雒陽土地最廣，甲兵最強，號令最明，觀符命而察人事，它姓殆未能當也！」眾議或同或異。

融遂決策東向，遣長史劉鈞等奉書詣雒陽。先是，帝亦發使遺融書以招之，遇鈞於道，即與俱還。帝見鈞歡甚，禮饗畢，乃遣令還，賜融璽書曰：「今益州有公孫子陽，天水有隗將軍。方蜀、漢相攻，權⑯在將軍，舉足左右，便有輕重⑰。以此言之，欲相厚⑱豈有量⑲哉？欲遂立桓、文⑳，輔微國，當勉卒㉑功業。欲三分鼎足㉒，連衡合從㉓，亦宜以時定㉔。天下未并㉕，吾與爾絕域㉖，非相吞之國。今之議者，必有任囂㉗教尉佗制七郡之計㉘。王者有分土㉙，無分民㉚，自適㉛己事而已。」因授融為涼州牧。璽書至河西，河西皆驚，以為天子明見萬里之外。

【章旨】以上為第七段，寫竇融興起於河西，善識時務，納班彪之言，歸附光武帝。

【注釋】❶假 授予。❷張玄 辯士名，後為梁統派人刺殺。❸一姓 指劉姓。❹效 證明。❺所有 《後漢書・竇融傳》作「有所」。❻係屬 隸屬。❼拘制 管束；挾制。❽高可為六國 好的結果是可以成為像戰國時的諸侯。❾尉佗 （？—西元前一三七年）秦漢之際真定縣（今河北正定東南）人，本姓趙，秦時為南海郡龍川縣令，秦末行南海尉事，稱尉佗。秦亡，趁內地動亂之機，自立為南越王。劉邦建漢，立佗為南越王。事見《史記・南越列傳》。❿圖書 指圖讖。讖文〈河圖赤伏符〉：「劉秀發兵捕不道。」⓫博物 通曉眾物。⓬道術 道德學術。⓭谷子雲 即谷永。永字子雲。⓮劉子駿 即劉歆。歆字子駿，後為應驗〈河圖赤伏符〉的讖文，改名秀，字穎叔。⓯暴 顯示。⓰權 權柄。此言主動權掌握在竇融手中。⓱舉足左右二句 左右，指蜀、漢。此言竇融支持哪一方，對時局舉足輕重。⓲厚 指情意深厚，出力相助。⓳量 限量；止境。⓴桓文 指春秋齊桓公、晉文公。㉑勉卒 努力完成。㉒三分鼎足 指一分為三，如鼎足並立。㉓連衡合從 戰國時，張儀說各諸侯國共事秦，稱連衡；蘇秦說各諸侯國聯合拒秦，稱合從。㉔以時定 根據時勢決定。㉕并 統一。㉖絕域 極遠的地區。㉗任囂 秦朝南海郡尉，秦二世時病死。死前對尉佗說：南海僻遠，負山阻海，東西數千里，可以立國。囂死，佗行南海尉事，不久自稱南越王。㉘制七郡之計 制，控制；佔據。七郡，指蒼梧、鬱林、合浦、交趾、九真、南海、日南等七郡。囂、佗時尚未設置七郡，光武是依據後來在南越地區所置七郡而言。㉙分土 分封土地。㉚無分民 古時分封土地，其地居民仍是天子之民，受封者仍是天子之臣，不允許有割據政權存在。㉛適 滿足；安於。

【語譯】當初，竇融等人得知光武帝的聲威仁德，心裡就想歸順他，因河西與洛陽相隔遙遠，自己未能直接來往，就從隗囂那裡接受建武的年號和曆法。隗囂賜予他將軍印章綬帶。隗囂表面上順應眾望，實際上懷有異心，他派說客張玄勸竇融等人說：「劉玄的大業已成，但不久又滅亡，這是劉氏不能再興的證明！如今就認定已有了君主，便去隸屬，一旦被挾制，自己就會失去權力，以後遇到危急禍敗，後悔就來不及了。當今英雄豪傑相互競爭，勝負未定，我們應當各自佔據領土，和隴西隗囂、西蜀公孫述合縱并力，成則為戰國時代的六國，不成也能像南海尉佗。」竇融等人召集豪傑們商議此事，其中有卓識的人都說：「當今皇帝劉秀的姓名見於圖讖，前輩博通眾物的道德學術大師谷子雲、夏賀良等都說漢朝有再次接受天命的符命，所以劉歆改名為劉秀，希望能應驗。等到王莽末年，西門君惠出謀要擁立劉歆做皇帝時，事敗被殺，西門君惠在被綁赴刑場的途中，對圍觀的群眾說：『讖書記載的不錯，劉秀真是你們的君主！』這都是最近的事，明擺著的，人所共見。何況當今幾個人稱帝，而劉秀擁有土地最多，兵力最強，紀律最嚴，觀看符命，考察人事，其他姓氏的人恐怕不能和他相提並論！」大家意見不一，有的贊同，有的反對。

竇融於是決策歸順劉秀，派長史劉鈞等人帶著書信前往洛陽。在這之前，光武帝也派出使臣給竇融送信招撫，使臣在途中碰到劉鈞，就和劉鈞一起返回洛陽。光武帝見到劉鈞極為高興，禮待宴饗完了，便讓劉鈞回去，賜給竇融加蓋皇帝印章的文書，說：「如今益州有公孫述，天水有隗囂將軍。當蜀、漢兩方爭戰時，主動權掌握在將軍手中，將軍的腳跟左轉則蜀重，向右轉則漢重。由此說來，將軍想要出力相助，豈有止境？將軍想要建立像齊桓公、晉文公的霸業，輔助微弱的漢朝，就應當努力完成。要想三分天下，形成鼎立的局面，是連橫或合縱，也應早作決定。天下沒有統一，我和你距離遙遠，不是要互相吞併的國家。現今討論形勢的人，一定會提出效法任囂教導尉佗控制七郡那樣的計謀。君王可以分封割土，但不能分割人民，只做適宜自己的事罷了。」於是任命竇融為涼州牧。詔書到達河西，河西官員都感到震驚，認為天子能明察萬里之外的事情。

朱祜急攻黎丘，六月，秦豐窮困出降。轞車❶送雒陽。吳漢劾祜廢詔命，受豐降。上誅豐，不罪祜。

董憲與劉紆、蘇茂、佼彊去下邳，還蘭陵，使茂、彊助龐萌圍桃城❷。帝時幸蒙❸，聞之，乃留輜重，自將輕兵晨夜馳赴。至亢父❹，或言百官疲倦，可且止宿。上不聽，復行十里，宿任城❺，去桃城六十里。旦日，諸將請進，龐萌等亦勒兵挑戰。帝令諸將不得出，休士養銳以挫其鋒。時吳漢等在東郡，馳使召之❻。萌等驚曰：「數百里晨夜行，以為至當戰，而堅坐❼任城，致人❽城下，真不可往也！」乃悉兵攻桃城。城中聞車駕至，眾心益固。萌等攻二十餘日，眾疲困，不能下。吳漢、王常、蓋延、王梁、馬武、王霸等皆至，帝乃率眾軍進救桃城，親自搏戰❾，大破之。龐萌、蘇茂、佼彊夜走從董憲。

秋，七月丁丑❿，帝幸沛，進幸湖陵。董憲與劉紆悉其兵數萬人屯昌慮⓫，憲招誘五校餘賊，與之拒守建陽⓬。帝至蕃⓭，去憲所百餘里，諸將請進。帝不聽，知五校乏食當退，敕各堅壁以待其敝。頃之⓮，五校果引去。帝乃親臨，四面攻憲，三日，大破之。佼彊將其眾降，蘇茂奔張步，憲及龐萌走保郯。八月己酉⓯，帝幸郯，留吳漢攻之，車駕轉徇彭城、下邳。吳漢拔郯，董憲、龐萌走保朐⓰。劉紆不知所歸，其軍士高扈斬之以降。吳漢進圍朐。

冬，十月，帝幸魯⓱。

【章旨】以上為第八段，寫漢兵滅秦豐，破董憲。

【注釋】❶轞車　即檻車，囚車。❷桃城　桃鄉縣城。❸蒙　縣名，縣治在今河南商丘東北。❹亢父　縣名，縣治在今山東濟寧南。❺任城　縣名，縣治在今山東濟寧東南。❻馳使召之　派人飛速去徵調吳漢。❼坐　拒守。❽致人　招人。此言把人引到城下。❾搏戰　拼搏戰鬥。❿丁丑　七月初四日。⓫昌慮　縣名，縣治在今山東滕州東南。⓬建陽　縣名，縣治在今山東棗莊西南。⓭蕃　縣名，縣治在今山東滕州。⓮頃之　過了不久。⓯己酉　八月初六日。⓰朐　縣名，縣治在今江蘇連雲港市西南。⓱魯　王國名，治所在今山東曲阜。

【語譯】朱祜緊急攻打黎丘城，六月，秦豐困窘出城投降。朱祜用囚車把秦豐送到洛陽。吳漢彈劾朱祜違背詔令，接受秦豐歸降。皇上殺了秦豐，不加罪朱祜。

董憲和劉紆、蘇茂、佼彊離開下邳郡，返回蘭陵縣，派蘇茂、佼彊協助龐萌圍攻桃城。光武帝這時臨幸蒙縣，聽到消息，就留下輜重，親自率領輕裝部隊，連夜奔赴救援。抵達亢父縣時，有人說官員們都很疲倦，可暫且停留住宿。光武帝不同意，又走了十里路，住宿在任城，距離桃城還有六十里。第二天，眾將領請求進軍，龐萌等也指揮軍隊挑戰。光武帝命令眾將領不得出城迎戰，休整軍隊，養精蓄銳，以便挫傷敵軍的銳氣。當時吳漢等人在東郡，光武帝迅速派使者把他們召來。龐萌等人吃驚地說：「數百里路程日夜兼行，以為到達之後會立即投入戰鬥；可是卻堅守任城，吸引我們城下，絕對不能前往！」於是龐萌全力去攻打桃城。桃城裡的軍民聽說皇上到達，軍心更加堅定。龐萌等人攻打二十多天，將士已疲憊不堪，桃城仍未攻下。吳漢、王常、蓋延、王梁、馬武、王霸等都抵達，光武帝才率領各路大軍救援桃城，親自搏戰，大破龐萌軍。龐萌、蘇茂、佼彊連夜逃跑，投奔董憲。

秋，七月初四日丁丑，光武帝幸臨沛縣，前行到湖陵縣。董憲和劉紆集合全部人馬數萬人駐守昌慮縣，董憲招撫引誘五校殘兵，幫他們駐守建陽縣。光武帝率領大軍到達蕃縣，距離董憲駐地只有百餘里，眾將領請求進攻；光武帝不同意，他得知五校軍缺少糧食，必然撤退，命令各路大軍堅守營壘等待敵軍疲困。不久，五校軍果然撤退。光武帝親臨戰場，從四面圍攻董憲，三天，大敗董憲。佼彊率領他的部眾歸降，蘇茂投奔張步，董憲和龐萌逃到郯縣駐守。八月初六日己酉，光武帝到達郯縣，留下吳漢圍攻郯縣，自己率領大軍轉戰彭城、下邳。吳漢攻下郯縣，董憲、龐萌逃到朐縣駐守。劉紆不知逃往何處，他的部屬高扈殺死了他，然後歸降。吳漢進軍包圍朐縣。

冬，十月，光武帝幸臨魯縣。

張步聞耿弇將至，使其大將軍費邑軍歷下❶，又令兵屯祝阿❷，別於泰山、鍾城❸[1]列營數十以待之。弇渡河，先擊祝阿，自旦攻城，未中[2]而拔之。故開圍一角，令其眾得奔歸鍾城。鍾城人聞祝阿已潰，大恐懼，遂空壁亡去。

費邑分遣弟敢守巨里❹。弇進兵先脅❺巨里，嚴令軍中趣修攻具，宣敕❻諸部，後三日當悉力攻巨里城。陰緩❼生口❽，令得亡歸，以弇期告邑。邑至日，果自將精兵三萬餘人來救之。弇喜，謂諸將曰：「吾所以修攻具者，欲誘致❾之耳。野兵❿不擊，何以城為⓫！」即分三千人守巨里，自引精兵上⓬岡阪⓭，乘高合戰⓮，大破之，臨陳斬邑。既而收首級以示城中，城中兇懼⓯。費敢悉眾亡歸張步。弇復收其積聚，縱兵擊諸未下者，平四十餘營，遂定濟南。

時張步都劇，使其弟藍⓰將精兵二萬守西安⓱，諸郡太守合萬餘人守臨菑，相去四十里。弇進軍畫中⓲，居二城之間。弇視西安城小而堅，且藍兵又精。臨菑名雖大而實易攻，乃敕諸校⓳後五日會攻西安。藍聞之，晨夜警守。至期，夜半，弇敕諸將皆蓐食⓴，會明，至臨菑城。護軍荀梁等爭之，以為「攻臨菑，西安必救之，攻西安，臨菑不能救，不如攻西安。」弇曰：「不然，西安聞吾欲攻之，日夜為備，方自憂，何暇救人！臨菑出不意而至，必驚擾，吾攻之一日，必拔。拔臨菑，即西安孤，與劇隔絕，必復亡去，所謂『擊一而得二』者也。若先攻西安，不能卒下，頓㉑兵堅城，死傷必多。縱㉒能拔之，藍引軍還奔臨菑，并兵合勢，觀人虛實。吾深入敵地，後無轉輸，旬月[3]之間，不戰而困矣。」遂攻臨菑。半日，拔之，入據其城。張藍聞之，懼，遂將其眾亡歸劇。

弇乃令軍中無得虜掠，須㉓張步至乃取之，以激怒步。步聞，大笑曰：「以尤來、大彤十餘萬眾，吾皆即其營而破之。今大耿㉔兵少於彼，又皆疲勞，何足懼乎！」乃與三弟藍、弘、壽㉕及故大彤渠帥重異㉖等兵號二十萬，至臨菑大城東，將攻弇。弇上書曰：「臣據臨菑，深塹高壘㉗。張步從劇縣來攻，疲勞飢渴。欲進，誘而攻之；欲去，隨而擊之。臣依營而戰，精銳百倍，以逸待勞，以實擊虛，旬日之間，步首可獲。」於是弇先出菑水㉘上，與重異遇。突騎欲縱，弇恐挫其鋒，令步不敢進，故示弱以盛㉙其氣，乃引歸小城，陳兵於內，使都尉劉歆㉚、泰山太守陳俊分陳於城下。步氣盛，直攻弇營，與劉歆等合戰。弇升王宮壞臺㉛望之，視歆等鋒交，乃自引精兵以橫突㉜步陣於東城下，大破之。飛矢㉝中弇股㉞，以佩刀截之，左右無知者。至暮，罷。弇明日復勒兵出。

是時帝在魯，聞弇為步所攻，自往救之。未至，陳俊謂弇曰：「劇虜兵盛，可且閉營休士，以須上來。」弇曰：「乘輿且到，臣子當擊牛[35]、釃酒[36]以待百官，反欲以賊虜遺君父邪！」乃出兵大戰。自旦及昏，復大破之，殺傷無數，溝塹皆滿。弇知步困將退，豫[37]置左右翼為伏以待之。人定[38]時，步果引去，伏兵起縱擊[39]，追至鉅昧水[40]上，八九十里，僵尸相屬[41]，收得輜重二千餘兩[42]。步還劇，兄弟各分兵散去。

後數日，車駕至臨菑，自勞軍，羣臣大會。帝謂弇曰：「昔韓信破歷下[43]以開基[44]，今將軍攻祝阿以發迹[45]，此皆齊之西界，功足相方[46]。而韓信襲擊已降，將軍獨拔勍敵[47]，其功又難於信也[48]。又，田橫亨酈生，及田橫降，高帝詔衛尉[49]不聽[50]為仇。張步前亦殺伏隆，若步來歸命[51]，吾當詔大司徒[52]釋其怨，又事尤相類也。將軍前在南陽[53]，建此大策，常以為落落難合[54]，有志者事竟成也！」帝進幸劇。

耿弇復追張步，步奔平壽[55]，蘇茂將萬餘人來救之。茂讓步曰：「以南陽兵精，延岑善戰，而耿弇走之[56]，大王柰何就攻其營？既呼茂，不能待邪！」步曰：

「負負㊼，無可言者！」帝遣使告步、茂，能相斬降者，封為列侯。步遂斬茂，詣耿弇軍門肉袒降。弇傳詣行在所，而勒兵入據其城，樹十二郡旗鼓，令步兵各以郡人詣旗下，眾尚十餘萬，輜重七千餘兩，皆罷遣歸鄉里。張步三弟各自繫所在獄，詔皆赦之，封步為安丘侯，與妻子居雒陽。○於是琅邪未平，上徙陳俊為琅邪太守。始入境，盜賊皆散。

耿弇復引兵至城陽，降五校餘黨，齊地悉平，振旅還京師。弇為將，凡所平郡四十六，屠城三百，未嘗挫折焉。

【章旨】以上為第九段，寫耿弇用兵如神，以少擊眾，百戰百勝，擊降張步，齊地悉平。

【注釋】❶歷下 歷城縣地名，其地在今山東歷城。❷祝阿 縣名，縣治在今山東齊河縣東南。❸鐘城 地名，今地不詳。❹巨里 歷城縣村鎮名。❺脅 威逼。❻宣敕 發布命令。❼陰緩 暗地裡放鬆看管。❽生口 指俘虜。❾誘致 引誘敵人到來。❿野兵 在野外的部隊。⓫何以城為 攻城幹什麼呢。此言圍城的目的正是為了攻打來援之敵。⓬上 登上。⓭岡阪 較陡的山坡。⓮合戰 交戰。⓯兇懼 非常恐懼；驚擾不安。⓰藍 張藍。張步弟，步以為玄武大將軍。建武五年（西元二九年）戰敗降。八年隨張步叛逃，被殺。⓱西安 縣名，縣治在今山東桓臺東。⓲畫中 西安縣地名，其地在縣治東南，位於臨淄與西安之間。⓳校 營壘。軍隊一部一個營壘，所以稱軍隊的一部為一校。諸校，諸營；各部。⓴蓐食 早晨還未到起床時就早早進食。蓐，草席。軍隊常用褥席以為躺臥之具。㉑頓 停留。㉒縱 即使。㉓須 等待。㉔大耿 耿弇為況長子，所以稱大耿。㉕三弟藍弘壽 張步的三個弟弟，張藍、張弘、張壽。弘，張弘。張步弟，步以為衛將軍。建武五年（西元二九年）戰敗降，八年隨張步叛逃，被殺。壽，張壽。張步弟，步以為高密太守。㉖重異 渠帥名。㉗深塹高壘 深挖溝，高築牆，構築牢固的防禦工事。塹，壕溝。壘，軍壘，指作戰的防禦工事。㉘菑水 河流名，源出山東萊蕪，東北流至臨淄東，然後北流，合小清河，注入渤海。㉙盛　大。此言使其志盛氣傲。㉚劉歆　字細君，鉅鹿郡昌城縣人，初與從弟劉植歸光武，為偏將軍，後為騎都尉、驍騎將軍，封浮陽侯。㉛王宮壞臺　臨淄本為齊國都城，此指原齊王宮中的壞臺。㉜橫突　猛烈衝擊。㉝飛矢　流矢，即飛來的箭。㉞股　大腿。㉟擊牛　殺牛。㊱釃酒　斟酒。㊲豫　事先作準備。㊳人定　時辰名，古代一日分為十二時辰，每一時辰相當於今天的兩小時。今天的二十一時至二十三時為亥時，又稱人定。㊴縱擊　追擊。㊵鉅昧水　河流名，自南向北流經劇縣西。㊶相屬　相連接。㊷兩　古「輛」字。一車為一輛。㊸韓信破歷下　事見本書卷十高祖四年。㊹開基　開創基業。㊺發迹　指立功揚名。㊻相方　相比。方，比擬。㊼勍敵　強敵。㊽功又難於信也　此言耿弇的功勞比西漢功臣韓信更艱難。㊾衛尉　指酈商。商是食其弟，時為衛尉。㊿不聽　不允許。劉邦為使田橫前來歸降，詔商不得報烹兄之仇。(51)歸命　歸順。(52)大司徒　指伏湛。湛是隆的父親，時為大司徒。(53)將軍前在南陽　此指建武三年冬十月，弇隨光武到舂陵，自請「東攻張步，以平齊地」。(54)落落難合　迂闊不切實際，難以成功。落落，迂闊。合，成功。(55)平壽　縣名，縣治在今山東濰坊西南。(56)走之　使之敗逃。走，使動用法。(57)負負　非常慚愧。

【校　記】[1]鐘城　原作「鍾城」。據章鈺校，十二行本、乙十一行本、孔天胤本皆作「鐘城」，今據改。下同。[2]未中　原作「日未中」。據章鈺校，十二行本、乙十一行本皆無「日」，今據刪。[3]月　張敦仁《通鑑刊本識誤》作「日」。

【語　譯】張步聽說耿弇將要來到，派大將軍費邑駐守歷下城，又派軍隊駐守祝阿縣，另外在泰山、鐘城布列數十個營堡等待耿弇軍。耿弇渡過黃河，首先攻打祝阿縣，早上開始攻城，還沒有到中午就攻下了。耿弇故意留下一個缺口，讓殘兵逃回鐘城。鐘城人聽說祝阿縣已經陷落，非常恐懼，於是棄城逃走。

　張步的大將費邑分派他的弟弟費敢駐守巨里聚。耿弇進軍先威脅巨里聚，嚴令軍隊盡快整治好攻城工具，宣令全軍，三天後要全力攻打巨里城。耿弇暗中放鬆對俘虜的看管，讓他們逃回去，把耿弇攻城日期告訴費邑。到第三天，費邑果然親率精軍三萬餘人來救援。耿弇很高興，對將領們說：「我要大家準備好攻城的工具，就是想引誘他們到來。在野外的部隊不擊破，攻城幹什麼！」耿弇當即分兵三千人圍住巨里聚，親自統率精兵登上陡坡，居高臨下與費邑展開激戰，大敗費邑軍，在陣前斬了費邑。接著拿來他的頭向城裡示眾，城中恐懼騷動。費敢率領全軍逃奔張步。耿弇又搜取費敢丟下的積蓄，全線攻打那些沒有歸降的營壘，掃平四十餘座，於是平定了濟南郡。

當時張步以劇縣為都城，派弟弟張藍率領二萬名精兵駐守西安縣，各郡太守集合一萬餘人駐守臨淄縣，兩地相距四十里。耿弇進軍到達畫中邑，位居西安和臨淄之間。耿弇看到西安城小但堅固，張藍的軍隊又精銳。臨淄縣名氣雖大，實際上卻容易攻下，於是，便命令各軍營五天後集中進攻西安縣。張藍聽到這個消息，日夜警戒防守。到了預定進攻日期，半夜裡，耿弇命令各將領集合軍士早早吃飯，天一亮，就趕到臨淄城。護軍荀梁等人與耿弇爭辯，認為「進攻臨淄縣，西安縣必來救援，進攻西安縣，臨淄縣不能救援，還不如進攻西安縣。」耿弇說：「錯了。西安那邊聽說我們要去攻打它，日夜防備，正在憂慮自己的安全，哪有閒功夫去救別人！我軍出其不意攻打臨淄縣，他們必定驚慌失措，我們攻打一天，必定能破城。攻陷了臨淄，西安縣就孤立了，西安縣和劇縣的交通也被我軍切斷，西安縣的守軍就會棄城而逃，這就是所說的『攻打一座城而得兩座城』的道理。如果先攻打西安縣，不能很快攻下，軍隊停頓在堅固的城下，傷亡必然很多。即使攻取城池，張藍率軍逃回臨淄，兩地軍隊會合，再探察我們的虛實。我們深入敵地，後面缺乏補給，不用一個月，不戰就已疲困不堪了。」於是耿弇決定進攻臨淄，只花了半天時間，就攻佔了臨淄城。張藍聽到這個消息，十分害怕，就率領他的軍隊逃回劇縣。

耿弇命令軍隊不得擄掠，等張步到來時才掠取財物，以此激怒張步。張步得知，大笑說：「憑著尤來、大彤十餘萬軍隊，我全都到他們的軍營打敗他們。如今耿弇的軍隊比他們還少，又都疲勞，有什麼可怕的！」便和他的三個弟弟張藍、張弘、張壽以及前大彤軍首領重異等合兵，號稱二十萬，抵達臨淄大城東邊，準備進攻耿弇。耿弇上書說：「我軍佔領臨淄縣城，挖深溝，築高牆；張步從劇縣來攻打我軍，疲勞飢渴。如果他前進，我就引誘他攻城而後反攻；如果他撤退，我就尾隨追擊。我軍依靠堅固的營堡作戰，比對方強百倍，以逸待勞，以實攻虛，十天之間，可以獲得張步首級。」於是，耿弇率軍先到菑水河邊，與重異相遇。騎兵突擊隊希望放手作戰，耿弇害怕挫傷敵軍的鋒芒，使張步不敢前進，所以外示弱小而使敵人志盛氣傲，退軍回到臨淄小城，把軍隊布置在城內，派都尉劉歆、泰山郡太守陳俊分別在城下布陣。張步士氣旺盛，直接進攻耿弇的軍營，同劉歆等人交戰。耿弇登上故齊國宮中殘破的高臺觀望，看見劉歆等同張步交戰，就親自率領精銳部隊，在東城下猛烈衝擊張步的軍隊，大敗張步軍。流箭射中耿弇大腿，耿弇抽出佩刀把它砍斷，身邊無人知道他受傷。到了黃昏，收兵。第二天早晨，耿弇又率軍出戰。

這時，光武帝在魯城，得知耿弇被張步攻擊，親自前去救援。沒有到達，陳俊對耿弇說：「劇縣敵人士氣旺盛，我們可暫且關閉軍營，休養士卒，等待皇上駕到。」耿弇說：「皇上將到，我們臣子應當殺牛、斟酒來接待文武百官，怎麼反而要把敵人留給國君去征伐呢！」於是出兵大戰。從早晨到黃昏，又大破張步，張步軍傷亡無數，屍體都填滿了水溝深壕。耿弇知道張步被困即將撤退，就預先設置伏兵在左右兩翼以等待張步軍。夜裡亥時，張步果真率軍離去，兩邊伏兵突起，縱兵攻擊，一直追到鉅昧水附近，達八、九十里，屍體相連，繳獲張步的輜重車二千餘輛。張步逃回劇縣，兄弟各自分兵散去。

幾天之後，光武帝到達臨淄縣，親自慰勞軍隊，大會群臣。皇上對耿弇說：「從前韓信攻破歷下城，替漢朝開創了基業，今天你攻下祝阿縣，立功揚名，這些地方都是故齊國的西界，你們的功勞足以相比。但是韓信襲擊的是已歸降的軍隊，而將軍獨自打敗強勁敵人，這功勞比韓信來得更艱難。此外，田橫烹殺了酈食其，等到田橫歸降時，高帝下詔酈食其弟衛尉酈商不准報仇。張步以前也曾殺了伏隆，如果張步來歸順，我也應下詔給伏隆的父親大司徒伏湛消除仇恨，這又是極相似的兩件事。將軍先前在南陽提出平齊的大策，我曾經以為迂闊不切實際，難以成功，事實說明有志者事竟成呵！」光武帝親臨劇縣。

耿弇又追擊張步，張步逃到平壽縣，蘇茂率領一萬餘人前來救他。蘇茂責備張步說：「因為耿弇的南陽部軍精銳，延岑善戰，也被耿弇趕跑了，大王您為什麼要前去攻擊耿弇的營地呢？您既然呼叫我，為何不能多等一下呢！」張步說：「慚愧慚愧，沒有可說的！」光武帝派使者告訴張步、蘇茂，誰殺了對方而來降，就封為列侯。於是張步殺了蘇茂，到耿弇軍營門前，袒露上身歸降。耿弇用驛車把張步送到光武帝那裡，自己率軍進駐平壽縣城，立起十二個郡的旗幟、鼓吹，命令張步的部隊各自按籍貫集合在本郡的旗下，張步軍隊還有十餘萬，輜重七千餘車，都遣散回鄉。張步的三位弟弟各自囚禁在所在地的監獄，光武帝下詔全都赦免，封張步為安丘侯，讓他和妻子兒女住在洛陽。〇這時，琅邪郡沒有平定。光武帝改任陳俊為琅邪郡太守。陳俊剛到郡，盜賊就全都離散。

耿弇又率軍抵達城陽郡，收降五校軍的殘部，齊地全部平定，耿弇得勝返回京師。耿弇作為將領，一共平定四十六個郡，屠城三百座，沒有失敗過。

初起太學❶。車駕還宮，幸太學，稽式古典❷，脩明❸禮樂，煥然❹文物❺可觀矣！

十一月，大司徒伏湛免，以侯霸為大司徒。霸聞太原閔仲叔❻之名而辟之，既至，霸不及❼政事，徒勞苦❽而已。仲叔恨曰：「始蒙嘉命❾，且喜且懼❿。今見明公，喜懼皆去⓫。以仲叔為不足問邪？不當辟也。辟而不問，是失人也！」遂辭出，投劾⓬而去。

初，五原人李興⓭、隨昱⓮、朔方人田颯⓯、代郡人石鮪、閔堪⓰各起兵自稱將軍。匈奴單于遣使與興等和親⓱，欲令盧芳還漢地為帝。興等引兵至單于庭迎芳。十二月，與俱入塞，都九原縣⓲。掠有五原、朔方、雲中、定襄⓳、鴈門五郡，並置守、令，與胡通[1]兵侵苦北邊。

馮異治關中，出入⓴三歲，上林㉑成都㉒。人有上章言：「異威權至重，百姓歸心，號為咸陽王。」帝以章示異。異惶懼，上書陳謝。詔報曰：「將軍之於國家，義為君臣，恩猶父子，何嫌何疑，而有懼意！」

【章　旨】以上為第十段，寫盧芳勾結匈奴割據西北邊地，以及馮異粗定關中。

【注　釋】❶太學　古代設在京城的國家最高學府。❷稽式古典　取法古制。稽式，取法。❸脩明　闡明。❹煥然　明顯的樣子。❺文物　指禮樂制度。❻閔仲叔　名貢，仲叔是其字，太原郡人，後未出仕。老年貧病，以壽終。❼不及　不使參與。及，參與。❽徒勞苦　只是慰勞旅途的辛苦。❾嘉命　敬指對方之命。❿且喜且懼　為得召而喜，擔心有負嘉命而懼。⓫去　拋棄；去掉。⓬投劾　呈遞彈劾自己的狀文。此為古代棄官的一種方式。⓭李興　入匈奴迎盧芳為帝，芳以興為五原太守，後為芳所殺。⓮隨昱　盧芳稱帝，以昱為將軍。後降漢，為五原太守，封鐫胡侯。⓯田颯　盧芳為帝，以颯為朔方太守。後降漢，任舊職。⓰閔堪　入匈奴迎盧芳為帝，後隨芳降，芳立為代王，堪為代國相。⓱和親　彼此結成友好親善的關係。⓲九原縣　縣名，縣治在今內蒙古包頭西。⓳定襄　郡名，治所在今山西左雲西。⓴出入　前後。㉑上林　指上林苑。㉒成都　成為都市。此言前往歸附的人很多。

【校　記】①通　原無此字。據章鈺校，十二行本、乙十一行本、孔天胤本皆有此字，張敦仁《通鑑刊本識誤》、張瑛《通鑑校勘記》同，今據補。

【語　譯】東漢朝廷開始興建太學。皇上車駕回到洛陽宮，親臨太學，取法古制，闡明禮樂，典章制度煥然一新。

十一月，大司徒伏湛免職，任命侯霸為大司徒。侯霸聽說太原人閔仲叔的名聲顯赫，就徵召他來洛陽，閔仲叔到洛陽後，侯霸不讓他參與政事，只是慰勞他旅途中的辛苦。閔仲叔後悔說：「剛接到徵召的嘉命，既高興又擔憂。今天見到你，高興擔憂都沒了。是認為我閔仲叔不值得詢問嗎？那就不應徵召。既然徵召卻不問政事，這是錯徵召了人！」於是告辭出來，呈遞彈劾自己的狀文，離開了洛陽。

當初，五原人李興、隨昱，朔方人田颯，代郡人石鮪、閔堪各自起兵，自稱將軍。匈奴單于派人同李興等人結好，還想讓盧芳返回中國當皇帝。李興等率軍到單于王庭迎接盧芳。十二月，盧芳和李興一起進入邊塞，建都九原縣。掠取五原、朔方、雲中、定襄、雁門五郡，並設置郡守、縣令，與匈奴聯合軍隊侵掠殘害北部邊境。

馮異治理關中地區，前後三年，上林苑成為了都市。有人上奏說：「馮異聲威權力極大，人心歸依，號稱咸陽王。」光武帝把奏章出示給馮異看。馮異惶恐，上書認罪。光武帝下詔書回覆說：「將軍對於國家，在道義上是君臣，在恩情上如同父子，為什麼要猜疑而害怕呢！」

隗囂矜己❶飾智❷，每❸自比西伯❹，與諸將議欲稱王。鄭興曰：「昔文王三分天下有其二，尚服事殷；武王八百諸侯不謀同會，猶還兵待時❺；高帝征伐累年，猶以沛公行師❻。今令德❼雖明，世無宗周❽之祚，威略❾雖振❿，未有高祖之功。而欲舉未可之事，昭速⓫禍患，無乃不可乎！」囂乃止。後又廣置職位⓬以自尊高，鄭興曰：「夫中郎將、太中大夫、使持節官，皆王者之器⓭，非人臣所當制⓮也。無益於實，有損於名，非尊上之意也。」囂病⓯之而止。

時關中將帥數上書言蜀可擊之狀，帝以書示囂，因使擊蜀以效⓰其信。囂上書，盛言⓱三輔單弱，劉文伯⓲在邊，未宜謀蜀。帝知囂欲持兩端⓳，不願天下統一，於是稍黜其禮⓴，正君臣之儀。帝以囂與馬援、來歙相善，數使歙、援奉使往來，勸令入朝，許以重爵[21]。囂連遣使，深持謙辭，言無功德，須四方平定，退伏閭里[22]。帝復遣來歙說囂遣子入侍，囂聞劉永、彭寵皆已被滅，乃遣長子恂[23]隨歙詣闕。帝以為胡騎校尉[24]，封鐫羌侯。

鄭興因恂[25]求歸葬父母，囂不聽，而徙興舍，益其秩禮[26]。興入見曰：「今為父母未葬，乞骸骨。若以增秩徙舍，中更[27]停留，是以親為餌[28]也，無禮甚矣，將軍焉用之！願留妻子獨歸葬，將軍又何猜[29]焉！」囂乃令與妻子俱東。馬援亦將家屬隨恂歸雒陽，以所將賓客猥多[30]，求屯田上林苑中。帝許之。

囂將王元以為天下成敗未可知，不願專心內事，說囂曰：「昔更始西都，四方響應，天下喁喁[31]，謂之太平。一旦壞敗，將軍幾無所厝[32]。今南有子陽，北有文伯，江湖海岱[33]，王公十數，而欲牽[34]儒生[35]之說，棄千乘[36]之基，羈旅[37]危國[38]以求萬全，此循覆車之軌者也。今天水完富，士馬最彊，元請以一丸泥[39]為大王東封函谷關，此萬世一時也。若計不及此，且畜養士馬，據隘自守，曠日持久，以待四方之變。圖王不成，其敝[40]猶足以霸。要之[41]，魚不可脫[42]於淵，神龍失勢，與蚯蚓同！」囂心然[43]元計，雖遣子入質，猶負其險阨[44]，欲專制方面。

申屠剛諫曰：「愚聞人所歸者天所與；人所畔者天所去也。本朝誠天之所福，非人力也。今璽書數到，委國㊺歸信㊻，欲與將軍共同吉凶。布衣相與㊼，尚有沒身不負然諾之信㊽，況於萬乘㊾者哉！今何畏何利㊿，而久疑若是？卒有非常之變(51)，上負忠孝，下愧當世。夫未至豫言(52)，固常為虛(53)。及其已至，又無所及(54)。是以忠言至諫(55)，希得為用(56)，誠願反覆(57)愚老(58)之言！」囂不納，於是游士(59)長者稍稍去之。

【章　旨】以上為第十一段，寫鄭興繼班彪之後勸諫隗囂歸順朝廷。光武帝也多次遣使招撫，隗囂不聽，陽奉陰違，聽王元之言，圖謀割據。

【注　釋】❶矜己　炫耀自己。❷飾智　粉飾智慧，指施耍心計以弄巧設詐。❸每　常常。❹西伯　指周文王。❺武王八百諸侯不謀同會二句　《史記·周本紀》：周武王即位九年，東觀兵，至於盟津，「不期而會盟津者八百諸侯。諸侯皆曰：『紂可伐矣。』武王曰：『女未知天命，未可也。』乃還師歸。」❻行師　用兵。❼令德　美德。❽宗周　指周王朝。❾威略　聲威謀略。❿振　顯揚。⓫昭速　明顯地招引。⓬職位　官位。⓭器　指官位名號。⓮制　建制；設置。⓯病　感到難辦。⓰效　驗證；證明。⓱盛言　極言。⓲劉文伯　指盧芳。芳自稱是漢武帝的曾孫劉文伯。⓳持兩端　指游移於兩者之間的態度。俗謂腳踏兩條船。持，保持。⓴稍黜其禮　逐漸降低禮遇規格和態度。黜，減損；降低。㉑重爵　尊貴的爵位；高爵。㉒退伏閭里　退隱鄉里。㉓恂　隗恂，字伯春。後隗囂叛漢依附公孫述，恂被殺。㉔胡騎校尉　軍官名，漢武帝時始置，秩二千石，主管池陽胡騎。㉕因恂　藉恂入侍東行的機會。因，藉著；利用。㉖益其秩禮　增加俸祿，並提高禮遇規格。益，增加。秩，俸祿。㉗中更　中途變更。㉘以親為餌　用雙親作為獲利的誘餌。親，雙親；父母。餌，誘魚上鉤的食物。此指以事引誘對方滿足自己的願望。㉙猜　懷疑。㉚猥多　眾多。㉛喁喁　仰望期待的樣子。㉜幾無所厝　幾乎沒有辦法安身了。幾，幾乎。厝，安置。㉝江湖海岱　江湖山海，泛指四方各地。㉞牽　拘泥。㉟儒生　指鄭興、班彪等人。㊱千乘　戰國時期諸侯國，小者稱千乘，大者稱萬乘；此指佔據一方建立的政權。㊲羈旅　寄居。㊳危國　指局勢不安寧、面臨危機的國家。

㊴一丸泥　形容極少的力量。此言用極少的力量即可防守函谷關，封鎖關口。㊵敝　指不好的結果。㊶要之　總之。㊷脫離　脫離。㊸然　認為正確。㊹負其險阨　仗恃地形險要峻危。㊺委國　以國事相託。㊻歸信　給予信任。㊼相與　相交往。㊽沒身不負然諾之信　一輩子不背棄諾言的誠信。沒身，終身。負，辜負。然諾，然、諾皆應對之詞，表示應允、答應。㊾萬乘　周制，天子地方千里，出兵車萬乘；諸侯地方百里，出兵車千乘。所以用萬乘稱天子。㊿何畏何利　指歸漢何畏，附公孫述何利。(51)非常之變　指突如其來的意外變故。(52)未至豫言　事情沒有發生就預先談到。(53)虛　虛假。(54)無所及　什麼都來不及。(55)至諫　懇切的勸諫。(56)希得為用　很少被採用。(57)反覆　再三思考。(58)愚老　老人自謙之詞。(59)游士　指雲遊四方以謀生的文人。

【語　譯】隗囂炫耀自己，玩耍心計，常常自比周文王，和眾將領商議，想要稱王。鄭興說：「從前周文王三分天下，佔有二分，還是聽命殷朝；周武王觀兵孟津，不約而來相會的諸侯有八百個，他還要把軍隊帶回去等待時機；漢高祖征討多年，還是用沛公的名義用兵。如今您的美德雖然很明顯，但無周朝世代相承的地位，聲威謀略雖然顯揚，但無漢高祖的戰功。您卻想要做不可能成功的事，明顯地引來禍患，恐怕不行吧！」隗囂便放棄稱王的打算。後來隗囂又大量設置官職來顯示自己的尊嚴和富貴，鄭興說：「中郎將、太中大夫、使持節官，都是帝王才能設立的官銜名號，不是臣子所應設立的。這於實無益，有損於名分，不是尊崇皇上的意思。」隗囂感到很為難，只好作罷。

當時關中將領多次上書講述可以攻取西蜀公孫述的情況，光武帝把這些上書給隗囂看，趁便派隗囂攻打西蜀，用以驗證他的誠信。隗囂上書，極言三輔軍隊薄弱，盧芳又在北邊，不適宜用兵西蜀。光武帝知道隗囂想腳踏兩條船，不願天下統一，於是逐漸降低對他的禮儀規格，端正君臣的禮節。光武帝因隗囂和馬援、來歙關係很好，就多次派馬援、來歙奉命出使往來，勸隗囂來京師朝見，答應封他高貴的爵位。隗囂不斷派遣使者來洛陽，言辭極其謙虛，說自己沒有功德，等到天下平定，隱歸鄉里。光武帝又派遣來歙勸說隗囂派兒子入侍帝側，隗囂聽說劉永、彭寵都被消滅，就派長子隗恂跟隨來歙來到朝廷。皇上任命隗恂為胡騎校尉，封為鐫羌侯。

鄭興藉著隗恂去京師，請求回故鄉安葬父母，隗囂不同意，反而讓鄭興搬進新住宅，提高禮遇和俸祿。鄭興求見隗囂，說：「我現在因為父母未安葬，才請求辭職回鄉。如果因為增加俸祿，遷移住所，就中途放棄安葬父母，這是把雙親作為獲利的誘餌，太無禮了，將軍怎麼能任用這種人呢！我願留下妻兒，獨自返回故鄉安葬父母，這樣做，將軍還懷疑什麼呢！」隗囂就讓他和妻兒一起東去。馬援也帶領家屬隨同隗恂回到洛陽，因為所帶的賓客眾多，就請求在長安上林苑開墾種田。光武帝答應了馬援的要求。

隗囂的將領王元認為天下成敗不可知曉，不願意隗囂專心治理現有地盤，就勸隗囂說：「從前更始劉玄建都西京長安，四方響應，天下人仰望期待，說是天下太平。一朝失敗，將軍您幾乎沒有安身之處。現今南方有公孫述，北方有盧芳，江湖山海，自稱王公的十多位，您卻被儒生的說教所拘泥，拋棄自己割據一方的基業，寄居在危國，而祈求萬無一失，這是走翻車的老路啊！如今天水郡完整富饒，兵馬最強，我王元請求用一丸泥土替大王守住東邊的函谷關，這是萬代難尋的好機會。如果計劃不到這些，就暫且休養軍士，訓練戰馬，佔據險要關口嚴加防守，拖延時日，長久相持，以待天下形勢的變化。即使圖謀王位不成，最壞也能稱霸一方。總之，魚不能脫離水，神龍失去勢力，和蚯蚓相同！」隗囂內心認同王元的計謀，他雖然派長子入朝當人質，仍然倚仗著地勢的險要，想稱霸一方。

申屠剛諫阻隗囂說：「我聽說民心所歸向的人，就是上天要賜予的人；民心所叛離的人，就是上天要拋棄的人。當今光武帝確實是上天賜福，而非人力強求的。現在朝廷璽書不斷下達，以國事相託，給予信任，想同您同甘共苦。普通百姓相交往，也有一輩子都不背棄諾言的誠信，何況天子呢！如今歸附漢朝有什麼可怕的？歸附西蜀，又有什麼好處？如此猶豫不決，突然有意外變故，對上背叛忠孝，對下愧對百姓。事情沒有發生就預先談到，常人以為是假的。等到事情發生之後，又什麼都來不及。所以忠直之言、懇切之諫，很少被採納，我希望您能再三考慮老朽所講的話！」隗囂不聽從，於是遊士、長者逐漸離開他。

王莽末，交趾❶諸郡閉境自守。岑彭素與交趾牧鄧讓厚善❷，與讓書，陳國家威德。又遣偏將軍屈充移檄江南，班行❸詔命。於是讓與江夏太守侯登、武陵❹太守王堂、長沙相韓福、桂陽❺太守張隆、零陵❻太守田翕、蒼梧❼太守杜穆、交趾❽太守錫光等相率遣使貢獻。悉封為列侯。錫光者，漢中人，在交趾，教民夷以禮義。帝復以宛人任延❾為九真❿太守，延教民耕種嫁娶。故嶺南⓫華風⓬始於二守焉。

是歲，詔徵處士⓭太原周黨⓮、會稽嚴光⓯等至京師。黨入見，伏而不謁⓰，自陳願守所志。博士范升奏曰：「伏見太原周黨、東海王良⓱、山陽王成等，蒙受厚恩，使者三聘⓲，乃肯就車。及陛見⓳帝廷，黨不以禮屈，伏而不謁，偃蹇⓴驕悍，同時俱逝㉑。黨等文不能演義㉒，武不能死君，釣采華名㉓，庶幾㉔三公㉕之位。臣願與坐雲臺㉖之下，考試圖國之道。不如臣言，伏虛妄之罪㉗。而敢私竊虛名，誇上㉘求高㉙，皆大不敬㉚！」書奏，詔曰：「自古明王、聖主，必有不賓之士㉛，伯夷、叔齊不食周粟㉜，太原周黨不受朕祿，亦各有志焉。其賜帛四十匹，罷之。」

帝少與嚴光同遊學，及即位，以物色㉝訪之，得於齊國，累徵㉞乃至。拜諫議大夫，不肯受，去，耕釣於富春山㉟中。以壽終於家。

王良後歷沛郡太守、大司徒司直，在位恭儉㊱，布被瓦器，妻子不入官舍。後以病歸，一歲復徵。至滎陽，疾篤㊲，不任進道㊳，過其友人。友人不肯見，曰：「不有忠言奇謀而取大位，何其往來屑屑㊴不憚煩也！」遂拒之。良慙，自後連徵不應，卒於家。

元帝之世，莎車㊵王延㊶嘗為侍子㊷京師，慕樂中國。及王莽之亂，匈奴略有㊸西域，唯延不肯附屬㊹，常敕諸子：「當世奉㊺漢家，不可負也！」延卒，子康立。康率傍國拒匈奴，擁衛故都護吏士、妻子㊻千餘口。檄書河西，問中國動靜。竇融乃承制立康為漢莎車建功懷德王、西域大都尉，五十五國皆屬焉。

【章旨】以上為第十二段，寫光武帝徵召賢良，南疆交趾和西域各國歸附東漢。

【注釋】❶交趾　刺史部名，交趾刺史部轄區約今廣東、廣西兩省區與越南民主共和國大部分地區。❷厚善　交情深厚。❸班行　頒行。❹武陵　郡名，治所在今湖南漵浦。❺桂陽　郡名，治所在今湖南郴州。❻零陵　郡名，治所在今廣西興安東北。❼蒼梧　郡名，治所在今廣西梧州。❽交趾　郡名，治所在今越南河內西北。❾任延　字長孫，南陽郡宛縣人，歷任九真、武威、潁川、河內等郡太守。傳見《後漢書》卷七十六。❿九真　郡名，治所在今越南清化西北。⓫嶺南　指五嶺以南地區，即交趾刺史部所領屬地區。⓬華風　華夏的風俗習慣。⓭處士　指有才德而隱居不仕的人。⓮周黨　字伯況，太原郡廣武縣（今山西代縣西南）人，建武初年召為議郎，以病去職。後隱居黽池，終生不仕。傳見《後漢書》卷八十三〈逸民傳〉。⓯嚴光　字子陵，會稽郡餘姚縣（今浙江餘姚）人，少時曾與光武同學。光武稱帝，變名姓隱而不見。遣使聘至洛陽，光武與之共臥敘舊，然終不肯仕。後耕釣於富春山。終年八十。傳見《後漢書》卷八十三〈逸民傳〉。⑯伏而不謁　伏地而不通報姓名。古時謁見尊者，要伏地通報姓名。⑰王良　字仲子，東海郡蘭陵縣人，歷任諫議大夫、沛郡太守、大司徒司直等。晚年家居不仕。傳見《後漢書》卷二十七。⑱聘　以禮徵召。⑲陛見　指謁見天子。⑳偃蹇　驕傲；傲慢。㉑逝　離去。㉒演義　闡發義理。㉓釣采華名　用虛偽的作為求取美名；沽名釣譽。㉔庶幾　希望。㉕三公　東漢以太尉、司徒、司空為三公。㉖雲臺　漢代宮中高臺名。㉗伏虛妄之罪　承擔不實之罪。伏，通「服」。承當。虛妄，荒誕無稽。㉘誇上　在君主面前誇大其詞，言過其實。㉙求高　求取美名以抬高自己。㉚大不敬　指不敬皇帝。封建時代重罪之一。㉛不賓之士　指不願為官的隱士。不賓，不臣服；不歸順。㉜伯夷叔齊不食周粟　相傳伯夷、叔齊為孤竹君的兩個兒子。周武王伐紂，二人叩馬諫阻。武王滅商後，二人義不食周粟，隱居首陽山，採薇而食，最後餓死山中。㉝物色　形狀、容貌。㉞累徵　多次徵召。㉟富春山　山名，在浙江桐廬南。前臨富春江，山下有灘稱嚴陵瀨，相傳為嚴光遊釣處。㊱恭儉　謙恭節儉。㊲疾篤　病勢沉重。㊳不任進道　經受不了趕路。不任，不堪；經受不了。任，堪。進道，行路。㊴屑屑　勞碌不安；忙忙碌碌。㊵莎車　西域國名，其地在今新疆莎車。㊶延　莎車王名。㊷侍子　古代屬國之王或諸侯遣子入朝陪侍天子，學習文化，所遣之子稱侍子。㊸略有　掠據。㊹附屬　歸屬。㊺世奉　指世世代代擁戴。㊻擁衛故都護吏士妻子　保護原都護官員和他們的妻兒。擁衛，保護。王莽天鳳三年（西元一六年），以李崇為西域都護。後莽死，西域攻沒都護，其官屬、妻子皆滯留在西域，未能東歸，今得莎車王康的保護。

【語　譯】王莽末年，交趾所屬各郡都閉關自守。岑彭一向和交趾牧鄧讓交情深厚，就寫信給鄧讓，述說朝廷的聲威與德行。又派偏將軍屈充向江南地區傳布文告，頒行皇上的命令。於是，鄧讓和江夏郡太守侯登、武陵郡太守王堂、長沙郡相韓福、桂陽郡太守張隆、零陵郡太守田翕、蒼梧郡太守杜穆，交趾郡太守錫光等相繼派使者入朝進貢。他們全都封為列侯。錫光是漢中郡人，在交趾任職，用禮儀教化百姓和夷人。光武帝又任命宛縣人任延為九真郡太守，任延教育當地民眾農耕、婚配的禮儀。所以嶺南的華夏風俗習慣，是從錫光、任延兩位太守開始的。

這一年，光武帝下詔徵召處士太原人周黨、會稽人嚴光等到京師。周黨入殿朝見，伏地而不通報姓名，還陳述自己希望恪守隱逸的志向。博士范升上奏說：「太原郡人周黨、東海郡人王良、山陽縣人王成等，承蒙皇上厚恩，使者三次聘召，才肯上車前來。等到在宮廷謁見天子，周黨竟然不顧禮儀，僅伏地而不通報姓名，傲慢驕悍，同時離去。周黨等人文不能闡發經義，武不能為君死難，沽名釣譽，希望得到三公的高位。臣願意和他們同坐雲臺之下，考察辯論治國的方略。如果不像臣說的這樣，願承擔不實之罪。如果是他們敢竊取虛名，向皇上誇耀以求抬高自己，都應是大不敬之罪！」奏疏呈上，光武帝下詔說：「自古明王聖君，一定有不臣服的士人，伯夷、叔齊不吃周朝的糧食，太原人周黨不願接受朕的俸祿，也是人各有志。賜給周黨四十匹絹帛，讓他回家。」

光武帝少年時與嚴光同窗讀書，等到光武帝即位，就按嚴光的形貌尋找他，在齊國找到了嚴光，多次徵召才到京師。任命為諫議大夫，嚴光不肯接受，離去，在富春山耕種垂釣。以天年老死家中。

王良後來歷任沛郡太守、大司徒司直，在任上謙恭節儉，使用布被和陶製器具，妻兒從不進官府。後因病回到故鄉，一年後又被徵召回洛陽。途經滎陽縣時，病情加重，經受不了趕路，便順路拜訪一個朋友。那位朋友不肯見他，說：「沒有忠言奇謀，卻取得高位，何苦來來往往，忙忙碌碌不嫌煩嗎！」於是拒絕了王良。王良感到慚愧。從此以後，接連多次徵召，王良都不答應，最終死在家中。

西漢元帝時，莎車國王延曾經在京師長安做侍子，喜歡中國。到了王莽之亂時，匈奴掠據西域各國，只有莎車國王延不肯歸附，經常告誡幾個兒子，說：「應當世世代代侍奉漢朝，不可辜負！」延去世，兒子康繼位。康率領鄰國共同抵抗匈奴，保護原都護官員和他們的妻兒一千餘口。發公文到河西，尋問中國的消息。竇融就稟承皇帝旨意立康為漢莎車建功懷德王、西域大都尉，五十五個國家都附屬他。

【研　析】本卷載述光武帝建武三年到建武五年（西元二七—二九年）三年史事，是光武帝掃滅群雄，統一中國的第二階段，也就是第二步，平定山東群雄。從大局說，這是西漢末戰亂最激烈的時期，天下大勢出現了統一的局面；從東漢政權角度說，是光武帝定天下最有成效的豐收期。三年間，東漢政權從只佔天下十分之一的群雄中之一員勝出，到佔有天下十分之七八的絕對強者。這時，山東基本平定，中原大局粗安，光武帝已奠定了真命天子的地位，成為不可戰勝的新王朝的統治者。這裡只從用兵角度研析光武帝的戰功與失誤帶給我們的歷史思考。分為戰前戰後形勢、光武帝的軍事戰略、光武帝的失誤等三個方面來談。

戰前戰後形勢。此指本卷所載光武帝掃滅群雄的戰爭時段，即戰前形勢，係指建武三年初的全國群雄割據態勢；所謂戰後形勢，係指建武五年末，中原局勢粗安的形勢。

建武三年初，光武帝殲滅赤眉，拉開了統一戰爭的序幕，全國局勢，群雄紛爭。當時光武帝的政權，群雄不予認可，只有割據隴西的隗囂接受光武帝的封號：西州大將軍。隗囂也是坐觀時變，包括隗囂，所有群雄，光武帝都要以力掃除。更始殘餘，一部分投靠延岑，混戰三輔，大部分出關入南陽，融入南方的各個割據集團。更始政權，曾經是全國統一的一線曙光。由於更始政權的瓦解，全國人民迷失了方向，不知真龍天子在哪裡，因此群雄混戰的局面才正式形成，稱王稱帝的此起彼伏。最大的軍事集團是赤眉軍，佔第二、第三位置的分別是據有全蜀之地的公孫述和據有隴西的隗囂。光武政權雖入都洛陽，但光武帝的軍事實力和聲望只佔第四位。一是洛陽四面皆敵，河南河北有五校、青犢、富平等多支農民武裝集團環繞。其他稱王稱帝的割據者有：武安王延岑據漢中，爭三輔，失敗後轉入南陽。周成王田戎據夷陵，在今湖北宜都。楚黎王秦豐據黎丘，在今湖北宜城。秦豐以女妻延岑、田戎，於是三家結成聯盟。梁王劉永據睢陽（今河南商丘）稱帝，劉永失敗，其子劉紆稱梁王，據垂惠，在今安徽縈城。接受劉永齊王封號的張步，都臨淄。海西王董憲據郯城，在今山東郯城。淮南王李憲據盧江，在今安徽盧江縣，建武三年稱帝。赤眉、延岑、秦豐、田戎、劉永、劉紆、張步、董憲、李憲等群雄皆逐鹿中原，他們是光武帝的勁敵。在逐鹿過程中，由於光武帝的措置失誤，逼反了彭寵、鄧奉、龐萌、蘇茂。彭寵反於漁陽，接著張豐起兵於涿郡，光武帝後院起火。鄧奉、龐萌、蘇茂，反於用兵前線，差點壞了光武帝大事。由於光武帝經營河北起於細微，他憑藉的僅僅是更始帝的一支符節，依靠上谷太守耿況、漁陽太守彭寵的五千突騎、河北信都之眾，以及臨時招募的烏合之眾，不足萬人起家，所以用了近四年的努力，才粗安了河北。光武帝經營河北，是建立根據地。光武帝入都洛陽，策劃消滅赤眉軍，正式拉開了統一全國的序幕。

光武帝的統一戰爭，進行了三年，次第平定了赤眉、張豐、秦豐、劉永、劉紆、張步、董憲、李憲，走田戎、延岑，滅了彭寵、鄧奉、龐萌、蘇茂等叛將，山東群雄盡滅，中原局勢粗安，全國統一的形勢明朗。建武五年末，天下未平者，只有邊垂三大集團，蜀帝公孫述，隴右隗囂，西北割據五原、雲中、朔方、定襄、雁門五郡的盧芳。光武帝四分天下已有其三，佔絕對優勢。

光武帝的軍事戰略。建武三年，統一戰爭之初，光武帝的力量並不佔優勢，山東群雄力量的總和數倍於光武。劉姓皇帝有好幾個，赤眉天子劉盆子、漢帝劉永，也是皇室正宗。盧芳稱帝也冒姓劉。這些擁兵者並不買光武帝的帳。張步貪王爵稱號，拒絕了光武帝的招降，就是生動例證。但是光武帝最終勝利了，而且統一之勢，勢如破竹，攻無不克，戰無不勝，三年之間，滅盡山東群雄，光武帝依靠的是什麼呢？光武帝的用兵方略，勝人一籌，突出地有以下幾個特點：

其一，謀定而後動。《兵法》曰：多算勝少算。光武帝胸中有一天下大勢，決機於事發之先，最後統一全國。關鍵是如何次第消滅山東群雄，從哪裡開始呢？光武帝決策各個擊破，運之於胸。首先，坐山觀赤眉與更始兩虎相鬥，假手赤眉打垮更始政權，驅除這一合法政權為自己的統一戰爭開闢道路。光武帝預料赤眉入關，更始必敗，而赤眉勝後，因無遠略，燒殺搶掠，必不能久立關中，必然東歸。在赤眉未入關中之前，光武帝就部署鄧禹入河東，伺機奪取關中，驅趕赤眉東歸。更始滅亡，赤眉是全國最強大的軍事集團，絕不能放虎歸山，讓赤眉軍回到山東，要在赤眉軍行進中加以殲滅。戰爭進程完全按光武帝預計的規劃發展。其二，智計勝敵。完成殲滅赤眉軍在西邊的關鍵，必須搶在赤眉東歸之前先據有洛陽，以便在宜陽、新安赤眉必經之路設伏，以逸待勞。更始政權用三十萬重兵防守洛陽，攻取談何容易。光武帝為了搶在赤眉東歸之前佔有洛陽，他棄小怨，顧大局，招降朱鮪，不戰而下洛陽，不僅實力大增，而且贏得了休整時間。消滅赤眉後，光武帝避免兩線作戰，專一掃蕩山東群雄的關鍵，是阻止公孫述、隗囂東出。羈縻隗囂，使之擁漢，更是計畫成敗的關鍵。光武帝用盡了心機。他利用隗囂好儒好面子的特點，優禮隗囂。隗囂到洛陽，光武帝待以平等之禮。光武帝給隗囂的信，親筆書寫。光武帝動員知名大儒班彪、鄭興，隗囂摯友馬援、來歙次第遊說隗囂。隗囂接受光武帝西州大將軍的職事，協助鄧禹、馮異爭三輔，阻擊公孫述北上。光武帝承認隗囂割據隴右的現實，兼有河西五郡的勢力範圍，而暗中卻又拉攏竇融，既牽制隗囂，又挖了隗囂的牆角，一箭雙雕。其三，各個擊破。山東群雄如果一致對抗光武帝，勝敗就很難說了。但他們互不統屬，給予光武帝各個擊破的好時機。單個軍事集團，誰都不是光武帝的對手。其四，光武帝本人雄才大略，部屬人才濟濟，君臣一心，是天下無敵的力量。光武帝大將鄧禹、馮異、賈復、吳漢、耿弇、馬武、岑彭、來歙，個個是人才，均可獨當一面。敵方對手也不乏人才，隗囂大將王元、楊廣，公孫述大將荊邯，以及延岑、秦豐、田戎等，單個可敵光武之將。但他們人才分散，光武人才集中，對陣時無論人才、兵力都佔絕對優勢。光武帝本人的雄才大略更是無人可比。光武帝從行伍出身，懂得兵機，他不僅有戰略規劃之才，更有戰術克敵之才，總能在關鍵時刻給前線諸將授以方略。

以上各點，是光武帝從實踐中摸爬滾打中出來，既是人為，又有天授，無人可及。昆陽之戰，可以說是光武帝卓絕領袖之才的嶄露。

光武帝的失誤。光武帝用輕躁青年朱浮為幽州牧，加於自恃有大功的彭寵之上，又拒絕彭寵的要求，同時徵召朱浮。光武帝要殺彭寵的傲氣，為時過早，正在掃蕩群雄難解難分之時逼反彭寵，造成後院起火，兩線作戰。吳漢軍紀不肅，燒殺搶掠，又逼反了鄧奉。龐萌、蘇茂都是招納的降將，光武帝未能一視同仁，既用他們在前方作戰，又不給予大將同等禮遇，下詔書指示，忘了提他們的名字，於是龐萌、蘇茂生猜忌而反。鄧奉、龐萌、蘇茂，前線倒戈，盡知虛實，又是突然襲擊，吳漢、蓋延被打得大敗。光武帝的士兵，大都是收編的農民軍，紀律鬆弛。吳漢、耿弇兩員主要戰將，起於邊郡，好殺成性。吳漢南征，因士兵劫掠鄧奉桑梓，逼反鄧奉。吳漢破成都又大肆屠城。史稱耿弇未嘗打敗仗，攻陷郡國四十六個，而屠城三百。賈復南征，他的部將在光武帝統治區潁川行兇殺人，受到潁川太守寇恂的懲治。軍紀鬆弛，帶兵之將應負主要責任，而光武帝沒有對這些愛將有所懲處，亦是其短。

光武帝的這些失誤，延緩了統一戰爭的進程。特別是諸將之反，一度使新造之東漢政權陷於危局。光武帝有過則改，採取措施轉危為安。例如鎮壓反叛諸將，光武帝立即親征，穩定了軍心。鄧禹將略為短，爭關中受挫，及時換將，任命馮異代鄧禹，扭轉了不利局勢。吳漢暴掠成都降民，也受到了光武帝的申斥。

光武帝掃滅群雄，最終獲得勝利，他的失誤不足以掩大德。光武帝其人，作為真命天子，大醇小疵。

卷第四十二

漢紀三十四

起上章攝提格（庚寅　西元三〇年），盡旃蒙協洽（乙未　西元三五年），凡六年。

【題　解】本卷記事起西元三〇年，迄西元三五年，共六年史事，當光武帝建武六年至建武十一年。本卷大事主要載述光武帝用兵隴蜀，完成統一大業。隗囂據隴，公孫述據蜀，兩人皆妄自尊大，而又無遠略，均乘亂世而起，期盼出現戰國局勢，群雄割據，稱霸一方。公孫述割據稱帝，隗囂欲稱王，一心效法西伯，兩人都坐失一搏之良機。當光武帝用兵山東，橫掃河朔之時，公孫述未能東出，坐觀成敗，隗囂還被光武帝所利用，阻擋公孫述北出。當山東已平，天下四分而光武帝有其三時，兩人脣齒相依以叛。光武帝全力攻隴，一度親征，兩次遭敗績，從建武六年到建武十年，前後五年才平定了隴西，用力之勤，莫過於此。因隴地險阻，隗囂困獸死守，且頗有人望，公孫述又為之後援，遂兩敗漢軍。然而以小敵大，如卵擊石，失敗固宜。公孫述失去隴山屏障，支撐不到一年就全線潰退。可惜漢軍警惕不足，丟失兩員主將，也付出了沉重代價。河西竇融，善識時務，矢志歸漢，加速了隗囂的失敗。在戰爭間隙，光武帝整頓吏治，裁汰冗官，減田租，恢復西漢舊制三十稅一，察納雅言，多所興革，遂為一代中興明主。光武帝好圖讖，是其一短。

世祖光武皇帝中之上

建武六年（庚寅　西元三〇年）

春，正月丙辰❶，以舂陵鄉為章陵縣，世世復❷傜役，比豐、沛❸。○吳漢等拔朐，斬董憲、龐萌，江、淮、山東悉平。諸將還京師，置酒賞賜。

帝積苦❹兵間，以隗囂遣子內侍，公孫述遠據邊垂❺，乃謂諸將曰：「且當置此兩子於度外耳。」因休諸將於雒陽，分軍士於河內，數騰書隴、蜀❻，告示禍福。

公孫述屢移書❼中國❽，自陳符命，冀以惑眾。帝與述書曰：「圖讖言公孫，即宣帝也❾。代漢者姓當塗，其名高，君豈高之身邪？乃復以掌文為瑞❿，王莽何足效乎⓫！君非吾賊臣亂子，倉卒時人皆欲為君事耳。君日月已逝⓬，妻子弱小，當早為定計。天下神器，不可力爭，宜留三思！」署⓭曰「公孫皇帝」。述不答。

其騎都尉平陵荊邯說述曰：「漢高祖起於行陳之中，兵破身困者數矣，然軍敗復合⓮，瘡愈復戰。何則？前死⓯而成功，愈於卻⓰就於滅亡也！隗囂遭遇運會，割有雍州，兵彊士附，威加⓱山東；遇更始政亂，復失天下，眾庶引領⓲，四方瓦解。囂不及此時推⑲危乘勝以爭天命，而退欲為西伯之事，尊師章句⑳，賓友處士㉑，偃武息戈㉒，卑辭事漢，喟然自以文王復出也！今漢帝釋關、隴之憂，專精東伐，四分天下而有其三㉓；發間使，召攜貳㉔，使西州豪傑咸居心㉕於山東，則五分而有其四；若舉兵天水，必至沮潰㉖，天水既定，則九分而有其八。陛下以梁州之地，內奉萬乘，外給三軍，百姓愁困，不堪上命，將有王氏㉗自潰之變矣！臣之愚計，以為宜及天下之望未絕，豪傑尚可招誘，急以此時發國內精兵，令田戎據江陵，臨㉘江南之會㉙，倚巫山㉚之固，築壘堅守，傳檄吳、楚，長沙以南必隨風而靡㉛。令延岑出漢中，定三輔，天水、隴西拱手㉜自服。如此，海內震搖，冀有大利。」述以問羣臣，博士吳柱曰：「武王伐殷，八百諸侯不期同辭，然猶還師以待天命。未聞無左右之助而欲出師千里之外者也！」邯曰：「今東帝㉝無尺土之柄，驅烏合之眾，跨馬陷敵，所向輒平。不亟乘時㉞與之分功，而坐談武王之說，是復效隗囂欲為西伯也！」

述然邯言，欲悉發北軍㉟屯士及山東客兵㊱，使延岑、田戎分出兩道，與漢中諸將合兵并勢。蜀人及其弟光以為不宜空國千里之外，決成敗於一舉，固爭之，述乃止。延岑、田戎亦數請兵立功，述終疑不聽，唯公孫氏得任事。

述廢銅錢，置鐵錢，貨幣不行，百姓苦之；為政苛細㊲，察㊳於小事，如為清水令時而已；好改易郡縣官名；少嘗為郎㊴，習漢家故事，出入法駕，鑾旗旄騎；又立其兩子為王，食犍為、廣漢㊵各數縣。或諫曰：「成敗未可知，戎士暴露而先王㊶愛子，示無大志也！」述不從，由此大臣皆怨。

【章旨】以上為第一段，寫公孫述妄自尊大，既不歸附朝廷，也無大志遠略，坐守西蜀以待斃。

【注釋】❶丙辰　正月十六日。❷復　免除徭役或賦稅。❸比豐沛　免除章陵縣民的徭役，與豐縣、沛縣之民同等待遇。比，與……等同。豐，縣名，縣治在今江蘇豐縣。劉邦是秦泗水郡沛縣豐邑人，劉邦建漢稱帝，以豐邑改置縣。因豐、沛二縣是自己的故鄉，於是「復其民，世世無有所與」（《漢書・高帝紀下》）。❹積苦　長期勞苦。❺邊垂　邊地。垂，通「陲」。❻數騰書隴蜀　指光武帝多次傳遞書信給隗囂和公孫述。騰，傳遞。隴指隗囂，蜀指公孫述。❼移書　發送公文、布告。❽中國　指中原地區。❾圖讖言公孫二句　圖讖上說「廢皇帝，立公孫」，是指廢除昌邑王，而立公孫漢宣帝。公孫述引用的讖文，有《錄運法》說：「廢昌帝，立公孫。」是說廢除當今隆盛的劉姓帝王而立公孫氏。光武帝予以反駁。按，宣帝，指漢宣帝。漢昭帝死，無嗣，立昌邑王劉賀。不久即廢，又立劉病已（後改名詢），是為宣帝。《漢書・五行志》：「昭帝時，上林苑中大柳樹斷仆地，一朝起立，生枝葉，有蟲食其葉，成文字，曰『公孫病已立』。」宣帝是武帝廢太子戾太子劉據之孫，史皇孫之子，所以稱公孫。公孫指宣帝，則以昌帝指昌邑王劉賀。❿以掌文為瑞　據《後漢書・公孫述傳》，述夢有人對他說：「八厶子系，十二為期。」又有龍出現在他官府的大殿中，夜有光耀，認為是稱帝的符瑞，於是在自己手掌中刻了「公孫帝」三個字。⓫王莽何足效乎　此言王莽多稱符瑞，結果新朝短命而國破身亡，哪裡值得效法呢。⓬日月已逝　指年老。⓭署　題收信人的官號。⓮合　聚集；集中。⓯前死　冒死前進。⓰卻　後退。⓱加　施加。⓲引領　伸長脖子，有所企望。⓳推　排除；除去。⓴章句　剖章析句。漢代學者所創採用剖章析句解說經義的治學方法，稱為章句學。此指鄭興等人。㉑處士　指方望等人。㉒偃武息戈　停息武備，不從事征戰。㉓令漢帝釋關隴之憂三句　此言隗囂遠居西地，無意向東發展，使光武解除了對關中、隴右地區的後顧之憂，得以集中精力平定東方，擁有了天下的四分之三。㉔召攜貳　指招納離心之人。㉕居心　留心。㉖沮潰　潰散。㉗王氏　指王莽。㉘臨　據守。㉙會　指一個地區的政治、經濟中心。㉚巫山　山名，在今重慶市巫山縣東川、鄂交界處。㉛隨風而靡　意謂檄文一到就服服貼貼地歸順。㉜拱手　極言輕易。㉝東帝　指光武帝。㉞亟乘時　趕快乘機。㉟北軍　漢代京師的衛戍部隊，有南、北軍。後二軍合併，通稱北軍。公孫述仿漢制，設北軍。㊱山東客兵　用僑居蜀地的山東人組成的部隊。㊲苛細　苛刻細碎。㊳察　辨察。㊴少嘗為郎　西漢末年，於哀帝時述以父任為郎。㊵犍為廣漢　皆郡名，犍為治所在今四川宜賓西南。廣漢治所在今四川梓潼。㊶王　作動詞用，封王。

【語　譯】世祖光武皇帝中之上

建武六年（庚寅　西元三〇年）

春，正月十六日丙辰，把春陵鄉改為章陵縣，世世代代免除章陵縣的徭役，與漢高祖祖籍豐縣、沛縣一樣。〇吳漢等人攻佔朐縣，殺了董憲、龐萌，全部平定了江淮、山東一帶。眾將領回京，光武帝置酒慶功。

光武帝苦於長年累月的打仗，由於隗囂派長子入朝侍奉，公孫述割據在遙遠的邊陲，便對眾將領說：「暫且不管這兩個人。」於是下令眾將領在洛陽休息，把兵士分調到河內郡，多次傳信給隗囂、公孫述，勸告指示利害關係。

公孫述也多次向中原地區發布文告，陳述自己得天命的符兆，企圖迷惑民眾。光武帝寫信給公孫述說：「圖讖上說『立公孫』，是指立皇公之孫，即漢宣帝。圖讖又說，代漢的人姓當塗，名字叫高，你難道是當塗高這個人嗎？你又把掌紋『公孫帝』作為祥符，像王莽一樣值得效法嗎！你不是我的亂臣賊子，只不過是天下混亂時人人都想當皇帝罷了。你已年老，妻兒弱小，應當早早安排後路，國家帝王的位置，不是靠人力爭得的，你要三思！」信題名「公孫皇帝」。而公孫述不予回答。

公孫述的騎都尉平陵人荊邯勸公孫述說：「漢高祖從行伍中興起，多次兵敗受困，然而兵敗後又重新聚集，傷癒後重整再戰。為什麼呢？因為冒死前進才能取得成功，總比後退自取滅亡要好！隗囂遇上時勢變化的機會，割據雍州，兵強馬壯，士人歸附，聲威施加山東；又碰到更始劉玄朝政混亂，失去天下，黎民大眾伸長脖子盼望太平，而全國卻土崩瓦解。隗囂不趁此時消除危險，乘勝而力爭帝位，卻退而想做周文王那樣的事，尊禮經師大儒，將隱士當賓客朋友，停止戰爭，用謙卑的言辭奉侍東漢，還感歎自以為是周文王再生！使光武帝不以隗囂為憂，把精力全部集中往東討滅群雄，四分天下佔據了三分；派出祕密使者，招納離心之人，使西州地區的豪傑都心留山東，那麼五分天下就佔據了四分；如果光武帝派兵進攻天水郡，天水郡一定被擊敗，天水郡平定後，就九分天下佔了八分。陛下憑著梁州這塊地盤，對內侍奉天子，對外供給三軍，百姓愁困，不堪忍受沉重的負擔，就會發生王莽那樣的內部潰散！臣的愚見，認為應趁著天下人仍懷有太平的願望，豪傑人士尚可招聚，緊急調動國內的精銳部隊，下令田戎去佔領江陵縣，據守這一通往江南的都會，依靠巫山的險阻，修建壁壘，嚴加防守，傳檄吳、楚，長沙以南將會望風歸附。下令延岑率軍北出漢中，平定三輔，天水、隴西二郡就會拱手服從。這樣，全國震動，有希望獲得最大的利益。」公孫述以荊邯的話詢問文武大臣，博士吳柱說：「周武王討伐殷，有八百位諸侯沒有約定日期便集合起來，異口同聲說紂王可伐；然而武王還是揮師返回，等待天命。從來沒聽說沒有鄰近的幫助，卻出兵千里之外的事！」荊邯說：「現今東邊的皇帝當初沒有什麼權力，指揮一群烏合之眾，跨上戰馬，衝鋒陷陣，進攻到哪裡，哪裡就被平定。不趕緊趁機分享功業，卻坐談周武王伐紂的道理，這又是效法隗囂想做周文王！」

公孫述贊同荊邯的話，想調動成都的所有禁衛北軍、屯墾軍隊，以及在蜀地的山東客籍軍隊，派延岑、田戎分兩路出發，與漢中郡各將領的軍隊會合。蜀中士大夫與公孫述的弟弟公孫光認為不應調動全國的兵力征戰千里之外，一舉決定成敗，他們堅決反對，公孫述就作罷了。延岑、田戎也屢次請求帶兵立功，公孫述始終不聽，因為只有公孫氏家族才能擔任軍政大任。

公孫述廢除銅錢，鑄鐵錢，貨幣不能流通，百姓深受其害；公孫述為政苛刻細碎，辨察小事，就像當年做清水縣令時那樣；他喜歡改換郡縣和官名；年輕時他曾做過郎官，熟悉漢朝舊例，進出都乘皇帝的車駕，鸞旗旄騎；他又封兩個兒子為王，以犍為、廣漢兩郡各數縣為食邑。有人諫阻他說：「成敗未知，戰士暴露在野外戰鬥，您卻先封自己的兒子為王，顯示您沒有大志向啊！」公孫述不聽從，從此大臣們都抱怨他。

馮異自長安入朝，帝謂公卿曰：「是我起兵時主簿也，為吾披荊棘，定關中。」既罷，賜珍寶、錢帛，詔曰：「倉卒蕪蔞亭豆粥，虖沱河麥飯，厚意久不報。」異稽首謝曰：「臣聞管仲謂桓公曰：『願君無忘射鉤，臣無忘檻車。』❶齊國賴之。臣今亦願國家❷無忘河北之難，小臣不敢忘巾車之恩。」留十餘日，令與妻子還西。

申屠剛、杜林自隗囂所來，帝皆拜侍御史。以鄭興為太中大夫。

三月，公孫述使田戎出江關❸，招其故眾，欲以取荊州，不克。◯帝乃詔隗囂，欲從天水伐蜀。囂上言：「白水❹險阻，棧閣❺敗絕。述性嚴酷，上下相患❻，須其罪惡孰著❼而攻之，此大呼響應❽之勢也。」帝知其終不為用，乃謀討之。

夏，四月丙子❾，上行幸長安，謁園陵；遣耿弇、蓋延等七將軍從隴道伐蜀，先使中郎將來歙奉璽書賜囂諭旨。囂復多設疑故❿，事久冘[1]豫⓫不決。歙遂發憤⓬質責⓭囂曰：「國家以君知臧否⓮，曉廢興，故以手書暢意。足下⓯推忠誠⓰，既遣伯春⓱委質⓲，而反欲用佞惑⓳之言，為族滅之計邪！」因欲前刺囂。囂起入，部勒⓴兵將殺歙，歙徐杖節就車而去；囂使牛邯將兵圍守之。囂將王遵諫曰：「君叔㉑雖單車遠使，而陛下之外兄㉒也，殺之無損於漢，而隨以族滅。昔宋執楚使㉓，遂有析骸易子之禍。小國猶不可辱，況於萬乘之主，重以伯春之命哉！」歙為人有信義，言行不違，及往來游說，皆可按覆㉔；西州士大夫皆信重之，多為其言㉕，故得免而東歸。

五月己未㉖，車駕至自長安。

隗囂遂發兵反，使王元據隴坻㉗，伐木塞道。諸將因與囂戰，大敗，各引兵下隴。囂追之急，馬武選精騎為後拒，殺數千人，諸軍乃得還。

【章　旨】以上為第二段，寫隗囂據隴叛變。

【注　釋】❶管仲謂桓公曰三句　春秋齊襄公統治時期，政局不穩，鮑叔牙隨同公子小白逃到莒國。襄公被殺，管仲與召忽隨同公子糾逃到魯國。管仲曾在小白回國途中伏擊小白，射中小白的帶鉤。結果小白搶先回國為君，就是齊桓公。桓公逼魯殺死公子糾，召忽自殺，管仲被囚，用檻車送回齊國。桓公任之為相，輔佐桓公稱霸諸侯。此言應常想困窘苦難之時，以使自己慎而不驕，永有天下。❷國家　指天子。❸江關　又名「捍關」，關名，其地在今重慶市奉節東北。❹白水　關名，地處白水縣東，在今四川廣元東北。❺棧閣　棧道，即在險絕處傍山架木而成的一種道路。❻患　憂患。❼孰著　顯著。❽大呼響應　大聲呼喊，響亮回應。此喻指有外攻則必有內應。❾丙子　四月初八日。❿疑故　疑難事端。⓫冘豫　猶豫。⓬發憤　激於義憤。⓭質責　以正義指責人。⓮臧否　善惡；得失。⓯足下　古代下稱上或同輩相稱的敬詞。⓰推忠誠　以忠誠相待。⓱伯春　隗囂子隗恂字。⓲委質　此指隗恂入朝做人質。⓳佞惑　諂佞。⓴部勒　部署；指揮。㉑君叔　來歙字。㉒外兄　表兄。歙是光武姑姑的兒子。㉓昔宋執楚使　據《左傳》魯宣公十四、十五年，楚莊王派申舟出使齊國，途經宋國卻不向宋打招呼，宋人不能容忍強楚對宋的蔑視態度，殺了申舟。於是楚伐宋，圍困宋都九個月，城內宋人易子而食，析骨而炊。㉔按覆　審查核實。㉕為其言　替來歙說情。㉖己未　五月二十一日。㉗隴坻　即隴山。

【校　記】①冘　據章鈺校，孔天胤本作「尤」。

【語　譯】馮異從長安進京朝見，光武帝對公卿大臣們說：「馮異是朕起兵時的主簿，替朕披荊斬棘，平定關中。」朝見後，光武帝賞賜馮異珍寶、金銀和絹帛，下詔說：「想那艱難歲月，你在蕪蔞亭奉上豆粥，虖沱河獻上麥飯，你的深情厚意，我很久沒有回報。」馮異磕頭拜謝說：「臣聽說管仲對齊桓公說：『希望君王不要忘記臣曾用箭射過您的帶鉤，臣也不會忘記君王曾用檻車關押過我。』齊國有賴於此。現在臣希望皇上不要忘記當年在河北縣的困苦，小臣也不敢忘記當年陛下在巾車鄉對我的恩惠。」馮異在洛陽停留十餘天，光武帝讓他和妻子兒女西還長安。

申屠剛、杜林從隗囂那裡來到洛陽，光武帝任命他們都為侍御史。任命鄭興為太中大夫。

三月，公孫述派田戎東出江關，招集其舊部，想憑藉他們奪取荊州，結果失敗。〇光武帝於是下詔給隗囂，要他從天水郡南下攻打公孫述。隗囂上書說：「白水縣地勢險峻，棧道毀斷。公孫述性情殘酷，上下憂患，等他的罪行顯著再攻打，這是內外夾攻、四方響應的形勢。」皇上深知隗囂終不會被己所用，就謀劃討伐他。

夏，四月初八日丙子，光武帝巡視長安，拜謁西漢歷代皇陵；派耿弇、蓋延等七位將軍從隴西取道攻打公孫述，先派中郎將來歙捧著璽書賜給隗囂，說明旨意。隗囂又提出許多疑難事端，故意拖延時間，猶豫不決。來歙於是激於義憤，責問隗囂說：「皇上認為您懂得善惡得失，明白成敗興亡，所以親筆寫信表達誠意。您已推誠效忠，派了您的兒子隗恂入朝做人質，卻又反悔採納諂佞之言，做那滅族的事嗎！」來歙想上前刺殺隗囂。隗囂起身進屋，部署士兵將要殺死來歙，來歙從容地拿著符節登車而去，隗囂派牛邯率兵包圍了來歙。隗囂的部將王遵諫止說：「來歙君叔雖然是遠方來的單車使節，但他是陛下的表哥，把他殺了，無損於東漢，隨之而來將是滅族之災。從前，宋國逮捕楚國的使節，結果招來楚國圍攻，使宋人蒙受易子而食，用人骨作木柴的大災。小國尚不能辱，何況於天子，您還要保全隗恂的性命！」來歙為人講信義，言行一致，往來遊說，都可審查核實；西州士大夫們都很信任敬重他，很多人為他說情，所以他能幸免於難，東歸洛陽。

五月二十一日己未，光武帝從長安回到京城。

隗囂於是發動叛變，派王元佔據隴山，砍伐樹木堵塞東去之路。東漢眾將領和隗囂作戰，大敗，各自領兵逃離隴山。隗囂急追，馬武挑選精銳騎兵斷後，殺敵數千人，各路軍隊才得以返回。

六月辛卯❶，詔曰：「夫張❷官置吏，所以為民也。今百姓遭難，戶口耗少，而縣官吏職，所置尚繁。其令司隸❸、州牧各實❹所部❺，省減吏員，縣國不足置長吏者并之。」於是并省四百餘縣，吏職減損，十置其一。

九月丙寅晦❻，日有食之。執金吾朱浮上疏曰：「昔堯、舜之盛，猶加三考❼；大漢之興，亦累❽功效，吏皆積久❾，至長子孫❿。當時吏職，何能悉治，論議之徒，豈不喧[1]譁！蓋以為天地之功不可倉卒，艱難之業當累日也。而間者⓫守宰數見換易，迎新相代，疲勞道路。尋其視事⓬日淺⓭，未足昭見⓮其職，既加嚴切⓯，人不自保，迫於舉劾⓰，懼於刺譏⓱，故爭飾詐偽以希虛譽⓲，斯所以致⓳日月失行⓴之應也。夫物暴長㉑者必夭折㉒，功卒成者必亟㉓壞。如摧㉔長久之業而造速成之功，非陛下之福也。願陛下遊意㉕於經年之外，望治於一世之後，天下幸甚！」帝采其言，自是牧守代易[2]頗簡㉖。

十二月壬辰㉗，大司空宋弘免。○癸巳㉘，詔曰：「頃者師旅未解，用度不足，故行十一之稅㉙。今糧儲差積㉚，其令郡國收見㉛田租，三十稅一，如舊制㉜。」

【章　旨】以上為第三段，寫光武帝在征戰間隙，已留心整頓吏治，裁汰冗官，減輕田租，恢復西漢三十稅一的制度。

【注　釋】❶辛卯　六月二十四日。❷張　設。❸司隸　即司隸校尉，官名，負責督察京師百官，並領京畿一州。東漢司隸州領河南、河內、右扶風、左馮翊、京兆、河東、弘農等七郡。❹實　核實；查實。❺所部　管轄的部門或官屬。❻丙寅晦　九月三十日。❼加三考　古代考核官吏政績的制度。經三次考核，決定升降賞罰。❽累　積聚。❾積久　指經歷很長時間。❿長子孫　意謂胥吏長期居於其職，直到他們的子孫長大，還在原任，而未調動或升遷。⓫間者　近來。⓬視事　治事。⓭日淺　時間短。指上任不久。⓮昭見　明察。⓯嚴切　嚴厲斥責。⓰舉劾　指被上奏彈劾。⓱刺譏　譏刺；諷刺。⓲希虛譽　希望得到名不副實的聲譽。虛譽，虛假不實的聲譽。⓳致　造成；導致。⓴失行　不按軌道正常運行。㉑暴長　急遽生長。㉒夭折　喻指事情半途終止。㉓亟　快速。㉔摧　毀壞。㉕遊意　留意。㉖簡　稀少。㉗壬辰　十二月二十七日。㉘癸巳　十二月二十八日。㉙十一之稅　十分納一分稅。㉚糧儲差積　糧食儲備稍微增加。差，略微。㉛見　「現」的本字。㉜舊制　漢景帝二年，令田租三十稅一。今依景帝之制，故云「舊制」。

【校　記】①喧　據章鈺校，十二行本、乙十一行本皆作「諠」。②代易　據章鈺校，十二行本、乙十一行本、孔天胤本二字皆互乙。

【語　譯】六月二十四日辛卯，光武帝下詔說：「設置官吏，是因為民眾需要的緣故。如今百姓遇難，人口銳減，但縣府地方官吏卻設立太多。應令司隸、州牧各自考察核實所轄部門，精簡官員，縣或國戶口不夠設立長官的，一律合併。」於是，合併減少了四百多個縣，官吏職位裁減，十個才留一個。

九月三十日丙寅，發生日蝕。執金吾朱浮上奏疏說：「從前，唐堯、虞舜盛世，對官吏尚且實施三次考核定升降的制度；大漢朝的興起，官吏也是積累資歷業績升遷，都任職時期很長，甚至子孫長大，還在任上。當時官吏任職，哪能治理好所有政事，論議之人，豈能不喧譁！但在上位者認為創建功績是不能倉卒完成的，艱難的事業要日積月累才能辦好。然而近來太守、縣宰屢次被改換，辭舊迎新，奔忙於道路。緊接著的是官員們治事時間不長，還沒有明察自己的職責，就受到嚴厲斥責，人人感到不能自保，他們常常迫於被檢舉彈劾，害怕輿論譏刺，所以就爭著用欺騙偽裝的手段希望得到虛假的聲譽，這就是導致日月運行不正常，出現日蝕的原因。生物暴長一定會夭折，功業突然建成必定很快衰落。如果毀壞長久的大業以求得急功近利，這不是陛下的福分。希望陛下留心考察官吏一年以上的治績，期望三十年之後天下大治，那才是國家之福！」皇上採納了他的建議，從此州牧、太守更換次數很少。

十二月二十七日壬辰，大司空宋弘被免職。〇二十八日癸巳，光武帝下詔說：「以前征戰不休，用度不夠，所以按十分之一收稅。如今國家糧食儲存稍微增多，命令各郡、國按三十分之一徵稅，恢復過去的制度。」

諸將之下隴也，帝詔耿弇軍漆❶，馮異軍栒邑，祭遵軍汧，吳漢等還屯長安。馮異引軍未至栒邑，隗囂乘勝使王元、行巡將二萬餘人下隴，分遣巡取栒邑，異即馳兵欲先據之。諸將曰：「虜兵盛而乘勝，不可與爭鋒，宜止軍便地❷，徐思方略。」異曰：「虜兵臨境，忸忲❸小利，遂欲深入。若得栒邑，三輔動搖。夫攻者不足，守者有餘。今先據城，以逸待勞，非所以爭也。」潛往，閉城，偃旗鼓。行巡不知，馳赴之。異乘其不意，卒擊鼓建旗而出。巡軍驚亂奔走，追擊，大破之。祭遵亦破王元於汧。於是北地諸豪長❹耿定等悉畔❺隗囂降。詔異進軍義渠❻，擊破盧芳將賈覽、匈奴奧鞬日逐王❼，北地、上郡、安定皆降。

【章　旨】以上為第四段，寫漢軍征討隗囂，初戰不利。光武帝重新部署，馮異搶先一步入據栒邑，出其不意，大敗隗囂軍。

【注　釋】❶漆　縣名，縣治在今陝西彬縣。❷便地　形勢便利之地。❸忸忕　習慣。❹豪長　渠帥；頭領。❺畔　通「叛」。❻義渠　道（縣）名，道治在今甘肅寧縣西北。少數民族聚居的縣稱道。❼奧鞬日逐王　（？—西元五六年）名比，呼韓邪單于之孫。建武二十四年（西元四八年），自立為單于，襲其祖號，稱呼韓邪單于。從此，匈奴分為南北單于。南單于比內附，長期與東漢保持友好關係。

【語　譯】東漢眾將領撤離隴山時，光武帝命耿弇駐軍漆縣，馮異駐軍栒邑，祭遵駐軍汧縣，吳漢等率軍返回長安駐紮。馮異率軍還沒到達栒邑，隗囂就乘勝派王元、行巡率領二萬餘人從隴山下來，分派行巡攻打栒邑縣，馮異立即帶兵想要搶先佔據栒邑縣。眾將領說：「敵軍強大，而且乘勝前進，我們不可與他們交戰，應當將軍隊駐紮在便利之地，再想辦法。」馮異說：「敵軍臨境，習慣於小利，便想深入。如果敵人攻佔了栒邑縣，三輔地區人心浮動。若進攻，我們兵力不足，若防守，兵力卻有餘。現在我們搶先佔領栒邑縣城，以逸待勞，不是要和敵人爭勝負。」於是祕密進軍栒邑，緊閉城門，偃旗息鼓。行巡不知道這一情況，匆忙奔赴栒邑城。馮異乘其不備，突然擊鼓揚旗出城。行巡軍隊驚慌混亂，四下逃散，馮異追擊，大破敵軍。祭遵也在汧縣大敗王元的軍隊。於是，北地郡各個頭領耿定等全部背叛隗囂，歸降東漢。光武帝下令馮異進軍義渠縣，擊退盧芳的將領賈覽以及匈奴奧鞬日逐王，北地郡、上郡、安定郡全部歸降。

竇融復遣其弟友❶上書曰：「臣幸得託❷先后末屬❸，累世二千石，臣復假歷將帥❹，守持一隅❺，故遣劉鈞口陳肝膽，自以底裏上露❻，長無纖介❼。而璽書盛稱蜀、漢二主三分鼎足之權，任囂、尉佗之謀，竊自痛傷。臣融雖無識，猶知[1]利害之際，順逆之分，豈可背真舊之主，事姦偽之人；廢忠貞之節，為傾覆之事；棄已成之基，求無冀之利！此三者，雖問狂夫，猶知去就，而臣獨何以用心！謹遣弟友詣闕，口陳至誠。」友至高平❽，會隗囂反，道不通，乃遣司馬席封❾間道通書❿。帝復遣封賜融、友書，所以尉藉⓫之甚厚。

融乃與隗囂書曰：「將軍親遇厄會之際，國家不利之時，守節不回⓬，承事⓭本朝。融等所以欣服⓮高義⓯，願從役⓰於將軍者，良⓱為此也！而忿悁⓲之間，改節易圖，委成功⓳，造難就⓴，百年累之，一朝毀之，豈不惜乎！殆㉑執事者㉒貪功建謀，以至於此。當今西州地勢局迫㉓，民兵離散，易以輔人，難以自建。計若失路不反，聞道猶迷，不南合子陽，則北入文伯耳。夫負虛交而易彊禦㉔，恃遠救而輕近敵，未見其利也。自兵起以來，城郭皆為丘墟㉕，生民轉於溝壑。幸賴天運㉖少還，而將軍復重其難，是使積痾㉗不得遂瘳㉘，幼孤將復流離，言之可為酸鼻。庸人且猶不忍，況仁者乎！融聞為忠甚易，得宜實難。憂人㉙太過，以德取怨㉚，知且㉛以言獲罪也！」囂不納。

融乃與五郡太守共砥厲兵馬，上疏請師期㉜，帝深嘉美之。融即與諸郡守將兵入金城，擊囂黨先零羌㉝封何㉞等，大破之。因並㉟河，揚㊱威武，伺候㊲車駕。時大兵未進，融乃引還。帝以融信效著明，益嘉之，脩理融父墳塋㊳，祠以太牢，數馳輕使，致遺㊴四方珍羞㊵。

梁統猶恐眾心疑惑，乃使人刺殺張玄，遂與隗囂絕，皆解所假將軍印綬。

【章旨】以上為第五段，寫竇融所統河西五郡與隗囂絕裂，效順朝廷。

【注釋】❶友　竇友。融弟。歷任奉車都尉、城門校尉，封顯親侯。❷託　依附。❸先后末屬　竇融七世祖竇廣國，是漢文帝竇皇后的弟弟。❹假歷將帥　歷任將帥。假，謙詞。指名不副實。歷，任職。❺守持一隅　鎮守一方。守持，堅守。一隅，指一個邊遠地區。隅，角落。❻底裏上露　以器皿、囊袋為喻，底與裡人不易見。如今底、裡都顯露在外面，喻指自己開誠布公，而無陰謀隱私。❼纖介　細微。此指纖介之過。❽高平　縣名，縣治在今寧夏固原。❾席封　人名。❿間道通書　走小道把書信送到朝廷。⓫尉藉　慰勞；撫慰。尉，古「慰」字。⓬回　改變。⓭承事　侍奉。⓮欣服　悅服。⓯高義　行為高尚合於正義。⓰從役　任職做事。⓱良　實在。⓲忿悁　怨怒；憤恨。⓳委成功　放棄已成的功業。委，放棄。成功，已成的功勳，指歸服東漢。⓴造難就　建立難以實現的事業。造，建立。難就，難以成功的事。指稱帝。㉑殆　大概。㉒執事者　辦事人員。㉓局迫　狹隘；狹窄。㉔負虛交而易彊禦　依靠虛假的交情而輕視強敵。負，仗恃。虛交，徒有其名的朋友，這裡指公孫述。易，輕視。彊禦，指有權而又勢強的人。這裡指光武帝。㉕丘墟　廢墟。形容遭戰亂破壞之後荒涼殘破之狀。㉖天運　天命。㉗積痾　舊病。痾，疾病。㉘遂瘳　疾病立即痊癒。遂，馬上；立即。瘳，痊癒。㉙憂人　為人擔憂。㉚以德取怨　此言過於為人擔憂，說服人從迷途返回，走上正道，本是好事，但難免言辭過激，或意見不合人意，最後得到的反而是對方對自己的怨恨。㉛且　將。㉜師期　出師日期。㉝先零羌　羌族的一支。初居今甘肅、青海兩省的湟水流域，後漸與西北各族融合。㉞封何　先零羌首領。劉玄時，殺金城太守而佔據其郡。後與隗囂結盟，抗拒光武。㉟並　挨著。㊱揚張揚；展示。㊲伺候　等待；等候。㊳脩理融父墳墓　融是扶風平陵縣人。㊴致遺　贈送。㊵珍羞　珍美的餚饌。羞，美味的食物。

【校　記】1猶知　原作「無知」。據章鈺校，十二行本、乙十一行本皆作「猶知」，張敦仁《通鑑刊本識誤》、張瑛《通鑑校勘記》同，今據改。

【語　譯】竇融又派他的弟弟竇友上書說：「臣幸運自己是漢文帝竇皇后親屬的後代，歷代都是二千石俸祿，臣又歷任將帥，鎮守一方，所以派劉鈞口頭向陛下陳述臣的赤膽忠心，臣自認為坦誠無私，沒有一點過錯。而陛下的璽書卻大講公孫述、隗囂兩位君主三分天下鼎足而立的權力，任囂、尉佗的謀略，臣私下深感悲痛。臣竇融雖無知，猶能明辨利害，懂得順逆的界限，怎會背叛舊主人，去侍奉奸詐小人；廢棄忠貞節操，做顛覆國家的事情；拋開成功的基業，去尋求無望的利益呢！這背主、失節、逐利三件事，即使去問狂夫，尚知取捨，而臣怎麼會有背叛的思想呢！謹派舍弟竇友前往朝廷，親口說明臣的至誠之心。」竇友到達高平縣，正遇隗囂叛變，道路不通，就派遣司馬席封從小路把書信送到朝廷。皇上又派席封給竇融、竇友帶去書信，對他們厚加安撫。

竇融就給隗囂去信說：「正當將軍遇到艱難困苦的時候，也是國家蒙受不幸的日子，將軍憤怒之間能守節不變，侍奉當今朝廷。我竇融等悅服將軍高尚的德義，願跟隨將軍任職做事，實在是因為這個原故！可是將軍憤怒之間，改變節操，另作圖謀，捨棄已成的功勳，想建立難以實現的帝業，先前百年積聚的成果，毀於一旦，不是很可惜嗎！也許是你手下辦事的人貪圖功業，為你謀劃，才到今天這個地步。當今西州地方狹窄，人民流離失所，士兵散亂，容易輔助別人，自創大業卻很艱難。想來你假若走錯路而不返，知道了正路仍執迷不悟，那麼，不是向南聯合公孫述，就是向北投向盧芳。憑著虛假的交情而輕視強敵，依靠遠處的救兵而輕視身邊的敵人，看不到有什麼利益。自從各支軍隊興起以來，城郭變成廢墟，百姓死亡遍地。幸好天命漸漸回轉，而將軍又製造災難，這是使舊疾不能很快痊癒，幼孤將再度飄零，說來真令人傷痛。常人尚不忍心這樣做，何況是仁慈的人呢！我竇融聽說進忠言容易，但要說得適宜卻很困難。過度替人擔憂，反遭怨恨，我知道將會因為說這些話而獲罪！」隗囂沒有採納。

竇融於是和五個郡太守厲兵秣馬，向朝廷上書，請求出兵的日期，光武帝非常讚賞竇融。竇融隨即和各郡太守率領軍隊進入金城郡，攻打隗囂的同黨先零羌首領封何等人，把他們打得大敗。乘勢沿著黃河，展示軍威，等候天子。當時東漢大軍還未進發，竇融就率軍返回。光武帝因竇融很講信義，成果顯著，更加讚賞他，便修整竇融父親的墳墓，用牛羊豬三牲具全的太牢祭祀，屢次派遣輕裝的使臣，贈送竇融珍美的食物。

梁統仍然擔心大家疑惑，就派人刺殺隗囂的使者張玄，遂與隗囂斷絕關係，解下隗囂授予的全部將軍印章和綬帶。

先是，馬援聞隗囂欲貳❶於漢，數以書責譬❷之，囂得書增怒。及囂發兵反，援乃上書曰：「臣與隗囂本實交友，初遣臣東，謂臣曰：『本欲為漢，願足下往觀之，於汝意可，即專心❸矣。』及臣還反，報以赤心，實欲導之於善，非敢譎❹以非義。而囂自挾姦心，盜憎主人❺，怨毒之情，遂歸於臣。臣欲不言，則無以上聞，願聽❻詣行在所，極陳❼滅囂之術。」帝乃召之。援具言謀畫。

帝因使援將突騎五千，往來游說囂將高峻❽、任禹之屬，下及羌豪，為陳禍福，以離囂支黨。援又為書與囂將楊廣，使曉勸於囂曰：「援竊見四海已定，兆民❾同情❿，而季孟⓫閉拒⓬背畔，為天下表的⓭，常懼海內切齒⓮，思相屠裂⓯，故遺書戀戀⑯，以致⑰惻隱⑱之計。乃聞季孟歸罪於援，而納王游翁⑲諂邪之說，因自謂函谷以西，舉足可定。以今而觀，竟何如邪！

「援間至河內，過存⑳伯春，見其奴吉㉑從西方還，說伯春小弟仲舒㉒望見吉，欲問伯春無它否，竟不能言，曉夕號泣㉓，宛轉塵中[1]。又說其家悲愁之狀，不可言也。夫怨讎可刺不可毀，援聞之，不自知泣下也。援素知季孟孝愛，曾、閔㉔不過㉕。夫孝於其親，豈不慈於其子！可有子抱三木㉖而跳梁㉗妄作㉘，自同分羹之事㉙乎！

「季孟平生自言所以擁兵眾者，欲以保全父母之國而完墳墓也，又言苟厚士大夫而已。而今所欲全者將破亡之，所欲完者將傷毀之，所欲厚者將反薄之。季孟嘗折愧㉚子陽而不受其爵，今更共陸陸㉛欲[2]往附之，將難為顏㉜乎！若復責以重質㉝，當安從得子主給是哉㉞！往時子陽獨欲以王相待而春卿㉟拒之，今者歸老㊱，更欲低頭與小兒曹㊲共槽櫪㊳而食，併肩側身㊴於怨家㊵之朝乎！

「今國家待春卿意深㊶，宜使牛孺卿㊷與諸耆老㊸大人共說季孟，若計畫不從，真可引領㊹去矣。前披輿地圖，見天下郡國百有六所，柰何欲以區區㊺二邦㊻以當諸夏百有四乎㊼！春卿事季孟，外有君臣之義，內有朋友之道。言君臣邪，固當諫爭；語朋友邪，應有切磋[48]。豈有知其無成，而但萎腇咋舌[49]，叉手[50]從族[51]乎！及今成計[52]，殊尚[53]善也，過是[54]，欲少味矣[55]！且來君叔[56]天下信士[57]，朝廷重之，其意依依[58]，常獨為西州言。援商朝廷，尤欲立信於此，必不負約[59]。援不得久留[60]，願急賜報[61]。」廣竟不答。

諸將每有疑議，更請呼援，咸敬重焉。

隗囂上疏謝曰：「吏民聞大兵卒至，驚恐自救，臣囂不能禁止。兵有大利[62]，不敢廢臣子之節，親自追還。昔虞舜事父，大杖則走，小杖則受[63]。臣雖不敏[64]，敢忘斯義！今臣之事，在於本朝，賜死則死，加刑則刑。如更得洗心[65]，死骨不朽[66]。」有司以囂言慢[67]，請誅其子，帝不忍，復使來歙至汧，賜囂書曰：「昔柴將軍[68]云：『陛下寬仁，諸侯雖有亡叛而後歸，輒復位號，不誅也。』今若束手[69]，復遣恂弟歸闕庭者，則爵祿獲全，有浩大之福矣！吾年垂[70]四十，在兵中十歲，厭[71]浮語虛辭[72]。即[73]不欲，勿報。」囂知帝審[74]其詐，遂遣使稱臣於公孫述。

匈奴與盧芳為寇不息，帝令歸德侯颯使匈奴以脩舊好。單于驕倨，雖遣使報命，而寇暴如故。

【章　旨】以上為第六段，寫馬援致書隗囂將軍楊廣，光武帝致書隗囂，君臣交替勸降，均未奏效。

【注　釋】❶貳　懷有二心。❷責譬　批評曉諭。❸專心　指專心歸漢。❹譎　欺詐。❺盜憎主人　強盜憎恨主人。喻指奸惡的人怨恨正直的人。❻聽　准許。❼極陳　詳盡地一一述說。❽高峻　隗囂將。馬援奉命招降峻，中郎將來歙承制任命峻為通路將軍，封關內侯。後峻復叛，據高平。光武派寇恂說降，峻降，送洛陽。❾兆民　億萬民眾。❿同情　同一種心情。⓫季孟　隗囂字。⓬閉拒　拒絕。⓭表的　箭靶，此喻指攻擊目標。⓮切齒　咬牙，此指極端痛恨的樣子。⓯屠裂　屠殺肢解。⓰戀戀　顧念。⓱致　奉獻。⓲惻隱　同情。⓳王游翁　即王元。元字游翁。⓴存　問候。㉑吉　人名。㉒仲舒　即隗純。純，字仲舒，隗囂之少子。建武九年（西元三三年）囂死，其將立純為王。次年降光武。建武十八年，在逃亡匈奴途中被捕殺。㉓曉夕號泣　早晚哭泣。㉔曾閔　曾參與閔損。二人都是孔子弟子，以孝行著稱。㉕不過　不能超過。㉖三木　古代刑具為木製，加在犯人頸、手、足三處的刑具，合稱三木。㉗跳梁　強橫。㉘妄作　胡作非為。㉙分羹之事　指戰國魏將樂羊事。《戰國策・中山策》：「樂羊為魏將，攻中山。其子時在中山，中山君烹之，作羹致於樂羊。樂羊食之。」㉚折愧　侮辱。㉛陸陸　猶「碌碌」，形容平庸無能的樣子。㉜難為顏　言其應該面有愧色。顏，臉色。㉝責以重質　要求再派一個兒子作質子。責，責求。㉞當安從得子主給是哉　將從哪裡找一個兒子來承擔這一責任呢。當，將。安從，從哪裡。主給是，意謂負責充當此任。㉟春卿　楊廣字。㊱歸老　到了老年。㊲曹　輩。㊳槽櫪　馬槽。㊴併肩側身　肩並肩側著身子。形容畏懼的樣子。㊵怨家　仇家。㊶意深　情意深厚。此指光武帝屬意楊廣。㊷牛孺卿　即牛邯。邯字孺卿。㊸耆老　指年老而有地位的人。㊹引領　指引退。㊺區區　形容小的樣子。㊻二邦　指隴西、天水二郡。㊼諸夏百有四乎　指全國有一百零四個郡。㊽切磋　互相研討，此指坦誠相勸。㊾萎腇咋舌　懦弱畏縮，咬緊舌頭。指不敢說話。萎，軟弱。㊿乂手　兩手在胸前相交。形容服服貼貼。乂，通「叉」。(51)從族　聽憑滅族。(52)及今成計　趁現今之時確定大計。(53)殊尚　還是。(54)過是　錯過這個時機。(55)欲少味矣　將十分乏味。少味，乏味。此以食為喻，指出日後再難逢此良機。(56)來君叔　即來歙。歙字君叔。(57)信士　誠實可信的人。(58)依依　形容思慕懷念的心情。(59)援商朝廷三句　我馬援思量皇上，特別想要在此事上立下誠信，絕不失信。商，推測。朝廷，指光武帝。負約，失約；違背諾言。(60)久留　久留邊地。(61)賜報　要求回信的客氣說法。(62)兵有大利　指王元隴山之捷。(63)昔虞舜事父三句　意謂舜事父至孝，父用大棍棒打自己，就跑掉；用小棍棒打自己，就用身子承受。語出《韓詩外傳》卷八：「夫子曰：『汝不聞昔者舜為人子乎？小箠則待，大杖則逃。』」(64)不敏　謙詞。猶不才。

(65)洗心　改過自新。(66)死骨不朽　猶言死而無憾。(67)慢　傲慢無禮。(68)柴將軍　指柴武，又名陳武。漢高祖時為將軍，後為大將軍，封棘蒲侯。高祖十一年（西元前一九六年），柴武率軍攻擊叛逃匈奴的原韓王信，先修書一封送給信。這裡所引即書中之語，見《史記》卷九十三。(69)束手　罷手，指停止抵抗。(70)垂　將近。(71)厭　憎惡。(72)浮語虛辭　無根據、不實在的話。(73)即　如果。(74)審　知道；洞察。

【校　記】[1]宛轉塵中　原無此四字。據章鈺校，十二行本、乙十一行本、孔天胤本皆有此四字，張敦仁《通鑑刊本識誤》、張瑛《通鑑校勘記》同，今據補。[2]欲　原無此字。據章鈺校，十二行本、乙十一行本、孔天胤本皆有此字，張敦仁《通鑑刊本識誤》同，今據補。

【語　譯】此前，馬援聽說隗囂對東漢懷有二心，就屢次寫信對他批評曉諭，隗囂接到信後更加氣憤。等到隗囂發兵叛變，馬援就上書說：「臣和隗囂本是知交，當初他派我東來，對臣說：『我原本想侍奉漢室，請你去觀察一下，只要你認為可以，我就專心歸漢。』等臣返回，用誠心待他，確實是想引導他從善，不敢欺詐他做不義之事。可是隗囂自懷奸心，好像強盜憎恨主人，便把怨恨發洩在臣的身上。臣本想不說，那就沒別的辦法上達，希望允許臣進宮，詳盡地述說消滅隗囂的策略。」皇上召見馬援。馬援詳細敘說他的謀劃。

光武帝於是派馬援率領騎兵突擊隊五千人，來往遊說隗囂的將領高峻、任禹等人，以及羌族首領，向他們陳述利害關係，離間隗囂黨羽。馬援又寫信給隗囂的將領楊廣，令他勸導隗囂，說：「我馬援看到天下已平，億萬民眾同心，可隗季孟閉門抗拒，起兵反叛，成為天下攻擊目標，我擔心民眾對隗季孟切齒痛恨，想要宰割他，所以給他寫信表達我的顧念之心，致以惻隱之情。聽說隗季孟把罪過都推到我馬援身上，而接納王游翁諂媚的意見，因而宣稱函谷關以西，舉足就可以平定。從現在的局勢看，究竟怎麼樣呢！

「我馬援最近到河內郡，問候隗季孟的兒子隗伯春，看見他的僕人吉從西州返回，說隗伯春的小弟隗仲舒希望見到吉，想詢問隗伯春是否遭遇意外，竟然說不出話來，早晚哭泣，哭聲迴蕩在曠野中久久不能離去。還說到家中悲愁的情況，無法用言語來表達。有怨仇可以譏刺，卻不能誹謗，援聽後，情不自禁流下眼淚。援一向瞭解隗季孟孝順慈愛，曾參、閔子騫也不能超過他。孝順父母的人，哪有不愛自己兒子的！哪有兒子身戴刑具，而父親強橫妄為，自己去做樂羊分羹那樣的事呢！

「隗季孟平時說自己擁有軍隊，是想用來保全父老鄉親的土地和墳墓，又說藉此優待士大夫罷了。可現在他要保護的鄉土即將喪失，想要保護的祖墳即將毀滅，想要優待的士人反而輕視他。隗季孟曾侮辱公孫子陽而不接受他的爵位，今天卻同平庸無能之輩打算一起去依附他，恐怕面有愧色吧！如果公孫子陽又要求再派一個兒子做人質，隗季孟將從哪裡找兒子來充當此任呢！從前，公孫子陽對隗季孟只想以王相待，就被你楊春卿拒絕，現在他到了老年，卻願低著頭和小孩們同在一個養馬槽裡吃食，並肩側身在仇家的小朝廷裡嗎！

「如今朝廷對你楊春卿情意深厚，你應該請牛孺卿和各位長輩一起勸說隗季孟，如果說服不了，真的可以引退。前些時，我觀看地圖，看到全國有一百零六個郡，怎麼能夠用隴西、天水兩個區區小郡來抵抗諸夏一百零四個郡呢！你楊春卿侍奉隗季孟，外有君臣的道義，內有朋友的情誼。說到君臣，本應以理相爭；說到朋友，也應切磋商討。哪有明知隗季孟事情不能成功，卻畏縮不敢說話，服服貼貼隨他一起遭遇滅族呢！你應趁現在確定大計，還是很好的，錯過了時機，就將乏味了！況且來君叔是天下誠實可信之士，朝廷尊重他，他對隗季孟也很思慕，經常替隗囂說好話。援思量皇上，尤其想在這事上樹立誠信，一定不會違背諾言。我馬援不能久留邊陲，希望你盡快回信相告。」楊廣最終未作回答。

眾將領每當有疑問，相繼找馬援請教，大家都敬重他。

隗囂向朝廷上疏謝罪說：「官民聽說大軍突然到來，驚恐懼怕，只求自救，臣隗囂無法控制他們。臣打了大勝仗，但不敢廢棄做臣子的禮節，親自把軍隊追回。從前，虞舜侍奉他父親，他父親用大棍打他，他就逃跑；用小棍打他，他就承受。臣雖不才，豈敢忘記這個道理！而今臣的命運決定於皇上，若賜臣死，臣就死；若加臣刑，臣就受刑。如果再給臣一次改過自新的機會，死而無憾。」主管部門認為隗囂的話傲慢，請求殺掉他的兒子，光武帝於心不忍，又派來歙到汧縣賜信給隗囂，說：「從前漢高祖的大將柴武將軍說：『陛下寬厚仁慈，諸侯即使有人逃亡叛變，然而後來又回歸，都恢復他原有的職位，不誅殺他。』現今你如果罷手，再派遣隗恂的弟弟來朝廷做人質，那你的爵位官祿都可保全，擁有莫大的福分！我年近四十，在軍旅中十年，憎惡浮語虛辭。你如果不想這樣做，就不必回報。」隗囂知道皇上洞察他的詐騙謊言，就派使者向公孫述稱臣。

匈奴與盧芳侵擾不止，光武帝下令歸德侯劉颯出使匈奴，謀求重修舊好。匈奴單于驕橫傲慢，雖然也派使臣覆命，但侵掠殘暴與原來一樣。

七年（辛卯　西元三一年）

春，三月，罷郡國輕車❶、騎士❷、材官❸，令還復民伍❹。○公孫述立隗囂為朔寧王，遣兵往來，為之援勢❺。

癸亥晦❻，日有食之。詔百僚各上封事，其上書者不得言聖。太中大夫鄭興上疏曰：「夫國無善政，則謫見日月❼，要在因人之心，擇人處位。今公卿大夫多舉漁陽太守郭伋可大司空者，而不以時定。道路流言，咸曰『朝廷欲用功臣』，功臣用則人位謬❽矣。願陛下屈己從眾，以濟❾羣臣讓善之功。頃年日食每[1]多在晦，先時而合❿，皆月行疾也。日君象而月臣象，君亢急⓫則[2]臣下促迫⓬，故月行疾。今陛下高明而羣臣惶促⓭，宜留思⓮柔克⓯之政，垂意⓰洪範之法⓱。」帝躬勤政事，頗傷⓲嚴急，故與奏及之。

夏，四月壬午⓳，大赦。

五月戊戌⑳，以前將軍李通為大司空。

大司農江馮上言：「宜令司隸校尉督察三公㉑。」司空掾陳元㉒上疏曰：「臣聞師臣㉓者帝㉔，賓臣者霸。故武王以太公為師，齊桓以夷吾為仲父，近則高帝優相國之禮㉕，太宗㉖假㉗宰輔之權。及亡新王莽，遭漢中衰，專操國柄以偷㉘天下，況己自喻㉙，不信羣臣，奪公輔之任，損宰相之威，以刺舉㉚為明，徼[3]訐㉛為直，至乃陪僕㉜告其君長，子弟變㉝其父兄，罔密法峻，大臣無所措手足㉞。然不能禁董忠之謀，身為世戮。方今四方尚擾㉟，天下未一，百姓觀聽，咸張耳目。陛下宜修文、武之聖典，襲祖宗之遺德，勞心下士，屈節待賢，誠不宜使有司察公輔之名㊱。」帝從之。

酒泉太守竺曾以弟報怨殺人㊲，自免去郡；竇融承制拜曾武鋒將軍，更以辛彤為酒泉太守。

秋，隗囂將步騎三萬侵安定，至陰槃㊳，馮異率諸將拒之；囂又令別將下隴攻祭遵於汧，並無利而還。帝將自征隗囂，先戒竇融師期，會遇雨，道斷，且囂兵已退，乃止。○帝令來歙以書招王遵，遵來降，拜太中大夫，封向義侯。

冬，盧芳以事誅其五原太守李興兄弟，其朔方太守田颯、雲中太守喬扈各舉郡降，帝令領職如故。

帝好圖讖，與鄭興議郊祀事，曰：「吾欲以讖斷之，何如？」對曰：「臣不為讖！」帝怒曰：「卿不為讖，非之邪？」興惶恐曰：「臣於書有所未學，而無所非也。」帝意乃解。

南陽太守杜詩政治清平，興利除害，百姓便之。又修治陂池㊴，廣拓土田，郡內比室㊵殷足㊶，時人方㊷於召信臣。南陽為之語曰：「前有召父，後有杜母。」

【章旨】以上為第七段，寫光武帝納諫，常與群臣議論政治得失。光武帝喜好圖讖，是其一短。

【注釋】❶輕車　車兵。❷騎士　騎兵。❸材官　勇猛的步卒。❹民伍　平民的行列。❺援勢　聲援的態勢。❻癸亥晦　三月三十日。❼謫見日月　此言上天通過日月之蝕以示譴責。謫，譴責。見，顯現；表現。❽人位謬　意謂功臣有功，但卻不一定能勝任其職。人不稱其位，故云「謬」。❾濟　成就。❿先時而合　先時，先於時；早於正常運行的應蝕時間。合，指太陽、月球、地球運行到一條直線上。當地球運行到太陽與月球之間，則發生月蝕，月蝕發生在望日；當月球運行到太陽與地球之間，則發生日蝕，日蝕發生在農曆初一，即朔日。如今晦日發生日蝕，所以說「先時」。⓫亢急　嚴急。⓬促迫　急迫。⓭惶促　惶恐拘謹。⓮留思　留心考慮。⓯柔克　寬緩柔和而能成事。⓰垂意　留意。⓱洪範之法　〈洪範〉所闡述的治國大法。〈洪範〉，《尚書》篇名。洪，大。範，法。相傳周武王殺紂滅商後，向箕子詢問治國方略，箕子闡述九種大法，史官整理成文，即為〈洪範〉。⓲傷　失於；受到……損害。⓳壬午　四月十九日。⓴戊戌　五月初六日。㉑督察三公　據記載，「司隸校尉無所不糾，唯不察三公」（《通典》卷三十二）。實際上，西漢已有司隸糾察三公之例。此時東漢初建，一切草創，故有此議。㉒陳元　字長孫，蒼梧郡廣信縣（今廣西梧州）人，通曉《左傳》，為當時著名學者。傳見《後漢書》卷三十六。㉓師臣　以臣為師。㉔帝　成就帝業。㉕高帝優相國之禮　據《史記・蕭相國世家》，劉邦時蕭何為相國，「賜帶劍履上殿，入朝不趨」。㉖太宗　指漢文帝。文帝廟號太宗。㉗假　給予。㉘偷　竊取。㉙自喻　自比。王莽以己比況周公。㉚刺舉　檢舉。㉛徼訐　揭發別人的隱私；斥責別人的過失。㉜陪僕　奴僕。㉝變　指變告，即向朝廷上書告發謀叛作亂的事。㉞無所措手足　不知如何安放手足。形容沒有辦法，不知如何是好。㉟擾　動亂不安。㊱名　名分；職位。㊲弟報怨殺人　《後漢書》卷二十三李賢注引《東觀記》曰：「曾弟嬰報怨，殺屬國侯王胤等，曾慙而去郡。」㊳陰槃　縣名。㊴陂池　池塘。㊵比室　猶言家家戶戶。㊶殷足　富裕。㊷方　比。

【校　記】1每　原無此字。據章鈺校，十二行本、乙十一行本、孔天胤本皆有此字，今據補。2則　原作「而」。據章鈺校，十二行本、乙十一行本皆作「則」，今據改。3徼　原作「激」。章鈺校云：「徼訐，十二行本『徼』誤『激』。」是章鈺所據胡克家刻本作「徼」，與校者所見不同。嚴衍《通鑑補》改作「徼」，今據以校正。按，《後漢書・陳元傳》亦作「徼」。

【語　譯】七年（辛卯　西元三一年）

春，三月，裁撤郡國的輕車兵、騎兵、步兵，讓他們返鄉復員為民。〇公孫述封隗囂為朔寧王，派出軍隊往來，作為聲援態勢。

三月三十日癸亥，發生日蝕。皇上詔令百官各自上呈密封的奏章，上書的人不能說「聖」字。太中大夫鄭興上疏說：「國家沒有好的政策措施，譴責就在日月上顯現出來，關鍵在於順應民心，用人得當。現今多數公卿大夫推舉漁陽郡太守郭伋出任大司空，而陛下卻沒有及時裁定。行路之人傳言，都說『朝廷將任用有功的臣』，功臣任職朝廷，那麼職位和任職之人就錯謬了。希望陛下委屈自己，聽從大家的意見，成全群臣互相謙讓的美德。近年日蝕每次大多發生在月末，日月提前重合，都是由於月亮運行加快的緣故。太陽是君主的象徵，月亮是臣子的象徵，君主過急則臣子也急迫，所以月亮運行迅速。而今陛下高尚明達，而群臣卻惶恐拘謹，應當留心思考施行寬緩柔和的政事，留意《尚書・洪範》大法。」皇上親自處理政事，總是失於嚴急，所以鄭興上奏提醒他。

夏，四月十九日壬午，大赦天下。

五月初六日戊戌，任命前將軍李通為大司空。

大司農江馮上書說：「應讓司隸校尉督察三公。」司空掾陳元上奏疏說：「臣聽說以臣下為老師，可以成就帝業，以臣下為賓客，可以成就霸業。所以周武王以姜太公為老師，齊桓公以管仲為仲父，近代漢高祖特別優禮相國蕭何，漢文帝授予宰相申屠嘉以重權。等到已亡的新朝王莽，遇上漢朝中道衰落，他專擅漢朝政權竊取天下，自比周公，不信任群臣，剝奪三公、輔相的權力，降低宰相的威嚴，把檢舉別人的隱私當做明察，斥責別人的過失當做正直，導致家僕告發主人，兒子、弟弟告發父親、哥哥，法網嚴密苛刻，大臣手足無措。即使這樣，仍不能阻止董忠的叛變，王莽本人遭世人殺戮。現今全國仍然動亂不安，天下沒有統一，百姓全都張開耳朵和眼睛在觀看聆聽。陛下應該施行周文王、周武王的聖制，繼承祖先的遺德，費心尊禮有識之士，降低身分以優待賢能的人，實在不應該派有關部門監督三公、輔相的職位。」皇上聽從了他的提議。

酒泉郡太守竺曾因為弟弟報私仇殺人，自動免職離郡；竇融稟承皇帝旨意任命竺曾為武鋒將軍，另以辛肜為酒泉郡太守。

秋，隗囂率領步騎三萬人侵犯安定郡，抵達陰槃縣，馮異率領眾將領抵抗他；隗囂又命其他將領率軍下隴山，到汧縣攻打祭遵，都未勝返回。光武帝準備親自征伐隗囂，先提醒竇融出兵的日期，恰好遇上下雨，道路中斷，而且隗囂的軍隊已撤退，就停止出兵。○光武帝命來歙寫信招降王遵，王遵歸降，皇上任命王遵為太中大夫，封為向義侯。

冬，盧芳因事殺了他的五原郡太守李興兄弟，他的朔方郡太守田颯、雲中郡太守喬扈各自舉郡歸降，光武帝命令他們留任原職。

光武帝喜好宣揚符命占驗的書，他與鄭興商議郊外祭祀天地的事，說：「我想用符命占驗之法來決定此事，怎麼樣？」鄭興回答說：「我不研究符命占驗之術！」皇上發怒說：「你不研究符命占驗，是認為它不對嗎？」鄭興恐懼地說：「我沒有學過，沒認為它不對。」光武帝的怒氣才消了。

南陽郡太守杜詩施政清廉公平，興利除害，人民都平安無事。杜詩又興修池塘，廣泛開墾荒地，南陽郡內，家家富裕，當時人們把杜詩比作西漢元帝時的南陽郡太守召信臣。南陽地區稱頌他說：「從前有召父，現在有杜母。」

八年（壬辰　西元三二年）

春，來歙將二千餘人伐山開道，從番須、回中❶徑襲略陽❷，斬隗囂守將金梁。囂大驚曰：「何其神也！」帝聞得略陽，甚喜，曰：「略陽，囂所依阻❸，心腹已壞，則制其支體易矣！」

吳漢等諸將聞歙據略陽，爭馳赴之。上以為囂失所恃，亡其要城，勢必悉以精銳來攻；曠日久圍而城不拔，士卒頓敝❹，乃可乘危而進。皆追漢等還。隗囂果使王元拒隴坻，行巡守番須口，王孟塞雞頭❺道，牛邯軍瓦亭❻。囂自悉其大眾數萬人圍略陽，公孫述遣將李育、田弇助之，斬❼山築堤，激水❽灌城。來歙與將士固死堅守，矢盡，發❾屋斷木❿以為兵⓫。囂盡銳攻之，累月不能下。

夏，閏四月，帝自將征隗囂，光祿勳汝南郭憲⓬諫曰：「東方初定，車駕未可遠征。」乃當車⓭拔佩刀以斷車靷⓮。帝不從，西至漆。諸將多以王師之重，不宜遠入險阻，計冘[1]豫未決，帝召馬援問之。援因說隗囂將帥有土崩之勢，兵進有必破之狀；又於帝前聚米為山谷⓯，指畫形勢，開示眾軍所從道徑，往來分析，昭然可曉。帝曰：「虜在吾目中矣！」明旦，遂進軍，至高平第一⑯。竇融率五郡太守及羌虜小月氏⑰等步騎數萬，輜重五千餘兩，與大軍會。是時軍旅草創，諸將朝會禮容多不肅⑱，融先遣從事問會見儀適⑲。帝聞而善之，以宣告百僚，乃置酒高會，待融等以殊禮。遂共進軍，數道上隴。使王遵以書招牛邯，下之，拜邯太中大夫。於是囂大將十三人、屬縣十六、眾十餘萬皆降。囂將⑳妻子奔西城㉑，從楊廣，而田弇、李育保上邽，略陽圍解。帝勞賜來歙，班坐㉒絕席㉓，在諸將之右㉔，賜歙妻縑千匹。

進幸上邽，詔告隗囂曰：「若束手自詣，父子相見，保無他也。若遂欲為黥布者，亦自任㉕也。」囂終不降，於是誅其子恂。使吳漢、岑彭圍西城，耿弇、蓋延圍上邽。

以四縣㉖封竇融為安豐侯，弟友為顯親侯，及五郡太守皆封列侯，遣西還所鎮。融以久專方面，懼不自安，數上書求代，詔報曰：「吾與將軍如左右手耳，數執㉗謙退，何不曉人意！勉循㉘士民，無擅離部曲！」

潁川盜賊羣起，寇沒㉙屬縣，河東守兵亦叛，京師騷動。帝聞之曰：「吾悔不用郭子橫㉚之言。」秋，八月，帝自上邽晨夜東馳，賜岑彭等書曰：「兩城若下，便可將兵南擊蜀虜。人苦不知足，既平隴，復望蜀。每一發兵，頭須㉛為白㉜！」

九月乙卯㉝，車駕還宮。帝謂執金吾寇恂曰：「潁川迫近京師，當以時定。惟念獨卿能平之耳，從九卿復出㉞以憂國可也！」對曰：「潁川聞陛下有事隴、蜀，故狂狡㉟乘間㊱相詿誤㊲耳。如聞乘輿南向，賊必惶怖歸死㊳，臣願執銳前驅。」帝從之。庚申㊴，車駕南征，潁川盜賊悉降。寇恂竟不拜郡㊵，百姓遮道曰：「願從陛下復借㊶寇君一年。」乃留恂長社㊷，鎮撫吏民，受納餘降。

東郡、濟陰盜賊亦起，帝遣李通、王常擊之。以東光侯耿純嘗為東郡太守，威信著於衛地㊸，遣使拜太中大夫，使與大兵會東郡。東郡聞純入界，盜賊九千餘人皆詣純降，大兵不戰而還，璽書復以純為東郡太守。戊寅，車駕還自潁川。

安丘侯張步將妻子逃奔臨淮，與弟弘、藍欲招其故眾，乘船入海；琅邪太守陳俊追討，斬之。

冬，十月丙午㊹，上行幸懷；十一月乙丑㊺，還雒陽。

楊廣死，隗囂窮困，其大將王捷別在戎丘㊻，登城呼漢軍曰：「為隗王城守者，皆必死，無二心，願諸軍亟罷，請自殺以明之。」遂自刎死。

初，帝敕吳漢曰：「諸郡甲卒但坐費㊼糧食，若有逃亡，則沮敗㊽眾心，宜悉罷之。」漢等貪并力攻囂，遂不能遣㊾，糧食日少，吏士疲役㊿，逃亡者多。岑彭壅谷水灌西城，城未沒丈餘(51)。會王元、行巡、周宗將蜀救兵五千餘人乘高卒至，鼓譟大呼曰：「百萬之眾方至！」漢軍大驚，未及成陳(52)，元等決圍殊死戰(53)，遂得入城，迎囂歸冀。吳漢軍食盡，乃燒輜重，引兵下隴，蓋延、耿弇亦相隨而退。囂出兵尾擊諸營，岑彭為後拒，諸將乃得全軍東歸，唯祭遵屯汧不退。吳漢等復屯長安，岑彭還津鄉。於是安定、北地、天水、隴西復反為囂。

校尉(54)太原溫序(55)為囂將苟宇(56)所獲，宇曉譬數四，欲降之。序大怒，叱宇等曰：「虜何敢迫脅(57)漢將！」因以節檛(58)殺數人。宇眾爭欲殺之，宇止之曰：「此義士，死節，可賜以劍。」序受劍，銜須於口，顧左右曰：「既為賊所殺，無令須汙土！」遂伏劍而死。從事王忠持其喪歸雒陽，詔賜以冢地，拜三子為郎。

十二月，高句麗王遣使朝貢，帝復其王號(59)。

是歲，大水。

【章　旨】以上為第八段，寫光武帝不聽勸諫，御駕親征隗囂，大功垂成，因東方叛亂，而功虧一簣。

【注　釋】❶回中　古道路名，南起汧水河谷，北出蕭關。因途經回中（今陝西隴縣西北）得名。為關中平原與隴東高原間的交通要道。❷略陽　縣名，縣治在今甘肅秦安東北。❸依阻　依靠；仗恃。❹頓敝　困頓疲憊。❺雞頭　山名，一名笄頭，又名崆峒山。在甘肅平涼西。❻瓦亭　地名，在今寧夏固原西南。❼斬　開闢。❽激水　阻遏水流。❾發　拆毀。❿斷木　砍斷樹木。⓫兵　兵器。⓬郭憲　字子橫，汝南郡宋縣（今安徽界首東北）人，王莽時任為郎中，不受。光武時，歷任博士、光祿勳等。傳見《後漢書》卷八十二上。⓭當車　指郭憲擋在車駕的前面。⓮靷　車上革製駕馬工具。一端繫於車軸上，一端繫於馬脖子的皮套上，用以引車前行。郭憲抽出佩刀砍斷了車靷。⓯為山谷　為山為谷。⓰高平第一　即高平縣第一城。在今寧夏固原。⓱小月氏　古族名，月氏族初居今甘肅敦煌與青海祁連之間。漢初被匈奴擊破，西遷至伊犁河上游，稱大月氏。未遷者進入祁連山區，稱小月氏。小月氏與羌人雜居，分布在今甘肅永登與青海湟中一帶。⓲肅　嚴肅。⓳儀適　儀式；禮節。⓴將　帶領；攜帶。㉑西城　即西城縣。在今甘肅天水市西南。㉒班坐　班次；坐次。㉓絕席　不同席。獨坐一席，以示尊顯。㉔右　古代崇右，以右為上，為貴，為尊。㉕自任　自己隨便。㉖四縣　指安豐、陽泉、蓼安、風四縣。㉗執　堅持。㉘勉循　努力安撫。㉙寇沒　猶攻陷、攻佔。㉚郭子橫　即郭憲。憲字子橫。㉛頭須　頭髮與鬍鬚。㉜為白　為之變白。㉝乙卯　九月初一日。㉞從九卿復出　寇恂現任執金吾，為九卿之一。恂於建武二年至三年，曾任潁川太守。此言欲讓恂解卿職，再次出任潁川太守。㉟狂狡　狂妄狡詐。此指叛亂者。㊱乘間　趁機。㊲詿誤　貽誤。㊳歸死　受死；請死。㊴庚申　九月初六日。㊵拜郡　任命為郡守。㊶復借　因寇恂前些年曾任潁川太守，所以說「復借」。㊷長社　縣名，縣治在今河南長葛東北。㊸衛地　東郡所轄，為古衛國地。㊹丙午　十月二十二日。㊺乙丑　十一月十二日。㊻戎丘　西縣地名，其地在縣治西南。㊼坐費　空費。㊽沮敗　敗壞；挫傷。㊾遣　遣散。㊿疲役　疲於所役。(51)城未沒丈餘　城牆沒有被水淹沒的只有一丈多高。(52)成陳　布好軍陣。陳，同「陣」。(53)決圍殊死戰　突圍拼死戰鬥。(54)校尉　《通鑑考異》：「按《序傳》及袁《紀》，皆稱『序為護羌校尉』。檢〈西羌傳〉，九年方置此官，牛邯為之，又云『邯卒，職省』，則序無緣作護羌。今但云『校尉』。」(55)溫序　（？—西元三二年）字次房，太原郡祁縣（今山西祁縣東南）人，歷任侍御史、武陵都尉、謁者、校尉等。傳見《後漢書》卷八十一。(56)苟宇　隗囂將。建武十年降光武。《後漢書・溫序傳》：「序行部至襄武，為隗囂別將苟宇所拘劫。」(57)迫脅　即脅迫，威脅強迫。(58)檛　打；擊。(59)復其王號　王莽始建國四年（西元一二年），更名高句驪王為下句驪侯。至此，恢復其王號。

【校　記】[1]冘　胡三省注云：「『冘』與『猶』同。」據章鈺校，乙十一行本、孔天胤本皆作「猶」。

【語　譯】八年（壬辰　西元三二年）

春，來歙率領二千餘人伐山開路，從番須、回中道直接襲擊略陽縣，斬了隗囂的守將金梁。隗囂大驚，說：「簡直神了！」皇上聽說取得略陽縣，很高興，說：「略陽縣是隗囂依靠的屏障，心腹已毀敗，那麼，控制肢體也就容易了！」

吳漢等眾將領聽說來歙攻佔了略陽縣，爭著奔馳前往。光武帝認為隗囂失去依靠，丟棄了重鎮，勢必出動所有精銳部隊反攻；等到長久相持，隗囂攻不下圍城，士兵困頓疲憊，就可以乘危進攻。於是，光武帝下令追吳漢等人全都還軍。隗囂果真派王元在隴山抗拒，行巡在番須口防守，王孟堵住雞頭道，牛邯駐紮在瓦亭。隗囂親率全部大軍數萬人包圍略陽縣，公孫述也派遣將領李育、田弇協助作戰，開山築堤，阻遏水流灌城。來歙和將士們死守，箭射完了，就拆房砍樹製作兵器。隗囂用盡精銳部隊攻城，幾個月沒有攻下。

夏，閏四月，光武帝親自率軍征討隗囂，光祿勳汝南人郭憲諫阻說：「東方剛平定，天子不可遠征。」於是擋住車駕，拔出佩刀，砍斷了車靷。光武帝不聽從，西進到漆縣。眾將領多數認為皇上的部隊事關重大，不宜深入險阻之地，光武帝猶豫不決，就召見馬援，詢問他的意見。馬援便說，隗囂的眾將領出現了土崩瓦解的情形，我們進軍有必然破敵的態勢；又在皇上面前用米聚集成山谷地形，指點敵我雙方的形勢，展示各路大軍進軍的路線，反覆分析，清楚明白。光武帝說：「敵人已在我的眼中！」第二天早晨，大軍便進發到高平縣第一城。

竇融率領五個郡太守以及羌族、小月氏等步騎兵數萬人，輜重車五千餘輛，與大軍會合。當時軍隊還剛組建，眾將領朝見皇帝的禮儀不嚴肅規整，竇融先派從事詢問朝見禮儀。光武帝聽後認為很好，拿這件事告訴文武百官，擺設酒宴，大會群臣，用特殊的禮遇招待竇融等人。於是同時進軍，分成幾路登上隴山。光武帝讓王遵寫信招降牛邯，牛邯歸順，光武帝任命牛邯為太中大夫。這樣，隗囂的十三位大將、天水郡所屬的十六個縣、十餘萬部眾全部歸降。隗囂帶著妻子兒女逃往西城縣，跟從楊廣，而將領田弇、李育退守上邽縣，略陽縣被解圍。光武帝慰勞、賞賜來歙，班次獨坐一席，在將領們的上首，還賜給來歙的妻子一千匹細絹。

光武帝到達上邽縣，詔告隗囂說：「如果你親自束手前來，父子相見，保證不會有其他事故。如果你一定要做黥布，也自己隨便。」隗囂始終不肯投降，於是光武帝殺了他的兒子隗恂。派遣吳漢、岑彭包圍西城縣，耿弇、蓋延包圍上邽縣。

光武帝用四個縣封竇融為安豐侯，竇融的弟弟竇友為顯親侯，還封五個郡的太守都為列侯，派他們回到西邊各自的鎮所。竇融因長期在一個地方獨攬大權，惶恐不安，屢次上書請求派人替代，皇上下詔回答說：「我和將軍你的關係就像左、右手，你一再堅持謙虛退讓，為什麼就不明白我的心意！你要努力安撫官吏、百姓，不要擅自離開部隊！」

潁川郡的盜賊蜂起，攻陷所屬縣城，河東郡的守軍也叛變，京城騷動。光武帝聽到這消息，說：「我後悔沒聽郭子橫的話。」秋，八月，光武帝從上邽縣日夜東馳。賜給岑彭等人書信說：「西城、上邽兩城如果攻下了，就可率軍向南攻打公孫述。人苦不知足，既平定了隴西郡，又渴望得到蜀國。每一次出兵，頭髮與鬍鬚都為之變白！」

九月初一日乙卯，光武帝車駕返回洛陽宮。光武帝對執金吾寇恂說：「潁川靠近京城，應當及時平定。朕考慮只有你才能平定它，請你從九卿之位上再次出朝，為國分憂！」寇恂回答說：「潁川郡人聽說陛下遠征隴西、蜀國，所以那些狂妄狡詐之徒乘機誤人。如果他們聽說陛下向南征討，盜賊一定會心生恐懼而受死，臣願意手執兵器，做陛下的先鋒。」光武帝聽從了他的意見。初六日庚申，光武帝率軍南征，潁川郡盜賊全部歸降。寇恂果然未被任命為潁川郡太守，百姓都擋在道路上請求說：「希望從陛下手裡再借寇恂一年。」於是，光武帝就把寇恂留在長社縣，撫慰官民，收容降軍。

東郡、濟陰郡的盜賊興起，光武帝派遣李通、王常去攻打他們。因為東光侯耿純曾做過東郡太守，在東郡地區頗有聲望，光武帝派使臣任命耿純為太中大夫，讓他與李通的大軍在東郡會合。東郡人聽說耿純進入郡界，盜賊九千餘人到耿純那兒投降，大軍沒有交戰就返回了，光武帝用璽書再度任命耿純為東郡太守。九月二十四日戊寅，光武帝從潁川郡回到洛陽。

安丘侯張步帶領妻子兒女逃到臨淮，和他弟弟張弘、張藍想招集舊部，乘船入海；琅邪郡太守陳俊追擊，將他們殺了。

冬，十月二十二日丙午，光武帝巡幸懷縣；十一月十二日乙丑，回到洛陽宮。

楊廣死去，隗囂困窘無路，隗囂的大將王捷駐守在戎丘城，他登上城樓向東漢軍高喊：「替大王隗囂守城的人，都明知必死，絕無二心，請你們馬上撤軍，讓我用自殺來表明決心。」於是自刎而死。

當初，光武帝對吳漢下手諭說：「各郡的地方兵士只是空費糧食，如有人逃亡，就會挫傷軍心，應該全部遣散。」吳漢等人貪圖集合眾多兵力進攻隗囂，不願遣散士兵。於是，糧食日漸減少，官兵疲於役使，逃跑的人很多。岑彭堵住谷水，引水灌進西城，城牆沒有被水淹沒的只有一丈有餘。碰巧王元、行巡、周宗率領公孫述的救兵五千餘人從高處突然來到，擊鼓號叫：「百萬軍隊來了！」東漢軍隊驚恐，來不及擺好陣勢，王元等拼死戰鬥突破重圍，便進入了西城，護送隗囂回到冀縣。吳漢軍糧吃光，於是燒掉輜重，領兵下隴山。蓋延、耿弇也相繼撤退。隗囂派出軍隊從後追擊，岑彭斷後，眾將領才得以全軍東歸，只有祭遵駐軍在汧縣未撤退。吳漢等人又駐軍長安，岑彭回到津鄉。於是安定、北地、天水、隴西等郡反被隗囂佔領。

校尉太原人溫序被隗囂的將軍苟宇俘獲，苟宇反覆勸導溫序，想讓他投降。溫序大怒，呵斥苟宇等人說：「你們這些匪徒怎麼敢威脅漢將！」就用手中符節擊殺數人。苟宇的左右爭著要殺死溫序，苟宇制止他們說：「這是位義士，為節操而死，可以賜他一把劍。」溫序接了劍，把鬍鬚銜在嘴裡，回頭對身邊的人說：「既然遭遇匪徒而死，也不要使鬍鬚被土弄髒！」於是拔劍自殺而死。從事王忠護送他的遺體回到洛陽，光武帝下詔賜給他墓地，任命他的三個兒子為郎官。

十二月，高句麗國王遣使朝貢，光武帝恢復他的王號。

這一年，發生水災。

九年（癸巳　西元三三年）

春，正月，潁陽成侯祭遵薨於軍，詔馮異并將其營。遵為人，廉約小心，克己奉公，賞賜盡與士卒，約束嚴整，所在吏民不知有軍。取士皆用儒術，對酒設樂，必雅歌投壺❶。臨終，遺戒薄葬；問以家事，終無所言。帝愍悼之尤甚，遵喪至河南，車駕素服❷臨❸之，望哭哀慟❹；還，幸城門，閱過喪車，涕泣不能已；喪禮成，復親祠以太牢。詔大長秋❺、謁者、河南尹護喪事，大司農給費。至葬，車駕復臨之；既葬，又臨其墳，存見❻夫人、室家❼。其後朝會，帝每歎曰：「安得憂國奉公如祭征虜❽者乎！」衛尉銚期曰：「陛下至仁，哀念祭遵不已，羣臣各懷慚懼❾。」帝乃止。

隗囂病且餓，餐糗糒❿，恚憤⓫而卒。王元、周宗立囂少子純⓬為王，總兵⓭據冀。公孫述遣將趙匡、田弇助純。帝使馮異擊之。

公孫述遣其翼江王田戎、大司徒任滿、南郡太守程汎將數萬人下江關，擊破馮駿等軍，遂拔巫及夷道、夷陵，因據荊門、虎牙⓮，橫江水起浮橋、關樓⓯[1]，立欑柱⓰以絕⓱水道，結營跨山以塞⓲陸路，拒漢兵。

夏，六月丙戌⓳，帝幸緱氏⓴，登轘轅㉑。

吳漢率王常等四將軍，兵五萬餘人，擊盧芳將賈覽、閔堪於高柳㉒。匈奴救之，漢軍不利。於是匈奴轉盛，鈔暴㉓日增。詔朱祜屯常山，王常屯涿郡，破姦將軍侯進屯漁陽，以討虜將軍王霸為上谷太守，以備匈奴。

帝使來歙悉監護㉔諸將屯長安，太中大夫馬援為之副。歙上書曰：「公孫述以隴西、天水為藩蔽，故得延命假息㉕，今二郡平蕩，則述智計[2]窮矣。宜益選兵馬，儲積資糧。今西州新破，兵人疲饉㉖，若招以財穀，則其眾可集。臣知國家所給㉗非一，用度不足，然有不得已也！」帝然之。於是詔於汧積穀六萬斛。秋八月，來歙率馮異等五將軍討隗純於天水。○驃騎將軍杜茂與賈覽戰於繁時㉘，茂軍敗績。

諸羌自王莽末入居塞內，金城屬縣多為所有。隗囂不能討，因就慰納㉙，發其眾與漢相拒。司徒掾班彪上言：「今涼州部皆有降羌。羌胡被髮左衽㉚，而與漢人雜處，習俗既異，言語不通，數為小吏黠人所見侵奪，窮恚無聊㉛，故致反叛。夫蠻夷寇亂，皆為此也。舊制，益州部置蠻夷騎都尉，幽州部置領烏桓校尉，涼州部置護羌校尉，皆持節領護，治其怨結㉜，歲時巡行，問所疾苦。又數遣使譯㉝，通導動靜，使塞外羌夷為吏耳目，州郡因此可得警備。今宜復如舊，以明威防。」帝從之。以牛邯為護羌校尉。

盜殺陰貴人母鄧氏及弟訢。帝甚傷之，封貴人弟就㉞為宣恩侯。復召就兄侍中興㉟，欲封之，置印綬於前。興固讓曰：「臣未有先登陷陳之功，而一家數人，並蒙爵土，令天下觖望㊱，誠所不願！」帝嘉之，不奪其志。貴人問其故，興曰：「夫外戚家苦不知謙退，嫁女欲配侯王，取婦眄睨㊲公主，愚心實不安也。富貴有極㊳，人當知足，夸奢㊴益為觀聽所譏。」貴人感其言，深自降挹㊵，卒不為宗親求位。

帝召寇恂還，以漁陽太守郭伋為潁川太守。伋招降山賊趙宏、召吳等數百人，皆遣歸附農㊶，因自劾專命㊷，帝不以咎之㊸。後宏、吳等黨與聞伋威信，遠自江南，或從幽、冀，不期㊹俱降，駱驛㊺不絕。

莎車王康卒，弟賢立，攻殺拘彌㊻、西夜㊼王，而使康兩子王之。

【章旨】以上為第九段，寫東漢開國功臣的風采，祭遵是一個典型，他為人廉潔雅致，死後光武帝葬以殊禮。盧芳、隗囂餘黨、公孫述等垂死掙扎，光武帝部署諸將，以作最後一擊。東漢恢復諸夷持節校尉。

【注釋】❶雅歌投壺　古代宴會禮制，也是一種娛樂活動。賓主依次歌唱〈雅〉詩，用矢投向壺口，以投中多少決勝負，負者飲酒。❷素服　白色喪服。此指身穿喪服。❸臨　哭弔死者。❹哀慟　極其悲痛。❺大長秋　官名，為皇后的近侍，多由宦官充任。執掌宣達皇后旨意，管理宮中事宜。❻存見　探望慰問。❼室家　指家中成員。❽祭征虜　祭遵建武二年被任命為征虜將軍。❾羣臣各懷慚懼　光武懷念祭遵，常向群臣稱譽祭遵憂國奉公之美。群臣愧不如遵，因而產生慚懼之心。❿餈糗糒　吃乾糧。⓫恚憤　憤恨。⓬純　隗純，字仲舒。⓭總兵　總領軍隊。⓮荊門虎牙　二山名，位於夷陵、夷道之間的長江南、北岸，荊門在南，虎牙在北，隔江相對。在今湖北宜昌東南。⓯關樓　《後漢書・岑彭傳》作「鬥樓」。猶如城牆上禦敵的城樓。⓰欑柱　密集的柱樁。⓱絕　截斷。⓲塞　堵塞。⓳丙戌　六月初六日。⓴緱氏　縣名，縣治在今河南偃師東南。㉑轘轅　山名，在緱氏東南。㉒高柳　縣名，縣治在今山西陽高。㉓鈔暴　即「抄暴」。掠奪。㉔監護　監督掌管。㉕假息　苟延殘喘。㉖疲饉　疲憊而又飢餓。㉗所給　需要供給的事項。㉘繁畤　縣名，縣治在今山西應縣東北。㉙慰納　安撫接納。㉚被髮左衽　被髮，散髮。被，通「披」。左衽，衣襟向左。衽，衣襟。這是我國古代一些少數民族的服裝習俗。㉛窮恚無聊　窮困怨憤，無以為生。㉜怨結　鬱積的怨氣。㉝譯　翻譯官。㉞就　陰就。光武陰皇后弟，嗣父封為宣恩侯，後改封為新陽侯。明帝時為少府，位特進。㉟興　陰興（？—西元四七年），字君陵，光武陰皇后弟。歷任黃門侍郎、守期門僕射、侍中等，賜爵關內侯。傳見《後漢書》卷三十二。㊱觖望　因不滿而怨恨。㊲眄睨　指眼睛盯著。㊳極　盡頭；限度。㊴夸奢　浮華奢侈。㊵降挹　謙抑退讓。挹，通「抑」。㊶附農　從事農業生產。㊷專命　指擅自放還趙宏、召吳等。㊸不以咎之　不拿這件事責怪他。㊹不期　未經約定。㊺駱驛　往來不斷。㊻拘彌　西域國名，其地在今新疆于田。㊼西夜　西域國名，其地在今新疆葉城南。

【校　記】①關樓　胡三省注云：「『關樓』，范《書》作『闕樓』。」據章鈺校，乙十一行本作「闕樓」。②計　據章鈺校，孔天胤本作「既」。

【語　譯】九年（癸巳　西元三三年）

春，正月，潁陽成侯祭遵在軍中去世，光武帝詔令馮異合併率領祭遵的軍隊。祭遵為人廉潔謹慎，克己奉公，每有賞賜都分給士兵，軍紀嚴明，所到之處，地方官民都不知有軍隊。他選用的人才都是有儒術的人，在宴會上作樂，一定歌唱〈雅〉詩，作投壺遊戲。臨終時，祭遵遺囑薄葬；問起家事，始終不說一句話。光武帝對他特別痛惜悼念，祭遵的遺體運到河南郡，光武帝身著喪服親臨哭弔，望柩痛哭，哀傷悲痛；回宮時，登上城樓，看著靈車經過，涕泣不已；喪禮舉行之後，又親自用牛、羊、豬三牲具備的太牢禮祭祀。下詔令大長秋、謁者、河南尹主持喪事，由大司農承擔費用。下葬那天，皇上又親臨哭弔；埋葬完畢，還親自到墓前致哀，探望慰問祭遵夫人和家屬。之後，每當朝會時，皇上常歎息說：「我到哪裡再找憂心國事像祭征虜將軍這樣的人啊！」衛尉銚期說：「陛下十分仁愛，哀思祭遵不已，使我們深感慚愧。」光武帝這才停止。

隗囂患病，又飢餓，每餐吃乾糧，憤恨而死。王元、周宗立隗囂的小兒子隗純為王，總領軍隊，據守冀縣。公孫述派遣將領趙匡、田弇援助隗純。光武帝派遣馮異攻擊他們。

公孫述派遣他的翼江王田戎、大司徒任滿、南郡太守程汎率領數萬人出江關，擊敗東漢將領馮駿等軍隊，於是攻佔巫縣、夷道、夷陵等縣，隨後佔據荊門山、虎牙山，在長江上修造浮橋、關樓，在江中豎立密集的木樁用以斷絕航道，跨山結營堵塞陸路，抵禦漢軍。

夏，六月初六日丙戌，光武帝巡幸緱氏縣，登上轘轅山。

吳漢率領王常等四位將軍，統兵五萬餘人，攻打駐守在高柳縣的盧芳部將賈覽、閔堪。匈奴來救援他們，東漢軍失利。這時匈奴轉盛，劫掠日益嚴重。光武帝詔令朱祜在常山郡駐軍、王常在涿郡駐軍、破姦將軍侯進在漁陽郡駐軍，任命討虜將軍王霸為上谷郡太守，以防備匈奴。

光武帝命來歙監管全部將領駐紮長安，命太中大夫馬援做他的副手。來歙上書說：「公孫述把隴西、天水二郡作為屏障，所以能苟延殘喘，現在這兩郡已被平定，公孫述就智困計窮了。我們應該選調兵馬，儲備糧草。現今西州剛被擊敗，軍民疲憊飢餓，如用錢財糧食招撫他們，當地軍民就能集合起來。臣知道國家需要開支供給的事項很多，財政困難，然而這樣做也是迫不得已！」光武帝同意他的看法。於是，詔令在汧縣積儲六萬斛糧食。秋，八月，來歙率領馮異等五位將軍，在天水郡討伐隗純。○驃騎將軍杜茂在繁畤與賈覽交戰，杜茂軍隊大敗。

西羌各部落從王莽末年遷移到邊塞之內以後，金城郡所屬各縣大多被他們佔有。隗囂無力討伐，於是就安撫、接納他們，調發他們和東漢對抗。司徒掾班彪上書說：「現今涼州各地都有歸降的羌人。羌族人披頭散髮，左邊開襟，他們和漢人雜居，習俗相異，語言不通，經常被小官吏及狡猾之徒侵掠，窮困怨憤，無以為生，所以導致反叛。南方蠻夷為寇作亂，都是因此而起。根據舊制，益州地區設立蠻夷騎都尉，幽州地區設置領烏桓校尉，涼州地區設置護羌校尉，都持節領護，平息鬱積的怨氣，每年巡視各地，慰問他們的疾苦。並經常派翻譯去疏通關係，瞭解動靜，使塞外的羌人、夷人充當官吏耳目，州、郡才有所戒備。現在應該恢復舊制，明示威嚴和防備。」光武帝採納了。於是任命牛邯為護羌校尉。

強盜殺死陰貴人的母親鄧氏和弟弟陰訢。光武帝十分傷心，就封陰貴人的弟弟陰就為宣恩侯。又召見陰就的哥哥侍中陰興，想封他爵位，把印章綬帶放在陰興面前。陰興堅決推辭說：「臣沒有伐敵登城和衝鋒陷陣的功勞，但一家之中已有好幾個人都受爵封土，使天下人不滿而怨恨，這確實是臣不願意看到的！」光武帝讚賞他，不違背他的想法。陰貴人問陰興為什麼要這樣做，陰興說：「外戚之家苦於不知謙讓美德，嫁女想配王侯，娶媳盯著公主，我的內心實在不安。富貴有限，人應知足，浮華奢侈更被世人譏笑。」陰貴人被他的話所感觸，更加謙恭退讓，始終不替親屬求取官爵。

光武帝召回寇恂，任命漁陽郡太守郭伋為潁川郡太守。郭伋招降山賊趙宏、召吳等數百人，全部遣送回鄉務農，於是彈劾自己擅自作決定，光武帝沒有因此事責備他。後來，趙宏、召吳等人的同黨得知郭伋有威信，遠的從江南，或從幽州、冀州，不約而同都來歸降，絡繹不絕。

莎車王康去世，他的弟弟賢繼位，攻殺了拘彌、西夜王，而委派康的兩個兒子分別為拘彌王和西夜王。

十年（甲午　西元三四年）

春，正月，吳漢復率捕虜將軍王霸等四將軍六萬人，出高柳擊賈覽，匈奴數千騎救之，連戰於平城❶下，破走之。

夏陽節侯❷馮異等，與趙匡、田弇戰且一年，皆斬之。隗純未下，諸將欲且還休兵，異固持❸不動，共攻落門❹，未拔。夏，異薨於軍。

秋，八月己亥❺，上幸長安。

初，隗囂將安定高峻擁兵據高平第一，建威大將軍耿弇等圍之，一歲不拔。帝自將征之，寇恂諫曰：「長安道里居中❻，應接❼近便❽，安定、隴西必懷震懼，此從容一處，可以制四方也。今士馬疲倦，方履險阻❾，非萬乘❿之固⓫也。前年潁川，可為至戒⓬。」帝不從。戊戌⓭[1]，進幸汧。峻猶不下，帝遣寇恂往降之。恂奉璽書至第一，峻遣軍師皇甫文出謁⓮，辭禮⓯不屈⓰；恂怒，將誅之。諸將諫曰：「高峻精兵萬人，率多⓱彊弩⓲，西遮隴道，連年不下，今欲降之而反戮其使，無乃不可乎？」恂不應，遂斬之，遣其副歸告峻曰：「軍師無禮，已戮之矣！欲降，急降；不欲，固守！」峻惶恐，即日開城門降。諸將皆賀，因曰：「敢問殺其使而降其城，何也？」恂曰：「皇甫文，峻之腹心，其所取計⓳者也。今來，辭意不屈，必無降心。全之則文得其計，殺之亡其膽⓴，是以降耳。」諸將皆曰：「非所及也！」

冬，十月，來歙與諸將攻破落門，周宗、行巡、苟宇、趙恢等將隗純降，王元奔蜀。徙諸隗於京師以東㉑。後㉒隗純與賓客亡入胡㉓，至武威，捕得，誅之。

先零羌與諸種寇金城、隴西，來歙率蓋延等進擊，大破之，斬首虜數千人。於是開倉廩以賑㉔飢乏，隴右遂安，而涼州流通焉。○庚寅㉕，車駕還宮。

【章旨】以上為第十段，寫光武帝平定隴西，隗囂殘餘被消滅。西羌亦被安撫，河西道路暢通。

【注釋】❶平城　縣名，縣治在今山西大同西北。❷夏陽節侯　馮異封夏陽侯，卒，諡曰節侯。一云馮異封陽夏侯。❸固持　堅持。❹落門　冀縣村鎮名，位於縣治西，在今甘肅武山縣東北。❺己亥　八月二十五日。❻道里居中　指自都城洛陽至高平，長安處於二者的中間位置。❼應接　接應；支援。❽近便　路近方便。❾方履險阻　正臨險境。❿萬乘　指天子。⓫固　牢固。此指安全。⓬至戒　深戒；最好的鑑戒。⓭戊戌　八月二十四日。⓮出謁　出來拜見。⓯辭禮　言辭與招待禮節。⓰屈　指卑恭順服。⓱率多　大多。⓲彊弩　硬弓。此指強勁的射手。⓳取計　求計。⓴亡其膽　此言文死則無人為高峻策劃應敵之策，峻必喪膽畏懼。㉑徙諸隗於京師以東　《後漢書・隗囂傳》：「宗、恢及諸隗分徙京師以東，純與巡、宇徙弘農。」㉒後　時在建武十八年（西元四二年）。㉓胡　指匈奴。㉔賑　救濟。㉕庚寅　十月十七日。

【校記】[1]戊戌　原無此二字。據章鈺校，十二行本、乙十一行本、孔天胤本皆有此字，張敦仁《通鑑刊本識誤》同，今據補。

【語譯】十年（甲午　西元三四年）

春，正月，吳漢又率捕虜將軍王霸等四位將軍共六萬人，從高柳縣出擊賈覽，匈奴數千名騎兵援救賈覽，在平城縣下多次交戰，打跑了匈奴騎兵。

夏陽節侯馮異等同趙匡、田弇交戰將近一年，最後殺了趙匡和田弇。隗純沒有被攻下，東漢眾將領想暫時退兵休整，馮異堅持不動，一起攻打落門聚，未能攻取。夏，馮異在軍中去世。

秋，八月二十五日己亥，光武帝幸臨長安。

當初，隗囂的將領安定縣人高峻率軍據守高平第一城，東漢建威大將軍耿弇等率軍包圍，歷時一年，未能攻下。光武帝親自率軍征討隗囂，寇恂諫阻說：「長安居於洛陽和高平的中間，接應路近方便，陛下坐鎮長安，安定、隴西二郡一定震動，陛下在長安一處舉動，可以控制四方。現今人馬疲倦，正臨險境，不是天子安全之地。前年潁川郡群盜蜂起，可為最好的鑑戒。」光武帝不聽從。八月二十四日戊戌，進軍到汧縣。高峻仍不投降，光武帝就派寇恂前往招降。寇恂捧著璽書到第一城，高峻派軍師皇甫文出城拜見，言辭禮節不恭順；寇恂大怒，要殺皇甫文。眾將領諫阻說：「高峻有精兵一萬，大多是強勁的弓弩手，斷絕西邊隴西郡的通道，整年都沒有攻下，今天打算招降高峻，卻殺了他的使節，恐怕不行吧？」寇恂不聽，殺了皇甫文，放他的副使回去轉告高峻說：「軍師無禮，已被我殺了！想投降，就趕快投降；不想投降，就繼續堅守！」高峻驚慌，當天打開城門投降。眾將領都來祝賀，便問寇恂，說：「冒昧詢問你殺了高峻的使節，卻能使他投降，為什麼？」寇恂說：「皇甫文是高峻的心腹，是高峻求計之人。這次前來，言辭傲慢，一定沒有歸降的意思。如果保全皇甫文，那麼皇甫文自得其計，殺掉皇甫文，就可以使高峻喪膽，所以高峻投降。」眾將領都說：「這不是我們能比得上的！」

冬，十月，來歙和眾將領攻陷落門聚，周宗、行巡、苟宇、趙恢等領著隗純歸降，王元投奔公孫述。光武帝把隗姓宗族遷到京師以東的地方。後來，隗純和賓客逃往匈奴，逃到武威縣時被抓獲，處死了他們。

先零羌和其他部落一起入侵金城、隴西二郡，來歙率領蓋延等進軍回擊，大敗他們，殺死和俘虜數千人。於是開倉救濟飢民，隴山以西終於平定，而涼州諸郡到京師的道路便開通了。○十月十七日庚寅，皇上車駕返回洛陽宮。

十一年（乙未　西元三五年）

春，三月己酉❶，帝幸南陽，還❷幸章陵；庚午❸，車駕還宮。

岑彭屯津鄉，數攻田戎等，不克。帝遣吳漢率誅虜將軍劉隆等三將，發荊州兵凡六萬餘人、騎五千匹，與彭會荊門。彭裝戰船數千[1]艘，吳漢以諸郡棹卒❹多費糧穀，欲罷之；彭以為蜀兵盛，不可遣❺，上書言狀。帝報彭曰：「大司馬❻習用步騎，不曉水戰，荊門之事，一由征南公❼為重❽而已。」

閏月，岑彭令軍中募攻浮橋，先登者上賞，於是偏將軍魯奇應募而前。時東風狂急，魯奇船逆流而上，直衝浮橋，而欑柱❾有反杷鉤❿，奇船不得去。奇等乘勢殊死戰，因⓫飛炬⓬焚之，風怒火盛，橋樓崩燒。岑彭悉軍⓭順風並進，所向無前⓮，蜀兵大亂，溺死者數千人，斬任滿，生獲程汎，而田戎走保⓯江州。

彭上⓰劉隆為南郡太守，自率輔威將軍臧宮、驍騎將軍劉歆長驅入江關。令軍中無得虜掠，所過⓱百姓皆奉⓲牛酒迎勞⓳，彭復讓不受，百姓大喜，爭開門降。詔彭守⓴益州牧，所下㉑郡輒行㉒太守事，彭若出界㉓，即以太守號付㉔後將軍㉕。選官屬守州中長吏。

彭到江州，以其城固糧多，難卒拔，留馮駿守之，自引兵乘利㉖直指墊江㉗，攻破平曲㉘，收其米數十萬石。吳漢留夷陵，裝露橈㉙繼進。

夏，先零羌寇臨洮㉚；來歙薦馬援為隴西太守，擊先零羌[2]，大破之。

公孫述以王元為將軍，使與領軍㉛環安拒河池。六月，來歙與蓋延等進攻元、安，大破之，遂克下辨，乘勝遂進。蜀人大懼，使刺客刺歙，未殊㉜，馳召蓋延。延見歙，因伏悲哀，不能仰視。歙叱延曰：「虎牙㉝何敢然㉞！今使者㉟中刺客，無以報國，故呼巨卿㊱，欲相屬以軍事，而反效兒女子涕泣乎！刃雖在身，不能勒兵斬公邪！」延收淚強起，受所誡。歙自書表曰：「臣夜人定後，為何人㊲所賊傷㊳，中臣要害。臣不敢自惜，誠恨奉職不稱㊴，以為朝廷羞。夫理國以得賢為本，太中大夫段襄，骨鯁㊵可任，願陛下裁察㊶。又臣兄弟不肖㊷，終恐被罪㊸，陛下哀憐，數賜教督㊹。」投筆㊺抽刃㊻而絕。帝聞，大驚，省書㊼攬涕㊽，以揚武將軍馬成守中郎將代之。歙喪還洛陽，乘輿縞素㊾臨弔，送葬。

趙王良從帝送歙喪還，入夏城門㊿，與中郎將張邯爭道，叱邯旋車(51)；又詰責(52)門候(53)，使前走數十步。司隸校尉鮑永劾奏「良無藩臣(54)禮，大不敬。」良尊戚貴重，而永劾之，朝廷肅然(55)。永辟(56)扶風鮑恢為都官從事(57)，恢亦抗直(58)，不避彊禦。帝常曰：「貴戚且斂手(59)以避二鮑。」

永行縣到霸陵，路經更始墓(60)，下拜，哭盡哀而去；西至扶風，椎牛上苟諫冢(61)。帝聞之，意不平，問公卿曰：「奉使(62)如此，何如？」太中大夫張湛(63)對曰：

「仁者，行之宗[64]；忠者，義之主也。仁不遺舊[65]，忠不忘君，行之高者也。」帝意乃釋。

帝自將征公孫述；秋七月，次[66]長安。公孫述使其將延岑、呂鮪、王元、公孫恢悉兵拒廣漢[67]及資中[68]，又遣將侯丹率二萬餘人拒黃石[69]。岑彭使臧宮將降卒五萬，從涪水[70]上[71]平曲，拒延岑，自分兵浮[72]江下[73]還江州，泝[74]都江[75]而上，襲擊侯丹，大破之。因晨夜倍道兼行[76]二千餘里，徑拔[77]武陽[78]。使精騎馳擊廣都[79]，去成都數十里，勢若風雨，所至皆奔散。初，述聞漢兵在平曲，故遣大兵逆[80]之。及彭至武陽，繞出延岑軍後[81]，蜀地震駭。述大驚，以杖擊地曰：「是何神也！」

延岑盛兵[82]於沅水[83]。臧宮眾多食少，轉輸不至，降者皆欲散畔郡邑，復更保聚[84]，觀望成敗。宮欲引還，恐為所反；會帝遣謁者將兵詣岑彭，有馬七百匹，宮矯制[85]取以自益。晨夜進兵，多張旗幟，登山鼓譟，右步左騎[86]，挾船而引，呼聲動山谷。岑不意漢軍卒至，登山望之，大震恐；宮因縱擊，大破之，斬首溺死者萬餘人，水為之濁。延岑奔成都，其眾悉降，盡獲其兵馬珍寶。自是乘勝追北[87]，降者以十萬數。軍至平陽鄉[88] [3]，王元舉眾降。

帝與公孫述書，陳言禍福，示以丹青之信。述省書太[4]息，以示所親。太常常少、光祿勳張隆皆勸述降。述曰：「廢興，命也，豈有降天子哉！」左右莫敢復言。少、隆皆以憂死。◯帝還自長安。

冬，十月，公孫述使刺客詐為亡奴，降岑彭，夜，刺殺彭。太中大夫監軍[89]鄭興領其營，以俟吳漢至而授之。彭持軍[90]整齊，秋豪無犯[91]。邛穀王任貴聞彭威信，數千里遣使迎降，會彭已被害，帝盡以任貴所獻賜彭妻子。蜀人為立廟祠之。

馬成等破河池，遂平武都。先零諸種羌數萬人，屯聚寇鈔，拒浩亹[92]隘[93]。成與馬援深入討擊，大破之，徙降羌置天水、隴西、扶風。

是時，朝臣以金城破羌[94]之西，塗遠多寇，議欲棄之。馬援上言：「破羌以西，城多堅[5]牢，易可依固[95]；其田土肥壤，灌溉流通。如令羌在[6]湟中[96]，則為害不休，不可棄也。」帝從之。民歸者三千餘口，援為置長吏，繕城郭，起塢候[97]，開溝洫[98]，勸以耕牧，郡中樂業[99]。又招撫塞外氐、羌，皆來降附，援奏復其侯王君長，帝悉從之，乃罷馬成軍。

十二月，吳漢自夷陵將三萬人泝江而上，伐公孫述。◯郭伋為并州牧，過京師，帝問以得失，伋曰：「選補眾職，當簡(100)天下賢俊，不宜專用南陽人。」是時在位多鄉曲(101)故舊，故伋言及之。

【章旨】以上為第十一段，寫光武帝全力伐蜀，兩路進軍，大將來歙為北路出漢中，岑彭為南路出夷陵。漢軍勢如破竹，公孫述全線崩潰。可惜勝利前夕，漢軍兩路主帥來歙、岑彭均被公孫述所派刺客殺害。光武帝用兵以來損失最重，折了兩員大將。

【注釋】❶己酉　三月初九日。❷還　隨即。❸庚午　三月三十日。❹棹卒　操棹行船的兵士。棹，船槳。❺遣　遣返；使離去。❻大司馬　指吳漢。此時吳漢任大司馬。❼征南公　指岑彭。此時岑彭為征南大將軍。❽為重　為主。❾欑柱　浮橋立柱。❿反杷鉤　一種鉤名。這種鉤子鉤住敵船，使其既不能退，又不能進。⓫因　利用。⓬飛炬　投擲火炬。⓭悉軍　全軍。⓮所向無前　所指向的地方，誰也阻擋不住。⓯走保　逃跑據守。⓰上　上奏。⓱所過　所經過的地方。⓲奉　進獻。⓳迎勞　歡迎慰勞。⓴守　官制術語，代理。㉑所下　攻佔的地方。㉒行　兼任。㉓出界　離開管轄地區。㉔付　交給。㉕後將軍　指率軍繼岑彭之後進軍蜀地的將軍。㉖利　指有利的軍事形勢。㉗墊江　縣名，縣治在今四川合川縣。㉘平曲　地名，今地不詳。㉙露橈　戰船名。橈，船槳。這種船，橈露在外面，人在船中，所以叫做露橈。㉚臨洮　縣名，縣治在今甘肅岷縣。㉛領軍　軍官名。㉜未殊　未斷氣；沒死。殊，死亡。㉝虎牙　指蓋延。此時蓋延為虎牙大將軍。㉞然　這樣。指蓋延悲哭的狀態，失軍人體。㉟使者　來歙自指。㊱巨卿　蓋延字。㊲何人　不知何人。㊳賊傷　殺傷；傷害。㊴不稱　不勝任；不稱職。㊵骨鯁　喻指正直。㊶裁察　裁斷明察。㊷不肖　不賢。㊸被罪　獲罪。㊹教督　教導督促。㊺投筆　扔掉筆。㊻抽刃　拔出刺中自己的兵刃。㊼省書　閱讀公文書。㊽攬涕　揮淚。㊾縞素　白色的喪服。㊿夏城門　即夏門，洛陽城門名。洛陽城十二門，每面三門，北面中門為谷門，谷門之西為夏門。(51)旋車　掉轉車駕行駛方向。(52)詰責　斥責。(53)門候　官名，洛陽城十二門，置城門校尉一人執掌，每門設候一人，稱門候。(54)藩臣　指諸侯。(55)肅然　形容敬畏的樣子。(56)辟　徵召。(57)都官從事　官名，司隸校尉屬官，執掌察舉百官犯法者。(58)抗直　剛強正直。(59)斂手　縮手。表示不敢妄為。(60)路經更始墓　更始與鮑永有君臣之義，所以對其墓下拜而哭。(61)椎牛上苟諫冢　王莽時有人秉承王莽之意殺害鮑永，永得苟諫保護。

諫對永有救命之恩，所以過其墓殺牲而祭。62奉使　指司隸、州刺史巡行所部郡縣。州部刺史即為部使者。司隸領京畿一州，職同州刺史。所以司隸出行所部郡縣稱奉使。63張湛　字子孝，扶風平陵縣人，歷任左馮翊、光祿勳、太子太傅、太中大夫等。傳見《後漢書》卷二十七。64宗　根本。65遺舊　遺忘老朋友。66次　停留。67廣漢　縣名，縣治在今四川射洪東南。68資中　縣名，縣治在今四川資陽。69黃石　長江灘名，在今重慶市涪陵與豐都之間。70涪水　河流名，在四川中部。源出松潘，東南流至合川縣注入嘉陵江。71上　逆水上行。72浮　水上航行。73下　順水下行。74泝　逆水而上。75都江　即成都江，河流名，在今四川省。郫江自灌縣繞成都東北與流江（一名錦江）匯合，於彭山縣注入岷江。古稱郫江、流江為成都二江。此言都江，指岷江。76倍道兼行　以加倍的速度趕路。77徑拔　直取。78武陽　縣名，縣治在今四川彭山縣東。此言岑彭命臧宮自墊江逆涪水而上到平曲，自己自墊江順涪水而下到江州，然後由江州逆長江而上進入岷江，再溯岷江而上襲擊侯丹，直取武陽。79廣都　縣名，縣治在今四川成都南。80逆　拒。81繞出延岑軍後　武陽為犍為郡治所，在成都西南。延岑等軍在廣漢、資中，而廣漢在成都東，資中在武陽東。所以說岑彭繞到了延岑等軍的背後。82盛兵　集結重兵。83沉水　《後漢書·光武帝紀下》作「沈水」，李賢注：「本或作『沉水』及『沅水』者，並非。」沈水，在今四川射洪東，西南流至縣治東南注入涪水。84保聚　聚眾守衛。85矯制　指假託君命行事。86右步左騎　水右步兵，水左騎兵。87追北　追擊敗逃之軍。88平陽鄉　地名，在今四川三臺。89監軍　監督軍隊的官員。90持軍　掌管軍隊。91秋豪無犯　絲毫不侵犯別人的利益。多用以喻指軍隊紀律嚴明，不侵犯民眾的一點利益。秋豪，又作「秋毫」，鳥獸在秋天新長出來的細毛，常用以喻指細微之物。92浩亹　縣名，縣治在今甘肅永登西南。93隘　險要之地。94破羌　縣名，縣治在今青海樂都東南。95依固　依恃固守。96湟中　地區名，在今青海東部湟水流經的西寧與樂都一帶。漢時湟中為羌族居住地區。97塢候　防禦用的土堡。塢，小型城堡。候，古「堠」字。土堡。98溝洫　田間水道、溝渠。99樂業　愉快地從事本業。100簡　選用。101鄉曲　指鄉里。

【校　記】[1]千　據章鈺校，十二行本、乙十一行本皆作「十」。[2]羌　據章鈺校，十二行本、乙十一行本皆無此字。[3]平陽鄉　原無「平」字。胡三省注云：「〈臧宮傳〉作『平陽鄉』。此逸『平』字。」據章鈺校，乙十一行本有「平」字，今據補。[4]太　據章鈺校，十二行本、乙十一行本、孔天胤本皆作「歎」。[5]堅　據章鈺校，十二行本、乙十一行本、孔天胤本皆作「完」。[6]在　張敦仁《通鑑刊本識誤》作「有」。

【語　譯】十一年（乙未　西元三五年）

春，三月初九日己酉，光武帝巡幸南陽，隨即幸臨章陵；三十日庚午，皇上車駕回到洛陽宮。

岑彭駐紮津鄉，多次攻打田戎等，沒有攻克。光武帝派吳漢率領誅虜將軍劉隆等三位將軍，調發荊州兵共六萬餘人、戰馬五千匹，與岑彭在荊門縣會師。岑彭戰船數千艘，吳漢因為各郡的操船水兵消耗糧食太多，想遣散他們；岑彭以為公孫述軍隊龐大，不能遣散，上書光武帝說明情況。光武帝回覆岑彭說：「大司馬習用步兵、騎兵，不知曉水戰，荊門的戰事，全由征南大將軍岑彭作主。」

閏三月，岑彭在軍中挑選攻擊浮橋的士兵，下令先登上浮橋的給予重賞，於是偏將軍魯奇應募而出。當時東風颳得很厲害，魯奇的船隻逆流而上，直衝浮橋，而浮橋立柱上有反杷鉤，魯奇的船隻不能離去。魯奇等人趁勢拼死作戰，利用投擲火炬焚燒浮橋，風大火盛，浮橋和橋樓被燒毀崩塌。岑彭全軍順風齊進，所向無敵，蜀軍大亂，落水淹死了幾千人，殺了任滿，活捉程汎，而田戎逃跑據守江州。

岑彭上奏請求任命劉隆為南郡太守，自己率領輔威將軍臧宮、驍騎將軍劉歆等長驅直入江關。岑彭下令軍隊不得劫掠搶奪，軍隊所經過之處，百姓都獻上牛肉美酒歡迎、慰勞，岑彭又推讓不肯接受，百姓非常高興，爭著開城門投降。光武帝詔令岑彭暫時代理益州牧，攻下某郡，就兼任某郡太守，岑彭如果離開郡界，就把太守的職務交付後面接防的將領。選拔屬官暫行代理益州長吏。

岑彭到達江州縣，因為江州城固糧多，難以很快攻破，他就留馮駿圍守，自己率軍乘有利形勢直指墊江縣，攻佔平曲，收取糧食數十萬石。吳漢留守夷陵縣，這時也裝備露橈船跟進。

夏，先零羌侵犯臨洮縣；來歙推薦馬援為隴西郡太守，馬援攻打先零羌，大敗敵軍。

公孫述任命王元為將軍，派他和領軍環安在河池縣抵抗。六月，來歙和蓋延等進軍攻擊王元、環安，大敗敵軍，於是攻佔了下辨縣，乘勝前進。蜀人大為恐懼，派刺客行刺來歙，來歙被刺未死，命人快馬急召蓋延。蓋延見到來歙，便伏地痛哭，不敢抬頭看來歙。來歙斥責蓋延說：「你虎牙將軍怎麼敢這樣！現今我被刺客刺中，無以報國，所以才叫你來，要把軍事大權交付給你，你卻像小孩子一樣哭泣！刀尖雖然插在我身上，難道我就不能指揮士兵殺你嗎！」蓋延擦乾眼淚，勉強站起來，接受來歙的訓誡。來歙親手寫書表，說：

「臣夜裡人定後，不知被什麼人刺傷，已刺中要害。臣不敢愛惜生命，只恨自己沒能盡職，給朝廷帶來羞辱。治理國家以任用賢才為根本，太中大夫段襄，正直無私，可以任用，望陛下裁斷明察。又，臣的兄弟不賢，最終恐怕獲罪，請陛下哀憐，多多給予教導督促。」寫完後，把筆拋掉，拔出身上刀刃，斷氣身亡。光武帝得知消息，極為震驚，邊閱覽奏表，邊揮淚，任命揚武將軍馬成為代理中郎將，代替來歙。來歙的遺體運回洛陽，光武帝穿上白色喪服，親自弔喪、送葬。

趙王劉良隨皇上參加來歙的葬禮回來，進入夏城門，和中郎將張邯搶奪道路，呵斥張邯車回轉；又斥責守衛城門的門候，讓他向前走數十步。司隸校尉鮑永彈劾說，「劉良毫無諸侯的禮節，犯大不敬之罪。」劉良是最顯貴的皇親，鮑永卻彈劾他，朝廷百官肅然。鮑永徵辟扶風人鮑恢任都官從事，鮑恢也剛強正直，不畏強權顯貴。皇上經常說：「皇親貴戚應收斂，迴避二鮑。」

鮑永巡視各縣來到霸陵縣，途經更始帝劉玄墳墓，下車跪拜行禮，哭泣盡哀後離去；西行到達扶風，殺牛祭奠苟諫的墳墓。光武帝知道此事後，內心不滿，就問公卿說：「如此奉命出使，你們認為如何？」太中大夫張湛回答說：「仁德，是行動的根本；忠心，是倫理的根本。仁德的人不忘舊友，忠心的人不忘君主，這應是最高尚的情操。」光武帝的不平之意才消除。

光武帝親自領兵征討公孫述；秋，七月，停留長安。

公孫述派他的將領延岑、呂鮪、王元、公孫恢率領各自所屬的全部軍隊據守廣漢和資中兩個縣。又派將領侯丹率領二萬餘人在黃石灘抵抗。岑彭派臧宮率領歸降部隊五萬人，從涪水上行平曲，抵抗延岑，自己另率一軍浮江而下，回到江州縣，然後沿都江逆流而上，襲擊侯丹，大敗侯丹軍。接著岑彭日夜兼程，急行二千餘里，直接攻取了武陽縣。又派出精銳騎兵疾速襲擊廣都縣，距離成都僅數十里，勢如暴風驟雨，所到之處，公孫述的軍隊逃跑散離。當初，公孫述聽說東漢軍隊在平曲，所以派大軍抵抗。等到岑彭抵達武陽縣，繞到延岑軍隊背後，蜀地上下震駭。公孫述大驚，用手杖敲擊地面說：「這是多麼神奇呀！」

延岑在沅水集結重兵。臧宮軍隊多糧食少，運輸的物資跟不上，投降過來的士兵都想叛逃到所屬郡縣，再聚集起來自守，以觀成敗。臧宮打算率軍撤退，又害怕引起士兵反叛；恰好光武帝派謁者率領軍隊趕到，有戰馬七百匹，臧宮假傳聖旨，拿過來增強自己的力量。他晝夜進軍，到處樹起軍旗，登上高山，擊鼓吶喊，右岸步兵，左岸騎兵，在戰船兩邊前進，呼喊聲震動山谷。延岑沒有料到東漢軍隊突然來到，登山遙望，極為懼怕；臧宮趁機全線攻擊，大敗蜀軍，斬首和淹死的就有一萬餘人，涪水都變渾濁了。延岑逃回成都，他的部下全都投降，臧宮獲取延岑所有兵馬珍寶。此後乘勝追擊敗敵，投降的軍隊又有十萬之多。臧宮率軍抵達平陽鄉，王元率部下投降。

光武帝寫信給公孫述，陳述利害，表示堅確不渝的誠信。公孫述看信歎息，也拿給親近的大臣看。太常卿常少、光祿勳張隆都勸公孫述歸降。公孫述說：「興與廢，都是天命，哪有投降的天子呢！」左右大臣沒有人敢再說話。常少、張隆都憂慮而死。○光武帝從長安返回洛陽。

冬，十月，公孫述派刺客假裝是逃跑的奴僕，歸降岑彭，在夜裡刺殺岑彭。太中大夫監軍鄭興率領岑彭的軍隊，等吳漢率軍前來再移交給他。岑彭掌管軍隊嚴格，秋毫無犯。公孫述封的邛穀王任貴聽說岑彭的威信，從數千里之外派使節來歸降，正趕上岑彭被刺身亡，光武帝就把任貴所獻的禮物全部賜予岑彭的妻子兒女。蜀郡人為岑彭立廟祭祀他。

東漢將軍馬成等攻佔河池縣，於是平定了武都郡。先零羌各部共數萬人，糾集起來到處搶劫，在浩亹隘口抗拒東漢軍隊。馬成和馬援深入討伐，大敗羌人，將歸降的羌人遷到天水、隴西、扶風等地區安置。

這時，朝廷大臣們認為金城郡破羌縣的西邊，道路遙遠，盜賊眾多，建議放棄它。馬援上書說：「破羌縣以西，城池大多堅固，容易依恃固守；那裡的土地肥沃，灌溉方便。如果讓羌人佔據湟中地區，將後患無窮，不應放棄。」光武帝同意馬援的意見。那裡歸順的民眾有三千餘人，馬援替他們設立長吏，修理城郭，建築塢堡，興修水利，鼓勵種田放牧，郡中民眾安居樂業。又招撫塞外的氐人、羌人，都來歸附，馬援奏請朝廷恢復他們的侯王君長，光武帝全都同意，於是撤回了馬成的軍隊。

十二月，吳漢從夷陵率軍三萬人，逆長江而上，討伐公孫述。○郭伋擔任并州牧，到達洛陽，光武帝詢問他政事的得失，郭伋說：「選拔補充各級官吏，應選用全國範圍內的賢士俊傑，不宜專用南陽人。」這時擔任官職的大多是光武帝的同鄉或故舊，所以郭伋說這番話。

【研　析】本卷載述光武帝建武六年至建武十一年（西元三〇—三五年）六年史事，著重記載光武帝完成統一大業的第三步驟：用兵隴蜀。公孫述據蜀，隗囂據隴。此時，紛亂全國的群雄，除隴蜀外，均已被消滅，光武帝佔有四分天下有其三的絕對優勢，吞併隴蜀毫無疑義。光武帝掃滅山東群雄，以寡敵眾，總體力量是以弱敵強，只用了三年時間，而用兵隴蜀，是以大吞小，佔絕對優勢，卻用了六年多的時間，而且付出了沉重代價。漢兵平隴，吃了兩次敗仗，漢兵平蜀，折了兩員大將。同一個光武帝，為何前後有如此大的反差，這就是本卷史事研析的重心。

隴蜀聯兵，有取勝之道。在冷兵器時代，地形險阻，是爭天下的一個重要因素，即使現代戰爭，軍事要地，地理因素，仍是一個致勝因素。秦併天下，古人就認為是秦得地利。高帝以蜀地漢中為基地，還軍定三秦，也是據隴蜀而得天下。三國鼎立，諸葛亮隆中對策，也是規劃據隴蜀以爭天下，劉備有蜀而無隴，結果失敗了。公孫述只有蜀，而無隴，隗囂有隴而無蜀，如果兩人聯兵，在群雄紛爭之時，協力東出，天下大勢就很難說了。光武帝爭戰東方，隴蜀敵對，隗囂接受光武帝西州大將軍的封號，替光武帝阻擊公孫述北上，喪失了大好時機。等到光武帝用兵隴蜀，公孫述、隗囂兩人才頓悟脣亡齒寒，攜手相抗，所以遲滯了光武帝的統一進程，並使光武帝付出了沉重的代價。但就是此時，隴蜀也是消極自保，公孫述沒有採納荊邯之言，東出荊州，開闢第二戰線策應隗囂，被動挨打，以小敵大，焉能不敗。隗囂兩戰取勝，經不起消耗，必然滅亡。

公孫述、隗囂，亦人中之傑。兩人能割據稱雄，也是亂世英雄。公孫述如同東漢末袁紹，隗囂是典型的劉表，兩人都尊禮儒者，好客養士，身邊聚集了一些人才，但不能用。公孫述部屬有荊邯，有刺客死士，能刺殺光武帝兩員前敵總指揮，也不簡單。公孫述、隗囂，兩人到了窮途末路，寧死不屈，能保持個人尊嚴，亦是英雄之舉。袁紹能聚人而不能用人，公孫述更有過之。光武帝進兵隴蜀，隗囂稱臣於蜀，公孫述沒有北面側背之憂，若納荊邯之言，放手一搏，田戎、延岑均善戰之將，必效死力。公孫述猜疑心重，不放軍權，坐以待斃，可見是一個胸無大志的人。公孫述見故友馬援，擺譜講排場，禮儀煩瑣，形同木偶，馬援稱他為井底之蛙，無法與光武帝的恢宏氣度相比。公孫述的人品，比隗囂還要低下，所以他敗亡得也迅速。公孫述的地盤、兵眾比隗囂大幾倍，可是不到一年就丟失乾淨，而隗囂卻能抗擊漢兵五年。

隗囂在群雄中，除光武帝之外，應是第一人。隗囂好經書，尊禮士人，年少素有名，活脫脫一個劉表。天水十六家大姓起事反王莽，眾推隗囂為盟主。隗囂打出擁漢旗號，在天水立漢室宗廟，祭祀漢高祖、武帝太宗、宣帝世宗，贏得隴西豪右擁戴，於是割有河西。部將楊廣、王元、高峻、行巡、王捷均是一方人才。隗囂君臣以區區兩郡之地，兼受腹背之敵，河西竇融率五郡之眾襲其後，隴右之眾還能兩敗漢軍，隗囂君臣，盡了死力。漢使來歙當面行刺隗囂，隗囂寬宥不誅，放走馬援、鄭興東歸，亦顯恢宏氣度。不過隗囂只是一個區域人才，沒有經過大浪，沒有見過大世面，故其本謀有限，一心只做周文王，企圖割據稱王，不敢逐鹿中原，他只想保有隴右，連關中三輔地區都不敢取。當赤眉、更始、延岑、鄧禹四方在三輔混戰時，隗囂居高臨下，以逸待勞，最有奪取關中之地的優勢，他卻助鄧禹抗擊公孫述，這說明隗囂亦是一個井底之蛙。當光武帝逼迫隗囂平蜀時，自知末日已到，又不肯束手就縛，於是不得已而反。此時隗囂未能效法竇融，釋兵東歸，說明他又是一個不識時務者。

公孫述、隗囂早識天命，歸附漢朝，不僅身家可保，也避免隴蜀人民遭浩劫。正如公孫述所說：「有投降的天子嗎！」專制制度，天無二日，人無二王，得勝者乃家天下之主，必然猜疑，失敗者歸誠亦鮮有善終者。公孫述、隗囂頑抗到底，勢不得已也。

卷第四十三

漢紀三十五

起柔兆涒灘（丙申　西元三六年），盡柔兆敦牂（丙午　西元四六年），凡十一年。

【題　解】本卷記事起西元三六年，迄西元四六年，凡十一年史事，是光武帝執政的中期，當建武十二年至建武二十二年。此時期，光武帝平定公孫述，完成全國統一。但北方疆土始終不寧，匈奴扶植傀儡政權盧芳對抗東漢，繼之聯合烏桓、鮮卑侵擾北方，直到建武二十二年，匈奴單于欒提輿死，又發生大旱、蝗災，人畜饑疫損失過半，烏桓攻擊，匈奴遠遁，北疆粗安。西域各國歸附，光武帝辭以天下未寧，不復置都護，莎車王稱大。這一時期，交趾夷人、西南夷相繼叛亂，內地亦不時發生民變。馬援討平交趾，西南夷亦平服，天下稱治。光武帝巡幸各地，考察民情，抑制豪強，檢括戶口，丈量田土，懲治貪吏，誅殺大司徒歐陽歙，以及郡守十餘人。獎勵直臣，有懷縣令趙憙、洛陽令董宣，兩人敢於抗旨懲兇，光武帝嘉之。光武帝又巡幸太學，重賞經師桓榮等，重視教育。這一時期，光武帝還開創性地辦了兩件大事。其一，保護開國功臣，封以爵邑，不問政事，食其租賦，頤養天年。大功臣賈復等不任三公，只是奉朝請。其二，更易太子，立賢不以嫡，打破宗法傳統，意義重大，惜其未能影響深遠。本卷記述竇融、吳漢、馬援風采，寓意良深。

世祖光武皇帝中之下

建武十二年（丙申　西元三六年）

春，正月，吳漢破公孫述將魏黨、公孫永於魚涪津❶，遂圍武陽。述遣子婿史興救之，漢迎擊，破之，因入，犍為界諸縣皆城守❷。詔漢直取廣都，據其心腹❸。漢乃進軍攻廣都，拔之，遣輕騎燒成都市橋❹。公孫述將帥恐懼，日夜離叛，述雖誅滅其家，猶不能禁。帝必欲降之，又下詔諭述曰：「勿以來歙、岑彭受害自疑，今以時自詣❺，則宗族完全。詔書手記❻，不可數得。」述終無降意。

秋，七月，馮駿拔江州，獲田戎。

帝戒吳漢曰：「成都十餘萬眾，不可輕也。但堅據❼廣都，待其來攻，勿與爭鋒。若不敢來，公轉營❽迫❾之，須其力疲，乃可擊也。」漢乘利，遂自將步騎二萬進逼成都；去城十餘里，阻江❿北[1]營⓫，作浮橋，使副將武威將軍劉尚將萬餘人屯於江南，為營相去二十餘里。帝聞之大驚，讓漢曰：「比敕公千條萬端，何意臨事勃亂！既輕敵深入，又與尚別營，事有緩急，不復相及。賊若出兵綴⓬公，以大眾攻尚，尚破，公即敗矣。幸無它⓭者，急引兵還廣都。」詔書未到，九月，述果使其大司徒謝豐、執金吾袁吉將眾十許萬⓮，分為二十餘營，出攻漢，使別將將萬餘人劫[15]劉尚，令不得相救。漢與大戰一日，兵敗，走入壁，豐因圍之。漢乃召諸將厲[16]之曰：「吾與諸君踰越險阻，轉戰千里，遂深入敵地，至其城下。而今與劉尚二處受圍，勢既不接，其禍難量；欲潛師就尚於江南，并兵禦之。若能同心一力，人自為戰，大功可立；如其不然，敗必無餘。成敗之機，在此一舉。」諸將皆曰：「諾。」於是饗士秣馬[17]，閉營三日不出，乃多樹旛旗[18]，使煙火不絕，夜，銜枚[19]引兵與劉尚合軍。豐等不覺，明日，乃分兵拒水北，自將攻江南。漢悉兵迎戰，自旦[20]至晡[21]，遂大破之，斬豐、吉。於是引還廣都，留劉尚拒述，具以狀上[22]，而深自譴責。帝報曰：「公還廣都，甚得其宜，述必不敢略[23]尚而擊公也。若先攻尚，公從廣都五十里悉步騎赴之，適[24]當值[25]其危困，破之必矣！」自是漢與述戰於廣都、成都之間，八戰八克[26]，遂軍[27]于其郭[28]中。

臧宮拔緜竹[29]，破涪城[30]，斬公孫恢，復攻拔繁、郫[31]，與吳漢會於成都。

李通欲避權勢[32]，乞骸骨，積[33]二歲，帝乃聽上[34]大司空印綬，以特進[35]奉朝請[36]。後有司奏封皇子，帝感通首創大謀，即日，封通少子雄為召陵侯。

公孫述困急，謂延岑曰：「事當奈何？」岑曰：「男兒當死中求生，可坐[37]窮[38]乎！財物易聚耳，不宜有愛。」述乃悉散金帛，募敢死士五千餘人以配[39]岑。

岑於市橋偽建旗幟，鳴鼓挑戰，而潛遣奇兵出吳漢軍後，襲擊破漢；漢墮水，緣馬尾得出。漢軍餘七日糧，陰㊵具船㊶，欲遁去；蜀郡太守南陽張堪㊷聞之，馳往見漢，說述必敗、不宜退師之策。漢從之，乃示弱以挑敵。

冬，十一月，臧宮軍咸陽門㊸。戊寅㊹，述自將數萬人攻漢，使延岑拒宮。大戰，岑三合三勝，自旦及日中，軍士不得食，並疲。漢因使護軍高午、唐邯將銳卒數萬擊之，述兵大亂；高午奔陳㊺刺述，洞㊻胸墮馬，左右輿㊼入城。述以兵屬延岑，其夜，死；明旦，延岑以城降。辛巳㊽，吳漢夷㊾述妻子，盡滅公孫氏，并族㊿延岑，遂放兵大掠，焚述宮室。帝聞之怒，以譴漢，又讓(51)劉尚曰：「城降三日，吏民從服，孩兒、老母，口以萬數，一旦放兵(52)縱火，聞之可為酸鼻。尚宗室子孫，嘗更[2]吏職(53)，何忍行此！仰視天，俯視地，觀放麑、啜羹(54)，二者孰仁？良(55)失斬將弔民(56)之義也！」

【章　旨】以上為第一段，寫漢軍平滅公孫述。光武帝責備吳漢治兵不嚴，克敵後縱兵搶掠。建武二年（西元二六年）吳漢征南陽，亦因縱兵暴虐，逼反鄧奉。吳漢之過，真可誅矣。

【注　釋】❶魚涪津　津名，位於犍為郡南安縣北，在今四川樂山市北。❷城守　據城固守。❸心腹　喻指接近統治中心的地方。❹市橋　橋名，在今四川成都西校場東北同仁路口附近。❺以時自詣　指及時親自前來歸降。❻手記　親筆信。❼堅

據　固守。❽轉營　移營。❾迫　逼近。❿阻江　依江。⓫北營　紮營江水北岸。⓬綴　牽制。⓭幸無它　僥倖沒有別的變故。意指尚未遭敵進攻而破敗。⓮十許萬　大約十萬。許，表約數。⓯劫　威逼，即從武力控制。⓰厲　同「勵」。勉勵。⓱秣馬　餵飽戰馬。⓲旛旗　泛指旌旗。⓳銜枚　古代行軍時士卒銜於口用以禁止喧譁的器具。形狀如筷子，橫銜口中，兩端有帶子，繫結於頸後。⓴旦　天亮。㉑晡　時辰名，即申時，相當於今十五時至十七時。㉒具以狀上　將情況全部呈報朝廷。㉓略　越過。㉔適　恰好。㉕值　遇到。㉖克　戰勝。㉗軍　駐軍；紮營。㉘郭　外城。此言吳漢率軍進至成都外城。㉙緜竹　縣名，縣治在今四川綿竹東南。㉚涪城　涪縣城。涪縣縣治在今四川綿陽東北。㉛繁郫　皆縣名。繁縣，縣治在今四川彭縣西北。郫縣，縣治在今四川郫縣。㉜欲避權勢　此指自己想避開權勢之位。㉝積　經過。㉞聽上　同意上交。㉟特進　官名，授予列侯中有特殊地位的人，位在三公下；但僅為加官，無實權。㊱奉朝請　加官名，定期參加朝會。漢代退職大臣、將軍及皇室、外戚等多以奉朝請名義參加朝會。㊲坐　坐等。㊳窮　指處境困窘。㊴配　分派；調撥。㊵陰　暗地裡。㊶具船　準備船隻。㊷張堪　字君游，南陽郡宛縣人，歷任郎中、謁者、蜀郡太守、騎都尉、漁陽太守等職。傳見《後漢書》卷三十一。㊸咸陽門　成都城北門名。《後漢書・臧宮傳》作「咸門」。㊹戊寅　十一月十八日。㊺奔陳　衝向敵陣。㊻洞　穿透。㊼輿　抬。㊽辛巳　十一月二十一日。㊾夷　殺。㊿族　滅族。(51)讓　責備。(52)放兵　縱兵。(53)吏職　官職。此指劉尚曾經擔任治理民事的官職。(54)放麑啜羹　典出《韓非子・說林上》：「孟孫獵得麑，使秦西巴持之歸，其母隨之而啼。秦西巴弗忍而與之。」又說：「樂羊為魏將而攻中山。其子在中山，中山之君烹其子而遺之羹，樂羊坐於幕下而啜之，盡一杯。」麑，小鹿。啜，喝。(55)良　確實。(56)弔民　撫慰百姓。

【校　記】[1]北　張敦仁《通鑑刊本識誤》以為「北」下脫「為」字。[2]嘗更　原作「更嘗」。據章鈺校，十二行本、乙十一行本、孔天胤本二字皆互乙，今據改。按，《後漢書・公孫述傳》亦作「嘗更」。

【語　譯】世祖光武皇帝中之下

建武十二年（丙申　西元三六年）

春，正月，吳漢在魚涪津擊敗公孫述的將領魏黨、公孫永，隨即包圍了武陽縣。公孫述派女婿史興救援武陽，吳漢迎擊，打敗了史興，趁勢進入犍為郡，犍為郡各縣都閉城堅守。光武帝下詔吳漢直接攻取廣都，佔領心腹要地。吳漢於是進軍攻打廣都，攻取了廣都，派遣輕騎兵焚燒成都市橋。公孫述的將領很害怕，日夜叛逃，公孫述雖然誅滅叛逃者的家屬，還是不能阻止。光武帝堅持想使公孫述投降，又下詔書勸諭公孫述說：「不要因為來歙、岑彭受害就自我疑慮，現在你及時親自前來，宗族就能保全。詔書和親筆信，你不可能多次得到。」公孫述始終無意投降。

秋，七月，馮駿攻下江州，俘虜了田戎。

光武帝告誡吳漢說：「成都有十多萬人，不可輕視。你只需堅守廣都，等待公孫述來進攻，不要與敵爭勝負。如果公孫述不敢來進攻，你就轉移營壘逼近敵人，等到敵人疲困，才可以進攻。」吳漢乘勝利之機，便親自率領步騎兩萬人逼近成都；離城十餘里，依托岷江，在江北岸紮營，架設浮橋，派副將武威將軍劉尚率領一萬餘人在江南岸紮營，所紮營寨相距二十餘里。光武帝得到消息大吃一驚，責備吳漢說：「剛剛千叮萬囑，你為什麼事到臨頭卻違背亂來！既輕敵深入，又與劉尚分別紮營，事情一旦緊急，不能互相照應。敵人如果出兵牽制你，用重兵攻擊劉尚，劉尚被打敗，你也跟著失敗。幸虧沒有別的變故，趕快率領軍隊返回廣都。」詔書還沒有到達，九月，公孫述果然派他的大司徒謝豐、執金吾袁吉率領約十萬之眾，分為二十餘營，出城進攻吳漢，另派別的將領率兵一萬餘人威逼劉尚，使他不能去救援吳漢。吳漢與蜀兵大戰一整天，兵敗，逃入營壘，謝豐乘勢包圍了吳漢。吳漢便召集眾將領勉勵說：「我和各位將軍越過無數險阻，轉戰千里，於是深入敵境，到達敵人城下。如今我們與劉尚兩地都被包圍，互相不能接應，禍患難以預料；我想祕密發兵到江南，與劉尚合兵抵抗敵軍。如果大家同心合力，每人努力作戰，大功可成；如果不這樣，必定失敗。成與敗的關鍵，在此一舉。」眾將領都說：「好。」於是慰勞士兵，餵飽戰馬，緊閉營門，三天不出戰，並多處豎立旌旗，使煙火不絕，到了夜晚，人馬都口中銜枚，悄悄帶兵與劉尚會合。謝豐等人沒有發覺，第二天，謝豐就分出部分兵馬拒守江北，自己率軍進攻江南。吳漢率領全軍迎戰，從早晨一直戰鬥到下午申時，大敗謝豐軍，殺了謝豐和袁吉。於是吳漢率軍退回廣都，留劉尚對抗公孫述。吳漢把詳情報告皇上，深深自責。皇上回報說：「你回到廣都，十分得當，公孫述必定不敢越過劉尚進攻你。如果他先攻擊劉尚，你從廣都率領全部步兵騎兵前往，有五十里路程，趕到正好碰上敵人疲困之時，一定能打敗他們！」從此，吳漢與公孫述在廣都與成都之間交戰，吳漢八戰八勝，於是駐軍成都外城。

臧宮佔領了緜竹縣，攻下了涪城，殺了公孫恢，又攻佔了繁縣、郫縣，與吳漢在成都會師。

李通想避開權勢的職位，請求辭職，經過兩年，光武帝才同意讓他上交大司空的印章綬帶，賜他以特進名義定期參與朝會。後來，主管部門上奏請求策封皇子，光武帝有感李通首創興漢大謀，當天就策封李通的小兒子李雄為召陵侯。

公孫述困危，對延岑說：「當前的事該怎麼辦呢？」延岑說：「男兒要在死中求活，怎能坐等被困呢！財物容易聚結，不應當吝嗇。」公孫述便拿出全部黃金絹帛散發，招募了敢死隊五千多人分配給延岑。延岑在市橋豎立旌旗，偽裝成主力，擊鼓挑戰，卻祕密派出奇兵在吳漢軍的背後發起偷襲，大敗吳漢軍；吳漢落水，抓著馬尾才逃脫。吳漢的軍隊剩餘七天的糧食，暗中準備船隻，想要逃走；蜀郡太守南陽人張堪知道後，急忙馳馬去見吳漢，說明公孫述必敗、不應撤軍的看法。吳漢聽從了他的意見，就外示勢弱而向敵人挑戰。

冬，十一月，臧宮駐軍在成都咸陽門。十八日戊寅，公孫述親自率數萬人進攻吳漢，派延岑抵抗臧宮。雙方大戰，延岑三戰三勝，從早晨到中午，官兵沒有進食，都很疲勞。吳漢於是派護軍高午、唐邯率領精銳士兵數萬人攻擊公孫述，公孫述的軍隊大亂；高午直奔敵陣刺殺公孫述，公孫述的胸脯被刺穿落馬，他身邊的人把他抬進城。公孫述把軍隊託付給延岑，當天夜裡就去世了；第二天，延岑舉城歸降。二十一日辛巳，吳漢殺了公孫述的妻子兒女，滅了整個公孫家族，還殺了延岑全族，於是縱兵大肆搶掠，火燒公孫述的宮室。光武帝聽到了很生氣，指責吳漢，又責備劉尚說：「全城歸降已經三天，官民順服，僅孩子、老母就有萬餘口，一旦縱兵放火，聽到這消息令人悲傷之極。你是漢宗室的子孫，又曾經親歷吏職，怎麼忍心做這種事！抬頭看看天，低頭看看地，想一想秦西巴釋放小鹿，樂羊吃自己兒子的肉羹，兩個人哪一個仁慈呢？你們的所作所為，的確失去斬殺敵將、撫慰百姓的道義！」

初，述徵廣漢李業❶為博士，業固稱疾不起。述羞不能致，使大鴻臚尹融奉詔命以劫業，「若起則受公侯之位，不起賜以毒酒。」融譬旨❷曰：「方今天下分崩，孰知是非，而以區區之身試於不測之淵❸乎！朝廷貪慕名德，曠官缺位❹，于今七年，四時珍御❺，不以忘君。宜上奉知己，下為子孫，身名俱全，不亦優乎！」業乃歎曰：「古人危邦不入，亂邦不居❻，為此故也。君子見危授命❼，何乃誘以高位重餌哉！」融曰：「宜呼室家計之。」業曰：「丈夫斷之於心久矣，何妻子之為❽！」遂飲毒而死。述恥有殺賢之名，遣使弔祠❾，賻❿贈百匹，業子翬逃，辭不受。述又聘巴郡譙玄⓫，玄不詣，亦遣使者以毒藥劫之。太守自詣玄廬⓬，勸之行，玄曰：「保志全高⓭，死亦奚恨⓮！」遂受毒藥。玄子瑛泣血叩頭於太守，願奉⓯家錢千萬以贖父死，太守為請，述許之。述又徵蜀郡王皓、王嘉⓰，恐其不至，先繫⓱其妻子，使者謂嘉曰：「速裝⓲，妻子可全。」對曰：「犬馬猶識主，況於人乎！」王皓先自刎，以首付使者。述怒，遂誅皓家屬。王嘉聞而嘆曰：「後之哉！」乃對使者伏劍而死。犍為費貽不肯仕述，漆身為癩⓳，陽狂⓴以避之。同郡任永、馮信皆託㉑青盲㉒以辭徵命。帝既平蜀，詔贈常少為太常，張隆為光祿勳。譙玄已卒，祠以中牢㉓，敕所在還其家錢，而表李業之閭㉔。徵費貽、任永、馮信，會永、信病卒，獨貽仕至合浦㉕太守。上以述將程烏、李育有才幹，皆擢用之，於是西土咸悅，莫不歸心焉。

初，王莽以廣漢文齊為益州㉖太守，齊訓農㉗治兵㉘，降集羣夷，甚得其和。公孫述時，齊固守拒險，述遂拘其妻子，許以封侯，齊不降。聞上即位，間道遣使自聞。蜀平，徵為鎮遠將軍，封成義侯。

十二月辛卯㉙，揚武將軍馬成行大司空事。

【章　旨】以上為第二段，寫蜀中士大夫高風亮節，不與公孫述合作，寧死不仕。光武帝興漢徵聘蜀中賢士，民心歸附。

【注　釋】❶李業　（？—西元三六年）字巨游，廣漢郡梓潼縣（今四川梓潼）人，漢平帝時曾為郎官。王莽時辭官家居。公孫述欲徵為博士，遂以死拒。傳見《後漢書》卷八十一。❷譬旨　解說旨意使之知曉。❸不測之淵　深淵。此喻指危險的境地。❹曠官缺位　空著官職之位。❺珍御　供御用的珍貴食物。❻危邦不入二句　語出《論語・泰伯》載孔子之言：「篤信好學，守死善道。危邦不入，亂邦不居。天下有道則見，無道則隱。邦有道，貧且賤焉，恥也；邦無道，富且貴焉，恥也。」❼見危授命　語出《論語・憲問》所載孔子之言，意謂遇到危險情況，肯於付出生命以維護道義。❽何妻子之為　何必與妻子商議。❾弔祠　弔祭。❿賻　以財物助辦喪事。⓫譙玄　（？—西元三五年）字君黃，巴郡閬中縣（今四川閬中市）人，西漢末年，歷任議郎、太常丞、繡衣使者。王莽時家居不仕。不應公孫述徵聘，隱遁鄉野。傳見《後漢書》卷八十一。⓬廬　房舍。⓭保志全高　保全高尚的意志節操。⓮奚恨　何恨。⓯奉　進獻。⓰王皓王嘉　漢平帝時，皓為美陽縣令，嘉為郎。王莽廢漢建新，二人皆棄官歸鄉。⓱繫　拘禁。⓲速裝　意謂趕快準備行裝。⓳漆身為癩　以漆塗身，使皮膚腐爛生瘡。癩，惡瘡、痲瘋。此指形如生惡瘡、患痲瘋病的人。⓴陽狂　假裝瘋癲。㉑託　假託。㉒青盲　眼病名，俗稱青光眼，重者失明。

㉓中牢　即少牢，謂豬、羊二牲。㉔表李業之閭　在李業的里門刻石以表彰其功德。閭，里門。㉕合浦　郡名，治所在今廣西合浦東北。㉖益州　郡名，治所在今雲南晉寧東北。㉗訓農　勸導農耕。㉘治兵　治軍；練兵。㉙辛卯　十二月初一日。

【語　譯】當初，公孫述徵召廣漢人李業為博士，李業堅稱有病不應徵聘。公孫述因不能召致李業感到羞辱，派大鴻臚尹融拿著詔書去威逼李業，「如果應聘，就授予公侯的高位，如果不應聘，就賜予毒酒。」尹融解釋旨意說：「現在天下四分五裂，誰知道是非對錯，而你卻要用小小的身體去試探不測深淵嗎！公孫述仰慕你的名聲德行，空出官位等待你，到現在已經七年，四季供御用的珍貴食物，沒有忘記賜你一份。你應該對上侍奉知己，對下替子孫打算，性命和名聲都保全，這不是好事嗎！」李業便歎息說：「古人說：不進入有危險的國家，不居住在發生禍亂的國家，就是這個原因。君子在危難關頭肯於付出生命，為什麼要用高官厚祿引誘呢！」尹融說：「你應當喊妻子來商量一下此事。」李業說：「大丈夫心中早有決斷了，何必與妻子商量！」於是喝下毒酒而死。公孫述怕落下殺賢的惡名，就派使節弔祭李業，還送去喪禮一百匹絹帛，李業的兒子李翬逃走，拒不接受。公孫述又徵聘巴郡人譙玄，譙玄不肯前往，公孫述也派使節用毒藥威嚇。巴郡太守親自到譙玄家，勸譙玄動身，譙玄說：「保全高尚的意志節操，死而無憾！」就接受毒藥。譙玄的兒子譙瑛向太守磕頭痛哭，希望奉獻家產一千萬錢以贖父親的死罪，太守替譙玄求情，公孫述才放過譙玄。公孫述又徵蜀郡人王皓、王嘉，深怕他們不來，先拘禁他們的妻兒，使者對王嘉說：「趕快準備行裝，妻兒才可保全。」王嘉回答說：「犬馬還認得主人，何況是人呢！」王皓先割頸自殺，讓人把他的頭交給使者。公孫述發怒，便殺了王皓家屬。王嘉聽說後歎息說：「我落後了！」便面對使者以劍自殺。犍為郡人費貽不肯做公孫述的官，用漆塗身長滿癩瘡，裝瘋賣傻躲避公孫述。同郡人任永、馮信都假託患了青光眼，用來推辭徵召。光武帝平定蜀郡以後，下詔追贈常少為太常，張隆為光祿勳。譙玄已死，就用少牢的祭品祭祀譙玄，命令所在地方官府還給他家一千萬錢，在李業的里門刻石，表彰他的道德氣節。徵召費貽、任永、馮信，恰巧任永、馮信病逝，只剩費貽一人，官至合浦郡太守。光武帝因為公孫述的將領程烏、李育有才幹，都提拔任用，於

上下官員隨聲附和，那不是陛下的福分。要臣好好侍奉長官，臣不敢奉行詔令。」光武帝歎息說：「你說得對啊！」

十三年（丁酉　西元三七年）

春，正月庚申❶，大司徒侯霸薨。

戊子❷，詔曰：「郡國獻異味❸，其令太官❹勿復受！遠方口實❺所以薦宗廟，自如舊制。」時異國有獻名馬者，日行千里，又進寶劍，價直百金。詔以劍賜騎士，馬駕鼓車❻。上雅❼不喜聽音樂，手不持珠玉。嘗出獵，車駕夜還，上東門❽候❾汝南郅惲❿拒關⓫不開。上令從者見面於門間，惲曰：「火明遼遠。」遂不受詔。上乃回，從東中門⓬入，明日，惲上書諫曰：「昔文王⓭不敢槃⓮于遊田⓯，以萬民惟正之供⓰。而陛下遠[1]獵山林，夜以繼晝，其如社稷宗廟何⓱！」書奏，賜惲布百匹，貶東中門候為參封⓲尉⓳。

二月，遣捕虜將軍馬武屯虖沱河⓴以備匈奴。

盧芳攻雲中，久不下。其將隨昱留守九原，欲脅芳來降。芳知之，與十餘騎亡入匈奴，其眾盡歸隨昱，昱乃詣闕降。詔拜昱五原太守，封鐫胡侯。

朱祜奏：「古者㉑人臣受封，不加王爵。」丙辰㉒，詔長沙王興、真定王得、河間王邵、中山王茂皆降爵為侯㉓。丁巳㉔，以趙王良為趙公，太原王章為齊公，魯王興為魯公。是時，宗室及絕國㉕封侯者凡一百三十七人。富平侯張純㉖，安世㉗之四世孫㉘也，歷王莽世，以敦謹㉙守約保全前封；建武初，先來詣闕，為侯如故。於是有司奏：「列侯非宗室不宜復國㉚。」上曰：「張純宿衛十有餘年，其勿廢！」更封武始侯，食富平之半。○庚午㉛，以紹嘉公孔安為宋公㉜，承休公姬常為衛公㉝。

三月辛未㉞，以沛郡太守韓歆為大司徒。○丙子㉟，行大司空馬成復為揚武將軍。

吳漢自蜀振旅而還，至宛，詔過家上冢，賜穀二萬斛；夏，四月，至京師。於是大饗將士，功臣增邑更封凡三百六十五人，其外戚、恩澤㊱封者四十五人。定封㊲鄧禹為高密侯，食四縣；李通為固始侯、賈復為膠東侯，食六縣；餘各有差。已歿者益封其子孫，或更封支庶㊳。

帝在兵間久，厭武事，且知天下疲耗㊴，思樂息肩㊵，自隴、蜀平後，非警急，未嘗復言軍旅。皇太子㊶嘗問攻戰之事，帝曰：「昔衛靈公問陳㊷，孔子不對，此非爾所及[43]。」鄧禹、賈復知帝偃干戈[44]，修文德，不欲功臣擁眾[45]京師，乃去[46]甲兵，敦[47]儒學。帝亦思念，欲完[48]功臣爵土，不令以吏職為過[49]，遂罷左、右將軍官。耿弇等亦上大將軍、將軍印綬，皆以列侯就第，加位特進，奉朝請。

鄧禹內行[50]淳備[51]，有子十三人，各使守一藝，修整閨門，教養子孫，皆可以為後世法，資用國邑[52]，不修產利[53]。

賈復為人剛毅方直，多大節，既還私第，闔門[54]養威重[55]。朱祜等薦復宜為宰相，帝方以吏事責三公，故功臣並不用。是時，列侯唯高密、固始、膠東三侯與公卿參議國家大事，恩遇甚厚。帝雖制御[56]功臣，而每[57]能回容[58]，宥[59]其小失。遠方貢珍甘[60]，必先徧賜諸侯，而太官無餘，故皆保其福祿，無誅譴者。

益州傳送公孫述瞽師[61]、郊廟樂器、葆車[62]、輿輦[63]，於是法物[64]始備。時兵革既息，天下少事，文書[65]調役[66]，務從簡寡，至乃十存一焉。

甲寅[67]，以冀州牧竇融為大司空。融自以非舊臣，一旦入朝，在功臣之右[68]，每朝〔2〕會進見，容貌辭氣，卑恭[69]已甚，帝以此愈親厚之。融小心，久不自安，數辭爵位，上疏曰：「臣融有子，朝夕教導以經藝，不令觀天文，見讖記，誠欲令恭肅[70]畏事[71]，恂恂[72]守道，不願其有才能，何況乃當傳以連城廣土，享故諸侯王國哉！」因復請間求見，帝不許。後朝罷，逡巡73席後，帝知欲有讓，遂使左右傳出74。它日會見，迎詔融曰：「日者75知公欲讓職還土，故命公暑熱且自便。今相見，宜論它事，勿得復言。」融不[3]敢重陳請。

五月，匈奴寇河東。

【章　旨】以上為第五段，寫光武帝獎勵直臣，保護功臣，開創功臣不任職事，避免犯過的先例。竇融為大司空，優禮有加，因竇融不是開國功臣，又極謙恭，特用之為朝臣榜樣。

【注　釋】❶庚申　正月初一日。❷戊子　正月二十九日。❸異味　奇異美味。❹太官　官名，屬少府，執掌帝后飲食。❺口實　指食品。❻鼓車　載鼓之車。古代皇帝出外時的儀仗之一。❼雅　平素。❽上東門　洛陽城東面北頭門。❾侯　官名，洛陽城四面，每面三門，共十二門，每門置侯一人掌管。❿郅惲　字君章，汝南郡西平縣（今河南西平西）人，歷任洛陽上東門侯、長沙太守等。傳見《後漢書》卷二十九。⓫拒關　閉門。⓬東中門　洛陽城東面中門。⓭文王　指周文王。⓮槃　同「盤」。快樂。⓯遊田　遊玩打獵。田，通「畋」。⓰惟正之供　即「惟供正」，這是一個賓語前置的句式。此言周文王不敢用民眾所供賦稅遊獵玩樂。正，通「徵」。賦稅。供，進獻。⓱如社稷宗廟何　如何對待社稷宗廟呢。⓲參封　縣名，西漢屬琅邪郡，東漢省。其地不詳。⓳尉　官名，縣尉執掌軍事，負責維持治安。⓴虖沱河　即滹沱河。㉑古者　指秦代前。㉒丙辰　二月二十七日。㉓詔長沙王興句　胡注：「但封長沙、真定、河間、中山者，與帝同出於景帝也。長沙，舂陵之大宗；真定，常山王憲之後改封者。今復降爵為侯，以服屬已疏也。」㉔丁巳　二月二十八日。㉕絕國　絕嗣的封國。㉖張純　（？—西元五六年）字伯仁，京兆杜陵縣人，歷任太中大夫、五官中郎將、太僕、大司空等。初襲前封為富平侯，後更封武始侯。傳見《後漢書》卷三十五。㉗安世　張安世（？—西元前六二年），字子孺，漢武帝時名臣張湯之子。仕武、昭、宣三帝，官至大司馬車騎將軍，領尚書事，封富平侯。傳附《漢書》卷五十九〈張湯傳〉。㉘四世孫　據《漢書》，安世為純曾祖之祖，自安世至純共六世。《後漢書》云安世為純之高祖父，此據《後漢書》云純為安世之四世孫，比《漢書》所載世系少一世。㉙敦

謹　敦厚謹慎。㉚復國　指恢復西漢時的封國。㉛庚午　二月庚寅朔，無庚午日。丁巳後為戊午。本月為改定爵號，三下詔書。第一、二兩次為前後日；若第三次與第二次也是前後日，則「庚午」當為「戊午」，即二月二十九日。㉜以紹嘉公孔安為宋公　漢成帝綏和元年（西元前八年）封殷後孔吉為殷紹嘉公，平帝元始四年（西元四年）改稱宋公。光武帝建武五年（西元二九年）封孔吉後裔孔安為殷紹嘉公，今又改稱宋公。㉝承休公姬常為衛公　漢武帝元鼎四年（西元前一一三年）封周後姬嘉為周子南君，元帝初元五年（西元前四四年）改稱周承休侯，成帝綏和元年進爵為公，平帝元始四年改稱鄭公。光武帝建武二年（西元二六年）封姬嘉後裔姬常為周承休公，今改稱衛公。㉞辛未　三月十二日。㉟丙子　三月十七日。㊱恩澤　帝王或朝廷給予的恩惠。㊲定封　確定爵位、封地。㊳支庶　嫡子以外的旁支。㊴疲耗　困頓損耗。㊵息肩　謂休養生息。㊶皇太子　指劉彊（西元二五—五八年），郭皇后生。建武二年立為皇太子；十九年（西元一九年）廢，封為東海王。㊷衛靈公問陳　《論語・衛靈公》：「衛靈公問陳於孔子。孔子對曰：『俎豆之事，則嘗聞之矣；軍旅之事，未嘗學也。』」陳，通「陣」。㊸非爾所及　不是你應該考慮的。㊹偃干戈　停息用武。㊺擁眾　擁有軍隊。㊻去　拋棄。㊼敦　崇尚。㊽完　保全。此言不使功臣因犯過失而喪失爵位、封地。㊾以吏職為過　因擔任官職在治理政事中出現過失。㊿內行　平日家居的操行。(51)淳備　謂純美無缺。(52)資用國邑　此言用度皆取資於封地的收入。國邑，指諸侯的封地。(53)產利　產業。(54)闔門　閉門。(55)威重　威嚴厚重的德行。(56)制御　控制。(57)每　常常。(58)回容　曲法寬容。(59)宥　寬恕。(60)珍甘　指珍奇甘美的食品。(61)瞽師　盲樂師。(62)葆車　用羽毛作車蓋的車。(63)輿輦　天子乘坐的車。(64)法物　帝王用於儀仗、祭祀的器物。(65)文書　公文。(66)調役　徵發徭役。(67)甲寅　四月二十六日。(68)右　上。(69)卑恭　謙卑恭敬。(70)恭肅　恭敬嚴肅。(71)畏事　指誡敬處事。(72)恂恂　溫順恭謹的樣子。(73)逡巡　遲疑徘徊，欲行又止。(74)傳出　傳旨使出。(75)日者　往日。

【校　記】①遠　據章鈺校，孔天胤本作「遊」。②朝　據章鈺校，十二行本、乙十一行本皆作「召」。③不　據章鈺校，十二行本、孔天胤本此上皆有「乃」字。

【語　譯】十三年（丁酉　西元三七年）

春，正月初一日庚申，大司徒侯霸去世。

正月二十九日戊子，光武帝下詔令說：「各郡、國進獻的奇異美味，太官不要再接受。遠方的食品，凡是用來祭祀宗廟的，自應按照慣例執行。」當時，有外國進獻名馬，日行千里，又進獻了寶劍，價值百金。

詔令把寶劍賜給騎士，名馬用來駕皇家儀仗用的鼓車。皇上平素不喜聽音樂，手不執珠玉，曾外出打獵，深夜才回城，上東門候汝南人郅惲關閉城門，不肯打開。光武帝命隨從在門縫和郅惲相見，郅惲說：「看不清是誰。」仍拒絕詔令開城門。光武帝只好回轉，從東中門進城。第二天，郅惲上書諫阻說：「從前周文王不敢遊獵尋樂，因為耗費天下萬民供奉的賦稅，而陛下卻到很遠的山林中打獵，夜以繼日，這對國家、宗廟有什麼好處呢！」奏書呈上，皇上賞賜郅惲一百匹布，把東中門候貶為參封縣尉。

二月，派捕虜將軍馬武駐屯虖沱河以防備匈奴。

盧芳進攻雲中郡，久攻不下。他的將領隨昱留守在九原郡，想挾持盧芳前來投降東漢。盧芳得知後，就和十餘名騎兵逃入匈奴，盧芳的部下全都歸附隨昱，隨昱就到洛陽歸降。光武帝下詔任命隨昱為五原郡太守，封為鐫胡侯。

朱祜上奏：「古代臣子受到封賞，不加封王爵。」二月二十七日丙辰，詔令長沙王劉興、真定王劉得、河間王劉邵、中山王劉茂都降封為侯爵。二十八日丁巳，改封趙王劉良為趙公，太原王劉章為齊公，魯王劉興為魯公。這時，劉氏宗室以及絕嗣的封國而得封侯的共一百三十七人。富平侯張純是張安世的第四代孫子，經歷王莽時代，因敦厚謹慎、勤儉節約而保持爵位；建武初年，張純首先來到皇上殿庭，所以侯爵照舊。這時，主管部門上奏：「列侯不是劉氏宗室，不應該恢復封國。」光武帝說：「張純守衛宮廷十餘年，不要廢除！」改封為武始侯，以富平縣的一半做封地。○庚午日，下詔改封紹嘉公孔安為宋公，又改封承休公姬常為衛公。

三月十二日辛未，任命沛郡太守韓歆為大司徒。○十七日丙子，代理大司空馬成重新被任命為揚武將軍。

吳漢從蜀地整頓部隊回朝，到達宛縣，詔令他回家祭祀祖墳，賜穀二萬斛；夏，四月，吳漢回到京師。於是光武帝設宴犒賞將士，增加食邑更改封號的功臣，共三百六十五人，其中以外戚、恩澤受封的有四十五人。確定封鄧禹為高密侯，以四個縣做封邑；李通為固始侯、賈復為膠東侯，以六個縣做封邑；其他封爵的土地各有等差。已死者加封他們的子孫，或改封庶子。

光武帝久經戰陣，討厭戰爭，而且知道百姓疲困損耗，樂意休養生息，自從隴西郡、蜀郡平定之後，不是緊急警報，不再提及軍事。皇太子劉彊曾問打仗之事，光武帝說：「從前衛靈公曾向孔子詢問戰陣之事，孔子不回答，這不是你應該考慮的。」鄧禹、賈復知道皇上想停止戰爭，實施禮樂統治，不願功臣擁兵京師，便放棄軍權，崇尚儒家學說。光武帝也想保全功臣們的爵位食邑，不讓他們因擔任官職而犯過錯，就撤銷左、右將軍的官職。耿弇等也交出大將軍、將軍印章綬帶，都以列侯的身分回到自己的府第，皇上加封他們特進之位，准予參與朝會。

鄧禹平時居家操行淳美無缺，有十三個兒子，使他們各自掌握一藝，管理好家務，教養子孫，為後代樹立榜樣。所有用度都取自封邑，不治產業。

賈復為人剛毅正直看重大節，回到府第後，閉門修養威嚴厚重的德行。朱祜等推薦賈復任宰相，光武帝正以官吏職守向三公問責，所以功臣一律不用，以免問責。這時，列侯中只有高密侯鄧禹、固始侯李通、膠東侯賈復三人和公卿們參與朝議國家大事，享有特別豐厚的待遇。光武帝雖然控制有功之臣，但常常曲法寬容，寬恕他們的小過失。遠方進獻珍奇美味，一定先賞賜所有諸侯，而太官卻沒有剩餘的，所以各功臣諸侯都保全了他們的福澤爵祿，沒有被誅殺或貶謫的。

益州郡把公孫述的盲樂師、郊廟樂器、用羽毛作車蓋的車，以及皇帝乘的專車，全部送到洛陽，於是朝廷的儀仗用具與祭祀器物齊備。當時戰爭已經停止，天下少事，各種文書，徵調差役，都力求從簡從少，以致只佔從前的十分之一。

四月二十六日甲寅，任命冀州牧竇融為大司空。竇融自知不是劉秀的舊臣，一旦入朝當官，官位還在功臣的上面，因此每次朝會晉見，面色語氣，極為謙卑恭敬，光武帝因此更加親近厚待他。竇融小心謹慎，長久地內心不安，屢次請求辭去官職和爵位，上奏說：「臣有兒子，早晚用經典教導他，不准觀天文，看圖讖傳記，真心想使他恭敬嚴肅，誠敬處事，溫順恭謹，堅守原則，不希望他有才能，更何況要繼承廣大的連城封邑，享受繼承的諸侯王國呢！」竇融上奏後又多次要求單獨晉見，光武帝不同意。後來有一次朝會完畢，竇融在座席的後面遲疑徘徊，光武帝知道他要談辭官還鄉之事，就命身邊的人傳旨竇融出宮。過後有一天光武帝見到竇融，迎面對他說：「往日朕知道你想辭官回鄉，所以命令你，天氣太熱，暫且出去，隨意方便。今天見面，應該說些其他事情，不要再提辭職的事了。」竇融不敢陳辭請求。

五月，匈奴侵擾河東郡。

十四年（戊戌　西元三八年）

夏，邛穀王任貴遣使上三年計❶，即授越巂太守。

秋，會稽大疫。

莎車王[1]賢、鄯善❷王安皆遣使奉獻。西域苦匈奴重斂，皆願屬漢，復置都護，上以中國新定，不許。

太中大夫梁統上疏曰：「臣竊見元帝初元五年，輕❸殊死❹刑三十四事，哀帝建平元年，輕殊死刑八十一事，其四十二事手殺人者，減死一等。自是之後，著❺為常準❻，故人輕❼犯法，吏易❽殺人。臣聞立君之道，仁義為主，仁者愛人，義者正理❾。愛人以除殘為務❿，正理以去亂為心；刑罰在衷⓫，無取於輕。高帝受命，約令⓬定律⓭，誠得其宜，文帝唯除省肉刑、相坐之法⓮，自餘皆率由舊章⓯，至哀、平繼體⓰，即位日淺⓱，聽斷尚寡⓲。丞相王嘉輕⓳為穿鑿⓴，虧除㉑先帝舊約成律，數年之間百有餘事，或不便於理㉒，或不厭㉓民心，謹表㉔其尤害於體㉕者，傅奏㉖於左㉗。願陛下宣詔有司，詳擇其善，定不易之典！」事下公卿。光祿勳杜林奏曰：「大漢初興，蠲除㉘苛政，海內歡欣；及至其後，漸以滋章㉙。果桃菜茹㉚之饋，集以成贓，小事無妨於義，以為大戮。至於法不能禁，令不能止，上下相遁㉛，為敝彌深。臣愚以為宜如舊制，不合㉜翻移㉝。」統復上言曰：「臣之所奏，非曰嚴刑。經曰：『爰制百姓，于刑之衷㉞。』衷之為言，不輕不重之謂也。自高祖至于孝宣，海內稱治。至初元、建平而盜賊浸多㉟，皆刑罰不衷，愚人易犯之所致也。由此觀之，則刑輕之作，反生大患，惠加姦軌㊱，而害及良善也！」事寢㊲，不報㊳。

【章旨】以上為第六段，寫光武帝君臣討論法制建設，梁統建言適量加重死刑的奏議被擱置。

【注釋】❶上三年計　呈報三年的治理情況。戰國、秦、漢時期，地方官於年終將境內戶口、賦稅、盜賊、獄訟等項編造計簿，遣吏逐級上報，奏呈朝廷，藉以考核政績，謂之上計。❷鄯善　西域國名，本名「樓蘭」。位於西域東部，在今新疆若羌一帶。❸輕　減輕。❹殊死　死刑之一。漢代死刑，根據施刑對象、手段和屍體處理方法的不同，分為夷三族、殊死、梟首、腰斬、棄市等幾種。❺著　確定。❻常準　定法。❼輕　輕視。❽易　輕易。❾正理　端正事理。❿務　事。⓫衷　適當。⓬約令　簡省法令。漢高祖劉邦率軍入關滅秦，與秦父老約法三章：「殺人者死，傷人及盜抵罪。」⓭定律　制定法律。漢高祖劉邦時期，命相國蕭何參酌秦律合於時者，定律九章，史稱《九章律》。⓮文帝唯除省肉刑相坐之法　漢文帝二年（西元前一七八年）除相坐法，十三年（西元前一六七年）除肉刑。⓯率由舊章　遵循、沿用舊制。⓰繼體　繼位。⓱日淺　日短；日子不長。⑱聽斷尚寡　聽事決斷的事情不多。調辦事少，缺經驗。⑲輕　輕率，表示態度不嚴肅認真。⑳穿鑿　調牽強附會。㉑虧除　刪減。㉒理　治理。㉓厭　合於民意。㉔表　表述；述說。㉕體　政體。㉖傅奏　陳奏。㉗左　後。古時由右向左豎行書寫，所以「左」指後面。㉘蠲除　廢除；免除。㉙滋章　增多。㉚茹　蔬菜的總稱。㉛遁　迴避。㉜不合　不該。㉝翻移　改變。㉞爰制百姓二句　語出《尚書・呂刑》，今本作「士制百姓，于刑之中」。爰，助詞，無義。制，控制。百姓，百官。㉟浸多　漸多。㊱姦軌　即「姦宄」，指違法作亂的人。㊲寢　擱置。㊳不報　不批覆。

【校　記】①莎車王　張敦仁《通鑑刊本識誤》以為「莎」上脫「冬」字。

【語　譯】十四年（戊戌　西元三八年）

夏，邛穀王任貴遣使上報三年的治理情況，當即任命為越巂太守。

秋，會稽郡發生瘟疫。

莎車王賢、鄯善王安都遣使奉獻。西域各國苦於匈奴沉重的稅斂，都希望歸屬東漢，重新設置都護，光武帝因為中國剛剛安定，沒有准許。

太中大夫梁統上書說：「臣看到漢元帝初元五年，減輕殊死判決的有三十四件，漢哀帝建平元年，減輕殊死判決的有八十一件，其中四十二件是親手殺人，作減刑一等免死。從此以後，確定為正常法條，所以人民輕視犯法，官吏輕易殺人。臣聽說選立君主的正道是以仁義為主要標準，仁是愛人，義是端正事理。愛人以消除殘暴為事，端正事理就要把除去禍亂放在心上；刑罰的設立在於適中，不是無原則的減輕。漢高祖受命建國，簡化法令，制定律條，恰到好處，漢文帝只是除去肉刑和連坐律的法令，其餘都遵循舊制。到了漢哀帝、平帝繼位，由於在位時間短暫，聽事決斷較少。丞相王嘉輕率牽強附會，刪減先帝舊有法令法規，幾年之間就減除一百餘條，有的不便於治理，有的不合民意，臣謹表述其中對國家政體特別有害的陳奏在左邊。希望陛下詔令主管部門，選擇其中好的，制定成永久的法典！」光武帝把梁統的奏章交給公卿討論。光祿勳杜林奏報說：「漢朝最初興起，廢除苛政，天下百姓高興；到後世，法令增多。饋送果桃蔬菜，累積起來判為貪贓，不損害大義的小事，也要處以死刑。以至於有法不能禁，有令不能止，上下互相迴避，積弊越來越深。臣認為應當按照舊制，不該更改。」梁統再次上奏說：「臣所上奏的，並不是說要使用嚴酷的刑法。《尚書》上說：『要治理好百官，刑法就要適中。』適中的意思，即輕重合適。從漢高祖到漢宣帝，天下太平。到了漢元帝、漢哀帝時，盜賊逐漸增多，這都是由於刑法不適中，愚人輕易犯法造成。由此看來，刑法過輕，反而產生大禍，對違法作亂的人施加恩惠，便禍害到善良的人！」這件事被光武帝擱置，沒有批覆。

十五年（己亥　西元三九年）

春，正月辛丑❶，大司徒韓歆免。歆好直言，無隱諱，帝每不能容。歆於上前證歲將饑凶，指天畫地，言甚剛切，故坐免歸田里。帝猶不釋，復遣使宣詔責之；歆及子嬰❷皆自殺。歆素有重名❸，死非其罪，眾多不厭❹，帝乃追賜錢穀，以成禮❺葬之。

臣光曰：「昔高宗❻命說❼曰：『若藥弗瞑眩❽，厥疾弗瘳。』夫切直之言，非人臣之利，乃國家之福也。是以人君日[1]夜求之，唯懼弗得聞。惜乎，以光武之世而韓歆用直諫死，豈不為仁明之累❾哉！」

丁未❿，有星孛⓫於昴⓬。○以汝南太守歐陽歙⓭為大司徒。

匈奴寇鈔日盛，州郡不能禁。二月，遣吳漢率馬成、馬武等北擊匈奴，徙鴈門、代郡、上谷吏民六萬餘口置居庸⓮、常山關⓯以東，以避胡寇。匈奴左部遂復轉居塞內，朝廷患之，增緣邊兵，部⑯數千人。

夏，四月丁巳⑰，封皇子輔⑱為右翊公，英⑲為楚公，陽⑳為東海公，康㉑為濟南公，蒼㉒為東平公，延㉓為淮陽公，荊㉔為山陽公，衡㉕為臨淮公，焉㉖為左翊公，京㉗為琅邪公。癸丑㉘，追諡兄縯為齊武公，兄仲為魯哀公。帝感縯功業不就，撫育二子章、興，恩愛甚篤。以其少貴㉙，欲令親㉚吏事㉛，使章試守㉜平陰㉝令，興緱氏令；其後章遷梁郡太守，興遷弘農太守。

帝以天下墾田多不以實自占㉞，又戶口、年紀互有增減，乃詔下州郡檢覈㉟。於是刺史、太守多為詐巧㊱，苟以度田㊲為名，聚民田中，并度廬屋、里落㊳，民遮道啼呼。或㊴優饒㊵豪右㊶，侵刻㊷羸弱㊸。

時諸郡各遣使奏事，帝見陳留吏牘㊹上有書㊺，視之云：「潁川、弘農可問，河南、南陽不可問。」帝詰吏由趣㊻，吏不肯服，抵言㊼「於長壽街㊽上得之」，帝怒。時東海公陽年十二，在幄㊾後言曰：「吏受郡敕㊿，當[51]欲以墾田相方[52]耳。」帝曰：「即[53]如此，何故言河南、南陽不可問？」對曰：「河南帝城，多近臣；南陽帝鄉，多近親。田宅踰制，不可為準。」帝令虎賁將[54]詰問吏，吏乃實首服，如東海公對，上由是益奇愛陽。

遣謁者考實二千石長吏(55)阿枉不平(56)者。冬，十一月甲戌(57)，大司徒歙(58)坐前為汝南太守，度田不實，贓罪(59)千餘萬，下獄。歙世授尚書，八世為博士(60)，諸生(61)守闕(62)為歙求哀(63)者千餘人，至有自髡剔(64)者。平原禮震，年十七，求代歙死，帝竟不赦，歙死獄中。

十二月庚午(65)，以關內侯戴涉(66)為大司徒。◯盧芳自匈奴復入居高柳。

是歲，驃騎大將軍杜茂坐使軍吏殺人，免。使揚武將軍馬成代茂，繕治(67)障塞(68)，十里一候(69)，以備匈奴。使騎都尉張堪領杜茂營，擊破匈奴於高柳。拜堪漁陽太守。堪視事八年，匈奴不敢犯塞，勸民耕稼，以致殷富。百姓歌曰：「桑無附枝，麥穗兩岐(70)[2]。張君為政，樂不可支(71)！」

安平侯蓋延薨。◯交趾麊泠縣(72)雒將(73)女子徵側(74)，甚雄勇，交趾太守蘇定以法繩(75)之，徵側忿怨。

【章 旨】以上為第七段，寫光武帝檢覈人口、丈量田土、懲治貪吏，使政治走上軌道。匈奴犯邊之害仍未解除。

【注 釋】❶辛丑 正月二十三日。❷嬰 歆子名。❸重名 大名。❹不厭 不服。❺成禮 規定的禮儀規格。❻高宗 指殷高宗武丁。❼說 指傳說。殷朝人，相傳原隱於傅巖之地，武丁訪得，舉之為相，致使殷朝衰而復興。於是命之以傅為姓，號傳說。❽瞑眩　頭暈目眩。語出偽古文《尚書・說命上》，意謂如果服藥後不出現頭昏目眩的反應，那病就痊癒不了。這裡用以喻指忠直之言雖然聽之逆耳，卻有利於修德行事。❾累　損失；傷害。❿丁未　正月二十九日。⓫星孛　指彗星。孛，指彗星出現時光芒四射的現象。⓬昴　星宿名，二十八宿之一。西方白虎七宿的第四宿，有七顆亮星。古代以天文附會人事，認為彗星主兵，彗星出現預示人間將有戰亂；又認為昴星主邊兵，一說昴星主獄事。《後漢書・天文志上》記載了這次「彗星見昴」的天文現象，且對史事多所附會。⓭歐陽歙　（？—西元三九年）字正思，樂安郡千乘縣人，其家世傳伏生《尚書》。歷任河南尹、汝南太守、大司徒等，封夜侯。夜，今山東煙臺。後以贓罪下獄死。傳見《後漢書》卷七十九上。⓮居庸　關名，其地在今北京市昌平西北。⓯常山關　關名，其地在今河北淶源南。⓰部　每部。⓱丁巳　四月丁未朔，初七日為癸丑，而丁巳為十一日。這裡先丁巳，後癸丑，誤。袁宏《後漢紀》「丁巳」作「戊申」，為初二日，當是。⓲輔　劉輔（？—西元八四年），光武子，郭皇后生。建武十五年封右翊公，十七年徙封中山王，二十年徙封沛王。傳見《後漢書》卷四十二。⓳英　劉英（？—西元七一年），光武子，許美人生。建武十五年封楚公，十七年進爵為王。後以謀逆罪自殺。傳見《後漢書》卷四十二。⓴陽　劉陽（西元六—七五年），即漢明帝。光武子，陰皇后生。原名陽，建武十九年（西元四三年）立為皇太子，改名莊。繼光武帝立，在位十八年（西元五八—七五年）。事見《後漢書》卷二。㉑康　劉康（？—西元九七年），光武子，郭皇后生。建武十五年封濟南公，十七年進爵為王。傳見《後漢書》卷四十二。㉒蒼　劉蒼（？—西元八三年），光武子，陰皇后生。建武十五年封東平公，十七年進爵為王。蒼好經書，有智思。明帝時為驃騎將軍，居宰相之位，與公卿議定禮制。傳見《後漢書》卷四十二。㉓延　劉延（？—西元八九年），光武子，郭皇后生。建武十五年封淮陽公，十七年進爵為王。明帝永平十六年（西元七三年）謀反事敗露，徙封阜陵王。章帝建初元年（西元七六年）又因謀反罪貶爵為侯，章和元年（西元八七年）又進爵為王。傳見《後漢書》卷四十二。㉔荊　劉荊（？—西元六七年），光武子，陰皇后生。建武十五年封山陽公，十七年進爵為王。明帝永平元年（西元五八年）徙為廣陵王。後因謀逆事敗露自殺。傳見《後漢書》卷四十二。㉕衡　劉衡（？—西元四一年），光武子，陰皇后生。傳見《後漢書》卷四十二。㉖焉　劉焉（？—西元九〇年），光武子，郭皇后生。建武十五年封左翊公，十七年進爵為王，三十年徙封中山王。傳見《後漢書》卷四十二。㉗京　劉京（？—西元八一年），光武子，陰皇后生。建武十五年封琅邪公，十七年進爵為王。傳見《後漢書》卷四十二。㉘癸丑　四月初七日。㉙少貴　年少時即處尊貴之位。㉚親　親身接觸。㉛吏事　政事。㉜試守　試用；暫時代理。㉝平陰　縣名，縣治在今河南孟津東北。㉞占　計數上報。㉟檢覈　檢查核實。㊱詐巧　詐偽機巧。㊲度田　丈量土地。㊳里落　村落。㊴或　有的。㊵優饒　寬待。㊶豪

右　豪強大族。㊷侵刻　侵害。㊸羸弱　指貧弱無依的百姓。㊹牘　寫字用的木板。㊺書　字。㊻由趣　指木牘來源和上面文字的意思。㊼抵言　謊言。㊽長壽街　洛陽城中街名。㊾幄　帷帳，此指幄坐，即垂帳的帝、后座位。㊿受郡敕　接受郡守的命令。(51)當　該是。(52)相方　相比。此言陳留吏該是想求問潁川、弘農二郡的墾田數目來相比較。(53)即　即使。(54)虎賁將　即虎賁中郎將。職官名。(55)長吏　指俸祿多、職位高的官吏。據《漢書・景帝紀》，漢代，吏六百石以上，皆稱長吏。(56)阿枉不平　阿枉，徇私不正直。不平，不公正。(57)甲戌　十一月初一日。(58)歙　歐陽歙。(59)贓罪　貪汙受賄罪。(60)世授尚書二句　西漢初年，濟南伏生傳《尚書》給千乘縣歐陽生。自歐陽生至歙八世，皆傳授《尚書》，為博士。(61)諸生　眾弟子。(62)守闕　守候在宮門。(63)求哀　乞求哀憐。(64)髡剔　剃去頭髮。剔，同「剃」。(65)庚午　十二月二十七日。(66)戴涉　（？—西元四四年）字叔平，清河郡人，官至大司徒，封關內侯。後因所舉人盜金下獄被殺。(67)繕治　整治；修整。(68)障塞　邊境險要處戍守的堡壘。(69)候　古「堠」字。邊境伺望、偵察敵情的設施，如哨所、土堡。(70)岐　同「歧」。分支；分岔。蠶月採桑，砍去繁枝，留下特長的枝條，以待來年桑葉生長茂盛；麥子一般是一莖一穗，很少有一莖兩穗的。如今桑無附生在主枝上的細小枝條，麥子一莖上端分為兩支，長出兩個麥穗，所以視為祥瑞。(71)樂不可支　謂高興得不得了。(72)麊泠縣　縣名，縣治在今越南首都河內西北。(73)雒將　胡注引《交州外域記》說：「交趾昔未有郡縣之時，土地有雒田，民墾食其田，因名為雒民，設雒王、雒侯，主諸郡縣。縣有雒將，銅印青綬。」(74)徵側　麊泠縣雒將之女。建武十六年（西元四〇年）春，與妹徵貳起事反漢，攻佔六十餘城，自立為王。十九年為馬援擊敗，二徵被殺。(75)緪　約束。

【校　記】[1]日　據章鈺校，十二行本、乙十一行本、孔天胤本皆作「夙」。[2]麥穗兩岐　原作「麥秀兩岐」。胡三省注云：「麥率一莖一穗，罕有兩岐者，故以為瑞。」據章鈺校，十二行本、乙十一行本「秀」皆作「穗」，「岐」从「止」。《後漢書・張堪傳》作「麥穗兩岐」，今據改。

【語　譯】十五年（己亥　西元三九年）

春，正月二十三日辛丑，大司徒韓歆被免職。韓歆性好直言，沒有什麼隱諱，光武帝經常不能容忍。韓歆當著光武帝的面論證今年將出現饑荒，指天劃地，言辭十分直切，所以被免職回鄉。光武帝還不釋懷，又派遣使臣傳旨斥責韓歆；韓歆及兒子韓嬰都自殺。韓歆一向有大名聲，死非其罪，很多人不服，光武帝就追贈錢穀，按正規的禮儀安葬他。

司馬光說：「從前商王武丁對宰相傅說說：『如果吃了藥不頭暈目眩，疾病就不能痊癒。』嚴厲直率的話，對臣子不利，卻是國家之福。因此國君要日夜求得直言，唯恐聽不到。可惜啊，在漢光武時代韓歆卻因直言進諫而死，難道不是有損於仁德聖明嗎！」

正月二十九日丁未，彗星出現在昴宿星區。○任命汝南太守歐陽歙為大司徒。

匈奴侵擾邊塞越來越厲害，州、郡不能阻止。二月，朝廷派遣吳漢率領馬成、馬武等北上攻打匈奴，把雁門郡、代郡、上谷郡的官民六萬餘人遷到居庸關、常山關以東的地方，避開匈奴的搶奪。匈奴左部又進入邊塞以內居住，朝廷為此憂慮，在邊塞增加軍隊，每支部隊數千人。

夏，四月丁巳日，光武帝封皇子劉輔為右翊公，劉英為楚公，劉陽為東海公，劉康為濟南公，劉蒼為東平公，劉延為淮陽公，劉荊為山陽公，劉衡為臨淮公，劉焉為左翊公，劉京為琅邪公。初七日癸丑，光武帝追諡皇兄劉縯為齊武公，劉仲為魯哀公。光武帝感歎劉縯的功業未成，撫育劉縯的兩個兒子劉章、劉興，十分恩愛。因為兩兄弟從小嬌貴，想讓他們親身接觸吏事，就派劉章暫時代理平陰縣令，劉興代理緱氏縣令；後來，劉章升為梁郡太守，劉興升為弘農郡太守。

光武帝因為全國自報的耕地面積很多不真實，戶口、年紀也常有增減，就下詔令各州、郡檢查核實。於是刺史、太守多行詐偽機巧，假借丈量田地的名義，把民眾集聚到田中，連房屋、村落用地都丈量為耕地面積，民眾攔在路上呼號啼哭。有的地方長官寬待富家豪紳，侵害貧弱百姓。

當時各郡派使者到京都奏事，光武帝發現陳留郡呈遞的公文木牘上面另寫有字，細看上面寫的是：「潁川、弘農郡可詢問，河南、南陽郡不可詢問。」光武帝責問陳留郡使者木牘的來源和文字的意思，陳留郡使者欺騙說「在長壽街上撿的」，光武帝大怒。當時東海公劉陽只有十二歲，在帷帳後面說：「使者是受郡守敕令，該是想打聽其他郡丈量耕地的情況，進行比較。」光武帝說：「即使如此，為什麼說河南、南陽兩郡不可詢問？」劉陽回答說：「河南郡是京師所在地，有很多皇上親近的臣僚；南陽郡是皇上的故鄉，有很多皇親國戚。這田宅超過規定，不能作為標準。」光武帝命令虎賁中郎將責問使者，使者才從實招來，正如東海公劉陽所說的那樣，從此光武帝更珍愛劉陽。

皇上派謁者考核查實徇私不公正的二千石長吏。冬，十一月初一日甲戌，大司徒歐陽歙因以前做汝南郡太守時，犯有丈量土地不實之罪，貪汙受賄一千多萬，被捕下獄。歐陽歙世代教授《尚書》，八代人都為博士，約有一千多弟子守在宮門替歐陽歙乞求哀憐，甚至有人剃光頭髮。平原人禮震，十七歲，請求代替歐陽歙去死，光武帝最終沒有赦免，歐陽歙死在獄中。

十二月二十七日庚午，任命關內侯戴涉為大司徒。○盧芳從匈奴回來，重新進入國內，盤據在高柳。

這一年，驃騎大將軍杜茂犯下指使軍官殺人之罪，被免職。任命揚武將軍馬成接替杜茂的職務，馬成整治邊境堡塞，每隔十里設置一個哨所，用來防備匈奴。光武帝又派騎都尉張堪率領杜茂的軍隊，在高柳縣打敗匈奴。任命張堪為漁陽郡太守。張堪任職八年，匈奴不敢侵犯邊塞，張堪鼓勵民眾耕稼，以致生活富足。百姓歌唱說：「桑樹沒有附枝，麥子卻有兩穗。張君當太守，百姓樂不可支！」

安平侯蓋延去世。○交趾郡麊泠縣雒將的女兒徵側，特別英勇，交趾郡太守蘇定用法令約束她，徵側非常怨恨。

十六年（庚子　西元四〇年）

春，二月，徵側與其妹徵貳反，九真❶、日南❷、合浦❸蠻俚❹皆應之，凡略❺六十五城，自立為王，都麊泠。交趾刺史及諸太守僅得自守。

三月辛丑晦❻，日有食之。

秋，九月，河南尹張伋及諸郡守十餘人皆坐度田不實，下獄死。後上從容謂虎賁中郎將馬援曰：「吾甚恨前殺守、相多也！」對曰：「死得其罪，何多之有！但死者既往，不可復生也！」上大笑。

郡國羣盜處處並起，郡縣追討，到則解散，去復屯結❼，青、徐、幽、冀四州尤甚。冬十月，遣使者下郡國，聽❽羣盜自相糾擿❾，五人共斬一人者，除其罪。吏雖❿逗留⓫回避故縱⓬者，皆勿問，聽以禽討為效⓭。其牧守令長坐界內有盜賊而不收捕者，又以畏愞捐城⓮委守⓯者，皆不以為負⓰，但取獲賊多少為殿最⓱，唯蔽匿⓲者乃罪⓳之。於是更相追捕，賊並解散，徙其魁帥⓴於它郡，賦田㉑受稟㉒，使安生業㉓。自是㉔牛馬放牧不收㉕，邑門㉖不閉。

盧芳與閔堪使使請降，帝立芳為代王，堪為代相，賜繒二萬匹，因使和集㉗匈奴。芳上疏謝，自陳思望㉘闕庭㉙，詔報㉚芳朝㉛明年正月。

初，匈奴聞漢購求芳，貪得財帛，故遣芳還降。既而芳以自歸為功，不稱匈奴所遣，單于復㉜恥㉝言其計，故賞遂不行。由是大恨，入寇尤深。

馬援奏，宜如舊鑄五銖錢，上從之，天下賴其便。○盧芳入朝，南及昌平，有詔止，令更朝㉞明歲。

【章　旨】以上為第八段，寫光武帝繼續整頓吏治，誅殺貪官汙吏，平定因度田引發的叛亂。南方交趾夷人反叛，北邊盧芳終於歸服。

【注　釋】❶九真　郡名，治所在今越南河內南。❷日南　郡名，治所在今越南廣治。❸合浦　郡名，治所在今廣西合浦。❹蠻俚　古代少數民族蠻人的別稱。❺凡略　共攻佔。❻辛丑晦　三月三十日。❼屯結　集結。❽聽　聽任；任憑。❾糾擿　檢舉揭發。❿雖　即使。⓫逗留　停留不前。⓬故縱　有意放任。⓭效　成績；效果。⓮捐城　棄城。⓯委守　放棄職守。⓰負　罪責。⓱殿最　優劣；上下。古代考核政績或軍功，下等稱為殿，上等稱為最。⓲蔽匿　隱藏；藏匿。⓳罪　治罪。⓴魁帥　首領。㉑賦田　分給土地。㉒受稟　受，同「授」。賜給。稟，糧食。㉓生業　職業。㉔自是　從此以後。㉕放牧不收　放牧到野外，晚上不趕回欄廄。㉖邑門　城門。㉗和集　和睦團結。此言使盧芳做與匈奴和睦相處的工作。㉘思望　思念渴望。㉙闕庭　朝廷。㉚報　回答。㉛朝　朝見。㉜復　又。㉝恥　羞愧。㉞更朝　改變朝見時間。

【語　譯】十六年（庚子　西元四〇年）

春，二月，徵側和她妹妹徵貳造反，九真、日南、合浦的蠻夷俚民全都響應，共攻佔了六十五座城，徵側自立為王，建都麊泠縣。交趾郡刺史以及各郡太守只能勉強自保。

三月三十日辛丑，發生日蝕。

秋，九月，河南尹張伋和其他各郡太守十餘人都犯丈量土地不確之罪，關進監獄而死。後來，光武帝閒談時對虎賁中郎將馬援說：「我很後悔前些時殺那麼多太守、國相！」馬援說：「犯死罪而死，怎麼能說多呢！再說，人已經死了，活不過來啦！」光武帝大笑。

各郡、國的盜賊到處興起，郡、縣派兵圍剿，征討軍隊一來，盜賊四散，軍隊離去，盜賊重又聚集，青、徐、幽、冀四州尤其嚴重。冬，十月，皇上派遣使臣到各郡、國，宣布聽任盜賊相互檢舉揭發，五人共殺一個人，就免除這五人的罪行。對於那些逗留不前、躲避盜賊、故意放任的官員，一律不追究，聽任他們現在討賊立功。州牧、郡守、縣令、長吏在所轄界內有盜賊而未收捕，又因膽小怯懦、放棄城池、放棄職守的，都不認定為罪責，只看現在捕獲盜賊的多少核定業績的優劣，只對隱藏盜賊的人定罪。於是，官府和盜賊都追捕盜賊，成群的盜賊全都解散，把他們的頭領遷到其他郡、縣，分給田地，賜給糧食，使他們安於生業。從此以後，放牧的牛馬晚上不必趕回，村落的城門也不必關閉。

盧芳與他的大將閔堪派遣使者到洛陽請求投降，光武帝封盧芳為代王，任命閔堪為代相，賞賜繒絹二萬匹，趁機派盧芳去和睦團結匈奴。盧芳上奏謝恩，陳述自己思念朝廷，盼望能親自入朝，皇上詔書回覆盧芳明年正月進京朝見。

當初，匈奴聽說東漢朝廷懸賞緝拿盧芳，匈奴單于貪圖錢財絹帛，所以派盧芳回去投降。不久，盧芳因自己主動歸服而居功，不提匈奴派遣，單于又羞愧說出是自己的主意，所以匈奴最終沒有得到獎勵。因此匈奴非常惱恨，進入邊境寇掠尤為嚴重。

馬援上奏，應像西漢那樣鑄造五銖錢，光武帝採納了這一建議，全國百姓都感到方便。〇盧芳入漢朝見，向南到達了昌平，接到詔令停止下來，讓他改在明年朝見。

十七年（辛丑　西元四一年）

春，正月，趙孝公良薨。初，懷縣大姓李子春二孫殺人，懷令趙熹❶窮治❷其姦❸，二孫自殺，收繫❹子春。京師貴戚為請❺者數十，熹終不聽。及良病，上臨視❻之，問所欲言，良曰：「素與李子春厚❼，今犯罪，懷令趙熹欲殺之，願乞其命。」帝曰：「吏奉法律，不可枉❽也。更道❾它所欲。」良無復言。既薨，上追思良，乃貰出子春，遷熹為平原太守。

二月乙未晦❿，日有食之。

夏，四月乙卯⑪，上行幸章陵。五月乙卯⑫，還宮。

六月癸巳⑬，臨淮懷公衡薨。

妖賊李廣⑭攻沒⑮皖城⑯，遣虎賁中郎將馬援、驃騎將軍段志討之。秋，九月，破皖城，斬李廣。

郭后寵衰，數懷怨懟⑰，上怒之。冬，十月辛巳⑱，廢皇后郭氏，立貴人陰氏為皇后。詔曰：「異常⑲之事，非國休福⑳，不得上壽稱慶㉑。」郅惲言於帝曰：「臣聞夫婦之好，父不能得之於子，況臣能得之於君乎！是臣所不敢言。雖然，願陛下念㉒其可否之計㉓，無令天下有議社稷而已。」帝曰：「惲善恕己㉔量主㉕，知我必不有所左右㉖而輕天下也！」帝進郭后子右翊公輔為中山王，以常山郡益中山國，郭后為中山太后；其餘九國公皆為王。

甲申㉗，帝幸章陵，脩園廟，祠舊宅，觀田廬，置酒作樂，賞賜。時宗室諸母因酣悅㉘相與語曰：「文叔少時謹信㉙，與人不款曲㉚，唯直柔㉛耳，今乃能如此！」帝聞之，大笑曰：「吾治天下，亦欲以柔道㉜行之。」十二月，還自章陵。

是歲，莎車王賢復遣使奉獻，請都護；帝賜賢西域都護印綬及車旗、黃金、錦繡。敦煌太守裴遵上言：「夷狄不可假㉝以大權，又令諸國失望。」詔書收還都護印綬，更賜賢以漢大將軍印綬；其使不肯易，遵迫奪㉞之。賢由是始恨，而猶詐稱大都護，移書㉟諸國，諸國悉服屬㊱焉。

匈奴、鮮卑㊲、赤山㊳烏桓數連兵入塞，殺略吏民，詔拜襄賁㊴令祭彤㊵為遼東太守。彤有勇力，虜每犯塞，常為士卒鋒㊶，數破走之。彤，遵之從弟㊷也。

徵側等寇亂㊸連年，詔長沙、合浦、交趾具車船，修道橋，通障谿㊹，儲糧穀。拜馬援為伏波將軍，以扶樂侯劉隆為副，南擊交趾。

【章　旨】以上為第九段，寫豪強大臣勾結皇親國戚，廉吏懲治豪強，十分艱難。交趾北疆，仍未安寧。光武帝廢立皇后，郭后失寵被廢，陰貴人入主正宮。

【注　釋】❶趙憙　（西元前四—西元八〇年）字伯陽，南陽郡宛縣人，歷任懷縣令、平原太守、太尉、太傅、錄尚書事等，封節鄉侯。傳見《後漢書》卷二十六。❷窮治　徹底查辦。❸姦　罪惡。❹收繫　拘禁。❺為請　替他求情。❻臨視　親臨探視。❼厚　交情深厚。❽枉　違背。❾更道　再說。❿乙未晦　正月二十九日。⓫乙卯　四月丙寅朔，無乙卯日。⓬乙卯　五月二十一日。⓭癸巳　六月二十九日。⓮李廣　其師維汜，妖言稱神，被殺。李廣聲稱維汜神化不死，於建武十七年聚眾攻佔皖城，自稱南岳大師。馬援擊廣，廣兵敗被殺。⓯攻沒　攻陷。⓰皖城　皖縣城。皖，縣名，縣治在今安徽潛山縣。⓱怨懟　怨恨。⓲辛巳　十月十九日。⓳異常　不同於尋常。⓴休福　吉慶、福瑞。㉑上壽稱慶　獻酒道賀。㉒念　考慮。㉓可否之計　指可以做與不可以做的辦法。㉔恕己　推己及人。㉕量主　指審度君主的思想。㉖左右　向背。㉗甲申　十月二十二日。㉘酣悅　飲酒而樂。㉙謹信　謙恭誠實。㉚款曲　殷勤應酬。㉛直柔　坦率溫和。㉜柔道　溫和謙順之道。㉝假　授予。㉞迫奪　以勢威逼而改換。㉟移書　致書；發送公文。㊱服屬　服從歸屬。㊲鮮卑　古族名，東胡族的一支。東胡原居匈奴以東，西漢初年被匈奴冒頓單于擊敗，一支退居烏桓山（今內蒙古阿魯科爾沁旗西北），後稱烏桓；一支退居鮮卑山（今內蒙古科爾沁右翼中旗西），後稱鮮卑。㊳赤山　山名。《後漢書·烏桓傳》：「死者神靈歸赤山。赤山在遼東西北數千里，如中國人死者魂神歸岱山也。」㊴襄賁　縣名，縣治在今山東蒼山縣南。㊵祭彤　（？—西元四〇年）字次孫，潁川郡潁陽縣人，歷任襄賁令、遼東太守、太僕等。傳見《後漢書》卷二十。㊶鋒　先鋒。此言祭彤身先士卒，衝殺在前。㊷從弟　堂弟。㊸寇亂　為寇作亂。㊹通障谿　貫通高山深谷。障，通「嶂」。聳立如屏障的山峰。此言山溪險阻難行，修治道路橋樑以便通行。

【語譯】十七年（辛丑　西元四一年）

春，正月，趙孝公劉良去世。當初，懷縣大族李子春的兩個孫子殺人，懷縣令趙憙徹底查辦他們的罪行，兩個孫子自殺，拘禁了李子春。在洛陽的皇親國戚數十人為李子春求情，趙憙始終不答應。等到劉良病重，光武帝親自前往探望，問他還有什麼話要說，劉良說：「我一向和李子春交情深厚，如今他犯罪，懷縣令趙憙打算殺他，希望饒他一命。」光武帝說：「官吏按法律辦事，法律是不可以違背的。你再說其他要求。」劉良不再言語。劉良去世後，光武帝追念他，就赦免李子春，遷升趙憙為平原郡太守。

二月二十九日乙未，發生日蝕。

夏，四月乙卯日，皇上巡幸章陵。五月二十一日乙卯，皇上回到洛陽宮。

六月二十九日癸巳，臨淮懷公劉衡去世。

妖賊李廣攻佔皖城，皇上派虎賁中郎將馬援、驃騎將軍段志征討。秋，九月，攻破皖城，殺了李廣。

郭皇后失寵，常懷怨望，光武帝很生氣。冬，十月十九日辛巳，廢皇后郭氏，立貴人陰氏為皇后。詔書說：「這不是正常的事，不是國家的福瑞，不准獻酒祝賀。」郅惲對光武帝說：「臣聽說夫妻親愛，連做父親的都不能駕御兒子，何況做臣屬的能控制皇上嗎！所以，臣不敢說什麼。即使這樣，臣還是希望陛下想一個是否可行的辦法，不要讓天下人議論。」光武帝說：「郅惲善於用自己的心揣度君主的心意，知道我一定不會有所向背而輕視天下人的反應！」皇上就封郭皇后的兒子右翊公劉輔為中山王，把常山郡併入中山國，封郭后為中山太后；其餘的九位皇子，都從公爵進封為王。

十月二十二日甲申，光武帝幸臨章陵縣，修整宗廟，祭祀舊宅，視察田地和房舍，置酒作樂，賞賜宗室。當時宗室的伯母、叔母們趁喝酒高興相互議論說：「劉文叔小時謙恭誠實，不善於應酬，只是坦率溫和罷了，他現在竟然能這個樣子！」光武帝聽了，大笑說：「我治理天下，也要施行溫和謙順之道。」十二月，光武帝從章陵縣回到洛陽。

這一年，莎車王賢又派遣使者來洛陽奉獻珍寶財物，請求設置都護；皇上賜給賢西域都護的印章綬帶以及車旗、黃金、錦繡。敦煌郡太守裴遵上書說：「對於狄夷部落不能授予大權，給大權將使其他西域各國失望。」於是下詔收回西域都護的印章綬帶，改賜賢為東漢大將軍的印章綬帶；莎車王的使者不肯改換，裴遵強行改換了。賢從此怨恨東漢，仍然詐稱是大都護，致書給西域各國，各國都歸順他。

匈奴、鮮卑、赤山烏桓屢次聯合起來侵入邊塞，殺戮掠奪官民，光武帝下詔任命襄賁縣令祭肜為遼東太守。祭肜勇猛有力，每次胡人侵犯邊塞，他常是身先士卒，多次打跑敵人。祭肜，是祭遵的堂弟。

徵側等人為寇作亂連年，光武帝詔令長沙、合浦、交趾三郡準備車輛船隻，修建道路橋樑，打通高山深谷，儲備糧食。任命馬援為伏波將軍，派扶樂侯劉隆為副將，南攻交趾。

十八年（壬寅　西元四二年）

二月[1]，蜀郡守將史歆反，攻太守張穆，穆踰城走；宕渠❶楊偉等起兵以應歆。帝遣吳漢等將萬餘人討之。

甲寅❷，上行幸長安。三月，幸蒲坂❸，祠后土❹。

馬援緣海而進，隨山刊道❺千餘里，至浪泊❻上，與徵側等戰，大破之，追至禁谿❼，賊遂散走。

夏，四月甲戌❽，車駕還宮。○戊申❾，上行幸河內。戊子❿，還宮。

五月，旱。○盧芳自昌平還，內自疑懼，遂復反，與閔堪相攻連月。匈奴遣數百騎迎芳出塞。芳留匈奴中十餘年，病死。

吳漢發廣漢、巴、蜀三郡兵，圍成都百餘日。秋，七月，拔之，斬史歆等。漢乃乘桴⓫沿江下巴郡，楊偉等惶恐解散。漢誅其渠帥，徙其黨與數百家於南郡、長沙而還。

冬，十月庚辰⓬，上幸宜城；還，祠章陵。十二月，還宮。

是歲，罷州牧，置刺史。○五官中郎將張純與太僕朱浮奏議：「禮，為人子⓭，事大宗，降其私親⓮。當除今親廟四⓯，以先帝四廟代之。」大司徒涉⓰等奏「立元、成、哀、平四廟。」上自以昭穆⓱次第⓲，當為元帝後⓳。

【章旨】以上為第十段，寫光武巡幸疆土，建立太宗太廟。馬援進兵交趾平叛，盧芳復叛逃入匈奴。

【注釋】❶宕渠　縣名，縣治在今四川渠縣東北。❷甲寅　二月辛酉朔，無甲寅日。袁宏《後漢紀》作「壬午」。壬午，二月二十二日。❸蒲坂　縣名，縣治在今山西永濟西黃河東岸。❹后土　土地神。❺刊道　開闢道路。❻浪泊　交趾郡封溪縣地名，其地在今越南河內西北。❼禁谿　地名，在麊泠縣西南。❽甲戌　四月十五日。❾戊申　四月庚申朔，無戊申日。《後漢書・光武帝紀下》殿本《考證》改作「甲申」。甲申，四月二十五日。❿戊子　四月二十九日。⓫桴　小的竹木筏子。

⓬庚辰　十月二十四日。⓭為人子　即為人後。古代宗法制度，庶子立為大宗的繼承人，稱為人後。⓮私親　自己的親屬。⓯親廟四　建武三年，在洛陽立四親廟，奉祀父、祖、曾祖、高祖。⓰涉　戴涉。⓱昭穆　古代宗法制度，宗廟或宗廟中神主的排列次序，始祖居中，以下父子遞為昭穆，左為昭，右為穆。⓲次第　次序。⓳為元帝後　光武帝為高祖九世孫，元帝為高祖八世孫，光武帝既繼大宗，所以當為元帝後，以元帝為父，繼元帝而為九世。

【校　記】①二月　張敦仁《通鑑刊本識誤》以為「二」上脫「春」字。

【語　譯】十八年（壬寅　西元四二年）

二月，蜀郡守將史歆反叛，攻打郡守張穆，張穆翻城牆逃走；宕渠縣人楊偉等起兵響應史歆。光武帝派遣吳漢等率軍萬餘人征討。

甲寅日，光武帝幸臨長安。三月，幸臨蒲坂，祭祀后土。

馬援沿著南海進軍，依山開道一千餘里，到達浪泊，同徵側等交戰，大敗徵側，追到禁谿縣，徵側部眾便逃散了。

夏，四月十五日甲戌，光武帝返回洛陽宮。○戊申日，皇上幸臨河內郡。二十九日戊子，返回洛陽宮。五月，大旱。○盧芳從昌平縣回去後，自己內心又猜疑又害怕，於是又反叛，同閔堪互相攻打幾個月。匈奴派數百名騎兵把盧芳接到塞外。盧芳留在匈奴，十餘年後病死。

吳漢徵調廣漢、巴、蜀三個郡的兵力，包圍成都一百多天。秋，七月，攻佔成都，殺了史歆等人。吳漢於是乘著竹木筏順著江水直達巴郡，楊偉等人恐懼解體。吳漢殺了他們的首領，將他們的黨徒數百家遷移到南郡、長沙郡，然後回師。

冬，十月二十四日庚辰，光武帝幸臨宜城；返回時，祭祀章陵。十二月，回到洛陽宮。

這一年，廢除州牧，改置刺史。○五官中郎將張純與太僕朱浮上奏建議：「按照禮制，既為別人的繼承人，就應尊奉大宗，降低自己親生父母的地位。應當撤除陛下在洛陽立的四座親廟，用四位西漢先帝廟來代替。」大司徒戴涉等上奏「立元帝、成帝、哀帝、平帝四廟。」光武帝認為依照宗廟中輩分，他自己應當是繼元帝之後。

十九年（癸卯　西元四三年）

春，正月庚子❶，追尊宣帝曰中宗。始祠昭帝、元帝於太廟，成帝、哀帝、平帝於長安❷，舂陵節侯以下於章陵；其長安、章陵，皆太守、令、長侍祠❸。

○馬援斬徵側、徵貳。

妖賊單臣、傅鎮❹等相聚入原武❺城，自稱將軍。詔太中大夫臧宮將兵圍之，數攻不下，士卒死傷。帝召公卿、諸侯王問方略，皆曰：「宜重其購賞。」東海王陽獨曰：「妖巫相劫，勢無久立，其中必有悔欲亡者，但外圍急，不得走耳。宜小挺緩❻，令得逃亡，逃亡，則一亭長足以禽矣。」帝然之，即敕宮徹❼圍緩賊，賊眾分散。夏，四月，拔原武，斬臣、鎮等。

馬援進擊徵側餘黨都陽❽等，至居風❾，降之，嶠南❿悉平。援與越人申明舊制以約束之，自後駱越⓫奉行馬將軍故事。

閏月戊申⓬，進趙、齊、魯三公爵皆為王。

郭后既廢，太子彊意不自安。郅惲說太子曰：「久處疑位⓭，上違孝道，下近危殆，不如辭位以奉養母氏。」太子從之，數因左右及諸王陳其懇誠[14]，願備藩國。上不忍，遲回[15]者數歲。六月戊申[16]，詔曰：「春秋之義，立子以貴[17]。東海王陽，皇后之子，宜承大統。皇太子彊，崇執[18]謙退，願備藩國，父子之情，重[19]久違之。其以彊為東海王，立陽為皇太子，改名莊。」

袁宏[20]論曰[21]：「夫建太子，所以重宗統[22]，一[23]民心也，非有大惡於天下，不可移[24]也。世祖中興漢業，宜遵正道以為後法[25]。今太子之德未虧[26]於外，內寵既多，嫡子[27]遷位，可謂失矣。然東海歸藩，謙恭之心彌亮[28]。明帝[29]承統，友于[30]之情愈篤[31]。雖長幼易位，興廢不同，父子兄弟，至性[32]無間[33]。夫以三代之道處[34]之，亦何以過[35]乎！」

帝以太子舅陰識守執金吾，陰興為衛尉，皆輔導太子。識性忠厚，入雖極言[36]正議[37]，及與賓客語，未嘗及國事。帝敬重之，常指識以敕戒[38]貴戚，激厲左右焉。興雖禮賢[39]好施，而門無游俠[40]，與同郡張宗[41]、上谷鮮于裒[42]不相好，知其有用[43]，猶稱所長而達[44]之。友人張汜、杜禽，與興厚善[45]，以為華而少實，但[1]私[46]之以財，終不為言[47]，是以世稱其忠[48]。

【章　旨】以上為第十一段，寫馬援平定交趾叛亂，恢復嶺南秩序。光武帝立賢不立嫡，平和地廢立太子，受到史家的稱讚。

【注　釋】❶庚子　正月十五日。❷成帝哀帝平帝於長安　光武帝繼大宗，為元帝後，則於成帝為兄弟，哀帝為父輩，平帝為祖輩，所以成、哀、平三帝不入太廟，另於長安建廟奉祀。❸侍祠　奉祀宗廟。❹單臣傅鎮　巫師維汜的兩個弟子。❺原武　縣名，縣治在今河南原陽。❻挺緩　寬緩；放鬆。❼徹　撤除。❽都陽　《後漢書・馬援傳》作「都羊」。❾居風　縣名，縣治在今越南清化東北。❿嶠南　五嶺以南。⓫駱越　古族名，百越之一。⓬戊申　閏四月二十五日。⓭疑位　被猜忌的職位。⓮懇誠　誠懇。⓯遲回　遲疑不決。⓰戊申　六月二十六日。⓱春秋之義二句　《公羊傳》隱公元年：「立嫡以長不以賢，立子以貴不以長。」⓲崇執　崇尚和堅持。⓳重　難。⓴袁宏　（西元三二八—三七六年）字彥伯，東晉陳郡陽夏縣（今河南太康）人，歷任桓溫府記室、吏部郎、東陽郡太守等。少孤貧，有逸才，文章絕美，撰《後漢紀》三十卷。傳見《晉書》卷九十二。㉑論曰　袁宏所撰《後漢紀》，是編年體東漢史。有時於記述某一事件之後發表史論，冠以「袁宏曰」。這裡所引，見《後漢紀》卷七。㉒宗統　宗族嫡系。㉓一　統一。㉔移　改變。㉕後法　後世的榜樣。㉖虧　欠缺。㉗嫡子　正妻所生之子，多指嫡長子。㉘彌亮　更加顯著。㉙明帝　太子劉莊在光武帝之後嗣位，即明帝。㉚友于　指兄弟友愛。㉛愈篤　更加深厚。㉜至性　指天賦的卓絕品性。㉝無間　沒有隔閡，關係極為親密。㉞慮　審度；衡量。㉟過　超過。㊱極言　直言；竭力陳說。㊲正議　公正地議論。㊳敕戒　訓誡。㊴禮賢　以禮敬待賢德之人。㊵遊俠　指豪爽好結交、輕生重義、勇於排難解紛的人。㊶張宗　（？—西元五九年）字諸君，南陽郡魯陽縣（今河南魯山縣）人，歷任偏將軍、河南都尉、琅邪相等。傳見《後漢書》卷三十八。㊷鮮于裒　王莽末年曾任京兆尹、高唐長。㊸有用　指有用人才。㊹達　指向人舉薦。㊺厚善　交情深厚。㊻私　私交。㊼為言　替他們說話，指舉薦他們為官。㊽忠　忠誠無私。

【校　記】[1]但　原作「俱」。據章鈺校，十二行本、乙十一行本、孔天胤本皆作「但」，今據改。

【語　譯】十九年（癸卯　西元四三年）

春，正月十五日庚子，光武帝追尊漢宣帝為中宗。開始在洛陽太廟祭祀昭帝、元帝，在長安祭祀成帝、哀帝、平帝，在章陵縣祭祀皇上親高祖父舂陵節侯劉買以下祖先；那些在長安、章陵兩地的宗廟，都由當地太守、縣令、縣長奉祀。○馬援殺了徵側、徵貳。

妖賊單臣、傅鎮等聚眾攻入原武縣，自稱為將軍。光武帝詔令太中大夫臧宮率兵圍剿，屢次攻城不克，士兵或死或傷。光武帝召集公卿、侯王們詢問謀略，大家都說：「應重金懸賞捉拿。」唯獨東海王劉陽說：「妖巫劫掠，勢必不能長久，其中一定有後悔造反想逃跑的人，只是城外圍攻太緊，未能逃走罷了。應該稍稍放鬆包圍，讓他們逃走。妖賊逃亡，那麼，一個亭長就可以抓獲他們的頭領了。」皇上認為說得很對，就下令臧宮撤除包圍放鬆妖賊，妖賊分散逃走。夏，四月，官兵攻陷原武城，殺了單臣、傅鎮等。

馬援繼續進擊徵側餘黨都陽等，到達居風縣，都陽等投降，嶺南地區全部平定。馬援向南越人申明舊有法律來約束他們，從此以後，駱越部落一直奉行馬援的有關規定。

閏四月二十五日戊申，晉封趙公劉栩、齊公劉章、魯公劉興爵位都為王。

郭皇后被廢後，皇太子劉彊內心不安。郅惲勸告太子說：「長久地處在被猜疑的位置上，上違背孝道，下接近危險，不如辭去太子之位來奉養母親。」皇太子劉彊聽從勸說，多次通過父皇身邊的人和其他親王，向父皇陳述誠意，希望退居諸侯國。光武帝於心不忍，猶豫了幾年。六月二十六日戊申，光武帝下詔：「根據《春秋》大義，冊立太子是依據地位尊貴。東海王劉陽，是皇后陰氏的兒子，應繼承皇位。皇太子劉彊，堅持退讓，願意回到諸侯國，父子之情，很難違背他的意願。封劉彊為東海王，立劉陽為皇太子，改名劉莊。」

袁宏評論說：「冊立太子，為的是尊重嫡統，統一民心，皇太子沒有大的過錯聞於天下，不應改變。世祖光武帝復興漢家大業，應當遵行正道而成為後世的楷模。如今太子的品德對外無所欠缺，對內又多恩寵，像這樣的嫡子被改換，可以說是一個錯誤。然而東海王劉彊回到諸侯國，謙讓恭敬之心更加顯著。明帝繼承帝位，兄弟友愛之情更加深厚。雖然長幼改變地位，一興一廢結局不同，而父子兄弟之間，品性卓絕，親密無間。即使拿夏、商、周三代的道義來衡量，又怎麼能超過啊！」

光武帝任命皇太子的舅舅陰識代理執金吾，陰興為衛尉，一齊輔導太子。陰識性情忠厚，上朝時雖直言正議，等到和賓客交談時，不曾涉及國家大事。光武帝敬重他，常以陰識為榜樣而訓誡皇親國戚，激發近臣。

陰興雖然禮待賢士，喜好施與，但賓客中無游俠，陰興和同郡人張宗、上谷人鮮于裒關係不好，但知道他們是有用的人才，仍然稱讚他們的優點而向皇上引薦。陰興的朋友張汜、杜禽與陰興友情深厚，陰興認為這兩人華而不實，但只在錢財上私下資助他們，始終不替他們說一句話，因此，世人都讚揚陰興忠誠無私。

上以沛國桓榮❶為議郎，使授太子經。車駕幸太學，會諸博士論難❷於前，榮辨明經義，每以禮讓相厭❸，不以辭長勝人，儒者莫之及，特加賞賜。又詔諸生雅歌❹擊磬❺，盡日乃罷。帝使左中郎將汝南鍾興❻授皇太子及宗室諸侯春秋，賜興爵關內侯。興辭以無功，帝曰：「生❼教訓太子及諸王侯，非大功耶？」興曰：「臣師少府丁恭。」於是復封恭，而興遂固辭不受。

陳留董宣❽為雒陽令。湖陽公主蒼頭❾白日殺人，因匿主家，吏不能得。及主出行，以奴驂乘，宣於夏門亭❿候之，駐車⓫叩馬⓬，以刀畫地，大言⓭數⓮主之失；叱奴下車，因格殺之。主即還宮訴帝，帝大怒，召宣，欲箠殺⓯之。宣叩頭曰：「願乞一言而死。」帝曰：「欲何言？」宣曰：「陛下聖德中興，而縱奴殺人，將何以治天下乎？臣不須箠，請得自殺！」即以頭擊楹⓰，流血被⓱面。帝令小黃門⓲持之，使宣叩頭謝主，宣不從；彊使頓⓳之，宣兩手據地⓴，終不肯俯。主曰：「文叔為白衣㉑時，藏亡㉒匿死㉓，吏不敢至門；今為天子，威不能行一令乎？」帝笑曰：「天子不與白衣同！」因敕：「彊項令㉔出！」賜錢三十萬，宣悉以班㉕諸吏。由是能搏擊㉖豪彊，京師莫不震慄[1]。

九月壬申㉗，上行幸南陽；進幸汝南南頓縣㉘舍，置酒會，賜吏民，復㉙南頓田租一歲。父老前叩頭言：「皇考㉚居此日久，陛下識知㉛寺舍㉜，每來輒加厚恩，願賜復十年。」帝曰：「天下重器㉝，常恐不任㉞，日復一日，安敢遠期十歲乎！」吏民又言：「陛下實惜之，何言謙也！」帝大笑，復增一歲。進幸淮陽、梁、沛。

西南夷棟蠶㉟[2]反，殺長吏；詔武威將軍劉尚討之。路由越巂，邛穀王任貴恐尚既定南邊，威法必行，己不得自放縱；即聚兵起營，多釀毒酒，欲先勞軍，因襲擊尚。尚知其謀，即分兵先據㊱邛都㊲，遂掩㊳任貴，誅之。

【章　旨】以上為第十二段，寫光武帝重視教育，重獎博士經師，不以私枉法，獎勵強項令董宣。

【注　釋】❶桓榮　字春卿，沛郡龍亢縣（今安徽懷遠西北）人，研治《歐陽尚書》，講論授徒。建武十九年，已六十餘歲，始召至大司徒府任職。後歷任議郎、博士、太子少傅、太常、五更等，封關內侯。明帝永平初年去世。傳見《後漢書》卷三十七。❷論難　辯論詰難。❸相厭　使人心服。❹雅歌　歌唱〈雅〉詩。❺磬　打擊樂器。狀如曲尺，用玉、石或金屬製成。懸掛在架子上，擊之而鳴。❻鍾興　字次文，汝南郡汝陽縣（今河南周口西南）人，少從丁恭學習《嚴氏春秋》。歷任郎中、左中郎將等。傳見《後漢書》卷七十九下。❼生　先生。❽董宣　字少平，陳留郡圉縣（今河南杞縣南）人，歷任北海相、懷縣令、江夏太守、洛陽縣令等。傳見《後漢書》卷七十七。❾蒼頭　指奴僕。❿夏門亭　夏門，洛陽城門名，洛陽城四面，每面三門，每門外有一亭。夏門是洛陽城北面西頭門，門外有萬壽亭。⓫駐車　停住車。⓬叩馬　勒住馬。⓭大言　大聲。

⓮數 責備。⓯箠殺 用棍棒打死。⓰楹 廳堂前部的柱子。⓱被 覆蓋。⓲小黃門 官名，宦者充任。執掌侍奉左右，關通內外。⓳頓 以頭叩地。⓴據地 兩手按地。㉑白衣 指平民。㉒亡 指逃亡者。㉓死 指犯死罪者。㉔彊項令 指董宣。董宣執法忠君，剛正耿直，不為湖陽公主屈身低頭，所以得到「強項令」的美稱。彊，同「強」。㉕班 分賜。㉖搏擊 懲處打擊。㉗壬申 九月二十一日。㉘南頓縣 縣名，縣治在今河南項城西。㉙復 免除。㉚皇考 對亡父的尊稱。光武帝的父親劉欽生前任南頓縣令。㉛識知 知道。㉜寺舍 官舍。㉝重器 指社稷、政權。㉞任 勝任。㉟棟蠶 益州郡少數民族首領。王莽時期曾起兵殺郡守。建武十八年，又起兵反叛，殺地方官吏；二十一年，被劉尚擊敗，被殺。㊱據 佔據。㊲邛都 縣名，縣治在今四川西昌東南。㊳掩 突然襲擊。

【校 記】①慓 原作「慓」。胡三省注云：「『慓』當作『慓』。」據章鈺校，十二行本、孔天胤本皆作「慓」，今據改。②棟蠶 據章鈺校，孔天胤本作「棟蠶」。下同。

【語 譯】光武帝任命沛國人桓榮為議郎，命他教授太子劉莊經書。光武帝幸臨太學，集合眾位博士在眼前辯論經學疑義，桓榮辨明經書的精義，總是以禮相待使人心服，而不用激烈的言辭取勝別人，其他儒生沒有人趕得上，光武帝特加賞賜。光武帝又命學生們唱〈雅〉歌，敲樂磬，過了一整天才結束。光武帝命左中郎將汝南人鍾興給皇太子以及宗室諸侯王教授《春秋》，賜鍾興為關內侯。鍾興以自己沒有功勞而推辭，光武帝說：「先生教導太子以及各位親王、列侯，難道不是大功勞嗎？」鍾興說：「我是從師於少府丁恭。」於是，光武帝又封丁恭為關內侯，而鍾興便堅決推辭不接受封爵。

陳留縣人董宣任洛陽縣令。湖陽公主的奴僕白天殺了人，就藏在公主家裡，官吏不能逮捕他。等到公主出行，讓這位奴僕陪同乘車，董宣在夏門亭等候。董宣截停了公主的車子，勒住了馬韁繩，用刀劃地，大聲指責公主的過失；呵斥奴僕下車，乘機擊殺了他。公主立即回宮在光武帝面前告狀，光武帝大怒，把董宣召來，要用棍棒把他打死。董宣磕頭說：「臣請求說一句話再死。」光武帝說：「想說什麼話？」董宣說：「陛下聖明高德復興漢室，而竟放任家奴殺人，怎能治理天下呢？臣不須用杖打死，讓臣自殺吧！」說完就頭撞廳堂前部的大柱，流血覆蓋了面部。光武帝趕快命令小黃門拽住他，光武帝讓董宣磕頭向公主請罪，董宣不聽從；叫人使勁摁住磕頭，董宣就用兩手撐著地面，始終不肯低頭。湖陽公主說：「文叔當平民百姓時，窩藏逃犯，藏匿犯死罪的人，官吏不敢上門來找；現今做了天子，權威卻不能行使在一個縣令的身上嗎？」光武帝笑著說：「天子跟平民不同呀！」接著命令：「強項令出去吧！」光武帝賞錢三十萬，董宣都分給了手下官吏。從此他更能打擊豪強，京城沒有人不恐懼他。

九月二十一日壬申，光武帝幸臨南陽郡；又前行幸臨汝南郡南頓縣官舍，大擺宴席，賞賜官民，免除南頓縣田租一年。鄉親父老們上前磕頭說：「陛下的父親在這裡住了很長時間，陛下熟悉本縣的官府衙門，每次親臨本縣都給予深厚的恩澤，願陛下賞賜免除田租十年。」光武帝說：「國家重任，我常擔心不能承擔，過一天是一天，怎敢預定十年的期限呢！」吏民們又說：「陛下實在是吝惜，為什麼說得如此謙恭呢！」光武帝大笑，於是又增免一年。光武帝前行，幸臨淮陽國、梁國、沛國。

西南夷棟蠶部落反叛，殺死長吏；光武帝詔令武威將軍劉尚率軍征討。路經越巂郡，邛穀王任貴怕劉尚平定南邊後，法律制度一定會嚴加執行，自己不能為所欲為；於是聚集軍隊，建立營壘，釀製很多毒酒，準備用毒酒慰勞劉尚的軍隊，趁機偷襲劉尚軍。劉尚得知他的陰謀，就先分出一部軍隊佔據邛都縣，便突襲任貴，殺死了他。

二十年（甲辰　西元四四年）

春，二月戊子❶，車駕還宮。

夏，四月庚辰❷，大司徒戴涉坐入❸故太倉令❹奚涉罪，下獄死。帝以三公連職，策免❺大司空竇融。

廣平忠侯吳漢病篤❻，車駕親臨，問所欲言，對曰：「臣愚，無所知識，惟願陛下慎無赦而已。」五月辛亥❼，漢薨；詔送葬如大將軍霍光故事❽。漢性彊力❾，每從征伐，帝未安，常側足❿而立。諸將見戰陳不利，或多惶懼，失其常度⓫，漢意氣自若，方整厲⓬器械，激揚⓭吏士。帝時遣人觀大司馬何為，還言方修戰攻之具，乃歎曰：「吳公差彊人意⓮，隱⓯若一敵國⓰矣！」每當出師，朝受詔，夕則引道⓱，初無⓲辨[1]嚴⓳之日。及在朝廷，斤斤⓴謹質㉑，形㉒於體貌㉓。漢嘗出征，妻子在後買田業，漢還，讓之曰：「軍師㉔在外，吏士不足㉕，何多買田宅乎！」遂盡以分與昆弟、外家㉖。故能任職以功名終。

匈奴寇上黨、天水，遂至扶風。

帝苦㉗風眩㉘，疾甚，以陰興領侍中，受顧命㉙於雲臺廣室㉚。會疾瘳，召見興，欲以代吳漢為大司馬，興叩頭流涕固讓，曰：「臣不敢惜身，誠虧損聖德，不可苟冒㉛！」至誠發中㉜，感動左右，帝遂聽之。太子太傅張湛，自郭后之廢，稱疾不朝，帝彊起之，欲以為司徒，湛固辭疾篤，不能復任朝事，遂罷之。

六月庚寅㉝，以廣漢太守河內蔡茂㉞為大司徒，太僕朱浮為大司空。壬辰㉟，以左中郎將劉隆為驃騎將軍，行大司馬事。

乙未㊱，徙中山王輔為沛王。以郭況㊲為大鴻臚，帝數幸其第，賞賜金帛，豐盛莫比，京師號況家為「金穴」。

秋，九月，馬援自交趾還，平陵孟冀迎勞之。援曰：「方今匈奴、烏桓尚擾北邊，欲自請擊之，男兒要當死於邊野，以馬革裹尸㊳還葬耳，何能臥牀上在兒女子手中邪！」冀曰：「諒㊴！為烈士㊵當如是矣！」

冬，十月甲午㊶，上行幸魯、東海、楚、沛國。

十二月，匈奴寇天水、扶風、上黨。○壬寅㊷，車駕還宮。

馬援自請擊匈奴，帝許之，使出屯襄國㊸，詔百官祖道㊹。援謂黃門郎梁松㊺、竇固㊻曰：「凡人富貴，當使可復賤也，如卿等欲不可復賤，居高㊼堅自持㊽。勉思㊾鄙言㊿！」松，統之子。固，友之子也。

劉尚進兵與棟蠶等連戰，皆破之。

【章旨】以上為第十三段，著重寫吳漢、馬援兩位忠誠戰將的風采。吳漢善戰，一生戎馬，不問家事，死後蒙受隆重國葬，比照西漢中興功臣霍光故事。馬援請纓抗擊匈奴，要做好男兒馬革裹屍還，鏗鏘語言，積澱為中華軍魂。

【注釋】❶戊子　二月初十日。❷庚辰　四月初三日。❸入　指無罪而強加罪名，使受刑罰。❹太倉令　官名，屬大司農。

執掌接收郡國運送來的糧食。❺策免　用策書免去官職。❻病篤　病重。❼辛亥　五月初四日。❽送葬如大將軍霍光故事　本書卷二十四宣帝地節二年：「光薨，上及皇太后親臨光喪，中二千石治冢，賜梓宮、葬具皆如乘輿制度。」❾彊力　堅忍有毅力。❿側足　形容因敬重或畏懼而不敢正立。⓫常度　常態。⓬整厲　整治。⓭激揚　激勵振奮。⓮差彊人意　比較使人滿意。⓯隱　威嚴莊重的樣子。⓰敵國　可以和國家相匹敵。⓱引道　啟程；上路。⓲初無　全無。⓳辦嚴　辨，通「辦」。治辦。嚴，即「裝」。漢明帝名莊。為避明帝名諱，所以改「裝」為「嚴」。辦嚴，即辦裝，治備行裝。⓴斤斤　精細謹慎的樣子。㉑謹質　謹慎樸實。㉒形　顯露。㉓體貌　體態容貌。㉔軍師　軍隊。㉕不足　指衣、食等供應不充足。㉖外家　泛指母親與妻子的娘家。㉗苦　苦於。㉘風眩　因患風疾而頭暈眼花。㉙顧命　天子臨終的詔命。㉚廣室　即廣德殿。《後漢書・陰興傳》李賢注：「洛陽南宮有雲臺廣德殿。」㉛苟冒　苟且貪求。㉜發中　出自內心。㉝庚寅　六月十四日。㉞蔡茂（西元前二五—西元四七年）字子禮，河內郡懷縣人，歷任議郎、廣漢太守、大司徒等職。傳見《後漢書》卷二十六。㉟壬辰　六月十六日。㊱乙未　六月十九日。㊲郭況　（？—西元五九年）郭皇后的弟弟。歷任黃門侍郎、城門校尉、大鴻臚、特進等職，封陽安侯。㊳馬革裹尸　意謂戰死沙場。㊴諒　確實。㊵烈士　有壯志建立功業的人。㊶甲午　十月二十日。㊷壬寅　十二月二十八日。㊸襄國　縣名，縣治在今河北邢臺。㊹祖道　古代為出行者祭祀路神，並飲宴送行。㊺梁松　（？—西元六一年）字伯孫，梁統子。尚光武帝女舞陰長公主。歷任虎賁中郎將、太僕等，襲爵陵鄉侯。因投匿名信誹謗朝廷，下獄死。傳附見《後漢書》卷三十四〈梁統傳〉。㊻竇固　（？—西元八八年）字孟孫，竇友子。尚光武帝女涅陽公主。歷任黃門侍郎、中郎將、奉車都尉、大鴻臚、光祿勳、衛尉等，襲爵顯親侯。傳附見《後漢書》卷二十三〈竇融傳〉。㊼居高　指位居尊貴的官職。㊽自持　自守。㊾勉思　認真思考。㊿鄙言　我的話。這是自謙說法。

【校　記】1辨　據章鈺校，十二行本、乙十一行本皆作「辨」。

【語　譯】二十年（甲辰　西元四四年）

春，二月初十日戊子，光武帝返回洛陽宮。

夏，四月初三日庚辰，大司徒戴涉犯下謀害前太倉令奚涉之罪，被捕下獄而死。光武帝認為三公的職責相連，就下策書免去了大司空竇融的職務。

廣平忠侯吳漢病重，光武帝親往探望，問他有什麼話要說，吳漢回答說：「臣愚笨，不懂得什麼，只希望陛下千萬不要赦罪罷了。」五月初四日辛亥，吳漢去世；詔令安葬禮儀按照西漢大將軍霍光的規格。

吳漢性格堅忍有毅力，每次跟隨光武帝出征，光武帝沒有安頓好，他就小心地站在旁邊。其他將領看到戰鬥失利，不少人驚慌失措，失去常態，而吳漢卻鎮定自若，加緊整治兵器，振奮官兵的鬥志。光武帝有時候派人去看吳漢在做什麼，回報說正在準備進攻的裝備，光武帝就歎息說：「吳公比較使人滿意，威重可與一個國家相匹敵！」每次出征，吳漢都是早上接到命令，傍晚就上路，全沒有置辦行裝的時間。等到在朝廷上，精細小心，謹慎樸實，全都顯露在體態容貌上。有一次吳漢率軍出征，他妻子在後方購買田產，吳漢回來後，責怪她說：「軍隊出征在外面，官兵供給不充足，我們怎麼能買這麼多的田地房舍呢！」於是就把這些田產全部分給兄弟、外祖父母、舅家。所以，吳漢為官任職，以功名終其身。

匈奴侵擾上黨郡、天水郡，直至扶風郡。

光武帝為頭痛目眩的病所苦，病得厲害，任命陰興兼侍中，在南宮雲臺廣德殿接受託付身後之事的臨終詔命。等到病好以後，又召見陰興，想讓他代替吳漢做大司馬。陰興磕頭流淚，堅決推辭說：「臣不敢愛惜自己的生命，實在是擔心損害陛下的聖明高德，不能苟且貪求！」陰興的誠懇發自內心，感動了光武帝身邊的人，光武帝也就順從了他。太子太傅張湛，自從郭后被廢之後，就稱有病，不再上朝，光武帝勉強他上朝，想任命他為司徒，張湛藉口病重，堅決推辭，說不能再承擔朝廷事務，光武帝只好作罷。

六月十四日庚寅，任命廣漢郡太守河內人蔡茂為大司徒，太僕朱浮為大司空。十六日壬辰，任命左中郎將劉隆為驃騎將軍，代理大司馬職務。

六月十九日乙未，改封中山王劉輔為沛王。任命郭況為大鴻臚，光武帝數次臨幸郭況家，賞賜金銀絹帛，沒有人比他更豐盛，京城人稱郭況家是「金穴」。

秋，九月，馬援從交趾郡回到洛陽，平陵人孟冀前往慰勞他。馬援說：「當今匈奴、烏桓還在擾亂北部邊境，我想請求率兵征伐，男兒應該死在邊塞荒野，馬革裹屍歸葬故鄉，怎麼能躺在床上死在兒女子手中呢！」孟冀說：「確實！有志建功立業的人就應當這樣！」

冬，十月二十日甲午，光武帝巡幸魯國、東海國、楚國、沛國。

十二月，匈奴侵擾天水郡、扶風郡、上黨郡。○二十八日壬寅，光武帝回到洛陽宮。

馬援自己請求攻打匈奴，光武帝同意了，命令他出軍駐紮襄國縣，詔令文武百官餞行。馬援對黃門郎梁松、竇固說：「一個人富貴以後，應當讓自己能回到貧賤地位，如果你們想不再回到貧賤，那就要身居高位而牢固地把握好自己。認真思考我說的話！」梁松，是梁統的兒子。竇固，是竇友的兒子。

劉尚進兵與棟蠶各部落連續交戰，全都打敗了他們。

二十一年（乙巳　西元四五年）

春，正月，追至不韋❶，斬棟蠶帥，西南諸夷悉平。

烏桓與匈奴、鮮卑連兵為寇，代郡以東尤被❷烏桓之害；其居止❸近塞❹，朝發穹廬❺，暮至城郭，五郡❻民庶，家❼受其辜❽，至於郡縣損壞，百姓流亡，邊陲❾蕭條，無復人迹。秋，八月，帝遣馬援與謁者分築堡塞❿，稍興立郡縣，或空置太守、令、長，招還人民。烏桓居上谷塞外白山⓫者最為彊富，援將三千騎擊之，無功而還。

鮮卑萬餘騎寇遼東，太守祭肜率數千人迎擊之，自被甲陷陳，虜大奔，投水死者過半。遂窮追出塞，虜急，皆棄兵⓬裸身⓭散走。是後鮮卑震怖，畏肜，不敢復闚塞。

冬，匈奴寇上谷、中山。

莎車王賢浸⑭以驕橫，欲兼并西域，數攻諸國，重求賦稅，諸國愁懼。車師前王、鄯善、焉耆等十八國俱遣子入侍，獻其珍寶。及得見，皆流涕稽首，願得都護。帝以中國初定，北邊未服，皆還其侍子，厚賞賜之。諸國聞都護不出，而侍子皆還，大憂恐，乃與敦煌太守檄，「願留侍子以示莎車，言侍子見留，都護尋⑮出，冀且息其兵。」裴遵以狀聞，帝許之。

【章　旨】以上為第十四段，寫北方邊境不寧，匈奴、烏桓、鮮卑聯兵擾邊，東漢無力西顧，莎車王稱大。

【注　釋】❶不韋　縣名，縣治在今雲南保山市東北。❷被　遭受。❸居止　居處。❹塞　邊界。❺穹廬　古代游牧民族居住的氈帳。❻五郡　指代郡及其以東的上谷、漁陽、右北平、遼西五郡。❼家　家家。❽辜　罪。❾邊陲　邊境。❿堡塞　城堡要塞。⓫白山　山名，即今大馬群山。在今河北張家口東北。⓬棄兵　扔掉兵器。⓭裸身　赤身露體。⓮浸　逐漸。⓯尋　不久。

【語　譯】二十一年（乙巳　西元四五年）

春，正月，劉尚追擊西南夷到不韋縣，殺了棟蠶的首領，全部平定了西南夷。

烏桓和匈奴、鮮卑的軍隊聯合侵犯北部邊境，代郡以東受到烏桓的侵害尤其嚴重；烏桓居處接近邊塞，早晨從他們的帳篷出發，傍晚就能抵達塞內城郭，沿邊五個郡的百姓，家家遭殃，以至於郡、縣城郭被破壞，百姓流離失所，邊疆蕭條。秋，八月，光武帝派遣馬援和謁者分別修築城堡要塞，逐漸興建郡、縣，或先設置太守、縣令、縣長，把民眾招集回來。居住在上谷郡塞外白山縣的烏桓部落最為強悍富裕，馬援率騎兵三千人襲擊他們，無功而返。

鮮卑一萬餘名騎兵寇掠遼東郡，太守祭肜率領數千人迎擊，祭肜親自披上盔甲，衝鋒陷陣，鮮卑騎兵大敗，投水死者過半。祭肜於是緊追不捨到了塞外，鮮卑軍危急，全都拋棄兵器，赤裸身子，四散逃命。從此以後，鮮卑人震驚恐怖，畏懼祭肜，不敢再侵犯邊塞。

冬，匈奴寇掠上谷郡、中山郡。

莎車國王賢逐漸驕橫跋扈，妄圖併吞西域各國，屢次進攻其他國家，要他們繳納沉重賦稅，西域各國愁苦害怕。車師前王、鄯善、焉耆等十八個國家都派他們的兒子到東漢來侍奉皇上，貢獻珍寶。等到見到光武帝，都流涕痛哭，下跪磕頭，希望能再設置西域都護。光武帝認為中國剛剛平定，北方邊境還沒有征服，便把各國的侍子全都送回，並賞賜豐厚的禮物。西域各國聽說朝廷不肯派出都護，而且把侍子全都送回，更加憂愁恐懼，就給敦煌太守裴遵呈送公文，說「希望將侍子留在敦煌郡，給莎車王看：說侍子被留下，都護不久派出，希望能暫時阻止莎車出兵。」裴遵把情況報告朝廷，光武帝答應了。

二十二年（丙午　西元四六年）

春，閏正月丙戌❶，上幸長安。二月己巳❷，還雒陽。

夏，五月乙未晦❸，日有食之。

秋，九月戊辰❹，地震。

冬，十月壬子❺，大司空朱浮免。癸丑❻，以光祿勳杜林為大司空。

初，陳留劉昆❼為江陵令，縣[1]有火災，昆向火叩頭，火尋滅；後為弘農太守，虎皆負子渡河。帝聞而異之，徵昆代林為光祿勳。帝問昆曰：「前在江陵，反風滅火，後守弘農，虎北渡河，行何德政而致是事？」對曰：「偶然耳。」左右皆笑，帝歎曰：「此乃長者之言也！」顧命❽書諸策❾。

是歲，青州蝗。

匈奴單于輿死，子左賢王烏達鞮侯立；復死，弟左賢王蒲奴立。匈奴中連年旱蝗，赤地❿數千里，人畜饑⓫疫⓬，死耗太半⓭。單于畏漢乘其敝，乃遣使詣漁陽求和親，帝遣中郎將李茂報命⓮。

烏桓乘匈奴之弱，擊破之，匈奴北徙數千里，幕南⓯地空。詔罷諸邊郡亭候⓰、吏卒，以幣帛招降烏桓。

西域諸國侍子久留敦煌，皆愁思亡歸⓱。莎車王賢知都護不至，擊破鄯善，攻殺龜茲王。鄯善王安上書：「願復遣子入侍，更請都護。都護不出，誠迫於匈奴。」帝報曰：「今使者大兵未能得出，如諸國力不從心，東西南北⓲自在⓳也。」於是鄯善、車師復附匈奴。

班固論曰⑳：「孝武之世，圖制㉑匈奴，患其兼從㉒西國㉓，結黨南羌㉔，乃表河曲列四郡㉕，開玉門㉖，通西域，以斷匈奴右臂㉗，隔絕南羌、月氏。單于失援，由是遠遁，而幕南無王庭㉘。遭值文、景玄默㉙，養民五世㉚，財力有餘，士馬彊盛，故能睹㉛犀布㉜、瑇瑁㉝，則建珠厓㉞七郡㉟；感蒟醬㊱、竹杖，則開牂柯、越巂；聞天馬㊲、蒲陶㊳[2]，則通大宛㊴、安息㊵。自是殊方㊶異物，四面而至。於是開㊷苑囿㊸，廣㊹宮室，盛㊺帷帳，美服玩㊻，設酒池肉林以饗四夷之客，作魚龍㊼角抵㊽之戲以觀視㊾之。及賂遺贈送㊿，萬里相奉，師旅之費，不可勝計。至於用度不足，乃榷酒酤(51)，筦鹽鐵(52)，鑄白金(53)，造皮幣(54)，算至車船(55)，租及六畜(56)。民力屈(57)，財用竭，因之以凶年，寇盜並起，道路不通，直指(58)之使始出，衣繡(59)杖斧(60)，斷(61)斬於郡國，然後勝(62)之。是以末年遂棄輪臺(63)之地，而下哀痛之詔(64)，豈非仁聖之所悔哉！

「且通西域，近有龍堆(65)，遠則蔥嶺(66)，身熱、頭痛、懸度(67)之阸，淮南(68)、杜欽(69)、揚雄(70)之論，皆以為此天地所以界別區域，絕外內也。西域諸國，各有君長，兵眾分弱(71)，無所統一，雖屬匈奴，不相親附。匈奴能得其馬畜、旃罽(72)，而不能統率，與之進退。與漢隔絕，道里又遠，得之不為益，棄之不為損，盛德在我，無取於彼。故自建武以來，西域思漢威德，咸樂內屬，數遣使置質于漢，願請都護。聖上遠覽古今，因時之宜，辭而未許。雖大禹之序[73]西戎，周公之讓白雉[74]，太宗[75]之卻走馬[76]，義兼之[77]矣！」

【章旨】以上為第十五段，寫北方匈奴勢弱，光武帝仍然拒絕開通西域，受到史家的讚揚。當時，一個小小的莎車就能稱雄西域，若東漢重置都護，無需多大力氣，史家之頌，實為迂闊。光武帝坐失通西域之良機，實為失計。

【注釋】❶丙戌　閏正月十九日。❷己巳　二月丁酉朔，無己巳日。❸乙未晦　二月三十日。❹戊辰　九月初五日。❺壬子　十月十九日。❻癸丑　十月二十日。❼劉昆　（？—西元五七年）字桓公，陳留郡東昏縣（今河南蘭考）人，歷任江陵令、侍中、弘農太守、光祿勳、騎都尉等。傳見《後漢書》卷七十九上。❽顧命　回過頭來命令。❾書諸策　將此事寫在簡策上。諸，之於。策，簡策。❿赤地　寸草不生，光禿禿的土地。此指因旱災造成遍地不生五穀。⓫饑　挨餓。⓬疫　瘟疫，即流行性急性傳染病。⓭太半　大半。⓮報命　派使臣回訪。⓯幕南　蒙古大沙漠以南。幕，通「漠」。沙漠。⓰亭候　邊境上用以瞭望和監視敵情的崗亭、土堡。⓱亡歸　逃回。⓲東西南北　指四方。⓳自在　自由。此言歸附何人，任其自便。⓴班固論曰　這裡所引，為《漢書》卷九十六下〈西域傳〉的「贊」語。㉑圖制　謀劃控制。㉒兼從　合併；兼併聯合。㉓西國　指西域國家。㉔南羌　地處匈奴之南的羌人。指分布於今青海東部湟中一帶的羌人。㉕表河曲列四郡　在河西設置四郡。表，外。河西四郡為武帝時開闢設置，北鄰匈奴，西接西域，所以稱外。河曲，王先謙《漢書補注》引王念孫曰：「『曲』當為『西』字之誤也。武帝所開四郡皆在河西，故云『表河西』。」列，分置。四郡，指河西地區武威、張掖、酒泉、敦煌四郡。㉖開玉門　開通玉門關。玉門，關名，其地在今甘肅敦煌西北。與陽關同為古代通西域的要道。㉗右臂　指西方。人面向南，西為右。此言切斷匈奴與西方西域各國的聯繫。㉘王庭　匈奴單于所居之所。㉙玄默　指清靜無為。㉚五世　指高祖、惠帝、高后、文帝、景帝五世。㉛睹　看到。㉜犀布　王先謙《漢書補注》引王念孫曰：「『犀布』連文，殊為不類。『布』當為『象』。象、布二字，篆文下半相似，故『象』訛作『布』。犀象、玳瑁皆兩粵所產，故曰：睹犀象、玳瑁則建珠崖七郡也。」犀象，犀牛與象，也指犀角與象牙。㉝瑇瑁　爬行動物，形似龜。甲殼黃褐色，有黑斑與光澤，可做裝飾品；也指玳瑁的甲殼及用玳瑁甲殼製成的裝飾品。㉞珠厓　郡名，治所在今海南海口東南。㉟七郡　據《漢書・武帝紀》，元鼎六年，「定越地，以為南海、蒼梧、鬱林、合浦、交趾、九真、日南、珠崖、儋耳郡」，所設置為九郡。㊱感蒟醬　感，思；想得到。蒟醬，用蒟子製作的醬。蒟，植物名，果實名蒟子，如桑椹，熟時色正青，可作醬食用，稱蒟醬。武帝時，張騫通使西域，在大夏見到蜀地出產的竹杖和布。武帝想起張騫所說出蜀可通大夏，於是再次開發西南地區，設置武都、牂柯、越嶲、沈黎、文山郡。㊲天馬　駿馬的美稱，此指西域大宛汗血馬。㊳蒲陶　即葡萄。㊴大宛　西域國名，北通康居，南面和西南面與大月氏接，產汗血馬（天馬）。其地約在今帕米爾高原西北。㊵安息　伊朗高原古國名，漢武帝時開始派使者到安息，以後遂互有往來。㊶殊方　遠方；異域。㊷開　開闢。㊸苑囿　畜養禽獸的園林。㊹廣　擴大。㊺盛　豐盛。此處用為動詞。㊻美服玩　服飾器用玩好之物，競求華美。㊼魚龍　古雜戲。《漢書》顏師古注：「魚龍者，為舍利之獸，先戲於庭極，畢，乃入殿前激水，化成比目魚，跳躍漱水，作霧障日，畢，化成黃龍八丈，出水敖戲於庭，炫耀日光。」㊽角抵　古代的一種技藝表演，類似今天的摔跤。㊾觀視　示之使觀，供人娛樂。視，通「示」。給人看。㊿賂遺　賄賂、賞賜、贈與。(51)榷酒酤　政府實行的酒專賣制度。(52)筦鹽鐵　政府實行的鹽鐵專賣制度。(53)鑄白金　指鑄造銀幣。漢武帝元狩四年（西元前一一九年），以銀錫合金鑄造白金三品：一是圓形龍幣，重八兩，值三千；二是方形馬幣，重六兩，值五百；三是橢形龜幣，重四兩，值三百。這種銀幣，成色不足，作價太高，私鑄很多，通行一年多時間便廢而不用。(54)皮幣　用白鹿皮製成的貨幣。(55)筭至車船　車船也要徵稅。筭，同「算」。徵稅，動詞用，納稅。(56)租及六畜　指馬、牛、羊、雞、狗、豬也都納捐。租，捐稅，動詞用，納捐。(57)屈　窮盡；貧困。(58)直指　漢武帝時朝廷設置的專管巡視、處理各地政事的官員。也稱直指使者。因出巡時穿著繡衣，所以又稱繡衣直指，或稱直指繡衣使者。當時，民間起事者眾，御史中丞督捕猶不能止，因設此官，興兵鎮壓。(59)衣繡　指穿繡衣。繡衣，朝廷派出督察地方的特使所穿的衣服。直指就要穿繡衣。(60)杖斧　手持斧鉞，表示威權。(61)斷　決斷；裁決。(62)勝　制服。(63)輪臺　地名，在今新疆輪臺東南。漢武帝時，曾遣戍屯田於此。(64)下哀痛之詔　指武帝征和四年（西元前八九年）所下「深陳既往之悔」的詔書。見本書卷二十二。(65)近有龍堆　龍堆即白龍堆，沙漠名，其地在今新疆羅布泊東。其東即為進入西域的玉門關與陽關，所以說「近」。(66)遠則葱嶺　古代對今帕米爾高原和昆侖山、天山西段的統稱。地勢極高，有「世界屋脊」之稱。西域地區，西以葱嶺為限，所以說「遠」。(67)身熱頭痛懸度　皆西域地區險峻山名，今地不詳。《漢書・西域傳》：「又歷大頭痛、小頭痛之山，赤土、身熱之坂，令人身熱無色，頭痛嘔吐，驢畜盡然。」「二千餘里乃到懸度，畜隊，未半阬谷盡靡碎，人墮，勢不得相收視。」(68)淮南　指淮南王劉安（西元前一七九—前一二二年）。漢文帝弟淮南厲王劉長的長子。文帝十六年（西元前一六四年），襲父封為淮南王。好文學，招致賓客方術之士數千人，撰文立說，成《淮南子》一書。後有人告其謀反，下獄自殺。傳見《史記》卷一百一十八與《漢書》卷四十四。《漢書・嚴助傳》載淮南王劉安諫伐閩越書，其中說：「越，方外之地。」(69)杜欽　字子夏，南陽郡杜衍縣（今河南南陽西南）人，少好經書，不好為吏，只擔任過大將軍軍武庫令、議郎等。後召致大將軍王鳳幕府，國家政事，多預計謀。傳附見《漢書》卷六十〈杜周傳〉。《漢書・西域傳》載杜欽於漢成帝時說王鳳之詞，其中說：「聖王分九州，制五服，務盛內，不求外。」(70)揚雄　《漢書・匈奴傳》載揚雄於哀帝建平四年（西元前三年）上諫拒絕單于來朝書，其中說：「本北地之狄，五帝所不能臣，三王所不能制。」(71)兵眾分弱　西域城邦小國，因兵眾分散而微弱。(72)旃罽　氈、毯一類毛織品。(73)序　順從，此作使動用法，使順從。語出《尚書・禹貢》：「織皮昆侖、析支、渠搜，西戎即敘。」(74)白雉　鳥名，俗稱野雞。《後漢書・南蠻傳》：越裳國在交趾南，周成王時獻白雉。周公說：「德不加焉，則君子不饗其質；政不施焉，則君子不臣其人。」白色野雞十分稀少，被認為是吉祥之物，有德者當之。(75)太宗　指漢文帝。(76)卻走馬　漢文帝拒絕千里馬。事見本書卷十三文帝元年。(77)義兼之　意謂大禹序西戎、周公讓白雉、太宗卻走馬的道理，光武帝都兼而有之。

【校　記】[1]縣　張敦仁《通鑑刊本識誤》以為「縣」下有「數」字。[2]陶　據章鈺校，孔天胤本作「萄」。

【語　譯】二十二年（丙午　西元四六年）

春，閏正月十九日丙戌，光武帝幸臨長安。二月己巳日，返回洛陽。

夏，五月三十日乙未，發生日蝕。

秋，九月初五日戊辰，發生地震。

冬，十月十九日壬子，大司空朱浮被免職。二十日癸丑，任命光祿勳杜林為大司空。

當初，陳留人劉昆任江陵縣令，縣裡發生火災，劉昆對著火磕頭，火隨即熄滅；後來，劉昆做弘農郡太守，郡內老虎都背著幼虎渡過黃河離去。光武帝聽說後，感到驚奇，徵召劉昆替代杜林做光祿勳。光武帝詢問劉昆說：「你先前在江陵縣，轉變風向，使火熄滅，後來在弘農郡做太守，老虎向北渡過黃河，你推行的是什麼德政，竟導致這樣的奇事？」劉昆回答說：「只是碰巧罷了。」光武帝身邊的人都笑起來。光武帝歎息說：「這是年長德高者說的話！」回頭命令史官把這件事記載在簡策上。

這一年，青州發生蝗災。

匈奴單于輿去世，他的兒子左賢王烏達鞮侯繼位；又死，烏達鞮侯的弟弟左賢王蒲奴繼位。匈奴境內連年發生旱、蝗災，赤地數千里，人畜飢餓、瘟疫，死亡過半。匈奴單于害怕東漢趁著他們的疲困而進攻他們，就派使節到漁陽請求和親，光武帝派遣中郎將李茂回訪。

烏桓趁匈奴衰弱，打敗了匈奴，匈奴向北遷徙數千里，沙漠以南地區成為一片空地。光武帝詔令裁除沿邊各郡的亭候和邊防官兵，使用幣帛招降烏桓。

西域各國派出當人質的王子長期留在敦煌郡，都愁悶思鄉而逃回本國。莎車國王賢得知都護不來，便擊敗鄯善國，殺死龜茲國王。鄯善國王安上書說：「希望能再派兒子入朝侍奉皇上，再次請求朝廷派都護。都護不派出來，我們就會屈逼於匈奴。」光武帝回答說：「現今無力派出使節、軍隊，如果西域各國感到力不從心，東西南北任其自便。」於是鄯善國、車師國再次歸附匈奴。

班固評論說：「漢武帝時代，謀劃控制匈奴，憂慮它吞併西域各國，跟南羌結成聯盟，於是在黃河以西設置武威、張掖、酒泉、敦煌四郡，開通玉門關，連通西域，切斷匈奴的右臂，隔絕匈奴同南羌、月氏二國的聯繫。單于失去援助，因此逃向遠方，以致沙漠以南沒有匈奴王庭。西漢經歷漢文帝、景帝兩代的無為而治，民眾五代休養生息，財富有餘，兵強馬壯，所以能夠看到南方的犀布、玳瑁，就設立珠厓等七郡；想到蒟醬、竹杖，就開拓牂柯、越巂兩郡；聽說天馬、葡萄，就與大宛、安息兩個國家建交。從此異域奇珍異寶，從四面而來。於是朝廷開闢畜養禽獸的苑囿，擴建宮室，鋪設華麗的帷幕床帳，製作美麗的服用和玩賞的物品，設酒池肉林以款待外國客人，又作魚龍、角抵的遊戲讓他們觀賞。加上賄賂、賞賜、贈送，萬里之遙，往來相送，加上軍事支出，費用不可勝計。以致入不敷出，便設置酒類專賣，鹽、鐵專營，鑄造銀幣、鹿皮幣，車船也要徵稅，六畜也要納捐。民眾貧困，財政枯竭，再加上災年饑荒，盜賊四起，道路斷絕，朝廷派出直指使者，穿著繡衣，手持大斧，到各郡、國專斷誅殺，這才制服了盜賊。因此，漢武帝晚年，便放棄新疆輪臺屯田，頒下憐憫百姓的詔書，這難道不是仁愛聖君的悔恨嗎！

「況且通使西域，最近的是龍堆，最遠的是葱嶺，身熱、頭痛、懸度之地的艱險，淮南王劉安、杜欽、揚雄的議論，都說明那些地方是天地用來劃分疆界，隔絕內外的。西域各國，各自有君王，士兵民眾分散弱小，無法統一，雖然投向匈奴，並非真心歸附。匈奴能得到西域各國的馬羊等牲畜和毛織品，但不能統率西域，隨匈奴進退。西域和漢朝互相隔絕，道路又遙遠，得到西域，對漢室無益，丟棄西域，對漢朝無害，所有的恩德都出自漢朝，漢朝對西域卻沒有任何索取。所以，自光武帝以來，西域各國思念漢朝的威望和恩德，都樂意歸漢，屢次派遣使節，把王子送到漢朝當人質，請求設置都護。聖上縱覽古今，認為時機不到，沒有答應。從前，雖然大禹使西戎部落順從，周公推辭越裳進貢的白野雞，漢文帝拒絕千里馬，他們的道義，光武帝可說兼而有之了！」

【研　析】本卷史事可研析者有四件大事：

其一，光武帝護佑功臣。漢高祖統一，興建西漢，為子孫長遠計，大肆屠滅功臣，且手段殘酷，淮陰侯韓信、梁王彭越、淮南王黥布，以及燕王盧綰、韓王韓信、將軍陳豨等，均逼以謀反，或以謀反誅，淮陰遭族滅，彭越烹刑，狡兔死，走狗烹，令人寒心。光武帝解除功臣兵權，封以爵祿，最大者四縣，令其食租賦，足以養老。不任功臣政事，以免犯過。且功臣多為武夫，治政非其所長，功臣遠離政治，亦是國家之福。光武帝護佑功臣的用心和措施，值得肯定。後世帝王，宋太祖趙匡胤杯酒釋兵權，可以比美光武。

其二，光武帝更易太子，立賢不立長，用心良苦。皇太子劉彊，並無過錯，其母郭皇后亦賢良，光武帝無端廢郭皇后，立陰氏為皇后為立劉陽為皇太子掃清道路。劉陽聰明過人，年十二便精通吏事，識破南陽郡上計使者的諷諫，受到光武帝的器重。外戚陰氏兄弟陰識、陰興亦賢良，大臣愛之，故光武更易太子沒有什麼阻力。宗法制度，立嫡不立長，立長不立賢，為的是尊重嫡長，統一臣心、民心，免生爭議。但嫡長不賢明或柔弱的，則非國家之福，所以立太子是一個兩難選擇，避免爭奪，只好以宗法為依歸。光武帝有鑑於元、成、哀、平諸帝之柔弱昏庸，劉氏失統，故而立賢。但仍未徹底破除宗法制度，先廢皇后，使太子劉彊失去嫡子之位，逼使劉彊自省遜位，和平更易，不失父子兄弟親情，受到史家袁宏的高度稱讚。於是光武之更易太子，雖立賢不立長，卻仍是立嫡不立長，因之減殺立賢之意義，對後世沒有產生深遠影響。宗法制度以嫡統為正道，不以立賢為宗旨，故歷代皇帝大都不賢，這是宗法制度的悲哀，但家天下確實也沒有善法可以代替，光武之立賢，也就成了個案。

其三，檢括戶口，丈量田土，懲貪不抑豪強。西漢末的戰亂，人民流離，社會秩序失控，光武中興，重整綱紀。建武十五年（西元三九年），全國大規模檢括戶口，丈量田土，是恢復社會秩序的重大舉措。可是地方各級官吏，庇護豪強，對貧弱百姓卻嚴厲苛刻，連村落房宅都丈量為田土，激起民變，光武帝懲治貪官，誅殺了世代大儒而又任職大司徒的歐陽歙，郡太守被誅殺的有十幾人，整頓吏治的力度，不可謂不強。但對豪強的抑制卻軟弱無力，懷縣豪門大姓李子春，兩個孫子殺人，懷縣令趙憙追究罪行，抓捕了李子春，京師幾十位皇親國戚為之說情，趙孝公劉良去世，臨死叮囑光武帝要求皇上施壓釋放李子春，結果是光武帝特下赦令，免了李子春的罪行，升遷趙憙為平原太守，把他調離懷縣。光武帝護佑功臣，廣施恩惠，大封爵祿，扶植了大批地方豪強。建武十三年四月，吳漢平蜀，班師回朝，光武帝歡宴將士，改封和增加食邑的功臣就達三百六十五人，其中外戚恩澤四十五人。光武帝檢括戶口，丈量田土，只是加強了對平民的控制，而對豪強則寬容，以致當時就有「潁川、弘農可問，河南、南陽不可問」的話頭。河南帝城，多近臣；南陽帝鄉，多近親。光武帝施恩功臣、親戚，成為既定國策，所以不可能抑制豪強。東漢世家大族的發展，源於光武帝的施政，奠定了這一歷史走向的基礎。

其四，光武帝不開通西域，大為失計。西漢末年，中國周邊各族，主要是匈奴，均處於衰微時期，故歸附漢朝，只是王莽倒行逆施，導致四方夷族叛亂，而西域遙遠，未受王莽影響，因此始終安定。光武中興，海內虛耗，匈奴犯邊，為禍北疆，但也沒有大規模深入，非不欲為，而力不足也。中國一統之後，其力足以制西域。先是莎車王賢入貢，請送質子，光武帝不納。其後車師前王、鄯善等十八國請入質子，光武帝仍不納，於是莎車稱大。西域諸國請留質子在敦煌，就足以震懾莎車不敢出兵欺侮西域列國。最後，各國質子逃歸，莎車王賢知漢朝都護不出，才出兵擊鄯善，攻殺龜茲王，光武帝仍不施援手，於是鄯善、車師等國復附匈奴。司馬光引班固之贊，認為漢武帝通西域，造成民窮財竭，而後有輪臺哀痛詔令之悔，光武帝有鑑於此不通西域，是仁聖明君。武帝之世，匈奴強大，為禍中國，武帝經過數十年的努力才解除了邊患，其力已屈，而並非是通西域造成民屈財竭，武帝通西域只是斷匈奴右臂。光武之世，西域歸附，而光武帝不施援手，把西域推給匈奴，兩者完全不可同日而語。光武帝不通西域是一大失策，班固、司馬光非議漢武而讚光武之明，可以說是不明是非，不辨時勢，迂腐妄論，不值一提。

古籍今注新譯叢書

【哲學類】

新譯四書讀本　謝冰瑩等編譯
新譯學庸讀本　王澤應注譯
新譯論語新編解義　胡楚生編著
新譯孝經讀本　賴炎元等注譯
新譯易經讀本　郭建勳注譯
新譯周易六十四卦經傳通釋　黃慶萱注譯
新譯乾坤經傳通釋　黃慶萱注譯
新譯易經繫辭傳解義　吳　怡著
新譯禮記讀本　姜義華注譯
新譯儀禮讀本　顧寶田等注譯
新譯孔子家語　羊春秋注譯
新譯老子讀本　余培林注譯
新譯帛書老子　趙　鋒注譯
新譯老子解義　吳　怡著
新譯莊子讀本　黃錦鋐注譯
新譯莊子讀本　張松輝注譯
新譯莊子本義　水渭松注譯
新譯莊子內篇解義　吳　怡著
新譯列子讀本　莊萬壽注譯
新譯管子讀本　湯孝純注譯
新譯墨子讀本　李生龍注譯
新譯公孫龍子　丁成泉注譯
新譯晏子春秋　陶梅生注譯
新譯鄧析子　徐忠良注譯
新譯荀子讀本　王忠林注譯
新譯尹文子　徐忠良注譯
新譯尸子讀本　水渭松注譯
新譯鶡冠子　趙鵬團注譯
新譯鬼谷子　王德華等注譯
新譯韓非子　傅武光等注譯
新譯呂氏春秋　朱永嘉等注譯
新譯韓詩外傳　孫立堯注譯
新譯淮南子　熊禮匯注譯
新譯春秋繁露　朱永嘉等注譯
新譯新書讀本　饒東原注譯
新譯新語讀本　王　毅注譯
新譯潛夫論　彭丙成注譯
新譯論衡讀本　蔡鎮楚注譯
新譯申鑒讀本　林家驪等注譯
新譯人物志　吳家駒注譯
新譯張載文選　張金泉注譯
新譯近思錄　張京華注譯
新譯傳習錄　李生龍注譯
新譯呻吟語摘　鄧子勉注譯
新譯明夷待訪錄　李廣柏注譯

【文學類】

新譯詩經讀本　滕志賢注譯
新譯楚辭讀本　林家驪注譯
新譯楚辭讀本　傅錫壬注譯
新譯文心雕龍　羅立乾注譯
新譯六朝文絜　蔣遠橋注譯
新譯世說新語　劉正浩等注譯
新譯昭明文選　周啟成等注譯
新譯古文觀止　謝冰瑩等注譯
新譯古文辭類纂　黃　鈞等注譯
新譯樂府詩選　溫洪隆注譯
新譯古詩源　馮保善注譯
新譯千家詩　邱燮友等注譯
新譯詩品讀本　成　林等注譯
新譯花間集　朱恒夫注譯
新譯南唐詞　劉慶雲注譯
新譯絕妙好詞　聶安福注譯
新譯唐詩三百首　邱燮友注譯
新譯宋詩三百首　陶文鵬注譯
新譯宋詞三百首　汪　中注譯
新譯宋詞三百首　劉慶雲注譯
新譯元曲三百首　賴橋本等注譯
新譯明詩三百首　趙伯陶注譯
新譯清詩三百首　王英志注譯
新譯清詞三百首　陳水雲等注譯
新譯唐人絕句選　卞孝萱等注譯
新譯唐才子傳　戴揚本注譯
新譯拾遺記　石　磊注譯
新譯搜神記　黃　鈞注譯
新譯唐傳奇選　束　忱等注譯
新譯宋傳奇小說選　束　忱注譯
新譯明傳奇小說選　陳美林等注譯
新譯容齋隨筆選　朱永嘉等注譯
新譯明散文選　周明初注譯
新譯明清小品文選　鄭　婷注譯

新譯人間詞話　馬自毅注譯
新譯白香詞譜　劉慶雲注譯
新譯幽夢影　馮保善注譯
新譯菜根譚　吳家駒注譯
新譯小窗幽記　馬美信注譯
新譯圍爐夜話　馬美信注譯
新譯郁離子　吳家駒注譯
新譯歷代寓言選　黃瑞雲注譯
新譯賈長沙集　林家驪注譯
新譯揚子雲集　葉幼明注譯
新譯曹子建集　曹海東注譯
新譯建安七子詩文集　韓格平注譯
新譯阮籍詩文集　林家驪注譯
新譯嵇中散集　崔富章注譯
新譯陸機詩文集　王德華注譯
新譯陶淵明集　溫洪隆注譯
新譯江淹集　羅立乾等注譯
新譯庾信詩文選　歸　青注譯
新譯初唐四傑詩集　李福標注譯
新譯駱賓王文集　黃清泉注譯
新譯王維詩文集　陳鐵民注譯
新譯孟浩然詩集　楊　軍注譯
新譯李白詩全集　郁賢皓注譯
新譯李白文集　郁賢皓注譯
新譯杜甫詩選　張忠綱等注譯
新譯杜詩菁華　林繼中注譯
新譯高適岑參詩選　孫欽善等注譯
新譯昌黎先生文集　周啟成等注譯
新譯劉禹錫詩文選　閻　琦注譯

新譯柳宗元文選　卞孝萱等注譯
新譯白居易詩文選　陶　敏等注譯
新譯元稹詩文選　郭自虎注譯
新譯李賀詩集　彭國忠注譯
新譯杜牧詩文集　張松輝注譯
新譯李商隱詩選　朱恒夫等注譯
新譯范文正公選集　王興華等注譯
新譯蘇洵文選　羅立剛注譯
新譯蘇軾文選　滕志賢注譯
新譯蘇軾詞選　鄧子勉注譯
新譯蘇軾詩選　鄧子勉注譯
新譯蘇轍文選　朱　剛注譯
新譯曾鞏文選　高克勤注譯
新譯王安石文選　沈松勤注譯
新譯唐宋八大家文選　鄧子勉注譯
新譯柳永詞集　侯孝瓊注譯
新譯李清照集　姜漢椿等注譯
新譯陸游詩文選　韓立平注譯
新譯辛棄疾詞選　聶安福注譯
新譯歸有光文選　鄔國平注譯
新譯唐順之詩文選　馬美信注譯
新譯徐渭詩文選　周　群等注譯
新譯袁宏道詩文選　孫立堯注譯
新譯薑齋文集　平慧善注譯
新譯顧亭林文集　劉九洲注譯
新譯納蘭性德詞　馮　乾注譯
新譯方苞文選　鄔國平等注譯
新譯閒情偶寄　馬美信注譯
新譯鄭板橋集　朱崇才注譯

新譯袁枚詩文選　王英志注譯
新譯李慈銘詩文選　潘靜如注譯
新譯聊齋誌異選　任篤行等注譯
新譯閱微草堂筆記　嚴文儒注譯
新譯浮生六記　馬美信注譯
新譯弘一大師詩詞全編　徐正綸編著

歷史類

新譯史記　韓兆琦注譯
新譯漢書　吳榮曾等注譯
新譯後漢書　魏連科等注譯
新譯三國志　吳樹平等注譯
新譯資治通鑑　韓兆琦等注譯
新譯史記—名篇精選　韓兆琦注譯
新譯尚書讀本　吳　璵注譯
新譯尚書讀本　郭建勳注譯
新譯周禮讀本　賀友齡注譯
新譯逸周書　牛鴻恩注譯
新譯左傳讀本　郁賢皓等注譯
新譯公羊傳　雪　克注譯
新譯穀梁傳　顧寶田注譯
新譯春秋穀梁傳　周　何注譯
新譯戰國策　溫洪隆注譯
新譯國語讀本　易中天注譯
新譯說苑讀本　左松超注譯
新譯說苑讀本　羅少卿注譯
新譯新序讀本　葉幼明注譯
新譯吳越春秋　黃仁生注譯
新譯西京雜記　曹海東注譯

新譯列女傳　黃清泉注譯
新譯越絕書　劉建國注譯
新譯燕丹子　曹海東注譯
新譯東萊博議　李振興等注譯
新譯唐六典　朱永嘉等注譯
新譯唐摭言　姜漢椿注譯

宗教類

新譯金剛經　徐興無注譯
新譯高僧傳　朱恒夫等注譯
新譯碧巖集　吳　平注譯
新譯百喻經　顧寶田注譯
新譯楞嚴經　賴永海等注譯
新譯梵網經　王建光注譯
新譯圓覺經　商海鋒注譯
新譯法句經　劉學軍注譯
新譯六祖壇經　李中華注譯
新譯禪林寶訓　李中華注譯
新譯維摩詰經　陳引馳等注譯
新譯經律異相　顏洽茂注譯
新譯阿彌陀經　蘇樹華注譯
新譯無量壽經　邱高興注譯
新譯無量壽經　蘇樹華注譯
新譯妙法蓮華經　張松輝注譯
新譯景德傳燈錄　顧宏義注譯
新譯大乘起信論　韓廷傑注譯
新譯釋禪波羅蜜　蘇樹華注譯
新譯八識規矩頌　倪梁康注譯
新譯永嘉大師證道歌　蔣九愚注譯
新譯華嚴經入法界品　楊維中注譯
新譯地藏菩薩本願經　李承貴注譯
新譯悟真篇　劉國樑等注譯
新譯无能子　張松輝注譯
新譯坐忘論　張松輝注譯
新譯列仙傳　張金嶺注譯
新譯抱朴子　李中華注譯
新譯神仙傳　周啟成注譯
新譯性命圭旨　傅鳳英注譯
新譯老子想爾注　顧寶田等注譯
新譯周易參同契　劉國樑注譯
新譯道門觀心經　王　卡注譯
新譯養性延命錄　曾召南注譯
新譯樂育堂語錄　戈國龍注譯
新譯冲虛至德真經　張松輝注譯
新譯長春真人西遊記　顧寶田等注譯
新譯黃庭經・陰符經　劉連朋等注譯

軍事類

新譯司馬法　王雲路注譯
新譯尉繚子　張金泉注譯
新譯三略讀本　傅　傑注譯
新譯六韜讀本　鄔錫非注譯
新譯吳子讀本　王雲路注譯
新譯孫子讀本　吳仁傑注譯
新譯李衛公問對　鄔錫非注譯

教育類

新譯爾雅讀本　陳建初等注譯
新譯顏氏家訓　李振興等注譯
新譯聰訓齋語　馮保善注譯
新譯曾文正公家書　湯孝純注譯
新譯三字經　黃沛榮注譯
新譯百家姓　馬自毅等注譯
新譯幼學瓊林　馬自毅注譯
新譯增廣賢文・千字文　馬自毅注譯
新譯格言聯璧　馬自毅注譯

政事類

新譯商君書　貝遠辰注譯
新譯鹽鐵論　盧烈紅注譯
新譯貞觀政要　許道勳注譯

地志類

新譯山海經　楊錫彭注譯
新譯水經注　陳橋驛等注譯
新譯佛國記　楊維中注譯
新譯大唐西域記　陳　飛等注譯
新譯洛陽伽藍記　劉九洲注譯
新譯徐霞客遊記　黃　珅注譯
新譯東京夢華錄　嚴文儒注譯

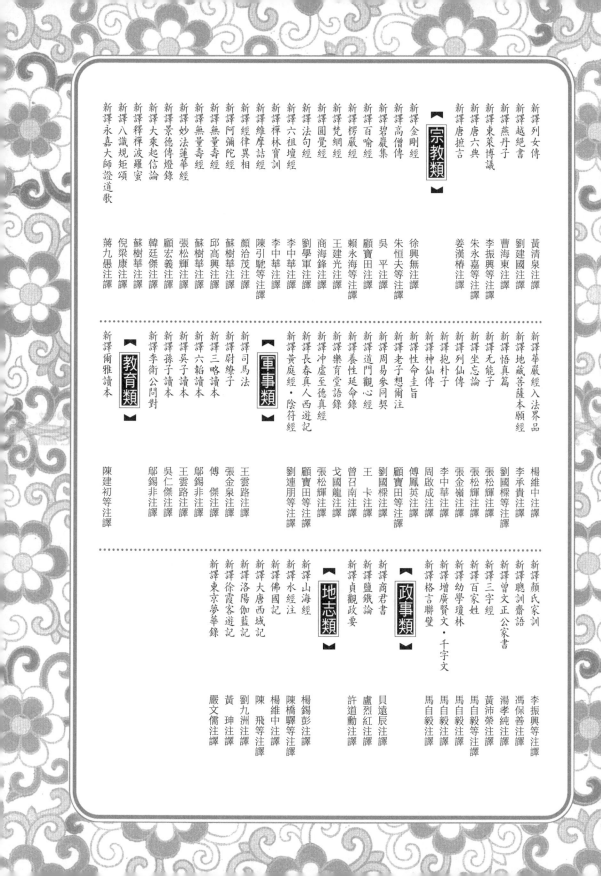

◎新譯逸周書

牛鴻恩／注譯

《逸周書》是上自殷周之際、下至秦漢的一部子史叢編，它最有價值的部分，在於可以彌補《尚書》記載的缺漏，豐富西周的歷史。例如：〈世俘〉、〈克殷〉詳述了武王伐殷出兵的全過程及出兵月日、戰爭時地、紂自殺、武王斬紂等具體情狀；〈商誓〉是武王克殷後流傳下來唯一可信的對殷人的訓誥；〈皇門〉記述周公攝政後會見「大門宗子」，訓誥貴族群門，可與《尚書・周書》的周、召訓誥相印證。透過本書詳盡的校訂、注釋、語譯、研析，可以輕鬆帶領讀者看懂這部上古之書，明瞭西周史事。

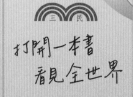